新昌彩烟文化志

《新昌彩烟文化志》编纂委员会　编著

ZHEJIANG UNIVERSITY PRESS
浙江大学出版社

图书在版编目（CIP）数据

新昌彩烟文化志 /《新昌彩烟文化志》编纂委员会编著
. — 杭州：浙江大学出版社，2022.4
ISBN 978-7-308-22308-9

Ⅰ. ①新… Ⅱ. ①新… Ⅲ. ①文化史－新昌县 Ⅳ.
①K295.54

中国版本图书馆CIP数据核字(2022)第022363号

新昌彩烟文化志

《新昌彩烟文化志》编纂委员会　编著

责任编辑　陈　宇
责任校对　赵　伟
封面设计　周　灵
出版发行　浙江大学出版社
　　　　　　（杭州市天目山路148号　　邮政编码　310007）
　　　　　　（网址：http://www.zjupress.com）
排　　版　杭州林智广告有限公司
印　　刷　杭州宏雅印刷有限公司
开　　本　889mm×1194mm　1/16
印　　张　47
字　　数　1150千
版 印 次　2022年4月第1版　2022年4月第1次印刷
书　　号　ISBN 978-7-308-22308-9
定　　价　468.00元

《新昌彩烟文化志》编纂委员会

顾　　　问：梁富铨　杨　能

专 业 指 导：徐跃龙　唐樟荣

主　　　任：俞浩芳　赵　翰

副　主　任：杨　勇　张剑锋　俞朝杰

委　　　员：潘伟东　王章超　盛伯增

办公室主任：杨　勇（兼）

成员合影

前排左起：潘伟东　俞朝杰　张剑锋　俞浩芳　赵　翰　盛伯增　杨　勇

后排左起：唐樟荣　徐跃龙　梁富铨　杨　能　王章超

《新昌彩烟文化志》编写人员

统　　稿	……………………………………………………	盛伯增
审　　稿	……………………………………………………	梁正祥

概　　述		……………………………………………	梁玉富等
大事记		……………………………………………	梁正祥
第一编	山水古迹		
	名山秀水　古庙　古塔	………………………	王少康
	古道　古树	…………………………………	杨定洪
第二编	姓氏村落		
	彩烟姓氏	…………………………………	众乡贤
	古村　古塘　古井　古市	……………………	王少康
	祠　　堂	…………………………………	赵忠敏
第三编	农耕变迁	…………………… 盛伯增	梁尹明
第四编	饮食特色	…………………………………	杨亚东
第五编	方言俗语		
	方　　言	…………………………………	梁富铨
	俗语民谣	…………………………………	杨法清
第六编	耕读传家	…………………… 梁钟美	梁家瑞
第七编	民间文艺	…………………………………	卢梅春
第八编	工艺藏品	…………………………………	梁庆才
第九编	乡村医药	…………………… 梁炳法	卢苗贵
第十编	乡风习俗	…………………………………	杨银章
第十一编	红色印记	…………………………………	梁玉富
第十二编	民间文学		
	民间传说	…………………………………	杨伯尧

编写人员合影

前排左起：俞杭委　梁玉富　潘伟东　梁正祥　徐跃龙　梁钟美　梁富铨

　　　　　杨　能　唐樟荣　盛伯增　杨伯尧　杨　勇

后排左起：杨法清　王少康　胡显仁　卢梅春　杨定洪　杨柏财　陈立新

　　　　　杨亚东　卢苗贵　梁尹明　梁家瑞　梁庆才

彩烟风光

彩烟风光

鞍顶山

前丁水库

门溪水库

新昌县人民政府成立旧址（回山村）

杨信民故里（下宅村）

梁葆仁故里（中宅村）

止止山庄，位于韩妃灵岩，系梁葆仁建造的藏书楼

回山中学

道南小学

回山镇人民政府所在地（上市场）鸟瞰

原双彩乡人民政府所在地（新市场）鸟瞰

1942年5月至1945年8月，浙江省第三行政督察区（绍兴）专员公署驻地（中宅村石柱祠堂）

古村新貌（上下宅村）

杭绍台高速公路回山道口

常台高速公路双彩道口

西瓜

茭白

茶园

白术

回山镇地图

1:50 000

乡　南　乡　城　东　茗　绥　岭　镇　儒　盂

任胡岭隧道　丁龙　冷水孔　龙溪　石槽　双溪口　下毛岩　上贝　洞潭　欧溪　大坂溪

白岩　外白岩　里厂　狮子岩　下洲　韩妃　白毛岩　塘头　双彩　G1522　岭脚　常绿　大坑湾　岭脚　羊山（岩头山）　岭山　毛竹山　羊脚

东丰坑　台头山　石坑　肇圃　南向　前后王（后王）　前王　东畈　海罗　虎家丘　大湾头　岭头角　袁家　蔡家湾　金家　大坪　施家　上积坑　宅后王　新市场　双凤　后坂　毛畈　双候　候家　上下宅　大概树　后渠

牛塘　下塘岙　大安　盛家　叶家　岩泉　王店　下畈　上下畈　天马山　上王　外山头　莲坂新村（莲花心）　里村　旧里（旧住）　里屋　后岙

小石门水库　庙山　东坑　牛皮岙　板壁岩　官塘山　官塘　番岙

大岙　大澄　黄婆滩　竹潭　枫树坪　后云　大古年　冷水　后染　联西　联前　下溪　潭角　里镜屏

杭绍台高速（在建）　溪西江　大阪　女岩岭　绍兴市　金华市

杭绍台铁路（在建）

上三高速

毛家岭1号隧道

东茗隧道（在建）

回山镇行政区划图

图例

◉	乡、镇政府驻地
○	街道办事处驻地、社区
○	行政村、居委会
○	自然村
▲	山峰
G1522	高速公路及编号
	在建高速公路
○	互通
———	县道
———	乡道
	隧道
─·─·─	设区市界
—··—··—	乡（镇）、街道界

地图审核号：浙绍S(2020)3号

天　台　县

镇

新昌

里焦坑

大江

王里山

王里山

回竹山

杨公山

安基

上木帖

鸡冠岩

大岩山

合石坑

道士岩

上坑

岭头朱

岭下贾

李冈

里井

樟花

新天（中屯）

蟠溪

傍山

大宅里

旧宅岙

五联

下施

双丰

九盘龙

长虹

下湖桥

芝林

高湾

石笑

茶界

下庄

前陈

竹丝坑

田平

井塘

马坞头

回山镇（上市场）

大元

宅下丁

王家市

居民场

前屋

旧屋

下垅头

小厅

马珠塘

荷塘（王家堂）

西塘

外前丁

前丁

红联

石坑

屯外

石泽

溪水库

溪水库

拓前

湖塘

马车

姜岙

塘里山

水坑

丁水库

下渡河

庄前

大坪头

贤辅

回山

后坞塘

上冈头

官元

乔堂

华童

下山

寒庄

杨家车

后宅湾

雅里

上库

前坞

上西岭

植林

上下西岭（下西岭）

台州市

金华市

绍兴市
金华市

磐　安　县

回山

杭台高速在建

半山

蕉元山

石水洞

大坑

雅乌山

顶山

孟岙

鞍顶山

天　台　县

安县

金华市　台州市

序
一

　　新昌彩烟，山川灵秀，民风淳朴，文脉绵长，名贤辈出，传统文化底蕴深厚。习近平总书记在党的十九大报告中指出："文化是一个国家、一个民族的灵魂。文化兴国运兴，文化强民族强。"拜读《新昌彩烟文化志》，让我重拾儿时记忆，勾起无限乡思乡愁，感慨良多。

　　《新昌彩烟文化志》秉承"存史、教化、传承"宗旨，其中的每一段文字、每一帧照片都尽力做到翔实、可靠，脉络清楚，叙述丰满。相关的轶闻传说，情节完整连贯，具有较高的阅读价值和艺术感染力。史志录入的婚丧嫁娶、岁时节令、饮食特点、民间建筑、民俗风情、红色基因、工匠技艺、地方特产、耕读传统、民间文艺、娱乐体育、地方戏曲、古迹遗珍、民间信仰、方言俗语、民间验方、诗词楹联等，具象完整，处处闪现着民族精神火花和地域风尚特色。虽为乡镇文化志，其价值和意义非凡。

　　梁富铨先生首倡此业，筚路蓝缕，乡贤们情系桑梓，热衷文化，在当地党委政府的大力支持下，20多位义务编写人员于2019年3月起，开展了长达两年多的《新昌彩烟文化志》编纂工作，旨在记住乡愁，传承历史，光大彩烟文化。这是一项造福子孙后代的实事好事，也是一项宏大的系统工程，涉及范围广，时间跨度长，工作难度大，其中之艰难可想而知。

　　尤为难得的是，《新昌彩烟文化志》编写组坚持"存真求实、评今明古、述而不论"原则，一是为彩烟历史名人贤达立传。如帮助好友朱熹在彩烟避难时完成《四书集注》的"南宋三杰"之一梁汝明，"清官第一"甄完及都御史杨信民的恩师杨丽泽，被称"杨地仙"的"彩烟三杰"之一杨宗敏，被誉为"清操绝俗、至诚爱民"的都御史杨信民，"浙东四杰"之一杨世植，被誉为"湖北第一好官"的梁葆仁，借款编撰印刷《识字捷径字典》得到省政府嘉奖的梁毓芝，变卖田产建起"镜澄埠"市场的杨宝铺，为造福民众主动向县政府捐赠祖父珍贵藏书12000册的原新昌中学、新昌简师校长梁以忠，多方集资创建道南学堂的陈昆、潘士模、杨燨、赵式庐等，颂扬崇敬先贤，做后世之人楷模。二是将凡人善举入志。如救助红军伤员的农妇赵爱香，废家兴学创办"梁氏高等小学"、被省长公署颁发"见义勇为"奖的梁瑞祥，最早成功创办互助合作社的杨德喜，勇救落水学生而牺牲的教师杨英明等，替草根树德，弘扬社会正能量。三是为乡愁立记。将彩烟的地理环境、生产生活方式、风土人情、文脉传承以及诸多民间轶闻和历史事件入志，成为彩烟历史变迁的佐证。四是为古迹立档。将彩烟的古庙、古祠、古树、古河、古道、古碑、古塔、古物一一查证记录，让实物来证实历史演变，使传统文化有了形态印记，达到为后人镜鉴的目的。

《新昌彩烟文化志》客观记述了彩烟的文化源流、演变和现状，系统完整地反映了彩烟的文化事象、风土民情，以及彩烟人淳朴、坚韧、自强等个性特征，从中提炼出具有地域特色的彩烟文化核心——彩烟精神。《新昌彩烟文化志》必将成为一部承载乡音乡愁、延续历史文脉、发掘乡土文化资源的地域教科书，对进一步提升回山文化软实力，打造文化金名片，促进回山地域文化产业和乡村振兴具有十分重要的价值和意义。

敬畏历史，敬畏文化，敬畏先贤，乃做人之基，育人之道，为政之德也。值此《新昌彩烟文化志》出版之际，作为一名少小离家的彩烟人，不辞浅陋，有感而发，记下这篇短文，是为序。衷心祝愿彩烟的明天更加出彩！

浙江省武警总队原政委

2021 年 5 月

序二（代）

彩烟山上幽兰香

在回山乡贤参事会第四次会员大会暨《新昌彩烟文化志》启动仪式上的发言

地方文化忧断层，抢救挖掘是责任。
党政乡贤齐给力，千年桑梓绽新嫩。
今日开篇先罗列，抛砖引玉集大成。
杜鹃嫣红海棠雅，百花齐放才是春。

浓彩淡烟凤回翔，风生水起龙呈祥。
净土呼唤高人来，晋代先民心飞扬。
白云生处雁留声，山水妩媚如爹娘。
皇帝高远苍天近，兵荒马乱岂有恙。
禽择良木筑窝巢，人觅福地图安昌。
杨梁盛董赵丁俞，诸姓迁入兴家乡。
心血浇灌芳草地，开枝散叶各逞强。
斗转星移谱春秋，光前裕后载鲜亮。

开山垦地地成畦，引水造田田似梯。
朝种谷物足温饱，暮收桑麻织成衣。
鸡鸣狗吠六畜旺，柴米油盐靠自给。
石磨捣臼用具添，牛犁车耙比神器。
东种桃李西插柳，山花烂漫蜂酿蜜。
春植枫柏冬栽竹，红掩绿映富诗意。
道地药材如仙丹，白术能疗千家疾。

土壤独特气候宜，胡庆余堂建基地。
上是青山下是海，茭白鲜美吃不腻。
高山蔬菜无公害，西瓜甜爽润心肺。
东方树叶吐玉露，满目青山万亩碧。
风调雨顺总期待，五谷丰登常希冀。

舌尖名品荧屏炒，美味佳肴农家找。
糍糕大糕荞麦糕，堆头满碗炒水糕。
嵌糖麻糍青麻糍，麻团下碗上碗高。
肉粽栗粽细豆粽，菜干麦饼口不燥。
肉糕肉丸肉皮肚，扎肉冻肉加红烧。
糟鸡炖鸡白斩鸡，皮卷线面素鸡包。
野菜野笋山中采，螺蛳小鱼溪坑捞。
泥鳅黄鳝囫囵吞，动物人参赛虫草。
糟烧米烧白术烧，糯米老酒家酿造。
牛肉萝卜软如泥，芋煮豆腐味地道。
家传秘方豆腐干，风味独特见过报。
苋菜梗卤麦粉酱，术煨番薯连皮烤。
晶莹剔透糊辣汤，大宴小席不能少。
炒货糕点品种多，米海白糖把茶泡。
炖煎炒氽因人异，葱韭大蒜作调料。
原汁原味原生态，唇齿留香忘不了。

大伯小叔上学堂，太公奖励读书郎。
良田名曰笔杆丘，水池称为墨瓦塘。
示意后辈重文墨，用心良苦志高昂。
四书五经牛背诵，唐诗宋词田塍唱。
白天汗滴禾下土，夜点松明借亮光。
一日三餐书做伴，一年四季文不荒。
父母艰辛勤耕作，儿女苦读振家邦。
烟山笔头谱新篇，今日学子遍八方。

喜闻乐见咚咚锵，铜锣响起脚底痒。
自娱自乐自陶醉，村村寨寨喜洋洋。
男女老少跳秧歌，即兴演唱莲子行。
大唱小唱狮子班，三十六行扮相靓。
绍剧越剧婺剧唱，木偶表演秀人样。
欢歌笑语调龙灯，企盼平安幸福降。
冬练三九夏练伏，烟山拳头名声扬。
儿童少年娱乐多，天晴落雨寻欢畅。
民间传说故事奇，亦真亦幻亦想象。
俗语谚语猜谜语，易懂易记拓智商。
山中百草无足奇，单方独味祛病殃。
三工六匠心独具，传统工艺留古香。

婚丧嫁娶重礼仪，讲究时辰求吉利。
闹周做寿笑开颜，上梁归屋皆是喜。
四季八节绎风情，过年清明重头戏。
春联婚联诸多联，平平仄仄句式齐。
才子舞文撰佳句，高手泼墨显功力。
约定俗成赶会期，北货南货聚人气。
戏法耍猴西洋镜，庙里殿里皆戏迷。
销货郎担挨村转，白术换糖小生意。
乡音方言足中气，初听乍闻难解意。
仔细推敲慢斟酌，文理交融深含义。

有爹有娘珍珠宝，无爹无娘路边草。
敬重长辈自格福，二十四孝作训导。
饭熟肚饥等爹归，长幼有序教诲早。
羔羊吃奶双脚跪，祖祖辈辈在念叨。
乌鸦反哺通人性，子子孙孙须悟道。
积善人家高门第，恶贯满盈迟早报。
赈灾捐助显美德，扶弱济困亮情操。
节衣缩食心畅达，修桥铺路凉亭造。

不占不贪守本分，清白家风时熏陶。
孝善廉义上等人，家训家规有忠告。

红军转战三州界，战士挂彩需疗伤。
西岭红嫂赵爱香，铁骨柔肠尽周详。
解放前夕曙光亮，浙东主力集回山。
四面出击歼残匪，成立县府红旗扬。

鞍顶山上有神仙，山高有仙山则名。
门溪夹溪多龙潭，水深有龙水则灵。
山间云霞漫峰峦，水中涟漪漾荷菱。
高山流水叮咚响，喜鹊布谷传佳音。
月光皎洁山戏水，水中有山宛仙境。
山重水复画中行，棠墅螺峰十六景。
山拥水抱醉朦胧，路廊小憩品香茗。
文人墨客时探幽，云山雾海放声吟。
不识烟山真面目，只缘此身未上岭。
山光水色总相宜，问君何能不动心。

白皇庙三皇并祭，泄上寺沧桑陆离。
龙镇殿供奉大禹，东岳庙端坐大帝。
张定边隐头陀殿，朱熹结友大宅里。
东壁罗纹双塔毁，县志记载留痕迹。
同治初萧王庙立，清朝末道南奠基。
敬胜堂雕梁画栋，都宪坊清风浩气。
镜澄埠头达三江，止止山庄书香溢。
下塘岗三间泗洲，张万成义兵聚集。
德立人梁氏小学，尉健行重访追忆。
古祠堂古道古树，叙岁月年轮刻记。

彩烟自古多名士，钟灵毓秀紫气旺。

兄弟举人对打对，家族尚书双打双。

南宋三杰梁汝明，官至礼部大侍郎。

十里方圆两都堂，丁川都堂曾代皇。

堪舆大师杨宗敏，清官甄完铭赞赏。

亦官亦师梁葆仁，湖北好官名声广。

浙东才子杨世植，烟山赋中渊博藏。

妙手回春俞用古，悬壶济世归众望。

思维超前杨宝镛，封闭年代谋开放。

梁鋆立驻联合国，国际法律编纂忙。

不胜枚举众先贤，腹有诗书留芬芳。

后起之秀如春笋，勇立潮头天下闯。

文化原浆若黄金，沉淀越久越纯净。

源远流长底蕴深，追根溯源梳理清。

集思广益编专志，核心价值须彪炳。

琼浆玉液铸精神，世代传承增自信。

新昌县人大常委会原主任

2019 年 3 月 30 日

凡例

一、本志编纂以马克思列宁主义、毛泽东思想、邓小平理论、"三个代表"重要思想、科学发展观、习近平新时代中国特色社会主义思想为指导，坚持辩证唯物主义、历史唯物主义观点和方法，实事求是地记述彩烟自然、政治、经济、文化、社会的历史与现状，并力求揭示其本质，寓观点于记事中。

二、本志首设序言、概述、大事记，为全志纲要，次列分志16编，分别为山水古迹、姓氏村落、农耕变迁、饮食特色、方言俗语、耕读传家、民间文艺、工艺藏品、乡村医药、乡风习俗、红色印记、民间文学、传统美德、乡贤名士、彩烟精神、诗文选辑。文前有编委会及编纂人员名单。

三、本志记述范围，以2020年回山镇为行政区域，适当溯及既往。为保持志书历史性、继承性、科学性，记及人物事件中，适当扩大到历史上彩烟区域范围，涉及儒岙镇、镜岭镇、城南乡、东茗乡等区域。

四、本志以横排门类、纵写历史方式，分别记述彩烟文化历史和现状，同时为记述方便，穿插专题专记形式，两者有机结合，集中统一与分别重点记述。时间上限因事而异，努力追溯发端，下限迄于2019年底。确属必需的，适当延伸。

五、人物传略简介及表录以现有区域为准，生不列传，兼顾影响较大的在世人物，在以事系人中适当记述。

六、本志以公元纪年为主，涉及朝代纪年，按照惯例，以朝代年号加具体年份并夹注公元年份，如清乾隆某年（公元某年）形式记述。解放前，解放后，以1949年5月22日新昌解放为界；新中国成立前，新中国成立后，以1949年10月1日中华人民共和国成立为界。计量单位用当时称谓，适当加夹注，常用专名首次用全称，后视情况用简称。

七、本志以国家通用简化汉字记述，少数人名、地名保留原有文字。

八、入志资料来源不一，经考核审定后记入，一般不注出处，统计数据经审核后记入并注明出处。

九、未尽事宜，遇特殊情况，可另行说明。

目录

第六编 耕读传家

第七编 民间文艺

第八编 工艺藏品

第九编　乡村医药

第十编　乡风习俗

第十一编　红色印记

第十六编　诗文选辑

概　述

　　一座彩烟山，千年人文地，长河漫漫，韵味悠悠。

　　地域较广，历史悠久。彩烟乡，在新昌建县以前属剡县，五代后梁开平二年（908），吴越王钱镠析剡东南 13 乡置新昌县，属新昌，宋大中祥符六年（1013）撤并后，为新昌八乡之一，直至明初。明朝新昌调整为 7 乡，彩烟即为七乡之一。至宣统二年（1910），新昌划分城、东、南、西、北 5 区，南区为彩烟乡。彩烟乡之名，一直沿用至民国初年。

　　彩烟地域较广。宋朝乡下设里，全县分 26 里，彩烟乡领里 3 。元代行都图制，全县设 39 都、42 图，彩烟乡辖 7 都、9 图。明代行都里制，全县设 26 都 40 里，彩烟乡辖 6 都、7 里。清代复行都图制，全县设 32 都图，彩烟辖 6 都、7 图。宣统二年的彩烟乡东起儒岙镇（今区划名，下同）大坪岗以北向东至长爿地，向南经南山、千坑、邮交铺、楼头一带；南至天台县界；西至磐安、东阳县界；北界为西起镜岭镇大坞尖向东，经格石坪、小泉溪、溪西、镜岭、台头山，到东茗乡，经下岩贝、马鞍山，过大岩岗入城南乡，向南到冷水孔，经万福庵、丁年仓到大油山一带。地域包括今回山镇全部，镜岭镇大部，以及儒岙镇、东茗乡和城南乡各一部分。

　　万历《新昌县志》载："彩烟山，县南八十里，与东阳县界，其上平衍势，盘旋迤刲，四面皆崇山峻岭，居民杂处其间。"该台地因盘旋回环，云蒸雾绕，朝阳照射，状如彩烟，故称彩烟山，古代设乡，由此山命名，顺理成章。

　　彩烟山是澄潭江两大上流左于江和镜岭江的分水岭，其上有彩烟墩、彩峰墩、彩屏墩三座彩烟标志性山墩。彩烟山的大致区域，由门溪、丹溪、韩妃江、左于江、夹溪、练使江、镜岭江围成一大块台地山脉，自成一体，故又称围山，后衍化成回山，这是古彩烟乡的核心区域。

　　本志所述内容中"彩烟"的范围，基本指现今回山镇境域，即位于新昌县西南部，地处绍兴、台州、金华三市交界处，介于东经 120°41'34" 至 121°13'34"、北纬 29°13'55" 至 29°33'52"。东与儒岙镇相连，南与天台县三州乡毗邻，西与镜岭镇、磐安县尖山镇交界，北与东茗乡、城南乡接壤。总面积 98 平方公里，耕地 5 万余亩，山林 7 万余亩，属玄武岩台地。平均海拔 412 米，最高点鞍顶山海拔 834 米。季风气候，冬长夏短，四季分明。

　　彩烟历史悠久。具有独特地理环境和气候条件的彩烟，自古以来被人们视为现实中的世外桃源。战乱可避兵灾，盛世可离尘嚣，厌官可耕田园。所以，约在公元 4 世纪，彩烟就有人类活动。

建成于隋代的沥江三渡（白王殿边），形成于唐代的墓塘园（大园村），均为新昌历史上最早村居之一。元朝社会动荡，在彩烟落地建村11个，占当时全县建村数的一半以上。抗战时期，烽火遍地，1942年5月至1945年8月，浙江省第三行政督察区（绍兴）专员公署驻中宅梁家祠堂三年之久，彩烟成为绍兴地区抗战的大后方。彩烟的早期居民，有的是避难、避乱到这里，有的是在剡县或新昌做官，因慕恋这里的山水风情，定居在这里。他们大多来自中华民族文明的发祥地——黄河、长江流域，带来了当时高度的文明成果，深厚的文化底蕴。彩烟一些古老村落姓氏，映照彩烟历史的绵长。隋末荣王杨白避难彩烟，繁衍成下宅、上宅、回山、雅里村为主要聚居地的杨姓大族；梁氏祖先永敏由查林迁居棠墅，开始彩烟梁氏大姓的繁衍生息；王、盛、俞、张、丁、陈、赵等姓氏村民，在彩烟安居乐业，都各有各的精彩故事。

行政区划，顺势分合。 1929年起，新昌县行政区划频繁变更，不再出现彩烟乡之称。1932年，全县分4区，下设12镇208乡，彩烟地域设21乡；1935年，合并为回山、彩淳、八和3乡；1939年至1945年，设为下彩、上彩、八和、回山4乡；1946年至1949年，又并成回山、彩淳、八和3乡。1949年12月，在回山村设回山区公所，辖回山、八和、彩淳、智仁、镜屏等5乡。1950年9月，调整回山区行政区划，辖回山、西山、塘西、上彩、中彩、下彩、彩淳、八和、泄上、安顶、镜屏、祥棠、智仁等13乡。1951年，回山区公所迁至上宅村杨大宗祠。1956年至1957年，回山区又作行政区划调整，辖回山、八和、安顶、中彩、彩淳、智仁、镜屏等7乡，而地域不变。1958年6月，智仁划归儒岙，中彩、镜屏划归澄潭。回山区机关迁至上市场。10月，原中彩的一部分又划归回山，并成立回山人民公社，下辖回山、雅里、渡河、大宅里、汤家、新市场、上宅、下岩等8个生产大队。1961年10月，恢复回山区公所，下辖回山、安顶、八和、中彩、彩淳等5个公社。1966年12月，"八和"改名"新天"。

1983年至1984年，政社分设，恢复乡村建制，回山区辖回山、彩淳、新天、安顶、中彩等5乡，共103个行政村。1989年5月，回山乡改回山镇。1992年5月，全县撤区扩镇并乡，撤销回山区建制，回山镇、安顶乡、新天乡合并为回山镇，辖58个行政村；彩淳乡、中彩乡合并为双彩乡，辖44个行政村。2003年12月，双彩乡所辖行政村撤并为19个。2004年，回山镇所辖行政村撤并为26个。2018—2019年，行政村规模调整，双彩乡设行政村13个，回山镇设行政村19个。2020年1月，撤销回山镇、双彩乡建制，合并组建新的回山镇，辖行政村32个。

山清水秀，古迹众多。 山有鞍顶山、泄上山、官塘山、狮子岩等；水有夹溪、丹溪、蟠溪和誉为"天河"的门溪水库、誉为"天湖"的前丁水库等，有其他各类水库435座，蓄水量3250万余立方米。新建各类渠道70千米，百米以上渡槽3座。这些高山台地上的山塘水库，在绿树掩映中，犹如大大小小的明珠，星罗棋布，美不胜收。回山、下宅、大宅里、后谢等主要古村古宅，远近闻名；回山村敬胜堂、下宅村都宪台门等成为县重点文物保护点。一些古祠古庙影响深远。如杨氏大祠堂、梁家祠堂、王家祠堂、盛家祠堂、俞家祠堂、张家祠堂、丁氏大宗祠、陈家祠堂、赵家祠堂等一批宗祠；白王殿、东岳寺、胡公殿、孟仓庙、龙镇殿、华藏寺、头陀殿等一批庙宇。一些古岭古桥历史久远。如韩妃岭、茶壶岩岭、藏潭岭、石蟹岭、练使岭等，如丹溪桥、永宁桥、同善桥、济渡桥等。珍贵的古树名木多居全县之首，古树与古树群分别占全县的五分之一和三分之一。名贵乡土古木有雅里的银杏、植林的玉兰、上洋的紫藤；上宅村拥有国家一级保护古树14株，大安村拥有国家二级保护古树27株，分别为全县第一；彩烟还拥有全县最大的枫香树群、圆柏树群、马尾松群和南方红豆杉群；还有独有的大叶冬青、麻栎和银杏等古树群。

物产丰富，特色鲜明。"种术可疗九州疾，种稻自给千家餐。橘柑枣栗与桑柘，种者不少资者繁。"（录自宋僖《彩烟山长歌》）世世代代的彩烟人胼手胝足，为生存与发展付出艰辛又坚韧的劳动与创造。"百尺梯田，农人耕于天际；鸟道盘桓，岭路通向山巅"，使之"旷土尽辟，地无遗利"，逐渐形成适宜回山地区种植和养殖，能够解决吃饭和穿着问题的种养业结构，以期"自给自足"。山坡旱地种植大小麦、玉米、番薯、黄豆及马铃薯、蚕豌豆等。山湾梯田种植"黄籼"单季水稻，摸索发展"嵌稻"和"双季稻"。一家一户传统养殖，以生猪、鸡鸭鹅及长毛兔为主，少量饲养耕牛、山羊等。彩烟人还在山丘遍植茶叶、白术、烟叶、桑树等，形成"烟茶丝术"特产。继茶叶、白术后，回山茭白、回山西瓜等优质农产品声名远扬。1996年宅下丁村试种"八月茭"获得成功，2003年被授予"中国高山茭白之乡"，2011年获"浙江名牌"称号。回山西瓜成名于20世纪80年代，2006年以来走向标准化、品牌化，2018年种植面积1518亩，畅销优质西瓜2781吨。

彩烟人种植白术始于唐代，普及在宋代。宋朝《剡录》记载，"剡山有术，种术者甚多"。明成化《新昌县志》载，"白术出十四都彩烟山，即本草所谓越州术"。烟山术即是新昌术、越州术的代名词，跻身著名中药"浙八味"，烟山享有"道地药材"原产地美誉。早在1915年当选为国货精品，入展北京国货馆。1929年荣获西湖国际博览会一等奖，以品质优良而闻名全国，远销东南亚。1953年、1985年，回山两次创建白术交易市场。1986年白术种植面积4850亩，产量708吨，创历史最高纪录。2001年获中国国际农业博览会优质奖，2013年获国家工商总局地理标志证明商标，而白术标准化栽培和传统熄术技术成为浙江省地方标准和全国样板。

新昌种茶在晋代已盛，唐代闻名，清代成规模，南乡烟山则为杰出代表。1957年，《中国茶叶》第一期有文章称，浙江新昌回山区金家村一块老茶园，早在近三百年前即采用等高条植茶园栽培技术，从而改写茶叶生产历史。彩烟地区茶叶种植面积解放初期为2800亩左右，2018年为18271亩。1929年，彩烟富商杨宝铺建造商贸市场镜澄埠，陈如清在镜岭创办新昌县第一家精制茶厂。1990年试制名茶，1994年在上市场建起的名茶市场，日客流量两三千人，年交易量两千多吨，辐射天台、磐安、东阳等县市和县内周边乡镇。1996年回山成为绍兴市名茶之乡。一个产业带富一方百姓，到全国各地经营茶叶的新昌茶商，有四成之多来自彩烟。1996年彩烟人发明首台扁型炒茶机，规模生产的天峰茶机、名茶采摘机，在浙江乃至全国应属率先。彩烟人相继成为业界有名的红茶大王、茶苗大王。

人杰地灵，名贤辈出。彩烟人的个性特征，是彩烟高山流水孕育和中华民族传统的人文精神高度融合的体现。忠勇是报国之本，孝义乃立家之根。古往今来，彩烟人在各行各业的优秀人才层出不穷，如泉常涌，以其各自的优异业绩载入史册。古代有杨白、梁永敏、卢宁、俞用古、杨信民、杨世植、梁敦怀等。近现代有杨国薪、梁葆仁、陈桂芬、梁敏芝、杨宝铺、赵式庐、梁敏时等。当代有梁介白、梁鋆立、张广达、梁以忠、杨德俊等。还有一批革命烈士和阵亡将士。典型的名贤事例，如丁川为官清正，杨雨时勤奋授业，梁漪亭忠孝两全，杨锦裳工兵先锋，梁雨亭浴血抗战，盛炳黎孝心可嘉，杨一智侠肝义胆，杨英明勇救学生等，不胜枚举。

当今，在各条战线、各个领域建功立业的彩烟乡贤，数不胜数。曾任或现任副厅级以上领导职务13人，其中省部级1人，部队团级以上领导职务18人，其中正师级1人，县处级领导职务47人，县内正科级领导职务53人，正高职称的专业技术人才40多人，其中教授20多人，副高职称专业技术人才240多人。

耕读传家，世代遗风。村村户户，耕读风气浓郁，尊师重教蔚然，族规祖训、村规民约都以读书为先。古有开馆立塾建校的楷模，金岩义塾、漪亭小学、震华小学（梁氏小学）等十分有名。1942年11月至1943年7月，尉可见先生到梁氏小学任教，尉健行随父插班至小学毕业。几个规模较大的村子都办私塾，延请名师，雅里杨阆山，上宅杨丽泽，下宅杨温如，都是儒学名家，一生从事教育，以培育后代为己任。在彩烟梁氏的著名人物中，也以教泽闻名的居多。光绪二十八年（1902），袁家村陈昆、上市场村潘士模、雅里村杨爔等，发起创建道南书院（后改为道南高等小学堂），成为新昌县最早的三所新式高等小学之一，也是彩烟最早的学校。新中国成立后，彩烟地区掀起办学热潮。1956年，"新昌第五初级中学"在回山创办。到20世纪70年代，全区5个乡镇103个行政村，开办小学80多所，拥有8所初中，2所完全中学，以及4所农职业中学，实现了小学不出村、初中不出乡、高中不出区，学龄儿童入学率达100%的目标。

读书明理，厚德载物，格物致知，诗书传家，这是彩烟人传承美德、获得智慧的最佳途径。会吃苦、会读书，是外界对彩烟人的普遍评价，名声在外。确实，一批又一批耕读传家，金榜题名的彩烟人，如雨后春笋。梁汝明、杨轰、杨国英、丁川、杨墀、梁振源、梁葆仁等10多人考中进士；先后中举20多人，还有众多秀才。废科举、兴新学。高考制度恢复后，据不完全统计，彩烟人考取全国名校的有数十人，其中清华和北大20多人，有4人曾分别获得绍兴市高考理科第一名、新昌县高考理科第一名、文科第一名。截至2019年，考取研究生180多人，有70多人先后获得博士学位，有100多人获得硕士学位。

文脉悠长，习俗典雅。彩烟的语言、文艺、工艺、文学、风俗、饮食等，古朴、地道、醇厚、甘洌，地域特色浓，文化含量高。红色印记中，也蕴含着人文基因。

劳动创造文字，生活孕育语言。彩烟语言是彩烟文化最鲜明的体现。以洛阳"官话"为基础的混合语言，千百年来逐渐转化归属为吴语语系的彩烟语言。规范而稳定、修饰而自然、简洁而丰富、朴素而含蓄、土味而风趣、直白而生动、古朴而典雅、地道而通谱的彩烟方言，无不深刻地反映彩烟人的思维方式、思想观念、性格特征、基本品质以及勤劳与智慧。彩烟方言也是非物质文化遗产的重要组成部分。

生活酿造文化，文化滋润生活。彩烟人创造的彩烟文化，融生活和艺术于一体，多姿多彩，内涵丰富，润物细无声地滋养着一代代彩烟人的精神和品格，也见证了彩烟先民们杰出的文化创造。

彩烟人自古能歌善舞，尚武多艺，喜爱机巧杂要，民间文艺相当活跃和丰富。古有老老紫云班、坐唱班、木偶班社等，后有村社剧团和农村俱乐部的戏曲表演；古有十番、吹鼓亭、舞狮、舞龙、莲子行等，今有腰鼓队、广场舞、演唱会等民间舞蹈和民间音乐。民间娱乐活动更是五花八门，有少儿游戏三十多种，还有成人游乐以及诗词唱和、琴棋书画等。随着广播电视和互联网的兴起，彩烟的文艺活动更加丰富多彩。

民间工艺是大众的、生活的、民俗的艺术。彩烟有精湛的木雕和根雕，缤纷的石雕和砖雕，还有实用的木器和竹器，精美的针织和绣品，以及各种藏品，千姿百态，物华天宝，散发着浓浓的乡土气息。即便是农业耕作使用的一些农具以及"耕种收"某些农活，也变成了一件件艺术品和一个个艺术活动，彰显了农耕文化底蕴的深厚。

彩烟的民俗文化，地域特色尤为明显，过年过节、婚丧嫁娶习俗及民间宗教活动，既反映彩烟人敬天尊祖的品性，又是彩烟人对美好生活的向往和追求，且能与时俱进，在移风易俗中增进现代文明。

彩烟留有红色文化的印迹。从觉醒到觉悟，从农民暴动到开展地下党活动，从1949年1月16日浙东人民武装在回山会师到5月18日新昌县人民政府在回山成立……都见证着红色文化中的峥嵘岁月。

文学作品能反映时代的风貌，能影响社会的风气。彩烟大地留下了许许多多诗词歌赋和华美文章，从《烟山赋》《彩烟行》《彩烟山长歌》到《棠墅八景》《螺峰八景》，从《隋荣王碑》《祭都察院右佥都御史杨信民文》到《道南学校记》《石缸山记》，以及一批以鞍顶山、白王庙、敬胜堂等名胜古迹为重点的对联、楹联，久久传唱，千古流芳。

彩烟山流传着许许多多各式各样的传奇故事和逸闻轶事。朱熹避难彩烟著书，杨信民广东成神，杨世植"浙东四杰"等，还有鞍顶山和龙潭的传说，烟山拳师与舞狮、"十里两都堂"和"一家三武举"等，无不寄寓着彩烟人的风采与精神。

食之有谱。区域自成一体，交通不便，以及自给自足为主的生产、生活条件，形成彩烟人独特的饮食习惯与食物菜品。"两干一稀"的一日三餐，"以食养身"的家常土菜，节庆喜庆的家宴桌菜，手工制作的零食、糖果，地道朴素的风味食品，皆为既有声誉又有内涵的彩烟饮食文化。

医之有方。彩烟人在长期的生产生活实践中，学会简单的疗伤和劳动健身办法，摸索出治病救人的秘方良药，造就了一批有特长又有医德的郎中或赤脚医生。盛行于民间的验方，可以共享和传承。新中国成立后，彩烟的医疗卫生事业快速发展，先进的医疗技术与传统的单方独味优势互补，提升了山区人民的健康保障水平。

勤劳务实，重义尚学。彩烟深厚的乡土文化、人文历史、风土人情凝聚起"勤劳务实，重义尚学"的彩烟精神。彩烟人的吃苦耐劳、勤奋努力、耿直硬气、重义忠勇、讲信守诺、好学上进、务实创新、团结协作、踏实肯干，是彩烟这一方地域经济、社会发展经久不衰，乡村居民面貌日新月异的精神支持。

　　从古至今，从彩烟乡到新回山镇，核心区域大致不变，但乡村面貌天翻地覆，还先后被评为全省小城镇环境综合整治样板乡镇、浙江省森林城镇和浙江省农业特色优势产业强镇、国家级生态乡镇。彩烟人在新的征程上，将以史为鉴，开创未来，按照"七彩回山，农旅新镇"发展思路，树立"窗口"意识，强化使命担当，全力推进农业强镇、文旅小镇、红色古镇的"三镇"建设，推动全镇经济社会高质量发展、新台阶突破。

大事记

—— 晋 ——

彩烟已有先民活动。1963年在殿前发现古墓，文物部门认定为东晋太和五年（370）的墓葬。

—— 隋 ——

大业十二年（616），隋炀帝曾孙杨白出生。

—— 唐 ——

贞观十五年（641），隋荣王杨白逃难隐居彩烟"沥江三渡"（今上市场白王庙附近）。

贞观十九年（645），杨白卒，葬三渡。

大历年间（766～779），陈楑（原籍丹阳）任浙江督邮，出巡台温，因观彩烟山色秀丽，土厚水深，其子陈高卜宅于彩烟前陈。

大历至元和年间（766～820），彩烟杨氏六世祖杨凤（744～822）迁居天台西乡。

乾符至中和年间（875～884），黄巢起义期间，丁振卿避乱，从山阴天章寺（今绍兴兰亭）迁居彩烟宅下墓塘园（今上市场大园村）。

—— 五代 ——

后梁开平二年（908），吴越王钱镠析剡东13乡置新昌县，其中有"彩烟乡"，其地域远广于今之回山镇。

杨乾（907～987）老疾致仕后，从天台西乡迁还祖籍彩烟，居长塘里，为杨氏宅前始祖。

—— 宋 ——

宋行乡里制。大中祥符六年（1013），新昌县原13乡撤并置8乡，彩烟为其中之一，领里3。

北宋宣和四年（1122），雪溪董氏十二世董德之（1095～？）因随父武功大夫董功健讨贼有功，被授修武宣尉转授中军总领而领兵驻守绍、台、金三府交界要塞练使岭，后卜居彩烟大塘（今上岗头村大塘水库屋基坵），为彩烟董氏始迁祖。

庆元年间（1220年前后），卢宗回（卢允迪八世孙）迁居彩烟蟠溪，彩烟卢氏奉允迪为始祖，宗回为始迁祖。

绍兴十四年（1144），新昌梁氏第三十世祖梁永敏由查林迁居彩烟棠墅，为彩烟梁氏始迁祖。

乾道年间（1165～1173），戴质致仕，晚年退居彩烟叠石岭下，当地人逐以其官职名改此地为"练使"。戴质为彩烟戴氏始祖。

淳熙八年（1181），棠墅梁汝明（梁永敏之孙）登进士第。

庆元四年（1198），朱熹因"伪学"之禁，避难至好友棠墅梁汝明家，在梁别业苏村（今祥棠）著《四书集注》，并笔录《大学注》留汝明家。苏村别业称"朱子著书楼"。

开禧年间（1205～1207），盛太正从县城迁居龙岩，为彩烟盛氏始迁祖。

嘉泰二年（1202），下宅杨轰登进士第。

庆元年间（1195～1200），东园（县城仁政坊之东园）陈氏第十一世祖陈记创建平水庙（今回山镇东庙）。至十五世陈本中、陈允中兄弟隐居彩烟回山村。

淳祐十年（1250），上宅杨琼（字贯之，又字兰孙，仕名国英）登进士第。

— 元 —

元行都图制，新昌县置8乡，39都，42图。彩烟乡辖都7（十一都至十七都）领图9。

元统三年（1335），贾彦挺（贾似道玄孙）从天台筀里溪迁居彩烟下湖桥，为彩烟贾氏始祖。

元朝末年（1330年前后），赵祚自县城东北茭湖徙居彩烟上西岭，为彩烟赵氏始迁祖。

元朝末年，俞明从县城静安坊迁居彩烟岭头俞。

— 明 —

洪武元年（1368），袭旧制，每图设社学1所。彩烟乡设社学9所。

成化时行里甲制，新昌县置7乡26都32里。彩烟乡辖都6领里7。

明初，建棠公市。

洪武年间，彩烟岭头周（今岭山）周铭德建连槐堂，教泽乡里。下宅杨信民（后任都御史），萧山魏骥（后任吏部尚书）均为其弟子。

洪武年间，上宅杨丽泽于韩妃村开金岩义塾，署名"丽泽轩"，为杨信民、甄完读书处。

洪武二十二年（1389），卢氏宗祠于蟠溪建成。宋濂与其门生方孝孺至蟠溪"进谒宁公，备叙凤昔之好"。

洪武二十六年（1393），上宅杨容（刑部尚书）因蓝玉案株连，遭满门抄斩。

宣德五年（1430），下宅杨信民（都御史）归家葬母，亲抬土石。

景泰二年（1451），柴彦保从善政乡泄下村（今属小将镇）迁居彩烟前王村，为彩烟柴氏始迁祖。

天顺八年（1464），大园丁川登进士第。成化时任都察院佥都御史。

弘治七年（1494），杨希杉从斋堂村迁居回山村，为回山村杨氏始迁祖。

万历四十年（1612），旧宅岙梁奎誉发家藏之粟以赈山阴大饥。

天启元年（1621），梁奎誉百岁时，越州知府潘四川为其百岁堂题联"葵粟赈饥，自昔恩波流越水；建坊载志，于今齿德竣烟山"，以示褒扬。

—— 清 ——

清行都图制。新昌县置 7 乡 30 都图。彩烟乡辖都 6（十二都至十七都）领图 7。

康熙十年（1671），经总督部院、绍兴府审断，回山下坂（今回山村外）开市。

乾隆十五年（1750），状元梁国治自会稽来新昌查林、鳌峰、彩烟祭祖。

乾隆二十五年（1760），宅下丁村杨世植在家建读书楼，名"万卷楼"。

乾隆三十七年（1772），雅里杨墀登进士第。

嘉庆十六年（1811），芸溪（今晨光村）梁敦怀以太仆卿致仕还乡。

道光十五年（1835），雅里杨济江中武举。杨济江侄杨曜之、杨熹之分别于道光二十六年（1846）、咸丰元年（1851）中武举。乡人称颂"一门三武举"。

道光十六年（1836），岁大饥，回山村杨国薪以千金运西米，半价赈灾。

同治七年（1868），天台妙山陈桂芬中武进士，至祖籍彩烟祭祖，分别在前陈村陈氏祠堂、回山村陈鏊祠悬挂"状元及第"匾额。

同治十一年（1872），实行保甲制，县设编查局于新市场盛氏宗祠。4 月，杨增龄旧部王成继等冲击编查局。6 月 1 日，王率数千人围县城。清廷提标率兵镇压，进逼彩烟乡，分扎保应庙、梁氏宗祠。年余，王成继等被捕杀。

光绪七年（1881），新市场建立集市，农历逢五逢十为集市日。

光绪十一年（1885），左宗棠上书举樟花梁梦崧为江宁县令，钦加同知衔。

光绪十二年（1886），中宅梁葆仁登进士第，后任湖北天门知县。湖广总督张之洞称梁为"湖北第一好官"。

光绪年间，樟花梁毓芝编《识字捷径字典》，并于 1919 年刻版付梓。新昌县档案馆有存。

光绪二十八年（1902），梁葆仁致仕回籍。后在彩烟下洲（今属城南乡）建止止山庄。

同年，袁家陈昆、上市场潘士模和雅里杨燨等，发起在下塘西北宁只山创办道南书院，光绪三十一年（1905）年更名道南高等小学堂。光绪三十四年（1908）竣工开学。

光绪三十二年（1906），回山村杨宝镛发起，在瀚亭祠创办瀚亭小学。

宣统二年（1910），县调整行政区域，分城区及东、南、西、北区，南区仍名彩烟乡。

宣统三年（1911），棠墅梁瑞禄等创办南区私立震华高等小学。后更名梁氏高等小学（为新天中心小学前身）。

—— 民国 ——

1912 年 1 月，雅里村、植林村创办小学（后分别称安顶中心小学和植林完小）。

1913 年 2 月，下宅创办兴隆小学（后称彩淳中心小学），同时，殿前、袁家、宅下丁、后谢等村均创办小学。

1915 年，烟山白术当选为国家精品，入展北京国货馆。

1916 年 10 月，下岩村创办小学。

1917 年 2 月，樟花、王家小学创办。

1923 年，回山村杨宝镛与新嵊两县士绅发起创办嵊新汽车股份有限公司。

1924 年 2 月，马家田小学创办。

1929 年，杨宝镛在练使村建"镜澄埠"市场。遗迹尚存。

同年 2 月，西丁小学创办。

同年 9 月，下洲村青年农民张万成率众暴动，火烧设在道南小学内的国民党南区分部，道南小学校舍亦被焚毁。

同年，回山人陈如清在镜岭开办精制茶厂（新怡泰茶栈）。

同年，烟山白术获西湖国际博览会一等奖。

1930 年，道南小学在周公庵（下湖桥旁）复课。

同年，大安小学创办。

1932 年，全县分 4 区 208 乡。（回山区范围）属第三区，分为回山、宅阳、下官斋、西塘里、贤辅、长渡、西植、雅库、六行、樟家、大家里、柘家、荷塘里、谢全市、法官庙、下王塘、上宅、下宅、彩峰、塘头溪、欧溪坑等 21 乡。

1933 年，樟花人梁鎏立回国。

同年，道南小学迁新市场。

1934 年 2 月，王家塘、官塘、蔡家湾、侯家岭等小学创办。

同年 4 月，黄炎培考察新昌风情，游历大佛寺，询问朱熹棠墅著书情况。

1935 年，改"新县制"，21 乡合并为回山、八和、彩淳 3 乡。

同年 11 月，红军挺进师 40 余人，自东阳县张家湾，过石门坑进入县境，经荷花塘，至下西岭宿营。翌日晨，复入东阳县境。一伤员留荷花塘山厂，得下西岭赵爱香救助，半个多月后伤愈归队。

1936 年 2 月，西塘、上贝、莲花心小学创办。

1937 年 2 月，石彦坑、渡河、下西岭小学创办。

1938 年，道南小学再迁下宅下畈殿。

同年，前陈、后王小学创办。

1939 年，彩淳乡分设上彩、下彩 2 乡。境内共 4 乡。

同年 2 月，前丁小学创办。

1940 年 2 月，岭头俞、旧里、贤辅、斋堂、官元、下山、后溪、李间、金家、溪边等小学创办。

1941 年 5 月 20 日，日军 3 架飞机在回山村覆钟山投下 2 枚炸弹。

1942 年 5 月，浙江省第三行政督察区（绍兴）专员公署从天台平水迁至本县八和乡中宅梁家祠堂。1945 年 8 月迁往绍兴。

同年 11 月，尉健行随父就读于大宅里梁氏小学，至 1943 年 7 月小学毕业。

同年，欧潭小学创办。

1943 年 9 月，下塘小学创办。

同年 10 月 17 日，日军、汪伪警察共 400 余人，分两路进犯彩烟乡，沿路烧杀抢掠，火烧塘岸头、下宅、下市场、白王殿等处，受到民国县政府自卫队抗击。日伪军经鞍顶入东阳（今磐安）。

抗战期间，著名越剧演员袁雪芬、范瑞娟、王杏花、赵瑞花等，在主祀抗金名将杨再兴的金家斋堂庙演出两个月，旨在激发民众抗日斗志。

1944 年秋，抗日进步青年在天姥寺成立"青年业余剧团"，曾到烟山演出抗日话剧《烟苇港》等。

同年 2 月和 9 月，高湾小学和岭山小学先后创办。

1945 年，梁鋆立出席第二次世界大战战犯审理委员会、旧金山联合国制宪会议等国际会议。

同年 2 月，上西岭小学创办。

1946 年，道南小学与下宅兴隆小学合并，称彩淳乡中心国民学校。

1947 年，大宅里村梁辅丞当选为"国大代表"（新昌县代表 1 名）。

同年 2 月，下湖桥小学创办。

—— 中华人民共和国 ——

1949 年

1 月 16 日，人民解放军浙东部队主力会师回山村。

5 月 18 日，新昌县人民政府在回山村成立。

5 月 23 日，中共嵊新特派员丁友灿率吕少英、章一萍等接管人员和警卫队，从回山进抵镜岭。24 日傍晚前从南门进新昌县城，受到各界人士夹道欢迎。

9 月，屯坑、上真、后坂小学创办。

10 月 1 日，中华人民共和国成立。彩烟人民组织各种形式的庆祝活动。

12 月，设立回山区，辖回山、八和、彩淳、智仁（今属儒岙镇）、镜屏（今属镜岭镇）5 乡。建立中共回山区委、回山区人民政府。区委机关、区政府驻回山村。

1950 年

1 月，开展冬学运动，组织"扫盲"工作，各乡开办冬学。

2 月，井塘、寒庄、汤家小学创办。

7 月，回山区政府改称回山区公所。

8 月，新昌县委、县人民政府和中国人民解放军一九九团联合召开剿匪工作会议，在大市聚、回山、儒岙分别建立治安委员会，实行党、政、军、民总动员，由一九九团第三营负责回山、儒岙一线的军事围剿，要求在两个月内完成剿匪任务。

9月，全县36乡镇调整为70乡镇。回山区辖回山、西山、塘西、中彩、上彩、下彩、彩淳、八和、泄上、安顶、镜屏、祥棠、智仁13乡。

开展土地改革工作。

1951 年

年初，彩淳乡中心小学改为回山区中心小学，并开建新校舍，校址彩淳下宅村。

2月，前王、丹溪、下坪山、宅后王小学创办。

春，回山乡上市场杨德喜组织8户农民，在全县率先成立常年互助组，并在回山区"五一"示威大会上向全区发起爱国增产竞赛挑战。会后全区相继成立146个互助组并提出应战。

春，开工建设彩淳乡东片引水渠道工程，于1953年春竣工。自下宅大坂，经磨湾冈、屋基湾、缸窑山到弹街岭头，再分南、东、北三支渠，灌溉农田甚广，下宅、岭山、下坪山、大岭脚及沿溪溪边、丹溪、欧潭、上贝、下岩等村受益。

夏，中共回山区委、区公所机关迁驻上宅杨大宗祠。

上半年，土地改革工作完成。5月1日，全区组织庆祝大游行。

9月，杨德喜被推选为浙江省第一届第二次各界人民代表会议代表（全县共4名）。1952年11月，又被推选为浙江省第二届第一次各界人民代表会议代表（全县共4人）。

12月，省卫生厅拨款2000元，筹建回山区卫生所（地址上宅），为县内第一所区级卫生院（所）。

1952 年

1952年2月，杨德喜农业生产互助组被评为全省模范互助组（全县唯一）；3月，该互助组试办全县第一个初级社（入社农户扩大至14户，55人）；11月，杨德喜出席全省农业生产互助合作代表会议并在会上介绍办社经验。

5月，区卫生所成立开诊。地址彩淳乡上宅村。

1953 年

1月8日，中共新昌县委向各区、城关镇转发《回山乡冬闲中克服休息思想找到冬季生产内容》的文章。

1954 年

7月，杨德喜被选举为浙江省第一届人民代表大会代表（全县共5名）。1964年7月，又被选举为浙江省第三届人民代表大会代表（全县共5人）。

是年，各乡相继成立农村信用合作社。

是年，回山村团支部被共青团浙江省委评为先进团支部。

1955 年

回山区供销社建立。各乡设供销分社。

1956 年

2 月,撤销区公所。(保留回山、小将、儒岙 3 个区委)

4 月,行政区划调整,全县由 70 个乡镇撤并为 36 个。回山区辖八和、中彩、智仁、彩淳、回山、镜屏 6 乡。

9 月,新昌县第五初级中学开办,校址下宅村。

11 月,各乡政府开通电话。

1957 年

10 月,恢复安顶乡建制,全区为 7 乡。

1958 年

年初,石潭水库动工兴建,同年竣工。

6 月,青油坂水库动工兴建,1962 年竣工。

同月,智仁乡划归儒岙区,镜屏、中彩乡划归澄潭区。

同月,回山区机关迁驻上市场。区文化站建立。

随着区机关转移,回山乡中心小学(原瀚亭小学)更名回山区中心小学,原回山区小(校址下宅)改称回山中学小学部。

9 月,石缸水库动工兴建,后于 1965 年、1976 年两次续建。

同月,回山民办初级中学创办,校址回山村,后迁蜂桶苗。

同月,下董小学创办。

10 月,以区建社,由回山区原辖八和、彩淳、回山、安顶 4 个乡和从澄潭区划回中彩半个乡建立回山人民公社管理委员会,辖渡河、雅里、回山、汤家、大宅里、上宅、下岩、新市场等 8 个生产大队。

秋,各大队开办食堂。1961 年上半年停办。

11 月,新昌县建制撤销,与嵊县合并,定名嵊县。

同月,后坂水库动工兴建,1960 年竣工。

是年,多个大队共同垦建中彩茶场。规划 500 亩,实际开发 250 亩。1963 年投产。

是年,设回山公安特派员 1 名;建立回山邮电分局;建立回山粮管所。

1959 年

1 月,原生产大队更名管理区,原生产队改为生产大队。

3 月,调整人民公社管理体制,坚持以生产队为核算单位。

1960 年

2 月，回山公社大批劳动力被抽调，突击开垦嵊县三界茶场。

6 月，回山区卫生院从上宅迁至上市场。

10 月，县委决定，降低粮食消费定量，农村社员每人每天供应原粮 0.375～0.5 公斤，并发出用可以食用的代用品代粮以度粮荒的号召。回山公社响应号召，应对暂时困难。

1961 年

10 月，新昌县建制恢复（12 月国务院批准），撤销原大公社，恢复区一级建制（设区委、区公所）。回山区辖回山、安顶、八和、彩淳、中彩 5 个人民公社，公社设管委会。

12 月，鉴于"包产到户"在全县长期纠而不止的情况，新昌县委召开全委扩大会议和四级（县、区、公社、大队）干部会议，纠正干部队伍中的包产到户思想倾向。会后，回山区各公社立即贯彻执行。

是年，兴建安顶茶场。

1962 年

2 月，高坪小学创办。

5 月，回山区公所撤销。

7 月，经调整，新昌县保留 8 所公立中学，其中初中 5 所，回山初级中学（校址下宅）在列；保留 7 所民办初中，回山民办初中（校址蜂桶亩）在列。

9 月初，连续暴雨，洪水成灾，回山区多处农田被淹，道路受阻。

1963 年

根据上级部署，全区开展"五反"（反对贪污盗窃、反对投机倒把、反对铺张浪费、反对分散主义、反对官僚主义）运动。

1964 年

5 月 1 日，新昌县城至回山公路建成通车，开启回山通公路的新纪元。

9 月，孟仓、王店、白毛坑小学创办。

1965 年

1 月，双溪口木桥改建成轻轨叠梁桥。1992 年 12 月，双溪口至下丹溪公路建成通车，长 5.4 千米。1995 年 5 月，双溪口大桥竣工，为连接回山、儒岙的主要公路桥。

6 月，回山汽车站在金龙山建成，为自设站。占地 467 平方米，建筑面积 130 平方米，设有售票房、候车室、车库、职工用房。

9 月，新市场、双凤小学创办。

10 月，"社教"工作队进驻各公社、大队，开展"四清"（清政治、清经济、清组织、清思想）运动。

是年，设立新市场汽车代办站，地址西尖山。

1966 年

4 月，各公社进行队与队、大队与大队之间插花田地调整工作。

5 月 15 日，城关镇 37 名知识青年到鞍顶山开垦茶场，前后一共耗时 10 年。

9 月，中彩公社后王大队火灾，毁房 160 间，伤 70 余人。

12 月 25 日，"社教"工作队撤离回山各公社、各大队。

是月，全县部分公社先后以"革命化"的名称改去旧名，回山区安顶公社改为顶峰公社（1967年 8 月恢复原名），八和公社改为新天公社。不少大队也先后改名。

是年，政府限制白术生产，将白术收购价从每担 200 元降为 135 元，因"四清"工作队认为种白术是走资本主义道路。回山地区反响强烈。

1967 年

1 月 2 日，回山区 100 多人就白术降价问题向县、省直至派 3 名代表赴京，提出恢复白术价格的诉求。

3 月 8 日，根据中央"支左、支农、支工、军管、军训"（简称"三支两军"）精神，各公社由公社武装部长、大队由民兵连长主抓工作。

3 月 16 日，新天公社大宅里、樟花两大队因插花田产生纠纷，引起群众性械斗，造成死 1人，伤 86 人的严重后果。县委派工作组平息事态，县委监委对有关人员分别做出开除党籍、留党察看等处分。

6 月下旬起，连续干旱 130 余天。回山地区溪坑断流，塘井干涸，草木枯死，人畜饮水困难，秋粮无法下种，或虽种而无收。国家拨款供粮救灾。

是年，官元至寒庄公路建成，长 4 千米，为石门水库专用公路。

部分为避迫害的嵊县、新昌干部到回山。回山部分群众曾设法救护。

1968 年

3 月，回山区机关、安顶公社机关干部及其各大队负责人，还有安顶茶场职工和在茶场的"知青"共 200 多人，到鞍顶山大落岭植树造林，规模种植金钱松。至 1970 年，种植金钱松 200 多亩。现已成林。

6 月至 9 月，安顶、回山、新天、彩淳、中彩 5 个公社"革命委员会"相继成立。

9 月，虎家丘小学创办。

1969 年

1 月，新天中学创办。

2 月，回山民办初中改公办，称回山公社初中。

6 月，回山区"革命领导小组"成立。下辖 5 个公社"革命委员会"。

7 月，与全县同步，回山区农村公办小学下放到大队，公办教师回队任教，报酬实行工分加补贴。1972 年 2 月，回队教师恢复公办待遇。

8月至9月，全县刮起以清理阶级队伍，保卫"三红"，打击"现行犯罪分子"的"红色风暴"，回山各公社"群众专政指挥部"定点（如彩淳公社后马庵、新天公社下殿、中彩公社法官庙）关押无辜的干部群众，强迫接受审查、义务劳动。

9月，安顶乡中心小学开办附设初中班。

是年，回山公社农机厂成立。

1970年

1月，县夺煤指挥部成立，开展夺煤大会战。下坪山生产队社员在茶壶岩岭找到褐煤，将一块800多斤的大煤块抬到下宅，装车运到县夺煤指挥部，从而掀起夺煤高潮。回山区域内，先后建成县属下坪山矿井、区属寒庄煤矿、彩淳公社（茶壶岩岭）煤矿、新天公社（里间）煤矿。还有下坪山生产队、大岭脚生产队均建有煤矿。后因褐煤质量欠佳，停止开采。1978年县夺煤指挥部撤销。

4月，全区各大队合作医疗站全部建成。实行合作医疗制度。

9月，回山初级中学（校址下宅）增设高中部。

同月，东碛小学创办。

同月，为"夺煤大会战"配套，由中彩、彩淳、新天3公社续建下宅到大宅里公路。

是年，推荐工农兵上大学。

1971年

1月，回山区各公社贯彻中央〔1970〕70号文件和县委在遁山公社举办第一期农业学大寨学习班精神，掀起"农业学大寨"群众运动热潮。

5月，新市场经上下宅至大宅里公路建成通车。大宅里设车站，彩淳下宅粮站旁设停靠站。

1972年

是年，回山区第一台电视机在原回山中学（下宅）安装落户。

1973年

3月，在上市场设回山粮食交易市场，允许群众进行少量品种调换和余缺调剂。

9月，姜岙小学创办。

1974年

8月，回山公社初中（校址蜂桶亩）增设高中部，改称回山第二中学。原回山中学（校址下宅）改称回山第一中学。

1975年

11月中旬，回山区及各公社贯彻县委在上旬召开的四级干部大会精神，深入推进"农业学大寨"运动。

1976 年

1 月 8 日，国务院总理周恩来逝世，回山干部群众佩戴黑纱、白花，采取多种形式，开展悼念活动。

7 月 6 日，全国人大常委会委员长朱德逝世，干部群众深切悼念。

9 月 9 日，中共中央主席毛泽东逝世，全区各机关单位、生产大队设灵堂、献花圈，组织吊唁活动。

10 月 24 日，县委在新昌中学操场召开 3 万人大会，热烈庆祝粉碎江青反革命集团的胜利。回山区各级机关干部、中小学教师和群众代表参加庆祝会。

是年，孟仓小学撤并。之后，区内不断撤并的学校有：1982 年岭头王小学；1988 年白毛坑、侯家小学；1991 年新市场小学；1992 年前丁、上西岭、下湖桥、下坪山、宅后王小学；1993 年上真、高坪前陈、井塘、虎家丘、姜岙小学；1994 年屯坑小学；1996 年樟花、王家、马家田、侯家岭、渡河、岭头俞、后溪、李间、金家、高湾、汤家、前王、下董、王店、东砣小学；1997 年西丁、蔡家湾、柘前小学；1998 年斋堂、官元、下山、溪边、下塘、岭山、后坂、寒庄、宅下丁、官塘、下西岭小学；1999 年丁山小学；2000 年莲花心小学；2001 年下岩、上贝、欧潭、丹溪、大安、袁家、后谢、荷塘、下洋小学和安顶初中；2002 年后王、植林、五一（殿前）小学；2003 年新天初中并入回山中学，双彩初中并入道南中学；2005 年双凤完小；2008 年红联、旧里小学；2019 年启康希望小学并入彩淳中心完小；2020 年双彩乡中心小学并入道南小学，新天完小并入回山镇中心小学。2021 年 7 月，道南中学并入回山中学。至此，镇域内仅初中 1 所（回山中学）、小学 2 所（回山镇中心小学、道南小学）。

1977 年

1 月，新市场汽车站改建。占地 167 平方米，建筑面积 150 平方米，设售票房、候车室、职工用房、装卸台。

2 月，前丁水库动工兴建。1979 年成立渠道指挥部。1980 年库区移民工作完成（前丁村 70 户 244 人迁至长虬岭脚建立新村，103 户 380 人迁至区内各公社落户；渡河村 13 户 49 人迁往江西省静安县高湖公社，65 户 211 人迁至区内各公社落户）。1983 年 4 月水库竣工，蓄水量 755 万立方米，主要用于农田灌溉和生活用水。同年，连接水库干渠的长 60 米的飞凤山渡槽建成。1989 年，前丁水库灌区连接彩淳、中彩引水干渠工程完工，其中建有 1 处倒虹吸、2 个机埠、3 座渡槽（回山渡槽于 1984 年建成，长 126 米；井塘渡槽于 1986 年建成，长 131 米；上宅渡槽于 1988 年建成，长 113 米）。

9 月，高校招生考试制度恢复，浙江率先命题统考。

1978 年

2 月，回山一中、回山二中撤销"革命委员会"，恢复校长制。

7 月，高校招生考试恢复全国统一命题考试。

是年，戏剧电影《红楼梦》在下宅村放映，全区轰动。随后各村陆续放映。

1979 年

2 月，回山地区开始对"四类分子"（地主、富农、反革命分子、坏分子）进行评审、摘帽。回山区大部分"四类分子"摘掉帽子，至 1983 年全部摘帽。

12 月，北池至下丹溪公路建成。至此，北池至横渡桥公路全线贯通。

1980 年

1 月，在修建新市场至肇圃公路牛石湾段时，石块塌落，造成 4 死 2 伤特大事故。

4 月，人民代表大会制度恢复，回山区各公社选民直接选举县、公社两级人民代表大会代表。

5～6 月，回山、安顶、新天、彩淳公社"革委会"改设公社管委会。

12 月，新市场经小石门至冷水、小石门至肇圃（公社）公路建成。全县实现社社通公路。

新昌煤矿下坪山矿井封停。

1981 年

3 月，回山区"革命领导小组"撤销，恢复区公所。下辖回山、安顶、新天、彩淳 4 公社管委会和中彩公社"革委会"。

8 月初，绍兴地委书记周效儒到回山检查了解农业生产责任制情况。

同月，回山一中停止招收普通高中生。

1982 年

春，普遍实行家庭联产承包责任制。

11 月，门溪水库工程指挥部成立，1985 年 4 月动工兴建。1989 年 11 月竣工，库容量 2131 万立方米，为兼有发电、防洪、灌溉功能的中型水库。

是年，根据上级部署，回山区实行严格的计划生育政策。

1983 年

7 月，区在回山公社搞政社分设试点，回山公社管委会改为回山乡人民政府。至 1984 年，其余 4 个公社先后改乡，设乡人民政府；大队改村，设村民委员会。

8 月，回山一中最后一届高中生毕业，改彩淳公社初中，回山二中改称回山中学。

是年，山林定权发证。

回山区及各乡（公社）党委、政府把"严打"工作列入重要议事日程。

1984 年

4 月 2 日，门溪水库有汽车坠落悬崖，造成死亡 8 人、重伤 6 人的特大事故。

是年，因门溪水库建设，开展库区移民。门溪村整体搬迁，全村 49 户、160 人，大部分安置在上虞县沥海镇涂新村，一部分安置在新昌县澄潭乡左于村。外前丁村 10 户、35 人安置在宁波市高桥镇。

新天汽车站建成。占地119平方米，建筑面积189平方米，设售票房、候车室、职工用房、车库、装卸平台。

1985年

是年，区公所办公楼建成，并投入使用，建筑面积1200平方米。

农业银行回山营业厅建成营业。

1986年

6月，彩淳乡欧潭村西后山大面积开裂滑坡。鉴于1920年曾在同一地段发生山体滑坡，冲毁房屋20间，死亡18人的历史教训，确定该村搬迁，易地廿石一带建新村。

12月，门溪桥竣工。长99米，高30.53米，为当时新昌最高桥梁。

是年，回山区劳务公司成立，组建宁波北仑港码头、镇海码头装卸队。

1987年

2月，植林汽车站竣工，为全县第一个村办汽车站。建筑面积132平方米，设有售票房、候车室、车库、职工用房。

5月，门溪水库老羊山电站工地违章作业，铁吊篮高空坠落，民工5人被摔身亡。

回山自来水站建成，回山集镇各单位、回山村、上市场村等3000人用上自来水。

回山区纺织厂创办，厂址前丁水库。

藏潭桥水库竣工，库容量55万立方米。

1988年

8月，回山中学停止招收普通高中学生，改招职业高中新生。

是年，回山供销社新营业楼开工兴建，建筑面积1200平方米，翌年竣工开业。

1989年

5月，回山乡改为回山镇。

9月8日，新昌县委书记钱信浩、县长蔡德麟率13个部门负责人到回山区现场办公，研究探讨开发玄武岩台地资源，发展开发农业。

9月中旬，23号台风侵袭县境，回山地区受灾严重。回山镇下山村山体滑坡下沉，裂缝长约1000米，最宽处达30米，最深处达14米。

1990年

2月，柘前小学创办。

春，安顶乡雅里村聘请杭州制茶高级技师指导炒制名茶，率先发展优质名茶生产，开办全县第一个茶叶市场。之后，柘前村丁水芳研制第一台炒茶机。回山镇在北京开办全县第一家对外茶庄。2002年成立全县首个镇乡名茶协会。

4月，回山镇被列为县"吨粮工程"建设4个试点乡镇之一。

7月，绍兴市委书记汪曦光到新昌检查抗旱工作，到彩淳乡实地考察。

是年，新建回山区公所办公、宿舍楼，建筑面积850平方米。

中宅大祠堂拆除，新天中学教学楼动工兴建，1991年竣工。

1991 年

4月，国家教委原副主任何东昌个人向中彩中学捐款500元。

5月，开发"回山峰芽"品牌名茶。

9月，回山中学与县人武部在回山中学联合创办新昌县第一所预备役军人学校，并面向全县招生109名。首届学生于1993年5月毕业。

1992 年

5月，全县撤区扩镇并乡，由48个乡镇并为18个乡镇，撤销回山区委、区公所；撤销回山镇、安顶乡、新天乡建制，合并建立回山镇，设中共回山镇委员会和回山镇人民政府，驻地上市场；撤销彩淳乡、中彩乡建制，合并建立双彩乡，设中共双彩乡委员会和双彩乡人民政府，驻地新市场。

8月，回山地区遭受16号台风袭击。

1993 年

回山玻钢厂、新天涂料厂、三毛建筑公司等8家镇属企业转制为私营企业。

1994 年

4月，双彩名茶市场建成，地址新市场。

9月，上市场至大安山公路油化。为回山第一条油化公路。

同月，彩淳中学新教学大楼竣工。

10月，上市场至天台县双岭乡桥头丁公路动工，1997年建成，长6.3公里。至此，平（平镇）上（上市场）公路开通。

1995 年

3月，"回山峰芽"经农业部茶叶质量监督检验测试中心鉴定为浙江龙井极品。"大佛龙井"同时被鉴定为浙江龙井极品。

5月，绍兴市第一所、全省第38所希望小学——新昌觉苑希望小学奠基动工，地址金家村。1996年3月5日竣工并投入使用。

冬，县政府批复同意，彩淳中学更名为道南中学。

新建回山综合农贸市场，位于回山集镇金龙街。

是年，官元村团支部被共青团绍兴市委评为先进集体。

回山镇彩烟书画社成立。2007年8月，彩烟书画社12名会员选送作品参加县"合作银行杯"农民书法大赛，9名作者的作品获奖，其中二等奖1名，三等奖2名。

1996 年

8 月，萧耿希望小学在新天完小建成。

12 月，投资 300 万元，回山建成新的自来水厂及泵站，改善集镇及周边村饮用水条件。

是年，宅下丁村民杨灿元引进"八月荬"，试种成功。

1997 年

是年，回山中学学生宿舍楼建成，总建筑面积 1797 平方米。翌年 3 月，寄宿生从白王庙搬迁入住新宿舍。

1998 年

1 月，启康希望小学动工兴建，校址上三高速双彩道口西侧，占地 3562 平方米，建筑面积 1493 平方米。2001 年 5 月落成。

5 月 19 日，绍兴市代市长董君舒率电力、交通、民政、农业、计生等部门负责人到回山镇考察指导开发农业和计划生育工作。

6 月 19 日，双彩乡上贝村完小校长杨英明为抢救落水儿童而英勇献身。省人民政府追认为烈士。9 月 14 日，县委举行杨英明烈士事迹报告会，并做出《关于开展向杨英明烈士学习活动的决议》。1999 年 4 月，根据杨英明烈士事迹摄制的电视剧《背上的桥》在中央电视台播出，并获全国电视剧"飞天奖"。

8 月 14～17 日，绍兴市委书记沈跃跃在回山蹲点调研。

11 月，建设上贝月亮桥，保障涧潭自然村学生上学安全。

是年，白王庙被公布为县级文物保护单位。

双彩乡烟山书画社成立。2012 年 5 月，"墨舞烟上"作品展在县文化中心展出。

回山工商所撤销，相关业务并入儒岙工商所。

回山荬白交易市场兴建。

1999 年

是年，农村第二轮土地承包权延长二十年工作完成。

2000 年

6 月，安顶初中停止招生，安顶片小学毕业生直升回山中学。

8 月，回山中学停止招收职业高中生。

同月，东美希望小学校舍竣工，建筑面积 846 平方米，校址紧靠回山镇小。

是年，上市场茶叶交易市场建成，占地 1600 平方米。

回山镇完成农村低压线电网改造。

2001 年

1 月，新磐公路一期动工，2004 年竣工。二期于 2014 年 12 月动工，2018 年 1 月竣工。

2 月，回山电信大楼建成启用。

4月16日，下宅发生重大火灾，烧毁房屋19间，受灾村民11户，直接经济损失30余万元。

10月，上三高速双彩道口开通。

12月，安顶希望小学竣工，并投入使用。

是年，回山镇政府办公大楼建成，占地400平方米，建筑面积2000平方米。

注册"回山茭白"商标。回山茭白生产合作社成立。

2002 年

4月7日，上市场村发生特大火灾，烧毁房屋69间，过火面积1834平方米，受灾39户，115人，直接经济损失84.4万元。

4月，县委副书记、县长黄金梁到上市场村指导灾后重建工作。

6月，新天初中停止招收初中生，新天片小学毕业生直升回山中学。

7月，"浙东人民解放军回山会师"遗址被公布为县级文物保护单位。

同月，下丹溪至王渡口公路全面整修。

是年，回山茭白市场扩建，占地2000平方米。

回山镇新区开发，大石山、黄狮湾填挖工程完成平整。

2003 年

4月1日，时任中共中央政治局常委、中央纪委书记尉健行专程回访母校梁氏小学。

8月，县委书记周克文到回山镇调研茭白基地。

10月，回山中学综合实验楼建成，建筑面积1600平方米。

12月29日，县政府同意双彩乡行政村规模调整方案，原44个行政村调整为19个。

是年，开通回山至儒岙、回山至城南区间客运班车。

回山集镇彩烟路建成，长为2000米，宽为24米。2005年，回山集镇大石路和彩烟路硬化。2010年，回山集镇金龙街改造，硬化道路面积28200平方米，铺设排污管道500米。

宅下丁村被绍兴市科协评为科普示范村。2005年被浙江省科协评为科普示范村。

2004 年

5月，新型农村合作医疗制度实施。

6月，县政府同意回山镇行政村规模调整方案，原58个行政村调整为26个。

8月中旬，受14号台风"云娜"影响，回山地区遭受重灾。

9月，双彩集镇新市场至加油站段公路拓改工程竣工。11月，新市场金政街硬化。

同月，回山社会福利院建成使用。

回山镇完成下山新村一期建设工程，70户移民陆续住进新房。

2005 年

2月，回山镇自来水站扩建，增加水池容量4000立方米。

7月，新胡线新市场至回山段油化。

2006 年

回山镇、双彩乡建成多座电信信号塔，实现信号全覆盖。

下山村二期移民 130 户安置房建设启动，规划占地 6240 平方米，建筑面积 22880 平方米。

回山中学食堂及宿舍楼各一幢建成，总建筑面积 4252 平方米。

是年，取消农业税，受到回山农民群众拥护。

植林村被绍兴市委、市政府命名为文明村；被市委评为"五好"基层党组织；被浙江省委、省政府命名为文明村。

2007 年

7 月，县委副书记、县长温暖到双彩乡调研。

8 月，回山镇举办首次家政服务培训班，54 名妇女劳动力参加培训，培训期 18 天。经考试合格，发给家政服务上岗证书，并推荐到宁波等地就业。

11 月 6 日，绍兴市委常委、组织部部长方建到回山镇调研。

是年，双彩至回山 10 千伏制茶电力专线完成安装。

回山镇中心小学食宿楼建成，建筑面积 1251 平方米。

是年，回山镇、双彩乡各举办首届农民文化节。此后每年举办。

是年～2012 年，回山镇、双彩乡共完成道路硬化 17.42 万平方米，拆除露天粪坑 6166 个，新建公厕 79 座，建垃圾房 102 个。2013 年，共拆除违章和危旧建筑 2.7 万平方米，完成 2 个集镇污水处理工程。回山镇完成高湾等 8 个村的美丽乡村建设，双彩乡通过绍兴市空心村改造项目验收。

2008 年

1 月，回山镇被浙江省人民政府授予农业特色优势产业强镇（蔬菜）。

同月，回山镇农业综合服务公司被中国产品质量安全监督评审中心、中国企业名牌培育工作委员会评为浙江省优质茭白种植领先示范基地。

回山地区遭受严重冰冻灾害，多个村断电、断水、断信号，交通、邮政受阻。

3 月 8 日，樟花村发生重大火灾事故，烧毁房屋 71 间，51 户，130 多人受灾，直接经济损失 100 多万元。

4 月 2 日，县委副书记、县长温暖到回山调研。10 月 7 日再到回山镇调研。

10 月，中国美术学院回山写生基地（门溪库区）建成使用。2013 年 10 月 12 日，举行院级教学实践基地授牌仪式。

12 月，回山镇文化活动中心竣工，该项目是县文化重点项目工程之一。

是年，回山镇被评为绍兴市生态乡镇。

回山村被绍兴市人口计生委评为生育文化特色村。

2009 年

5月1日，回山镇举办纪念（解放军）回山会师60周年暨"五四"文艺会演活动。

9月，与全县同步，回山镇、双彩乡各行政村实现有线广播全覆盖。

11月，回山茭白专业合作社被命名为省级示范型茭白专业合作社。

12月10日，县委副书记、县长温暖到回山镇、双彩乡调研。

是年，双彩乡完成省级生态乡创建工作。

双彩乡文化中心建成。

回山镇、双彩乡被评为绍兴市平安乡镇（街道）。此后，回山镇连续4年、双彩乡连续3年为市平安乡镇（街道）。

双彩乡被评为市土地执法模范乡镇活动先进集体。

2010 年

8月，双彩乡实施"魅力古村"行动，开展后谢特色村庄建设。

8月3～9日，双彩乡开展"黄瓜风情"周活动。

8月10日，举办首届新昌县回山茭白节，省农业厅副厅长王建跃、省供销社副主任周加洪等领导参加，县委书记温暖讲话。

是年，回山镇被评为绍兴市森林休闲旅游特色镇、食品安全示范乡镇、信访工作"三无"乡镇（街道）。

高湾村被绍兴市委评为环境整治示范村。上市场村被市农业局评为平安农机示范村。回山村被市档案局评为档案规范化示范集体。

2011 年

6月，回山会师暨县人民政府成立旧址保护修缮工程启动，市县领导出席启动仪式。

是年，回山镇被命名为市级卫生镇、全市信访工作先进集体。被省社区矫正办评为社区矫正"三防专项活动"先进集体。

回山镇首座太阳能垃圾处理房在植林村落成，破解农村环境卫生难题。

回山村被绍兴市委评为农村基层党风廉政建设示范村，被市信息化领导小组评为农村信息化示范村。高湾村被市绿化委评为森林农庄，被市信息化领导小组评为农村信息化示范村。双溪村被评为市第六次全国人口普查先进集体。

2012 年

8月，回山镇启动食品安全百日大整治行动。

8月22日，以"新田园风光之旅，七彩回山"为主题的回山镇第三届农业休闲节开幕式暨"回山会师"纪念馆开馆仪式在回山村大会堂举行，浙江省原副省长龙安定、省农业厅农作局副局长潘慧峰、省中药材研究所副所长郑俊波、绍兴市史志办主任何云伟等出席会议。

9月25日，回山镇举办首届农民运动会。11月，双彩乡举办农民运动会。

11月，特色农产品黄瓜获浙江省农业博览会金奖，并注册"双彩黄瓜"商标。

12月，双彩乡高山农产品集散中心主体工程建成。

同月，回山镇成功创建省级体育强镇。

是年，双彩乡被国家环保部命名为国家级生态乡镇。

双彩—回山垃圾中转站启用。

高湾村被市普法办等评为民主法治村。2013年被省普法办等评为民主法治村。

2013 年

4月18日，回山镇被环保部命名为国家级生态乡镇。

5月，杭州胡庆余堂在官塘村岭头山建立中药材基地。

7月4～5日，浙江电视台《流动大舞台》栏目组在回山村文化广场录制充满乡土文化特色的演出，后在浙江电视台公共新农村频道《流动大舞台》播出。

同月，双彩乡成功创建省级体育强乡。

11月，敬胜堂修建工程竣工，"回山会师纪念馆"被命名为"绍兴市党史教育基地"。

回山派出所业务用房翻建竣工，占地面积1292平方米，建筑面积2000平方米。

双溪村被绍兴市委、市政府命名为文明村。

2014 年

10月15日，绍兴市委书记钱建民，市委常委、秘书长魏伟等在县委书记楼建明陪同下到双彩乡调研，并视察大安村生活污水处理工程和文化礼堂建设。

同月，县委副书记、县长马永良到回山镇调研。

11月25日，回山镇联合县人力社保局和磐安县人力社保局举行"新磐互动"人才招聘会。

12月，县农房确权登记发证在屯外村试点。屯外村被省关注森林组委会评为森林村庄，被市防范和处理邪教办评为无邪教示范村。

是年，双彩乡农业综合服务公司的高山蔬菜无公害生产技术示范与推广项目被科技部列入国家星火计划项目。

2015 年

5月27日，县委书记楼建明到回山镇、双彩乡调研。

6月，回山镇启动杭绍台高速公路征迁工作。

8月，"回山"牌茭白获浙江精品果蔬展销会金奖。

11月20日，双彩乡垃圾中转站主体工程完成。

12月5日，回山乡贤参事会成立，为全县第一个乡镇乡贤组织。俞朝杰为会长，梁富铨为名誉会长。

12月30日，后坂水库灌区高标准农田项目通过验收，此项目投资980万元，涉及7个村1651户及7000亩农田。

是年，回山镇被浙江省关注森林组织委员会和浙江省绿化与湿地保护委员会评为浙江省森林城镇；被绍兴市长电话等评为办理工作先进单位。

回山镇成功创建省级生态循环农业示范区。

屯外村被省委、省政府命名为文明村，同年被命名为市级文明村、市卫生村；岭山村被省爱国卫生委评为卫生村；荷塘村被市普法办等评为民主法治村；下塘、王家市、袁家村被市爱国卫生委评为卫生村。

2016 年

1 月，上下宅村垃圾减量化资源化处理终端开始处理。

6 月，双彩乡 19 个行政村通过"三治一提升"工作验收。

11 月，双彩乡完成新市场村集镇建设。

是年，回山镇被评为市后备力量建设先进单位，双彩乡被评为市 G20 杭州峰会工作先进集体，回山村被住建部列为中国传统村落，下塘、荷塘被省关注森林组委会评为森林村庄，大安、高湾被市农办和旅委评为农家乐特色村。

2017 年

1 月 13 日，回山村古建筑群被浙江省人民政府公布为省级文物保护单位。

2 月 3 日，浙江省副省长梁黎明、绍兴市市长马卫光、绍兴市副市长杨文孝在县委书记邵全卯、县长李宁陪同下，到回山走访慰问，并视察乡村旅游。

4 月 15～16 日，回山镇举办"七彩回山·田园小镇"著名作家采风茶乡行活动，出版诗文集《不如回山》。

5 月 20 日，回山镇在屯外村举办山水音乐节。

6 月 2～4 日，双彩乡举办"心随绿海·缘聚双彩"乡村田园休闲节。

6 月 5 日，县委书记邵全卯到回山镇、双彩乡农村调研。

7 月 16 日，县委副书记、县长李宁到双彩农村调研。

8 月 5 日，回山镇在高湾村举办 2017 回山西瓜节。

10 月，回山镇综合大楼开工，于 2019 年 5 月竣工，2020 年 4 月投入使用。

同月 28 日，举办乡贤"回家、回乡、回山"健行暨乡村旅游调研活动。

11 月，新昌回山镇会师革命遗址被确定为第九批市级爱国主义教育基地。

同月，双彩乡启动杭绍台高铁征迁工作，翌年 9 月，高铁建设工程动工。

同月 26 日，回山镇在回山村举行"百家菜·回山味"特色菜品鉴会。

12 月 5 日，县委副书记、县长李宁到回山敬胜堂参加主题党日活动。

12 月，回山镇被评为市级文明集镇；双彩乡被评为市级"枫桥式"乡镇、卫生乡镇、无违建乡镇。

2018 年

3月3日，省国土资源厅副厅长张金根到下山村考察地质灾害防治工作。

6月5日，绍兴市委常委、组织部部长徐晓光到双彩乡、回山镇检查工作。

6月27日，回山镇原车站整体搬迁至新磐公路游客中心（客运站）。

7月20～21日，双彩乡举办第二届乡村田园休闲节暨《涅槃》影视外景基地授牌仪式。

7月28日，在浙江省精品果蔬展销会上，回山西瓜、回山茭白获得金奖。

8月4日，回山镇在屯外村举办2018回山西瓜节。

10月13日，回山镇举办"走古道、学先贤"乡贤健康行活动，回山镇全体领导班子和回山乡贤120人参加活动。

同日，回山镇在中宅村西园公祠举行"湖北第一好官"梁葆仁铜像揭幕暨《梁葆仁文集选编》赠书仪式。

12月，回山镇、双彩乡通过小城镇综合整治省级考核验收，被评为浙江省卫生乡镇；双彩乡通过市无违建乡镇复评，被评为省级样板乡镇。

同月，双彩乡行政村规模调整获县政府批复，撤销10个行政村，设立新的新市场村、上下宅村、莲坂新村、前后王村，全乡为13个行政村。

是年，屯外、下岩、下塘、官塘村被省爱国卫生委评为卫生村；官塘村被省气象局评为气象防灾减灾标准化村；屯外村被省民宿协会评为观光与养生示范村，同时被评为市无违建示范村；上下宅、回山、后王、中宅、大安、岭山、西丁、荷塘村被评为市级五星达标村；后王、大安、王家市村被市普法办等评为民主法治村。

2019 年

2月，双彩乡获市语言文字规范化达标乡镇，中小学均通过省教育现代化县预评估。

3月30日，举行回山乡贤参事会第四次年会暨编纂《新昌彩烟文化志》启动仪式，副县长胡玲萍、回山镇党委书记胡斐渔、双彩乡党委书记潘学超、乡贤会长俞朝杰共同按下启动键。

4月27日，回山镇行政村规模调整获县政府批复，撤销12个行政村，设立新的上市场村、高湾村、红联村、植林村、新天村，全镇为19个行政村。

7月26日，回山镇与金华磐安县尖山镇开通跨市城乡公交。

7月29日，双彩乡在新市场村举办第三届乡村田园休闲节暨彩烟之旅西瓜节。

11月2日，回山镇举办2019回山农民丰收节暨音乐登山节。

从2007年开始，回山镇、双彩乡每年举办一届农民文化节，至此已各举办13届农民文化节。

12月24日，县委书记李宁到回山高湾村调研。

上下宅村被公布为浙江省历史文化村落保护重点村。

新市场、王家市、前后王、荷塘村被省爱国卫生委评为卫生村；高湾、荷塘、官塘村被市文明委命名为文明村；上贝村被评为市级民主法治村、垃圾分类示范村；高湾、新市场、雅里村被市领导小组评为市级3A示范村、五星达标村。

2020 年

1 月 2 日，县委副书记、县长黄旭荣到回山开展"走乡入村，深化三服务"活动。

1 月 15 日，撤销回山镇、双彩乡建制，合并组建新的回山镇。调整后，新的回山镇区域面积 97 平方公里，人口 36115 人，下辖 32 个行政村，镇政府驻进镇路 1 号（原回山镇政府驻地）。

1 月 21 日，在大宅里村发现绍兴市第一例新冠肺炎感染者，因措施得力而使疫情得到有效控制。

2 月 5 日，绍兴市人大常委会副主任丁晓燕到回山督查疫情防控工作。

2 月 7 日，县委书记李宁到回山督查疫情防控工作。

2 月 28 日，县委副书记、县长黄旭荣到回山及双溪村督查疫情防控工作。

3 月 19 日，绍兴市副市长陈德洪到西丁村调研。

4 月 23 日，网易味央回山田园综合体项目开工仪式在西丁村举行。

5 月，彩淳中心完小复名为道南小学。

6 月，鞍顶山凉亭启动修建，12 月完工。总投资 150 万元，回山镇、天台三州乡、磐安尖山镇各出资 50 万元。

7 月，回山区间公交车开通。

10 月 14 日，县委书记李宁到上贝村调研。

10 月 24 日，回山镇在鼓山公园举行"寻遍千山，不如回山"文化节暨农特产推介会。

11 月 24 日，绍兴市委书记马卫光到回山调研杭绍台高速、传统村落保护、会师纪念馆等；12 月 23 日，到回山参加杭绍台高速回山互通活动，县委书记李宁陪同。

11 月，开展第七次全国人口普查工作。回山镇 14948 户、35259 人。

12 月 22 日，杭绍台高速回山道口开通。

同月，新市场、毛畈自来水厂建成。

是年，回山镇被评为省 3A 级景区，镇、市抗击新冠肺炎疫情先进集体。

回山村被省新四军研究会浙东分会确定为革命传统教育基地。大宅里、官塘村被省普法办等评为民主法治村；植林、大安村被省爱国卫生委评为卫生村；上下宅村被评为省级文化示范村、民主法治村、卫生村；红联、大宅里、蔡家湾、上下西岭、旧里、柘前、王家市村被市领导小组评为市级五星达标村；莲坂新村被评为省级卫生村、市级民主法治村和五星达标村。

2021 年

1 月 19 日，习近平总书记来到河北省张家口市，考察国家跳台滑雪中心、国家冬季两项中心，看望慰问运动员、教练员和张家口赛区运行保障团队、建设者代表。其中有正在受训的跳台滑雪运动员侯家村甄炜杰。

1 月，回山村被市委宣传部等评为农村四星级文化礼堂。敬胜堂被确定为新时代清风廉政实验教育基地。

3 月 9 日，绍兴市人大常委会主任谭志桂到回山樟花村调研，县人大常委会主任求子平陪同。

4月23日，县委副书记、县长黄旭荣到回山调研美丽乡村工作；5月7日，到回山督查交通项目建设。

5月19日，绍兴市人民检察院检察长翁跃强到回山调研。

6月8日，在上下西岭村举行"党在我心中"庆祝中国共产党成立100周年文艺巡演。

6月18日，改造提升后的回山会师纪念馆重新开放，并举行"红色印记，会师之路"开展仪式。

同月，撤销回山镇、双彩乡、儒岙镇3所中心学校，成立儒岙中心学校。

7月，回山镇被列为浙江大学"育知计划"暑假基层实践基地。

同月，镇老年体育协会开展象棋交流活动。

第一编

山水古迹

回山自古以来就有『彩烟山』的美称。按地貌属黄土丘陵台地，大部分地域在海拔 350 米至 400 米，是一片相对独立于县域西南的古老土地。其周围溪壑环绕，谷深水秀，欲入其境，有古桥可渡，高岭可攀。台地上，冈峦起伏，奇峰罗列，欲灌田地，有沟渠纵横，水库遍布。山水之间，可见寺庙处处，古木森森。

第一章　名山秀水

回山是行政区划和机构设置上的习惯称呼。彩烟则是指江河流域以及山脉走向上的区域范围。水有江河溪流环绕，东有丹溪，南有门溪，西有夹溪，北有韩妃江，线路清晰，自成区域。山则以鞍顶山为顶点，从鞍顶山至穿岩为走势，俯视为三个墩，即彩烟墩（回山至大宅里一带）、彩屏墩（上下宅一带）、彩峰墩（新市场一带）。台地边缘陡坡壁立，台地顶部缓丘起伏，台地上田地梯列，村落相望。有较高的山脉分布，最高峰鞍顶山海拔834.3米，其次为大岩下、官塘山和里高山，还有海拔四五百米的山峰十多座，其间还有许多高低不等的小山包、小山冈，小山包与小山冈之间地形相对平坦，或是梯级分明。台地内主要有蟠溪，流域较广，其次是积坑溪，均自西南向东北注入丹溪。

第一节　名　山

回山地区拥有大大小小的山头、山冈、山峰数不胜数。置身彩烟山，盘旋回环，云蒸雾绕，如梦如幻。

万历《绍兴府志》卷五《山川志》："彩烟山在县南八十里，与东阳县连界。其上平衍，势盘旋迤逦，四面皆崇山峻岭，居民杂处其间。"明代宋濂《故新昌杨府君墓铭》："越之新昌，有大山曰彩烟，与沃洲、天姥邻，而彩烟尤为峻绝，远望之，如云霞缤纷天际，故名。山之绝顶，其平如掌，沃野数千里，桑麻蔚若，犬鸡之声相闻，或者媲之武陵源云。"宋僖《彩烟山长歌》中有"吾闻沃洲天姥间，又有彩烟之高山。山上之冈三十里，平视天姥浮青鬟。其中隐者吾所羡，身世长与浮云闲……"之句。在古人眼中，彩烟山与沃洲、天姥齐名，甚至更为峻绝。

万历《新昌县志》载："鞍顶山亦自梅渚岭过脉，由公善岭而来，固与王会山同脉。由安顶过直岭至平端头分东西两支，东支出东安岭至乌石又分两支，一出长虹至门溪，一出河塘至李间；西支出上库至小朱岭又分四支，一出彩烟墩至长虹，一出彩屏墩至石蟹岭，一出彩峰墩至白茅坑，一出岩泉至穿岩，总名曰彩烟山，直五十里，横四十里，四围环绕，自成一大局。"

民国《彩烟梁氏宗谱》卷一《里居志·形胜》："彩烟墩。彩烟四围皆峻岭，中垣如掌。方五十里，冈陵自起伏无峭立者。墩在彩烟上游，相传有五色彩烟时时郁起，故名。"

彩烟日出

鞍顶正支自鞍顶山向北经蕉元山（533米），过植林、上库、寒庄、路廊头，至官塘山（567米）向北，经天马山、大岩头、稻桶岩岭、百人殿，至穿岩十九峰之香炉峰，绵亘蜿蜒于回山台地西侧。

正支穿越台地后分出泄上、下宅、台头山、灵岩山四个小支。泄上小支自鞍顶山向北，经朴钟山（568米）、大尖头（700米），至五星岩（579米），又经泄上山（513米）、鸡冠岩（543米）、大岩山（501米），跨门溪，经郑峇山（362米），至李间山地；下宅小支由官塘山向东，经石琅山（550米）、下洋山，过毛畈、下宅，至石蟹岭；台头山小支由官塘山向东北，经板壁岩（533米）、千丈岩、天马山，折北经八鸟山，过肇圃、元坛庙，至台头山，隔千丈坑，与穿岩十九峰相望；灵岩山小支由天马山经中彩茶场，至灵岩山。

鞍顶山

鞍顶山位于绍兴、台州、金华三地（市）交界处，主峰海拔834.3米，属三市、三县接壤，素以"一脚踏三州"（越州、婺州、台州）而被人称道。民国《新昌县志》载："鞍顶山，县南九十里，三峰屹立，左曰青山，右曰药山，中曰鞍顶，有三州潭。即彩烟山之祖。"

鞍顶山的山体形状很像一匹马，山巅有逼真的马鞍形态，鞍顶山因之而得名。当地有传言，鞍顶山是一匹龙马的化身，曾有"张果老鞍顶山降龙"之传说。

从远处仰视，鞍顶山拔地高耸，力压群峰，流云飘过山顶，犹如彩霞飞舞，神采奕奕。日出瞬间，鞍顶山频频出现多彩云雾，很像彩色的云烟，故而有"彩烟"之誉。

登上鞍顶山，极目远眺，群山环抱，气象万千，新昌、嵊州、磐安、东阳、天台等地诸多村落、群山、溪流尽收眼底，大有"会当凌绝顶，一览众山小"之势。山上有成片的苍松、翠竹、茶园、草坪，还有种类繁多的药材、动物，生态环境良好。顶峰立有"世纪之光""烟山云顶"石碑，因鞍顶山观日出景色壮观，前往观看日出、醉心云海的游客络绎不绝。

山巅往下，有三州亭，悬"琼台四方"匾额，亭中有中华人民共和国国务院立的界碑。碑不高，呈梭形，尖上削磨成匀称的三面——往东是越州新昌之地，往西为婺州磐安之域，往南是台州天台之界。因其地理位置的特殊性，早有"鸡鸣三州""一脚踏三州"之说。

三州亭往下数十米，有一古寺——天龙寺。天龙寺旁有一个冬夏不涸、千年不竭的神奇龙潭，当地人称之为"天池""三州潭"，有人说龙潭是火山口静息的遗迹。"天池"池水十分奇异，四季澄莹，咫尺之遥的井水更是清澈见底。池与井的边缘地面相平，但井水始终高于池水数十厘米。大旱时节，鞍顶山下的水库干涸了，水田开裂了，甚至吃水也困难时，"天池"却始终水量充足，无论干旱多久，"天池"水位就是不会下降。因为"天池"的神奇，当地群众把"天池"敬为请龙降雨的神池，史料有这方面的记载，一些老人对请龙降雨的经历也有记忆。据说到"天池"请龙降雨很灵，有时把"龙"抬到半路就会下起大雨，请龙降雨的人会被雨淋得一身是水。随着时代的进步，人们已不再去"天池"请龙降雨，但神奇的故事一直在民间流传。

民间流传着一句古话——"鞍顶山脚剩侬种"。这古话寓意深远，耐人思考。主要可能是因为，鞍顶山麓环境优美，气候温润，药材丰富，宜室宜家，有利繁衍。古时候，战争、灾害、疾病对人类生存发展构成极大危害，选择宜居环境至关重要。因此自古以来，有不少家族远道而来，躲进山川秀丽、土地肥沃的鞍顶山麓，以祈血脉延续，家族发展。

天龙寺　也叫古积寺，在鞍顶山上。清代杨世植《烟山赋》中有"庵顶山高古积寺，石箱岩下跃龙渊"之句。天龙寺规模不大，寺殿阔三间，小瓦屋盖，泥木结构，殿两侧各有辅房三间，成角尺状。大门两侧有对联——"绿水分沾三州地，鞍山独顶数县天"，横批"三州天龙寺"。据说天龙寺始建于隋代，规模很大，香火鼎盛，曾有 500 个僧侣，与天台国清寺齐名，有"先有鞍顶天龙寺，后有天台国清寺"一说。民国初年，寺院毁于火灾。寺院重建后，规模缩小，仅为当时大雄宝殿之地。

天龙寺三州潭

天宫殿　又称玉皇殿，道教神庙。位于鞍顶山上，靠近屯外村和柿树湾村。2013年，村民将其重建于庙宇遗址之上。

建筑为一进一殿式庙宇，大殿面阔三间，殿前三方砌围墙，围墙居中辟双扇门进殿。总体双龙镇脊，粉墙黑瓦硬山造。门额白底书红字"玉皇殿"。殿前居中攀间枋前悬金边红底金字"天宫殿"匾。殿内有神像12尊，主供玉皇和王母。明间四金柱与前檐柱上设楹联五副，前檐柱为"圣德巍巍泽宇宙，神恩赫赫佑下民"，四金柱有"袅袅烟波，金炉不断千年火；烁烁光辉，玉盏常明万岁灯""大慈大悲到处寻声救苦，若隐若现随时念彼消愆""发慈悲普度众生登彼岸，标敬仰同修佛果证前因"等联语。

官塘山

官塘山因村而名，村因塘而名。旧时官修水塘以备灌溉，是称官塘。官塘山海拔567米，包括石栏山、马鞍山、和尚岩山、石琅山、板壁岩山等大小山峰，峰峦起伏，神态各异。山中有石鳖、石和尚、石将军、石饭甑、石灶司、石大铳、石棺材、石猪头、石媳妇、神仙椅等奇石，还有神秘的山洞——东洞岩。石鳖卧在山坡上，身子扁平，头部尖尖，栩栩如生，似乎在奋力向上，可从未见它移动分毫；石和尚站在道路旁，光秃秃的头，惟妙惟肖；石将军立在山崖上，刚正不阿，威武俊朗，戴着宽边帽，目视前方；石饭甑里仿佛有饭香阵阵；神仙椅在路边，椅仍在，神仙却不知去了何方。

官塘山主峰为天灯盏，山顶上有一个很大的三角铁架。据说这座山峰风水非常好，是要出龙的地方，所以当地人让风水先生选了一个日子，搞了一个大的三角铁架把这条龙镇住了。又传古代有个妖怪和尚很好色，每当有新娘的花轿出现时，妖怪和尚就使用妖气和法力把新娘掠走，在花轿里只留下一把铁扫帚。天帝知道后，一个响雷把妖怪和尚镇在山上。所以后来人叫这座山为和尚岩山。

官塘山还有水电站引水渠道，位于峭壁之中，延绵于半山腰中，远远望去像一条玉带。官塘岭上有一条天然栈道，上下是陡峭的岩石，地势险要。

石栏山山顶新修建了观景台，从这里能看到回山、镜岭的多个村庄，还有高低起伏的山峦、梯田和杭绍台高速公路，景色美如画卷。

官塘山石鳖

泄上山

泄上山在门溪水库之南、大宅里村南 2 千米处，俗称小万年。有朝天鸡冠、泄潭飞瀑、石笔凝霞、颧岩夕照、鸦髻朝云等自然景观。

明万历《新昌县志》载："泄上山，在彩烟东南。从麒麟岭渡溪，溪潭渊亭绀澈。上数武，开小谷口，有石岭细路，旋折而上，凡十余盘，皆回峰嶻嶻，流水潆潆，似无投足处。缘壁行数里，忽豁爽垲，别有天地矣！巍峦对峙，远岫插青，佛宇楼观，幽敞深邃。又有奇花翠竹，峭石清泉，足以怡神旷怀，与华顶、石梁相望。一绝景也。"《浙江省通志稿》载："幽敞深邃，峭石清泉，悠然世外，剡中一绝景也。"《重修浙江通志稿》载："泄上山，在彩烟山东南，溪潭渊亭，循谷口一岭旋折而上，凡十余盘，豁然别有天地，剡中一绝景也。"

泄上山景色优美，登临此山，有身处世外桃源的感觉。

有诗人这样描绘泄上山："人寰隔断路迷离，泄口横拦狮象溪。水绕弯弯山曲曲，林成郁郁草萋萋。天门百尺高飞瀑，铁佛三尊不假泥。泉自观音岩底涌，僧家取用瓮休提。""禅房幽结最高岑，扪磴攀萝试一寻。曲径盘回烟锁断，荒溪绀碧水澄深。莺啼谷口花无数，云护山腰竹有阴。矗矗群峰烟外列，欲携谢句朗然吟。"

山上有万寿庵，原名石幢寺，现存有遗址。康熙《新昌县志》称："万寿庵，县南十四都泄上山。一名石幢寺。有田六十四亩、山百亩。"据传早先建有寺舍 50 余间，有前后山门、前后殿、东西厢房、抱楼、善堂等，现在殿舍里还残存着多个石柱墩。幽静的院子里还有香樟、桂花、蜡梅、刺桔、广玉兰等树，小殿之侧有一口小井，井水清冽。有清道光二十七年《钟灵山石幢寺万寿庵》匾一块和民国七年石碑一方。

建寺有不同说法，皆有证。一说为东晋高僧、佛学家、文学家支遁所创，泄上山古寺院成于宋淳祐年间。也传是元末名将张定边隐居处。还有为宋嘉定年间池州推官陈国用所建之说。陈国用系彩烟前陈村人，《彩烟陈氏谱》载：陈致仕后，舍余资创泄上山万寿庵一所，并舍田六十余亩，山百亩。有"万寿庵"碑文。

20 世纪 80 年代初，山麓建成门溪水库，山峦倒影，上下竞秀。

石幢寺

狮子岩

狮子岩在后王村旁。西望十九峰，四周都是秀美山川，韩妃江在后王山下蜿蜒北去，如绿绸缎，在阳光下熠熠发光；江对岸奇石耸立，有一处山峰从后王村平岩岗遥望，呈狮子形状，俯瞰着韩妃江。

狮子岩因巨石状如狮子而得名，身材健壮，彪悍威严，栩栩如生，三面壁立，望而生畏。高高大大的山石如从天而降、突兀而立，引人无数想象。

狮子岩

第二节　秀　水

彩烟山台地由夹溪、门溪、丹溪和韩妃江环绕，相对独立于县内其他区域。台地边缘陡坡林立，有很多悬崖峭壁；台地顶部地势平坦，缓丘起伏，构成大大小小纵横交叉的溪坑。勤劳智慧的彩烟人，充分利用水资源筑水库、造电站、建大桥，既便利生活，又促进生产，还成为美丽的风景。

溪流

夹溪　夹溪为澄潭江主流，位于镇域西部，发源于磐安县城塘坪长坞，流经五丈岩水库后，在回山镇石彦坑西北入境，沿回山镇与尖山镇（属金华市磐安县）界经石门水库，向北入镜岭界。

门溪丹溪　门溪源于天台县轿顶尖岭脚黄润坑，至湃头入境回山镇外湾。左纳外湾坑，右纳柿树坑；至石洋村，左纳前丁坑（擂木岩坑）；经门溪水库，右纳岭下贾坑；经藏潭桥，右纳下庄坑；迂回曲折，穿过大岩山、七会坪岗、郑否山；至溪边，左纳蟠溪，后称丹溪。经下丹溪，右纳焦坑；经欧潭至上贝，左纳大坑湾坑至石蟹岭脚，左纳积坑；经下岩至双溪口，与万年江合流后称韩妃江。韩妃江纳白毛坑后入城南乡，经韩妃村、下洲村后再入后王村，经东家库入东茗乡。

蟠溪　亦名后溪，系丹溪支流，在回山流域甚广。一源出旧住，经井塘、殿前，至下市场村口与柘前水汇合。一源出雅里，经水牛山、宅下丁、柘前，至下市场与殿前水汇合，称蟠溪。过马家田、后溪等村，于溪边村口注入丹溪江，主流长约 13 千米。

另外，积坑源于双侯村，向东经下坪、积坑，在石蟹岭脚以北汇入丹溪。

溪江两岸皆成美丽的景观带。

水库

回山地区有 75 座中小型水库和塘坝，其中，中型 1 座，为门溪水库，小（一）型 3 座，为前丁水库、石门水库、石缸水库。另外有小（二）型水库 13 座，分别是后坂水库（库容 86.8 万立方米）、藏潭桥水库（库容 55.1 万立方米）、青油坂水库（库容 31 万立方米）、林里坂水库（库容 22 万立方米）、石碇水库（库容 21 万立方米）、官元水库（库容 20 万立方米）、方丈水库（库容 15 万立方米）、念塘湾水库（库容 14.2 万立方米）、树明堂水库（库容 12 万立方米）、棺材弄水库（库容 12 万立方米）、前家弄水库（库容 12 万立方米）、后勤坂水库（库容 10.5 万立方米）、大岩前水库（库容 10.5 万立方米）。还有蜈蚣山、岩头弄、大塘、上库坂、包公庙、田后坂、井墙园、乌石头、梁下燕、大安山、下坪山、白尖岭等小（三）型水库和塘坝 58 座。

门溪水库　被誉为天河，位于澄潭江上游门溪江，是一座以调峰发电为主，结合防洪、灌溉、水产养殖等综合效益的中型水库。1985 年 11 月大坝奠基，1989 年 1 月结顶，5 月封孔蓄水，10 月投入运行。

门溪水库坝址控制流域面积 38.7 平方千米，多年平均径流量 3650 万立方米，总库容 2139 万立方米，正常库容 1856 万立方米，正常蓄水水面面积 1.19 平方千米。主体工程由大坝、溢洪道、发电厂、发电输水隧洞、后溪引水隧洞等组成。

门溪水库大坝

水库大坝系细骨料混凝土砌块石变圆心双曲拱坝，坝顶高程 358 米，相应坝高 49.8 米，坝顶弧长 143.6 米，坝顶宽 3 米，坝底宽 10 米。双曲拱坝的设计，完美地运用物理力学将水压分解至两座大山之上，增加了大坝的安全性。大坝迎水坡浇混凝土防渗面板和防浪墙，背水面坡浆砌条石勾缝护面，并设置水泥栏杆，317 米、338 米高程各设置坝后人行桥，以便观测。溢洪道设置于大坝左肩，堰顶高程 351 米，溢洪道为滑雪式，净宽 18 米，设弧形钢闸门 3 扇。

发电输水隧洞位于大坝右侧 150 米的大岩山下，长 1219 米，隧洞出口山下建有引水式发电站 1 座。隧洞出口上水库与山脚老羊山水电站间有两根水管连接，利用水库的高位将水引冲至下面的电站机器发电。水库下游门溪江上，有藏潭电站等数十座梯级水电站，似一颗颗明珠，为沿溪各村带来了源源不断的集体经济收入。

门溪水库周边有一些山水名胜，比较有名的有泄上山，还有荷塘村的五圣殿。

荷塘村村口建有观景平台，是门溪水库风光的最佳观赏点。

前丁水库 被誉为天湖，坐落于鞍顶山脚下，是一座集农业灌溉、生活供水功能于一体的水利工程。1977 年 2 月动工建设，1983 年 4 月建成。坝址控制流域面积 3.27 平方千米，多年平均径流量 295.4 万立方米，总库容 755 万立方米，库区水域面积 428 亩，灌溉面积 1.5 万亩，各级灌溉渠道总长达 70 千米，有效解决了回山台地的农业灌溉缺水问题。

水库大坝为均质土坝，坝高 34.05 米，坝顶长 129 米，溢洪道为实用式侧堰，在大坝右岸山体内，输水洞在大坝左岸山体内。

前丁水库是回山集镇的饮用水源地，水清景美，四面奇山异峰，景色秀丽，东有飞凤山，南有犀牛山，西有头陀殿遗迹，北有月牙山，中有进宝山，湖中有岛，岛上水果品种繁多，其中有杨梅采摘基地 30 亩，是休闲旅游的绝佳胜地。

前丁水库

石门水库　位于官元村寒庄自然村下，是一座以发电为主，结合灌溉、防洪及水面养殖的小（一）型水库。1966 年 12 月动工建设，1970 年 10 月建成。坝址控制流域面积 179 平方千米，多年平均径流量 16171 万立方米，总库容 465 万立方米，正常蓄水水面面积 0.19 平方千米，灌溉面积 6000 亩。

水库大坝为浆砌块石重力坝，主坝高 42.5 米，坝顶长 79 米，溢洪道为实用式正堰，在坝顶河床段，输水洞在坝左岸山体内。

石门一级电站位于石门潭、水库大坝左下侧。1972 年 2 月建成投产，装机容量 960 千瓦。2013 年 11 月起对一级电站进行报废重建，对位于镜岭镇里练使村边的二级电站进行增效扩容。

石门水库大坝旁有一座小山，似一头站立的狮子，形态逼真，口鼻清晰。据传此地为明"彩烟三杰"之一"杨地仙"杨宗敏的葬母处。

石缸水库　位于石缸山下，是一座以灌溉为主、结合水面养殖的小（一）型水库。坝址控制流域面积 0.53 平方千米，多年平均径流量 47.9 万立方米，总库容 107 万立方米，正常蓄水水面面积 0.13 平方千米，灌溉面积 1300 亩。水库大坝为均质土坝，主坝高 14.8 米，坝顶长 230 米，顶宽 8.9 米，横镜线从坝顶上经过。

石缸水库因旁边山上有一巨石似石缸而得名，石缸从大坝远观更像一颗大钻石，从背面看则像一个大元宝。明代名士徐子熙曾有《石缸山记》写道："越之南明、沃洲、天姥间，夸谈而志之者，惟彩烟为最胜。蜿蜒磅礴，绵亘数十里。其间秀峰翠嶂，拔地矗天，又惟石缸山为最。其山穹隆高挺，绝壁麾霄，屹然一奇石特立于危崖之巅，状类酷似缸，世因名之。"

石门水库

石缸奇石

第二章　古迹寻踪

彩烟历史悠久，文化底蕴深厚，各类古迹众多。随着岁月流逝、社会发展，不少古迹已消失，而且还在不断湮没。探访实迹，搜集资料，发现古庙古塔有的历经修建保存完好，有的建筑无存，遗址可忆。古道古岭多成草蛇灰线，然隐约有迹可循，几座古桥仍在发挥作用。古树为彩烟古迹的重要组成部分。

第一节　古庙　古塔

寺庙是民间崇拜或传说中各种儒释道神的祭祀地，也有专门奉祀如荣王杨白的寺庙。与祠堂相比，建筑规模要大些，影响范围要广些，甚至影响整个彩烟地区。

正直善良的彩烟人自古以来崇尚礼仪，敬畏神灵，诵经念佛，敬神行善，从隋唐起就建寺立庙筑庵堂。据史料记载，回山地区拥有包括大宅里村相公殿、三堡殿，下市场村关帝庙，宅下丁村神堂庙，汤家村回龙庙，樟花村禹王庙，蟠溪村武庙，西丁村斋堂庙，回山村镇东庙，石界村青云庵，寒庄村大王庙，雅里村东镇庙，上西岭村元功庙，顶山村龙王庙，植林村禹王庙，前丁村平水庙，西塘村玉皇庙，渡河村法洪庙，上库后宅湾村将军庙，贤辅村大王庙，下西岭村西镇庙，斋堂村斋堂庙，下宅村真君殿、彩峰庵、夫人庙，岭山村平水殿，下塘村福寿庙，莲花心村许施庙，下岩村龙岩庙，塘岸头村崇福庙，积坑村神龙庙，岭头俞村关帝庙，双柏树村普济庵，后谢村丘山庙、护龙庵，蔡家湾村关帝庙，欧潭村中兴庙、高龙亭等寺庙殿50余座、庵17座。

中国古代建塔之风颇盛，尤其是在名山大刹和风景胜地中。而彩烟地区却建塔不多，据史料记载，主要有东壁塔、罗纹塔。

寺庙

白王殿　又称白王庙。重建后的白王庙为民国时期庙宇建筑，奉祀彩烟杨氏始祖隋末荣王杨白。

唐贞观十九年（645）杨白卒，葬于三渡，乡民感念荣王杨白神灵，在沥江三渡杨白墓前立庙塑像崇祀。遇到有水旱疾疫等不测之祸时，就祈祷荣王能够显灵给予指点，帮助渡过难关。后来庙中又供奉了会稽禹王、剡县响王，和白王一起，号称"三王庙"。

南宋宝庆二年（1226），应嗣孙进士杨大椿以"神祠所祈辄应"为由上状请求，三王庙赐封"保应庙"。元末董太初到彩烟山中的保应庙，很有感触地写了一首诗："庙食空山八百年，衣冠犹是李唐前。汴河十里垂杨柳，何事松阴数亩田。"陈东之也有诗："投迹空山计已非，江都消息乱来稀。庙前几种春香草，错怪王孙去不归。"

清乾隆年间，白王墓道进行重修，知县邓钟岱题写碑铭，白王后裔彩烟才子杨世植撰写《隋荣王碑》。

1942年白王殿被日军烧毁。第二年，杨白第43代孙杨丙岩、杨东邦等人筹资，在废墟上重建白王殿。

20世纪90年代，白王殿经过一次大修，庙貌更加巍然，匾额和题联重新镌刻"扬古迹，护文物，三王重光；迎宾客，谢乡民，彩烟增辉""修复王殿，光耀沥江三渡，彩烟杨氏甲世基；重欢妃灵，子遁鹅峰山阴，帝王裔乡万年荣"等联语。庙宇二进，山门七开间，大殿三开间，硬山造，封火墙，龙吻正脊；明间五架抬梁，山面穿斗式，明间退堂竖立着荣王杨白像。

每年农历十月二十六为白王殿庙会，乡民会演戏酬谢白王神灵的佑护，四方香客摩肩接踵，还形成了物资交流大会。

1998年9月被新昌县人民政府公布为县级文物保护单位。

白王殿大殿

据记载，天姥山下儒岙彼苍庙，原名白王庙，所祭之神与彩烟白王庙同，庙会时间也相同。天台县平桥镇溪边黄村东桥头也曾有一座三王庙，后改为赛风庙，所祭之神也与彩烟白王庙相同。据天台旧志载："贾氏所立祠庙有松溪三王庙。注曰：贾观察自越奉夏禹王香火于此。后，贾秘书又自越奉白王、响王配焉。白王，乃隋炀帝孙，封荣王白者；响王，会稽山神也。"

韩妃庙 又名韩妃庵、三夫人庙。位于城南乡韩妃岭脚韩妃村旁，西靠金岩绝壁，供奉彩烟杨氏始祖荣王杨白妃韩氏。

万历《新昌县志》载："韩妃庙，在十五都。"清乾隆时重建，称韩妃庵，道光九年（1829）再修，复名韩妃庙。

韩妃庙坐南朝北，由山门、戏台、左右看楼、大殿组成，占地400多平方米。山门面阔三间，前檐包檐砌筑，居中设石库门框，施砖制门罩，上书"韩妃庙"三字。山门后檐建戏台，戏台呈方形，四角立木柱，顶部不施藻井。戏台前檐至大殿明间设连廊，五架抬梁，五檩用二柱，牛腿承托撩檐枋，左右看楼各面阔四间带二弄。大殿面阔与前厅一致，居中悬金底黑字"三懿蜚灵"匾，大殿中堂塑三夫人像，身着粉红色上衣，粉蓝色裙裤，姿态端庄大方。西侧山墙内砌《韩妃庵记》，东侧廊步立《义渡碑记》。

韩妃庙内保存着乾隆四年《韩妃庵记》《百成桥碑记》和《义渡碑记》三方石碑。

韩妃庙在宋宝庆三年、明弘治年间、清乾隆年间、道光九年、民国十一年都经历过大的修葺。

韩妃庙内时设义塾，授学乡里，是所谓"彩烟山水迎书幌，黄渡溪声落书帷"。彩烟杨丽泽设金岩义塾，杨信民、甄完等曾在这里读书。抗日战争时期，彩烟梁氏后裔梁以忠以庙为校舍办校，学生来自城南一片。新中国成立后庙舍成为韩妃小学，一直到1990年小学易地重建。

2010年韩妃庙被新昌县人民政府公布为县级文物保护单位。

韩妃庙

东岳寺 又名东岳庙、下殿。地处大宅里村东百米岗垅上，主祀东岳大帝（东岳泰山之神）。

民国《新昌县志》载："东岳庙，县南十六都。"《重建东岳寺碑记》："寺由梁氏后裔静庵公为首始建于明成化六年（1470），嗣后双峰公、必兴公续建，历时百年。至清，进士梁西园为寺题写双联，布政司梁敦怀为寺助资。定于每年农历十月二十九为会期。"

东岳寺

东岳寺五进五殿，有行宫、十殿、阎王殿、奈何桥、黑白无常判官殿等。因年代久远，屡有毁坏或重建。现建筑于2001年重建，并改庙为寺。由门厅、戏台、两厢看楼、大殿、僚房、地母殿等建筑组成，两侧柱联为"东岳之高明在护国安邦滋润雨雾布施德泽，大帝至尊灵在应验果断扬善抑恶伸张正义。"

胡公殿 亦称"胡公大帝殿"。位于旧里村中，由山门、戏台、天井、大殿、两侧看楼组成，结构较为精致。新中国成立后以庙办学，胡公殿成为旧里中心小学，山门、大殿、看楼拆除改建为教室，仅存戏台，旧址格局未变。

21世纪初，村民募资重建双龙镇脊正殿，明间后厝坐木雕彩绘胡公大帝和夫人像，悬"显并方岩""为官一任""赫灵"等匾额，对联"成神显赫

胡公殿大殿

情系浙闽发达兴旺，为官清正造福民生安居乐业""神光普照九州大地风调雨顺，圣灵拱持华夏山河国泰民安"。农历八月十三为庙会期。

萧王庙 又称孟仓庙（原为孟氏粮仓，故名）。位于上三高速双彩道口出口、上贝村北侧公路边，民国《新昌县志》载："萧王庙，在县南十四都。"始建于清同治八年（1869），主殿奉祀西汉贤相萧何。萧何因佐刘邦平定天下，被封侯。

萧王庙坐西朝东，由山门、戏台、正殿、左右看楼等组成，山门面阔三间带二弄，明间上悬"萧王庙"匾，檐柱有联"庙貌与金龙并峙，神灵同溪水齐长"。戏台依山门倒座而建，木柱结构三方开敞，戏台有联"瑟鼓湘灵，笙吹孟德；琴抚楚曲，笛奏周郎""紫箫吹落三更月，鸾凤直冲九重天"。

萧王庙正殿

　　正殿三开间，明前檐柱，四金柱，有联："镜鼎勒勋名，收图籍，运漕储，佐帝匡时，雩雨经纶伴望散；河山方带厉，铸邦刑，垂国宪，彰善瘅恶，旗带事业迈张韩。"构架抬梁穿斗结合，明设五架抬梁，次为脊柱落地，牛腿承托撩檐枋。两侧看楼面阔各四间，楼层骑廊外挑，天井卵石铺砌，总体砖木结构，青瓦屋面硬山造。

　　据史料记载，萧王庙自1936年起为上贝小学所用。新中国成立后，庙舍仍为上贝小学，直至2001年启康希望小学建成。

　　2004年萧王庙被新昌县人民政府公布为县级文物保护单位。

　　五圣殿　又名五显殿、五星殿。位于下坂头村口，门溪水库边。五圣殿系民间财神庙，始建于元末明初，是新昌乃至江南幸存的五显庙古迹。

　　财神历来为民间所敬祀，特别是明代以来，江南一带崇尚祀奉"五路财神"，"五路"即"五显"：显聪、显明、显正、显直、显德。"五显"亦称"五德"，旨在推崇道德，劝人以德为基、以诚为本、聪明正直、勤劳善良、光明豁达、和谐共荣。

五圣殿

　　五圣殿旧时香火颇旺，20世纪60年代被毁。1992年由当地村民在旧址拓建，主殿面阔三间，悬"古今忠义"匾额，供奉关羽、周仓、关平、廖化、王平等神像，两侧柱联为"英雄几见称夫子，豪杰如斯迎圣人""暮鼓晨钟警醒世间名利客，经声佛号唤回苦海梦中人"。

　　2006年被新昌县人民政府公布为县级文物保护单位。

包公庙　位于下宅村东南螺蜂八景瀑布涧上，民国《新昌县志》载："包公庙，县南下新宅水口。"为佛、道、儒相融建筑。供奉北宋名臣龙图阁大学士包拯。老殿年久失修，墙颓木朽。21世纪初，乡民资助修复。原址144平方米，现有建筑面积595平方米。殿宇朝南向阳，由山门、大殿、膳房、客房等组成，前檐牛腿承托，屋面单檐歇山顶。明间上悬黑底金字"包公殿"匾。山门面宽三间带二弄，庙前有放生池一口。山门后檐至大殿东西两侧各设连廊，形成内天井。大殿三开间，构架抬梁穿斗结合，牛腿承托撩檐枋。金边黑底金字"高悬明镜"牌匾，高挂明间后金柱攀间枋前。次间奉观音、地藏、财神、土地等神像。明四金柱楹联为"十方来，十方去，十方共成十方事；万人拾，万人施，万人同结万人缘""龙绕神州，永保太平世界；神威显赫，保我黎明安康"。

包公是民间公认的清官、好官。每逢包公生日，乡民们都去祭祀。

法官庙　位于大安村和王店村东南。始建于清道光元年（1821）。由大安、后王、岩泉、上下真、前王等13村共建。庙宇为四合院布局。庙中戏台与大殿相对，左右抱楼对称，建筑面积600多平方米。曾办学校。20世纪80年代初，为建公路被毁。2011年8月村民移址重建。2012年12月竣工。建筑总体砖木结构，黑瓦屋面双龙镇脊，风火山墙硬山造。庙存"道光己亥（1839）季秋"石香炉一尊。

法官庙坐北朝南，毗邻公路，由山门、戏台、看楼和大殿组成。山门后檐置戏台一座，基本成方形，三方开敞，前柱牛腿承托，飞椽出檐。正殿面宽三间，供奉张法官等神像九尊。明间后厝高悬黑底金字"妙法精通"九龙金匾。构架抬梁穿斗结合，前施檐轩廊轩二道，牛腿承托撩檐枋。明后金柱有"先贤立庙，为期风调雨顺；后辈祭坛，企望国泰民安""天界降佛法，保黎民平安康泰；宫阙传妙音，佑百姓和谐顺达""威灵光大，横扫天下不平；慈心浩荡，普救世界贫民"等联语。

包公庙

法官庙

龙镇殿 坐落于岭头俞、前将两村之间，为佛、道相融建筑。

龙镇殿

龙镇殿坐西朝东，占地 1000 多平方米。始建于顺治七年（1650），重修于清道光年间，原殿分五进，由山门、戏台、两侧看楼、禹王殿、地藏殿、百子堂等组成，屋舍 50 余间。农历七月十五和十月十六为庙会期。

20 世纪 60 年代，殿宇曾遭毁坏，仅存戏台与看楼，后殿存残墙三方。2004 年 9 月着手修建，由上真、下真、前王、后王、蔡家湾、后谢、新市场、王店、大安、岭头俞等周边村共同参与。修旧如旧，有房舍 20 余间，正殿供奉大禹神像。禹王殿古定心石踏步与道光、同治重修残碑尚存，外墙为小青石古建筑体。

斋堂庙 又叫大（王）庙。位于新市场金家村东小山上。

庙宇始建于宋朝末年。扩建于 1928 年。有大殿三间，两边有抱楼，中间有一座戏台。主供抗金将领杨再兴。杨为抗金名将岳飞部将，在朱仙镇战役中阵亡。

抗日战争时期，著名越剧演员袁雪芬、范瑞娟、王杏花、赵瑞花等曾在斋堂庙演出两个月，借古讽今，旨在唤醒和激发民众抗日斗志。

1966 年，神像、碑文焚毁，后庙倒塌。1983 年，后谢村民重建大殿三间。1985 年，村民重修大殿。

2004 年 7 月，被新昌县人民政府公布为重点文物保护点。

斋堂庙

华藏寺 原名龙岩院，在下岩（原名龙岩）村，由一个叫文肃的僧人始建于唐昭宗龙纪元年（889）。宋治平三年（1066）改名华藏寺。

据传，华藏寺（俗称花堂寺）是新昌县南乡规模最大的寺院。往来客商，乃至官员多在此驻足，更有文人墨客留下诸多诗篇。

明隆庆五年（1571），僧人正鹏重建华藏寺。寺院一直香火旺盛，直至民国后期。寺有院田数百亩，灾年多有难民来此度饥荒，得活者甚众。

1950年，下岩小学从下岩张氏大祠堂搬迁至此。先改下彩乡小，再改下岩完小，直至1998年因上三高速公路施工，花堂寺被拆除，唯存寺院花园里的一座小石桥及桥下清水塘。

周公庵 又名万善庵，位于高湾村南部的周公山。周公庵始建于明洪武年间，为卢氏十五世伯安所建墓庵。

周公庵坐北朝南，与鞍顶山遥遥相对。庵正门上方书有"万善庵"三字，取万善同皈之义。二进为大雄宝殿，装塑周公神像和卢氏第六世祖倬公遗像，缉殿巍峨，宝相庄严。三进为胡公殿。永护山门，以为蟠溪之保障。卢伯安去世后，名士方孝孺为之书写《伯安公于周公山建造万善庵置买山园田地传记》。

周公庵建成后，卢氏后代招住僧人管护，当时香火十分旺盛。

周公庵规模较大，环境清幽。同治十年间，有人欲将周公庵改建为书院。1930年秋，彩烟著名道南小学迁至周公庵，三年后再迁往新市场盛家祠堂。土地革命时期，守庵人将其一家和所有庵产（财产及庵田庵地）一并登记在高湾村。1958年，庵被拆去一部分，用于办猪场。以后因失管失修而倒塌。康熙二十二年的"彩烟周公山万善庵碑记"石碑，现保存在蟠溪卢氏宗祠。

头陀殿 在鞍顶山北麓，是一座佛殿，有石碑。20世纪60年代，当地大办农业、兴修水利，于殿基里侧修小水库一座，名头陀殿水库。20世纪70年代中期，头陀殿水库大坝被洪水冲毁，殿和石碑亦被毁。相传，头陀殿为张定边（1318~1417）隐居处。天下太平后，其部属寻踪至头陀殿，接张回湖北老家为僧行善，享年一百。

清末名儒潘士模在《沃洲古迹五十咏》中有诗曰："天意兴刘辅项难，范增未必逊萧韩。鄱阳督战成为败，德寿改元危不安。烈士暮年悲宝剑，英雄末路坐蒲团。伏羲皇策陈传诀，传授有人百感宽。"

古塔

东壁塔 民国《新昌县志》载："在县南回山村，清咸丰丙辰建。"咸丰丙辰，即咸丰元年（1851）。据老人回忆，此塔为杨国薪第六个儿子单蹄太公建，塔刹用锡浇制，在阳光下闪闪发光。东壁塔在回山村的水口，俗称水牛山脚的山坡上。塔基下是一块形如"赑屃"（村民称之为石乌龟）的巨石，望之犹如"赑屃背宝塔"。

东壁塔，面对村东上市场方向，六面，塔高九层，塔身中空，一层以上塔井被封，人上不去。底层塔室宽大。何谓"东壁塔"，失考。塔毁于1967年，无存。原塔址上今建有"健身亭"。

罗纹塔 民国《新昌县志》载：在"县南下里塔山。"《新昌县地名志》载："古称象鼻，因村外山冈形似眠象卷鼻得名。""下里"旧时亦作"夏里"，今为雅里。罗纹塔在雅里村水口塔山的半山腰，塔山是新昌、磐安、天台村民来往上市场市集的必经之路，在路的交叉口建有一路廊，供行人歇脚躲雨，坐在路廊中即可望见古塔。

罗纹塔，六面，塔高五层，建塔时间与东壁塔差不多，而塔体要比东壁塔略小。传说毁于雷击，残塔也在 20 世纪 60 年代被拆去。

第二节 古 道

路是人走出来的，哪里有人居，哪里就有道路。彩烟古道众多，四通八达。历代先民依靠勤劳与执着，开挖路基，铺以石块，建造路亭，在荒芜的山野中连接起一个又一个村庄，为彩烟村民人员往来、物资交流、生产生活提供便利。这些古道，也是商贾们把彩烟特产白术、茶叶等销往外地的主要通道。随着时代更迭，岁月变迁，尤其是现代交通的快速发展，许多古道沦为荒山野岭，或被公路替代。但是，遗迹可寻，记忆尚在，古道在向后人诉说着往日奔波的艰辛，见证着超乎寻常的活力和刚毅。

民国《新昌县志》记载出南门至石壁岭的干路：从新昌县城出发，向南经石溪村、姚宫村、石桥头路亭、秦岩村，过相见岭到丁家坞村，又经琅珂上任村，向南上任胡岭，再南经韩妃村过桥上韩妃岭至袁家村，继续经蔡家湾至新市场，再往南至马车园、后将，向东南至井塘、宅下丁，又南至河塘岗、脚踝头岭、门溪，至界牌岭接天台县界石壁岭。民国《新昌县志》还提到，到达新市场后，除上述新市场往南的干路外，连接各村的支路有：从新市场往东南，上下王岭至双柏树村，南至下塘三间泗洲，下田青坑岭上高湾岭至下湖桥村，又南至下市场村，往西南至柘前村，再往西南过求坑岭至门溪。自马车园分，西南上草鞋岭，又西南至胡公殿上小朱岭至西丁村，再西南至贤辅村（喇叭口），又西南至练使岭头至瓦窑湾村过开年坂、后勤坂至王家彦岭，东南至上库村过大坪头至直岭（杉树谷）、南至拔箭岭（大岩下、头陀殿、大落岭），至鞍顶山与金华、台州在此分界。自宅下丁分，向南至长虬，又南至寨岭接天台县界。

其实由上述干路、支路继续分支延伸，连接各村的古道更多，在此不再赘述。

古岭

古岭往往出现在崇山陡壁之间，是贯通古道的关键所在。除了以下介绍的十条古岭，还有新市场通往白岩后岱山的下洲岭，从下宅真君殿至上贝村的南屏岭，从大宅里到溪边的李涧岭，及求坑岭、东家库岭、小朱岭、界牌岭、寨岭等。

韩妃岭 原名寒风岭。为纪念杨白妃子韩妃而更名。据县志记载，韩妃岭为县城出南门唯一主干道即官道上的古岭。位县南 27500 米处，从岭脚韩妃村到岭头袁家村上蔡家湾村头，全长约5000 米。自古以来，韩妃岭是彩烟人进出县城和外地人上下彩烟山的主要通道，直到 1964 年新回公路开通。全岭为弹石路面，中途建有一个上路廊和泗洲堂，虽已基本倒塌，旧址尚在，路廊还能供路人歇息。

韩妃岭景色

茶壶岩岭 彩烟山之东，南自李间，北止上贝，蜿蜒十里，有高百丈的峻山陡坡，俨然彩烟屏障，古人称之为彩屏。其中绕下坪山村东南一带，下临丹溪深壑，悬崖壁立，尤为险峻。中有古道，名曰茶壶岩岭。此地巉岩崔巍，峭壁嶙峋，中有岩石一叠，远望如一巨壶。其南有平水殿，原祀禹王神像。相传大禹率民治水，赖一大壶供茶，以解众渴。水平，遗壶于此，久之化为岩，称茶壶岩。古道倚此岩壁而上，故名茶壶岩岭。

茶壶岩岭下起丹溪三眼桥西端，穿下丹溪村，向西沿两畈梯田交脊处，砌石阶而上，至半岭岩下山，有几米坦途，路旁北侧，建泗洲堂一座，以供行人歇脚休憩。稍上，路南田角，有一巨石，呈方形，面平，上可并卧四五人。石略向东倾斜，传说曾有神仙想在此架桥，直通碥下，桥未成，而留此桥基巨石在人间。20世纪70年代修建的彩长公路在巨石边上端横穿而过。再向上，路道渐陡，崖壁当道不能进。就向北折，依崖凿岩，靠绝壁，临悬崖，砌石铺阶而上。其半，里壁有方形岩洞，深约2米，长年滴水。传说，有人曾见一白蛇出入其中。岩洞前，紧靠路外侧，有一巨石突兀而立，像茶壶嘴。此为古道最险要的一段。再向上，经一段"之"字形石级，到崖顶，豁然开朗，平野广阔，缓坡皆良田沃土。原有廊屋三间，古道穿廊而过。紧挨廊屋南侧有尼庵（有人居住），常备茶水以供行人。后路廊拆，尼庵移，再无茶水供行人。

茶壶岩岭全长2000多米，路宽超过2米。中间没有分支，唯通上下。上到岭头过路廊，而分两道。主道向西北即到下坪山，经上下宅接新市场；另一条路向西南，经大岭脚，上大岭至岩头山，经下塘三间泗洲通上市场。向下到岭脚，沿丹溪西岸，向南经溪边上李间到大宅里；向北经欧潭、上贝、下岩，上仰船岭，到儒岙各地。过丹溪三眼桥东头，可通横渡桥；经前洋市下王晋坑岭，通天台。

随着现代交通的发展，古岭已少有行人。2018年，因凿岩取石，"之"字形路段被毁，无法通行。岭巅，东眺长征群山、村落，俯视脚下公路、铁路，成为难得的"观景台"。

茶壶岩岭景色

水涧岭 由于两边梯田高而路基低，像水涧，故名水涧岭。

水涧岭起点为后谢村头，终点至下岩村，全长约3000米。整条古道由石块砌成，目前基本完好，仅中间部分荒芜。途中有穿路廊一间、泗洲堂三间，可供挑货者及行人歇脚。起点至路廊段已由后谢村民水泥硬化。水涧岭是中彩一带与儒岙乃至天台万年山等地物资交流、人员往来的主要通道，也是镜岭、澄潭等地民众来往儒岙等地的主要通道。干路由新市场东至后谢村经水涧岭到下岩村，又向北至王渡口村、走仰船岭去儒岙各地。

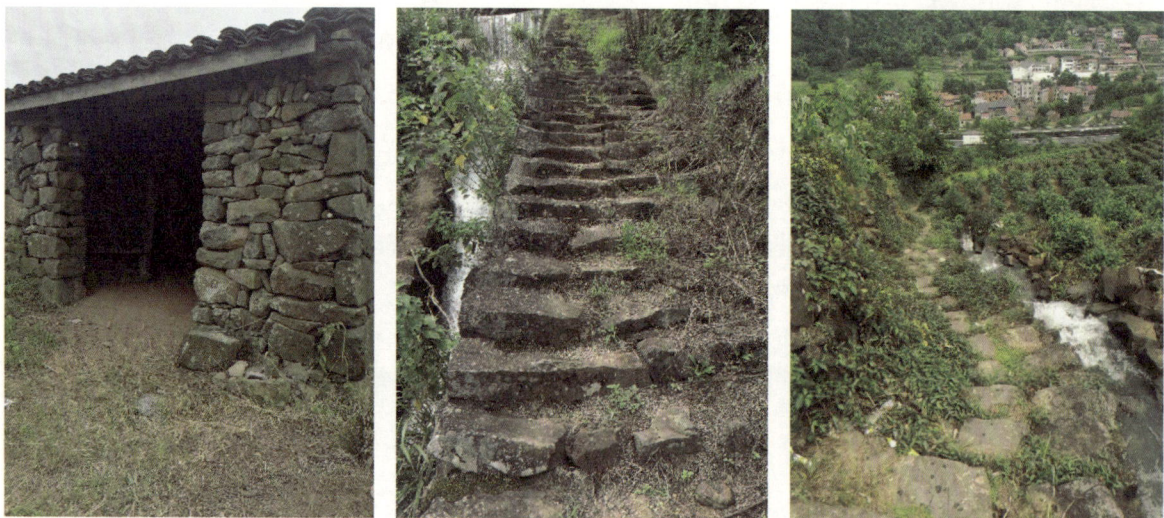

水涧岭景色

藏潭岭　起于樟花村口，至撞潭水库，全长约 2500 米，中间有穿路廊一座，泗洲堂两座。整条古道原貌基本完好，只是走的人越来越少而长满了野草。藏潭岭是新天到原智仁（长征）一带的主要通道，也是长征方向来大宅里村、上市场赶集的主要通道。

藏潭岭以潭为名。古名撞潭，因门溪急流到潭的里口，撞到左右高矮不一两块石壁，形成大小不同的两个旋涡，再从狭小的两壁中间，冲入两三米高的潭中，故得名。明正德年间，梁氏太公梁偲与妻舅巢雪山人娄仲思在这里创"撞潭八咏"，第一景点就是"撞潭观澜"。潭北岸的山以撞潭为名，称撞潭山。

嘉靖七年（1528）梁偲太公卒。八年后，儿孙隆重安厝其于撞潭山"仙人里"，因规模宏大，亦称大坟前。接着为交通方便，开始修路，砌石阶直至撞潭外口。岭东仍称撞潭山，岭西称西撞孔。撞潭外口开始造石拱桥，通王里山，过蟠龙岭直至天台，成为彩烟至王里山的主干道。

撞潭岭既保持了新昌上韩妃岭到天台的干道地位，也开始有藏空潭的名称。这是因为撞潭南北两岸都是高山。人在桥上过，能看到桥里有个潭深藏着，而且潭里口的瀑布倾泻，耳边阵阵回响，好似空谷传声，因此有了"藏空潭"的名称，"撞潭岭"也就变成"藏潭岭"。

随着撞潭水库的建成，撞潭岭的下段，约四分之一没入水中。现在的岭脚建有简易公路，西面直通门溪一级电站和门溪水库管理处望龙岗；东面过水坝北而直通门溪二级电站。过坝到水库对岸，有几百米机耕路接王里山公路。

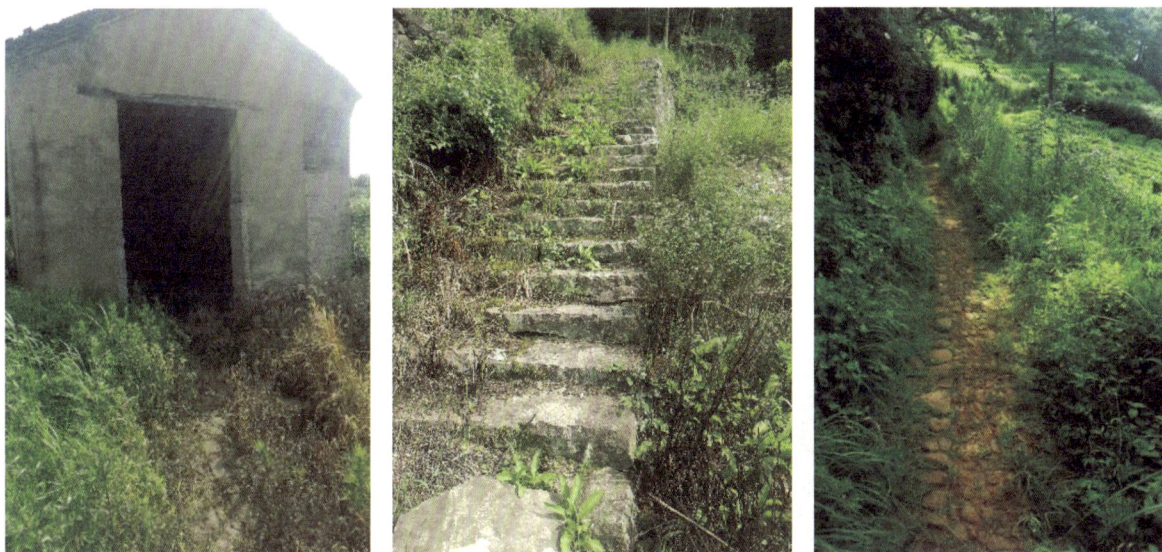

藏潭岭景色

小坑岭　是原上彩（肇圃）、中彩到彩淳和新天、回山的重要道路，也是连接十八奎岭到镜岭、澄潭及嵊州的主干道，起于侯家岭头公路边泗洲堂，止于"甄完故里"岩泉村。整段岭长约 2000 米，现已杂草丛生，基本上找不到原路基。加上岩泉村在山岙里筑一水库，其中一段岭已没入库底，沿库边小路更难行走。

据县志记载，从镜岭脚上十八奎岭，过大古年、冷水、上庄畈、岩泉上小坑岭，在马车园并入主干路。上小坑岭后，也可从侯家岭经上下宅、下坪山下茶壶岩岭到下丹溪，过三眼桥至坑里，是去长征前洋市及天台、温州方向的主干道。

小坑岭景色

石蟹岭　上起岭头王村上路廊，下至上贝下积坑自然村东，丹溪西岸，全长约 4000 米，均为弹石路面，因弹石多为乌黑的油光石头，形似蟹壳，故名石蟹岭。石蟹岭中间有泗洲堂一座，路廊两座，房子多间。上路廊经岭头王村重修，现已完好。下路廊也称下庵，在 20 世纪 90 年代初仍有一户人家居住，常年供行人茶水及歇脚。因年长日久无力修理逐渐倒塌，这户人家也移至下宅村居住，房子旧址还在，已是残垣断壁，只有水井完好无损。现在下半段因建"上三高速"被断，已由上贝村另择路径，用旧水泥预制板重修下半段新路。

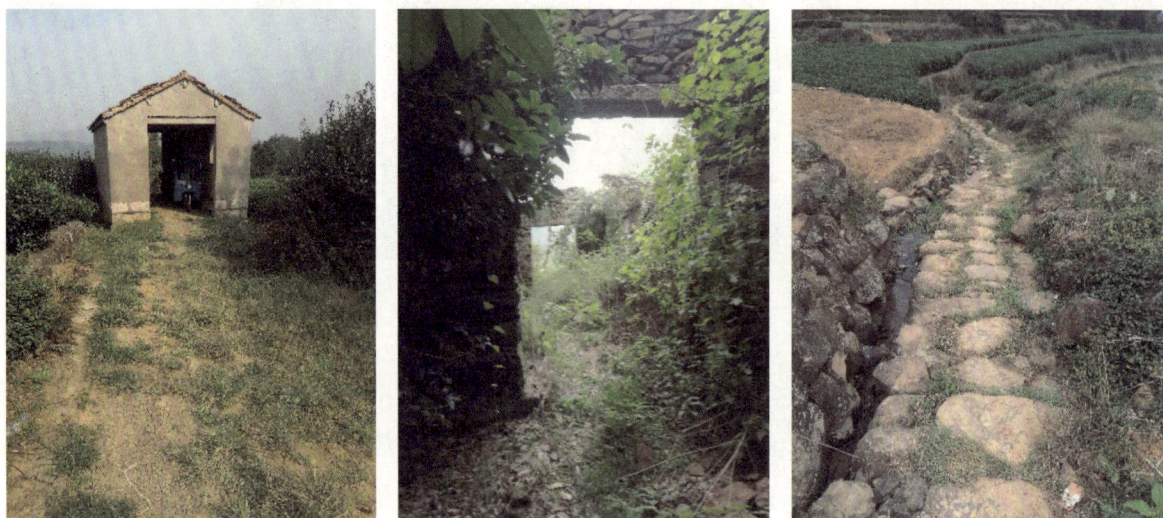

石蟹岭景色

上此岭向西南经下宅、上宅后与大宅里、上市场连通；向西北边通新市场等村，与韩妃岭相通。下岭经上贝、下岩、王渡里至儒岙，为彩烟方向与儒岙等地物资运输及人员往来的主要通道。

据周围村民讲，1942年，日本人在下岩烧杀抢掠后，经石蟹岭，过上下宅前往回山，途中又烧了白王殿。上贝村民亲眼看到，日本人背着闪闪发光的刺刀枪上石蟹岭的过程。为阻止日本人上彩烟，村民曾自发组织在夜深人静时，将石蟹岭中段挖去一大段石阶。这条岭也是日本侵略中国，在偏远农村实施"三光"政策，中国农民自发抗日的见证者。

东坑岭 上起莲花心村马路边，下至东坑村。此岭十分陡峭，多处石阶是在悬崖石壁上人工开凿出来的。岭中间有泗洲堂一座，供行人歇脚。

东坑岭是彩烟与镜岭镜屏往来的一条通道。上东坑岭经莲花心村，过后坂草鞋岭，经后将、井塘到上市场赶集；及至宅下丁去石壁岭、至天台洞桥、平头潭。也可经莲花心村、湾头村、上下宅村、下坪山村再经茶壶岩岭去天台万年山及台州、温州方向，还可上东坑岭下石蟹岭去儒岙方向。

东坑岭景色

官塘岭 以村为名，上起于官塘村口，岭脚即为外练使村，入练使岭脚，全长约2500米，均由石砌而成。

官塘岭是一条很陡的山岭，是石界村、下洋村、后将村、旧住村、里屋村等地去练使镜岭方向的一条古道，也可上王坑岭去磐安等地。县志记载，上官塘岭，过旧住村、里屋村，接主干道后去彩烟各地。

官塘岭景色

西岭 又称夹溪岭。上起上西岭，下至夹溪，全长约2500米。途中有路廊一座，泗洲堂三间，供行人歇脚，全段弹石路面，是彩烟和磐安人员相互往来的主要通道。据民国《新昌县志》记载，是连接并经西岭的线路：自儒岙村南至横山，南下仰船岭至王渡口，往西南经下岩上石蟹岭，经上下宅至下塘岗（去藏潭岭、石壁岭由此南分），西南下田青坑岭上高湾岭至下湖桥，西南至白王殿，又西南至上市场村过马鞍山、桑根桥至雅里村，过大坪岭、双连塘至上西岭村，下西岭过下夹溪（水满时过上夹溪），上东岭接磐安尖山。

由于杭绍台高速公路及互通工程需要，西岭已面目全非，很难找到原路基。

西岭景色

练使岭 因宋朝青州团练使戴质卜居岭下而得名。上头起点有二：一在回山村喇叭口（四脚岭）；另一在贤辅村，经上岗头在下董汇合，下至里练使、外练使，与官塘岭在岭脚处汇合。里练使段较陡，外练使段较平缓，整条岭蜿蜒5000多米，由石块砌成，途中有上下路廊、泗洲堂，供行人歇脚喝水。路旁原种有大量松树，为路面遮阴，因大炼钢铁及自然灾害原因，松树已毁。在下董村，当年还有供行人休息娱乐的场所，可听小歌班唱戏、住宿，好比官道上的驿站。

练使岭是彩烟货物运输和人员往来的主要交通道路。练使岭脚，还有回山财主杨宝镛创建的镜澄埠，现为新昌县重点文物保护点。

县志记载，朵如正于光绪十六年任新昌知县，曾作诗《练使岭》。不少文人雅士和官员也对练使岭情有独钟，留下很多诗篇。

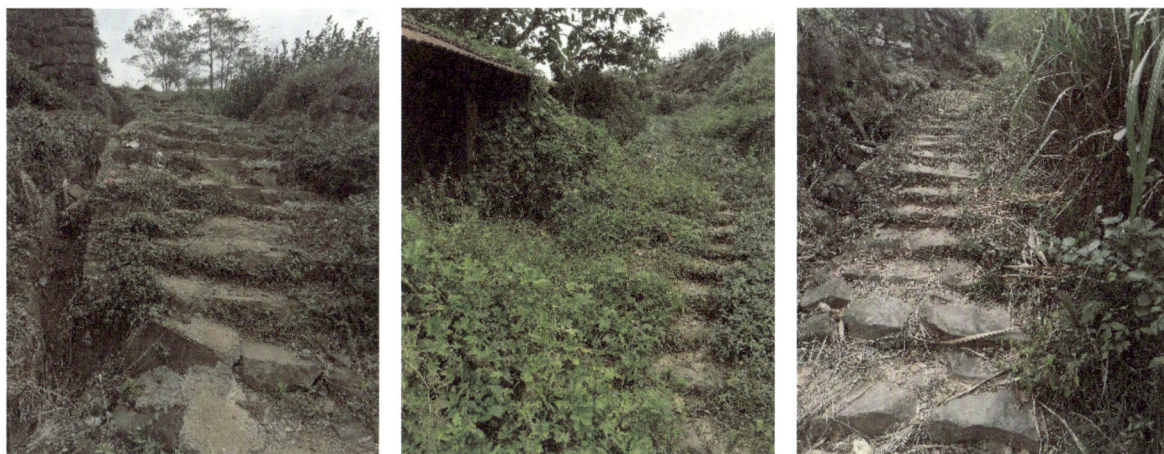

练使岭景色

古桥

逢山凿岭，遇水架桥，桥梁也是古道的重要部分。彩烟三面环溪，沿溪建有许多桥梁。据1991年《新昌县交通志》记载，回山地区拥有古桥20座，其中彩淳8座（万年桥、同善桥、下岩桥、济渡桥、白毛坑桥、丹溪桥、溪边桥、欧潭桥），新天5座（蟠溪上桥、蟠溪下桥、下市场桥、门溪桥、门溪石桥），回山4座（田平桥、上前陈桥、下师打桥、横山桥），安顶3座（跃龙桥、永宁桥、塘下坑桥）。其中最长的为门溪桥，全长99米，其次是欧潭桥和下岩桥，分别长61米和52米。

有据可查，建造年代较早的桥有下列6座。

丹溪桥　俗称三眼桥。位于下丹溪村东。清道光十五年（1835）建成。为3孔石拱桥，桥长36.6米，高7.6米，面宽4.5米。彩长公路从上面通过。

溪边桥　位于溪边村东，清朝晚期建成。为单孔半圆形石拱桥，桥长21.5米，高8.5米，面宽5.1米。桥向南北落坡，呈喇叭形。拱券及金刚墙用未加修琢的乱石叠砌。桥面用卵石铺设，中心置正方形"定心石"一块，上镌太极八卦图案。该桥被列入《新昌县第三次全国文物普查成果选编》。

蟠溪万缘桥　亦称蟠溪石桥，位于蟠溪村。清道光十七年（1837）建成。为南北跨向3孔石梁桥，中孔跨径为4.8米，两边跨径均为3.7米，桥墩用4块长条石并竖而成，上部呈"凹"字形，防止桥板移动。东侧桥板镌有"万缘桥"字样。桥长15米，高2.65米，面宽1.35米。该桥列入《新昌县第三次全国文物普查成果选编》。

永宁桥　位于长虹村西南，清光绪三年（1877）建成。为单孔石拱桥，桥长10米，高3.9米，面宽2.8米。

同善桥　位于上贝村北，1924年建成。为单孔石拱桥，桥长10.3米，高4.6米，面宽3.5米。

济渡桥　位于白毛坑村北，1939年建成。为单孔石拱桥，桥长9.3米，高4.4米，面宽3.3米。

古路亭

路亭是古道的重要组成部分。古人建路亭的目的是为行人和当地农人提供歇脚、避雨、消暑的场所，有的还供应茶水。彩烟古道上路亭随处可见，尤其是古岭旁，几乎是有岭必有亭。古路亭可分路廊、泗洲堂两种形式。

路廊　建在当路上的廊屋，道路从中间穿过，内设固定的木（石）条凳，供行人休息，现回山村尚有一座保存完好的路廊，穿廊而过的是西丁、贤辅，经回山通上市场方向的古道。回山村路廊古名普济亭，由杨瀚亭于18世纪80年代前后建造。20世纪80年代由回山村进行修缮。该廊位于村东覆钟山之阴、东枫路岭脚，自古为剡县、东阳通台州古驿道上的重要驿站，原在路廊北侧尚有邮舍8间。

泗洲堂　建在路边，亦配固定木（石）条凳，后壁还供有神像，俗称泗洲堂菩萨。一般是一间平房建筑，也有规模较大为三间的称为"三间泗洲"。

位于下塘村后古道（今为公路）西侧的三间泗洲最有名。这三间建筑坐西朝东，原为砖木结构，小瓦铺盖，尖顶，前后两檐，始建于清光绪三十一年（1905）。至20世纪80年代，因年久失修，其中两间倒塌。1993年全面翻建，为砖混结构，平顶。中间后壁有一尊菩萨，两列立柱上刻有4副对联。

究其出名的原因，大致有三：一是位处交通要道，过往行人多，涉及地域广；二是周围环境独特，原先四面都是茂密的树林，远近不见人烟（下塘虽近但看不见），一股阴森森的感觉让人印象深刻；三是1929年9月，下洲青年农民张万成率领暴动民众数千人在此集结，据说他登上三间泗洲屋顶，发表"反对土地陈报，要求开仓济贫"演说，随后捣毁设在道南小学内的国民党分部。"三间泗洲"也名声大振。

第三节　古　树

古树名木是大自然的瑰宝，鲜活的化石，是古迹的组成部分。回山的古树，很多伴随着村庄而来。或前山后山或村头村尾，许多村直接把靠山或左右小山坡称为龙山，古树或古树群大多在龙山上。在乡民们眼中，每一棵古树，都是神圣的；文人雅士眼中的古树，是滔滔不绝或静静流淌着的诗词和歌赋。县志记载了奇树传闻："下宅村后龙山有古木，大数围。清光绪年间砍伐时，传有砖石瓦砾投自空中，虽稠人不避，然不伤人，越二年始平息。云是树神为祟。后十余年，村民在树下辟地基，深丈余，得古灶一、破缸一、铜杓三，古灰中仿佛有木屑。惜当时不知考古，无一留存。"现在下宅村龙山拥有一批古树，还有全县最大的枫香树古树群。

回山地区古树名木颇为有名。拥有古树 643 株，古树群 22 个，分别占全县的五分之一和十分之三。其中散生古树 233 株，群内古树 410 株。被列入国家一级保护的有 61 株，二级保护的有 176 株，三级保护的有 406 株，分别占新昌全县的三分之一、三分之一和六分之一，都居全县第一。

载入 1994 版《新昌县志》的"名贵乡土古木"共有 9 种 11 株，其中回山 3 种 3 株，即雅里村龙山的银杏树（树龄 550 年、高 24 米、胸围 6.3 米）、植林村大枫树脚的玉兰树（树龄 500 年、高 23 米、胸围 2.9 米）、上洋村龙山的紫藤（缠于枫香和银杏树上，分东西两藤，呈半圆形，现考证树龄 315 年，属二级，胸围 0.9 米）。

国家级保护古树

国家一级保护古树　彩烟（回山）地区拥有国家一级保护古树 61 株（表一），其中枫香 18 株、圆柏 10 株、苦槠 10 株、银杏 9 株、南方红豆杉 8 株、榧树 3 株、玉兰 1 株、刺柏 1 株、朴树 1 株，分别在 24 个行政村的 30 个自然村中。

枫香分布在上宅、下宅、樟花、大宅里、植林、旧住、王家塘、后谢、下岩、莲花心自然村；圆柏分布在上宅、下宅、西丁自然村；苦槠分布在马坞头、上岗头、樟花、白毛坑、后谢、石界、蔡家湾、上宅、上旺自然村；银杏分布在下山、宅下丁、雅里、井塘、叶家、金家、下岩、溪边自然村；南方红豆杉分布在下西岭、上西岭、孟仓、下山、雅里、下宅自然村；榧树分布在上库、雅里、屯坑自然村；玉兰在植林自然村；朴树在大宅里自然村；刺柏在宅下丁自然村。

上宅村一级古树最多　上宅村有一级保护古树 14 株，为全县第一。这批古树分布在龙山、古井等和马路边，树龄 520 年以上的圆柏有 8 株，其中 1 株 620 多年；枫香 4 株；南方红豆杉 1 株。古井等的 1 株苦槠树，树龄 528 年，其中间生出 1 株胸径已有 40 厘米的枫香树，故被称为"鸳鸯树"，行人无不仰望。

"三最"古树　树龄最长：上西岭村口的南方红豆杉，树龄 650 年，树高 20 米，胸围 5.1 米。这棵南方红豆杉基部有空洞，洞中生出三株毛竹，取名"胸有成竹"，曾在《绍兴日报》刊发。下岩村中的银杏树，树龄 650 年，树高 12 米，胸围 1.5 米。长得最高：植林村大枫树脚的枫香树，树龄 500 年，胸围 4.6 米，身高达 38 米，高入云端。胸围最大：雅里村龙山的银杏树，树龄 550 年，树高 24 米，胸围 6.3 米，县志有载；屯坑村的榧树，树龄 600 年，树高 13 米，胸围 6.3 米。

国家二级保护古树　彩烟（回山）地区拥有国家二级保护古树 173 株（表二），其中散生 73 株、群生 100 株，约占全县一半。分别有枫香 84 株、苦槠 29 株、南方红豆杉 13 株、圆柏 8 株、白栎 9 株、银杏 6 株、大叶冬青 5 株、紫藤 3 株、樟树 3 株、青冈栎 3 株、黄连木 2 株、槐树 2 株、刺柏 2 株、金钱松 1 株、糙叶树 1 株、野柿 1 株、枫杨 1 株。分布在 21 个行政村的 40 个自然村中，分别是孟仓、上库、后宅湾、大宅里、樟花、上岗头、石彦坑、雅鸟、斋堂、西丁、植林、上西岭、下西岭、雅里、官元、王家塘、屯外、新洋、上洋、李间、柘前、井塘、马坞头、上前陈、宅下丁、叶家、大安、侯家、侯家岭、金家、后坂、下岩、后谢、蔡家湾、下宅、上宅、溪边、上贝、下塘、下坪山等自然村。

大安村二级古树最多 大安村有二级保护古树26株，为全县第一；且有槐树、枫香、苦槠、银杏、白栎、大叶冬青等6种，为全县最多。这批古树都在龙山上，大叶冬青树龄415年；其他树龄315年左右。

上下宅村有17株枫香、5株苦槠、2株白栎；大宅里村有10株枫香；樟花村有7株枫香、1株圆柏、1株苦槠；蔡家湾村有3株苦槠、2株白栎、2株枫香、1株银杏。

国家三级保护古树 彩烟（回山）地区拥有国家三级保护古树406株，其中散生117株、群内289株。主要有枫香214株、苦槠66株、马尾松39株、白栎14株、朴树11株、圆柏9株、樟树8株、玉兰7株、南方红豆杉6株、响叶杨5株、糙叶树4株、女贞4株、金钱松3株、黄连木3株、黄檀2株、青冈栎2株、槐树1株、麻栎1株、豹皮樟1株、乌桕1株、枨木1株、杨梅1株、板栗1株、银杏1株、金桂1株。主要分布在后谢村、下宅村、王家市村、东硍村、宅下丁村、西丁村、上真村等地。

国家级保护古树群

新昌古树群，主要集中在彩烟（回山）和沃洲（大市聚）两地。彩烟（回山）地区有古树群22个，其中枫香12个、红豆杉3个、苦槠2个，银杏、大叶冬青、麻栎、圆柏、马尾松各1个，分布在叶家、大安、上真、东硍、莲花心、后谢、金家、后坂、孟仓、下宅、上宅、斋堂、西丁、高湾、上洋村、马坞头、樟花、王家市、上前陈、宅下丁等自然村，其中后谢和西丁各有2个枫香群。

新昌县最大的古树群 彩烟有4个全县最大的古树群：下宅村龙山有新昌县最大的枫香树群，拥有古树71株，平均树龄293年；上宅村古井边有新昌县最大的圆柏树群，拥有古树11株，平均树龄390年；宅下丁村后门山龙山有新昌县最大的南方红豆杉群，拥有古树26株，平均树龄252年；王家市村龙山有新昌县最大的马尾松群，拥有古树35株，平均树龄189年。

彩烟独有的古树群 彩烟有3个品种的古树群在全县独一无二：叶家村龙山大叶冬青古树群，拥有大叶冬青10株，平均树龄370年；大安村龙山麻栎古树群，拥有麻栎16株，平均树龄220年；金家村龙山银杏古树群，拥有银杏11株，平均树龄259年。

表一　回山地区国家一级保护古树分布情况

中文名	村名	小地名	等级	树龄/年	树高/米	胸围/米	胸径/米	冠幅/米
苦槠	蔡家湾村	枫树脚	一级	500	13	420	134	11
银杏	大安村	盛家村塘边	一级	515	23	200	64	15
枫香	大宅里村	井里龙山	一级	550	27	600	191	20

续表

中文名	村名	小地名	等级	树龄/年	树高/米	胸围/米	胸径/米	冠幅/米
朴树	大宅里村	龙山	一级	500	24	400	127	23
南方红豆杉	顶山村	孟仓龙山	一级	500	17	230	73	8
枫香	荷塘村	王家塘	一级	550	22	410	131	9
榧树	红联村	屯坑	一级	600	13	630	201	17
枫香	旧里村	旧柱九间头	一级	550	22	570	181	21
枫香	莲花心村	龙山	一级	520	18	253	81	10
银杏	蟠溪村	银杏树脚	一级	500	26	360	115	18
苦槠	上市场村	马坞头龙山	一级	500	21	308	98	6
苦槠	上市场村	马坞头龙山	一级	500	18	350	111	8
南方红豆杉	上市场村	下山自然村	一级	500	15	240	76	7
银杏	上市场村	下山自然村	一级	550	22	490	156	22
银杏	上市场村	井塘村口	一级	500	26	270	86	18
南方红豆杉	上下西岭	上西岭村口	一级	650	20	510	162	12.5
南方红豆杉	上下西岭	下西岭村口	一级	508	20	350	111	12
南方红豆杉	上下西岭	下西岭龙山头	一级	500	16	380	121	8
南方红豆杉	上下西岭	下西岭龙山头	一级	500	16	350	111	10
枫香	上下宅村	下宅龙山	一级	520	32	428	136	15
枫香	上下宅村	下宅龙山	一级	520	30	350	111	12
枫香	上下宅村	上宅龙山	一级	520	20	500	159	15
枫香	上下宅村	上宅龙山	一级	515	25	450	143	12
枫香	上下宅村	下宅龙山	一级	500	28	330	105	12
枫香	上下宅村	下宅龙山	一级	500	18	350	111	9
枫香	上下宅村	上宅龙山	一级	500	18	500	159	9
枫香	上下宅村	上宅龙山	一级	500	15	420	134	14
苦槠	上下宅村	上宅古井等	一级	528	14	320	102	9
南方红豆杉	上下宅村	岭根	一级	500	15	328	104	7
圆柏	上下宅村	上宅古井等	一级	620	12	350	111	6
圆柏	上下宅村	上宅古井等	一级	520	10	185	59	5
圆柏	上下宅村	上宅古井等	一级	520	10	210	67	4
圆柏	上下宅村	上宅古井等	一级	520	8	120	38	4
圆柏	上下宅村	上宅古井等	一级	520	12	180	57	4
圆柏	上下宅村	上宅龙山	一级	500	10	190	60	4
圆柏	上下宅村	马路边	一级	500	7	180	57	3
圆柏	上下宅村	马路边	一级	500	7	180	57	4
苦槠	双侯村	上旺	一级	500	16	390	124	12
银杏	双溪村	溪边村边	一级	500	16	330	105	9.5
圆柏	西丁村	斋堂庙	一级	520	7	340	108	6
圆柏	西丁村	斋堂庙	一级	520	13	450	143	12
枫香	下岩村	村头	一级	550	27	550	175	14
苦槠	下岩村	白毛坑村口	一级	500	16	210	67	11
银杏	下岩村	村中	一级	650	12	150	48	7
苦槠	贤辅村	上岗头龙山	一级	530	18	570	181	14

续表

中文名	村名	小地名	等级	树龄/年	树高/米	胸围/米	胸径/米	冠幅/米
枫香	新市场村	后谢龙山	一级	520	26	380	121	15
枫香	新市场村	后谢大枫树脚	一级	520	22	470	150	14
苦槠	新市场村	后谢乌槠树脚	一级	520	14	400	127	8
银杏	新市场村	金家龙山	一级	526	23	450	143	15
苦槠	新洋村	石界水口	一级	500	20	350	111	18
榧树	雅里村	上库村口	一级	520	13	600	191	6.5
榧树	雅里村	龙山	一级	500	26	400	127	18
南方红豆杉	雅里村	龙山	一级	500	19	330	105	7
银杏	雅里村	龙山	一级	550	24	630	201	30
刺柏	宅下丁村	水口庙	一级	500	7	200	64	6.5
银杏	宅下丁村	龙山	一级	500	22	450	143	20
枫香	樟花村	大树山	一级	500	28	400	127	13
枫香	樟花村	大树山	一级	500	18	360	115	14
苦槠	樟花村	坞槠山岭	一级	600	14	530	169	9
枫香	植林村	大枫树脚	一级	500	38	460	146	18
玉兰	植林村	大枫树脚	一级	500	23	290	92	18

表二　回山地区国家二级保护古树分布情况

中文名	村名	小地名	等级	树龄/年	树高/米	胸围/米	胸径/米	冠幅/米
白栎	蔡家湾村	枫树脚	二级	420	22	330	105	24
白栎	蔡家湾村	大会堂边	二级	320	12	200	64	13
枫香	蔡家湾村	大会堂边	二级	350	20	320	102	12
枫香	蔡家湾村	枫树脚	二级	320	25	300	95	10
苦槠	蔡家湾村	大会堂边	二级	330	15	250	80	11.5
苦槠	蔡家湾村	大会堂边	二级	325	13	210	67	10
苦槠	蔡家湾村	大会堂边	二级	320	10	195	62	8
银杏	蔡家湾村	塘边	二级	320	18	300	95	16
白栎	大安村	龙山	二级	315	20	180	57.3	13
白栎	大安村	龙山	二级	315	25	377	120	17
白栎	大安村	龙山	二级	315	23	267	84.99	12
白栎	大安村	龙山	二级	300	20	251	79.9	8
大叶冬青	大安村	叶家村龙山	二级	415	17	220	70.03	15
大叶冬青	大安村	叶家村龙山	二级	415	18	236	75.12	13
大叶冬青	大安村	叶家村龙山	二级	415	18	220	70.03	12
大叶冬青	大安村	叶家村龙山	二级	415	17	142	45.2	8
大叶冬青	大安村	叶家村龙山	二级	415	14	251	79.9	10
枫香	大安村	龙山	二级	315	24	267	84.99	18
枫香	大安村	龙山	二级	315	17	330	105	9.5
枫香	大安村	龙山	二级	315	22	267	84.99	12
枫香	大安村	龙山	二级	315	23	251	79.9	12
枫香	大安村	龙山	二级	315	23	251	79.9	18
枫香	大安村	龙山	二级	315	23	282	89.76	10

续表

中文名	村名	小地名	等级	树龄/年	树高/米	胸围/米	胸径/米	冠幅/米
枫香	大安村	龙山	二级	315	25	298	94.86	10
枫香	大安村	龙山	二级	315	22	267	84.99	8
枫香	大安村	龙山	二级	315	17	236	75.12	10
枫香	大安村	龙山	二级	310	12	198	63.03	7
枫香	大安村	龙山	二级	310	12	188	59.84	6
槐树	大安村	叶家村龙山	二级	315	16	141	44.88	6
苦槠	大安村	龙山	二级	320	17	314	99.95	12
苦槠	大安村	叶家村龙山	二级	315	17	158	50.29	5
苦槠	大安村	叶家村龙山	二级	300	18	283	90.08	6
银杏	大安村	叶家村龙山	二级	315	20	210	66.85	12
银杏	大安村	叶家村龙山	二级	315	20	236	75.12	12
枫香	大宅里村	龙山	二级	350	16	360	115	16
枫香	大宅里村	井里龙山	二级	350	25	300	95	14
枫香	大宅里村	井里龙山	二级	350	25	290	92	16
枫香	大宅里村	井里龙山	二级	350	27	290	92	10
枫香	大宅里村	井里龙山	二级	350	29	280	89	11
枫香	大宅里村	井里龙山	二级	350	29	280	89	11
枫香	大宅里村	学校门口	二级	350	24	300	95	10
枫香	大宅里村	学校门口	二级	350	20	270	86	10
枫香	大宅里村	井里龙山	二级	350	28	300	95	12
枫香	大宅里村	井里龙山	二级	350	29	280	89	11
枫香	顶山村	孟仓龙山	二级	300	19	250	80	10
苦槠	顶山村	雅鸟	二级	320	20	250	80	10
南方红豆杉	顶山村	孟仓龙山	二级	420	13	170	54	6
南方红豆杉	顶山村	孟仓龙山	二级	320	17	160	51	6
南方红豆杉	顶山村	石彦坑	二级	320	16	200	64	8
糙叶树	官元村	斋堂	二级	328	17	330	105	15
枫香	官元村	斋堂	二级	320	35	300	95	13
枫香	官元村	后门山	二级	300	28	400	127	20
金钱松	官元村	斋堂	二级	320	27	338	108	5
苦槠	官元村	斋堂	二级	320	15	210	67	10
南方红豆杉	官元村	斋堂	二级	350	10	120	38	5
南方红豆杉	官元村	后门山	二级	300	8	280	89	4
南方红豆杉	官元村	后门山	二级	300	12	180	57	8
圆柏	官元村	斋堂	二级	350	11	178	57	5
圆柏	荷塘村	王家塘下塘	二级	420	8	200	64	8
白栎	后坂村	水口山	二级	320	25	330	105	12
枫香	后坂村	龙山	二级	320	22	460	146	14
枫香	后坂村	龙山	二级	320	23	350	111	18
苦槠	后坂村	毛坂村口	二级	300	15	450	143	12
枫香	蟠溪村	李间龙山	二级	380	25	320	102	11
枫香	蟠溪村	李间龙山	二级	350	26	310	99	13

续表

中文名	村名	小地名	等级	树龄/年	树高/米	胸围/米	胸径/米	冠幅/米
圆柏	蟠溪村	李间龙山	二级	328	15	180	57	2
苦槠	前陈村	上前陈龙山	二级	400	22	410	131	10
苦槠	前陈村	上前陈龙山	二级	350	18	352	112	14
苦槠	前陈村	上前陈龙山	二级	350	20	180	57	8
苦槠	前陈村	上前陈龙山	二级	300	20	250	80	13
黄连木	上贝村	龙山	二级	320	15	250	80	13
黄连木	上贝村	龙山	二级	320	15	310	99	14
枫香	上市场村	马坞头龙山	二级	450	25	330	105	17
枫香	上市场村	马坞头龙山	二级	450	25	400	127	15
枫香	上市场村	马坞头龙山	二级	450	30	420	134	13
枫香	上市场村	井塘村口	二级	350	23	290	92	12
苦槠	上市场村	马坞头龙山	二级	400	26	298	95	19
苦槠	上市场村	马坞头龙山	二级	300	20	230	73	8
南方红豆杉	上下西岭	下西岭池边	二级	300	12	210	67	7
圆柏	上下西岭	上西岭塘边	二级	300	15	250	80	10
白栎	上下宅村	下宅龙山	二级	420	22	310	99	12
白栎	上下宅村	下宅龙山	二级	310	17	230	73	8
枫香	上下宅村	下宅龙山	二级	428	28	310	99	12
枫香	上下宅村	下宅龙山	二级	410	23	380	121	13.5
枫香	上下宅村	下宅龙山	二级	400	30	320	102	12
枫香	上下宅村	下宅龙山	二级	400	28	330	105	12
枫香	上下宅村	下宅龙山	二级	390	21	200	64	8
枫香	上下宅村	下宅龙山	二级	380	30	300	95	11
枫香	上下宅村	下宅龙山	二级	350	19	210	67	9
枫香	上下宅村	下宅龙山	二级	350	10	200	64	4
枫香	上下宅村	下宅龙山	二级	350	30	310	99	12
枫香	上下宅村	下宅龙山	二级	350	28	310	99	7
枫香	上下宅村	下宅龙山	二级	320	30	280	89	10
枫香	上下宅村	下宅龙山	二级	320	33	300	95	11.5
枫香	上下宅村	下宅龙山	二级	320	29	420	134	12
枫香	上下宅村	下宅龙山	二级	310	23	210	67	7
枫香	上下宅村	下宅龙山	二级	310	30	260	83	10
枫香	上下宅村	下宅龙山	二级	300	28	250	80	11
枫香	上下宅村	下宅龙山	二级	300	38	310	99	10
苦槠	上下宅村	下宅龙山	二级	410	13	420	134	12.5
苦槠	上下宅村	下宅龙山	二级	350	16	250	80	13
苦槠	上下宅村	下宅龙山	二级	350	19	250	80	7
苦槠	上下宅村	下宅龙山	二级	300	26	250	80	12
苦槠	上下宅村	下宅龙山	二级	300	12	250	80	13
圆柏	上下宅村	上宅古井等	二级	420	8	180	57	5
圆柏	上下宅村	上宅龙山	二级	320	9	140	45	4
枫香	双侯村	侯家龙山	二级	320	21	285	90.72	15

中文名	村名	小地名	等级	树龄/年	树高/米	胸围/米	胸径/米	冠幅/米
枫香	双侯村	侯家岭龙山	二级	320	28	265	84.35	10
槐树	双溪村	溪边村头	二级	320	15	190	60	17
枫香	屯外村	后门山	二级	300	25	240	76	13.5
枫香	屯外村	后门山	二级	300	28	300	95	13
青冈栎	屯外村	溪坑边	二级	320	16	200	64	12
青冈栎	屯外村	后门山	二级	300	20	250	80	10
枫香	西丁村	上龙山	二级	300	28	240	76.39	10
苦槠	西丁村	马路边	二级	320	12	380	121	13
苦槠	西丁村	上龙山	二级	300	16	350	111	10
苦槠	下塘村	麻田	二级	350	19	240	76	10
青冈栎	下塘村	麻田	二级	370	15	240	76	10
樟树	下塘村	田边	二级	300	16	280	89	16
枫香	下岩村	村口	二级	320	16	375	119	8
樟树	下岩村	村中路边	二级	320	17	250	80	15
樟树	下岩村	村中路边	二级	320	18	260	83	15
枫香	贤辅村	上岗头龙山	二级	300	30	250	80	15
圆柏	贤辅村	上岗头村中	二级	300	10	180	57	9
枫香	新市场村	后谢龙山	二级	420	25	320	102	14
枫香	新市场村	后谢龙山	二级	420	25	430	137	12
枫香	新市场村	金家村口	二级	320	20	300	95	11
枫香	新市场村	金家龙山	二级	320	22	470	150	9
枫香	新市场村	金家龙山	二级	320	15	330	105	8
枫香	新市场村	后谢龙山	二级	300	25	260	83	12.5
枫香	新市场村	后谢龙山	二级	300	25	255	81	12
苦槠	新市场村	后谢龙山	二级	315	18	240	76	6
苦槠	新市场村	金家路边	二级	315	10	310	99	6
银杏	新市场村	金家龙山	二级	420	19	360	115	15
银杏	新市场村	后谢龙山	二级	320	20	290	92	16
刺柏	新洋村	下洋水口	二级	428	17	180	57	5
刺柏	新洋村	下洋水口	二级	420	11	190	60	5
枫香	新洋村	上洋龙山	二级	450	20	330	105	10
枫香	新洋村	上洋龙山	二级	320	19	210	67	15
野柿	新洋村	上洋龙山	二级	312	15	210	67	8
银杏	新洋村	上洋龙山	二级	415	31	240	76	17
紫藤	新洋村	上洋龙山	二级	350	25	160	51	12
紫藤	新洋村	上洋龙山	二级	315	20	90	29	7
紫藤	新洋村	上洋龙山	二级	300	20	80	25	20
枫香	雅里村	龙山	二级	400	29	380	121	15
枫香	雅里村	龙山	二级	350	22	400	127	18
枫香	雅里村	龙山	二级	350	24	400	127	8
枫香	雅里村	龙山	二级	350	28	448	143	21
枫香	雅里村	龙山	二级	350	25	390	124	10
枫杨	雅里村	上库村口	二级	420	26	540	172	17.5

续表

中文名	村名	小地名	等级	树龄/年	树高/米	胸围/米	胸径/米	冠幅/米
苦槠	雅里村	上库后宅湾	二级	328	15	308	98	15
南方红豆杉	雅里村	上库龙山	二级	320	9	200	64	5
南方红豆杉	雅里村	上库龙山	二级	320	13	240	76	10
南方红豆杉	雅里村	上库后宅湾	二级	320	18	280	89	8
南方红豆杉	雅里村	龙山	二级	320	17	330	105	8
枫香	宅下丁村	后门山	二级	320	28	300	95	13
枫香	宅下丁村	后门山	二级	300	32	290	92	13
枫香	宅下丁村	后门山	二级	300	25	280	89	11.5
枫香	宅下丁村	后门山	二级	300	30	260	83	11
南方红豆杉	宅下丁村	后门山	二级	320	15	280	89	8.5
南方红豆杉	宅下丁村	后门山	二级	320	27	300	95	9
枫香	樟花村	龙山岗	二级	350	30	350	111	12
枫香	樟花村	龙山岗	二级	350	30	360	115	15
枫香	樟花村	龙山岗	二级	350	29	350	111	14
枫香	樟花村	龙山岗	二级	350	30	400	127	13
枫香	樟花村	龙山岗	二级	330	25	310	99	10
枫香	樟花村	龙山岗	二级	330	32	360	115	9
枫香	樟花村	龙山岗	二级	320	28	320	102	12
苦槠	樟花村	大树山	二级	320	24	360	115	16
圆柏	樟花村	村口路边	二级	450	8	270	86	3
枫香	柘前村	荡家龙山	二级	328	25	330	105	19
苦槠	柘前村	荡家龙山	二级	320	19	250	80	9
苦槠	植林村	大枫树脚	二级	320	8	290	92	12

雅里村银杏

王家塘村玉兰

屯坑村榧树

植林村枫香

下宅村枫香

上宅村圆柏

大宅里村朴树

上岗头村苦槠

西丁村圆柏

蔡家湾村苦槠

上宅村红豆杉

上宅村圆柏

植林村苦槠

李涧村枫香

下山村银杏

侯家村枫香

宅下丁村红豆杉

樟花村枫香

后谢村樟树

东硪村响叶杨

上真村白栎

王家市村马尾松

上洋村黄连木

高湾村栎树

下坪山村苦槠

上西岭村南方红豆杉

大安龙山古树群

第二编

姓氏村落

姓氏是传统文化之根，村落是氏族聚落之地。彩烟姓氏和村落以及伴随的生产生活活动，彰显各氏族聚落发展的历程和状态，展现彩烟乡村的风俗与风骨、历史与发展。

第一章　彩烟姓氏

古代彩烟，地旷人稀，地高林密，地理环境幽静，为现实的世外桃源，是躲避战乱、厌世隐居和寻胜定居的理想去处。早在晋代就有先民活动。尔后，杨白隐居沥江三渡，陈高卜宅于前陈，丁振卿迁居宅下墓塘园，董德之卜居大塘，梁永敏择居棠墅，戴质退居岭下，盛太正徙居龙岩，陈氏兄弟隐居回山，赵祚定居西岭……随着年代推移，彩烟的姓氏日渐增多。

截至 2021 年 5 月 13 日，在回山居住的总人口达 34912 人，姓氏有 201 个。其中 6 人以上的姓氏 87 个（表一），10 人以上的 62 个，50 人以上的 33 个，100 人以上的 27 个，500 人以上的 12 个，1000 人以上的 9 个，2000 人以上的 7 个，5000 人以上的 2 个。最多的是杨氏，有 7121 人，其次是梁氏，有 5756 人。

杨、梁、王、盛、俞、张、丁、陈、赵各姓现有人口 1000 人以上，合计人口 28007 人，占回山总人口的八成多。100 至 1000 人的姓有 18 个，合计 5334 人。6 至 99 人的姓有 50 个，合计人口 1330 人。此外，1 至 5 人的姓有 114 个（其中复姓 1 个）：彭、邵、冯、顾、向、钟、柳、龙，以上各为 5 人；冉、饶、鲍、程、倪、宁、农、童、万、傅、葛、马、毛、黎，以上各为 4 人；乔、秦、邱、商、查、聂、史、舒、陶、涂、官、熊、韩、康、玉、占、邹、楼，以上各为 3 人；易、段、安、敖、迟、寿、牛、单、危、任、项、密、刑、洪、隆、委、欧阳，以上各为 2 人；平、裴、齐、卿、瞿、全、穰、阮、白、贝、岑、车、成、钏、代、欧、佘、谭、谈、滕、钭、费、丰、苟、温、武、斜、胥、尧、管、桂、过、郝、候、侯、虎、华、季、焦、匡、尹、岳、翟、詹、祝、庄、祖、左、闵、兰、雷、历、厉、栗、郦、鲁、骆，以上各为 1 人。合计 241 人。

现今居住回山人口中，有 20 个少数民族，分别是壮族、苗族、土家族、布依族、白族、彝族、傈族、侗族、水族、蒙古族、土族、瑶族、仡佬族、黎族、回族、畲族、满族、哈尼族、藏族、景颇族。

表一 回山镇姓氏（6 人以上）人口统计

序号	姓氏	人口	序号	姓氏	人口	序号	姓氏	人口
1	杨	7121	30	夏	76	59	陆	11
2	梁	5756	31	黄	72	60	钱	10
3	王	2660	32	石	70	61	孙	10
4	盛	2543	33	刘	59	62	江	10
5	俞	2262	34	贺	48	63	施	9
6	张	2195	35	竺	46	64	唐	9
7	丁	2009	36	郑	43	65	韦	9
8	陈	1916	37	谢	29	66	苏	8
9	赵	1545	38	蒋	28	67	魏	8
10	董	797	39	厉	28	68	廖	8
11	潘	714	40	金	26	69	求	7
12	李	578	41	芦	25	70	裘	7
13	卢	460	42	蔡	24	71	曹	7
14	胡	306	43	庞	23	72	沈	7
15	吕	302	44	许	23	73	覃	7
16	戴	295	45	方	21	74	杜	7
17	周	279	46	罗	21	75	姚	7
18	孔	243	47	龚	20	76	泮	7
19	贾	195	48	曾	18	77	包	6
20	梅	184	49	邓	17	78	汤	6
21	甄	176	50	应	17	79	樊	6
22	严	167	51	柴	16	80	付	6
23	朱	149	52	余	16	81	甘	6
24	袁	135	53	汪	14	82	高	6
25	章	132	54	范	14	83	翁	6
26	徐	117	55	任	13	84	肖	6
27	吴	105	56	宋	12	85	郭	6
28	叶	96	57	林	12	86	姜	6
29	何	82	58	田	11	87	赖	6

注：统计基准时间 2021 年 5 月 13 日。回山总姓氏 201 个，总人口 34912 人。

本章以现今回山人口 100 人以上的 27 个姓氏为对象，努力探求其源，将各姓氏由何人于何时从何处迁入彩烟何地，做出明确记录；努力理清其流，将各姓氏迁入本地后经繁衍发展向外（包括本地和外地）开拓迁徙的情况，进行大致梳理。各姓氏留居本地各村的发展情况，一般不再赘述。

第一节 杨 氏

杨氏，为彩烟最大姓氏，人数占回山总人口近两成。居住历史久，繁花散枝多，文化底蕴深。

彩烟杨氏肇基始祖杨白（616～645），字继清，隋炀帝曾孙，越王侗之子，封荣王。武德之变后，荣王隐民间。贞观十五年（641）携妃韩氏逊荒，走越抵剡，闻剡西南彩烟山有沥江三渡，可间道走闽，遂行至金岩（今韩妃地），见壁立数千丈，旁有鸟道，妃韩氏度不能达，遂自缢（今韩妃村有韩妃庙、韩妃墓）。杨白率众上山抵沥江，依山少水，不通舟楫，遂隐居，续娶王氏，生子遁。杨遁（642～705），字乐山，号逸斋，传墓葬今白王庙大殿神龛座下。遁之玄孙凤（744～822），字廷梧，徙天台西乡，娶天台贾氏。传八世，裔孙杨乾（907～987），字景元，约在五代末北宋初，携妻张氏和孟、仲、季三子返居彩烟宅前长塘里（今上宅）。乾长子孟不传；次子仲居上宅，后裔称上宅派；幼子季居下宅，后建大宗祠名"思存"，又称"思存祠杨氏"，后裔称下宅派。

上宅派

彩烟杨氏十五世仲（951～1013）居宅前。至十七世，长尚忠（1004～？）经商，迁居余姚；幼尚节（1021～？），于1050年前后任四明驿丞，定居鄞县（今宁波鄞州区）；次尚孝（1019～？）留居宅前。尚孝生长子初、幼子和。

幼子和，字重禄，赘天台范氏，遂居天台，即今天台"溪下杨"之祖；初仍居宅前。至二十一世，徐之迁居宁海，仁之迁居诸暨，衡之留居宅前。衡之生嗣祖、继祖二子。

二十二世继祖（1243～1315），字绍德，生普顺、普温、普坚、普浩四子，其后裔分称元、亨、利、贞四派。

元派支脉 元派祖二十三世普顺（1264～？），字仲安，宋景炎乱时被元兵掠至山东，侨居济南厌次（今惠民县）顾家村。普顺有两子五孙，元至正庚午携孙海珠返居彩烟宅前。承嗣发达，繁衍至今。

上宅后裔不断外迁。二十八世巨津（1409～1483）号直斋，于明初（1448）迁居斋堂；三十世元将（1468～1545）为看护海珠公坟茔于明初迁居白毛坑；三十三世应本（1635～1702）迁居镜岭蔡家；三十五世洪茂（1645～1709）迁居湾头；三十七世士韶（1767～1802）迁居马鞍山。还有迁居本县石磁、上礼泉、磕下、西京湾、青林寺、长丘田、下岩贝、台头山，本地双柏树、官元等地，再有迁居嵊县板坑、天台钱家坑等外县市的。

上宅元派在彩烟境内数斋堂后裔为盛。斋堂原为镜岭溪西村何氏庄园，宋初（996～1065）何氏在此置斋堂，办斋饭，供香客膳食。二十八世巨津迁居于此开基建宅，名为斋堂。巨津生五子：希概、希析、希杉、希榆、希椒。其三子希杉（1448～1500）迁居回山，三十四世五凤（1622～1675）迁居官元（瓦窑湾），三十六世相可（1682～1748）迁居宅下丁，相法（1687～1753）、相旻（1695～1764）兄弟俩迁居下山。

回山村是彩烟杨氏重要聚居地。二十九世希杉于明弘治七年（1494）从斋堂村迁居回山村，为该村杨氏始迁祖，后世称"创回山公"。其后裔继续向外谋求发展，迁居外县市的有天台、东阳、嵊州、诸暨、磐安、富阳等地。迁居县内各地的支派有32处之多。如三十三世应杰（1565～1630）迁居下岩。三十四世一尔（1594～1664）迁居宅下丁。三十五世洪嶙（1637～1705）、洪湛（1659～1694）迁居鹿石（今下潘）。三十六世相志（1676～1735）迁居下坂头，相延（1702～1746）、相墨（1705～1753）兄弟俩迁居白岩下，相均（1689～1769）号穿岩迁居肇圃，相基（1676～1746）迁居台头山。三十八世友厅（1746～1805）迁居练使。三十九世松琪（1762～？）迁居九峰寺。四十世继禹（1768～1833）迁居上庄畈。四十三世载声（1903～1950）、菊三兄弟俩迁居里练使。

雅（厦）里是回山村杨氏后裔又一旺发地。第三十世元仪（1475～1539），字付威，号安山，"创回山公"希杉次子，生于斋堂，20岁随父迁居回山，30多岁娶丁氏成家，落户雅里。生有五子：廷谕、廷训、廷诚、廷诏、廷诰。长、次、季三子还居回山；四子廷诏和幼子廷诰留居雅里。雅里子孙众多，不断迁居外地。三十四世一著（1613～1648）迁居现镜岭泗坑。三十六世象松（1679～1758）带幼子煌及次子燮之长子圻复归长塘里（上宅），象棣（1688～1759）于乾隆年间在宅下丁建"居易堂"，其第二、三、四子自雅里同迁宅下丁，相辉（1678～1748）于康熙年间迁居枫树坪，相晃（1687～1752）迁居黄泥田，相寅（1701～1769）迁居大古年，相瑞（1663～1724）迁居磐安尖山滕潭岗。三十七世士珣（1696～1736）迁居大古年，士亭（1686～1749）迁居莲花心。三十九世日耀（1765～1843）迁居遁山里丁。

亨派支脉 亨派祖二十三世普温，字仲初，从宅前（上宅）迁居茅畈，为茅畈杨氏始迁祖。该村因山形如伏猫，返头顾尾，故名猫返。元代称茅畈，新中国成立后写成毛畈。之后，村里有陈姓迁入。

利派支脉 利派祖二十三世普坚（1282～1350），字仲祥，从宅前迁居厦堂（今下塘），为厦堂杨氏始迁祖。与梁姓聚居。

贞派支脉 贞派祖二十三世普浩，字仲明，生三子：择、榆、椿。次子榆（1308～？）从宅前迁居厚坂（今后坂），为后坂杨氏始迁祖。幼子椿（1313～1359）于元至元年间迁居王家彦（后改王家年，今杨家年）。从杨家年迁外地的杨氏后裔有三十三世应恩（1639～？）于明末清初迁居寒庄，一沓（1701～1748）迁居镜岭黄塘里；三十五世洪倈（1703～1781）迁居天台关岭下乌楼；三十八世友撵迁居富阳；四十世井千（1912～1982）兄弟迁居慈溪。

下宅派

彩烟杨氏十五世季（960～1016），字小三，从宅前分居下新宅（下宅）。至十八世礼（1067～1145），字元仁，迁居杨公坑，有后裔迁居回竹山。至二十一世，留居下宅共有兄弟28人，有以下分派。

大椿派支脉 二十一世大椿，字元老，居下宅。至二十三世绍祖，迁居诸暨。二十五世回福，字俦卿，从下宅迁居嵊县。

大亨派支脉 二十一世大亨，字元嘉，居下宅。至二十六世舍，字仲德，回居上宅岭根。

二十六世柄（1311～?），字仲操，从下宅迁居湾头。其后裔又开枝散叶。三十世暹，字声先，赘居南泳厉家。三十世逢迁居东阳县，其长子三十一世天平（1474～?）从东阳迁居磐安县林宅，其后裔三十六世学遇（1680～?）迁居象山县。逢幼子三十一世天瑞（1477～1557）从东阳迁居三水潭，其后裔三十七世日昭（1727～1768），迁居宜平县，四十世云麻，迁居嵊县纱圈。

柄下三十五世中直字文玉，从湾头迁居嵊县黄泽。三十六世学显（1660～1713）从湾头寓居宅下丁。三十八世万杰（1693～1760），字怀庆，从湾头迁居宁海县；万祖（1736～?）从湾头迁居嵊县二十四都。

大兴派支脉 二十一世大兴，字元隆，居下宅。

二十六世观（1307～1394）迁居祥塘。其后裔从祥塘迁出的有，三十三世守身（1552～?）迁居宁波奉化，守名迁居宁波鄞县，守忠（1565～?）迁居新昌南门里。

二十六世均（1298～1358）为下屋头始迁祖。其后裔，二十九世彦广，从下屋头迁居宁波。其后裔三十二世文臣之子应春、茂春从宁波迁居鄞县黄河桥头。三十九世芮科（1717～1773）从下屋头迁居后船（礼泉）。

二十九世佛助（1368～?），字文敏，从下宅迁居小朱岭；佛保（1371～?），字道敏，从下宅迁居宅后王，其后裔先后有人从宅后王迁出。三十三世守金迁居天台县。三十四世朝科迁居绍兴冯家。三十九世承朝（1672～1745）迁居上贝。四十二世登兴迁居奉化梯棚头。四十四世火余（1864～1927）迁居产芝。

大荣派支脉 二十一世大荣，字元道，居下宅。

二十四世瀛老，出继嵊县前良母舅王氏。其长子胜宝，迁居南山，为南山王氏始祖，次子胜珠，留居前良。

二十九世用诚（1390～1450），字信民，下宅村其后裔最众，从下宅外迁后裔也多。

三十世瑄（1424～1503），从下宅迁居侯家。其后裔三十七世，日尧（1700～?）迁居溪西；日瞬（1704～1762）迁居韩妃。

三十二世继曾后裔于1750年前后从下宅迁居岭头王，尊继曾为岭头王杨氏始迁祖。

三十三世守臣（1496～?），字一良，从下宅迁居大畈。

三十五世中兴（1555～?），字惟隆，从下宅迁居上将。其后裔三十七世，日瑞（1653～1725）、日佳（1656～1716）返迁下宅。四十二世，登宇（1790～1863）从下宅迁居北池。其后裔四十三世美世从北池迁黄赤岭，因火灾再迁茶壶岩岭头；登谅（1814～1885）从上将迁居西门外葫芦岙。四十四世，仕义（1852～1912），字兼好，从上将迁居县城西门；仕敬（1858～?），字兼谨，从上将迁居嵊县北郊。

三十五世中爱于1600年前后从下宅继居嵊县。三十六世学元于1660年前后从下宅迁居嵊县坑口。

三十七世，日元（1621～1693），字奇明，从下宅迁居沙滩；日杰（1683～1719）、日锦

（1671～？），字愫绿，从下宅迁居黄泽；日锡（1636～1710），从下宅迁居后王。日锡后裔，三十九世，承凤，字孔云；承贤（1712～1762），字孔彰，从后王迁居孟家塘。四十一世仍厚（1777～1823），字财治，从后王迁居嵊县高敬坂柳树墩。

三十八世，万萼（1675～1715）从下宅迁居嵊县马家庄；万洪（1697～1765），字怀晨，从下宅迁居嵊县下洋棚。

三十九世承康（1702～？）、承雍（1706～？）兄弟俩从下宅迁居余姚高庙山脚；承洽（1709～1776），字全贵，从下宅迁居黄泽；承治，出继兰田头。四十世云霏（1753～1812），字溢然，从下宅迁居嵊县东门外。四十二世登恒（1799～1856），字静远，从下宅迁居石蟹岭脚。

四十三世从下宅迁出的有，美臣（1816～1860），字林深，迁居镜岭黄婆滩；美兴（1842～1903），字逢旺，迁居太公庙前；金瑞（1846～？）迁居新昌城关；美璋（1881～？）迁居大佛城旁石架山。四十四世，仕仁（1826～1885），字水元；仕勇（1838～1875），字水来，兄弟俩从下宅迁居镜岭黄婆滩。四十八世维忠，从下宅迁居大坑湾。

信民仕居广东，后裔繁衍。21世纪初，彩烟杨氏重修谱牒时入谱。信民在广东有13子。长子观昆仕居福建汀州，次子观煌仕居湖广等地，三子观炯仕居粤西一带，四子观烜留居广州，五子观炳择居潮州，六子观照由诏州府乌石下迁居南雄，七子观炊住广东韶关始兴（至三十四世玉旺分居潭溪享洞澜河，玉升分居大水坝，玉兰分居禾场头东门，玉臣分居上湖水沙帽岗，玉琼、玉宇分居北门，玉桂分居磐坑，玉装分居西溪，玉正分居长眉坑，玉温分居含鱼头，玉俭分居官社，玉顺分居占坑），八子观炘、九子观辉、十子观耀、十一子观炫、十二子观炯、十三子观顕，卜居始兴城内。

大荣派支脉从下宅外迁的还有：三十二世继贤（1528～1593），字本恩，迁居前丁。三十四世世纪迁居前丁。三十七世，日文（1705～？）迁居碚头；日武（1714～1771）迁居溪西。三十九世承和（1825～1912）小名牛老，迁居石道地大岩坂。

大问派支脉　二十一世大问，字元益，居下宅。至二十四世够，继居六上舍；郁，字景舟，赘居嵊县上坂杨，为上坂杨氏始迁祖。其三十世成智（1611～1676），字有富，从上坂杨迁居镜岭暖谷山。至三十七世仍本（1854～1926），字先川，从暖谷山迁居嵊县三板桥；仍德（1857～1930），由暖谷山迁居嵊县黄泥田。

二十五世多，为前洋市派始祖。至三十二世兆茯，迁居天台下曹洋。

二十六世厽，字士谦，迁居剡川；鑫，为下苏派始祖。其后裔，四十世云相（1708～1766），迁居嵊县上坞。四十四世仕根（1863～？），字深山；仕福（1868～？），字乐山；仕则（1870～？），字优卿，都迁居下三府于潜。

大经派支脉　二十一世大经，字元直，居下宅。其后裔，三十五世中月（1713～？），迁居嵊县王迈庄。

大时派支脉　二十一世大时，字元节，居下宅。其后裔，二十四世宗连，出继天台；世福，为西塘岙杨氏始迁祖。其派下三十五世中祚（1637～1695），字惟真，迁居侯家马车园。三十八世金龙（1748～1832）、银龙（1752～1803），同迁嵊县丫叉坑。

二十七世太和，字显真，迁居下杨，为下杨杨氏始迁祖。其后裔，二十九世以德，迁居坑岭头。三十四世亨芝（1528～1560），迁居梅渚。三十八世万圆（1677～？），迁居东阳溪头。三十九世承魁（1695～1766），字占先，迁居黄古浪；承培（1700～1767），迁居北门外杨柳屋。

大稚派支脉 二十一世大稚，居回竹山。其后裔，三十四世姜（1547～？），居横蹄；远（1550～？），迁居仙居县。三十五世中庆（1568～？），迁居天台县。四十四世仕高（1835～1874），迁居大岗。

大钟派支脉 二十一世大钟，居下宅。长子宁，字云萃，号玉峰，仕居山东。其孙、二十三世文容，迁居湾头；文和，居上宅。

二十七世元和，字克象，迁居绍兴府前。其后裔，二十九世名高，字庭椿，号茂轩，迁居松江朱家角。至三十四世，贤才、贤哲、贤能仍居朱家角；贤达（1680～1750），字纯吉，号智轩，从朱家角返迁韩妃。其长子，三十五世同昌（1726～1750），字文英，号忠贤，迁居嵊县东湾四十亩；幼子同仁（1727～1782），字文雄，号中惠，迁居西门外龙亭山（杨梅坪）。

大成派支脉 二十一世大成，居下宅。其后裔，二十五世景，字云华，迁居上岗头。

大济派支脉 二十一世大济，居下宅。其子因之（1225～1273），字叔义，迁居芝林。

第二节 梁 氏

梁氏，彩烟第二大姓。梁氏支脉以人口密集的棠墅一带（大宅里、樟花、旧宅岙、马家田、王家、中宅）为中心，向四面八方呈放射状分布，几乎遍及彩烟大部分村庄，且向周边乡镇以及邻县城乡散居。外迁支脉仍亲情深厚，裔孙回棠墅敬祖认宗络绎不绝，可谓枝繁叶茂，瓜瓞绵绵。

彩烟梁氏开基之祖梁永敏（1102～1177），字子敬，原籍新昌查林，系浙东梁氏万公三十世孙。少年有志，喜察山川地理，风土民情，见彩烟山之安顶右脉，门溪和郑博溪之间及周边，多荒山野地、冈陵并秀，地广人稀，足可聚国族长子孙，曰"万家地"，遂于南宋绍兴十四年（1144）八月初一，率四子三孙，一家十余口，在此结庐住下，取名"棠墅"。裔孙于明万历间建梁大宗祠，尊其为"开彩烟梁公"。

彩烟梁氏传至三十二世，汝阳率子云衢迁居天台蟹坑（后有分支迁龙潭坑和上屋），汝善迁居绍兴府城西郭，汝秀率子云路迁居练使（三十九世裔孙崇敬再迁梁家，建有"崇敬祠"），汝明（进士）留居棠墅。至其孙三十四世有孔新、孔明。弟孔明在棠墅东南百余步处创下屋头新居，称下屋头派（下屋头因遭火灾而迁居桥头坑，为祀始祖，建有"孔明祠"，至今仍在。后裔陆续分迁至贾庵、庵基、居堂殿、下庄、外坑、蒋小泥、回竹山等王里山诸村以及前洋市、新市场、后溪傍山和嵊县黄泥桥）。兄孔新留居棠墅，至三十九世佐，字忠辅，仲，字忠孟，于元至正十一年（1351）棠墅家族一分为二：兄佐住东边新居（今大家里），为东派始祖；弟仲住西边旧居（今大宅里），为西派始祖。

棠墅东派

棠墅东派第三代，四十一世又一分为三：佐之长孙灌（贡士）于明宣德年间（1435 年前后）创居王画，次孙涯留居大家里，幼孙渚于明正统年间（1440 年前后）创居旧宅岙。

王画支派 为祀始祖灌，号蓄斋，其裔孙在王画建有永思祠，故亦称永思祠派。四十二世长房珦，字景唐，创居王里山坂口，二房玠，字景璋，创居王里山杨公坑（四十九世仁达迁居天台上岩，仁道迁居镜岭。五十二世祖实于清乾隆间 1752 年前后迁居上王外山头，其玄孙承水迁回山村）。小房璇，字景衡，于正统年间（1442 年前后）随生母肇居芸溪别业。

芸溪（原名马家田，今晨光）始祖梁璇，建有佑启祠。四十七世，时寿迁居天台山口，时观迁居下棠（今下塘）。四十九世，京元、添元于清康熙年间（1695 年前后）迁居下棠，沈元迁居渡河（分支迁大坑），茂高迁居城郊礼泉，翰元迁居袁家。五十世圣超迁居嵊县西王庄。五十二世自礼迁居碛头岭。五十三世，在岐迁居下棠，在进迁居澄潭棠川（今棠村），在丙迁居北池。五十四世，敦怀定居绍兴，家盛迁居西郊五龙岙，家霖迁居鄞县杖锡燕子窠村，家珪迁居孟家塘。五十七世日信迁居上宅。干支仍留居芸溪。

大家里支派 为祀始祖涯，号裕庵，其裔孙在大家里、王家与中宅之间建有裕庵祠，故亦称裕庵祠派。四十三世，大房俊和三房俨于明成化年间（1480 年前后）创居王家，二房侣和小房偲留居大家里。

迁王家的大房俊，号济庵，其下四十五世，舜民迁居天台车门湾（后裔分迁里河山、罗带），舜友迁居嵊县玉安屏鹿洞口。四十八世，志锜迁居西塘，志镇迁居小厅。五十一世，尚善及其侄祖芳、祖正迁居诸暨枫桥钟山，尚邻迁居天台柿树湾。五十二世，祖坤迁居石顶岭。三房俨，号云山，其下四十六世，仲为迁居嵊县北山苦竹溪，仲平迁居天台岭后山。五十世，廷鑰迁居岩泉。五十四世，昌朝、昌后、昌赖、昌胄迁居大安、上甄、下园，昌宗、昌义迁居上王外山头。

留居大家里的二房侣，号静庵，其下五十世，廷和迁居井上园，廷熙迁居西门外侯村，廷秀迁居前王，廷用留居大家里。小房偲，号毅庵，其下四十四世，长子诠于明嘉靖年间（1520 年前后）创居大坵下，次子识于明嘉靖年间（1525 年前后）创居中宅，三子谏、四子誉仍留居大家里。

大坵下诠，号双峰，其下五十世，廷邑迁居沙溪龙皇堂，廷学迁居上甄，廷钺于清康熙年间（1685 年前后）迁居下坪山（有后裔分迁岭头俞、上湖、临安林溪、嵊县小刀等地），廷运迁居外前丁。五十一世，尚月迁居王渡里，尚普返居大家里。五十二世，祖眷、祖爱迁居龙皇堂。五十三世，荣秋迁居小将田西，荣春迁居沙溪上蔡岙。五十四世昌禄迁居茅洋山。

中宅识，号友松，其下四十八世志镛迁居东碛。四十九世，宏祚迁居天台王仁坑，宏恭迁居天台大溪汤，宏俞迁居蔡峰。五十世廷兰迁居冷水。五十二世，祖耽迁居嵊县进溪，祖凤迁居下洲，祖智、祖鸿、祖颐、祖颢四兄弟迁居遁山大枫树。五十三世，钟灵迁居大宅里，钟特迁居练使，荣森迁居宅下坑（今石下坑）。五十四世，昌业迁居下岩背，昌雄与族侄迁居磐安包界。五十五世，其钱、其和迁居上市场。五十六世，葆仁创居灵岩，承南迁居下坂头。

留居大家里誉，号南涯，其下四十八世，志文于清顺治八年（1651）创居樟花，志武迁居前将（后裔有分支迁南泳、冷湾和小里坑），志功迁居横山，志茂迁居天台山口，志高留居大家里。

樟花祖志文有4子19孙75曾孙。后裔繁盛，樟花人满，外迁者甚众。五十世廷惠、廷源，五十一世尚伦，五十五世其粟迁嵊县。五十世廷净，五十一世尚仪迁王渡口。五十世廷志，五十一世尚统，五十三世荣清、荣实迁大岗。五十一世尚钰迁西山头，尚岳迁石磁，尚柱、尚葵迁王店。五十一世尚智，五十三世荣益迁大岩下。五十一世尚恒，五十三世荣灏迁王泥田。五十一世尚备，五十三世荣显迁虎家丘。五十二世，祖珠迁西山头，祖帝迁胡卜。五十四世昌离迁南泥湾。五十五世，其椿迁望江山，树勋、建勋迁安吉。五十五世佐勋，五十六世简香迁新昌城内。五十六世维灿，五十八世起林迁上市场。五十六世，钱老迁临海，一示迁四川，遵相迁宁夏，益臧迁肇圃，志臧迁江苏昆山。五十六世选章，五十七世岩钱迁下市场。五十七世金顺迁云南昆明。

旧宅岙支派　为祀始祖渚，号松巢，其裔孙在旧宅岙建有世德祠，故亦称世德祠派。四十七世思文于清康熙年间（1680年前后）迁居簋嘉堂。四十八世茂能迁居外坑。四十九世，宏道、宏遒迁居天台道士岩。五十世，世璋于清雍正年间（1730年前后）迁居侯家岭，世栋迁居天台。五十一世，尚宫迁居马车园，尚西迁居台府东门外，尚顾迁居嵊县甘霖。五十二世，祖金迁居下董，祖芳迁居后坂，祖茂、祖水迁居外坑。五十三世，荣祥迁居外前丁，荣瑞迁居天台前家坑，荣高迁居书房山，荣耀迁居北门外后董。五十四世，昌友迁居上棠，昌文迁居下市场，昌法迁居道士岩，昌生迁居诸暨直埠镇紫草坞，昌松迁居黄泽马鞍桥，昌金迁居於潜东乡章家村，昌盛、昌宏迁居下庵。五十五世，其钱迁居上三溪，其尧迁居下棠。五十六世，承福迁居桐庐县至德乡白石庄杨家，承元迁居诸暨殷店街五元，承财迁居西郊五龙岙，承礼迁居渡皇山油车湾，承法、承标迁居岙元，承定、承章迁居中宅。五十七世正相迁居西丁。

棠墅西派

棠墅西派始祖仲生彦南、彦嘉。至第三代四十一世棠墅西派又一分为二：彦南之子溙迁居上棠，彦嘉之子长溥、次澳、三涍、幼演留居棠墅故宅。

上棠支派　上棠为祀始祖溙，号仁三，其裔孙建有仁三祠，故亦称仁三祠派。四十九世挺琳迁居天台李家岙。五十世道隆迁居新昌城中。

大宅里支派　为祀始祖则，字彦嘉，其裔孙建有世泽词，故亦称世泽词派。四十三世，溥之孙儦和澳之孙达迁居上棠，涍和演的后裔，在棠墅故宅西南拓展新居时，再次一分为二：以世泽祠前的东西向长街为界，涍的子孙拓展街北，因地势稍高，称涍为街等派始祖；演之后裔经营街南，因地势稍低，称演为街下派始祖。祠在其中，界线分明，故后人称世泽祠为石界祠堂。

街等派涍，号默斋，其后裔，四十五世怀隆迁居下苏。四十六世曰征迁居南泳上卢。四十八世署时于清康熙间迁居上西岭。四十九世，挺柱迁居肇圃，挺全迁居下张湾，挺选率子息隆、育隆迁居天台宝通。五十一世，光松迁居下丹溪，光梅迁居西门外严岙。五十二世开周迁居上库。五十三世世议迁居沃洲黄坛东山地。五十四世昌木迁居镜屏染坑。五十五世其文迁居西郊下礼泉。

街下派演，字以敷，其后裔，四十四世献渊迁居周家。四十五世崇启迁居下棠。四十八世士茂迁居上水鲇。四十九世，鼎忠迁居里前丁，鼎义迁居大井头。五十世，庆隆迁居冷水，从隆迁居黄婆滩，保隆迁居镜岭，周隆迁居西门外杨梅山，映隆迁居王里山小里坑，逊隆迁居嵊县浦口顾江。五十一世，光回迁居白岩，光壬迁居塘下，光选迁居青山头白段。五十二世，豪迁居苏州震泽镇，开法迁居杭城横河桥，开云迁居江南茶铺，开第迁居北门外山头里，开岂迁居北门外蓝田头，开扲迁居梅渚马家庄（至五十七世有支脉清渠迁居西郊岩里），开寿迁居汤家。五十三世泰先迁居东阳湖沿。五十四世，小龙迁居外湾，昌西迁居新昌城内。五十六世承超迁居马家田许家。五十七世，日增迁居上市场，日青迁居镜岭安溪。

第三节　千人以上七姓

据 2021 年 5 月 13 日回山人口统计显示，王、盛、俞、张、丁、陈、赵，各姓人口均在 1000 人以上，最多为王姓，2660 人。七姓氏合计 15130 人，占回山总人口四成多。

王氏

新昌王氏人口众多，派别亦繁。至 2006 年，新昌县王氏人口 42085 人，为全县第一人口姓氏。王氏在彩烟亦为大族，现有 2660 人，居回山第三人口姓氏。彩烟王氏大多属澄潭天姥王氏、儒岙南屏王氏后裔，主要聚居地有官塘、欧潭、寒庄、大安、丁山、石彦坑、后涨、石界等村。

澄潭王氏　澄潭王氏可溯源王羲之。王羲之（303～361），琅琊临沂（今山东省临沂市）人，东晋永和六年（350）任会稽（今绍兴）太守。后迁居山阴，晚年归隐金庭（今属嵊州）卒葬于此。至五世王超之，武举状元，梁天监时（503～519）官武毅将军。超之幼时随父居剡，出游长潭，见此处山水秀丽，遂定居于此，改长潭名槐潭，墓葬西山，为澄潭王氏始祖。

至二十世，澄潭王氏分图山、天姥两大派：兄迥（1111～？），因墓葬礼义乡图山，为澄潭图山王氏始祖；弟逑（1114～？），字德逌，因其墓葬仙桂乡天姥山，为澄潭天姥王氏始祖。

图山王氏，有后裔从嵊县长安迁居彩烟石界、孟仓等地。

天姥王氏逑生七子、传六房：慕辰、仰辰、思辰、庚辰、忠辰、向辰。二十一世慕辰（1134～？），字国良，生三子。长子梦昌，从澄潭迁夏洲，为夏洲王氏始祖，有后裔转徙彩烟王家市。六子向辰（1175～1245），生二子，长子梦麟，从澄潭迁横山，梦麟后裔，三十世大遁，明初由儒岙横山迁至彩烟大安（王家），为大安王氏派祖。另传，先迁至石槽大坑，再迁至大安王家。

二十三世祖辉，字光宇，南宋后期迁居彩烟官塘，为官塘王氏派祖。有后裔迁居寒庄、屯坑等地。

天姥王氏后裔中，有从澄潭迁居彩烟后涨，还有从天台县桐元迁居彩烟丁山石彦坑。

南屏王氏　始祖王绅，原籍山东，南宋初随宋室南渡，定居前梁（今属黄泽）。七世瀛老

（1237～？），生二子：胜宝、胜珠。次子胜珠居前梁。长子胜宝（1280～？），娶南山张氏，继娶其妹，赘居南山。

十三世澡派下，有后裔从南山迁居彩烟石界（上将）。民国初期有后裔迁居彩烟下塘水口山。

十九世乾赞（1635～1710），字相尔，幼年随母寄居小将，年长返南山后欲投天台后分王，迷路于欧潭，见地好人和，遂定居于此，娶妻生子。传到承字辈，有十五兄弟同在村边兴建思敬堂。有后裔迁居双柏树、横板桥等地。

盛氏

彩烟盛氏源自新昌盛氏。新昌盛氏始祖佩（990～1031），字遵甫，号梦觉，擢新昌知县，嗣居县城盛桥盛巷。至六世符（1110～1195），字道亨，号节斋，官至工、刑部尚书，告老回盛桥盛巷，多有善举。生二子，长子太忠（1131～1209），衡州同知，宦居衡州；幼子太正（1133～1207），字由义，号遁翁，别号龙岩，因喜山水，于南宋开禧间迁居岳家龙岩，为彩烟盛氏始祖。太正育三子：福、禄、康。今新昌盛氏皆为长子福和幼子康后裔。

龙岩福派　龙岩长子福下，十二世儒誉（1241～1322），字敦品，号石泉，娶大安张氏，因奁产数顷坐落韩妃岭头，遂于元至元年间（1271～1340）自龙岩迁居岭头（今蔡家湾）。生五子，后嗣传承至今，统称岭头盛氏。子孙分迁至各地。

十四世肱，字股臣，自岭头迁居宅后王，为宅后王盛氏始迁祖。

十八世思浣（1386～1481），字惟洁，号永怀。因岭头老家遭火灾，于明宣德间（1426～1435）携四子迁居榭村（今后谢），为后谢盛氏始祖。

十九世材（1427～1503），字希用，号邓林，输粟赈饥举义行荣膺冠带，子孙繁衍众多，迁居蔡家湾前山；权（1415～1475），字希正，号太轩，荐辟县承，奈以疾告归，筑室韩妃溪浒金岩之麓，为韩妃、大岗盛氏始迁祖；模（1434～1517）字希范，号爱竹，自榭村卜居上真。二十一世朝简（1515～1578），字升明，号帝眷，由上真迁居大安西园。二十二世廷有（1547～？），由大安西园迁居天台西桥头。二十七世，长兄世谐（1685～1752），字玉和，与幼弟世语（1702～1755），字玉殿，迁居新昌城里；老二世赞（1701～1779），字玉兴，仍居蔡家湾，后再迁城里；世文（1661～1730），字学艺，由蔡家湾迁居十二都下潘。章喜（1731～1787），字天喜，由大安西园入赘镜岭竹潭丁氏，其子孙续姓盛。世星（1695～1751），字希明，携三子由金家迁居寺下坑。

二十八世永朝（1722～？），由金家迁居城北渡皇山。其子孙现居三板桥、侯村等地。

龙岩康派　龙岩幼子康居住下岩，后裔迁居丹溪、仙岭、坑里、五峰等地。

十六世尧，从龙岩分迁丹溪（今下丹溪）。长子旦（1356～？），字绍周，在仙岭（今大岭脚）新建居室。幼子是同住丹溪祖屋。

十八世懿宗（1394～？），字思美，生七子。下岩后人奉其为下岩盛氏之祖；惠宗，字思量，于明代天顺间卜居蕉水坑里。

二十七世际会（1725～1794），字日山，生五子，由大岭脚迁居拔茅五峰。

俞氏

彩烟俞氏源自五峰俞氏，主脉为五峰俞氏世德祠、萃和祠裔孙。俞氏祖先世居山东河间益都（今山东青州）。俞氏六世稠（828～905），唐晚期宦寓长安，僖宗时仕睦州（今杭州建德）刺史。值黄巢之乱，与时任剡县令的长子珣隐居剡东五峰（今拔茅上五峰），后有裔孙迁入县城静安坊，均称"五峰俞氏"。

世德祠派　俞氏二十三世僧，在彩烟岭头购置土地。后其第五子明（1356～1390），字本显，一字公显，于元末从县城静安坊迁（赘）岭头，后在岭头之西建村，名岭头俞。于清中晚期建俞家祠堂，尊俞僧为彩烟岭头俞俞氏始迁祖。其后裔三十二世和廷，字望河，自岭头俞徙居儒岙鱼头。三十四世元，自岭头俞徙双柏树。又有后裔徙居台头山大地头。

三十三世之栋（1603～1647），字省初，邑庠生。因家业毁于火，为减轻负担，于明末清初从今梅渚坂田（坂田俞氏来自县城静安坊）迁居彩烟旧住。生二子：士恒、上佩、士玉。其一卜宅六谷湾。至三十五世燕及（1679～？），自旧住迁居高屏（今高坪）；燕绪（1698～1765）携妻梁氏和四子廷栋、廷梅、廷耀、廷瑞，迁居高湾。三十七世学经，自高湾徙白毛坑。

三十四世，锡文（1692～1754），小名春茂，携妻周氏及二子（呈元、呈瑞），从县城静安坊徙彩烟官塘（上官塘）；锡荣（1697～1771），小名增茂，随后徙彩烟莲花心，生一子呈贤。有后裔迁上真。

萃和祠派　萃和祠二房宝七公派下，俞氏二十三世恺（1424～1472），首徙丁村。

二十四世贵宋为恺次子，携妻吴氏及纡、弦、编三子，从丁村迁居彩烟十三都前丁园唐里。为前丁村主要姓氏。后裔于明崇祯八年（1635）从前丁迁居渡河，又有后裔从前丁迁凉风岗、高屋山、屯外等地。

二十四世贵宫为恺八子，携妻刘氏及梯、析二子，从丁村迁居彩烟十三都渡河。后裔又从渡河迁石彦坑、石水涧等地。

张氏

彩烟张氏有长虬张氏、下岩张氏、下洲张氏之分。

长虬张氏　始祖泾师，又名子泾，字仲玉，一字昆玉，号太原，嵊县人。宋德祐年间（1275～11276）携家人由嵊县珏芝避难剡东彩烟，择居肇基卜宅动土，挖得有角细长虬石一块，故起名长虬。泾师有四孙：麒、龙、麟、凤，分四派。现泾师名下已传三十六代，后裔散居村落五十多个。

麒长子达归佛门；次子度，在至治到至元年间（1321～1340）由长虬迁居台州仙居；幼子楷，于至治年间（1321～1323）吉卜肇基楼下宅，为磐安县楼下宅张氏始迁祖。

龙子律，律长子淮的五世孙，守膏明成化四年（1468）由长虬肇基天台牌门，守润正统八年（1443）由长虬迁居临海。七世孙富寿，正德末年（1521）由长虬肇基天台潢润坑。律次子汉为长虹大房祖，幼子段为长虹二房祖。段的十三世孙宁韬（1769～1842），迁小将下朱部。

麟，由长虹返嵊。

凤长子宗、幼子聪同居彩烟长虹。有后裔迁渡河，又有后裔迁三溪（今下三溪）。

下岩张氏 为南明张氏分支。南明张氏始祖张珣（1202～1262），字国珍，为南宋相魏国公张浚四世孙，世居汉州绵竹。宋开庆元年（1259）授新昌令。新昌民众挽留其后人聚居南门一带，故称南明张氏。传至第四世衍，发为六大房，其中大三房因在盛家桥而称盛桥派。南明张氏盛桥派下，十四世锡爵（1548～1608），字驭贵，于明万历年间，因时乱役繁而迁居彩烟十六都下岩，为下岩村张氏始迁祖。锡爵生育五子。至十七世，已有十四位曾孙。至乾隆十三年（1748）裔孙建广惠祠奉祀始迁祖锡爵。

族群壮大后，多有族人外迁谋生。二十世继才，于康熙五十一年（1712）迁居上贝。二十一世柏松，于光绪年间迁东门外峇里头。二十二世，林盛于同治末年（1875）迁居新市场，财标于光绪末期迁西门外葫芦峇，庶昌于咸丰年间迁班竹山上泄上（今属沃洲镇）（其后裔又分迁至儒峇石磁、会墅岭，及大市聚、班竹等地），银昌迁居儒峇横板桥赵家庙。二十三世位敬，迁居彩烟宅后王。

迄今，广惠祠派已繁衍至二十九世。

下洲张氏 夏洲（今下洲）张氏始祖伦，字从齐，号肇修，别号万五，于宋嘉祐四年（1059）腊月初七，携两子从宁海里峇迁至十五都夏洲（今下洲）。至十四世景良，号龙岩，生子二：珍、玻。

景良长子、十五世珍，字蕴忠，于明洪武年间徙居彩烟后王，为后王张氏始迁祖，又称上房始祖。至二十世，德轲从后王迁居东硙，又有后裔由后王迁居王店。二十一世应海、二十四世至荣先后从后王迁居东硙。二十二世斯万由后王迁居上贝。二十三世美琏由东硙迁至澄潭朱家塘。二十六世汉彬从后王迁居前王。

景良次子、十五世玻，为下房派始祖。有后裔迁居彩烟，二十五世镇典从下洲迁居虎家丘（有后裔从虎家丘迁居大湾头）。又有后裔从下洲迁居牛塘、大安等地。

丁氏

丁氏为新昌十大姓氏之一，分南洲与彩烟两支，东汉时属同宗同族。彩烟丁氏远祖丁康，为南洲丁氏始祖丁崇仁族兄。丁康于东汉末，避董卓乱，从山东原籍迁居建业。五传至丁话自建业迁居山阴（今绍兴）。又十五传振卿于唐僖宗年间（874～888）避黄巢兵乱，自越州山阴天章寺迁至彩烟宅下墓塘园，为彩烟丁氏始祖。传八世，分祐、户两派。

祐公派 彩烟丁氏八世祐，迁居大田（今镜岭大畈），创大畈派。其后裔有迁居外县市地。

十八世，伯诚迁大源（今大元，亦大园），伯虎迁三渡殿前。二十一世潜（1348～1383）迁西塘。二十二世银（1372～1452）迁安山。二十五世好刚，迁天台时家山。二十六世贤松，迁十王高。二十七世庆象，迁马坞头。二十八世清穗、清程，迁镜岭桐桥湾。二十九世，振杰迁莲花心，大亿迁里屋。三十世，可奇复迁宅下丁，明贵迁天台万年山，厅元迁张呑（今姜呑）。

户公派 彩烟丁氏八世户，世居墓塘园。十二世攀，字伯高，迁王呑。其孙，十四世，敦宇（1111～1168）儿子分居复迁宅下、端里、上宅，敦霖（1113～1174）儿子分迁新堂、端里、下宅。十六世梦昌（1182～1245）迁外前丁。十七世，愚生（1218～1289），字仲贤，迁旧屋，睿迁绍兴洪口大路朱。二十世德生，字长卿，迁天台上丁。二十五世，彬十二迁乌珠塘；好和（1444～1522），号双松，迁柘前（公下裔孙分立汤家大房派、柘前二房派、柘前三房派），廷妥迁肇圃，廷器迁三旺小遁山；彬一、彬六迁王家塘。二十六世床迁汤家。二十九世，尚福迁天台上高，治成迁天台党样山，治法（1594～1649）迁乌珠塘。三十世学文迁天台前王。三十二世岳宴，偕三十三世殷连、殷绩迁李棚坑。三十三世殷兴及三十四世宗云，迁新昌县城。三十四世，士耀迁嵊县石鼓岭，士蛟迁大明市等地。

彩烟丁氏后裔现主要分居于回山大元、柘前、殿前、马坞头、汤家、姜呑、里屋、王家塘、乌株塘、西塘等地。

陈氏

彩烟陈氏始迁祖，一为前陈陈氏楳，一为东园陈氏显之后裔。

前陈陈氏 陈楳，字季腊，原籍江苏丹阳。唐大历间（766～779）任浙江东道督邮，出巡会稽和台温，归途经剡东彩烟，观其山水秀丽、人烟稀少、环境幽静、可耕可隐，遂在公元777年前后率次子高，隐居彩烟，为彩烟前陈陈氏始祖。时沥江三渡已有杨氏居住，因选址在沥江三渡前，故称前陈。

楳后裔乐山乐水，半耕半读，农耕传家，多在彩烟本地，少有迁徙外地。派分多支：芝林派由二十六世彦高、彦有、彦琳肇基；屯公山派由三十五世彦广、三十七世番佩肇基；九如派由三十七世有余肇基。

东园陈氏 陈显（860～935）又名鎜，字世修，为东园陈氏一世祖。原籍山东临淄。后梁开平二年（908）新昌建县，陈显出任首任县令。任满留居县城候仙门仁政坊之东园，故称东园陈氏，又称下城陈氏、前山根陈氏。八世统，于北宋大观元年（1107）在彩烟余商（现回山村）始建别业。十世用辅将别业更拓。十一世记，于南宋庆元年间（1195～1200）创三楹"水口庙"，现为回山村镇东庙。

十五世本中，任新昌县儒学训导。至正二十年（1360）三月三日，为避方国珍伪命，与兄允中隐居回山，为回山村陈氏始迁祖。进才于乾隆二十四年（1759），从回山徙居彩烟茅畈。乾隆年间，有回山陈氏先后迁移到现镜岭的黄婆滩、溪西、潭角、石桂园、云渡、枫树坪等；二十九世绍明，乾隆五十年（1785）前后，因在磐安尖山夏周村为人放牛，后定居此村。

十六世克寿，永乐三年（1405）从县城锦纺坊迁移彩烟西丁村定居，为西丁陈氏。二十五世文燕，于乾隆四十年（1775）从西丁迁至澄潭瓦屋基。二十六世，孝元迁至新昌西塘寺，如基迁至新昌西郊店塘畈。

东园陈氏二十五世士玫，康熙三十五年（1696）从新昌县城仁政坊迁居彩烟袁家，为袁家陈氏。

赵氏

彩烟赵氏系宋太宗后裔，为新昌境内三系赵氏之一，也是新昌赵氏人口最多的一支，在南区亦称望族。赵氏迁新昌之始祖盅（1132～1193），系宋太宗长子汉王元佐八世孙，南宋宰相鼎（1085～1147）之孙。官宾州知郡，因慕新昌山水，在南宋中期自衢州常山迁家居新昌县城旧东门之茭湖。

盅五世孙，祚（1310～1383），字可竹，于元朝后期（1330年左右）从新昌茭湖徙居彩烟上西岭，为彩烟赵氏始迁祖。祚生钥，钥生应才，应才生文序，文序生琢、玉、碧、珊。碧、珊徙天台。琢、玉散居上、下西岭，衍生上六房、下四房，肇基发祥，开枝散叶，遂成彩烟赵氏之族。今彩烟赵氏之众均为琢、玉二公之后裔，上西岭曾有彩烟赵氏宗祠，亦名"琢玉堂"。

随着人口繁衍，彩烟赵氏后世居住地不断扩大。除留在上下西岭村的族人外，上五房下十五世枝（1460～1531）迁至高湾。上大房下十六世芜（1462～1520）迁居后宅湾（有后裔迁徙至镜岭双株树）。上四房下十六世荀（1495～1572）、上五房下十七世明杰（1598～?）、上二房下二十七世能耿先后迁居下洋（后裔有分支迁徙至今澄潭街道泄下、蜻蜓坞，镜岭镇渡头，羽林街道三透屋，沃洲镇坑西、梅林山等地）。明正德年间，德平（1515～?）等三兄弟、上大房下十九世承高（1628～1690）先后迁居植林。上三房下十九世承佐（1616～?）迁居寒庄。上大房下二十一世邦明（1669～1708）迁居下塘岙。

另有散播于宅下丁、外湾、下坑岭、塘岸头（有后裔再迁徙至今七星街道九峰寺）、雅里、镜岭镇练使、七星街道三溪、羽林街道千官岭等地。迁居县外的有嵊州市浦口街道岭岗村、天台县三州乡东坑村、诸暨市安华镇、磐安县塘田等地。彩烟赵氏后裔还有远徙浙江杭州、嘉兴，江西南昌、静安，广东佛山，甘肃嘉峪关，台湾台北乃至侨居美国等地者。

第四节 百人以上诸姓

董、潘、李、卢、胡、吕、戴、周、孔、贾、梅、甄、严、朱、袁、章、徐、吴18姓氏，各姓现有人口100人以上，合计人口5334人，占回山总人口的一成半左右。最多为董姓，797人。

董氏

彩烟董氏源自新昌雪溪董氏，尊龙游董德卿为一世祖。据《彩烟派重修原序》和《雪溪董氏宗谱原序》记载，董姓为舜帝所赐，始祖董父。

至四世舜祖（851～922），字良臣，唐昭宗时官剡县令，后归隐剡东龟溪石壁（今沙溪董村）。第六世宁于五代晋天福八年（943）迁居小将雪溪，创雪溪董氏。十一世功健（1056～1121），宋宣和二年（1120）冬，率领六个儿子和乡邻族人抵御外侵时殉国，被朝廷追赠为汝州团练使、武功大夫。其第六子德之（1095～？），字邦仁，因随父讨贼有功，被授修武宣尉转授中军总领，驻守绍台金要塞练使岭，后卜居彩烟大塘（今贤辅上岗头自然村大塘水库里侧屋基丘），为彩烟董氏始迁祖。

德之生有两子。长子策（？～1175），迁居彩烟新塘（今官园、贤辅一带）；次子简，徙居会稽小江（今绍兴上虞小江石浦）。策后裔迁居异地较多，仍有后裔在彩烟繁衍发展。二十世义三子怡（1333～1383）于元末明初迁居官园；长子恺后裔第二十五世河、海兄弟分家，河仍居官园，海（1443～）于1460年左右迁居贤辅，为贤辅董姓之祖。生五子，后裔分五房，一、二、三房传后。

目前，彩烟董氏主要集中在官园、贤辅两村。派下有支系分居下董、镜岭里练使、外练使，嵊州花田及宁海等地。

潘氏

新昌潘氏始祖义绯（867～929），原籍山东诸城，翰林学士致仕。后梁开平三年（909）迁新昌落籍，任县治石牛镇镇长，定居城中锦绣坊，亦称石城潘氏。后裔分居徐岙（今儒岙）、棠川（今棠村）和鹿石（今下潘）等地。有后裔迁居磐安县尖山镇铿（即今黄坑）。彩烟潘氏源自新昌（石城）和磐安镇铿。主要聚居在官塘和岩头山两村，其余为零星居住，大坪村建有潘家祠堂。

直治于唐元和年间，携家人自磐安镇铿迁居彩烟官塘，为官塘村潘氏始祖，至今已繁衍至第四十一世。

岩头山潘氏源自天姥（儒岙）潘氏。永辰（1731～1804）在清乾隆时期（18世纪60年代前后），从城南韩妃村迁居岩头山，成为岩头山村潘氏始祖。永辰生远常、远伦、远辉、远凡四子。至今已繁衍至第十世。

李氏

据《李氏家谱》记载，李氏为唐宗室后裔。至二十五世仁时，字美原，为大司马彪日长子，恩选贡元，授浙江台州府黄岩县儒学教谕。时有兵乱，南北不通，遂家黄岩樨桥。配赵氏生二子：大恒、大丰。大丰派下三十九世朝阳，字尚和，因频遭元兵扰攘，遂与其弟朝添，字尚增，由黄岩迁居彩烟杨公坑，尊大丰为彩烟李氏始迁祖，更地名李鑑，以"金"示后裔。

朝阳生三子：广兴、全兴、安兴；朝添生三子：宅兴、宾兴、德兴。安兴之子、四十一世周明，字惟聪，迁居仙居岭下；宅兴之子周宗，字惟峻，迁居木岱（眉岱）；宾兴之子周崇，字惟原，迁居澄潭坑下；德兴之子周本，迁居赤土。

广兴（1312～1390），字志洪，生一子周德（1344～1396），字惟俊，禀性精巧，技艺超常。洪武二十四年（1391），诏选天下奇巧之士营建宫殿。周德制造甚合帝意，堂殿赐酒，又予冠节荣身。告病辞归，觅山下宽平处筑室定居，名李鑑双塘里，再名李间。

朝添孙、四十一世周宗三子中，仲春为景泰举人；季春迁居赤土。至四十七世继龙，迁居东阳玉山石井坑。五十一世文详，迁居彩烟溪边，为溪边李氏始迁祖。五十二世盛献，迁居练使岭，为练使李氏始迁祖。

卢氏

江南卢氏始祖卢允迪（约1100～？），字元吉，号月山，世家山东青州。曾徙居福建，转迁河南暨阳。二世见昌封越国公，三世避难而至越州剡南。八世宗回于宋庆元年间迁居彩烟蟠溪。故彩烟卢氏奉允迪为始祖，宗回为始迁祖。

十四世钦居蟠溪（后溪），锡居溪边。以溪流方位，分称上溪派和下溪派。上溪钦派下有四子：长子寿徙居东阳卢宅；次子富迁居宁海桑州田洋卢；三子全迁居天台下卢；幼子宁（字伯安）仍居蟠溪。下溪锡派下有二子：长子昌，幼子贵。

如今彩烟卢氏后裔已繁衍至第四十二世。除世居本地蟠溪、溪边、牛塘、高湾外，大多迁居县内外。迁居县内的有：里白岩、马鞍山、枫树坪、里桥、赤土、吴家田、祥堂、前洋市等村。迁居县外的有：天台下卢、麻车、高墙头、白岩山、下墅、鸡力横、道士岩、乌溪、天打岩；东阳卢宅；宁海田洋卢；以及成都、杭州、上海等地。

胡氏

彩烟胡氏分殿前胡和瓦窑湾胡，均系宋状元胡旦之后，与天台胡氏通谱。殿前胡为胡旦长子建仁（天台胡氏始祖）之后；瓦窑湾胡为旦次子之后。

殿前胡始祖滀（1377～1442），字原遂，靖江王府录事巨之子。明洪武年间（1368～1398）自天台田中央迁入殿前。原遂生三子：可楠、可举、可圣。殿前胡士福之子云学（1750～1822），字能龙，乾隆时徙琅珂，娶上壬俞氏女，生二子，故有琅珂派。

瓦窑湾胡始祖宏琰，征远之子。明嘉靖年间（1522～1566）因家遭变故自余姚竹汜三都徙居新昌彩烟十三都瓦窑湾。宏琰生子玉山，玉山生子怀宝（1587～1664）。

吕氏

新昌吕氏始祖吕亿，原籍山东青州，其父为温州知府。宋靖康年间随父到新昌定居。彩烟吕氏源自城南大油山。孝字世恩祠下仁十三公派二十一世福玉（1718～？），原住大油山，见大坑湾山川秀丽，土质肥沃，冬天气候温暖，且多荒山斜坡，遂于乾隆十年（1745）前后率家人迁入大坑湾，造田建房，繁衍后代。福玉为彩烟吕氏始迁祖。

福玉生三子，为二十二世绍二、廷达、廷平。廷达传一代，廷平传二代。绍二生三子，为二十三世金德、金宝、金旺。绍二繁衍后代，延续至今。

绍二曾在下岩购置田地，为便利耕作，遂将幼子金旺迁居下岩，金德、金宝仍住大坑湾。故大坑湾称大房、二房，下岩称小房。

至今，彩烟吕氏已繁衍至三十一世。

戴氏

彩烟戴氏以戴质为始祖。祖籍黄岩南塘。宋建炎三年（1129）为秀才，后因征讨辽兵有功，封为德平将军。晚年退居彩烟叠石岭下（练使）。十四世国云，于1369年迁居下山。二十二世立功，于1900年前后从下山迁至镜岭龙潭背村罗心湾。二十四世备铨、志云等为避兵役，约在20世纪40年代初从下山迁至临安定居。

1989年9月下山村发生山体滑坡。2005年整村相继搬迁至上市场，成为下山新村。期间有戴氏迁至宁波、绍兴海涂定居。

周氏

周氏本姬姓。太王曾孙武王姬发建立周朝，后世子孙遂曰周氏。据岭头周氏族谱记载，此周氏一脉，以宋淳熙年间（1174～1189）进士宪荣为始祖。宪荣原籍福建怀安，官兵部左侍郎，其后裔因官迁来绍兴、天台、东阳等地。

至五世靖二，字有大，为婺州、台州两府及永康县典史，后避乱于1366年迁隐新昌彩烟十四都忠贤岙，后改岭头（今岭头周）。靖二生二子：彝、允。同时随迁的有靖四、靖九。靖九幼子瑶，字仁德，生三子。长子训，迁居上宅；次子诚，出家招庆寺；幼子识，迁居东阳里柏芝花园楼。

靖二长子彝（1340～1431），字铭德，洪武十七年（1384）授国子监助教，后升江西萍乡县令。因世乱归家，与弟允（字晟德）友好甚笃，建连槐堂。为岭头周肇基之祖。现岭头周周氏东西两派，均系彝、允后裔。

另有周氏第三十世，约于1830年从碇下迁居彩烟岭头王。

孔氏

彩烟孔氏源自磐安桦溪。南宋建炎四年（1130），孔子第四十七代裔孙、大理寺评事若钧和他的哥哥若古、侄子端友、儿子端躬等，护送高宗赵构南渡。到临安后，若古、端友等前往衢州，定居三衢西安菱湖；若钧、端躬父子仍护送赵构到达台州后，欲往三衢与端友会合。至桦溪，若钧不幸病逝，端躬即定居桦溪。

至五十五世克先从桦溪迁居绿葱，生子希聿。五十六世希聿生三子，长子仍居绿葱，幼子不详。希聿携次子立设，于明代初期迁居彩烟井塘。希聿为彩烟孔氏始迁祖。另有一说，希聿先迁西岭头再迁井塘定居。

贾氏

彩烟贾氏以彦挺（1321～1391）为始祖。彦挺祖居天台县篁里溪，系南宋宰相贾似道玄孙，于元统三年（1335）迁居彩烟下湖桥。彦挺有两子，名钟张、钟星。钟张一子三孙，长孙存宇的后裔徙居镜岭塘北、城郊城东、平湖等地，称上房派；次孙无传；幼孙存广仍居下湖桥（后裔有徙居官元、石槽、上竹、瓦窑湾等地），称下房派。

梅氏

彩烟梅氏源于天台旦头，属昌图后人。几经迁移，来到彩烟宅下丁。后裔迁居屋基爿（今下山村里山自然村），成梅氏聚居地。后裔中因生活或仕途，有人先后迁居杭州、南昌、嘉兴、临安、奉化、嵊县等地。

甄氏

熊（1201～1273），字龄占，山东青州人，为臣惠（隆兴癸未进士）的玄孙。宋末为避五季之乱，南迁至彩烟岩泉，为新昌甄氏之始祖，墓葬上甄屋后。生三子，长子淑（1236～1295），字存样，为岩泉派祖；次子洹（1237～1296），字梦济，为西甄（因居彩烟大安之西而得名）派祖；幼子清（1239～1298），字学澄，为上甄（因甄氏迁居而名）派祖。因"甄"与"真"同音，演变为上真村、下真村。上甄派后裔茂法（1522～1590），字可则，迁居侯家。上甄派后裔国坊（1740～1795），乳名双喜，迁居后王。

三派后裔有迁居莲花心里村，也有迁居新昌县城、镜岭、王家岭、桥里、下礼泉及县外余姚等地。

严氏

彩烟严氏以邦兴为始迁祖。明代后期，严嵩（1480～1567）后代有36位堂兄弟自原籍江西分宜相继迁徙江南，其中一位徙居新昌三溪（今七星街道下三溪）。其后裔邦兴于明末从三溪迁居彩烟上库，九代单传后开始繁衍。

朱氏

彩烟朱氏源自城南里家廊。二十五世从城南里家廊迁彩烟大坑湾定居。二十六世迁居中军屯。二十七世荣方迁居屋基湾。三十世迁居呑里。

袁氏

袁姓源于河南，西晋末年渡江南下，唐宋时期部分袁氏徙居杭州、宁波及绍兴等地。彩烟袁氏始祖袁太公，字肇辈，嵊县上碧溪村袁氏二十八世孙。于元大德年间（约1300），率二子三女全家迁居夏洲（今下洲村）临岩后门山上。若干年后再搬迁到元家（1995年改名袁家），后建元家祠堂。

章氏

章氏九世木（1133～1216），字近仁，官夔州刺史，因避仇于1210年前后自长兴迁新昌仙桂乡花墙（今燕窠），为新昌章氏始祖。

木生三子，为天辅、天祐、天舆。天辅次子礎为班竹派祖；天祐为梅湖派祖；天舆为礼泉派祖。章氏有后裔迁居合石坑、山布坑、新市场、宅后王、柘前等地，后又有迁往杭州、北京等地定居。

　　章氏礼泉派十七世则成首迁彩烟丁家岙（今石缸水库下游）。二十一世世端（1733～1795），字充之，于乾隆年间（约1770）迁居金家。二十五世涨森（1863～1925），为基督教在彩烟的最早传播者，其子相海（1894～1979），终身传道。现金家章氏已传至第三十世。

　　章氏班竹派十三世廷献，迁居儒岙洪塘。二十一世朝云于乾隆年间（约1790）迁彩烟棠公市（今上市场），为该村最早两姓氏之一。迄今已历八世。

徐氏

　　新昌徐氏为天台龟溪水南徐赂之后，宋代先后迁新昌，分居钟井、东山和镜岭三地，有后裔迁居彩烟高湾芝林等地。

吴氏

　　新昌吴氏始祖吴融，原籍山阴，后游剡东，卜居叠石（今小将），其子分居刘门坞。彩烟吴氏多从桃源或镜岭迁来。

第二章　彩烟村落

据《新昌县地名志》载，都图制源于南宋，行于元代。明清时期图改里。宣统二年（1910），新昌县辖7乡30都，领1276个村。其中彩烟乡辖7都，领316村，今属回山的，尚有王画、新庵、白王庙、岭头周、水竹棚、东家库、石蟹岭脚等151个村。1934年起实行保甲制，1947年全县置30个乡镇520保5143甲。所置回山乡、彩淳乡、八和乡和智仁乡，今属回山的为161个村（甲）。

新中国成立后，废除保甲制，建立行政村。尔后多次撤并和调整，到1985年，全县辖8区48乡镇、777个行政村，其中回山区为102个行政村、222个自然村。到2019年底，行政村从45个撤并减少到32个，自然村为192个（表一）。

实际上，无论行政村如何调整，叫法如何变化，自然村除社会发展中自然更迭外大致不变，其基本性质也保持不变。大多数村庄在建村之后或同时建造祠堂宗庙。塘、井是各村必不可少的组成部分。古市则是农耕文明进步的必然产物。清朝彩烟杨氏先贤杨世植长篇诗作《烟山赋》，如数家珍般圈点了上百个村名、数十个特色景点以及数十位乡贤名士，最后指出："一乡之风景难述而难书，百代之英豪莫尽而莫测。才疏学浅，自愧弄斧于班门；高士名贤，仰希运斤而呈正。"足见彩烟村落悠久的建村历史和深厚的文化底蕴。

表一　回山镇行政村（自然村）一览表[1]

行政村		2004 年前行政村（自然村）
2019 年底	2019 年前	
回　山	回　山	回山（三房祠堂、水牛山、后坞塘）、姜岙（湖塘、马车、水坑、中林山、金钩山、石柱门湾、乌石头、飞凤山、上湖塘、~~梨头出湾~~）
上市场	上市场	上市场、大元、井塘、田平（~~蕉栅出~~）、马坞头
	下　山	下山（堂里、里出、~~香炉坪~~）
	宅下丁	宅下丁（塘里山、三弦前）
	前　陈	上前陈（栗树庵、下庄）、下前陈（~~西岙峻、后亩~~）、下市场
官　元	官　元	官元、寒庄、杨家年、斋堂（何庄畈）
贤　辅	贤　辅	贤辅（~~河出~~）、上岗头、下董（塘下、~~路廊头、牛栏基~~）

1　括号内为自然村；加删除线的现已撤销。

续表

行政村		2004 年前行政村（自然村）
2019 年底	2019 年前	
西丁	西丁	西丁（庵塘）
官塘	官塘	官塘（上官塘）
旧里	旧里	旧住（六谷湾）、里屋、后涨
雅里	雅里	雅里（大坞、后堂庵、东庵、高屋山）、上库（后宅湾）、渡河（下坑岭、蕉元山、上坂山、大岩下）
上下西岭	上下西岭	上西岭（团圹）、下西岭（下夹溪、荷花塘）
植林	植林	植林（前坞、西孟仓、外岙山、白沙岗、杉树谷）
	丁山	丁山（石彦坑、孟苍、鸦鸟、大坑、鸦乌湾、石水涧、毛桃湾、田湾头）
红联	红联	前丁（凉风岗、尖宝山）、长虹（飞凤山、庄前、寨岭头、下坑岭、塘下坑、大枫树）、西塘（大坪头、石洋）、小厅、屯坑（石路坂）
	屯外	外湾（屯外驻地，1989 年设）
新洋	新洋	石界、上洋、中洋（石塘）
高湾	高湾	高湾（芝林、九盘龙、木枸头）、下湖桥
	晨光	晨光（原名马家田，1966 年改名）（许家、长虹）
蟠溪	蟠溪	蟠溪（旁山、祠堂山）、李间（里井）
樟花	樟花	樟花（大家里、大溪下）
大宅里	大宅里	大宅里（下王）
新天	中宅	中宅、旧宅岙（龟出、毛柘湾）
	王家市	王家市、合石坑（里厂）
柘前	柘前	柘前、旧屋、汤家（前山）
荷塘	荷塘	王家塘、乌株塘、下坂头（前山）、外前丁、闩溪（1992 年因筑水库搬迁）
新市场	新市场	新市场、前将、后谢（毛羊岭）、金家（大坪、冷湾、施家）、岭头俞、宅后王
	上下真	上真、下真
	双侯	侯家（上王、里湾）、侯家岭
大安	大安	大安、盛家（永竹栅）、叶家、下塘岙、王店
前后王	后王	后王、东磡、牛塘（东家库）
	前王	前王、虎家丘（海罗、大湾头、山布坑）
莲坂村	后坂	后坂（毛畈庵）、毛畈
	莲花心	莲花心（里村、外山头、外村、上王、草岗头）
下塘	下塘	下塘、北池（石角头）、高坪（大枫树）
上下宅	双湾	双凤、湾头
	岭岙	岭头王、岙里（屋基湾）
	上下宅	上宅（上积坑、西塘岙、干坪）、下宅（干庵）
岭山	岭山	岩头山、下坪山（茶岩岭）、大岭脚
双溪	双溪	下丹溪（官田头）、溪边（半山）
下岩	下岩	下岩（华藏寺）、塘岸头（新庵头）、白毛坑
蔡家湾	蔡家湾	蔡家湾
袁家	袁家	袁家
欧潭	欧潭	欧潭（大坟塘）
上贝	上贝	上贝（洞潭、大坑湾、积坑、石蟹岭脚、杏梅坑、水磨坑、贝家出）

第一节　古　村

据 1994 版《新昌县志》和 2004 版《新昌县地名志》载，县境内出现的村居，按朝代先后叙述，最早为汉代南洲，然后是东晋的南明和前梁，南朝的长潭（澄潭），再是隋代的沥江三渡（今白王殿边）。唐代是五峰、墓塘园（今回山大园）、查林、黄坛、蔡岙。彩烟镜内的沥江三渡和墓塘园建村均早于新昌建县。五代时有长塘里（宅前）。宋代新昌建村 78 个，其中彩烟 10 个。元代全县建村 21 个，其中彩烟 11 个。从汉代南洲村起到元代止，新昌形成村居 118 个，其中彩烟 24 个。现录入的古村，历史较悠久，文化底蕴较深厚。

沥江三渡

1994 版《新昌县志》载沥江三渡出现于隋代，为有案可稽的彩烟第一古村，位于今白王殿边（另一说，沥江、三渡为相邻的两个地名）。隋炀帝曾孙荣王杨白逃难至此，见地僻境幽、民风醇和，足以安身立命，遂落脚隐居，成彩烟杨氏发祥地。杨白卒后墓葬于此。村民感念，为其立祠称白王殿。

关于古村之名，据《彩烟杨氏宗谱》有载："炀帝南游江都，许公宇文化及之变，诸王中知此地偏僻，可以避患，遂援兵保守此地，三次往来，故名三渡。"

而今古村已杳。白王殿附近尚有一明代古村，因在白王殿前，故名殿前村。1981 年 3 月，因村名与镜屏乡殿前村重名，又考虑其村前有平坦的田坂，且"殿"与"田"谐音，改名"田平"。

墓塘园

据明万历《新昌县志》载，唐代已有墓塘园。彩烟丁氏始祖丁振卿于唐僖宗年间，从山阴迁到这里定居。据地理位置和宗谱相关论述分析，墓塘园即今之大园。该村于 2004 年 6 月并入上市场村。村中丁氏大宗祠，名永思祠，无存。现丁、梁二姓居多。

上宅村、下宅村

上宅村、下宅村先后建村于宋代。上宅村旧名"长塘里""宅前"，下宅村旧名"下新宅"。后按地势高低，分别名上方的为上宅，下方的为下宅。

这里曾是回山区的文化教育中心。从回山区中心小学到彩淳中心完小，从新昌五中到回山一中，再到彩淳中学，道南中学，一批批学子从这里出来，走向祖国各地。村周边还有"螺峰八景"、真君殿、包公庙等，留下许多诗文传唱。村龙山，有成群的古树名木。

杨乾在五代末北宋初，携妻儿返居宅前，彩烟杨氏于此再度繁衍光大。上宅列入国家一级保护古树的数量为全县最多。1951 ～ 1958 年，上宅曾是中共回山区委、回山区公所及彩淳乡人民政府驻地。

上宅、下宅均保留有老台门、古塘古井等古迹，下宅的都宪台门（尚书第）和彩淳中心完小被列入县级文物保护单位和文物保护点。

都宪台门 有里外两重门斗。外斗门造型简单，正中题写"都宪"两字，都宪指的是明朝一代显宦右金都御史杨信民。进入"都宪"门斗，绕过回塘，正中是考究的里门斗，门额上悬挂"尚书第"匾额，往里是大堂，前后高悬"都阃府""圣旨"金匾。这一切昭示着杨氏一族的门庭煊赫。下宅村有不成文的规矩，凡是村人办喜事，都要从门斗里过。

彩淳中心完小 1951年，彩淳乡中心小学更名为回山区中心小学，并新建新校舍，为全县唯一一座四合院式小学，前后四进，长廊飞檐，造型规整，院中有几株碗口粗的百年紫薇，古朴遒劲，生机盎然。2015年实施大整修，2016年被列为县文物保护单位。

2003年年底，上宅村与下宅村合并为上下宅村。几年来，上下宅村抓住机遇创新发展，建成百亩红枫林、四季广场、乌木公园、龙山公园、淳丰根雕艺术馆、彩烟酒业有限公司"思存四季酒馆"、熏香馆、彩烟山居。

大宅里村

大宅里地处彩烟腹地，东至樟花村，南接中宅村，西邻后门畈，北靠马家田。梁姓为主，由梁氏三十世永敏于宋绍兴十四年（1144）从查林携眷迁此。现有437户，共1150人。

据《新昌县地名志》载："大宅里，原名棠墅，后改名大宅里。"其实是由彩烟梁氏始居地棠墅向西南拓展后形成的名称。这里古建筑村落群依坡而建，有明代建筑风格梁氏祠堂，错落有致的黑瓦楞、风火墙浑然一体，呈现一幅江南水墨意境，是一个典型的古村落。大宅里周围风景极佳，拥有"棠墅八景"。

大宅里村历史悠久，还是古代集市源地。据明万历《新昌县志》记载，"明代已设集市为梁氏家市。因不兴，明末清初移至麻车园（即王家市）"。1935年在大宅里置八和乡，1950年为八和乡人民政府驻地，1966年改名为"新天"，1992年新天乡政府撤并入回山镇。

回山村

回山，亦作迴山，地处彩烟腹地，是新昌县南人口最多的古村落。村民以杨、陈二姓居多。东园陈氏十五世陈允中、陈本中兄弟俩，于至正二十年（1360）隐居回山村。彩烟杨氏二十九世希杉在明弘治七年（1494）从斋堂迁此。

回山村古迹众多，村中原有宗祠10座，其中杨姓宗祠9座，分别为西河祠、光裕祠、清白祠、启迪祠、西华祠、思则祠、东泰祠、崇德祠、泽后祠；陈氏有陈墅祠。另有东壁塔、报国庵。村中古民居集中连片，保存较好的有敬胜堂、攸宁堂、汲古楼、直游天地台门、小饮轩台门、高台门等十几处。还有书院、店铺、水塘、水井等众多历史遗迹，是研究传统村镇聚落以儒家理念为指导的重要例证。2017年1月，回山村古建筑群被浙江省人民政府公布为省级文物保护单位。

古迹中最为著名的是敬胜堂，又称旗杆台门。始建于清同治至光绪间，为富豪杨国薪所建。属清代晚期民居。建筑坐东北朝西南，自南向北有单层前厅、正楼、天井，左右厢房组成四合院布局。建筑占地576平方米，总体风格明墙漏窗石雕，青瓦屋面硬山造，有较高的文物价值。更重要的是，1949 年 1 月 16 日至 25 日，中共浙东临委第二次扩大会议在敬胜堂召开，敬胜堂是浙东人民解放军主力和地方武装在回山会师暨新昌县人民政府成立旧址，是新昌县乃至绍兴市的重要革命遗址。2002 年 7 月，被公布为县文物保护点。

回山村抓住乡村振兴机遇，建成农民休闲公园，修缮村大会堂，村庄净化、绿化、美化水平全面提升。

后谢村

后谢古名南阿榭，建村历史六百年，村民以盛姓为主。彩烟盛氏十八世思浣（号永怀）于明宣德年间从岭头迁此。村有盛氏宗祠（盛家祠堂），始建于康熙二十三年（1684），堂称"永怀"，祠名"燕翼"，为纪念盛氏始迁祖而建造。

后谢村地处彩烟腹地，风景秀美。明清诗人以云山烟树、方塘印月、南阿晓霁、高山晚霞、云崖瀑布、石缸积雪、青狮舞球、天马腾空为题，填词捉句，高歌低吟，应答酬唱。乡绅宾客数度会聚，吟诗作文，现存于谱牒的诗文有近百篇。其中明代徐子熙的《石缸山记》，王锷的《南阿八景诗并叙》，为山村僻野记游之上品。

第二节　祠　堂

祠堂是人们祭祀祖先或先贤的场所。建祠堂意在尊祖敬宗，追本溯源。彩烟地区村村建有祠堂，特别是各姓宗祠，设神龛安置先祖神主牌位，岁首或春秋两季祭祀，以弘扬先祖美德。主要是"绳其祖武，贻厥孙谋"，激励和教育后裔上进，故祠堂成为私塾或学堂，是祖训族规的展示，教书育人的场所。

祠堂有过辉煌，也曾衰落。如大园村丁氏大宗祠、回山村西河祠等 9 座杨姓宗祠和陈姓宗祠陈璧祠、上下宅村杨姓宗祠思存祠以及其他村的一些祠堂，已不复存在，录入的为现存宗祠，亦不尽然。录入宗祠的简介引用和参考了县博物馆相关资料。时届盛世之年各村建起文化礼堂、综合会堂，一些祠堂也得到修缮，恢复以前祠堂的诸多功能，如集会议事、婚丧喜庆、演唱宣传、书画展览等，又为宗姓续谱弥补宗祠废祀之创伤。

上宅村百岁堂

位于村中心段。始建于清代中期，用材硕大，所有木质构件质地上乘。坐北朝南，建筑占地147 平方米。建筑面阔三间，明间构架抬梁式五架抬梁外带两单步九檩用六柱，抬梁施鹰嘴啄梁。山面穿斗式分心前后双步，外带两单步九檩用七柱，中心双步梁下有穿枋三道。后檐檩设有一斗六升造斗拱承托。总体青瓦屋面硬山顶。

上宅村杨家四房祠堂

位于村东侧。建于清代早期，坐北朝南，建筑占地面积 89 平方米，青瓦屋面硬山式。

杨家四房祠堂仅存建筑正厅一进，面阔三间，明间构结抬梁式，五架抬梁前月梁上中立荷叶栌斗、雀替、猫梁穿枋稳固其上檩枋，后带单步，七檩用四柱，山面穿斗式，进深七檩用七柱，牛腿承托撩檐枋，为三合土地面，条石压口，天井卵石铺砌。屋顶均用望砖铺设，覆盘式柱础，鼓形柱顶石，菱形柱子，下金檩均用一斗六升造斗拱承托。

雅里村杨氏大祠堂

位于村边东侧，始建于清代，抗日战争时期被日本侵略者烧毁，现建筑为民国晚期重建，坐北朝南，建筑占地面积 91 平方米。

杨氏大祠堂仅有建筑正厅一进，面阔三间，原建筑设单层。20 世纪 50 年代初期，安顶乡人民政府设在该祠堂，在原建筑基础上加楼层，故现已成二层楼房。明间构架抬梁式，五架抬梁外带前后单步七檩用四柱，山面穿斗式，进深七檩分心用五柱，为青瓦屋面硬山式。

后坂村杨家祠堂

又名敦厚堂，位于村东南侧。建于清代，坐东朝西，由前厅、戏台、正厅及左右看楼组成，建筑占地面积 329 平方米。

前厅面阔三间带二弄间，朝西立面做成八字状，高檐二层楼，明、次间均设板门两扇，梁架穿斗式，分心前后三步，七檩用三柱，底层檐廊多设一柱，牛腿承托撩檐枋。明间后为戏台，戏台基本呈方形，台前撩檐枋施牛腿承托，青瓦屋面四坡顶。

正厅为三开间，椽上望砖铺设，青瓦屋面硬山造。明间构架抬梁式，五架抬梁，前檐柱与金柱间施月梁拉接，架头做单步梁处理，后带单步，七檩用四柱。山面穿斗式，进深七檩用五柱，牛腿承托出檐。左右看楼面阔各四间，楼地面外挑呈吊脚楼状，垂花柱承垂外挑楼面。

该祠堂格局完整，保存较好，南次间后厝悬金字黑底"翰林"匾一块，北次间挂白底黑字"进士"匾一块。琴枋雕刻古彝器，牛腿双面半浮雕仙鹤、蝙蝠，明间檐檩下凸雕"双狮嬉球"，次间为"凤穿牡丹"。

大宅里村梁家祠堂

又称"世泽堂"，位于村中心地段，始建于明代，历代有维修。现建筑为清代晚期所修。坐西朝东，设前后两进带左右看楼，建筑占地 489 平方米，统体青瓦屋面歇山式。一进前厅面阔三间，前檐包檐砌筑，明间建戏台，左右看楼面阔各六间。前厅及左右看楼均为 20 世纪 50 年代重修。二进正厅面阔三间，明间设五架抬梁前施骑马枋后带单步，七檩用四柱，山面穿斗式进深七檩分心用五柱，牛腿承托撩檐枋，阶条石压口，天井卵石铺砌。正厅屋顶均用望砖铺设，梁架结构均用深加工处理，明间前檐檩透雕"六狮嬉绣球"，次间前檐檩透雕"凤穿牡丹"。

中宅村桥梓祠堂

又称石柱祠堂、西园公祠。位于村中，建于清代末期，为祭祀梁氏五十六世祖西园公所建。西园即梁葆仁。祠堂坐北朝南，原为前中后三进，第一进在 20 世纪 70 年代初被拆建为村茶厂。

现存前后两进，天井两侧各设看楼一列，建筑占地面积456平方米，统体青瓦屋面硬山造。

前厅面阔五间，明间设五架抬梁外带双步九檩用四柱，牛腿承托撩檐枋。正厅面阔与前厅一致，椽上均用望砖铺设，厅内柱网通体石质至顶，施覆盘式柱础，明间构架抬梁式，五架抬梁外带双步九檩用四柱，次、梢穿斗式，进深九檩分心用五柱，飞椽出檐，牛腿承托撩檐枋，左右看楼面阔各三间，东侧看楼底层辟两扇内外贯通，朝内天井楼层地面外挑，呈吊脚状，牛腿承托外挑楼面。各单体均为三合土地面，阶条压口，天井卵石铺砌。

该建筑格局完整，保存较好，正厅金柱及次间中柱均施有柱对，前檐檩枋木凸雕"凤穿牡丹""梅雀报春"等纹饰。

1942年，浙江省第三行政督察区（绍兴）专员公署迁驻于此，三年后迁往绍兴。

中宅礼祠堂

礼祠堂（大礼堂）位于村前，根据村民介绍建于清代中期，为祀该村梁氏世祖石泉公所建。坐北朝南，建筑面积540平方米，为青瓦屋面硬山式。

礼祠堂仅存建筑正厅一进，面阔三间，椽上望砖铺设，明间构架抬梁式，五架抬梁前檐柱与金柱间用月梁拉接，荷包梁做单步梁处理，后带单步，七檩用四柱，山面穿斗式，进深七檩用七柱。牛腿承托撩檐枋，牛腿为透雕"倒挂狮子"，明间后厝挂"大礼堂"匾一块。祠堂内地面用水泥铺筑，条石压口，天井卵石铺砌。

该祠堂年代较早，牛腿等雕刻件雕刻精美。

樟花村梁家祠堂

又称"仰亭祠"，位于村中心地段。根据建筑风格判断建于清代初期，坐西朝东，建筑占地111平方米，为青瓦屋面硬山造。

梁氏宗祠仅存建筑正厅一进，面阔三间，明间构架抬梁式，五架抬梁前檐柱与金柱间施月梁拉接，月梁立荷墩栌斗、雀替、猫梁穿枋稳固其上檩枋，后带单步七檩用四柱，山面穿斗式，进深七檩用七柱，牛腿承托撩檐枋。为三合土地面，阶条石压口，明间阶条前施如意踏跺三道。天井用卵石铺砌。

梁氏宗祠用材上乘，硕大，屋顶均用望砖铺设，雕刻件粗犷精美。

马家田村梁家小祠堂

梁家小祠堂始建于清代晚期，坐西朝东，由前厅、正厅及左右厢房组成，除正厅设单层，其余单体均为二层楼房，建筑占地201平方米，统体风火山墙硬山造。

前厅面阔三间，前檐包檐砌筑，明间设两扇实拼门，内外贯通。左右厢房面阔各三间，构架前厅相连，朝内天井方向均施牛腿，琴枋、花篮式垂花柱支顶撩檐枋。正厅面阔与前厅一致，明间构架抬梁式，五架抬梁前施骑马枋，后带单步七檩用四柱，山面穿斗式，进深七檩分心用五柱。各单体地面及天井均用水泥浇制。

祠堂牛腿设透雕，有"倒挂狮子""倒挂蛟龙"及"古代人物故事"。正厅檐枋雕刻"群狮戏球""凤穿牡丹"等纹饰，骑马枋用荷包梁夹接，雀替承托，花篮式垂花柱承垂。

旧宅岙村百岁堂

位于村中心地段，始建于清代晚期，坐北朝南，由梁氏四十四世祖奎誉公所建，建筑占地179平方米。

百岁堂面阔三间，平面呈一字，南立面结构重檐。北面次间设重檐，明间筑成高檐。建筑高度约10米，明间构架抬梁式，三架抬梁前后外带双步，再外前后带单步九檩用六柱，山面穿斗式进深九檩用七柱，然前檐柱均做不落地处理立于廊步月梁上。明间大堂现用水泥铺浇，次间均为三合土地面，前廊卵石铺筑，为青瓦屋面硬山造。

百岁堂明间为单层，次间均设二层楼房，格局完整，用材上乘。

王家市村百岁堂

位于村中心地段，从建筑风格中判断建于清代，坐东朝西，建筑占地面积200平方米。

百岁堂原有建筑两进，一进为穿堂式，穿堂前施门兜一座，二进正厅于20世纪五六十年代拆除改建成一般平房，建筑纵向轴线布置，依山势而建。门兜面阔一间，三檩用三柱，朝西立面撩檐枋用牛腿、琴枋承托。百岁堂面阔三间，屋顶椽板铺设，明间构架抬梁式，三架抬梁外带前后双步，再带外带单步九檩用六柱，山面穿斗式分心前后单步，外带前后双步再带前后单步，九檩用七柱，总体青瓦屋面硬山造。百岁堂用材优良，气势恢宏，结构精致，古朴典雅。

下坪山村梁家祠堂

位于村东南方向。建于民国时期，坐北朝南，建筑设前后两进，内天井两侧各建看楼一列，建筑占地面积215平方米。

一进前厅三开间，明间设戏台，演区顶部为穿斗式梁架结构，进深六檩用四柱，小瓦屋面四坡顶。二进正厅面阔与前厅一致，明间后设神龛，内置梁氏祖宗牌位。明间五架抬梁，前檐柱与金柱施月梁拉接，猫梁做单步梁处理，后带单步，七檩用四柱。山面穿斗式，进深七檩用七柱。牛腿承托撩檐枋出檐，牛腿透雕"倒挂狮子""鹿含仙草"（尚存两只）。前檐檩雕刻"狮子嬉球""凤穿牡丹"等多种动植物纹饰。左右看楼面阔各三间，朝内天井楼地面外挑，呈吊脚楼状，各单体除后大厅用水泥浇铺外其余均为三合土地面，块石压口，天井卵石铺砌，为青瓦屋面硬山顶。

官塘村王家祠堂

又称"垂裕堂"。根据建筑风格判断建于清代，坐北朝南，由前厅、戏台、正厅及左右看楼组成，除正厅设单层外，其余均为两层楼房，建筑占地281平方米，统体青瓦屋面硬山顶。

前厅面阔五间，明间建戏台，演区顶部为梁架结构。正厅面阔三间，明间构架抬梁式，为五架抬梁，前檐单步梁，檐柱与金柱间施月梁拉接，后带双步八檩用四柱，山面进深八檩用七柱，左右看楼面阔各三间。现各间室内为水泥铺筑，阶条石压口，正厅明间阶条前施如意踏跺三步。

大安村王家祠堂

位于大安自然村东侧村口。建于清代晚期，坐北朝南，由前后两进及左右厢房组成的四合院格局，建筑占地面积345平方米。

一进前厅面阔三间，青瓦屋面四坡顶，前檐包檐砌筑，明间建戏台，戏台台前为弧形式，演区顶部设梁架结构，戏台前檐与正厅明间之间设连廊，为二开间，构架抬梁式，五架抬梁五檩用二柱。正厅面阔与前厅一致，明间五架抬梁前檐单步檐柱与金柱间施月梁拉接，后带双步，八檩用四柱，山面穿斗式，进深七檩分心用五柱。左右厢房面阔各四间，各单体地面用水泥浇铺，统体青瓦屋面硬山顶。

该祠堂格局完整，保存较好，正厅用材硕大，树木老龄，五架抬梁设鹰喙梁。

石界村王氏祠堂

俗称崇德堂，位于村口，坐北朝南，始建于光绪十七年（1891），原建筑由门兜、前厅、左右厢房及正厅等五个单体组成，因年久失修，前厅、左右厢房均倒塌于20世纪80年代，仅存门兜与正厅，建设占地97平方米，青瓦屋面硬山造。

门兜为一间，梁架穿斗式，分心前施单步后带双步四檩用三柱，南立面撩檐枋用牛腿，琴枋、栌斗、花替支顶。正厅面阔三间，明间构架抬梁式，五架抬梁前檐柱与金柱间用月梁拉接，月梁上立莲礅、花替、猫梁穿枋稳固其上檐枋，后带单步七檩用四柱，山面穿斗式，进深七檩分心用五柱，牛腿承托撩檐枋，厅内地面三合土，块石压口，天井自然泥土铺筑。

该祠堂牛腿为浅雕宝瓶、剑、书画等纹饰，四金柱及山面柱子配有柱对。

后谢村盛家祠堂

又称盛氏燕翼堂，位于村东侧村边。建于清代早期，坐北朝南，建筑占地93平方米，青瓦屋面硬山顶。

盛家祠堂仅存建筑后正厅一进，顶部望砖铺设，用覆盘式柱础，鼓形柱顶石，梭形柱子，原建筑面阔三间，后期紧依东次间又增加两间，现为五开间，现西次间后厝挂"永怀堂"堂匾一块，明次间构架抬梁式，五架抬梁前施卷棚后带单步，七檩用四柱，山面穿斗式，进深七檩用七柱，牛腿承托撩檐枋，飞椽出檐。天井卵石铺砌。

祠堂大厅保存较好，用材硕大，历史悠久，前檐檩凸雕"凤穿牡丹"。荷包梁、雀替、琴枋等构件雕刻精致。

金家村盛家祠堂

又称"永思堂"，位于村中心段，始建于清代中期，坐北朝南，由前后两进，左右看楼组成的四合院落，建筑占地面积299平方米。

一进前厅面阔五间，明间设戏台，台前呈弧形，演区顶部为梁架结构，小瓦屋面四坡顶。二进正厅面阔三开间，屋顶硬山造。明间构架抬梁式，五架抬梁前施双步后带单步，八檩用四柱，山面穿斗式。进深八檩用七柱，左右看楼面阔各二间，朝内天井为楼地面外挑，呈吊脚状，各单体为三合土地面，块石压口，天井卵石铺砌。

下真村盛家祠堂

位于村东侧村口。建于清代中期，坐北朝南，由前后两进、戏台及左右厢楼组成，外观封闭，内开敞式，建筑占地面积 415 平方米，统体青瓦屋面硬山造。

一进前厅三开间，前檐包檐砌筑，明间廊后建戏台，戏台基本呈方形，四角立木质柱子，承托其上单檐歇山顶，不设藻井，牛腿支顶撩檐枋，左右厢楼面阔各五间，不设楼层。

二进正厅面阔三间，明间构架抬梁式，五架抬梁前檐柱与金柱间施月梁拉接，月梁上立栌斗、雀替、虾梁稳固其上檩枋，后带单步，七檩用四柱，山面穿斗式，进深七檩用七柱，牛腿承托撩檐枋，各单体内均为三合土地面，阶条石压口，天井自然泥上铺设。

正厅明间设神龛处尚存七块花板，各花板间均施莲座垂花柱，檐柱琴枋上为莲座栌斗、宝珠斗拱，琴枋雕刻"八宝彝器"，牛腿设浮雕"和合二仙""麒麟仙鹤""刘海钓金蝉"。

上真村俞家祠堂

位于村北侧村口。坐东朝西，建于清代晚期，中轴线上依地势递增设建筑前后两进，建筑占地面积 167 平方米，四面墙体均用泥土夯砌。

一进前厅三开间，前檐包檐砌筑。明间建戏台，戏台台口呈弧形，表演区顶部为梁架结构。二进正厅面阔与前厅一致，明间构架抬梁式，五架抬梁前檐单步檐柱与金柱间施月梁拉接，后带单步，七檩用四柱，山面穿斗式，分心前后双步，外带前后单步，七檩用五柱，青瓦屋面硬山造。

长虬村张家祠堂

位于村中。从建筑风格中判断建于民国时期，建筑坐西朝东，由前后两进、戏台及左右看楼组成，除第二进正厅设单层，其余均为二层楼房，建设占地 237 平方米，统体青瓦屋面硬山造。

前厅面阔三间，明间后檐建戏台，戏台基本呈方形，四角立木质柱子，由纵横檐枋串接承重，承托起上单檐歇山顶。

正厅面阔与前厅一致，明间构架抬梁式，五架抬梁前檐柱与金柱间施月梁拉接，猫梁做单步梁处理，后带单步，七檩用四柱，山面穿斗式，进深七檩分心用五柱。左右看楼面阔各五间，朝内天井楼层地面外挑，呈吊脚楼状。各单体为三合土地面，阶条压口，天井卵石铺砌。

下岩村张氏联惠祠

又称六也堂，坐落于村中。根据建筑风格判断为清代晚期建筑，坐西朝东。前后两进，两进之间内天井两侧各设厢楼一列，整体布局规整对称。纵深方向依地势递增，由此形成一个封闭式的四合院落，统体青瓦屋面硬山造，建筑占地 221 平方米。

一进前厅面阔三间带二弄间，居中朝东立面做成八字墙，设实拼门两扇，内外贯通。明间五架抬梁，前施单步，六檩用三柱，牛腿承托出檐。二进正厅面阔三开间，明间五架抬梁，前月梁上立荷墩、花替、龙形架头稳固其上骑马枋，后带单步七檩用四柱。山面穿斗式，进深七檩七柱落地。左右厢楼面阔各三间，各单体为水泥平铺，条石压口，天井卵石铺砌。

后王村张家祠堂

位于村前。建于清代晚期，坐北朝南，由前后两进、戏台及左右厢楼组成，除后进设单层外，其余均为二层楼房，建筑占地面积 308 平方米，统体青瓦屋面硬山顶。

一进前厅面阔五间，前檐包檐砌筑，居中设板门两扇，明间廊后建戏台，演区顶部为梁架结构，屋面无瓦塑。二进正厅面阔三间，明间五架抬梁前檐柱与金柱间施月梁拉接，月梁上立栌斗、雀替、猫梁穿枋稳固其上檐枋，后带单步，七檩用四柱，山面穿斗式，进深七檩七柱落地，牛腿承托撩檐枋出檐。左右厢楼面阔各二间，各单体为三合土地面，阶条石压口，天井自然泥土铺砌。

该祠堂格局完整，保存较好，雕刻较精细，前檐檩枋木下凸雕山水、松鹤两侧有花草相拥，牛腿浮雕"古代人物故事"。

塘岸头村张家祠堂

又称"永思堂"，坐落村中心地段。根据建筑风格判断建于清代中期，坐西朝东，由前后两进，戏台及左右看楼组成，外围共设出入口三处，均在东侧正立面处设立，建筑占地 348 平方米。

一进前厅面阔三间带二弄间，青瓦屋面四坡顶。东立面设前廊，月梁上立双层荷花莲座、鼓形栌斗、雀替、荷包梁稳固其上檩枋，牛腿承托出檐。明间建戏台，戏台呈方形，演区上空设梁架结构，承托其上单檐歇山顶。二进正厅三开间，明间五架抬架，瓜柱设鹰嘴啄梁，前月梁上立荷叶平斗、鼓形栌斗、猫梁穿枋稳固其上檩枋，七檩用四柱，牛腿承托撩檐枋出檐。左右看楼面阔各四间，朝内天井楼地面外挑，呈吊脚楼状，垂花柱承垂外挑楼面。青瓦屋面硬山造。

该建筑格局完整，前厅明次间各板门均设彩画"文武门神"，后大厅下金檩均用斗拱承托，梁、雀替等做工讲究，雕刻工艺精湛。

柘前村丁氏祠堂

位于村中心。从建筑风格中判断建于清代晚期，坐北朝南，原为四合院格局，由前后两进及左右侧厢组成，现一进及左右侧厢均已改建，仅存正厅为原貌。建筑占地面积 90 平方米，青瓦屋面硬山式。

丁氏宗祠正厅面阔三间，明间构架抬梁式，五架抬梁前檐单步檐柱与金柱间施月梁拉接，后带单步七檩用四柱，山面穿斗式分心前后双步，外带前后单步七檩用五柱，牛腿承托撩檐枋。厅内地面水泥浇铺，阶条压口，天井水泥铺筑。

该建筑保存较好，牛腿为浮雕古代故事、蝙蝠、花卉等纹饰。

王家塘村丁家下祠堂

位于村东侧，从建筑风格中判断建于晚清时期，坐西朝东，建筑占地面积109平方米，为青瓦屋面硬山式。

丁家下祠堂仅存建筑正厅一进，面阔三间，东立面居中砌八字墙，设板门二扇内外贯通。明间构架抬梁式，五架抬梁前月梁上中立栌斗、雀替、猫梁穿枋稳固其上檩枋，后带单步七檩用四柱，牛腿承托撩檐枋，山面穿斗式进深七檩七柱落地，为三合土地面，块石压口，天井自然泥土铺砌。

汤家村丁氏小祠堂

位于村北侧，始建于清代晚期，坐西朝东，前后两进，建筑占地面积147平方米，总体青瓦屋面硬山造。

一进前厅面阔三间，居中朝东立面做成八字墙，明间设两扇板门，中槛施有门簪二只，设四架抬梁前施单步，五檩用三柱，牛腿承托撩檐枋。正厅面阔与前厅一致，明间构架抬梁式，五架抬梁外带前后单步，七檩用四柱，山面穿斗式，分心前后双步，外带前后单步七檩用五柱，牛腿承托撩檐枋。各单体均为三合土地面，正厅条石压口，天井卵石铺筑。祠堂格局完整，牛腿透雕"倒挂狮子"及浅雕"夔龙花卉"等纹饰。

西丁村陈家祠堂

又名崇报堂，位于村口南侧，根据建筑风格判断，建于清代中期，坐西朝东，建筑占地100平方米，青瓦屋面硬山顶。

陈家祠堂仅存建筑正厅一进，面阔三间，明间构架抬梁式，为五架抬梁前月梁上中立方斗、雀替、猫梁穿枋稳固其上檩枋，后带单步七檩用四柱，山面穿斗式进深七檩七柱落地，牛腿承托撩檐枋。厅内水泥平铺，块石压口。

正厅用材上乘，设覆盘鼓形式柱顶石。前檐檩枋木雕刻"凤穿牡丹"牛腿为浅雕"古代人物故事"，前檐柱四金柱及山面五柱均设阳刻楹联。

上前陈村陈家祠堂

取堂名为"余庆堂"，位于村东侧村口，根据当地老者讲述，重修于1938年，坐南朝北，中轴线上设建筑前后二进，建筑占地132平方米，统体青瓦屋面硬山造。

一进前厅面阔三间，居中辟板门双扇内外贯通，明间设三架梁外带前后单步五檩用四柱。二进正厅面阔与前厅一致，明间构架抬梁式，五架抬梁外带单步七檩用四柱，山面穿斗式进深七檩分心用五柱，各单体为三合土地面，块石压口，天井卵石铺砌。

下西岭村赵家祠堂

位于村中。建于清乾隆四十二年（1761），坐北朝南，建筑占地面积92平方米。建筑结顶为青瓦屋面硬山式。

赵家祠堂仅存建筑正厅一进，面阔三间，明间构架抬梁式，五架抬梁前檐柱与金柱间施月梁拉接，猫梁做单步梁处理，后带双步八檩用四柱，山面穿斗式进深八檩分心用五柱，牛腿浅雕夔龙纹饰及古代仙人，承托撩檐枋，厅内地面水泥平铺，天井卵石铺砌。

植林村赵家祠堂

又称积庆堂，位于村口西侧，建于清道光二十五年（1845），坐北朝南，由前厅、正厅及左右厢房组成的四合院落，建筑占地 268 平方米，总体青瓦屋面硬山造。

前厅面阔三间带二弄间，设五架抬梁，五檩用二柱。正厅面阔与前厅一致，明间构架抬梁式，五架抬梁前月梁上中立瓜柱形栌斗、雀替、猫梁穿枋稳固其上檩枋，后带单步，七檩用四柱，山面穿斗式，进深七檩七柱落地，牛腿承托撩檐枋。左右厢房面阔各三间带二弄间，弄间布楼梯。各间室内均为三合土，块石压口，天井自然泥土铺砌。

贤辅村董家祠堂

即贤辅董氏海公祠，其堂名为"思德堂"，堂内置匾额：古之遗直，纯孝家风。于乾隆庚子年建成。坐北朝南，由前后两进及左右看楼组成，除二进正厅设单层外，其余均设两层楼房，建筑占地 280 平方米，青瓦屋面硬山造。

一进前厅面阔五间，前檐包檐砌筑，次间各设两扇板门内外贯通，明间建戏台，顶部为梁架结构，瓦面无堆塑。二进正厅面阔三间，明间构架抬梁式，五架抬梁前月梁上中立荷叶栌斗、雀替、猫梁穿枋稳固其上檩枋，后带单步七檩用四柱，山面进深七檩七柱落地，撑拱支顶撩檐枋。左右看楼面阔各五间，各间均用水泥铺筑，阶条压口，厅前施踏跺三步。

该祠堂格局完整，其中后大厅，前檐檩枋"凤穿牡丹""菊花纹饰"。

大坪村潘家祠堂

位于村东侧村口。始建于清代早期，坐北朝南，建筑占地面积 133 平方米。

潘家祠堂仅存建筑正厅一进，面阔三间，明间构架抬梁式，五架抬梁前檐单步檐柱与金柱间施月梁拉接，猫梁做单步梁处理，后带双步八檩用四柱，山面穿斗式，进深八檩七柱落地，牛腿承托撩檐枋，牛腿尚存两只，设透雕"狮子嬉球""和合二仙"。东次间后厝挂匾一块上书"一乡善士"为阳刻行楷，落款为"康熙五十六年"。青瓦屋面硬山顶。

李间村李家大祠堂

位于村南侧村口，从建筑风格中判断建于清代早期，坐北朝南，由前厅、戏台、左右看楼及后大厅组成，建筑占地面积 295 平方米，统体青瓦屋面硬山造。

前厅三开间，居中辟双扇板门，明间设戏台，演区顶部为梁架结构，戏台后壁施屏风上彩画"福、禄、寿"三星。后厅面阔与前厅一致，明间构架抬梁式，五架抬梁前檐单步檐柱与金柱间施月梁拉接，后带单步七檩用四柱。山面穿斗式进深七檩用七柱。左右看楼面阔各三间。各单体为水泥浇砌，天井卵石铺筑。

历代均有维修，除柱网及柱顶石为原遗存物，其余构架均为晚清重修。

李间村李家小祠堂

位于李家大祠堂东侧，两祠间距约 30 米。从建筑风格中判断建于清代晚期，坐北朝南，由前厅及正厅组成，建筑占地 147 平方米，总体青瓦屋面硬山顶。

李家小祠堂前厅面阔三间带二弄间，居中南立面砌八字墙，用板门两扇内外贯通，牛腿承托撩檐枋。正厅面阔与前厅一致，明间构架抬梁式，五架抬梁前檐单步檐柱与金柱间施月梁拉接，后带单步七檩用四柱，山面穿斗式进深七檩五柱落地，中心双步梁下有穿枋二道，各单体为三合土地面，块石压口，天井自然泥土铺砌。

溪边村李家祠堂

位于村中心段，与卢家祠堂约 2 米间隔，建于民国早期，由左右厢房及正厅组成的三合院落，东、南、西三面山墙顶部均设观音兜，建筑占地面积 139 平方米。

李家祠堂主体建筑坐北朝南，然台门却朝西敞启，其位于西厢房靠南头间，立面做成八字墙，底盘设砖制须弥座。用实拼门两扇，中槛施门簪两只，牛腿承托撩檐枋出檐。

正厅面阔三间，明间五架抬梁，前檐柱与金柱间施月梁拉接，猫梁做单步梁处理，后带单步，七檩用四柱，山面穿斗式，进深七檩分心用五柱，牛腿承托出檐。东侧厢面阔一间，西侧厢面阔二间。总体青瓦屋面硬山造。

该建筑格局完整，雕刻较精细，五架抬梁瓜柱及柁墩部位均施莲座式平斗，山面均用荷包梁做单步梁处理，双步梁设花篮式垂花柱支顶，牛腿透雕"倒挂狮子"，仅西侧厢尚存六扇花格门。

蟠溪村卢氏宗祠

位于蟠溪村东北，建于元末明初。坐北朝南，由前后两进、戏台和左右看楼组成。

一进前厅三开间，居中朝南做成八字墙。设实拼大门两扇，上绘彩色鎏金秦叔宝、尉迟恭像。戏台左右看楼各有朝南小门一扇。明间建方形戏台，青屋瓦面四坡顶。二进大厅三开间，正厅明间构架抬梁式。雕梁画栋，牛腿承托出檐，青瓦屋面硬山造。厅后设神龛。厅内磨砖铺地，块石压口。天井鹅卵石铺砌。祠堂四金柱及山面栋柱均配有柱对。厅正中上方悬挂宋濂用篆书题字的"滨涧堂"匾一块。

卢氏宗祠建成后，方孝孺为之作序，丁孟达为之作诗，朱元璋曾赐"恩师堂"匾一块。

1984 年 2 月 28 日（农历），演古装戏又加放电影，由于观众太多，东厢楼突然倒塌，之后一直未修。至 2009 年，只剩下一堵断壁残垣和一个摇摇欲坠的戏台。2010 年，在原址上按原建筑风格、单檐仿古建筑重建卢氏宗祠。

溪边村卢家祠堂

堂名"敦本堂"，位于村中心段。根据建筑风格判断建于清代晚期，坐北朝南，前后两进，左右看楼等四个单体组成，建筑占地 302 平方米。

一进前厅面阔三间，前檐包檐砌筑，明间建戏台，戏台基本呈方形，演区上空为梁架结构。二进正厅面阔与前厅一致，明间构架抬梁式，五架抬梁外带单步，七檩用四柱，山面穿斗式，分心前后双步，外带前后单步，七檩用五柱。左右看楼面阔各四间，朝内天井楼地面外挑呈吊脚楼状，总体青瓦屋面硬山造。

岭山村周家祠堂

位于村中心地段。建于清代晚期，坐北朝南，由前厅及正厅两个单体部分组成，建筑占地成积164平方米。

前厅面阔三开间，明间三架抬梁，外带单步，五檩用四柱。居中朝南做成小八字状，设板门两扇内外贯通，牛腿承托撩檐枋出檐。

正厅开间与前厅一致，明间五架抬梁，前檐单步檐柱与金柱间施月梁拉接，后带单步七檩用四柱，山面穿斗式，进深七檩七柱落地，牛腿承托出檐，总体青瓦屋面硬山造。

该建筑保存相对较好，前厅、前檐檩雕刻缠枝牡丹纹饰，正厅牛腿透雕"倒挂蛟龙"，雕刻较精致。

下湖桥村贾家祠堂

位于村东侧，始建于清代中期，为祭祀南宋右丞相贾似道所建，祠堂坐北朝南，建筑占地155平方米，青瓦屋面硬山顶。

贾家祠堂原由前厅、戏台、左右看楼及正厅组成，因年久失修，前厅、戏台、左右看楼等四个单体均于20世纪80年代初期倒塌，仅存建筑正厅一进，面阔五间，明间构结抬梁式，五架抬梁，前施骑马枋，后带双步，八檩用四柱，其余穿斗式，进深八檩分心用五柱，为三合土地面，条石压口，井天卵石铺砌。

前王村柴氏宗祠

又称"树德堂"，祀祭后周世宗皇帝柴文荣及前王村始迁祖明处士柴彦保。宗祠位于村中心地段，建于晚清，坐东朝西，由前后两进，左右厢房及连廊等单体组成，建筑占地面积312平方米，统体青瓦屋面硬山造。

一进前厅五开间，明间建戏台，戏台前檐至正厅明间之间设连廊，连廊为五架抬梁五檩用二柱，牛腿承托出檐。正厅面阔三间，明间五架抬梁前檐柱与金柱间施月梁拉接，后带双步，八檩用四柱，山面穿斗式，进深八檩分心用五柱，牛腿承托撩檐枋。左右厢房面阔各三间，朝内天井为楼层地面外挑，呈吊脚楼状。各单体地面水泥浇铺，条石压口，天井自然泥土平铺。

该祠堂保存较好，格局完整，正厅及连廊用材均匀，树木老龄，五架抬梁施平斗，前檐檩枋木下雕刻动物花卉纹饰、牛腿浮雕、人物故事等。

第三节　古塘　古井　古市

古塘

有村就有塘，俗称池塘、安全塘、太平塘、阳基塘。大的村庄一般有三四口甚至更多。据记载，回山地区拥有百年以上池塘 348 口。其中被称为古塘的也有一批，如回山村半月塘、上宅村长塘、下宅村杨都宪坊内的回塘、王家市村大塘、宅下丁塘、下西岭塘、大宅里塘、樟花塘、皇嘉塘、华董塘、后谢塘等。

这些古塘中，回山半月塘颇有代表性。《新昌县地名志》："回山半月塘，明代水塘，因水塘形如半月，故称半月塘，面积 592 平方米。塘沿四周内壁块石砌筑，条石压口，东侧直线形，西侧呈弧形。两侧都置有条石踏步、洗衣板，以方便村民洗涤，现村民仍在使用。此外水塘还具有消防功能，作为应急消防用水。"为确保安全，塘四周按了石板石栅杆。原来的塘岸高低不平又为小石子砌成，现在四周均以尺寸一样大小的小石板铺设，行走时平坦舒适。水塘仍在使用。半月塘边有一井，用七块石头砌在井口，故称"七星伴月"，现已用水泥砂石浇制约 20 厘米的井槛圈覆盖于井口。水仍可饮用。

古井

古时每个自然村有泉井，有的不止一口，主要为生活用水。直到当代，普及自来水后，有的泉井依然保存完好，且时而使用。

贤辅双口古井　位于贤辅村南侧上坎头。井凿于明宣德年间（1426～1435）建村时。双口古井不设井栏，用条石和块石筑成长方形井沿。两井形状一致，井壁均为圆形，用未加修整、大小不一的块石叠砌。两井相隔 4.3 米，南井井口为 1.23 米 ×0.87 米，北井井口为 1.15 米 ×0.75 米。井水清澈甘甜，常年不涸，即使大旱年亦清泉涌流。现周边住户取井水饮用、洗涤。

井头背古井　清代井，在贤辅村。圆形井壁，块石砌筑，井口条石砌成鼓形，井口上方架设条石护栏。井口直径 1.15 米，护栏石高 0.9 米、宽 0.35 米。古井保存完好，水质清澈，村民仍在饮用。

古市

古代彩烟人在村庄相对繁密、交通较为便捷的地方建立市场，交易粮食、农副产品和农耕用具等，并形成集日，后又择地建设茶叶、白术等专业市场。这些市场具有悠久历史，有的村以市名，如"上市场""新市场"；有的市以村名，如棠墅古市，明万历《新昌县志》载，棠墅设集市称梁氏家市。明末清初迁至麻车园，即王家市，今废。甚至有市以人名，如"棠公市"。

据 1994 版《新昌县志》记载，明万历七年（1579），新昌有六处兴市，其一为彩烟棠墅，贸易"不过日用常物，无珍馐异品"。清光绪增加新市场，到 1918 年，又增下市场。1931 年，镜澄埠开张。至 1949 年，新昌县有大小集市 12 个，其中彩烟 3 个，为上市场（棠墅古市和下市场合并）、新市场、大宅里。

上市场 原名棠公市，其名源于棠姓县令。明初，回山村口设有贸易市场。草棚竹屋，二七为集，后迁址于"下坂"做市。因市场兴旺，周边有村效仿，遂致矛盾重重。清代经棠姓县令调解，将市场设在下坂附近，且于康熙十年（1671）得绍兴府批文"立市于回山下坂，二七为期，永世遵守，公平交易，立此碑记"。此石碑现被县文管委收藏。百姓盛赞棠公功德，将市场称为棠公市。后距市东三里多地又建起下市场，棠公市被称为上市场便顺理成章。

新市场 位于县城西南 29 千米山冈，农历逢五、十为集市日。明时，集市在蔡家湾村白果树脚，清光绪七年（1881）迁于此地，故名新市场。后来形成村落，成为中彩公社（乡）、双彩乡政府驻地。

镜澄埠 近现代金融商贸建筑，位于练使村（今属镜岭镇），由回山村首富杨宝铺于 1929 年动工兴建。

镜澄埠南北走向，中轴线上设门楼前后两幢。各门楼底层明间均辟实拼门两扇，北门楼为三层高楼，二楼置戏台，供做戏与集会使用，三楼设教室用于办学。北门楼北侧立面包檐砌筑，拱券砖制门饰上阳刻"镜澄埠"三字。临街两侧店铺为二层楼房，各面阔十九间，两侧对视，底层店铺，二楼为营业者歇宿及货物堆放库房。现西侧保存原状，东侧店铺仅存四间。

练使村地处交通要道，旧时有山径古道通回山镇及邻县东阳、磐安等地，又有竹筏可沿澄潭江通镜岭。当地山民将烟叶、茶叶、药材等土特产聚集到此地出售，外商又将食盐、布匹等日用品贩运往此地供应山民。镜澄埠既是一个商埠，又是一条主街道，还是一所有教学、娱乐、住宿等功能的综合性场所。抗日战争胜利后，由于修建马路，水路竹筏谋生者日趋减少，市场因而衰落。镜澄庐毁于大火，筏埠头毁于洪水，镜澄埠从此废弃。

2002 年 7 月，镜澄埠被公布为新昌县文物保护点。

第三编

农耕变迁

农耕是衣食之源、文明之根。本编通过史实与记载，从彩烟农耕的过去与现在、体制与机制、种养业与土特产，传统农具与农机、农事与农活，反映彩烟的农耕文明与文化。

第一章　农耕历史与变革

彩烟姓氏的迁居，即为农耕社会的开始。彩烟农耕依赖于独特的自然资源和因地制宜的耕作，顺势形成彩烟特色的农业体制和经营机制。

第一节　环境与资源

彩烟是相对独立的以玄武岩为主体的台地，其气候也有别于其他区域的台地小气候，适宜耕种并形成有特色的农产品。彩烟水资源不多，建造山塘、水库是最为有效的利用方法。台地山林多为常见树种，且古树名木遍及乡村。

台地土壤

彩烟台地由玄武岩、凝灰岩、紫砂岩三大类岩石组成。玄武岩数量最多，主要分布在台地中心区域，在地质上层；凝灰岩、紫砂岩主要分布在台地四周边缘，在地质下层。

据 1987 年浙江大学陆景冈教授对彩烟台地的考证，玄武岩台地具有一定的特殊性，一般玄武岩喷发为三次，而彩烟多达七次。在玄武岩层次之间夹有两个河流的粗沙砾石层，厚度达一二十米，说明抬升之前，地面环境经过多次变化。玄武岩的柱状节理助长裂隙水的形成，再加上玄武岩的上层呈气孔状，有 2～3 米的含水层，故地下水资源较丰富，泉水出露较多。

台地平均海拔 412 米。地域总面积中，海拔 50～250 米的约占 7%，250～500 米的占 68%，500 米以上的占 25%。地表坡度小于 6° 的约占 32%，6°～15° 的约占 25%，16°～25° 的约占 11%，大于 25° 的约占 32%。坡度大于 25° 的耕地占台地总面积近 4%。

玄武岩是彩烟台地土壤的最大特色，在全省也有一定的代表性。山丘旱地以红黏土为主，占 46.4%，紫粉泥土和石砂土分别占 20% 左右；水田以红大泥田为主，占 43%，棕黏田、红黏田和黄泥砂土各占 15% 左右。

酸、黏、瘦、深是彩烟台地土壤的主要特点，土色鲜红或暗红，土体深厚，一般在 0.8～2 米。土壤质地黏重，保水、蓄水、保肥性能较好，但通透性不良，耕作性能较差。土壤 pH 值为

4.5～5.5，酸性偏重。土壤有机质含量低，速效氮含量不高，磷、钾普遍缺少，养分含量整体较贫乏，还有特殊的"假砂"现象，新垦耕地土层疏松，旱地多有板结，水田水耕泡水后糊烂浮滑。

典型玄武岩台地土壤的个性特点，又是丰富的自然资源宝库。在水、光、热、土、气等生态环境综合影响下，适宜多种农作物生长发育，有利于培育茶叶、白术、茭白、西瓜、花生、食用笋、蔬菜等优质特色农产品。科学合理开发利用玄武岩台地，意义重大，潜力巨大，任何时候都不会过时。

气候特点

新昌县属亚热带季风气候，处于中北亚热带过渡区。主要气候特点，季风显著，温和湿润，四季分明，春夏季雨热同步，秋冬季光温互补。而彩烟地处高海拔台地，平均气温偏低，日夜温差加大，冬天比较寒冷，夏天相对凉爽，形成了区别于其他区域的特殊的台地小气候。

根据1963年建于上市场村的回山雨量站（气象哨）观测统计，彩烟年平均气温15.1℃，年均降水量1389.1毫米，无霜期在210天左右，≥10℃活动积温4665.4℃，≥10℃的主要作物生长期为225.7天。20℃的界限温度终日为9月22日，22℃的界限温度终日为9月10日。

按照气候学以平均气温界定季节，彩烟春秋相等，冬长夏短。4月初进入春季，6月20日左右过渡到夏季，9月中旬进入秋季，11月中旬过渡到冬季。春秋两季分别为79天和63天，冬夏两季分别为137天和86天，冬季比平原地区多19天，夏季比平原地区少28天。

特殊的地形，形成差异明显的山区地形小气候。冬季气温低，1977年1月6日，极端最低气温达－16.7℃；冬天积雪季节长，全年积雪20天左右，最长达40天，有"岭上雪花飞，岭下小阳春"之说；夏季气温凉爽，1978年7月8日，极端最高气温仅38.5℃。昼夜温差大，春季为8.6℃，夏秋季为8.3℃，冬季为7.3℃，有利于农作物有机物的形成与积累，提高品质和产量。降雨量在年际变化和季节分布接近全县，降雨量主要集中在梅汛期（5～7月）和台汛期（7～9月），分别占全年的33.1%和26%，年降雨量最多为1975年的1592.3毫米，最少的年份为1967年，仅有545.8毫米。1962年9月5日，下宅的一日降雨量达368毫米，创全县历史最高。

水利资源

台地顶部地势相对平缓，底部东北面有门溪江、丹溪江、韩妃江、左于江环绕，西北面有练使溪、镜岭江的短距离擦边而过，台地顶部有较长的蟠溪流入丹溪江，千丈坑的发源地位于双侯村的天马山下，其他大多为小坑小溪，如小积坑、上下宅坑、前丁坑等，还有大坑小坑、前陈畈坑、殿前畈坑、马鞍山脚坑、园珠畈坑、三十六坑、柘前畈坑、下湖桥畈坑、桥头坑、山头坑、江坑、石子坑等。

彩烟人深知"水利是农业的命脉"，充分利用溪坑资源，合力建造水库、塘坝和山塘，切实改善生产和生活条件。据《回山公社社史》[1]记载，新昌解放前，水资源少，利用率低，农业设施极其

---

1 此处公社指1958年"大公社"。

薄弱，农业生产相当落后。回山没有水库，只有总计 348 口山塘，总蓄水量为 5.2 万立方米，最大灌溉面积（包括可用水车车水）为 3000 亩 [1]。抗旱能力极差，粮食产量很低。有民谣为证："三天雨，田塍倒；三天燥，田坼裂。""山像和尚头，雨后断水流，种田全靠天，年年没收成。"

新中国成立后，主要是 20 世纪 60 年代至 70 年代，相继建成门溪水库、前丁水库、石缸水库、石门水库、后坂水库、藏潭桥水库等 75 座中小型水库和塘坝，还有 12 口山塘，总库容量为 3242.6 万立方米，灌溉面积为 39491 亩。这些水库、塘坝和山塘大多数是均质土坝和黏土心墙坝，虽防洪标准低，但在农田灌溉、抗旱保苗、生活饮用水和夺取粮食作物丰收等方面，起到了不可替代的保障作用。

2006 年开始，实施"百库除险"工程，对病险塘坝进行加固处理。2009 年起，实施"百塘净化"工程，对小山塘和村中塘实施清淤和加固，提升标准、改善水质、美化环境，继续发挥塘坝和小山塘在农业灌溉、水产养殖、生活用水及乡村振兴中的应有作用，不少山塘水库已经成为风景点或景观带。

森林植被

彩烟古代森林茂密，有"彩烟山苍翠千山树"之说。20 世纪 50 年代后期至 60 年代中期，森林在"大办钢铁""大办食堂"中遭到严重破坏。20 世纪 70 年代后期，封山育林、停垦还林、植树造林政策得以推行，森林面积和蓄积量逐年增加，古树名木也得到有效保护。

山林由国家、村集体统一管理，农户要木材使用，需经乡镇以上人民政府和林业部门审批才能砍伐。1981 年起开始将山林实行"三定"（即中共中央关于稳定山权林权、划定自留山、确定林业生产责任制的发展方针）。落实自留山、责任山、统管山。1982 年起实施定权发证。1995 ～ 1998 年，逐步完善山林承包责任制。

根据 2017 年《浙江省新昌县森林资源规划设计调查成果报告》，回山地区有林业用地面积为 85678 亩，占总面积的 58.1%。其中，乔木林地为 55194 亩，占林业用地的 64.4%；竹林面积为 3835 亩，占 4.5%；灌木林地为 26318 亩，占 30.7%，其他占 0.4%。森林面积为 85347 亩，森林覆盖率 57.8%。活立木蓄积量为 277608 立方米。其中，乔木林蓄积量为 270426 立方米，占 97.4%；散生木蓄积量为 3130 立方米，占 1.1%；四旁树蓄积量为 4052 立方米，占 1.5%。主要植被类型有针叶林、针阔混交林、阔叶林，主要常见树种为马尾松、杉木、毛竹、檫树、柏树、苦槠、板栗、枫树、香樟树等。公益林（地）面积为 19620 亩，占林地面积的 22.9%；商品林面积为 66058 亩，占 77.1%。优势种为马尾松占 40.7%，针阔混交林占 31.3%，阔叶混交林占 14.8%，其他 13.2%。其中经济林面积 30083 亩，占林地面积的 35%，经济林主要经营树种为茶树，占 75%。

1　地积单位，1 亩约等于 666.7 平方米。

第二节 体制与机制

土地是农耕的基础。通过土地所有制的根本性改革，经营机制的探索实践与不断完善，彩烟乡村发生了变化，人民群众的生活得到了改善与提高。

土地所有制变化

封建土地所有制 古代实行封建土地所有制。地主占有大片土地，依靠土地，或雇工经营，或出租给农民经营，坐收地租之利。

明成化《新昌县志》载，"租生：田在远乡如彩烟、三坑等处，或三分或四分。如以四石为亩，每石取谷四斗，曰四分租。三斗曰三分租，近处皆田主监收而均分之"。"逃民：他处小民逃移而至者，有产之家辄留之，给予房屋居住，其人佃田布种，秋成与田主对分稻谷。"业主拥有土地所有权，可典当、买卖、租赁，而佃农只有临时使用权。

1936年，陈璞著《新昌之社会调查》记述："新昌农民，多系租种他人之田地，能够自给自足的自耕农颇少；而少数富家巨室，往往坐拥良田千亩，不事耕作，悉租其田于就近农民而坐享其成。"全县有15.86万亩土地发生租佃关系。据回山公社回顾性调查，8个自然村共473户，解放前外出讨饭的有20户，冬天无棉被的有27户，鬻妻卖子的有9户。彩烟区域流传的顺口溜："勤劳农民无田地，一元大洋六升米；有钱人家利盘利，穷苦人家出眼泪。"

土地农民所有制 按《中华人民共和国土地改革法》进行改革，确认农民的土地所有权。1950年10月，回山派员参加全县土地所有制改革试点工作（以下简称"土改"）。12月起按照全县部署，分三批开展"土改"工作。经过宣传教育、划分阶级、没收征收、分配果实、复查发证等五个阶段，于1951年6月基本完成"土改"。9月完成检查整改，之后村村召开隆重的发证大会，正式颁发土地所有证。"土改"彻底废除封建土地制度，实现耕者有其田的农民土地所有制。

回山区在"土改"中，划定地主179户，占1.41%；富农40户，占0.32%；中农4423户，占34.94%；贫农7740户，占61.14%；雇农277户，占2.19%。没收的农具和粮食，征收的土地和房屋，分配给89.2%的农户。同时建立了农会、民兵、青年团、儿童团、妇女联合会等各种农民组织，其中参加农会12951人、民兵2839人、青年团174人、妇联10630人，占总人口的44.6%。

土地集体所有制 采取农业合作化方式，将农民土地个体所有制逐步改造成为劳动群众的集体所有制。1951年实行互助合作，1952年建办初级农业生产合作社，1956年建立高级农业生产合作社，确立土地的社会主义集体所有制。1958年，农村集体土地所有制建立后，在管理体制上经历两次大的改革和完善。一是实现人民公社化后，明确"三级所有，队为基础"的管理体制，把土地固定到生产队，相对稳定土地集体所有和集体使用的土地关系；二是1979年后，实行土地联产承包责任制，所有权和使用权分离，建立集体所有、农民使用的土地关系。

土地全民所有制 指土地的所有权属国家所有。主要有国有农场、林场及骨干水利设施、风景名胜区、历年建设用地等，如门溪水库 257.34 公顷，石门水库 16.26 公顷。

经营机制变化

农业集体化（1951 年 10 月～ 1958 年 8 月）经过互助组、初级社、高级社三个相互衔接的步骤和形式来实现。

从"单干""换工组"到"互助组"。农业生产互帮互助组，是由农民自找对象，自愿结合，实行农业生产互帮互助的一种劳动组织形式，克服了解放初期农业生产上缺劳力、缺耕牛、缺农具、缺资金、缺技术等困难，对当时促进农业生产持续发展起到了极大作用。

1951 年初，回山区开始组织农民实行互助合作、发展生产，杨德喜互助组应运而生。1952 年，回山区认真贯彻中共中央《关于农业生产互助合作的决议（草案）》，互助组得到快速发展。到年底，全区互助组发展到 849 个（其中常年性互助组 305 个，临时性互助组 544 个）；加入互助组农户 7352 户，占总农户数 56.8%；加入互助组人口 27764 人，占总人口的 62%；加入互助组土地面积 28120 亩，占总面积的 64%。

1953 ～ 1954 年，对互助组进行整顿，重点加强管理，提高质量，互助组稳步发展，质量提高。1953 年底，全区互助组发展到 968 个（其中常年性互助组 234 个，临时性互助组 734 个），加入互助组农户 8027 户，占总农户数 69%；1954 年底，全区互助组 967 个（其中常年性互助组 215 个，临时性互助组 752 个），加入互助组农户 8918 户，占总农户数 70%。

随着初级农业生产合作社和高级农业生产合作社的建立，互助组这种农业生产互助合作的初级形式完成了历史使命。

从"互助组"到"初级社"。初级社是以土地入股、统一经营为特点，土地和生产资料私有，产品按劳分配，保留土地分红，自愿互利联合起来的半社会主义性质的合作经营组织。初级社在建立和发展过程中，形成了"生产实行计划管理、劳动力统一调配使用、社员参加社务管理、收益按土地和劳力比例分配"的管理加分配制度。

1952 年，中共浙江省委发出《关于试办农业生产合作社的指示》，回山区率先大胆试办初级社，率先成立"杨德喜农业合作社"。1953 年，试办县级初级社。建立初级社 5 个，入社 96 户，分别为"五一"社 31 户，马乌头社 14 户，晨光社 16 户，共裕社 19 户，殿前社 16 户。办社之多，为全县之首。

1954 年，初级社由县级试办转为区级试办。殿前社转为互助组，新建了官元社，县级试办的 5 个初级社规模扩大，入社农户 96 户 444 人，入社水田 438.6 亩，旱地 77 亩。1954 年 3 月和 10 月分两批安排初级社组建，共建成初级社 34 个。

1955 年，初级社在整顿巩固中发展。1 ～ 5 月全区建立初级社 44 个，入社社员 1067 户，占总农户的 8.7%。6 月执行"全力巩固，坚决收缩"方针，开展了合作社整顿巩固工作，有 223 户退社，11 个初级社转社，1 个初级社分成 2 个，初级社收缩减少为 34 个，社员 639 户，占总农户的 5.1%。7 月，毛泽东同志发表《关于农业合作化问题》的讲话，批评浙江"坚决收缩"的做法，农业合作化推进到一个新的阶段。到 12 月，全区有初级社 237 个，入社农户 4800 户，占总农户数的 37.8%。

1956 年，贯彻全面规划、加强领导方针，出现新的合作化浪潮。到 12 月 10 日，建立初级社 305 个，入社农户 10551 户，占全区总农户数的 83.6%，基本实现初级社全覆盖。

1955 年冬，回山区杨德喜初级社试办全县第一个高级农业生产合作社，定名为"五一"社，共 473 户，取消土地报酬，山林、耕牛、大农具折价入社，实行统一经营，按劳分配。

从"初级社"到"高级社"。高级社以土地和主要生产资料转为集体所有为条件，土地统一经营，生产工具折价归社统一使用，劳动力统一组织生产，收入按劳分配，是农民土地私有制向集体所有制过渡的质变阶段。

1956 年 1 月，回山区提出在试办好 13 个高级社基础上，新建 59 个高级社的计划，要求乡乡试办高级社。3 月，贯彻全国人大《农业生产合作社示范章程》，推动了高级社建设。9 月受强台风严重灾害影响，部分富裕农民发生动摇，出现罢工退社现象，入社农户一度下降。10 月份采取了整顿合作社、抓粮食生产、割私有尾巴、限制单干等政治经济措施，合作社高级化走上正轨。12 月底，建立高级社 40 个，入社农户 5554 户；初级社 191 个，入社农户 5595 户。合作社总数 231 个，入社农户 11249 户，占总农户数的 86%。

1957 年 3 月，全县其他区合作社开始波动，回山区相对稳定，为此全县现场会在回山召开，重点介绍了领导方法问题。4 月，大部分合作社闹粮食问题，并出现社员退社情况。6 月底，全区高级社 98 个，入社农户 5641 户。初级社 85 个，入社农户 1528 户。合作社总数 183 个，入社农户 7169 户，占总农户数的比例下降到 56.3%。7 月 29 日～9 月 4 日，开展了社会主义教育运动，再次掀起办高级社高潮。到年底，全区建立高级社 115 个，初级社 42 个，入社农户 11008 户，占总农户数的 90.2%。

1958 年，回山区基本完成农业社会主义改造，实现农业集体化。

农业互助合作化运动的典范   1950 年 12 月，以杨德喜为首，组织回山乡上市场村 9 户农户建立"杨德喜农业生产换工组"，成为回山区第一组。1951 年五一劳动节当天，杨德喜率先成立由 8 个农户参加的"杨德喜互助组"，成为全县最早的 5 个互助组之一，打响了回山区农业生产互助合作的第一炮。

杨德喜农业互助组，由 8 个农户 46 人组成，加入土地 49.28 亩，耕牛 3 头。当年，杨德喜互助组 44.72 亩水田，生产稻谷 20417 斤，亩产 458 斤，比 1950 年增产 21.4%。1951 年杨德喜互助组被评为新昌县"模范互助组"，奖励耕牛 1 头。

1952 年 2 月，杨德喜互助组被评为"全省模范互助组"，个人被评为全省互助合作模范，参加了 2 月 11 日～17 日召开的浙江省第二届劳动模范代表大会，获得的奖品是耕牛 1 头、打稻机 1 台、喷雾机 1 台（时为全县第一台）、农用车 1 部、毛巾 1 打、布 1 匹。与此同时，回山村梁忠禄被评为互助合作工作模范。

1952年3月11日，杨德喜互助组向县委递交转社报告，3月16日报地委批准，成立"杨德喜农业合作社"，县委专门派吕汉汀、石鸣皋两同志协助办社，使之成为全县第一个初级农业合作社。合作社以原有8户农户为基础，入社农户14户55人，耕地70.2亩，建立了土地入股、统一核算、统一经营，每日劳动评工记分，按土地、劳力比例分配的制度。杨德喜农业生产合作社被评为1953年"全省爱国丰产模范"。

1955年冬，杨德喜初级社试办全县第一个高级社，定名为"五一"社，共473户，取消土地报酬，完善分配制度，山林、耕牛、大农具折价入社，实行统一经营、按劳分配。

中央财政部农村经济及农民负担调查 1953年1月29日，中央财政部农业税司调查组专门到回山八和乡（后来改称新天乡）大宅里村和马家田村的17家农户，以1951年秋收至1952年秋收前为范围，详细了解粮食作物与经济作物、种植与养殖、生产与生活、投入与产出、收入与负担、办法与看法等各方面情况，以大量数据及分析，形成了《浙江省新昌县八和乡农村经济及农民负担调查初步总结》，为全国农村农业税收政策的制订、调整与完善提供可行建议和决策依据。

人民公社化（1958年9月～1984年12月）特征是"一大二公"和"政社合一"。"一大"为规模大，一个公社的平均户数超过原来高级社的数十倍，而且集农林牧副渔、工农商学兵于一体；"二公"为公有化，不仅基本的生产资料归公社所有，而且把社员的自留地、家庭副业也收归公社所有。"政社合一"就是把国家基层政权组织与农民的集体经济组织合为一体。公社、大队、生产队三级管理委员会不仅担负经济职能，还担负行政职能。人民公社实行组织军事化、行动战斗化、生活集体化。

1956年初秋，全国掀起公社化高潮。新昌人民公社于1958年9月18日宣告成立。9月底，全县原7个区改建为9个"政社合一"的人民公社管理委员会，42个乡镇调整为66个生产大队。回山区于9月27日召开党员大会成立回山公社管委会，9月28日召开社员代表大会，选举产生回山公社管委会委员和社长，并通过冬种、水利规划和有关政策，宣布回山公社正式成立。

回山公社成立时，下设安顶、下里、回山、泄上、八和、彩淳、下彩、中彩8个生产大队，64个生产队，共计7762户，30535人。当年11月，安顶、下里合并，泄上与八和合二为一，彩淳与下彩合并，变成5个大队（其中"五一"社曾单设五一大队）。1958年底，基本完成人民公社化。

1959年1月，人民公社调整生产单位规模，生产大队改为管理区，生产队改为生产大队，2月又恢复大队称谓。

1961年9月，撤销大公社，恢复回山区建制。回山区下设回山、安顶、八和（1966年3月改为新天）、彩淳、中彩5个人民公社。在1963年召开的全省工作会议上，中彩公社因发展茶叶被评为先进公社，回山公社王家年大队发展白术种植被评为先进大队。

1983年10月，中共中央、国务院下发《关于实行政社分开建立乡政府的通知》。乡（镇）人民政府成立，人民公社政社合一体制消失，代之以乡（镇）人民政府和经济合作组织（社）。1983年底到 1984 年，回山区公所下辖的回山、安顶、新天、彩淳、中彩 5 个公社分别改为乡人民政府。

"农业学大寨"运动 1964 年，毛泽东同志向全国人民发出"农业学大寨"的号召。1967 年 9 月，浙江省把"农业学大寨"和"文化大革命"相联系，开始推广大寨式的"政治评分"，搞"三献一并"，实行"政治建社，政治建队"等。回山地区为改变环境和面貌，主要开展造田造地、建造山塘水库的群众性运动，建成一批"大寨田""大寨渠"以及"大寨水库"。

"冷水田""烂田畈"常年积水，只能种一季水稻，而且土壤不通气，直接制约高产。1964 年，"东河畈"和"田前畈"烂田畈改造工程实施，后在全区推广，重点开挖大量水渠，改善排水条件。以后，继续实施农田灌区改造、小型农田水利建设、园田化建设、土地整治、标准农田建设、小流域治理等工程，农田水利、土壤等条件不断改善。

1977 年 11 月 12 日起，在"农业学大寨"运动中，实施回山"东河畈"第二期工程大会战，组织 1200 人参加，4 天时间挖通 3 米深、4 米宽的主干渠 900 米，平整耕地 92 亩。"东河畈"至今仍是回山地区的样板田。

在 1977 年冬的大会战中，回山区建立 86 个专业队，参与群众 3200 人，投工 96.7 万工，完成土石方 92.2 万立方米，增加旱涝保收田 2330 亩，改善灌溉面积 1580 亩，造田造地 676 亩，平整土地 470 亩。

家庭联产承包责任制 1978 年开始，各地对农业生产责任制进行探索和尝试，多数核算单位划分操作组，制订生产小段计划，实行包工、包产、包成本的"三包一奖赔"形式。1979 年起，主要实行"小段包工，定额计酬"和"统一经营，包工到组"的生产责任制。1980 年 9 月，中共中央印发《关于进一步加强和完善农业生产责任制的几个问题》文件。年底，县委召开全县农村工作会议，着重讨论如何进一步加强农业生产责任制和发展多种经营问题。1981 年夏，回山部分生产队实行包干到户。1983 年全区所有生产队实行包产到户、包干到户责任制。继大田生产实行家庭联产承包责任制后，又发展到茶叶、蚕桑、水果、山林等。

1984 年春节后，结合 1983 年中央一号文件精神，贯彻落实 1984 年中央一号文件关于完善巩固稳定农业生产责任制的精神，全区以处理好集体统一经营与家庭分散经营关系为重点，普遍延长土地承包期，达到 15 年以上。

1987 年开始，全县取消农产品统派购制度，实行合同定购，从而加快产业结构调整。农村大量富余劳动力逐步向第二、三产业转移，农村经济开始由自给、半自给向商品经济转变。

1998 年 11 月 9 日，农村开展第二轮大田承包工作。主要工作是在第一轮承包的基础上再延长 30 年，即延长到 2028 年。

农民收入变化

农民收入情况，过去以传统种植业为主要收入来源，直观反映农业与特产的发展，新中国成立后，尤其是改革开放以来的回山农民生活变化与改善日渐加大。

"合作化、公社化"时期 实行按劳分配，农户之间收入差距不大，主要体现在劳动力多少和工分高低，奋斗目标是"不倒挂，有红分"。1952～1982年，回山区农业人口相对稳定，总人口由45936人变为43903人，农民人均收入从43元变成81元，平均年收入55.9元，最低1967年为26元，最高1979年为90元。

"包产到户、联产承包"时期 自主调整种植结构，积极发展多种经营，在解决温饱基础上，生活好转，年年有余，力争成为"两户"（重点户、专业户）甚至万元户。1983～2012年，农业总人口由44363人变为37432人，人均收入逐年提高，农特产品收入和劳务输出收入占主导地位，人均收入由176元增加到9541元，其中1983年突破百元，1994年突破千元，平均年收入为3346.6元。

"稳定基础、延长承包"时期 最大限度转移劳动力，千方百计务工经商办企业，想方设法走农业专业化、商品化、产业化道路。2013年农民人均收入突破万元，达到14725元。随后，每年以两千元左右的数量递增。2019年农民人均收入，回山镇为29167元，双彩乡为32000元。

第二章　彩烟农业与特产

彩烟的农业，传统种植业即粮食作物，只在山坡上种植白术和茶叶等经济作物，直到 20 世纪 80 年代才开始多种经营、规模经营和特色经营；传统养殖业也局限于维持一家一户的日常生活，很久以后才有商品观念与商品经济。

第一节　传统种植

玄武岩台地上的耕地，坡地梯田居多，抗旱灌溉能力差；相对平缓的大田畈，却是"烂田""冷水田"居多，很难早熟高产；大面积的旱地，又是黄泥土居多，虽土层深厚，但有"假沙"现象，保水不强，肥力低下，大都广种薄收，再加上品种老化、土肥单一、小气候变化等，特别是自然灾害的频繁影响，只能"靠天吃饭"。

1940 ～ 1942 年，新昌连遭旱灾、虫灾，回山地区更是颗粒无收。很多人外出讨饭，其余农户靠挖野菜、吃谷糠过难关，野菜挖到了十里外。在回山流传着很多民谣，如"日无米，夜无被""三餐吃的六谷糊，身上穿的补里补，住的破房茅草屋，落雨要吃酱油卤"等突出反映了吃饭问题。

新中国成立后，回山人民在共产党的领导下，始终把发展粮食生产，解决农民温饱，作为事关全局的头等大事来抓，并随着生产关系变革和乡镇体制变化，大力兴建水利工程，不断改进耕作制度，层层建立农技推广体系，全力推广农业适用技术，在逐步改善粮食自给状况的基础上，适度调整产业结构，积极发展经济作物，扶持发展规模经营，努力实现粮食丰收、农民增收、农村发展。

粮食作物

回山地区以水稻为主的粮食生产情况，大致分为三个阶段。

一是提高粮食播种面积和产量阶段（1955 ～ 1980）。全面贯彻"以粮为纲"方针，最大限度地多种粮多产粮，力争解决温饱问题。据统计，1951 年粮食作物播种面积 37536 亩，粮食总产量

6073 吨；1955 ～ 1960 年的年平均播种面积 23203 亩，年平均总产量 7607 吨；1971 ～ 1980 年平均播种面积 46434 亩，年平均总产量 11778 吨。其中 1972 年播种面积最多，达到 48810 亩；1967 年因严重干旱，粮食总产量最低，仅 3459 吨。

二是全面解决温饱阶段（1981 ～ 1990）。实现粮食生产稳产高产、自给有余的时期。十年间，年平均播种面积 42326 亩，年平均总产量 12510 吨。与上期相比，总产量和亩产量均有增长。其中 1982 年粮食产量最高，达到 14126 吨。

三是转型升级调结构阶段（1990 ～）。以粮为纲观念迅速淡化，农业种植开始大幅度的结构调整，农村经济水平大幅度提高，粮食总产和面积大幅度滑坡，单位面积产量大幅度增加，农民粮食消费转入购买为主，而茶叶、茭白、西瓜、高山蔬菜、花生等经济作物大幅度递增。

据统计，1991 ～ 2000 年，粮食播种面积年均 35337 亩，粮食总产量年均 11277 吨；2011 ～ 2018 年，粮食面积减少到年均 18140 亩，粮食总产量年均 6678 吨。由于科技推广应用，粮食亩产水平连续提高，从 20 世纪 60 年代的 204 公斤提高到 21 世纪的 368 公斤。2019 年粮食播种面积 16477 亩，粮食产量 6305 吨。

水稻　新中国成立前，水稻品种单一，常规品种只有"黄籼"（又称硬杆黄、矮黄、散子黄籼），产量很低，不过米质不错。新中国成立初，增加了"矮白""洋花秋""东阳早"等品种，产量较低，但品质较好，一般亩产 150 ～ 200 公斤。旱地也有水稻种植，品种为"燥稻糯"，品质好，亩产量在 50 公斤左右。后来推广早稻"天花落 503""南特号"，晚稻"10509"。1960 年以后，推广种植"连塘早""矮脚南特号""陆财号"等品种。

1979 年后，推广早稻品种"广陆矮 4 号""二九青""二九丰""浙辐 802""辐 76-9 原丰早""加籼 758""加育 293"等。这个时期是粳糯等米质较好品种的推广期，粳稻品种为"农虎 6 号""矮粳 23""秀水 27""秀水 48"等；糯稻品种有"双糯 4 号""矮糯 21""祥湖 48""测93""绍糯 9714"等。

1976 年引进试种杂交水稻，1980 年大面积推广。1979 ～ 1990 年主要品种有"南优 2 号""南优 6 号""汕优 6 号"。1991 ～ 2000 年主要推广"汕优 63""协优 63"。2001 年后以籼粳亚种间杂交稻品种为主，主要是浙优系列和甬优系列。

从新中国成立初到 1990 年，实现了水田"单季—间作—连作"的种植制度进步，其中最典型的耕作制度创新是"连作稻"种植。1957 ～ 1958 年试种连作稻 2093 亩、间作稻 6109 亩。1959 年大面积推广，1960 年因盲目扩大而减产，1961 年起早稻高杆改矮杆，晚稻籼稻改粳稻，推行稀播育壮秧、深挖排灌渠、改造低产田等措施，因地制宜推广，粮食增产作用明显。

因"冷水田""烂田"多，冬季基本不种麦和绿肥，水田多为一季稻。20 世纪 50 年代试种"双季稻"（嵌稻）、"连作稻"；20 世纪 60 至 70 年代试行"早稻—晚稻—绿肥（或麦）"和"中汛稻—绿肥（或麦、油菜）"，两种模式平分秋色。回山土壤缺磷，推广钙镁磷肥后，紫云英面积扩大。20 世纪 80 年代以"中汛稻—绿肥（或麦、油菜）"种植为主，部分海拔较低的沿溪乡村为"早稻—晚稻—绿肥（或麦）"。

20 世纪 80 年代初，高产杂交水稻品种大面积推广，中汛稻产量大幅提高。农民口粮自给有余，开始关注米质、种植成本和劳动力等因素，三熟制、两熟制面积随后大幅度压缩。到 1995 年，水田粮食种植制度又恢复到单季稻种植为主。1998 年以后，回山加快种植业结构调整，大面积发展经济作物，茶叶、茭白、黄瓜、西瓜成为水田主要作物，水稻种植面积从最多时的 32000 多亩，减到 2019 年的 6016 亩。

间作稻又称"嵌稻""双季稻"，因品种生育期长，连作栽培无法满足生长要求，在早稻行株间再嵌种一季晚稻，增加第二季水稻产量，一般第二季产量很低。早稻品种多为"503"，少部分为"南特号"，采用"梅花嵌"方式，芒种前嵌入，密度为 20 厘米 × 23 厘米，每丛 8 ～ 10 根。1952 年开始试种"间作稻"，1959 年达 5047 亩，推广效果不理想，并在推广"连作稻"中淘汰。

推行的连作稻，是一季早稻收获后，再种一季晚稻，分三熟制"早稻—晚稻—麦（油菜）"和两熟制"早稻—晚稻—冬闲田（绿肥）"两种。受温光条件制约，三熟制只在海拔相对较低的沿溪一带种植，在回山种植范围较小。两熟制在回山地区都可以种植，但季节偏紧，遇冷空气较早年份容易"翘稻头"而减产。

1954 年试种连作稻，1957 年种植面积 40 亩，平均亩产 851 斤，最高 1100 斤。种连作稻的积极性被调动起来，1959 年达到 5142 亩。1960 年，出现盲目扩大面积、强迫命令发展的情况，不考虑地区间气候差异和品种等因素，提出口号"全面连作化，消灭单季稻"，当年面积猛增到 14046 亩，以致出现部分晚稻延时插种、大面积晚稻冷害不成熟而"翘稻头"，严重减产。

20 世纪 70 年代，连作稻种植面积稳定在 10000 亩以上，最多时是 1978 年的 13500 亩。20 世纪 80 年代，面积减少到 5000 亩左右；90 年代，杂交水稻高产品种大面积推广应用，单季杂交稻产量能抵两季稻，稳产又高产，而且生产成本降低，于是连作稻面积急剧下降，1995 年后全面单季化。

彩烟地区把单季稻称"中汛稻"，指全年只有"水稻—麦（油菜、绿肥、冬闲田）"的种植制度，比较适合回山气候特点，能高产稳产，又为农户喜爱。过去，稻谷收获后，一般是冬闲；后来，种上小麦，或者撒播绿肥（紫云英）。

旱粮 旧时，旱地种植作物有大麦、小麦、玉米、黄豆、番薯，小面积种植粟谷、鸡爪粟、荞麦、旱稻（燥稻糯），清朝后期从葡萄牙引种马铃薯（即洋芋、红毛芋）、蚕豆、豌豆。以种植"麦—玉米""麦—黄豆""麦—番薯"两熟制最多。

20 世纪 60 至 70 年代，推行"麦—六月豆—秋玉米"，由于品种生育期较长，以套种为主，称旱地"老三熟"。20 世纪 80 年代，大面积推广"麦—春玉米—番薯"旱地"新三熟"。

1995 年后，旱地大小麦减少、六月豆消失，旱粮不再成为口粮品种，旱地新老三熟制逐步退出舞台，代之以种植茶叶和高山蔬菜为主，零星小面积种植油菜、小京生花生、甜玉米、番薯、大豆等作物。旱地种粮朝着鲜食、菜用方向发展。

台地冬季气温低，种植大小麦容易受"霜冰牙齿"抬根、冰雪半覆盖时的"乌风冻"危害，旧时以种植相对抗冻的大麦为主，多采用点播，1955 年推广条播种植，改为以小麦为主，20 世纪

70 年代，受白术种植启发，推广稻板麦种植。五六十年代，小麦以"吉利""南大 2419""浙农 17""六棱大麦"等当家。1971 年，引进推广"浙麦 1 号"，当家近十年。80 年代后，陆续推广"浙麦 2 号""503-19""温麦 10 号""扬麦 5 号"等。

玉米也是彩烟主粮，俗称"六谷"。20 世纪 50 年代主要种植"90 天种"和"120 天种"。1974 年起，先后推广"丹玉 6 号""中单 2 号"（1983 年）"丹玉 13 号"（1986 年）等杂交玉米。

甘薯在彩烟被统称为"番薯"。原先种植黄心番薯，早期推广种植"红皮白心"（白心番薯）、"胜利 8 号"（黄心番薯）等。20 世纪 80 年代后，推广"76-9""徐薯 18""南薯 88"等。

洋芋即马铃薯，彩烟地区俗称红毛芋。清朝后期引进种植，为旱地作物。洋芋在全世界被列为三大主粮之一，在回山也家家户户种植，面积和产量仅次于稻谷、玉米、麦子和番薯。过去主要被当作粮食，如今主要当菜，且用途或搭配方式多样，煮、煎、炒、炖、煨等皆可食用，为市场和大众喜爱。

新中国成立初期，大多为本地品种"小洋芋"，后来推广新品种"髻头盖"，块头有所增大。1976 年，回山区农技站引进"同薯 8 号"新品种，个头大，产量高，品质口感好，可是第二年种时发生退化，然后退化加快。农技站组织力量进行防退技术试验，于 1981 年获得成功，第二年这项防退繁种技术得到了科技奖励，在全区普遍推广的同时，建立起良种繁育基地。据统计，1983 年调往上虞等绍兴其他地区的回山牌"同薯 8 号"种薯达 12500 多公斤。此后，当家品种就是"同薯 8 号"以及部分"东农 303""克新 4 号"等新品种。

大豆即黄豆。长期以来，春大豆以回山本地"六月豆"（农历六月收）为主，夏秋大豆品种以"三拔豆"（九月早）为主。1984 年推广"浙春 2 号"，以后"六月豆"由于产量低下逐步淘汰。

田塍豆是彩烟特有的种植传统。品种多为"三拔豆"，方法简便，种植广泛，历史悠久。为防止田坎漏水，在田面平整（耕耘）时，沿田塍路筑一条 10 厘米左右宽的糊泥，称"田岸"。水稻插种后，就在"田岸"种植一行大豆称"田塍豆"。种植田塍豆是一种充分利用空间增加粮食产量的方式，同时作为陪植植物对减轻水稻虫害有一定作用。20 世纪 90 年代后，种植田塍豆越来越少。

解放前几乎家家户户种鸡爪粟。鸡爪粟成熟得早，农历五、六月基本可收，以种植鸡爪粟来度过艰难的"夏荒六月"。后来逐渐消失。

经济作物

新昌历史上有名的烟、茶、桑、术"四大特产"中，回山地区因适宜的土壤地理、气候环境，历史上都有成片的种植和发展，其中白术和茶叶在全县举足轻重，名声在外（详见"彩烟特产"）。据《新昌县地名志》记载，只有少数沿溪村不种白术。20 世纪 70 年代初期，寒庄村利用小气候发展橘园，上宅村、下宅村、上市场村、马家田村等发展苹果园，80 年代先后被淘汰。2013 年 5 月，杭州胡庆余堂与丁利明、潘黎东等注册资本 1000 万元，组建"浙江东辰药用植物有限公司"，在官塘村岭头山租用村民和集体土地 1000 余亩，种植以紫枝玫瑰、重楼、金银花为主的中药材，因气候土壤适宜，中药材品质优良。

烟叶 彩烟地区烟叶生产以 1951 年为历史之最,种植 610 多亩,产量 80 多吨,分别占全县的近 3%,种植品种同其他地方一样为晒黄烟。尔后面积逐年减少,且为零星种植。1962 年面积减少到 264 亩,产量仅 24 吨。1986 年后烟草公司(专卖局)统一组织生产,回山乡村没有划入基地范围,到 1995 年全区面积和产量忽略不计。"彩烟牌香烟"是借"彩烟"之名广而告之,实指新昌县域。

彩烟牌香烟 新昌历来为全国烟叶或香料烟重镇,新昌烟草公司在冠名所产香烟并特制推广促销广告时,考虑到有名的彩烟山或民间公认的彩烟山在清代就是彩烟乡建制,且不少产烟地为彩烟属地,为此取名"彩烟牌香烟"。

蚕桑 彩烟地区蚕桑生产历史不长且不成规模,主要分布在原彩淳沿溪一带及岭上山丘,1968 年以前均零星种植,从未到过 100 亩。有记载以来彩烟地区种桑面积最多的是 1992 年,为 1643 亩;产茧最多的是 1994 年,为 100 吨。1992 年,双彩乡兴起蚕桑生产热潮,1995 年桑树基地 1424 亩,产蚕茧 80 吨。1998 年为 1074 亩,其中上宅村 250 亩,下岩村 210 亩,下宅村 135 亩,岭山村 110 亩,双凤村 95 亩,上贝村 86 亩,溪边村 67 亩,其他还有 6 个村都在 10 亩左右。2010 年以后,绝大多数桑园被改造成种植其他经济作物,至 2013 年,种桑和产茧的统计数据均为零。

小京生花生 在彩烟地区俗称"小红毛",是新昌农家土产的珍品,因明清时期被列为贡品而得名,为玄武岩台地土壤特有,并拥有地理标志和注册商标。也是春节期间的必需零食,是走亲访友的必备礼品。彩烟种植小红毛历史悠久,因有与小京生花生原产地新昌大市聚一样的玄武岩台地,所以花生保持了原产地的壳薄光泽、香而带甜、油而不腻、松脆爽口、色香味俱佳,营养价值高等特点。正如顺口溜所说:"常吃小京生,胜过滋补品;吃了小京生,天天不想荤。"

1979 年,回山区种植小红毛花生 130 亩,总产量 13 吨,以春节期间家家户户炒货过年为主。1992 年,种植面积 470 亩,单位面积产量有所提高;1998 年以后种植面积、亩产量和经济效益明显增加,推行提纯复壮技术,逐步形成种植炒制销售"一条龙",成为经济收入的重要来源,2002 年面积达到 2920 亩,总产量 321 吨,为历年来最高。2013 年,种植 2505 亩,总产量 276 吨。尔后面积基本稳定,效益有所提高,2019 年种植 2051 亩,产量 287 吨。

油菜 种植始于 20 世纪 60 年代,从 20 世纪 90 年代起由一家一户种植为主转向小规模种植。1979 年油菜籽产量约 4 吨,1993 年为 77 吨,2003 年为 117 吨,2019 年为 329 吨。

第二节 传统养殖

彩烟传统畜禽养殖业,以养殖生猪、耕牛、长毛兔、鸡、鸭、鹅等为主,山羊、蜜蜂等也有少量养殖。养羊每年约 250 只,2019 年养羊 268 只。蜜蜂养殖自 1996 年来稳定在 500 箱左右,2019 年养蜂 675 箱。石界村养蜂户王文才曾创"双王繁殖,单王生产"全国纪录。解放前,养殖业以家庭散养为主，大都集中在地主家。"土改"后，全部落实到农户，变成一家一户养殖，为生活和生产必需。1978年后有少数专业养猪、长毛兔、蛋鸡、山羊等的养殖场，但规模不大，数量不多。2005年后，因经营体制、产业结构、经济效益等多方面因素叠加，小规模养殖也基本消失。

家畜

生猪 彩烟多为"灶头猪""过年猪"，即一个灶头养一只猪。以一日三餐的残渣食物（厨余垃圾）、番薯叶、洗碗水等为主要饲料，其中以米糠和番薯等为最好。通常情况下，过年前夕以"毛猪"出售给食品站，或请附近的"杀猪佬"来宰杀零售，俗称"出白"。如遇大事要操办，也请"杀猪佬"来帮忙处置，能够烹饪出五花八门很多种菜肴。

曾经办过集体猪场。1958年响应号召，提出"公社千猪场，大队百猪场，队队办猪场"的口号，相继建办了一批村队集体猪场。据统计，1959年，回山建办集体猪场60个，1980年仍有集体猪场18个。1985年起，推广瘦肉型商品猪、科学养猪和配（混）合饲料养猪，效果显现。

据档案资料记载，回山地区的生猪生产情况，大致划分三个时期。从新中国成立初期到1978年改革开放初期，年生猪存栏量为500～9000头；1979～2005年，六畜兴旺，繁荣稳定，涌现一批养猪专业村和专业户，并开始饲养瘦肉型猪，全区每年生猪存栏在13000头以上，最高存栏的1981年达到20971头；2006年起，受多种因素影响，生猪养殖逐年下降，专业户不断减少，2013年存栏6276头，到2019年存栏数仅有1724头，"灶头猪"也只有少数农户在养殖。

在当时经济生活水平低下，温饱也不能保障的情况下，"灶头猪"是整个家庭十分重要的副业收入，甚至是主要经济来源，也是"杀猪打冻"解决过年问题的关键所在，而猪栏肥更是土杂肥、有机肥的重要来源，可有效改良土壤，切实提高产量。农谚说得好，"三年不养猪和牛，家里穷到不知头"。回山的传统习俗中，猪腿还是很高档很实惠的拜年礼，迄今为止仍然不失为过年时节女婿送给丈母娘的好"年羹"。进入新时代后，"灶头猪肉"成为难以采购到的奢侈品，也是舌尖上的美味和回山乡愁。

耕牛 即主要用来耕田的养牛。农田大多在山坡山湾，小而不平，有些山旮旯的农田，连牛也耕不了，只能人力翻耕，所以在很长一个时期，牛是农家宝，是农田耕耘的最佳选择和唯一"农机具"。从1958年"公社化"到1982年家庭联产承包责任制前夕，耕牛都是生产队集体养殖，有专门固定的牛栏屋（牛棚）、冬季饲料，还配备专门负责饲养的"看牛佬"，按牛头和栏肥折工分计酬，因此总量相对稳定，1959～1995年耕牛存栏数在1500头左右（包产到户后，牛也落实到户）。1995年后，由于种植结构调整，机械化水平提高，耕牛饲养量大幅减少。据统计，2002年为427头，2012年为142头，2019年仅有20头。

长毛兔 彩烟地区饲养长毛兔以一家一户养殖为主，主要是全家油盐酱醋日用品的经济来源，规模养殖效益更好，俗话说，"家养几只兔，不愁油盐醋""若要富，就养兔"。

1965年起，全县提倡饲养德系安哥拉长毛兔，成立研究所培育优质"新昌兔"，于1974年号召发展新昌长毛兔，回山地区成为全县的典型，相继建办了一批村队集体兔场，1974年全区建有集体兔场 49 个，养兔 2304 只。回山区 1973～1980 年长毛兔饲养量稳定在 3 万只左右，其中 1979 年为 27811 只；1981～1990 年饲养量为 4 万只左右，其中 1985 年为 64764 只；1991～2000 年每年饲养 6 万只以上，其中 2000 年为 74110 只，千兔户 10 多个，养兔专业村 6 个；2001 年后逐年下降，2013 年为 18267 只，2017 年为 7375 只，2018 年末仅有 4000 只，有的还是肉兔；2019 年有所增加，饲养兔 10000 只。

1985 年，新昌兔毛市场成为全国种兔和兔毛集散地，带动兔毛价格急剧上涨和兴起群众性养兔热潮。发展到 1992 年，回山区养兔量达到 83920 只，占全县的近 10%，在各地做养兔辅导员和做兔毛生意的回山人约占全县从事此类工作总人数的四分之一。很多农户依靠养兔或兔毛贩销发家致富，或成为农民企业家。

家禽

一般以养过年鸡或蛋鸡为主，基本上家家户户饲养，每户三五只居多，一直以来比较稳定，鸭、鹅等其他家禽也有少数农家饲养。据统计，1984～2005 年存栏数一直在 4 万只左右，2006 年后开始下降，包括养鸡专业户在内，全区养鸡、养鸭量不足 2 万只。2019 年为 15761 只。

家庭养鸡，一般搭个鸡窝小棚，母鸡、公鸡搭配养，日出放出满地跑，日落自己归窝睡。很少有饲料供给，只有在耕田、耘田、种田、打田坑时，或多或少会随手抓回黄鳝、泥鳅、小鱼、小虾等，这些成为蛋鸡产蛋季节的最好饲料。

过去，除了特殊情况，自家舍不得吃鸡蛋，大多拎到市场上出售，换回零用钱。公鸡一般养到过年，鸡肉用来招待客人，鸡腿用来大年三十给儿女们分岁（即压岁）。如今，只有在农村老家的老人或许养几只鸡、鸭，用来改善生活，或送给城里的亲朋好友。

第三节 彩烟特产

彩烟地区拥有丰富的农特产品，最为著名的是白术、茶叶、茭白、西瓜等。

烟山白术

白术因产地分别冠名，以越州术闻名。越州术，又称新昌术、烟山术、回山术，因品质上乘、药补兼备被列为珍品，享有"北参南术"美誉，跻身著名中药"浙八味"，历来为药典医家、文人墨客、高僧雅士以及民众百姓所追捧和称颂。

白术生长习性喜凉爽，怕高温高热。彩烟台地属玄武岩高台地，土层深厚偏酸

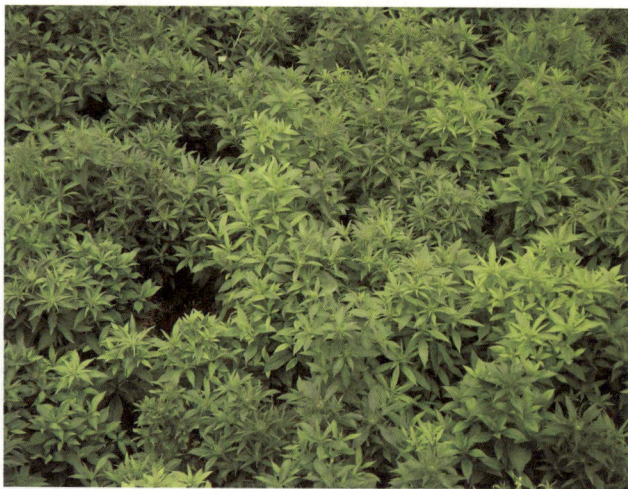

大田栽培术

性，气候温和湿润，年平均气温 12～16℃，无霜期 204～220 天，土壤以玄武岩风化发育的红黏土、棕泥土为主，气候土质适宜于白术生长。再加上术农栽培精细，加工讲究，"烟山白术"个大均匀，形似蛙、色黄亮、质沉重、菊花纹、气味香，自古以来被医界认为品质最优，彩烟山享有"道地药材"原产地的美誉。

新昌白术种植历史悠久，以彩烟一带最早种植。明成化《新昌县志》载："白术出十四都彩烟山，即本草所谓越州术。"清朝诗人唐觉世在《望天姥山》称："面面阳坡栽白术，层层复岭长青松。"明初，彩烟巡检司里有位姓薛的巡检，称"山中居人多种术，侯来视之得其术"。

烟山白术是新昌县较早形成的商品作物。如明代《彩烟甄氏宗谱》和《新昌县志》载，河南布政使甄完辞官返乡岩泉村，其家曾受寄一名为懋迁的客商价值百金之烟叶、白术，年久无音信。甄完想方设法找到懋迁之子，将折卖的金银如数归还。这个故事不仅说明甄完"清官第一"的品格，更说明烟山白术和烟叶的销售历史之久。在新昌西南 25 公里的镜岭江练使村，有一名曰"镜澄埠"的遗迹，当地人民主要从事白术、茶叶、烟叶等贸易和运输，曾经盛极一时。还有回山村杨瀚凡，在上海开设白术行闻名全国。

烟山术作为新昌白术的代表，在 1915 年当选为国货精品，入展北京国货馆。1929 年荣获西湖国际博览会一等奖。据《中国实业志》载，1932 年新昌县种植白术 10250 亩，产白术 20500 担，居浙江省第一位。1936 年种植 10700 亩，产术 25000 担，为民国时期产量最高的年份。彩烟台地作为全县白术主产区，面积和产量始终占全县的 30%～40%。

新中国成立初期，白术被列为二类管理物资，纳入国家计划。1955 年 7 月，浙江省供销社到新昌回山区乡村入户调查，形成指导全省白术生产与收购的调查报告。1959 年 11 月，在新昌召开全国白术产销会议，15 个省市的代表到田间地头参观考察。1966 年，新昌白术收购量达到 41291 担，为历史以来最多，占全国当年总量的 70% 以上。

新昌白术从 1954 年起由中国土产出口公司浙江分公司出口，1973 年起由地区和县两级外贸公司外销。1988 年，新昌被列为全省白术出口商品生产基地县。1998 年，新昌白术获浙江省优质农产品奖；2001 年，获中国国际农业博览会优质奖；2013 年，获国家工商总局地理标志证明商标。

"粮食一年种到头，不如白术种个地角头。"白术生产销售价格、销路及出口形势的变化影响，时有起伏，但回山地区生产相对稳定。1953 年前后，回山建立白术交易市场，后纳入供销社。1954～1980 年，烟山白术种植面积 2000～4000 亩，产量 200～500 吨，其中产量超过 400 吨的有五年，1965 年种植面积达 3615 亩，产量达 631 吨。1981～1984 年，烟山白术遭受连续四年的低谷期，其中 1982 年产量仅有 77 吨，1983 年直降到低谷的 24 吨。

1985 年白术收购全部放开，收购价从每公斤 11～16 元涨到 50～60 元。当年 11 月，全县白术交易市场在回山建成开业，有人戏称口袋里装一把白术，就可以跨越长江南北。1986 年回山白术总产量达到 708 吨，创历史最高纪录。由于生产过剩，市场疲软，1990～1992 年进入第二个低谷期，白术产量连续三年在 100 吨左右。1993～2013 年，产量稳定在 300～400 吨。总体上白术价格在波动中上扬，1995 年最高价每公斤 40 元，1997 年又跌回到均价每公斤 25 元，2007

年最高每公斤35元。2013年以后，由于茶叶、高山蔬菜的比较效益和耕地、劳动力成本等因素的综合影响，只有少数农户坚持种术，市场上以生晒术为主，白术生产处在低水平徘徊，年产量200吨左右。2019年，白术种植面积1166亩，产量306吨。

白术标准化栽培　经过千百年来的摸索试验，形成一整套白术栽培管理技术，成为全国各地白术种植的规范化标准。

留术籽　培育健壮的植株，每株留5～8个生长良好、熟度一致的花蕾（俗称术蓓），及时摘除开花较早和较迟的小花蕾，使养分集中，促进籽粒饱满。小雪后采收，选择晴天，将术株连根拔起，剪去地下根茎，扎成把倒挂起来阴干20～30天，促进种子后熟。当术蓓露出白茸毛后，摘下术蓓晒1～2天，用竹枝击术蓓，使术籽振落，去掉茸毛，装入棕制或布制袋中，挂于通风阴凉处贮藏。严禁贮藏在密不透风的瓶、罐、甏中。

育术崽　用种子播种育苗培育的根茎称"术崽"，第二年用于大田栽培。大田栽培时留种后收获的根茎较小的，可作为第三年大田栽培的种苗，被称为"冬术崽"。

做好苗床　选择朝向东北、夏季凉爽、地势高燥、土质无病虫害、无污染的疏松的山地，最好是新开垦的荒山坡地，在大寒前后开垦冻土风化，第二年播种前做成83～100厘米宽的畦，畦面做成线板形。

播种　选择色泽新鲜，颗粒饱满、成熟度一致的种子，立春到谷雨之间播种。播种量一般条播5公斤/亩，撒播7.5公斤/亩，点播3公斤/亩。条播可在整好畦后，每隔10厘米开沟，沟宽10厘米，沟深5厘米，播上术籽，覆盖焦泥灰，畦面覆盖一层稻草或晒干的猪牛栏肥。

管理　一般播后20～25天出苗，出苗后尽快除草，去除密生苗、病弱苗，整个生长期间要经常拔除杂草。在小暑和立秋各施一次肥，每次每亩施稀人粪尿10～15担。注意防治术蚤、蚜虫、土狗、地蚕、立枯病等病虫害。

收获　一般霜降后收获，最迟不超过立冬，选择晴天土壤较燥时起土，将植株连土拔起，抖去泥土进行修剪。修剪要求：顶芽以上留0.5厘米茎秆，剪去以上部分，再剪去术崽尾部1厘米以外根须，摊置通风阴凉处1～2天，即可贮藏。

贮藏　贮藏时要去除病崽、烂崽、破崽。缸藏：数量较少时用。先在缸底部及周围铺一层不带露水的青松毛（针），再放入术崽，中间插一束稻草通气防止发热，上面盖一层苔藓或青松毛。此方法在气温10℃以下时方可进行，要经常翻动检查，及时更换枯黄松毛。南方贮藏室内，北方贮藏室外。沙藏为常用办法。选择阴凉、高燥、通风的室内泥土地面，用砖砌成方围，底部铺一层1.5厘米的细沙，然后按一层术崽一层沙铺放，堆高以15厘米左右为宜，不超过33厘米，术崽不露出沙面，上面盖杉树刺枝以防鼠害。每15～30天检查一次，并上下翻动，去除坏崽、烂崽。下种前更要勤管多翻，防止芽头过长。要掌握好泥沙的干湿度，前期不宜过湿，后期不宜过干。为防止烂种，可用粉锈宁[1]拌泥沙贮藏。

1　一种杀菌剂，具有保护和治疗作用，还具有一定的熏蒸作用。

种术八条 一是整地作畦。秋收后进行深耕晒白，冬前深翻到格泥，四边略深。冰雪冻化后，再将大泥块翻上来冻化，多次进行翻地，敲碎土块，做到泥土细碎疏松。做成宽 1.5 米，高 0.3 米的畦，畦面成龟背形。开好沟，纵沟、横沟、边沟，沟沟相通，以便排水畅通，保证不积水。

二是选用术嵌。优质嵌上部较小，下部较大，呈田鸡屁股形，顶端无硬杆，顶芽饱满健壮，表皮细嫩，色泽新鲜黄亮，尾部根须多而粗壮，无病斑，无破损，大小均匀。

三是适时下种：在小寒到清明前后下种，此范围内以早种为好，最宜大雪到大寒。要选择天晴地燥时下种。

四是合理密植。每亩种植 8000 ～ 12000 株为宜，需术嵌 40 ～ 60 公斤。种植方式有穴播和条播两种。穴播按行距 23 ～ 27 厘米、株距 17 ～ 20 厘米开穴，穴深 7 厘米，每穴放 1 个术嵌。条播一般每畦 6 行，行距 20 厘米、株距 17 ～ 20 厘米。先在畦中央开一条种植沟，放好术嵌，施上基肥，然后分别向两侧开沟，并依次将沟土覆入前一条沟中。放嵌一般深度 5 ～ 7 厘米，覆土 3 厘米，深浅一致。栽种时要求术嵌顶芽直立朝上，根须舒直，确保全苗、齐苗。

五是施肥技术。要施足基肥，亩施有机肥（栏肥、焦泥灰）1700 ～ 2000 公斤，复合肥 50 公斤；要早施苗肥，谷雨前后术苗出齐时施肥，结合中耕除草每亩施人粪尿 1000 公斤左右或尿素 4 ～ 5 公斤；要重施摘蕾肥，白术一般 6 月上旬（芒种前后）开始现蕾，在摘蕾前 5 ～ 7 天，亩施腐熟饼肥 80 ～ 100 公斤或人粪尿 1000 公斤加尿素 25 公斤；要根外追肥，在收获前 40 ～ 50 天，每 10 ～ 15 天进行根外追肥，有较好的增产效果。

六是田间管理。苗高 7 厘米时浅中耕除草，结合施肥，清沟培土 1 ～ 2 次；要经常清沟，防止积水，干旱年份可在畦面铺草抗旱，但不能灌水抗旱；出苗前防治金龟子等地下害虫，出苗后重点防治术蚤、蚜虫、立枯病、白绢病、根腐病、铁叶病等。

七是结术蓰（即摘花蕾）。白术的花蕾会消耗较多的养分，严重影响根茎产量，因此要及时摘除，称结术蓰。从小暑开始，分 3 ～ 4 次进行，每次间隔 7 天，不要过早也不要过迟，过早第二次花蕾繁多，影响植株正常生长，过迟则消耗养分过多。结术蓰选择晴天露水干后进行，做到见蕾（蓰）就摘（结），结净为止。一手捏茎，一手摘蓰，不伤大叶，不松动根系，摘下的术蓰要远离术田集中处理，以减少病菌传播。

八是适时收获。在霜降到立冬之间，一般茎叶开始硬化，易折断，叶色呈紫红色，地下根茎停止膨大，即可收获。选择晴天土干时，掘起术株，敲掉泥块，剪去茎秆，留下根茎，以待加工。

白术专业村 下宅村历来是种白术的典型，几乎家家户户种白术，多的家庭每年产燥术上千斤，少的也有上百斤。每到收获季节，大家忙着挑术、熄术，全村术气缭绕、芳香飘飘，深受熏陶。2004 年 1 月，下宅村被县政府命名为"效益农业特色村（白术）"。

烟山茶叶

独特的玄武岩台地土壤，特别适宜茶树生长，故而"烟山茶叶"历来盛名，是新昌茶叶生产的典型基地之一。

茶园 新昌种茶晋代已盛，唐代"剡茶"名扬朝野。后梁开平二年（908）新昌建县时，新昌产茶素富，南乡烟山，西乡遁山，东乡里山，皆产茶且数量最多。东南一带毗连天台高山，所产之茶与华顶山云雾茶类近。解放前，彩烟山以生产珠茶为主，受经营垄断影响，价格变动较大。1940年，每担珠茶价值30块银洋，几个月后下跌至每担20元、10元。抗日战争时期，茶叶销路受阻，1942～1946年出现茶叶烧灰、茶园荒芜、大砍茶蓬现象。抗日战争胜利后，逐渐恢复种植。

1949～1959年，政府支持茶区发展生产，复垦和新辟茶园。1955年，城郊、黄泽、回山建立第一批区级农业技术推广站（简称农技站），其中回山区因为是全县茶叶主产区、种植面积为全县最多而被确定为唯一一个以茶叶技术指导为主要任务的农技站。1956年起推广老茶园补株补行、新茶园条播密植、台刈重修剪等适用技术，推动茶叶生产。

位于中彩乡金家村山湾黄泥地的老茶园主人盛汉均介绍，茶园为其太祖种植，代代相传，已有五代多，据此推算已有两百多年树龄。茶园面积1.56亩，坡度10°，黄壤土。茶园全部为等高条植，行距3.3～3.5米，株距0.3～0.45米，共8行，长50余米。树高0.9～1.3米，树幅0.9～1米。不仅是回山区的古老茶园，更是等高条植技术的最早试验者和应用者。该项技术应用在金家村已有近三百年历史。

浙江省农业厅专项调查 1957年春茶开采时，浙江省农业厅特产局茶叶科长胡坪到新昌回山调研，并在当年《茶叶》杂志的第一期上发表长篇报告《回山所见》。文章第一部分"两百年前种下的等高条植茶园"，对回山改写了茶叶生产历史提出了见解；第二部分"茶园绿肥洋草子"，总结回山茶园种洋草子（苕子）的具体方法与注意事项；第三部分"留梗采好不好"，提到在1957年召开的全省茶叶生产技术会上，对有些茶区"留下梗子在茶树上不采的办法"展开热烈讨论，未达成共识，但从回山的实地调查中得到了答案及解决办法。

彩烟老茶园均为零星分布、零星丛植，品种为本地种，亩植百余丛，少则几十丛，名为茶园，实为以粮为主的粮茶间作。群众所称"茶蓬地""茶山"，主要有三个特点。一是茶树老。树龄上百年，树干长满地衣青苔；树秆霉烂、虫蛀。二是不修剪。茶树高低不一"三层楼"，茶蓬大小不匀"乔灌木"，高的茶树采不着叶，大的茶蓬可供几个人围着采。三是不施肥。一年四季从不施肥用药，靠从间作套种作物中吸收营养，通过"留顶养标"形成高度优势与作物争夺生长空间。1956年开始，区农技站以召开现场会和蹲点辅导等形式，推广新茶园条播密植，对老茶园进行补株补行改造。到20世纪70年代末，粮茶间作的零星茶园基本淘汰。

1958年开始，受"瞎指挥""高指标"和"浮夸风"影响，强行"片叶下山"，导致茶叶产量急剧下降。1962～1965年全区茶叶产量下降至50～80吨。此后，政府采取奖售、提价，扶持茶区发展专业茶园，推广采、养、培、改相结合措施，茶叶生产得以发展。

茶园面积和产量，20世纪70年代，面积8000亩，珠茶350吨；80年代，面积9000亩，珠茶500吨；到1990年，茶园面积8695亩，珠茶518吨，总产值400万元，亩均产值460元。

茶场　1958 年，县办万亩茶场，公社办千亩茶场，村办百亩茶场，全县掀起"大办茶场"热潮。这一年，中彩茶场应运而生。到 1959 年全区茶叶面积发展到 3000 亩左右，年产珠茶从 100 多吨提高到 200 多吨。

中彩茶场始建于 1958 年"公社化"时期，由岭头俞等 11 个大队（村）在荒山荒坡和疏林山开垦建成，抽调所属大队的社员开垦建场，规划面积 500 亩，由政府投资 4 万多元，并向嵊县商业局农产品科贷款 4000 元（新昌嵊州合并时期）。1960 年纠正"一平二调"，对平调的耕地、劳力、青苗进行退赔兑现。1963 年茶场职工 26 人，种植茶叶面积 250 亩，投产面积 200 多亩，产珠茶 1000 担。1987 年茶场改制，实行场长负责制。

安顶茶场始建于 1961 年，由鞍顶山上荒坡开垦而成。1967 年有职工 71 人，茶叶收入 9545 元；1978 年产茶 22746 斤，收入 40310 元；1984 年有职工 30 多人，茶叶收入 62500 元。1993 年改制，1995 年起由赵品球承包经营，资产延续并有发展。

名茶　1989 年秋，安顶雅里村潘正老参加县农业局举办的名茶培训班。1990 年春，潘正老第一个试制名茶，手工炒制龙井茶，获得利益，2.8 亩茶园收入 4500 元，第二年超过 1 万元。在潘正老的带领下，发展迅速。1991 年春茶开采后，全村约有 150 户茶农炒制名茶，1993 年全面普及。同时，村里创办起名茶交易市场，三年中雅里村茶叶收入增长 6 倍。潘正老是"回山名茶炒制第一人"，雅里村开办的市场成为全县第一个名茶交易市场。

1991 年 5 月，回山镇开发"回山峰芽"龙井茶，产量 101 担；1992 年产量 1900 担，产值 630 万元。1996 年，名茶产销量 5500 担，产值超过 2000 万元。回山峰芽色、香、味、形俱佳，经久耐泡，高香甘醇，具有典型的高山茶风味，被评为农业部优质产品。1995 年 3 月，经农业部茶叶质量监测中心鉴定为"浙江龙井极品"，1997 年获北京国际茶文化节一等奖、第七届"中茶杯"全国名优茶评比特等奖，2003 年 12 月获浙江省无公害农产品证书。被绍兴市人民政府命名为"绍兴市名茶之乡"。

双彩乡开发的"彩烟牌"龙井茶系列，2004 年获浙江省绿色农产品认证。2005 年，投资 10 万元在乡茶场建立全县名茶炒制中心，茶机拥有量达 2200 台。2006 年获省级无公害农产品基地，尔后成立玉龙茶叶合作社，建立玉龙名茶加工厂，并通过 QS 认证。2011 年创建省级现代茶叶示范园。

引进名茶炒制技术后，淘汰珠茶生产，茶叶生产效益快速提高。1995 年起引进"平阳早""乌牛早""龙井 43""浙农 117"等产茶早、质量优的新品种，改造低产茶园。2019 年全区生产茶园面积 25686 亩，名茶产量 868 吨，茶叶总产值 20877 万元，亩均产值 8128 元，产量产值均占全县的五分之一。

茶商　彩烟老茶商名气大。清朝时，回山村富商杨宝铺在练使岭脚建造镜澄埠，将彩烟一带盛产的白术、烟叶、茶叶等通过水路运出县外。1929 年，回山人陈如清，在镜岭镇创办第一家珠茶精制厂，号名"新怡泰茶栈"，成为新昌县创办珠茶精制厂第一人。陈如清还利用同学陈石民的关系，得到当代茶圣吴觉农先生[1]的支持，先后于1936年和1961年两次回新昌考察并指导，全县相继办起一两千担加工能力的精制茶厂十多家。

回山村杨汗栋、杨翠南等兄弟几人，在回山上市场设立收购点和仓库，在镜岭开设"巨昌药材土产行""巨昌茶站""宏昌染坊"，在宁波开办"万昌药行"，还到上海开办"益昌药行"，将回山地区80%以上的茶叶、白术销到县外市场。在新中国成立初期被定为"垄断资本家"，是新昌农特产品经营的能人和行家。

炒制以龙井为主的烟山名茶后，营销能人层出不穷，在中国茶市和省内外经商的茶人队伍，其中五分之二来自回山，般若谷茶叶专业合作社俞忠善、峰溢茶厂杨杏生等被评为浙江省百佳农产品经销户。1995年5月，回山镇政府与县供销社联手带领茶农代表在北京开办"绿茶世界茶庄"，成为新昌名茶进京第一家，得到农业部、中国茶叶流通协会及县政府的赞扬。

赵中槐 上库村人。北京市马连道茶叶协会副秘书长、新昌县名茶协会副会长。1995年在北京北下关开设绿茶专卖店任总经理，1996年在北京文化街成立名茶世界专卖店并任总经理，1997年在北京马连道开设茶叶批发部，1998年后在马连道注册成立北京浙新龙茶叶有限责任公司。赵中槐还在新昌建立生产基地和江南大佛龙井茶厂。2007年企业被评为北京马连道中国特色商业街十强品牌茶企业，基地生产的"江南大佛龙"获"2006年北京马连道第六届茶叶节浙江绿茶博览会金奖""2006第十三届上海国际茶文化节金奖"。江南大佛龙井茶厂被授予"浙江省示范茶厂"。

张雪江 后王村人。为雪日红品牌创始人、国家二级评茶师、四星级茶叶炒制师、新昌县首届"最美茶匠"，任浙江省茶叶产业协会副会长、新昌天姥红红茶协会会长，当选为第八届绍兴市人民代表。于2017年6月创办浙江千屿生态茶业发展有限公司，下设"新昌县雪日红茶叶专业合作社"和"新昌天赐农态茶业发展有限公司"，拥有"雪日红""千屿""龙团小碾"注册商标，建有合作茶园4000亩，引进国内先进的智能数字化茶叶生产线，年产红茶占全县总产量的60%以上。企业先后荣获"中国民族品牌诚信企业""国家级星创天地""规范化茶厂""省级科技型中小企业"等荣誉。"雪日红"牌红茶获"2019世界红茶产品质量推选金奖""26届上海国际茶文化旅游节中国名茶金奖""第五届亚太茶茗大奖赛银奖"。

盛文斌 宅后王村人。中国茶叶学会和浙江省茶叶产业协会团体会员，新昌县农创客联合发展会副会长。2011年12月退伍，2012年5月成立科农茶树专业合作社，专业从事茶叶栽培、茶苗繁殖、茶苗销售，提供茶园建设及管理方面的技术服务。参加"万企帮万村"全国精准扶贫行动和"南茶北引"工程，为27个省市340个县市的茶产业精准扶贫做出贡献。年繁育销售优质茶苗上亿株，占全县总量的60%，累计销售优质茶苗6亿株。荣立个人三等功两次，2020年荣获退役军人创业创新大赛全省一等奖、全国优胜奖，2021年被评为浙江省最美退役军人、新昌县十大最美退役军人。

茶厂 双彩玉龙茶厂开办后，雪日红茶厂、应氏茶厂、中彩茶厂、国昊茶厂等相继建成，其

---

1 吴觉农，新昌女婿，陈石民妹夫，著名农学家、农业经济学家。

中国昊茶厂最具特色。国昊茶厂位于双彩大安村，法人代表丁国统。2012 年冬从宁波回新创建茶厂，以生产经营红茶、绿茶为主，厂房建筑面积 2000 平方米。年加工销售红茶 4 吨、绿茶 15 吨。2013 年分别注册绿茶"国昊"、红茶"烟山红"商标，顺利通过 QS 认证，为全县"绿 + 红"模式多茶类开发示范企业，第一家全自动流水线生产企业，第一家绿茶红茶质量认证和食品生产许可企业，第一家红茶荣获"浙茶杯"金奖。基地茶园"六统一"，并与建在宁波的茶楼、专卖店、批发中心对接，形成完整的产业链。

茶市　1993 年 5 月，雅里村率先创办新昌县第一家名茶交易市场。市场占地 1200 平方米，设置摊位 76 个，吸引周围村庄茶农和杭州等外地茶商。

1994 年，双彩乡在新市场也建立名茶交易市场。

回山镇名茶市场。1994 年 3 月，回山供销社、上市场村分别建立名茶交易市场。2002 年，通过撤并建立回山镇名茶交易市场。市场位于回山镇上市场村，占地 2200 平方米，营业房 40 间，摊位 240 个，年交易量 2000 吨。交易旺季每日进场客流量 2000 ～ 3000 人，辐射天台、磐安、东阳等三个县市和县内儒岙及周边三个乡镇，为全县建立最早、规模最大的乡镇名茶专业市场。

双彩乡名茶市场。建于 1994 年 3 月，位于双彩乡新市场村。占地 800 平方米，营业房 9 间，摊位 180 个，年交易量 510 吨。

回山茭白

茭白，古称"菰"，俗称"茭笋"，另外又名高瓜、菰笋、菰手、茭笋、茭瓜等。是禾本科菰属多年生宿根草本植物，有双季茭白和单季茭白之分。茭白属温性植物，生长适温 10 ～ 25℃，不耐寒冷和高温干旱，适宜水源充足、灌水方便、土层深厚松软、土壤肥沃、富含有机质、保水保肥能力强的黏壤土。正好适宜玄武岩台地，尤其是冷水孔和蜂孔田。

茭白被当作粮食作物栽培，它的种子叫菰米或雕胡，被列入"六谷"（稻、黍、稷、粱、麦、菰）。后来人们发现，有些菰因感染黑粉菌而不抽穗且无病象，茎部不断膨大，形成纺锤形的肉质茎，既有营养又可入药。

1996 年，回山宅下丁村试种"回山八月茭"获得成功。由于玄武岩土壤、高海拔气候、优质水环境的作用，所产的 60 亩茭白外观丰满白嫩，口感鲜中带甜，迅速名扬市场。2003 年以来，回山茭白种植面积稳定在 1.1 万亩以上，年产量至少 2.3 万吨，销往上海、杭州、宁波、苏州等大中城市。

2001 年组建茭白专业合作社，制订和颁布《无公害高山茭白的种植地方标准》，随即建立千亩高山茭白生产标准化示范基地。2002 年初建成"回山茭白批发市场"，在上三高速双彩道口建立浙东高山蔬菜批发市场，在回山召开全省山地蔬菜生产工作会议。同时，申请注册"回山"牌商标。2003 年 9 月被授予"中国高山茭白之乡"，2005 年获得省级无公害农产品基地认证，2010 年 12 月被认定为"浙江省无公害农产品产地"。2011 年，回山茭白获"浙江名牌"称号，多次被评为省农博会金奖。

茭白市场 1999年在宅下丁村投资100多万元，创建高山茭白产地市场，占地2000平方米。2002年初，扩建改造成"回山茭白批发市场"，占地20亩，拥有80个摊位，配套建有500立方米保鲜水池和60万公斤的冷库。投资320万元，在上三高速双彩道口建起占地20亩的浙东高山蔬菜批发市场。

茭白专业村 回山宅下丁村于1996年第一个大面积试种"回山八月茭"获得成功。尔后，400亩水田全部种植茭白，总产值逾220万元，户均茭白收入9500元。2009年宅下丁村村民人均茭白收入3700元，占家庭总收入50%以上。宅下丁村还组建起茭白协会，直接参与高山茭白的种植、收购和销售，培育打造出一支由100多人组成的茭白贩销队伍。

回山茭白专业合作社 主要从事以茭白为主的山地蔬菜生产经营，整个基地1213亩，辐射带动回山、双彩"万亩茭白基地"，并以宅下丁村的茭白产地市场为依托和导向。2007年荣获"绍兴市规范化农民专业合作社"称号，2010年荣获"省级示范性农民专业合作社"称号。

各类称号

回山西瓜

西瓜喜欢昼夜温差大、温暖干燥气候，不耐寒不耐湿，以土质疏松、土层深厚、排水良好的弱酸性沙质土为最佳。回山地区种植西瓜在民国时期，以原来的长征乡班口一带少量种植并稍有名气。19世纪60年代后期，在苹果园套种西瓜成功后，引进"解放""蜜宝"等新品种，开始小面积种植。1983～1985年，在县科技和农业部门指导下，引进"浙蜜1号""新登""新红宝"等新品种，在试验中逐步推广。1985年仲夏，回山区农技站开展西瓜专题调查并召开品鉴会。"浙蜜"系列特别是"浙蜜2号"西瓜在彩烟山台地种植后，甜度特别高，水汁更充足，适口性大好，从而形成"回山西瓜"的共识：出自回山台地玄武岩土壤，以"浙蜜"系列品种为代表，以"乌皮红肉大果"为特征，以"瓤嫩汁多，味甘鲜爽"为口感和口碑。

"回山西瓜"成为优质西瓜的代名词和家喻户晓的大众品牌，畅销杭州、宁波等地。20世纪90年代起，名茶、茭白大发展，回山西瓜一度有所冷落，种植面积1200亩左右，产量2000吨左右。2006年以来，回山西瓜在乡村振兴中发挥作用。双彩乡政府连续两年举办西瓜节，以西瓜带动旅游产业。尔后，屯外西瓜、高湾西瓜等一批包装品牌相继涌现，"回山西瓜"被评为浙江省优质农产品。

第三章　农耕基础与农艺

农耕基于现有条件，融入了艺术感。农耕的基础主要是农田水利建设、农业技术推广、农耕工具应用。从播种到管理，从收获到加工，一系列农事、农活，大都以农具来实现。

第一节　农田水利

解放前，彩烟山区旱灾频繁，治水为要，相沿成习。相继建起蓄水量在 500 立方米至 1 万立方米的山塘 348 口，主要为各村太平塘和山湾塘。解放后，依靠集体劳动积累，开展冬修水利和"农业学大寨"运动，大办水利，20 世纪 50 年代末到 70 年代形成热潮，在开挖山塘的同时，建造小型水库，努力增加蓄水量，不断增加旱涝保收和有效灌溉面积。截至 2019 年，拥有蓄水量 1000 万立方米以上的中型水库 1 座，10 万立方米以上的小型水库 16 座，1 万立方米以上的塘坝 58 座，以及 1 万立方米以下的山塘 360 口。

回山农田水利建设，重点是蓄水工程和引水渠道，为回山农业灌溉、"小水电"发电、农民饮用水、渔业生产、工商用水等提供保证。

蓄水灌溉

截至 2019 年，回山拥有山塘水库总量 435 座（口），总蓄水量 3242.6 万立方米，总灌溉能力 39491 亩。

以灌溉为主的水库和塘坝，主要有 1983 年 4 月建成的小（一）型水库前丁水库，库容 755 万立方米，设计灌溉面积 1.5 万亩，工业、生活年供水量 36.5 万立方米；有 1980 年 12 月建成的生活用水和灌溉用水兼用的小（一）型石缸水库，库容 107 万立方米；还有小（二）型水库 12 座、塘坝 58 座，库容 193.42 万立方米，实际灌溉面积 1 万亩。

此外，有以发电为主的水库（拥有小型水电站 23 座，总装机容量 9031 千瓦），主要有结合防洪、灌溉、水产养殖等综合效益的中型水利工程门溪水库，总库容 2139 万立方米，设计年发电量 529 万千瓦时；有结合灌溉和防洪及水面养殖的小（一）型水库石门水库，库容 465 万立方米，小

（二）型水库藏潭桥水库，库容 55.1 万立方米。

渠系配套

1979 年 7 月，成立回山区前丁水库渠道指挥部，实施渠系配套工程建设。前丁水库灌区涉及回山镇、双彩乡 31 个村，可灌溉面积 1.5 万亩，实际灌溉面积 1 万余亩。各级渠道总长 70 千米，其中总干渠长 14 千米（放水隧洞至石缸水库），干渠长 12.2 千米，支渠 4 条，总长 16 千米。

干渠上建有长度超 30 米的渡槽 4 座：回山渡槽位于回山村口，长 126 米，最大建筑高 20 米；井塘渡槽位于回山上市场村井塘自然村，长 121 米，最大建筑高 13 米；新天渡槽位于回山飞凤山南，长 65 米，最大建筑高 12.4 米，属浆砌块石板形槽，输水流量 0.5 米³/秒；上宅渡槽位于双彩上下宅村上宅自然村，长 112.8 米，最大建筑高 6.95 米。

全县长度超过百米的渡槽 10 座，其中回山 3 座。

第二节　农　技

1955 年建立回山区农业技术推广站（简称农技站），配备农业、茶叶、蚕桑、农机、畜牧、林业、水利、财务等专业技术人员。20 世纪 70 年代初分别在五个公社设立农科站，配备相应的农业、茶叶、蚕桑、农机、畜牧、林业、水利、财务等技术辅导员。1994 年因撤区扩镇并乡，撤销区农技站，各乡镇改为农业综合服务站。2000 年，为适应农业结构调整和基层农技体制改革，建立回山经济特产技术服务站。2005 年根据农技推广体系改革试点工作需要，改为回山镇、双彩乡农业技术推广服务站。2010 年起统一更名为"农业公共服务中心"。

杂交水稻推广

旧时，回山粮食作物品种单一且固定，主要通过选种换种的方式确保种子纯度，品质好但产量低，品种更新太慢。1965～1969 年，推广"矮脚南特号""广陆矮 4 号"为代表的矮秆品种，水稻品种高秆改矮秆成为粮食增产的一个标杆。1980 年以后，杂交水稻、杂交玉米大面积推广，品种不断更新，成为粮食稳产增产高产的关键。其中对粮食贡献最大的是杂交水稻的推广。1976 年试种，1977 年示范，1980 年全区推广面积 8700 亩，占中晚稻面积的 50%，1990 年后，面积稳定在 1 万亩以上，占水稻总面积的 90% 以上。其余为少量糯稻和籼稻，实现了单季稻全面杂交化。1978 年在宅下丁、上市场等村建立杂交水稻制种基地 161 亩，由县种子公司统一收购，向全县供应种子 8650 公斤。1985 年制种基地面积达 330 亩，1986 年因发现水稻细菌性条斑病而停止制种。1991 年全面推广"协优 63"，并在田前村、官塘村开展高产试验，经验收，"协优 63"连片亩产超过 650 公斤，获得全县高产奖。后又有一批新品种的不断更新，实现了单季稻生产高产稳产，水稻单产从 1976 年的 242 公斤/亩提高到 1995 年的 435 公斤/亩。1995 年杂交水稻总产量占水稻总产量的 80% 以上，为实现全区粮食全面自给有余起到了决定性作用。

吨粮工程建设　1984～1986 年，回山区实施《山区单季汕优 6 号亩产 600 公斤模式栽培技术》，并参加全县的高产竞赛。1987年扩大到其他粮食作物。1990年2月，回山镇实施旱地吨粮工程，全面推广旱地新三熟亩产吨种植技术，2800亩旱地实现吨粮目标。通过模式栽培和吨粮工程建设，实现了种植制度、高产品种、施肥治虫等先进技术的综合配套应用，提升农民种植技术水平，有效促进了粮食生产水平的提高。

农家肥料施用

旧时，回山施肥以农家土杂肥为主，主要有草木灰（焦泥灰）、猪牛栏和人粪尿。因此回山有"割草垫栏"和"削草熰灰"的传统。"割草垫栏"通常为较长偏嫩的鲜草，成担割回供猪牛食用后垫栏，与猪牛粪一起腐熟后成为水田主要有机肥。20世纪六七十年代曾开展群众性积肥运动，全民动员大积土杂肥，塘泥、杂草、垃圾都成为有机肥。回山曾试办化肥厂，从鞍顶山的小龙潭挖泥，从田前至上将一带山上取含磷较高的山土用来加工化肥。茶壶岩岭还办过腐殖酸氨厂。1970年后，化学肥料大面积推广，施肥技术不断改进，占比越来越高。

绿肥　回山曾流行种植"洋草籽"（苕子）。洋草籽于1948年由东阳传入回山，相传是由留学日本的东阳留学生引进。洋草籽适宜回山一带冬季冷气候和瘠薄酸性土壤，亩产量高达1万公斤，20世纪50年代得以大面积种植，是十分重要的养殖饲料和有机肥料，六十年后随着紫云英（草籽）的大面积推广而逐渐消失。因回山寒冷且烂田多，紫云英生长不好，后来推广了钙镁磷肥，紫云英才逐年扩大种植。再后来，随着种植结构的逐渐调整，紫云英又不断减少。1978年种植面积达13000亩，1990年后减少到5000亩，2001年后约百亩，2019年不到90亩，却日益成为市场上和城里人喜爱的时鲜蔬菜。

化肥农药应用

化学肥料和农药应用为粮食高产发挥了重要作用。

粮食作物病虫防治方面，回山以人工和土农药防治为主，防治范围和防治效果受制约，遇到病虫重发年份，势头难以控制。据记载，1950年，回山21个村为防治枯心虫、稻苞虫，组织821人参加捕虫，共捕获稻苞虫156斤14923条，枯心虫7200条等。1955年6月，刚成立的回山区农技站，在上宅畈召开现场会，第一次使用化学农药"666"，并采用14台桶式手摇喷粉机防治，开启了回山化学农药防治先河，防治效果极佳，改变了当时农民对农技工作的认识。1963年后，化学农药大面积应用。1973年在雅里村建立县级病虫测报点，村、队设立植保员。尔后，化学农药品种不断更新，技术水平不断提高，粮食作物病虫得到有效防治和控制。

第三节　农　机

彩烟人过去使用的生产工具主要以竹、木和铁制作而成，用人力手工操作或畜力带动，农业机械几乎是空白。

20世纪50年代起，农业生产由单家独户逐步过渡到集体经营，先后办起碾米厂等，应用打稻机、双轮双铧犁等。60年代，农业机械重点发展排灌、脱粒和农副产品加工，并开始推广耕作机械。70年代，在排灌、脱粒、植保机械基础上，新增耕作、收获、运输及加工机械。80年代起，农民联户或独户购买人力打稻机、人力喷雾器、小水泵、手扶拖拉机、农用运输车等。90年代后，回山地区的农业机械主要是茶机具。

农机厂

20世纪50年代后期，回山区各公社相继办起农机厂，有回山、安顶、彩淳、新天、中彩农机厂和同山营造厂，重点为农业生产特别是粮食生产提供劳动工具，大部分是铁制，少部分为竹制和木制。绝大多数村（队）办起加工厂，主要加工粮食。1963年，全区有犁2145部、耙1357部、水车242部、稻桶1682个、箩14231双、簟9430块、水碓30部。收割稻谷、麦子的镰刀基本上"人手一把"。

回山农机厂　1956年开始建设铁业社，主要由分散操作的手工业者组成，当年6月投产，属于县属小集体企业。初期只有1台手摇、1台台铣钳、2副螺丝铰板。1959年配备机床3台、刨床1台、钻床1台、9马力引擎1台、鼓风机2台、台铣钳13台。1959年生产耕田的牛犁500部、耙120部、插秧机196台，其他如镰刀、钩刀等大小农具40100件。

1969年4月，新昌县"革委会"提出重点办好回山等9个公社农机厂，为农业生产服务。1973年，经扩建后的回山农机厂占地141平方米，有职工40人，当年工业产值6.43万元，生产铁制小农具5792件，其中打稻机110台、锄头654把、犁壁505张、铁抓1051把、柴草刀2874把，为各社队和群众维修农具12604件。

20世纪70年代，生产珠茶炒干机和杀青机。1984年进行改扩建，占地1470平方米，建筑面积390平方米，职工66人。当年产值10.26万元，生产铁制小农具57542件，其他农机产品15087件。

中彩农机厂　1969年根据县委指示创建，由2副铜担、2个锻打农具的铁炉起家。1983年拥有职工53人，年产农具等价值24.3万元。1984年更名"新昌县矿山机械厂"，主要生产矿山器具、制冷配件等。1991年有职工85人，总产值33万元。1997年转制。

茶机具

1999年以前，新昌各地以茶锅手工方式炒制名茶。

1996年，回山柘前村丁水芳成功研制首台炒茶机，引起名茶手炒与机炒的大讨论。1999年，天峰茶机厂成功研制长板式名茶炒制机。回山茶机产业迅速发展，最多时由回山企业家创办的茶机企业达30多家，年产茶机4000多台。全县13家茶机企业列入农机补贴目录，其中回山有5家。

扁型炒茶机发明人丁水芳　柘前村人，回山有名的木匠师傅。1996年春节后开始研制扁型炒茶机，经过半年时间的摸索，依据龙井茶手工炒制规律，研制出第一台原始的扁型炒茶机样机（以炭为热能，以电作为动能，电动机功率370瓦，当炒板转至锅的底部时，用脚踩一下踏板，炒板能贴紧锅底将茶叶压扁）。此后，经过不断试验和改进，1998 年冬季正式推出铁架子扁茶机并投放市场，每台价格 2800 元。到 1999 年秋，在原回山乡（镇）政府旧址创办起水芳名茶机械厂。扁型炒茶机的问世，使名茶炒制技术有了一次大突破，由于其功能较多，业界称之为"名茶多功能机"，也有人为区别多功能理条机而称之为"多功能名茶辉锅机"。

首家扁型炒茶机生产企业"天峰茶机"　扁茶机问世后，樟花村的梁学锋于 1997 年创办浙江天峰机械有限公司，1999 年开始专业从事茶机研制开发，利用父亲梁新天的技术支持，对扁型炒茶机工艺进行不断改进和完善，改脚踩压扁为凸轮转动压扁，改单一圆周运动为同时可做圆周和半周运动，产生"磨"的功能，研制出长板式名茶炒制机，在浙江乃至全国领先。梁学锋将其申请专利，并注册"天峰"牌商标，2000 年投放市场。2005 年 9 月获得新昌首个省农业厅《农机推广鉴定证》，2006 年获浙江省首届机制名优茶加工大赛二等奖，后获得第二届、第三届浙江省机制扁形茶加工大赛金奖。浙江天峰机械有限公司是浙江省农机协会理事单位和浙江省茶叶产业协会会员单位。2019 年，累计销量 3 万多台。

炒茶机后起之秀"盛涨机械"　后谢村盛梅东于 2000 年 4 月创办公司前身，2004 年开始专业从事茶机生产，2006 年成立浙江盛涨机械公司，倾力科技创新，企业超常发展。先后研制成摊青、理条、炒制、辉锅、筛选五大类十三个型号智能型系列炒茶机，累计销售超过 5.3 万台，2008 年跃居全县名茶机销量第一位，年生产销售 2000 多台，占县内茶机市场的四分之一。2007 年获得省农业厅《农机推广鉴定证》，2008 年被列入全国农机购置补贴目录，2008～2010 年三次获得浙江省机制扁形茶加工大赛金奖。浙江盛涨机械公司是中国农机协会理事单位和浙江省农机协会会员单位，且是《扁形炒茶机》国家行业标准和《扁形茶自动化加工成套设备》浙江制造标准起草单位。

名茶采摘机发明者梁宏亮　梁宏亮出生于 20 世纪 70 年代，下塘村人。2012 年试制第一代名茶采摘机，重 60 公斤，以汽油机作动力，需四个人抬着工作。2013 年进行改进，单机重量降为 21 公斤。后研制单人采茶机，机重不到 9 公斤。2016 年赴广东创业，历经 5 年钻研和试制，第八代采茶机面市，重量仅 2.3 公斤。经过几百次测试，这代名茶采摘机采摘率 85% 以上，采摘量是一个工人的 10 倍以上，在全国各地推广应用。"折断式无刀片采茶机"获得国家发明专利和实用新型专利，被中央电视台《我爱发明》栏目报道。后又被中央电视台《超级新农人》栏目报道，梁宏荣获"超级新农人"奖。其茶文化公众号"唉茶论道"在业界颇具影响力。

第四节　农　活

勤劳的彩烟人，在大田作物栽培、农产品加工贮藏、土壤改良施肥、病虫害防治、农田灌溉以及农业生产经营管理等各方面积累和形成了地域特色鲜明的成套理论与技术、办法与经验。随着时代的进步和变迁，不少农活在更新，有的淘汰，有的消失。

传统农活

耕田 牛耕田是回山农村一项技术性较强的农活，也是手艺，通常只有主要劳力会操作。当然，在 20 世纪 50 年代，会耕田的人，工分也多，甚至可以拿到最高分。

回山农民在使用耕牛耕田时有一套特殊的程序、方法和语言。耕田时，起步叫"哆——"，快一点叫"叫！"，停下来叫"划——"，靠左耕叫"左——左——"，靠右耕叫"溜——溜——"，调头耕田叫"揭头"，要牛脚抬起来就叫"揭脚"。耕牛套上牛轭时，要举高牛轭让牛从牛轭底下进入，不得拿牛轭从牛背后往上套。然后，一手抓犁梢，一手执缰绳和竹丝鞭，协调配合，一声令下，起步耕田。牛其实也通人性，耕田者如果不懂规则，又不尊重牛，牛就会掼牛轭，停下不走，可能发脾气，随便乱耕或不按指引的线路走，还有可能与人战斗，甚至用牛角直接"触"人。

耕田过程，窍门不少，最重要的是要有驾驭耕牛的能力和技巧，要让牛始终服从人的指挥，同时要掌握犁头的方向，特别是深与浅、左与右的分寸，不然过深了耕不动，牛不走了，过浅了不入泥，犁在地上飞。

耕好后的田，田底不留硬块硬梗，柔软平滑，保水好，一脚踩下能滑过，一眼看去斩刀齐，就像一条鱼，一身鱼鳞在闪闪发光。元朝王祯诗曰："犁以利为用，用在耕夫手。九木虽备制，二金乃居首。弛张测深浅，高庳定前后。朝畦除宿草，暮坡起新亩。"

耙田 常言道"死犁活耙"。耙田是最难使的农活，要粉碎表土，清除杂草，抚平土地，生产队里只有几位老把手会耙田。各丘水田的耙法各不相同，一个老耙手会牵牛扛耙，站在田埂上瞄几眼半淹未满的田水，吆喝着牛，从高处插下耙，把田土一耙一耙运到低处，直到田面同一水平，称"操土"，再耙土面。然后，选择田长的中间线，与犁耕田同一方向开耙，将耙平放，耙齿向后，套上牛轭，两脚站在耙中间的木架上，两眼目视着前方的土地，一手扯着牛绳和竹丝，一手

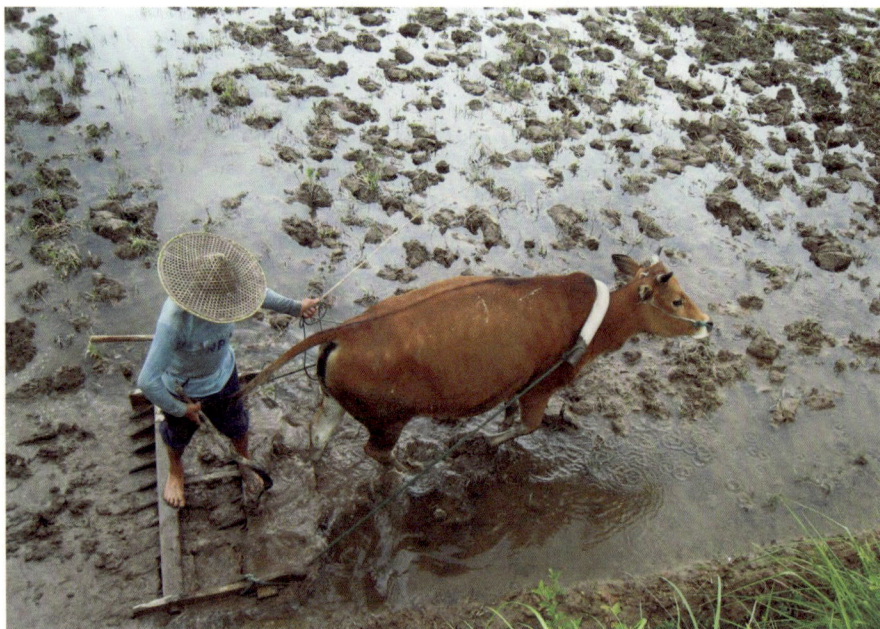

耙田

拉着结在挂环上的操作绳，身体微向后仰，竹丝拂下，喊声响起。牛拉着耙，耙驮着人，人耙着地，伴随着轻快的节奏，行走在松软的土地上，用稳健的双脚勾画出了美妙的曲线，用缰绳把握方向定位。到了地头，"吁"的一声，牛便停止了脚步，顺手就把耙抬起，清理掉杂草，牵引耕牛拐弯调头，紧靠第一耙的条块耙第二耙。这样循环往复，横耙竖耙，依次耙秒，直到把水田耙得又松软又平整。

《王祯农书》载："耙功不到，则土粗不实，后虽见苗立根，根土不相著，不耐旱，有悬死、虫咬、干死等病。耙功到，则土细又实，立根在细实土中，又碾过，根土相著，自然耐旱，不生诸病。盖耙，遍数唯多为熟，熟则上有油土四指，可没鸡卵为得。"

做二作　做泥作不单是平整大田，也是水田耕作的一个重要环节，体现了彩烟农民顺应自然、精耕细作的农耕智慧与精神，是一项技术性较强的农活，通常由专业的老农来完成。好学青年由耕田老农教导施工。

做二作，主要包括四项：一是带水掏好四周田角，解决好牛耕不到的地方；二是"除草"，削除或清理田坎田里壁（梯田）的杂草；三是"防漏"和做"田岸"，对田埂漏水点进行检查处理，并用双手糊上一条防漏泥坝，将糊泥捞上一把，随手压一压，直到全田塍一条糊泥坝，再回头用双手把"岸"耥平，形成"田岸"；四是"耥田"，耕田耙田后用田耥进行耥田，做到全田平整无脚印，耥过的田才能插秧。从科学角度，田面平整是确保种田速度和质量的重要环节，清除田坎杂草有利于减轻病虫危害，防漏措施适应回山农田缺水易旱的自然特点。

种田　回山农民把"插秧"称为"种田"。有诗云："手把青秧插满田，低头便见水中天。六根清净方为道，退步原来是向前。"种田是回山农村最重视和特别重要的一项农活，一般把会不会种田、种田种得好不好作为衡量一个劳动力技术水平和评定工分高低的主要标准。对拔秧技术也有一定讲究，断苗伤苗少，秧把大小适中，均匀整齐，便于插种。多采用坐立秧凳，双手拔秧，拔秧手腕放平，用三根手指拔苗，每次拔两三株，秧苗呈螺旋状放入手掌内，秧根底部保持水平，大小适中时，根部拍打水面清洗泥土，将左右手两把秧苗略微交叉，用稻草捆扎"秧把"中部。拔秧质量对秧苗成活和插种速度均有直接关系。

回山种田习俗，每个人每次（行）种六株，两腿中间始终保持两株，左手握秧把分秧、右手插秧，依靠食指和中指带着秧苗插入田中。大的田块沿着最长方向从中间向两边种开来，小丘的山湾田按照田塍弯曲的方向种植。种田的重点技巧是控制好秧苗的均匀、深浅和行株距。在不使用"种田绳"规划指引的前提下，由种田种得好的高手（即种得既快又直的人）带头，在田中央这边田头率先开种，种出样板，称为"撩大"。能种撩大的高手，只要看准方向，一路倒退着插秧，插得既直又快，一气呵成，笔直种到对面田头，就像种田绳拉着或木匠的墨线弹过一样。一人当先，众人随下，其他人纷纷在撩大两边依次种田。通常情况下，种田种到田头时，会稍微休息一下或抽支烟，然后调转方向往回种。

种田讲究"直"，直行种得越直越好，横行也要种得横。标准是，种得行对行，株对株，十分整齐，相当清爽。"种田种得直，麻糍给你食，种田种得弯，实在要犯掼。"种田还讲究"牢"和

"匀"，两三株一撮，三根手指捏紧垂直插下，食指和中指顺着秧苗的根朝下插入，秧苗根部不受损坏，还要保证秧苗不种在脚孔而不歪不倒伏。深五厘米左右，不深不浅，田水灌后不漂不浮起。这就叫掌握分寸，拿捏得当。

种田非常讲究"季节"。海拔高，秋季低温来得早，掌握插秧时间对高产很重要，所以要赶时间，抢进度，"早稻不过立夏关，晚稻不过立秋关"。回山种田是一门手艺，讲究"艺术"。种田时，如后者超越前者，叫作"关弄堂"，被关者很不光彩。种田慢，最后一个起田的叫"摸螺蛳""掼田脚"。山湾水田，种到最后时，往往留下一些不规则的边角，称作"田尾巴""田卵子"等，通常留给初学不会种的人来完成。每次插完田，手中还有秧苗，就整把插一蓬，以备耘田时补缺苗，也喻示粮多之意。一丘田种到周边最后两行时，一般要插密一行疏一行，叫"包边株"，以备在后期开沟抗旱时用。就一个生产队而言，第一天插秧，叫作"开秧门"，大田插秧结束后，还要把秧田的秧苗全部拔起，立即翻耕秧田，全部种上秧苗，叫"关秧门"。

耘田 站立田中，双手握住田圈长竹柄在稻苗行间来回滑动，使田泥溶烂，同时把杂草、浮藻等埋入泥中清除掉。插秧后五六天，秧苗成活，开始第一次耘田。一般单季稻耘田三次。农谚云："头遍耘耘补，二遍耘耘草，三遍鬼画符。"说明头两遍既要补缺苗，还要除杂草，故较为重要，三遍较为马虎。通常在晴天耘田，与施肥同时进行，耘田后将下水田缺封闭好，在田缺边插一根稻草，示意此田施过肥，不能过水，以免肥水流失。最后一次耘田，俗称"杀歇"，耘后严禁人畜下田，防伤苗根。回山地区第三次耘田，要先开沟，放水后耘稠、搁田，三伏内要搁好，农谚说："三伏不搁田，抵于大旱年。"

用田圈耘田的出现，使弯腰手耘转变为站立耘田，又将深层除草与松土两项工作结合在一起，事半功倍，大大提高了劳动效率，同时不必再忍受稻田非比寻常的闷热环境，降低了被稻叶划伤、蚊虫叮咬的概率。

车水 回山人把用水车提水称为"车水"。"百折枯肠运不休，轮回都在脚跟头。夜深吸尽寒泉月，能使下流归上流。"车水是农田灌溉和抗旱保苗的重要措施。先把水车吸水那头放在河里或是塘中，两人（也有一人或三人）手扶木架，脚下步调一致地踩着脚踏板，使大轮轴转动，带动龙骨周而复始地翻转，利用槽内小木块刮水上行将水源源不断地提了上来，倾灌于地势较高的田中。水车适合近距离，提水高度在 1～2 米，比较适合将河里或是塘中水提到灌水渠。多在田畈上游驾水车，再通过渠道或田间自流大面积灌溉到连片水田。

清代蒋炯《踏车曲》写道："以人运车车运辐，一辐上起一辐伏，辐辐翻水如泻玉。大车二丈四，小车一丈六。小以手运大以足，足心车柱两相逐。左足才过右足续，踏水浑如在平陆。高田低田足灌沃，不惜车劳人力尽，但愿秋成获嘉谷。"

打田奔 回山多烂田，在水稻搁田前，要在田坎里和田中央挖出多条沟，以利排水干田，俗称"打田奔"。打田奔时，通常按铁锹的宽度，沿沟边左边插一刀，右边插一刀，横过来脚一踩，再用手向后一拉，将整块泥土取出，同时对底面稍作修理，这样就会打出一条"三面光"的排水沟。在整地起畦时，要在两畦之间挖一条平直的浅沟，称"锹奔"，也是回山农民精耕细作的表现。

割稻 割稻集中在夏收夏种时期，回山统称"双抢"，是一年之中最忙碌也是事关粮食高产丰收的重要时刻。在推行种植连作稻后，因为夏收夏种的时间很紧、任务很重，必须严把"两关"，逐渐形成传统："早稻插种不过立夏关，晚稻插种不过立秋关。"家喻户晓人人皆知"抢收、抢种"。每到这个时节，全村全民动员抓抢收早稻、抢种晚稻。"双抢"通常集中在每年的 7 月 20 日～8 月 6 日半个月内，每天披星戴月统一行动，男女老少全动员，早夜晏工加夜工，牛犁耕耙齐上阵，割晒耕种同进行，保证在立秋之前完成"早稻谷入仓、晚稻秧下田"的全部任务。

割稻 通常由妇女、孩子来做。割好后一般按照手握大小，随手扎成稻把，放在田中或直接打稻。

打稻 回山把用稻桶和打稻机脱粒称为打稻，与割稻同时进行。通常情况下一家人分工协作，有人割稻、有人打稻。打稻由壮年劳动力来完成，将稻把高高举过头顶，用力掼向稻床（稻桶檐）。掼一下抖三下，如此反复，把黄灿灿的谷粒脱入稻桶中。然后，每隔一段时间，拖动稻桶向前，紧随收割继续甩打。

背稻桶 用一根竹杠或木杠套进稻桶对角横扛着，然后把稻桶翻转来套在人的头上，用肩扛着竹杠或木杠，犹如一顶巨大的帽子扣在人的身上，远远看，只露出一双脚，只有稻桶在移动，仿佛蜗牛顶着硬硬的壳。

出箩头 稻桶里的稻谷已有大半桶，估计一箩担，则停下来出箩头畚谷。先去除稻稊，然后用畚斗将稻桶中的稻谷畚到箩里，再抬到田塍上，满担就挑到晒场上。出箩头通常由年龄稍大的人来完成，利用出箩头时间给打稻人有喘息和调剂的机会。

实行家庭联产承包责任制后，每户通常只有 2～3 人。从割稻、打稻，到挑谷、晒谷，都由家庭成员流水线操作，或者邻居相互帮忙完成。20 世纪 70 年代后，脚踏打稻机出现了，稻谷脱粒进入新时代。

稻桶打稻

晒谷 让稻谷在竹簟上均匀受热，不断推、翻、晒，让稻谷充分接收阳光照射，晒干水分，吸收阳光的气息，散发谷子的清香，带来丰收的味道。大人们用手抓一粒稻谷，放在牙齿间用力一嗑，如果响声清脆，谷子一嗑就断，证明这稻谷晒好了，可以收进谷仓。晒谷通常由妇女来做。

扒稻稴 分离出稻谷中的茎秆、叶片、稻穗等，由田头运回来的"毛箩头"倒在簟的中间，用"草耙"将它均匀地铺晒在簟上，等茎叶被晒得有点发白时，用"草耙"将稻稴一把把地扒成一堆，单独进行晾晒。

辫稻稴 等稻稴晒干后，采用木棒敲打、手搓或脚辫的方式，将稻稴中谷粒全部脱落，确保颗粒归仓。

摊簟 在回山平坦的地块较少，晒谷在专门的泥地晒场，每户人家有固定的簟基。一般情况，父母会趁着天未亮出田畈之际，先去晒场铺好篾簟，即把簟筒摊开平铺，然后用石头压在边上，防止大风掀翻。稻谷收割后，挑出谷担，倒在簟中央，开始晒谷。

耧谷 到太阳出来之后，用耧谷耙把小土堆似的稻谷向篾簟的四面八方慢慢推散开来，直到看不见一块空余的竹簟，然后横耧一遍再直耧一遍，摊均摊平。晒上一两个小时，用耧谷耙在篾簟上再翻动一次，如果原来是直耧的，就改用横耧。

收谷 晒到太阳西斜，没有阳光，稻谷上也没有"日头气（热气）"就可以收谷。用力掀起篾簟的四个角，将平摊的稻谷收成一堆，然后用畚斗将稻谷畚起来倒入箩筐（"畚谷"），最后1～3人各执一头，整齐划一地卷起篾簟，系好绳子，完成"筒簟"。

农村晒谷还会有争簟基、防鸟赶鸡、雷雨抢收等行动，成为一道道靓丽的风景线。

扇谷 粮食收获后在晒场上晒燥后所进行的重要工序。谷物经过分辨或筛选，去除了灰尘残渣和杂物，区分了优劣，便可储藏。回山地区的传统是利用风车进行扇谷、扇米、扇六谷、扇大豆等，以扇稻谷为主，数量很少时也用筛子筛选。

风车扇谷的操作过程为，将谷物倒入车斗，前出口和中间出口用箩筐接好，右手握住风箱摇把，按顺时针方向转动风叶，左手执活动底板把柄，调节谷物下泄流量。要两手紧密配合协调，谷物从风斗底部出口"哗哗"往下滚落，经风道的风力横向作用，兵分三路：一路是黄灿灿的饱满谷物落入漏粮斗到前出口流入箩筐里；另一路是半饱满颗粒从中间出口落到风车底部（缺粮时代继续加工利用，或直接做饲料）；第三路即干瘪轻飘轻浮的谷物或糠皮、草屑杂物被风从后出口吹出，成为垃圾。

蓬稻草 冬季贮存稻草的一种好方法，也是一举多得的手艺活，主要用于冬季耕牛、生猪饲料和垫栏保温，切实解决稻草体积过大而与室内空间的矛盾，保证耕牛和生猪过冬，又可利用稻草自身覆盖防止雨水渗漏而得到长期保存。

蓬稻草一般需要两个人，还要一个稻挑（叉），一个竹（木）梯。一个人在地上向上挑稻草，一个人在树上往上蓬稻草。通常选择粗大的松树，先在树上确定一个一人高以上的位置，打好千斤缚，扎实牢靠，然后捆绑上稻草，基部对开、交叉绕树，这样连续叠加，一手扶树一手抓稻草，一层一层地往上叠，一点一点地逐步放大稻草蓬，到上面后又逐步收缩，双脚不断地踩踏，叠成外形美观、内部牢靠的圆球形或圆锥形"蓬"。要特别注意稻草脑头不离树身，中间要高，四围要低，严防雨水倒流，最上部尖顶中间垫高，盖一层稻草，脑头附树体，绑牢扎实，再用稻草，又附树体，再打稻草缚，再三捆扎，确保雨水不会渗漏入稻草蓬内，也不会渗漏到树身，常年甚至很多年不坏不烂。做好的圆锥或圆球，就是我们通常称的"稻草蓬"。需要稻草时，可以从中用力拉取，稻草蓬依然如故，不漏水不松散。

　　撩稻草　在割稻时，把一把脱粒后的稻草放在稻桶边上，待第二次打好后，将两把稻草合二为一，随手抽出几根稻草，一手捏住稻草，一手往稻草把头上缠绕一周，把稻草头往下刹，然后用力一抽，一"脚"稻草就捆成了，这就叫撩稻草，每一捆撩好的稻草不叫捆，而叫"脚"。蓬稻草时，就是挑（叠）一脚一脚的稻草。早稻田要立即拖出田外便于马上翻耕，单季稻和晚稻田将撩好的稻草顺时针方向一甩直接晾晒在田里，一脚一脚的稻草"站"在田中，就是好看的田园风光。

稻草蓬

　　敲豆　生产队时期，大面积种豆，品种为"六月豆"，农历六月收获，多为高温天气，敲豆是枷锭用得最多的。为防止收获过程中豆荚裂开脱落，多在太阳未出、露水未干时就出工拔豆，抓紧挑到晒场，称"开早工"拔豆。经铺开曝晒，不时翻动，到中饭后太阳正猛时，火辣辣的太阳炙烤大地，晒烫了晒场，更晒烫了豆秆。大家就选中这个最佳时刻，头戴草帽，肩扛枷锭，闪亮登场。围着豆秆堆依次推进，此起彼伏，相向拍打，不留死角。枷锭在空中忽上忽下翻飞跳跃、整齐舞动，伴随着枷锭落地时发出"啪嗒、啪嗒"清脆而有节奏的声响，人们特别是女人们的欢声笑语响彻晒场，在大汗淋漓中，享受着劳动的快乐，直到豆粒完全脱落。之后将连荚的豆秆即"豆基杆"收集打捆，备作燃料。晒燥后的大豆，再用风车去杂去屑，即可收藏。收豆时，还在晒场四周仔细寻找弹飞的豆粒，一粒一粒地收起来，确保颗粒归仓。

掘地 回山多旱地、多泥地，黏性重、易板结。因此，掘地是一项力气活。将铁抓高举近头，用力砸向地面，使铁抓陷入地面，用力拉动将土块翻个面，然后用铁抓的另一面将土块敲碎，如此往复，完成土壤翻耕。掘地也有技术性，要地面平整，土壤细碎，去除树根石块，还要将杂草压入泥土。有坡度的地还要从上往下掘，以防止和减少泥土流失，坡度越大掘地难度也越大。

挖孔 旱地播种，都要挖（读 wān）孔，特别是在种植玉米、大豆、番薯、马铃薯、花生、蔬菜、瓜果等作物时，采用穴栽，用锄头开穴下种，回山农村形象地叫"挖孔"。孔穴有大小、疏密之分，其行距根据作物幅度（密植度）而定，如树苗为 2～3 米一穴，孔大而深；种西瓜为 4 米 ×0.5 米，条播状；而玉米一般 0.7 米 ×0.3 米，条状，孔浅。

挖孔种植有利于控制种植密度，方便放置种苗、肥料和浇水，对抗旱保苗、保水保肥、合理密植都有实际作用。所以，挖孔也是一项技术活，首先要开沟起畦，将两边泥土扒上畦面；然后是碎土平整，将大土块敲碎，畦面整平；最后在畦面挖出孔穴，通常一行四穴，挖一行扒一次土，边退边挖，做到深浅一致、密度均匀，畦面平直，后来出苗也整齐。

割草 在家家户户养猪养兔，生产队饲养大量耕牛，大积土杂肥的年代，用钩刀割草成为回山农村积肥、补充饲料、补充燃料的重要的不可或缺的方法。春夏季节，要带担冲、畚箕等，上山或到田坎割青茅杂草，主要用于猪牛饲料和垫栏，叫"剁猪草"。小孩子每天放学回家，就要手拿竹篮子和小钩刀或沙节（镰刀），到田间地头割嫩草，主要用于喂兔或喂猪，叫"剁兔草"。秋冬季节，要带担冲、大畚箕、大钩刀和绳索，上山砍枯茅和树枝，主要用作燃料，叫"砟毛柴"。

柯柴 回山多为松树山，松枝为过去主要的柴灶燃料。回山农民把从高大的松树上砍下松枝称为柯柴，是秋季农闲必做的一项农活，通常要贮备一年的灶火燃料。柯柴的工具叫"柯刀"，就是在 3～5 米长的竹竿上装一把钩刀。在松枝基部钩一刀，再在松枝顶梢拉一把，把松枝"柯"到地面。为不影响树木生长，只选择树枝茂密的松树进行，一棵树上柯一圈称"一盆"。

熰灰 通过削草熰灰，制作草木灰（焦泥灰），成为家家户户播种粮食作物和蔬菜的必备。草木灰与人粪尿配合使用，是旱地作物的主要肥料和增产丰收的基础。

通常用草筋（指用锄头连根削起低矮匍匐的老草皮并晒干去泥）、硬柴枝、柴草和其他垃圾准备好，堆灰堆，即先在平地铺上易燃的干燥茅草和柴枝，形成圆形底，再在上面放置秸秆和柴枝，中间要有硬柴树枝，能够负担草筋和泥土，然后再往上堆放一层一层柴草和薄土，最上面是草筋和泥土，整个成馒头形，顶高 67～100 厘米，周长 50 厘米，俗称"灰堆"。下一步点火，看风向，先在逆向点火，再顺势点。点火后要查看灰堆上面是否冒烟，如果冒烟就要添加泥土。点火后转化为暗火，慢慢地"烧"慢慢地"熏"，这就是"熰"。熰不见明火，只是缕缕袅袅而升的青烟，有一种青草和泥土的清香味。这样经过三五天完成焦泥灰制作，熰灰成功了。

特殊农活

筑泥墙 即分层夯实土层建筑泥墙的方法，是建造泥墙屋的重要工序，也是一项技术性很强的工作。

筑泥墙需要至少两人同时上墙作业，通常由专业的"泥水匠"来完成，地上要有人用畚箕传递泥土，配合进行。主要工具是墙施板一副，夯杵两副，大小拍板（地搭）若干把，一个保持墙体垂直的荡硾。墙施用于固定土墙厚度和形状，以老硬杉木制作，一般长 1.5 ～ 2 米，高 40 厘米，木板厚 7 厘米，一端开放，用硬杂木制成的"墙卡"来支撑，成"井"或"H"形，非开放的一端以"墙针"固定。"墙针"为两根以榫头固定的模封，这样墙施板能灵活拆卸，任意改变墙施的内空和方向。夯杵用来拍打压实墙施内的泥土，用重实而不易开裂的杂木制作，上部为 1.5 米高度的杵棒，粗细以适于手握为准，下部为约 20 厘米见方杵锤。大小拍板也是用杂木做成的，大拍板长约 1 米，小拍板长 20 厘米，宽约 7 厘米，都是圆把手，表面油光。用大拍板重拍毛墙两面的墙皮，使墙面表皮硬实，小拍板则用于补墙修饰。

夯土技术产生于四千多年前的新石器时代，殷商时代就有成熟的夯土技术，到汉代民居建筑使用更多。万里长城、故宫、马王堆汉墓、秦始皇陵、长安城这些古建筑都有使用。20 世纪 60 年代以前，用夯土技术制成的"泥墙屋"是主要的民居建筑，至今还保留很多；20 世纪六七十年代，夯土技术在大修水利和"农业学大寨"开造农田中得以普遍应用；20 世纪 80 年代起，夯土技术被钢筋水泥取代，基本消失，但老房子中还有保存。

北宋李诚在《营造法式》中提到："筑墙之制，每墙厚三尺，则高九尺，其上斜收，比厚减半；若高增三尺，则厚加一尺，减亦如之。"

打夯即夯土，回山地区使用木夯，即采用圆形木段，四周固定 4 根扁担或木棍，下部分别绑着 4 根或多根粗麻绳，上面有 2 个圆把。操作时由 2 人抓握圆把领夯，4 人或多人拉麻绳，通过拉紧麻绳抬高木夯，放下时依靠重力压实土基。夯土一般由领夯人起头领唱夯歌，其他人应和，在激越、纯朴、粗犷的夯歌中愉快地劳动。

熄术　将新鲜的白术，放置术熄中，用没有芳香气味的杂木柴火进行烘焙，直至干燥，为熄术。

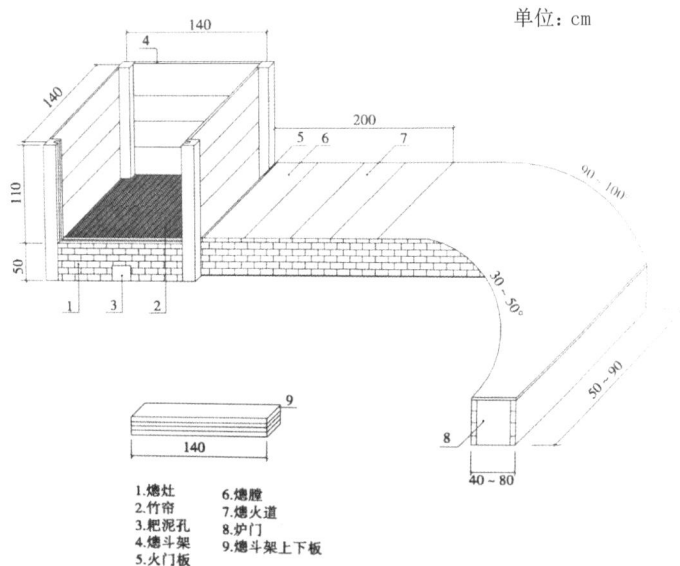

白术熄灶结构

传统术熄（熄灶） 白术道地产区用来烘干白术的专用烘坑，由熄斗、熄膛、熄火道三部分组成。熄斗为放置白术的方斗，四周用木板围制，一边可拆卸。底部为竹片帘；熄膛为熄斗下面部分，四周用砖砌成，一边接熄火道，横边留有耙泥孔；熄火道为烧火并将热量输送到熄膛的通道。熄火道二分之一处口径最小，使火力源源贯入熄火道。熄火道与熄膛连接处上部有横隔板，保证火力从空隙均匀进入熄斗。

头熄 将150～200公斤鲜白术放入熄斗内的竹帘上，用猛火（80～100℃）烘1小时。水蒸气上升，根茎表皮转热后温度降至60～70℃。经2～3小时后将白术放下来，抖掉部分根须泥土，再放上去熄，继续熄5～6小时后从熄斗中耙出白术，不断翻动，使根须全部脱落，完成头熄。

二熄 将头熄的两熄白术合并在一起，按大小分开，大的放在下层，小的放上层。先加猛火力，待表皮转热后，降温保持在50～55℃，中间翻动一次，要放下来在地面上翻动，再按大中小分层放置，连续熄12小时，至七八成干时下熄堆积，称"二复子"。

复熄 将"二复子"堆放5～7天，使内部水分外渗，表皮转软，然后按大、中、小分别文火复熄。复熄温度控制在40～45℃，上下翻动1～2次。复熄时间为大号白术30～35小时，中号白术约24小时，小白术12～15小时。

生晒术：将新鲜的白术，摊于干净的晒场上晒15～20天，直至晒干。每晒1～2天进行翻动，使须根脱落和受晒均匀。需注意天气变化，如遇雨天，及时收回，晴天继续晒，逐步搓、擦去须根，至白术完全干燥。也可将白术去掉须根和泥土，直接切片，然后晾晒，直至完全干燥即可。

生晒术一般作为家庭自用，为传统保健品和药材食材，或配制药酒，或切片泡茶，或煎汤掺和。现代盛行烧制白术烧酒，熬制白术膏、参术膏等，市场潜力很大。

炒圆茶 珠茶外形圆紧，呈颗粒状，色泽绿润，故回山地区俗称它为圆茶。20世纪60年代前多采用手工炒制。手工炒茶在定制的茶灶上进行，茶灶体长宽110厘米、后高130厘米、前高90厘米。锅底中心与炉腔底相距12～15厘米，炉腔底向前倾斜50°，即炉腔底后方比炉口处高出5厘米，炉口宽43～45厘米，高21～23厘米，锅子直径约84厘米，锅的安放坡度为230°，即出茶口锅沿与后锅沿水平高度相差28～31厘米。

炒一锅茶要经过杀青、揉捻、甩胡青、刨三青、做小锅、做大锅六步，对温度、时间、数量、手法、力度等有严格要求，凭经验掌控，技术性较强。"斤茶斤汗淌脚跟，一季茶落瘦煞人"，完成一锅圆茶炒制（干茶10公斤左右）需连续工作15～18个小时，又在高温环境下进行，要有一定的体力和耐力，因而需熟悉技能的健壮劳力操作。

圆茶的鲜叶原料一般以一芽三四叶为主，采摘回来应适当摊放，尤其是雨水叶必须摊放。摊放时间依据加工条件与产量而变。下面程序以10公斤干茶的春茶原料为准。

一是杀青。利用高温湿热作用，彻底破坏鲜叶内酶的活性防止茶叶氧化，以保持茶叶绿色，同时散发水分和青草气。

方法为放入青叶，用双手（或借助树杈）不停地翻、抖、闷。

成品圆茶

标准为每锅2公斤摊青叶约32公斤，分16锅杀青，锅温180～200℃，时间6～7分钟。直到叶色变为暗绿，手折嫩梗不断，手捏能成团，松手时又能散开时起锅（含水量60%～65%）。要求无红梗红叶，无斑爆点，无青草气，无烟焦气，无水闷黄熟味，芽叶完整不断碎。

二是"揉"茶。实为揉捻，手"揉"或脚"揉"，适当破坏叶组织，缩小体积，使茶叶成条状。

方法为杀青叶立即放在竹制的"爬篮"里，等待杀青完成后进行揉捻，一般用手搓、压、滚、抖或用脚交叉"揉"。

标准时间为10～15分钟，以嫩叶成条为标准。细胞破坏率45%～60%，嫩叶成条率85%以上。

三是"甩"胡青。"软体理条"，使茶体软化，走掉水分，去掉黄片。

方法为用双手把茶灶锅内茶叶向上抛起，再用力甩下，一抛一甩，反复进行。前期以抖抄为主，防止茶叶结块成团。后期以甩抄为主，推抄为辅，使芽叶成条索状。

标准为每锅3公斤（杀青叶约24公斤，分8锅甩），锅温100℃左右，时间30分钟。茶条手感柔软，不易结块时出锅（含水量40%左右）。

四是"刨"三青。"散水整形"，蒸发水分，使细嫩茶条初步成圆，其他多数成卷曲的虾形（蝌蚪形）条索。

方法为用双手把茶灶锅内的茶叶不停地推压、抛起，高温快炒。两手臂垂下成环形，手指平直，手心向锅，把叶从锅的低边推压向锅的高边，形成叶堆随锅面弧形滚转。双手推压要用力，又要快推压快缩回，推压每分钟三次，保证叶堆不散，上下对换位置，着热均匀。等叶堆着热蒸发出水汽时，不时抖开抛炒一两次，以散发水分。

标准为每锅4公斤（胡青叶约16公斤，分4锅刨），锅温120～160℃，时间40分钟左右。目测细嫩和较碎的"下脚茶"成圆，其他成卷曲的虾形（蝌蚪形）时出锅（含水量30%～35%）。

五是"做"小锅。"成形做坯"，使大部分叶子成圆形颗粒。

方法为小火慢炒，用双手把茶灶锅内的茶叶推、压，轻轻压，慢慢推（不宜重压，防止变形）。两手臂变成弧形，四指并拢，两手手指连接为环状，手心斜向锅里向下推压，把叶堆向上翻身，然后双手又迅速作弧形分别沿锅的左右两边用力搋压紧，推压四五次，叶堆就能上下翻身一转。炒制前期，茶身尚软，应轻推轻压，以避免压扁。炒制后期，茶身转硬，可稍重推重压，使粗大的茶粒圆紧。"推"起捻条作用，"压"能使长条卷圆，"翻"使粗大和松散的叶条是向两边低处流下，细圆紧结的叶条则在中央转动，相互挤压，逐渐圆紧。

标准为每锅7公斤（三青茶约14公斤，分2锅做），锅温40～50℃，灶内小火加温，炒制时间90～120分钟。目测叶子基本成"圆坯"，能分开颗粒，成圆率达到80%以上时出锅（含水量15%～20%）。

六是"做"大锅。"干燥定形"，使全部叶子固定成干燥、圆形、紧实、光滑的颗粒。

方法为炒法与小锅相同，但是推压都比较重，推是直线向下，用力方向与锅心成直角，推压时手腕用力加大，搋压次数要增多，叶堆受压力大而能使叶条圆紧。分两步炒，开始时灶内小火，低温慢炒，用双手推、压，用双手从身边往前推，使整锅茶沿锅底向前推移3～7厘米，锅前面的茶叶自然回倒3厘米左右（推移力度不宜过猛），沿锅两边从前往身边压三下，推一次压三下，反复进行，推压五六次，叶堆就上下翻身一转。第二步在茶叶园紧成粒、光滑发亮，略现灰白色时，含水量7%～10%时，升高火温，双手用力抛炒抖散闷住的水汽。用猛火高温快炒至干燥。炒大锅时，多为赤膊，在高温条件下，连续作业时间长，手法单调，回山的炒作技工在作业中，形成了特定的"炒茶调"：双手压茶叶三下时"压—压—压—去"，往前推时"压—去"，不断重复"压—压—压—去""压—去"咏叹调，对解闷散热有一定作用。

标准：每锅12公斤（小锅茶），锅温小火保持60～80℃，猛火120℃以上，炒制时间150～180分钟，目测颗粒外表色绿起霜，手指搓捻成粉状（含水量6%以下），即可起锅。

圆茶筛整 毛茶一般要经过筛整、风选、归档、拼配匀堆、分级，便于对样正确审评，目的是得到合理的价格。此工序全是原始的手工劳动。工作原理是以筛孔分大小粗细，风力分轻重级别，以多种方法切轧整形，拣梗。

一是分离整形。利用筛整工具将不同型号、品质的圆茶分开并去除片、末、梗等。操作方式有：（1）"端筛"，利用茶筛孔径大小分开统毛茶颗粒档数；（2）"风选"，利用风力作用去除片、末、梗等；（3）"甩豆子"，利用手搓、脚踩、甩捻等方式切轧粗茶；（4）"剔拣"，区分大小、形状相近但品质不一样的茶。常用筛整工具有：（1）茶筛；（2）手动风车，多为传统的木质扬谷风车；（3）盛器，如爬篮、箩、畚斗、茶袋等。

二是分类归档。将分离整形后的圆茶按不同档次分别灌袋堆放并标注，防止混杂。归档类别术语有"粗子""豆子""腰档""细子""二车""油麻子""上档"等。实际操作按上档、豆子（如带梗粗豆子、黄壳大豆子）、二车（如1号、2号等）、粗茶（"汤包"茶）、茶片（梗、碎叶、末、茶阃）、次品茶归档。

三是拼配匀堆。（1）拼配，把归档的各类茶，对照标准样，按比例选配进行拼和，使各级产品品质符合规定要求，最大限度地增加商品价格，获得最好的经济效益。（2）匀堆，又称打官堆，把各档号茶按拼配比例进行混合，使整堆商品茶群体与抽样的样品达到品质水平均匀一致。

圆茶筛整操作流程

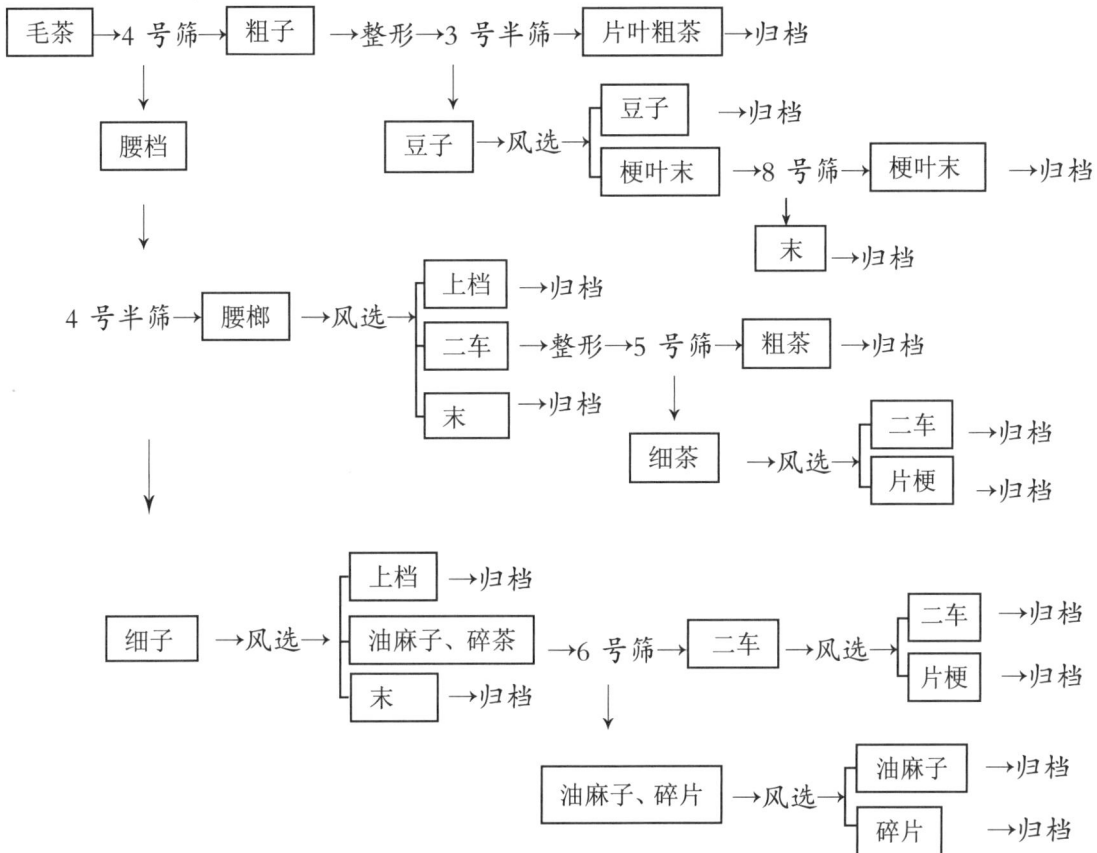

毛茶 →4 号筛→ 粗子 →整形→3 号半筛→ 片叶粗茶 →归档

腰档

豆子 →风选→ 豆子 →归档

梗叶末 →8 号筛→ 梗叶末 →归档

末 →归档

4 号半筛→ 腰榔 →风选→ 上档 →归档

二车 →整形→5 号筛→ 粗茶 →归档

末 →归档

细茶 →风选→ 二车 →归档

片梗 →归档

细子 →风选→ 上档 →归档

油麻子、碎茶 →6 号筛→ 二车 →风选→ 二车 →归档

片梗 →归档

末 →归档

油麻子、碎片 →风选→ 油麻子 →归档

碎片 →归档

珠茶评级　珠茶分7级14等，主要靠感官审评。分"干看""湿评"两部分。"干看"颗粒圆度，紧结度、匀称度、色泽、面装与下身的比例、净杂度。"湿评"汤、叶底、嫩度、芽只、香气、滋味。审评流程为（1）抽样，要求样品能代表大堆的品质；（2）对样，先用样匾（背）摇样，方法是"筛""收""削""簸"分开面张（装）、腰档下身，使样茶按颗粒大小从前到后依次均匀地平铺在样匾里，进行外形同标准样对照；（3）湿评，称取4克样茶用沸水冲泡，验看汤色，香气、滋常味、叶底；（4）根据外形、汤色、香气、叶底、含水量等指标，对照标准样，确定等级和收购价格。

第五节　农　具

农具是农民在从事农业生产过程中用来改变劳动对象的器具，具有悠久的历史和鲜明的地域特色。彩烟地区的常用劳动生产工具，围绕粮食作物及经济作物的播种、管理、收获以及劳动成果的加工与利用，品种繁多，有的既是工具，又是艺术品。

就水稻生产而言，传统农具有耕田的犁、耙或耖等；拔秧种田的秧凳；田间管理的田圈、田耥

（秧糨）、喷雾器等；提水灌溉的水车、吊水桶、翻勺、翻斗等；收割和运输的镰刀、稻桶、打稻机、谷箩、箩络、扁担、担冲、奈拄、手拉车等；蓬稻草的稻挑（稻叉）；晒谷和储存的篾簟、爪耙、谷耙、耙篮、风车、谷柜等；加工米、米粉和年糕的踏碓（水碓）、碾子、年糕机、石磨、团背（团箕）、米箩、筛子等。

旱地作物生产中，传统农具主要使用掏地的铁抓（铁耙），削草挖孔和中耕培土等用途广泛的锄头，整地和播种用的夯锹、畚斗、扫帚等，挑肥施肥的皮勺、皮桶、浇掣、大畚箕等，割草砍柴等多种需要的钩刀、篮头等，玉米脱粒的六谷钻，黄豆脱粒的枷锭等。

常用农具

锄头 用于收获、挖穴、作垄、耕垦、盖土、除草、碎土、中耕、培土等，属于农耕最常用的"万能"农具。彩烟农村根据锄刀的形状和用途分三种锄头：锄刀狭长、刀口略呈弧形的称"平口锄头"，主要用于种植前整地、作垄、开沟、挖穴、盖土等；锄刀呈方形、刀口略宽的称"宽口锄头"，主要用于作物苗期中耕、除草、培土等；锄刀梯形、刀口平薄、短而宽的，称"草耙"，主要用于未耕作土地的松土削草等。

大小锄头

镰刀 俗称"沙节"，是农村收割庄稼和割草的主要农具，一般用来收割稻谷和麦子。起源于南北朝，铁木结构，出刀片和木把构成，刀为月牙形，刀背在右上侧，刀刺在左下侧。刀刺为小锯齿，排列紧密而锋利。刀刃后端有一尖钉，种入小木柄作为握手。用左手抓稻（麦）秆，右手操作镰刀，可收割稻、麦、粟、粱及野菜杂草等。

镰刀

第一代镰刀，是铁匠先用熟铁打制成刀形，再在刀口用硬钢刀拉出斜形内敛的刺条。第二代镰刀，是用机器一次性压铸成型。

钩刀 又叫柴刀、茅刀，形似镰刀，以"7"字形和半月形为主，还有"1"字形的，用于割草和砍柴，农家必备，铁木结构，铁

钩刀

制部分宽 10 ～ 15 厘米，刀刃平直或弯，刀把弯曲如钩，故称"钩刀"。钩刀因刀把大小和刀柄长短分为拘刀、大钩刀、小钩刀。

铁抓 又名铁搭、铁耙、带齿镬。一种用人力翻耕土地的常用工具。有四个齿的叫"铁抓"，主要用于掘地翻地，如番薯、土豆、花生等的开垦和收获。两个齿的也可直接叫"两齿"，其齿比铁抓齿粗，主要用来开山、挖坑、开垦坚硬的土地。铁抓还有大中小之分，掘地开地用大铁抓，翻地用中铁抓，收获花生、番薯等用中小铁抓。

早在战国时代就出现了二齿镬，汉代又出现了三齿镬，四齿镬出现于北宋时期，明代中期得以普及。铁抓结构简单，购买和维修成本低，使用方便又广泛，也是家家户户必备农具，很适于水田和旱地翻地，翻地质量明显优于耕犁，现在仍普遍使用。

扁担 用来担挑重物的重要运输工具。种类繁多，主要有平扁担、大扁担、水钩担、勾头扁担等。多用半爿毛竹或硬杂木削制而成，长短宽窄因人而异，一般长 1.6 ～ 2 米，两端较窄，中间稍宽，表面尤其是靠肩这面以及双手可能触及的地方平整而光滑。通常有木制或竹制平扁担、勾头扁担、水钩担。木制扁担多用杉木制作，两头略细且稍向上翘，两端有突起的钉，防止绳索滑出，中段略粗厚。木制扁担多用于挑重物，比如挑皮桶担。能不能挑起，是评定劳动力能否得高分的标准，所以又叫大扁担。大扁担也有竹制的，取大毛竹基部一段，半爿，削磨制成，两端略上翘，扎绳防滑，呈鹅毛形。

竹制扁担有平扁担和勾头扁担两种，因竹扁担适应性好，不损肩膀，不发热又轻便，所以普遍使用。平扁担两端有凹痕，勾头扁担两端略短小，用火烤使竹向内弯。勾头扁担用于挑轻担，比如小米箩担。还有一种特殊扁担叫水钩担，又称水钩扁担，两端装有一长一短两组不同形态的铁钩，专门用来挑水桶及竹篮、小畚箕等。铁钩根据高矮不同自由搭配，如挑大水桶和小水桶分别用短钩和长钩搭配。水钩担还有一项功能，用来钩着水桶从泉井中翻水提水。

挑担既是一项重体力活，也是一项技巧活，特别是挑水或挑粪，不能晃出或者溢出桶外，稍有不慎或不一致，当场尴尬不堪。挑担时步幅与担子上下震动的幅度频率必须一致，才能使水或人粪尿不外溢，走起来也有协调一致的美感和舞蹈感，显得轻松而优雅。

担冲 专门用来挑成捆的柴、草、秸秆的农具，俗称冲杠、柴杠，回山称担冲，也有的叫冲担。有木制和竹制两种，用小杉树或匀称的老竹竿制作，长 2 米，杆体圆形，两头削尖，一端三分之一处留一短小树丫或竹枝丫。担冲与专门柴索配套，柴索为麻绳，长 3 ～ 5 米，一端缚有硬木柴钩，一端尾部较细，便于捆扎。使用时，先用一头插上一捆背在肩头，再用另一头插入另一捆，然后放平挑上肩。用担冲挑担，操作简单，节省重力，比挑水方便了很多。

尕拄 一种配合扁担和担冲等使用的必备挑担工具。由硬木或杉木制成，直径约稍小于成人的一拳，上头握手处呈"丫"形，长度一般与使用者齐肩。有的尕拄下端箍上铁环，以防止磨损。尕拄运用的是杠杆原理，在挑重担时，以肩膀为支点，伸入肩膀扁担下，向上撬动，使两肩同时受力，减轻肩膀压力；每挑运 10 ～ 20 分钟，需要用尕拄换肩并趁机喘气休息，以尕拄为支撑和替代，把担子从左肩换到右肩，或从右肩换到左肩，如此轮流，顺利完成任务。山路山岭多，有

左起：夯锹、铁抓、扁担、夯拄、担冲

皮勺

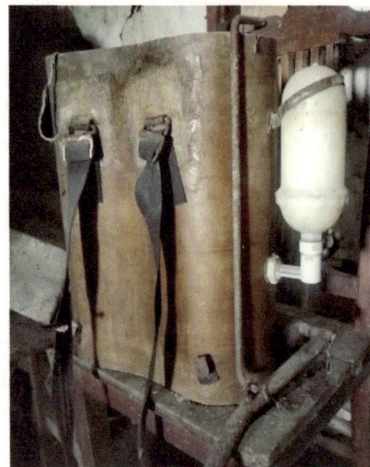

背包式喷雾器

些道路放不下一个担，准备休息时把后头放在地坎上，前头就悬荡在路口外，挑担人手握夯拄和挑担交叉点，保持平衡即可短暂的歇息。在上、下坡，跨越坑时，夯拄还能做支撑点和着力点，分散腰腿力量，提高身体负重的稳定性。

夯锹 书名铁锹，又名铁铣，铲沙、铲土等的工具。俗称夯锹，用熟铁或钢打成平口长方形片状，一端安齐肩高的木柄。农业上多用于水田开沟排水。彩烟农民还用夯锹打番薯种洞，有效储存番薯种。有天洞和地洞之分，大多打地洞，选择排水性好的地坎路边近一米高处横向打洞，放入番薯种后，封口即可过冬。

皮桶 盛装粪便的桶，也称粪桶、料桶，农家用来装运人粪尿的常用农具。由杉木板箍成，平底圆形，底小口大腰略外鼓，高约60厘米，直径约35厘米，由桶身、桶夹（档）、桶挺组成，桶身为木板，也有用橡胶材质的。桶夹是由小杉树、小柏树或毛竹爿经火煨熏后拗弯而成"U"字形，多用铁丝固定，桶挺是一对耳朵状结构的藤条或橡胶带，用于连接桶身和桶夹。

通常成对使用，用大扁担挑运，也可用来挑水和河泥。皮桶在农村中很常见，一般放在厕所里，也可放屋里，晚上如厕方便。平时，主要用皮桶挑粪便、溪水等，浇灌庄稼。

皮勺 也称粪吊，是竹木结构的舀粪农具。其功能类似于吊水桶，只是吊水桶由两人使用，而皮勺只一人握手柄操作。木制部分由木板箍成，又用竹篾箍包裹，以加固。桶为圆形平底，沿口上横装手柄，便于下伸和上提，农家吊取粪便倒入皮桶，以及施肥时专用。

浇挈 施粪便用的工具，功能和造型与皮勺类似，只是稍大，浇挈的手柄很短，手柄正对是一个流水的"嘴"，供近距离使用，可用浇挈从皮桶中舀出粪水，浇灌庄稼，也可当夜壶，给小孩坐着大小便。

喷雾器 植保用具。旧时治虫靠人工捕杀，主要用笕帚蘸洒土农药。1951年号召点灯诱蛾。1952年省劳模杨德喜领奖领的单管喷雾器，成为新昌县第一架喷雾器。合作化后，多采用压缩式喷雾器和手摇喷粉器。20世纪70年代后，出现背包式手摇单管喷雾器。因其操作方便，价格低廉，适用个人家庭购置，被普遍应用，家家户户都有。

大畚箕

小畚箕

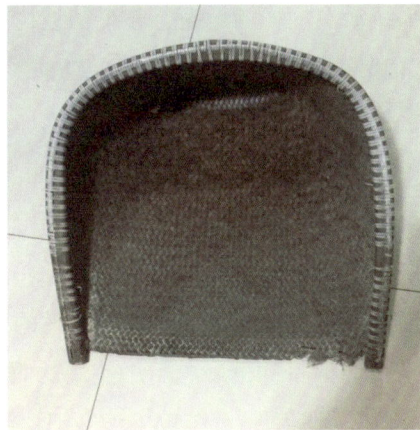

畚斗

畚箕 一种常用的盛物器具和人力运输农具。传统使用的多为竹编畚箕，三面有帮，一面敞口，上有提柄（畚箕攒），铲状盘，分大畚箕和小畚箕。大畚箕装有两根一米高的竹片畚箕柄，常用于肩挑泥土、秧苗、秸秆、猪栏、柴草、番薯等。20世纪六七十年代大修水利，山塘水库就是靠大畚箕挑出来的。小畚箕的斗小柄短，藤制畚箕柄，主要用于用手提泥土、施肥料、播种子等。

畚斗 是一种收运谷物和扬米去糠的工具，也用来晾晒农产品。由篾片编织而成，前为宽口，后为"L"形靠背，呈鞋栓状。主要用途：一是转移谷物，如将稻桶或成堆的谷物转移到谷箩中，叫"畚谷"；二是如同风车，量少时，扬米去糠去屑，两手抓住两边的弦，前端用力向前推，使谷物向上扬起，依靠运动中的风力和下落时的重力作用，将谷物秕谷杂物或稻米中的糠壳筛出畚斗外，叫作"背谷""背米"。

篮 竹制品，盛装货物的器具，由竹篾竹片竹丝编制而成，也有不少种类。最常见的是菜篮，叫"篮头"，圆形圆底，底部类似麻筛，透水性好，有加固的竹片，上有拱形提环，便于手提或扁担肩挑。篮头有大小之分，小篮手提，大篮也可担挑。篮主要用来赶集买菜、割青草、收青菜、放种苗、摘茶叶等，所谓"菜篮子工程"由此而来。

篮

爪耙 用来收集柴火干草，清理谷物中叶片茎秆的常用农具，因其形呈爪形，土话爪耙，俗称草耙。传统的爪耙全部用竹子编制而成，主体由多片竹片呈扇形展开排列，前端张开部分向内弯曲，尾部扎在一起，中间用几根篾丝作网状固定，一根长长的竹竿就是它的手柄。爪耙在回山最常用的地方一是扬晒谷物时，用来扒拉去混在谷物中的草绒，反复拉耙谷物将草绒收集到一起并清除，称"耙谷"；二是在

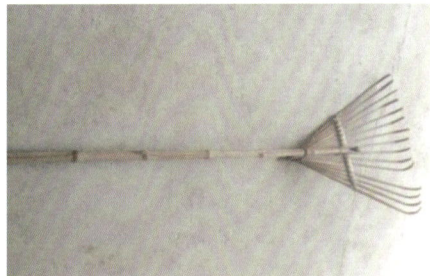

爪耙

平缓没有灌木的地面上收集枯枝树叶作为燃料，最普遍的是黄泥岗上耙松针，用作灶膛燃料，称"耙柴"。另外还有"疏理"的功能，就是将柴叶草绒梳理成条块状，打捆后贮藏运输。使用时，双手执竹竿，竹齿向下插入草内来回运动，将散落的树叶或干草搂在一起作燃料，还用于收割水稻中搂除稻叶及翻打豆类作物时搂除茎叶等。

扫帚　又称掸子、掸帚、扫把，是扫地除尘去污的必备工具。早在四千年前的夏代，有个叫少康的人，一次偶然机会，看见一只受伤的野鸡拖着身子向前爬，爬过之处的灰尘少了许多，地面干净了。他想，这一定是鸡毛的作用，于是抓了几只野鸡拔下毛来，制成了除尘的扫帚，这亦是鸡毛掸帚的由来。由于使用的鸡毛太柔软，同时又不耐磨损，少康后来分别试用竹梢、竹丝、茅草等材料，取代了鸡毛，又把"掸子"改制成了耐用又长把的扫帚。

彩烟农村所指扫帚，是把柄长长的用来扫地的工具；而掸帚小巧精致，用于掸去灶头桌子上的灰尘。还有一种掸帚的作用是收集，由稗草或棕丝手工编制而成。石磨磨粉时免不了粉末散落或粘连，用掸帚掸拢来，轻盈细腻又实用。另外有一种专门用于洗漱饭锅等，叫洗帚，由竹篾丝编箍而成，现在仍有市场。

手拉车　有独轮车和两轮车之分，不过回山地区使用独轮车不普遍。两轮车上装铁斗、下有两轮，可推可拉，使用方便。独轮车的创始者据说就是三国时的蜀相诸葛亮，它的前身是木牛流马，俗称"鸡公车"。前头尖，后头两个推把如同羊角，又俗称"羊角车"。古时候，手拉车是一种既经济又用途广泛的交通工具，这在交通运输史上是一项十分重要的发明。现在普遍使用机动三轮车。

田作农具

犁　为耕田必需农具。有牲畜牵引，也有用人力来驱动的，最早为木制犁头，称老木犁，后多用铁制犁头，20世纪80年代前普遍使用。彩烟人使用广泛并保留至今的犁均为以牛作为牵引、铁制犁头，俗称"曲辕犁"。

传统犁具除犁头和犁壁用生铁浇铸而成外，其余部件均系木制，完整的犁由十一个部件和一个附件组成，即犁铧、犁壁、犁底（犁脚）、压铲、策额、犁箭、犁辕、犁梢、犁评、犁建和犁盘，以及牛轭。

犁

曲辕犁在唐代普遍使用，唐代陆龟蒙著的《耒耜经》中有详细记述，敦煌莫高窟445窟农作图有曲辕犁的出现，历经宋、元、明、清，结构没有明显的变化。耕作时可以调节深浅，转动方便，轻便省力，在中国农具发展史上有着划时代的意义。造型中左右两边保持等量不等形的均衡，和以直线为主、变化中求统一的主体，有舒适、庄重、严肃的美感。

耙 发明于汉代，是用来对翻耕后的水田进行粉碎土块、平整田面、清除杂草的农具，分"木耙""刀耙""方形耙"和"人形耙"几种。近代常用的耙为方形木架，铁制耙刀，通过牛牵引拖动作业的"刀耙"。20世纪80年代以前广泛使用，现在少数山区仍在使用。

耙

耙由耙档、耙挺、耙齿、踏架、挂环构成。耙档2根，为长67厘米、宽10厘米、厚5.3厘米的木条；耙挺2根，为长2米、宽10厘米、厚5.3厘米的木条。耙档与耙挺卯榫，套装成长方形木框架。耙挺各装一排耙刀，17或19把。前排耙挺装2个挂环，用于通过2根绳索连接牛轭。后排耙挺中间加装一道可活动、中间装有横档的踏架（脚），以及一个拉手档，可以拉起来转向、调头或耖地。

田耖（秧耖） 用来进一步耖平田面、搅匀泥肥、污入草秆的一种水田农具，用叉木作柄，长2米，前端为圆形横木或平板，彩烟农民把前端为圆形横木的称"田耖"，前端为平板的称为"秧浪耖"。"田耖"用于大田平整，通常在耕牛耕田、耙田完成后，施入耙面肥，再用田耖耖平，然后插秧。传统施肥，主要是猪栏、牛栏肥，人工用脚将猪栏、牛栏等踩入泥中，会留下很多脚迹孔，不便于插秧，因此，会用田耖对全田倒退着进行一次平整，俗称"耖田"，使田面更加平整，泥土和肥料均匀混合。

"秧浪耖"用于秧田平整。在秧田开沟、起畦，用"秧浪耖"耖平压实秧田板，耖平后施肥。第二天再将沟泥糊上畦，进一步耖平，面平如镜。播上种子后，再用秧浪耖将种子压入田泥土中。

田圈 20世纪70年代前，用来除草松土的主要农具。由一个铁圈和一根细长的竹竿组成，竹竿长约5米，要求杆细长，粗细适中，铁圈一般直径20厘米、高3.5厘米。铁圈有大小档，根据种植密度选用，铁圈一边有一细长的钉状尾穿过竹竿固定，另一边的一小孔，用木条和钉子纵向固定在竹竿顶端，柄跟铁圈形成一定夹角可以节省力度，保持铁圈与田面平行推动。

田圈是耘耖（耖耙）的一种，具有站立进行中耕松土和除草的作用，实现了从水耨（灌水除

田耖

田圈

草），到手耘足耘，再到站立耘田的改进，改变了弯腰曲背耘田姿势，减轻了劳动强度，提高了劳动效率。后由于种植密度的调整和除草剂的推广，被淘汰。

秧凳 用来坐着拔秧的农具，由一块凳板和一只凳脚构成，呈"T"字形。单脚秧凳功能与"秧马"相同，但有其独特优势，结构简单，便于携带，拔秧时凳与人的双脚构成三足鼎立架势，可稳固坐立，同时单脚秧凳在拔秧时方便前倾和左右旋转，扩大拔秧范围，减少秧凳移动次数。

水车 刮板式连续提水灌溉农具。彩烟农村水车多为脚踏，纯木质结构。

车身 是一个半封闭的长木盒，长度不一，为5～8米，高13厘米，宽23厘米，两头都有开口，一头吸水，另一头出水。

龙骨 木盒里面，是一片片正方形的小木块等距离地连接在一节节的活动木连杆上，木盒两头各有一个可以转动的、带有木制齿轮的粗轴。活动木连杆上的小木块则恰到好处地镶嵌于齿轮之间。吸水一端的粗轴，被封在水车内部，出水这头的粗轴横穿水车头部。

脚踏板 与出水端的粗轴相连，两侧各穿出1米多长，穿出头部的粗轴上均匀地镶进一圈圈的脚踏板（两排交叉安装，圆形木轮，回山地区多用棕木做，体轻防滑耐磨），上方树起一个用于支撑的像单杠一样的木架。

水车的使用约始于东汉，三国时期发明家马钧曾予以改进，唐宋以来使用普遍，是回山农民耕作的重要提水工具。水车结构合理，可靠实用，所以能一代代流传下来。直到近代，随着农用水泵的普遍使用，才完成了历史使命，悄悄地退出历史舞台。

吊水桶 一般称戽斗，俗称吊水桶，是一种小型人力提水农具，20世纪70年代前，多用于水位差不多高的地方，小面积提水灌溉，也用于等高的池塘或田块，短距离跨过田坎或塘坝平行排水。

吊水桶多用木桶，两面上下各配两个吊环，吊环上各穿两根长绳。操作时由两人相向拉动绳索，以惯性提木桶翻水灌溉，两人面对面站或坐于合适的位置（距离和高度适宜取水倒水，双脚有可以用力支撑的点），两手各执一根绳，上绳主要用于提水，下绳主要控制木桶方向，取水和倒水时拉紧，提水过程中放松，身体同时配合运动，前倾屈身取水，后仰直身提水和倒水。

收贮农具

风车 古代农用风车，主要用来去除稻谷或大米中瘪粒、碎米及灰渣尘埃的工具。手摇木质结构，是20世纪80年代以前农村整理谷物的主要装置，现在农村仍有应用。现代农用风车不用木头，而用铁皮。其工作原理是谷子或米粒自然下落的过程中，在风力的作用下，依重量的差异，将谷或米按照饱满、半饱满、瘪粒程度分门别类，并去除灰渣杂物。

风车由车斗、车肚、风箱等部件组成，靠4根直柱和6根横档固定。上部为车斗，可拆卸，方形漏斗状，上大下小，能容纳一箩谷物，车斗底部的出口狭长，装有一块长33厘米、宽10厘米的活动底板，活动底板通出车架外，用一根横档套上一根35厘米左右的竹片或木条做的搁条，车架子左侧竖柱上装有锯齿形的搁档，利用搁条和搁档来固定、控制活动底板的开启闭合大小，调节谷物下漏的数量和速度。车斗右下部为风箱，圆形鼓状，直径 65 厘米左右，四周用木板包过，左侧留有出风口，与漏粮斗风道相通，风箱内装有木板做成的风扇轮，一般都是四扇风叶。过去地主收租谷，尽可能扇得饱满些，用六叶风车，风力比四叶的大。六扇风叶，轮轴伸出风箱外装风箱摇把，用于转动风扇轮产生风力输送到漏粮斗。车斗下部为车肚，上半部为风道，从风箱出风口直通车肚出风口。下半部有喇叭状漏粮斗，与前出口相连，漏粮斗左边用挡板

风车

分隔成一个垂直向下的出口，最后是横向的车箱出风口，谷物通过风道依靠横向风力和垂直重力作用，分成饱满、半饱满、瘪粒三部分，分别从三个不同出口输出，前出口为斜向前输出饱满颗粒，中间出口垂直向下输出半饱满颗粒，后出口横向输出瘪粒或谷糠。

稻桶 为标准的倒梯形四方体，下底小，上口大，有底无盖，桶壁由厚实的木板以竹隼拼接做成，高 1 米，上口 1 米，下口 85 厘米。底下装有两条两头微微上扬的平行木档，俗称"拖泥"，为的是在田中拉动稻桶时减少阻力，同时减低对压在稻桶底下作物的伤害（如新中国成立前后时期，收获早稻时的间作晚稻，收获晚稻时的草子苗）。桶体上端的四角伸出四个拉手，供移动稻桶时用。与稻桶搭配使用的还有稻床和挡簟，稻床扣在稻桶正面的内侧，用木头做成梯形架子，略成弓形，上端是一根硬木，下面一条条竹片固定在木框上，间隔三四厘米，稻把打在稻床上就容易脱落。挡簟是用竹篾纵横交错编成的小型竹簟，宽 1.7 米，长 4.5 米，下方略小，上边稍大，两端和 1.7 米处装有一对 1.4 米长的粗竹片，可紧紧扣插在稻桶三方的边板上，围在稻桶的左右和后方，目的是不让打下来的谷粒飞到稻桶外面。

稻桶在收获季节是稻谷脱粒的工具，农闲季节是贮藏粮食的仓库，还是农村搭戏台的好材料。20 世纪五六十年代，稻桶是农村家家户户必备的重要农具。70 年代脚踏打稻机的推广，宣告了稻桶时代的结束，现在个别山区农民还有使用。

脚踏打稻机 又称轧稻机，是比稻桶高级的铁木结构的人工脱粒农具。由农机厂生产提供，大小规格不一，主要有单人打稻机和双人打稻机。整体由木底架、踏脚、齿轮等组成。中间主要部

脚踏打稻机

位有铁轴一支连接齿轮，轴的外围两端安装有圆环铁，环铁之间装有 6～8 根横扁木档，档的表面参差注入倒 "V" 字形铁钉。打稻办法为脚踏踏板，使齿轮向前旋转，带动轴和档上的铁钉，以铁钉的力量，将稻麦谷粒脱粒。

簟

箩

谷耙

团背

脚踏打稻机后来被电动打稻机、收割机等取代，个别山区仍有使用。

簟 为竹篾簟，用来晒谷物的重要农具。约 3 米宽，5～6 米长，是 "簟匠师傅" 将毛竹劈成薄片编织而成的，两头编扎着的 "簟夹" 是厚厚的竹条子，中间还连着一根绳子。不用的时候，将篾簟卷成一个圆筒，用这根绳子扎牢，斜靠在墙角等地，到了晒谷的时候就背出去铺在晒场上。

箩 用于运输和盛装粮食的竹制农具。用竹爿、竹片、竹丝和竹篾编制而成，底部方形出口圆形，有谷箩（篾箩）和米箩（糠箩）之分。谷箩箩体厚实，牢固且耐腐蚀，透水性好，用竹丝篾片编织，底部、四周和口圈用竹爿固定，主要用来将地里收获的粮食运回家，或是将粮食从仓库运到晒场晾晒，或挑到加工场地加工。适宜于野外收获稻谷、番薯、玉米等农作物，也用于清洗番薯、花生等时过滤微小尘土。通常把用竹篾丝编织的箩叫米箩，精制细法，箩体较薄，不耐碰撞，且密度高不易渗漏。按大小分为大米箩和小米箩，多用于室内盛装米、粉、糠等，小米箩还经常用于红白喜事、清明祭祖盛装物品。

谷耙 是晒谷用的农具，俗称耧谷耙。耙头为长 30 厘米、宽 10 厘米、厚 5 厘米的木板，木板上装有木制或铁制耙齿。木制的即在一面装有 3 厘米高的一排耙齿，铁制的则是在一面固定一根的套有螺旋形铁丝的铁棒。耙头连接一根 5 米左右的耙柄，多为竹竿。谷耙主要用来晾晒时堆拢、散开和翻动谷物。没有耙齿的一面用来将谷物收拢或推开，有耙齿的一面用来将谷物推平和上下翻动。

团背 书面语称团箕，俗称团背。一是用来分离谷物的瘪谷或杂质的手工用具；二是用来摊晒农产品，晾晒谷物和番薯粉、米粉、咸菜、笋丝等食物的工具。团背由竹篾精编而成，紧密不渗水。平底，圆形，底部有稍阔竹片以"井"字衬托加固，圆口周边以较粗的竹丝或竹片扎成围势，直径约 90 厘米，高 3～5 厘米。目前仍有使用。

米筛

筛　用竹片、竹篾编制而成，用来去粗取精，筛去杂质或细分食物的农具。品种很多、式样不少，按用途或孔径大小分为麻筛（麦篱）、米筛、糠筛、粉筛（纱筛）等。直径 20～60 厘米，高 5～10 厘米。筛底有很多密密麻麻的孔，用来过滤或筛选。操作时用双手做水平旋转运动，使大的物体（粗、杂）留在筛里，小的物体（精华或有用的）从孔中掉出来。

麻筛，用较宽的篾片编织，孔径较大，专门过滤谷物、豆类中的秸秆，也叫筛谷。米筛，用细篾丝编织，孔径大于米粒，小于谷粒，用于筛去米中的谷粒和杂质，也叫筛米。糠筛，用细小篾丝编织，孔径小于米粒，筛去米中糠粒和米碎，还用来筛芝麻等，也叫筛糠。粉筛，圆圈为竹片，直径 20～30 厘米，高约 10 厘米，底部为网布，一般是尼龙纱布绷制，因此又叫纱筛，网孔非常细密，用于过滤不够细的颗粒，也叫筛粉。

麻筛

还有一种比麻筛形象和孔径更大的叫麦篱，直径 1 米左右，高 10 厘米左右，底部由相对粗糙的竹丝编织而成，主要用来分离杂草稻叶等，也用于加布晒番薯粉、番薯干、玉米饼等。

茶筛　篾质圆形，主要用来整理茶叶特别是手工炒制的圆茶（珠茶）。直径 55 厘米左右，沿高 5 厘米，按孔径大小分 3 号（分筛 8 毫米）、3 号半（豆子筛 7 毫米）、4 号（中号筛 6 毫米）、4 号半（腰档筛 5 毫米）、5 号（细子筛 4 毫米）、6 号（片末筛 3 毫米）、8 号（扑末筛 2 毫米）、10 号（末筛 1 毫米）以及样匾（样背）9 种。

柜床　农户的粮食仓库或储藏室，既贮藏谷物又可当睡床的两用柜。彩烟地区过去使用比较普遍。柜底部一般固定在楼板上，柜长 160～180 厘米，宽 90～100 厘米，高 80～100 厘米。柜面即床板可活动，柜里藏粮食，柜面铺席被。

枷锭　书面语称连枷。专指用来手工捶粮脱粒的简易农具。"枷"字即可解释为"击打"，可理解为用来击打的木锭。主要用于大豆、油菜、杂粮的晒场脱粒。我国在公元前 1300 年就已使用，在农业机械化较为普及的今天，不少地方还在使用。

枷锭由手柄、敲板、铰轴构成。手柄长 2 米左右，敲板长 0.5 米、宽 0.1 米左右。手柄上端穿上指头粗的孔，装 0.1 米左右长的小木棒，形似螺丝钉，穿孔而过，卡在木柄上端，叫作"铰轴"，轴上装可转动的敲板。回山枷锭的敲板为木板，其他地方的连枷多用木条或竹条。操作者两手相距 35 厘米左右，握紧柄杆下端，将枷锭高高举起的同时带动敲杆绕轴旋转一周，当敲杆转到与柄杆一条直线上，敲杆平行于地面时准确落地，击打地面上的谷物，使籽粒脱落。

其他农具

夯 又名"夯钟"，是一种将泥土压实的农具。主要有两类，一类是夯土，用于盖房子压实地基、新建水库坝压实坝基、新筑道路压实路基等，重量和体积较大，需多人协同操作，多用圆形木段或石碾制面。压水库坝基时，常用巨大的石头滚筒，由一群人在号子声中拉动，场面和气势宏大。另一类是夯墙，专门用于夯土墙，即"筑泥墙"。

踏碓 农村用来去壳舂米、打碎舂粉、捣年糕的大型农具。利用水力的即为水碓。

踏碓由立人的框架、埋在地下的臼窝、碓杆、碓头组成。立人的框架为长方体粗木架，固定在地面上，下面框架内的地面挖出一个长方形的坑，两边是两块木板连接前后框架起到固定作用，同时方便脚踩在上面。上面两边是两根拳头般粗的木棍连接前后，固定框架的同时当扶手用。碓杆为又长又粗方形粗木条，通一根热水瓶一样粗的转轴，穿过碓杆固定在前头竖的框架靠近下框架木头处，碓杆前端装榔头，后端用于脚踏。榔头是圆形光滑的石榔头，榔头下为石臼，埋在地下，臼口一般比地面高出 10～20 厘米。

踏碓

踩踏体积较大，完成后要进行过筛，打年糕则还要蒸粉和做形，因此有专门的碓屋。平时用的频率比较少，年前节前捣年糕时非常热闹。只要听到碓屋方向传来"吱扭——嘭、吱扭——嘭"的声音，预示着马上就要过年过节，这个响声就如闹钟一样准确，也是孩子们最希望听到的声音。

捣臼 又称石臼、杵臼，由臼与杵组成，臼是用硬质石头凿成，凹面呈空心半球状，能容纳被加工的糙米或稻谷等，杵是舂捣谷物的工具，俗称"榔头"，在木棍较粗的一端镶上石榔头或铁头，杵的中段略细，便于手握操作，手持榔头柄在捣臼内上下用力舂米或其他食物。捣臼也常用来手工捣麻糍和年糕。

捣臼

石磨 用于把米、麦、豆等粮食加工成粉、浆水的一种工具，也用于做豆腐。彩烟使用的多为双人操作的手推石磨，最常用于磨粉和豆浆，由磨架、磨盘、磨杆组成，磨架为长方形木制框架，用来固定磨盘；磨盘为石制，直径 40 厘米左右，分上下两扇。两扇磨盘的合面有相对的斜槽，下扇磨盘固定在磨架上，中心镶有铁轴，上扇磨盘套在铁轴上，偏离磨盘中心处有一进料用的磨眼。磨杆为"丁"字形，三根圆木構成，并用一根绳索悬挂，与磨盘保持水平。操作时一人双手推动上扇磨盘绕中心轴转动，一人一手扶磨杆助力并保持平衡，一手不断地向进料口添加谷物，通过磨盘斜槽相对运动，研磨成粉或浆排出盘外。

回山农村农业和主要农产品历史数据见表一至表四（"/"表示数据暂无）。

表一 回山农村基本情况

年 份	行政村 /个	总户数 /户	总人口 /人	耕地 /亩	水田 /亩	农业产值 /万元	人均收入 /元
1950	107	13568	48682	/	/	/	/
1951	106	13294	47742	54164	43018	/	/
1952	107	12980	45936	50302	41133	/	43
1954	107	12565	45475	50313	41207	131	40
1955	107	12863	47813	51556	41750	164	68
1956	108	12980	49783	27961	24054	126	37
1957	108	12909	49405	29056	24563	121	44
1958	64	7762	30535	28951	24535	222	/
1959	/	7687	30378	28151	24389	225	/
1960	104	7956	30158	28259	20828	194	36
1961	114	9284	38049	27311	19455	179	39
1962	110	8277	32118	27538	20010	/	38
1963	111	8331	33403	27169	19922	201	41
1964	111	8335	33928	27123	19894	200	36
1965	111	8400	34563	28165	19919	316	57
1966	/	8501	35104	26095	20116	318	50
1967	101	8688	35812	26044	20211	164	26
1968	101	/	36433	25445	19433	/	/
1969	94	9268	376132	27598	19982	/	38
1970	89	9221	38345	27958	20522	/	36
1971	95	9362	38782	27134	19985	/	57
1972	90	9544	39105	27058	19900	475	56
1973	98	9713	39579	27159	19641	/	62
1974	90	10056	40079	27177	20084	453	56
1975	97	10142	40680	27172	20136	/	81
1976	89	10343	41096	27074	19949	418	77
1977	91	10653	41635	27112	20080	/	69
1978	88	10810	41828	26667	19882	525	87
1979	98	11079	42386	26461	19746	555	90
1980	102	11345	42834	26345	19704	534	88
1981	100	11354	43234	26215	19652	438	76
1982	100	11625	43903	26237	19629	471	81
1983	101	11760	44363	26144	19586	1027	176
1984	103	11884	44535	26031	19493	2393	217
1985	103	11962	44726	25953	19441	2104	360
1986	103	12712	44866	25792	19350	2638	285
1987	102	13105	45165	25728	19316	2454	402
1988	102	13538	45320	25527	19154	2284	470

续表

年 份	行政村/个	总户数/户	总人口/人	耕地/亩	水田/亩	农业产值/万元	人均收入/元
1989	102	14012	45462	25230	18945	2178	470
1990	102	14084	45566	25080	18900	2438	500
1991	102	14271	45642	24915	18795	2544	567
1992	102	14322	45375	24600	18765	2791	688
1993	102	14526	45338	24555	18705	2899	929
1994	102	14530	45197	24495	18675	3105	1516
1995	102	14539	44954	24450	18645	3209	1852
1996	102	14605	44779	24472	18645	3403	2300
1997	102	14629	44597	24090	18330	8410	2794
1998	102	14716	44548	24113	18435	8257	3168
1999	102	14790	44028	24246	18431	8523	3525
2000	102	15031	43766	24268	18453	9762	3790
2001	102	15004	42963	24131	18325	10212	4691
2002	102	15035	42314	24480	18525	10368	4406
2003	77	13511	41156	25140	19035	10574	4538
2004	45	14201	40632	26175	20055	12198	5146
2005	45	14333	40353	26325	20190	11833	5514
2006	45	14574	39989	26475	20325	14326	5968
2007	45	14772	39199	26475	20340	15965	6323
2008	45	14895	38821	26029	20342	17702	6755
2009	45	14724	38028	43830	26748	18490	7300
2010	45	14772	37775	44250	26748	22856	7677
2011	45	14781	37691	44420	26747	24499	8538
2012	45	14110	37432	44622	26747	26799	9541
2013	45	14438	37220	44737	26745	26399	14725
2014	45	13938	37041	44795	26744	/	17937
2015	45	14021	36656	45071	26707	/	19595
2016	45	9979	25454	45225	26678	/	21355
2017	45	12282	29643	45680	26687	/	/
2018	45	12075	29192	45973	26821	/	/
2019	32	14380	35792	26639	/	/	/

表二 回山主要农产品情况

年份	粮食		茶叶		白术		烟叶		蚕桑		花生		油菜		蔬菜		西瓜		绿肥
	面积/亩	产量/吨	面积/亩	产量/吨	面积/亩	产量/吨	面积/亩	产量/吨	面积/亩	产量/吨	面积/亩	产量/吨	面积/亩	产量/吨	面积/亩	产量/吨	面积/亩	产量/吨	面积/亩
1953	37473	4726	/	205	740	119	/	/	/	/	/	/	/	/	/	/	/	/	/
1954	/	/	/	238	1225	196	/	/	/	/	/	/	/	/	/	/	/	/	/
1955	21780	8087	/		1024	/	604	/	/	/	/	/	/	/	/	/	/	/	13635
1956	20587	7029	/	130	1802	/	256	/	/	/	/	/	/	/	/	/	/	/	10774
1957	23071	7355	/	126	3517	489	197	/	/	/	/	/	/	/	/	/	/	/	12956
1958	23255	7960	/	225	1951	293	145	/	/	/	/	/	/	/	/	/	/	/	11770
1959	25655	8440	2881	206	1780	225	18	1	0	0	177	16	148	12	/	/	/	/	11642
1960	24869	6770	/	79	2160	231	70	7	0	0	248	18	367	8	/	/	/	/	10373
1961	24830	6875	2669	39	1836	145	102	53	0	0	36	4	0	0	/	/	/	/	/
1962	35745	7168	/	45	2364	159	264	24	0	0	332	22	15	0	/	/	/	/	8477
1963	36475	7565	1872	65	1801	219	214	32	0	0	139	18	0	0	/	/	/	/	9292
1964	32850	6440	/	76	2584	241	130	15	0	0	270	23	0	0	/	/	/	/	/
1965	40545	7942	/	80	2620	315	100	10	0	0	196	18	0	0	/	/	/	/	11707
1966	39468	8220	3845	81	2797	275	85	8	0	0	336	30	0	0	/	/	/	/	12796
1967	38900	3459	/	/	2835	115	92	7	0	0	347	3	0	0	/	/	/	/	10054
1968	37805	8635	/	90	2238	95	184	15	0	0	76	5	0	0	/	/	/	/	/
1969	40500	9516	5868	139	/	146	167	12	112	0	231	13	0	0	/	/	/	/	/
1970	42585	9619	7755	144	2274	220	110	8	151	1	151	11	10	0	/	/	/	/	11321
1971	42990	7960	7620	144	2506	264	61	6	144	0	121	8	18	1	/	/	/	/	12905
1972	48810	12080	7620	188	2086	234	66	6	144	1	70	6	19	1	/	/	/	/	12471
1973	47670	11723	9207	189	1780	265	68	3	172	14	51	6	21	1	/	/	/	/	13262
1974	45990	11072	8117	190	1635	350	33	3	137	2	94	8	121	4	/	/	/	/	13065
1975	45510	11585	8741	208	1468	193	24	4	153	1	112	15	81	4	/	/	/	/	14690
1976	48090	13182	7848	242	1416	208	17	3	142	2	136	16	27	1	/	/	/	/	14407
1977	46545	11285	8474	281	1358	187	18	2	168	15	118	10	19	0	/	/	/	/	14264
1978	50370	13181	8075	324	1754	328	5	1	238	16	103	15	54	3	/	/	/	/	13458

续表

年份	粮食		茶叶		白术		烟叶		蚕桑		花生		油菜		蔬菜		西瓜		绿肥
	面积/亩	产量/吨	面积/亩	产量/吨	面积/亩	产量/吨	面积/亩	产量/吨	面积/亩	产量/吨	面积/亩	产量/吨	面积/亩	产量/吨	面积/亩	产量/吨	面积/亩	产量/吨	面积/亩
1979	45870	12885	8511	356	1931	410	1	1	229	5	95	10	52	4	/	/	/	/	13024
1980	42495	12831	8476	367	1994	385	7	1	154	6	117	14	127	4	/	/	/	/	12573
1981	44265	12775	8795	442	1164	140	8	28	136	6	156	9	538	12	/	/	/	/	11226
1982	46230	14126	9284	494	481	77	126	31	167	6	278	47	600	60	/	/	/	/	
1983	44355	13323	8878	468	293	24	61	2	111	5	366	22	791	65	/	/	/	/	11252
1984	43800	13717	8532	382	828	109	76	3	103	6	466	37	830	64	/	/	/	/	11043
1985	40515	13723	8277	319	1753	246	57	3	168	7	662	49	698	54	772	/	55	/	9225
1986	35775	10205	8751	377	4850	708	42	2	129	7	639	53	432	24	1053	/	203	/	8752
1987	40590	12310	8715	451	2485	390	53	4	138	9	703	59	408	32	918	/	467	/	10182
1988	40815	11417	8677	508	2058	199	35	3	141	9	828	40	348	18	1423	/	233	/	9577
1989	42930	11382	8662	476	1720	165	36	3	176	9	832	44	282	25	1383	/	171	/	9389
1990	43980	12126	8695	518	1333	127	41	2	621	15	806	55	454	45	1678	/	182	431	8939
1991	43590	12743	8908	500	1237	122	124	10	1616	31	792	64	850	92	2121	/	831	1262	9041
1992	41295	12138	8992	466	1256	169	167	10	1643	59	791	47	1226	137	1671	6250	1099	1549	9017
1993	38280	12115	9028	496	1993	302	46	4	1573	74	842	64	875	77	2091	5590	1022	1123	8812
1994	34680	10740	9348	488	2708	441	19	2	1603	100	941	59	890	77	2279	6108	847	1412	8257
1995	34770	10369	8890	480	2572	386	0	0	1558	94	731	91	1674	182	3607	6962	1055	1811	7995
1996	34545	11557	8890	571	2391	442	13	1	1273	59	1093	119	1542	142	4170	7178	1031	1746	7859
1997	33460	11037	8950	2343	2575	389	16	1	1251	59	1276	149	1693	151	3590	7961	1085	1715	7128
1998	31653	10742	9017	594	1660	288	0	1	1082	66	2423	317	1986	153	4768	10484	1142	1638	7035
1999	32055	11011	9038	615	1497	285	0	0	986	47	2569	289	2019	231	5349	12943	1126	1266	6463
2000	29037	10315	9231	653	1539	285	0	0	989	41	2446	315	2568	278	6673	15510	969	1112	6437
2001	22419	8414	9281	680	2612	424	6	1	953	38	2796	396	2593	270	10827	19416	1301	1461	4959
2002	19176	7277	10710	677	2786	519	0	0	672	37	2928	434	2286	214	13272	22458	1282	1431	2684
2003	13827	4219	12560	642	1774	314	0	0	549	19.2	2740	323	1230	117	15766	26836	1163	2514	1010
2004	14405	5422	13821	653	1583	346	0	0	460	19.2	2804	364	1064	118	14306	26272	1232	1814	324
2005	14319	5298	14598	643	1638	383	0	0	436	19	2623	305	1125	131	16261	28024	1188	2192	429

续表

年份	粮食 面积/亩	粮食 产量/吨	茶叶 面积/亩	茶叶 产量/吨	白术 面积/亩	白术 产量/吨	烟叶 面积/亩	烟叶 产量/吨	蚕桑 面积/亩	蚕桑 产量/吨	花生 面积/亩	花生 产量/吨	油菜 面积/亩	油菜 产量/吨	蔬菜 面积/亩	蔬菜 产量/吨	西瓜 面积/亩	西瓜 产量/吨	绿肥 面积/亩
2006	14452	5610	15211	663	1631	380	0	0	436	20	1457	340	1197	141	16934	29970	1126	2015	79
2007	14287	5735	16050	686	1549	395	0	0	436	19	2394	344	1221	164	17166	29329	1086	1860	273
2008	15882	6069	16286	696	1837	460	0	0	390	12	2204	312	1397	198	18048	30380	1085	1614	275
2009	16854	6299	16289	740	1991	561	0	0	120	4	2179	323	2111	255	17660	31296	1076	1557	142
2010	17104	6390	16329	742	1899	542	0	0	120	3	2285	342	2048	199	18031	31290	1185	1857	197
2011	17523	6499	16887	774	2010	559	0	0	0	0	2140	323	2320	230	17848	30582	1179	1829	109
2012	18323	6580	17210	781	1690	507	0	0	0	0	2252	317	2679	272	17067	32207	1270	2087	100
2013	18809	6874	17192	734	1575	407	0	0	0	0	2229	299	3015	323	16796	27941	1294	1926	100
2014	19534	7050	17487	759	1458	387	0	0	0	0	2246	306	2903	315	15920	24535	1292	1786	51
2015	18409	6814	17655	769	1380	356	0	0	0	0	2184	315	2798	310	15139	23616	1238	1649	77
2016	17757	6746	17842	808	1314	336	0	0	0	0	2081	296	2727	324	14692	22726	1251	2163	75
2017	16625	6185	17768	727	1272	329	0	0	0	0	2008	285	2658	323	13924	20989	1353	2507	82
2018	16582	6232	18271	745	1268	320	0	0	0	0	2022	281	2648	323	13408	20063	1518	2781	72
2019	16477	6305	25686	868	1166	306	0	0	0	0	2051	287	2571	329	12696	19406	1549	2332	83

表三　回山主要畜产品情况

年份	猪/头	牛/头	兔/只	禽/只	羊/只	兔毛/箱	禽蛋/箱	蜂/箱
1953	6783	3804	/	/	339	/	/	/
1954	9741	3807	/	/	468	/	/	/
1956	5037	/	/	/	/	/	/	/
1957	4900	/	/	/	/	/	/	/
1958	7571	1735	1976	/	535	/	/	/
1959	7933	1994	8704	21286	/	/	/	297
1960	9335	1932	7135	15885	806	/	/	656
1961	4048	1713	/	21731	790	/	/	/
1962	4977	1751	3842	21135	1356	/	/	406
1963	7876	1732	3818	22482	1571	/	/	441
1964	9144	1688	/	/	689	/	/	/
1965	8877	1777	/	/	518	/	/	/
1966	8121	1810	/	/	143	/	/	/
1967	6951	1658	/	/	/	/	/	/
1968	6728	1745	/	/	59	/	/	/
1969	7853	1733	/	/	42	/	/	/
1970	9227	1653	/	/	128	/	/	/
1971	9530	1526	/	/	62	/	/	/
1972	9185	1528	18788	/	55	/	/	/
1973	9611	1478	19804	/	78	/	/	64
1974	10111	1442	18616	/	35	/	/	63
1975	9769	1421	17301	/	78	/	/	5
1976	8701	1312	14814	/	40	/	/	3
1977	9500	1315	14394	/	119	/	/	4
1978	11383	1340	17818	/	157	/	/	93
1979	12191	1408	27811	/	/	/	/	/
1980	11917	1410	32932	/	110	/	/	20
1981	20971	1510	37648	/	98	/	/	20
1982	13023	1573	36926	/	91	/	/	90
1983	13476	1600	25998	/	92	/	/	65
1984	14786	1519	41700	35457	65	7	76	126
1985	13807	1475	70244	36668	53	22	30	132
1986	14772	1401	68448	37242	61	22	32	146
1987	15865	1491	37441	42692	63	13	42	236
1988	15602	1533	25427	43313	89	9	44	213
1989	13655	1505	33347	41590	107	11	35	71
1990	13530	1505	34270	41750	148	12	32	315
1991	13428	1419	45312	40957	121	21	78	358
1992	13102	1279	83960	39897	110	33	55	421
1993	12338	1109	68980	36710	140	32	26	915
1994	11742	1076	64685	41035	258	30	28	935

年份	猪/头	牛/头	兔/只	禽/只	羊/只	兔毛/箱	禽蛋/箱	蜂/箱
1995	10923	731	55425	39870	543	31	25	1070
1996	9468	939	51770	37750	554	30	26	1139
1997	9531	877	74104	34095	557	36	19	1027
1998	8444	803	70421	36290	616	38	26	1075
1999	8806	767	61790	36420	969	37	31	1216
2000	9976	673	61380	38800	1339	41	38	1351
2001	10385	564	54430	41945	1227	37	41	1707
2002	11169	427	43955	45732	748	33	74	1307
2003	11008	362	36055	42982	500	30	132	1286
2004	11462	296	33120	46516	367	26	130	1301
2005	11193	270	32437	38194	350	23	135	1305
2006	4424	272	30063	16640	264	20	56	1237
2007	3800	212	24151	15581	201	17	58	1200
2008	3680	199	19275	15395	178	14	67	1518
2009	3893	169	20710	15527	204	10	53	1382
2010	3398	159	20000	14761	168	11	56	1011
2011	3335	147	19785	15097	148	11	62	935
2012	7777	142	19507	26690	150	9	64	935
2013	7783	139	18267	24389	184	8	45	1226
2014	7509	122	19065	21945	202	2	39	1128
2015	3553	97	18945	21540	158	2	71	504
2016	1935	63	18373	20052	250	2	65	485
2017	1960	62	7375	19022	249	2	40	535
2018	1716	43	4000	16806	274	0	29	693
2019	1724	20	10000	15761	268	0	32	675

表四　回山粮食生产情况

年份	水稻						大小麦		玉米		番薯		马铃薯		大豆	
	早稻		单季稻		杂交水稻											
	面积/亩	产量/吨	面积/亩	产量/吨	面积/亩	产量/吨	面积/亩	产量/吨	面积/亩	产量/吨	面积/亩	产量/吨	面积/亩	产量/吨	面积/亩	产量/吨
1954	1906	284	39017	6758	0	0	7072	886	/	/	1979	1237	1591	358	908	106
1957	/	/	/	/	0	0	2561	198	2028	792	1351	634	1442	180	/	126
1958	/	/	6549	1510	0	0	4798	532	2910	1244	2126	1021	2072	263	/	88
1959	15222	3524	11842	2734	0	0	3942	525	4088	1015	2547	1401	2472	314	365	40
1960	13681	2693	14608	1571	0	0	4681	628	3440	835	2330	771	2465	284	615	50
1961	7228	1072	11887	2808	0	0	6176	401	3377	766	2257	588	2420	316	643	34
1962	5563	916	12990	3128	0	0	4764	420	3032	660	1903	469	2094	263	499	57
1963	6142	1041	12287	3012	0	0	3855	360	2941	844	2020	876	2419	287	577	51
1964	8975	1396	16976	2770	0	0	4145	464	2982	683	1771	419	2126	330	574	45
1965	9690	1778	17459	3610	0	0	49	552	3066	855	1817	560	2037	266	581	70

续表

年份	水稻						大小麦		玉米		番薯		马铃薯		大豆	
	早稻		单季稻		杂交水稻											
	面积/亩	产量/吨	面积/亩	产量/吨	面积/亩	产量/吨	面积/亩	产量/吨	面积/亩	产量/吨	面积/亩	产量/吨	面积/亩	产量/吨	面积/亩	产量/吨
1966	9421	1875	18848	3823	0	0	3974	373	3151	960	2118	768	2070	317	675	53
1967	8360	1301	15300	1097	0	0	5009	470	3206	132	2030	179	2154	299	636	53
1968	8839	1886	12694	3537	0	0	6221	743	3785	1052	2419	718	2319	346	954	149
1969	7762	1861	17362	4607	0	0	5783	526	3728	1252	2190	674	2277	310	913	213
1970	10131	2549	17663	4214	0	0	5423	508	3223	993	1999	713	2199	265	927	177
1971	10605	3042	16930	3650	0	0	5402	651	3563	538	1896	456	1982	205	1082	139
1972	13569	3934	16927	3225	0	0	8154	1205	3313	965	1905	820	1665	291	897	100
1973	13300	4183	18323	4235	0	0	7415	722	3294	1100	2034	891	1741	349	774	89
1974	12599	4179	18390	3683	0	0	6030	708	3002	881	1893	726	1890	9639	977	147
1975	12364	3697	18241	4259	0	0	5301	583	2980	853	1940	733	1976	382	948	104
1976	13959	4105	18719	3813	0	0	7440	961	3044	852	1785	574	/	/	1043	120
1977	13552	3680	18641	4855	680	/	774	659	3102	966	1996	809	/	/	1300	153
1978	13573	4614	20742	5405	2531	966	8308	1220	2971	731	1827	680	1778	235	1260	118
1979	11651	3904	5564	2707	2442	872	8818	1478	3005	970	1834	683	/	/	1068	89
1980	8241	2870	8698	4641	8231	3871	7130	670	2602	724	1578	626	1143	280	988	102
1981	9288	3507	8663	4473	7593	3344	7250	925	2474	500	1906	775	727	76	1040	105
1982	8889	3400	9273	4540	9245	4546	8273	1261	2515	606	2026	782	1522	377	1245	121
1983	7835	2670	10274	5399	7918	4055	9321	1030	2366	474	2450	927	1496	368	1157	116
1984	7146	2733	10671	5368	8155	4016	10941	1551	2414	537	2226	876	/	/	1390	178
1985	5903	2664	10752	5105	9255	4871	10430	1428	2480	514	2039	639	/	/	1331	105
1986	5342	2224	9086	3803	7252	3119	9144	1538	2292	435	1949	529	/	/	1497	122
1987	5671	2170	11379	5382	8747	4784	9598	1287	2091	463	1932	630	1246	183	1377	123
1988	5020	1667	12727	5799	10842	5159	9334	1284	2665	331	2066	473	1631	232	1417	86
1989	5225	1834	12228	5023	10400	4320	10312	1382	3327	615	2344	564	1739	286	1508	134
1990	4874	1925	12800	5269	10099	4314	11079	1678	3466	689	2580	605	1897	369	1424	110
1991	4552	1831	12326	5766	10459	5356	10644	1411	3754	879	2696	650	2125	330	1463	121
1992	3552	1307	12784	5992	10978	5319	9767	1483	3006	540	2740	607	2230	374	1885	153
1993	970	358	13665	6760	12543	6421	8383	1400	3568	897	2906	3245	2416	2620	1372	120
1994	828	290	14809	7274	12993	6677	7617	1147	3196	490	2380	535	2291	397	1505	89
1995	1191	398	14544	6714	13365	6226	7369	1031	3079	446	2472	583	2503	471	1346	95
1996	1216	446	14419	7035	14816	7362	7151	1094	2862	649	2513	696	2525	572	1480	132
1997	1218	452	14504	7209	13733	6926	6731	1010	2451	452	2444	641	2555	483	1386	102
1998	1047	397	13819	6942	13068	6488	6503	917	2221	433	2490	719	2544	551	1005	91
1999	795	290	14294	7182	13474	6877	6642	989	2438	506	2539	748	2523	561	974	92
2000	0	0	14399	7199	11186	5845	5261	780	2305	489	2356	611	2500	549	1091	106
2001	0	0	12433	6286	12375	6239	3267	352	2223	462	2295	628	/	874	1109	112
2002	0	0	10688	5415	10107	5194	1975	276	2275	477	2311	662	/	/	1048	117

年份	水稻						大小麦		玉米		番薯		马铃薯		大豆	
	早稻		单季稻		杂交水稻											
	面积/亩	产量/吨	面积/亩	产量/吨	面积/亩	产量/吨	面积/亩	产量/吨	面积/亩	产量/吨	面积/亩	产量/吨	面积/亩	产量/吨	面积/亩	产量/吨
2003	0	0	7048	2798	6324	2573	821	119	1841	385	2035	545	/	/	1438	154
2004	0	0	7681	3856	6549	3350	592	94	1607	389	2098	574	1305	1682	1076	127
2005	0	0	7453	3577	6656	3248	581	94	1842	410	2580	767	1290	721	1018	121
2006	0	0	7304	3624	6512	3285	607	103	1830	420	2777	957	1447	1579	674	128
2007	0	0	6821	3432	6046	3082	556	97	1850	443	3120	1247	1613	832	1141	159
2008	0	0	7281	3669	6431	3241	551	99	1679	392	2914	1118	1529	311	1158	173
2009	0	0	7016	3553	6236	3199	720	121	2226	542	3023	1193	1686	362	1509	236
2010	0	0	6579	3394	5894	/	546	86	2363	576	4234	1585	1616	428	1890	266
2011	0	0	6402	3304	5763	/	764	135	2523	620	3389	1366	1793	505	1975	303
2012	0	0	6480	3290	5852	/	822	144	2856	675	3393	1301	1982	565	2141	326
2013	0	0	6624	3214	6000	/	654	146	2830	651	3556	1462	2143	675	2184	322
2014	0	0	6771	3383	6129	/	825	150	3086	711	3634	1470	2096	667	2412	368
2015	0	0	6414	3346	5857	/	735	132	2778	730	3508	1428	2184	507	2231	347
2016	0	0	6156	3318	5658	/	723	136	2611	716	3473	1424	2144	618	2130	325
2017	0	0	5855	3189	5384	/	685	129	2487	682	2991	1292	2075	378	2025	316
2018	0	0	5776	3177	5315	/	679	128	2504	719	2996	1313	2108	383	2023	317
2019	0	0	5596	3109	5176	/	690	131	2488	729	3070	1703	2143	396	2035	324

第四编 饮食特色

彩烟属玄武岩台地，田少地多，涝少旱多，其生产条件决定耕种模式和生活方式。先民们地尽其利，物尽其用，在自给自足的基础上，充分发挥聪明才智，创造出乡土气息浓郁、地方标识清晰的各种食品，养成自成一体的饮食习惯与文化特性。

第一章 一日三餐

彩烟人日常生活的一日三餐，以求温饱、求生存为底线，丰歉统筹，丰不浪费、歉不外求。忙闲兼顾，忙则吃饱，闲即应付，养成了"两干一稀""一干两稀"或"一干一稀一杂"的传统习惯。

第一节 三餐食物

三餐概况

早饭（早餐） 以米饭为主，但纯米饭少之又少，多数是加一些杂粮、瓜菜糁合在一起，如番薯饭、洋芋（马铃薯）饭、南瓜饭、菜饭、萝卜丝饭、芋头饭等。米饭成分不多，也算是饭。新鲜米饭更少，大都是"饭娘饭"[1]。和冷饭掺和在一起烧，为的是想方设法节约粮食。

晏饭（中餐） 根据季节而定，出产什么，吃什么。春夏季一般以面粉制品为多，加洋芋等，秋冬季一般以六谷（玉米）粉制品为多，加番薯等。焐番薯时，稍有条件的农家为家中的主要劳动力蒸一碗米饭，其他人只能吃番薯。

夜饭（晚餐） 基本上以粥、六谷糊、番薯汤为主，或配一点杂粮填肚，有时甚至是青菜梗汤。

"双夏"等农忙季节，因为劳动强度大，下午吃点点心。冬季里，农村里睡得早，起得迟，困难或节俭的人家一日吃两餐。

主要食物

稻米 籼米主要用来煮饭、煮粥。糯米用来煮饭、捣麻糍、裹粽、做老酒等。晚米（粳米）用来煮饭、捣岁糕（年糕）等。彩烟稻米少，惜米如金。

面粉 面粉食用普遍。在面粉中加盐和水调成糊状或揉成面团可制作多种食品。面皮汤，用较软的面团擀薄，切成条，拉薄后放入锅中。麦面，用较硬的面团擀薄折叠后用薄刀切成匀称的

---

1 指剩饭。

面条放入锅中。麦面、面皮汤夏季常用苦麻、洋芋和在一起烧，秋季常用"鸡苗菜"、小青菜和在一起烧。与苦麻、洋芋一起烧时用大蒜盐汤，与"鸡苗菜"、青菜一起烧时用生姜盐汤，味道更地道。麦花汤，将较稠的面粉糊用筷子一根一根地夹入烧开的汤水中即成。惹饼，用较薄的面粉糊粘在已烧热的锅上，熟了即起锅，用已烧好的蒲瓜、茄菜裹在里面很好吃，如能裹点猪肉、鸡蛋、豆制品，那更是美味大餐了。麦草鞋，用较软的面团揉捏成草鞋状贴在锅边烧熟。麦麻糍，将较稠的面粉糊倒入已烧熟油的锅中，用锅铲把面糊粘在锅边烧。麦饼，用较硬的面团，将其放在面床上擀薄成饼后烧制。不加其他材料的麦饼叫淡麦饼，将菜干揉进面团制成的麦饼叫菜干麦饼，将糖夹在中间的麦饼叫糖麦饼，糖麦饼算是奢侈品了。淡麦饼可直接食用或卷素菜荤菜吃，菜干麦饼与糖麦饼不裹其他菜肴食用。麦饼可当正餐，出远门可当干粮，不易变质，亦是一些节日必备的食品。

裸麦、大麦 比小麦成熟早。裸麦去壳去皮后可煮裸麦饭、裸麦粥，大麦去壳去皮后可煮大麦饭、大麦粥。裸麦、大麦磨成粉可制作裸麦馃、大麦馃。裸麦、大麦的品质远不如小麦，然而因它成熟早，青黄不接时应急功不可没，故有"有难离祖宅，穷难离大麦"之说。

洋芋、番薯 洋芋可炒、可焐、可放汤，可当菜，亦可当饭。番薯一般是焐着吃与放汤吃。在自然灾害等特殊时期，番薯是重要主食，早上番薯饭，其实见不到饭粒，中午焐番薯，晚上番薯汤，吃得嗳气与反胃了仍需吃。它虽身价不高，可毕竟伴随乡民们度过了困难时期。

六谷粉 用开水将六谷粉泡熟反复揉捻成团后，可制作成不同样式的馃饼。捣臼馃，形如现在超市有售的窝窝头，个头要比超市卖的大，且厚实些，蒸着吃，"捣臼"里面可放菜。捺迹馃，用鹅蛋大小的粉团，揉捏成小圆饼，用四个手指一捺，贴在锅沿上烧熟即可食用。草鞋馃，用拳头大小的粉团，经两手轮换按压成像鞋底一样椭圆状，形似草鞋。这种馃一般在炒青菜、萝卜的同时，贴在锅沿上侧一起烧，省柴省时。六谷饼，随手摘一团，制成像小锣似的六谷饼，现烧现吃，劲道。冷了后用火再烤脆，擦上点猪油或大蒜盐，香气诱人。最好吃的还是六谷馃，加工程序也较复杂一些。泡制好玉米粉后，炒制馅料。馅料一般用腌菜、蒜苗、冷饭粒、腌肉粒等炒熟待用。六谷馃有两种样式，一种叫"包饼头"，包法如同当今的咸菜饼，但个头大，一般人吃两个即饱；另一种叫"猪娘馃"，包成半月形，将捏成小锣似的六谷饼放上馅料后对折捏边，再整体轻轻压紧，有点像放大了的饺子。烤时需烤好一面，翻转再烤另一面，这样容易烤透，也有用文火不翻面，一次烧透的，但费时。吃六谷馃最过瘾，又很耐饥。用冷水将六谷粉反复揉捻成团，再拿捏成厚实的条，用薄刀切成均匀的块状放在羹架上蒸熟的叫"刀笃馃"。

六谷粉常制作六谷粉粥、六谷馃汤。制作六谷粉粥较简单，将放有鲜菜、咸菜的汤水烧开，把六谷粉撒进搅匀即可。制作六谷馃汤有两种方法，一种是用开水泡发，一种是用冷水搅拌，反复揉压成圆柱形粉团，一手托粉团，一手随意摘取一小块，捏成小饼，放入已烧开的鲜菜或咸菜的汤水中。用开水泡发的馃汤有韧性，用冷水搅拌的馃汤易糊汤，但操作简单，口感软嫩。嫩六谷脱粒磨成糊状，可制作水六谷馃与水六谷馃汤。

黄粟饭 又叫粟米饭、小米饭。烧黄粟饭最好的配材是淀粉含量低且放置一段时间后糖化度高的番薯，再掺和适量的事先温水浸泡过的细豆和糯米。先将番薯去皮切块，和细豆、糯米放入锅内煮熟，再在上面均匀撒上黄粟米，焖煮十来分钟后停火。用锅铲将番薯与粟米搅成黏稠的糊状，就成黏糊糊、甜滋滋、香糯兼有的黄粟饭。

芦稷（高粱）馃　早年的高粱不同于现行的杂交高粱，茎秆要高于杂交种，产量较低，糯性比杂交高粱强，但糯得鲜淡，吃多了反胃。因此对吃芦稷馃有"头餐关门吃，二餐开门吃，三餐拉人吃"的谚语流传。高粱还有一个变种，俗称糖芦稷，穗细粒小，茎秆含糖量高，鲜食其茎秆，鲜甜似糖梗。糖芦稷现在彩烟几乎绝种，偶尔也有老农种植，实在难得。

鸡爪粟馃　鸡爪粟要比黄粟矮小，一秆一穗，穗形像鸡爪，籽粒像黄粟，故称鸡爪粟。鸡爪粟初夏播种，夏末秋初成熟，产量低，但耐旱、耐贫瘠，且生长期短，一般山地都能种植。收割时，割其穗头摊晒，放在捣臼里捣出颗粒，扬净晒干磨粉，制成窝窝头。口感没有黄粟米好，纯属度荒充饥之品，曾于20世纪60年代初盛行，几年后被逐渐淘汰。

荞麦馃与苦荞麦糕　荞麦与苦荞麦属同一科，因其经济性状与生长特性略有差别，故在食用方面也有所不同。荞麦适宜秋季种植，农谚称"处暑荞麦白露菜"，说明荞麦只要赶在处暑节气下种就有收成。荞麦可以磨粉做窝饼吃，也可擀面条，还可蒸熟拌曲烧制白酒，称荞麦烧。

苦荞麦宜在晚春下种，夏季收割。籽似荞麦，因其味苦、性凉，不适做面食，宜做糕点蒸着吃。制作苦荞麦糕要先把苦荞麦粉调成稀糊状，利用夏季的气温任其自然发酵，观其糊状的表面普遍起泡，便可调入糖精水改味上蒸。一般农户都是在竹编的羹架上摊一块湿纱布，将其均匀倒在纱布上蒸熟稍冷却，然后切块即可食用，抓在手里软软的，吃到嘴里苦中有甜，甜里透酸。凉透后吃，味道更佳，苦荞麦糕清凉排毒，夏天吃了可防中暑。

鸡爪粟、苦荞麦之类的农作物，产量低，收割又费工夫，在当年食不果腹的特定时期，起到了接济解难的作用。

第二节　家常菜蔬

彩烟人把家常菜蔬叫"常住菜"，亦称"种来菜"。

常住菜分类

鲜菜瓜豆类　青菜、芥菜、苦麻、乌油菜、黄芽菜、萝卜菜、茄子、天罗（丝瓜）、饭瓜（南瓜）、蒲瓜、冬瓜、芋艿、茶豆、长豇豆、晚年豆（四季豆）扁豆、黄豆、毛笋、冬笋、鞭笋等。

腌菜类　白菜、九心菜、雪里蕻、大头菜、榨菜、萝卜、冬瓜等。

干菜类　白菜干、萝卜菜干、咸菜笋丝干、萝卜干、茶豆干、笋干、蒲瓜干、洋芋片等。

除了节假日买或做点豆制品，重大节日买点鱼、肉外，彩烟人全年吃的都是自家的"常住菜"。民间有"瓜菜半年粮"之说，可见常住菜在日常生活中的地位和作用。

主要常住菜

白菜　家家户户种白菜，小户人家腌制几百斤，大户人家上千斤。白菜从小雪节气开割腌制，一般腌制十来天开始尝鲜腌菜梗。一直可吃到来年清明节。腌菜梗可以生吃，蒸熟拌点猪油很好吃，加点冬笋丝用油烹炒更好吃。用腌菜梗下饭，城里人也喜欢。腌菜晒成菜干后耐贮藏，为蔬菜淡季时备用。晒菜干时，为了使其干燥得快，一般当天晚上捞出后放在箩筐或蒲篮里，用石头压在上面榨干菜卤，第二天放竹竿上晾晒。腌菜晒干后直接食用的叫白菜干，吃时有清香味，但韧性足，牙齿不好的人吃比较难。腌菜晒干后，放锅里用文火煮熟再晒干的叫红菜干，较为柔软，吃时有点糯。无论是白菜干还是红菜干，蒸的时候如能放点腌肥肉或新鲜五花肉，那么口感软糯，味道更佳，实属上等好菜。

萝卜菜　萝卜菜主要是吃它膨大后的根，但菜苗有两个利用期，人们是不会放过并切实利用。出苗初期叫"鸡苗菜"，是下面皮汤或做汤下饭的极佳食材。待萝卜长两三片大叶至萝卜根开始膨大时，及时拔取晾干，由绿透黄后腌制叫肉萝卜菜，用它配以豆腐或芋艿同煮是一道难得的风味菜。因为吃肉萝卜菜的季节气温尚高，如无冷藏条件，容易变质或过时。

萝卜　萝卜的吃法很多，可蒸、炖、炒，又可腌、卤或制作糖醋萝卜，还可切片或刨丝晒干了吃，切成条制成萝卜干。萝卜干制作相对麻烦一些，但耐贮藏。制作萝卜干首先要选取个头中等的新鲜萝卜，将其切成长短、粗细比较一致的条状萝卜条，趁晴好天气晒至七成干，将其加以适量的盐，放锅内蒸煮熟透，再晒干，便成酱红色的萝卜干，久藏不易变质。口感咸中带甜，即可当菜，又可以当零食，还可加点肉汤之类蒸着吃。

通常作腌制咸菜或菜干的品种还有九心菜和雪里蕻。九心菜有冬九心菜和春九心菜之分，都是腌制后食用。一般冬九心菜须在严寒来临之前收割，腌制供年内或年初食用。冬天腌制的九心菜食用时间长，不易变质，如腌制倒笃菜，即使食用到夏天也色香味不变，而春九心菜是年内初冬种植，到来年春分后才收割腌制，虽鲜味独特，但不易保存，最适宜晒制笋干咸菜，供夏秋蔬菜淡季时食用。

青菜　春、秋、冬三季都种植，最好吃要数黄芽菜（常叫黄黄菜）。尤其是严冬时节，其他叶菜类被冻害后口味大减，唯独黄芽菜外面的叶子冻得枯萎了，而里面的菜心却包得更严实，用来烧煮榨面或炒年糕，真个是色香味俱佳。

第二章 节庆宴席

彩烟人非常重视过年、清明等四季八节与婚丧嫁娶等人生大事。食物总是与人联系在一起的，重要活动食物相聚，美味凝聚家庭亲人，礼仪折射传统伦理，沿袭了风俗，传承了风情。

第一节 节庆食品

过年

过年是每个家庭最为重视的节日。广义而言，从农历十二月二十三起，到来年正月十八止，均属过年范畴。五谷丰登之年，家家户户自酿老酒、捣年糕、裹粽子、做豆腐、杀猪打冻、宰鸡宰鸭、赶集采办年货等，是当家人最为忙碌又有成就感的时节。

岁糕 彩烟人不称年糕叫岁糕。年者，岁也。捣岁糕是过年的象征，预示"岁糕，岁岁高"，家家户户都捣，一般人家一、二臼，大户人家四、五臼。过去捣岁糕有两种途径，一种是去有水碓的地方出钱加工，如门溪、夹溪边水源充足的地方都建有水碓。另一种是用踏碓，因为踏碓几乎每个村落都有。只要自愿邀约一个互助团队，有十来个正半劳力就可轮流作业，出力不出钱，为大多农户所接受。踏碓昼夜不停，通常一小时能捣三五臼。捣岁糕一般在阴历十二月中、下旬，如年内立春，则必须赶在立春前，因采用冬水容易保存。岁糕用纯晚米（粳米），用清水浸泡透后捣成米粉，上饭甑蒸熟后捣成。为增加不同花式和口味，可在晚米中加一定比例的糯米，称糯米岁糕，适宜老年人吃。如果在晚米中掺和些玉米粉，就是玉米岁糕，吃起来就有玉米的香味，一般不作待客用。糕花，其实就是岁糕的半成品，即是将蒸透的晚米粉倒入捣臼内捣舂几十下后，糕粉结构比原先紧密，黏性增强，在捣臼中央逐渐向臼沿边上冒出的那部分，由负责添年糕的人趁榔头向上举的瞬间，快速用手摘取出来的糕粉，结构半紧半松，外形玉白如棉吐丝的花朵状，故称糕花。捣岁糕小孩望眼欲穿，手舞足蹈，高兴的是因为能吃上一团脆中有韧、香气扑鼻的糕花。手巧的家长还会用糕花现场为小孩做个元宝、雄鸡、小狗、小兔之类玩具，那情那景，令人难忘。岁糕可蒸着吃、汆着吃、煨着吃、炒着吃。春节走亲访友叫"吃糕"，一般点心是炒岁糕，正餐是蒸着吃，要切得厚实，吃起来有劲道，且不容易冷掉。

粽　"二十七裹粽，二十八打冻。"即使生活再困难，粽子必须裹。裹粽应用糯米，没有糯米用晚米、籼米替代。用豇豆、细豆、黄粟等作为裹粽辅料的要加入米中拌匀，用豆沙、蜜枣、毛栗等作为馅料的要将其裹在米中间，并分别称之为细豆粽、黄粟粽、栗粽等。不加辅料与馅料的叫纯米粽或白米粽。纯米粽虽然口味单一，但最易保存，如悬挂在通风阴凉环境里，存放数月不发霉，不变味。春节招待客人一般是先上岁糕，再上粽子。裹粽是门技术活，包得过紧煴时易爆壳，过松则软散，变成"冷饭粽"，吃起来欠筋斗。为此，过年前几天，裹粽能手会受到四邻五舍邀请帮忙。用新鲜粽箬裹的粽表皮光亮洁泽，一股清香。将裹过的粽箬洗净晾干再用的，粽表皮黄褐色，有的还有霉味，然为了节约，多数人家仍坚持这样做。彩烟有个谜语："青水鸡，活剥皮，糖蘸蘸，真好吃"，谜底就是粽子。

豆腐　过年家家户户要做豆腐，豆腐干自己包，油豆腐自己煎，豆腐皮自己揭，且可变换出许多种菜来。如煮豆腐、煎豆腐、千张、皮卷等都是春节招待客人的常用食品。然在食品紧缺年代，有些豆腐制品上桌还是凑凑碗头不能食用的，如煎豆腐有的人家用棕榈叶串在一起，客人走了挂起来晾干，下次客人来了再用。做豆腐，还有豆腐渣，豆腐锅焦等，都是美味菜肴。

猪肉　猪肉是主菜。一般十二月二十五前"大开杀戒"，人们一年到头养的猪、鸡、鸭、鹅，就是为了过年热热闹闹。杀过年猪的一般是大户人家，然猪肉也是卖掉的多，自家留下猪头、猪脚爪，猪肚里货（猪下水）及少量猪肉。中等人家买只猪腿，小户人家买个猪头，穷人家买个两三斤猪肉应付。

冻肉　过年几乎家家户户都打冻。冻肉耐贮藏。年内做好的冻肉，如果整钵贮藏，钵面上的浮油不弄破，可放数月不变质，能沿用到清明节。原料丰富，只要是猪身上的，无论头尾、腿脚都可打冻，含皮多胶原蛋白含量高的部位更佳。冻肉晶莹透亮，触之有弹性，入口凉丝丝、滑溜溜，可下酒亦可下饭，老少皆宜。打冻还可在肉中加入油豆腐，称之为油豆腐冻。少数人家也有打鱼冻的。打冻先把肉余熟切块，加水放入锅里用猛火烧开，再用文火慢熬半小时左右，如否可加配料，最简单的测试方法是用一根筷子，试能否轻松插入带皮的肉块。如能则再加入盐、酱油等配料后，揭盖再熬煮一段时间，待配料入味，即可停火起锅，盛入钵盆等容器内，冷却后即成冻肉。类似冻肉的还有"扎肉"。一般是用猪条肉切成大小一样的肉块，用掰成丝条状的棕榈叶或笋壳，将每一块肉拦腰扎好，然后加配料煴熟，盛入容器，随时取食。"扎肉"在短时间内也不易变质，过去在集市和小饭店也有售卖。

糟肉　年关前，将猪、鸡、鸭、鹅等肉煮熟，切成块，趁热抹上盐，待冷却后，在容器底面先放入酒糟再放上食材，然后在食材上面铺一层湿纱布或洗净的棕片作隔离，以免取食时粘上太多的糟料，最后在隔离层上用酒糟封口，加盖即可。放置三周左右，便可即取即食。糟制食品特别香，可待客，可自享。

肉糕、肉丸　通常在过年或节庆时制作。肉糕的材料主要是猪夹心肉、鸡蛋、豆腐、淀粉和食盐，其中肉和蛋比为1比1。加工制作时将夹心肉剁成肉泥，将豆腐用手捏成碎粒，加适量淀粉液拌匀，倒入肉泥中搅拌；将鸡蛋打搅成半透明蛋液，在平底锅上用文火煎成薄如纸的蛋饼，冷却后切成蛋丝备用；用蒸笼铺上打湿的纱网布，将备用的肉泥倒入纱网，压成 2～3 厘米厚的圆肉饼，然后将蛋丝均匀地铺撒在肉饼上，用刀口不时调换方向轻压，使蛋丝与肉饼亲密接触，看似泥地上的草皮，紧而不实，松而不离；接着用刷子蘸蛋清液在蛋丝上轻轻涂刷，力求匀称，注意不能过量，也不能有堆积，避免出现斑块，影响外观；最后蒸约十五分钟，表面金黄的肉糕就可成功出笼。将夹心肉剁成肉泥，加豆腐与适量淀粉液，揉成圆形小球即成肉丸。

鸡、鱼　一般人家都养鸡，"上盘的鸡，送丧的子"，可见从小鸡养到过年不容易。祭祖、祭天地时为全鸡，招待客人时是白斩鸡，但是春节招待客人的鸡肉是不能随便吃的，"鸡，鸡，桌上戏"。大年三十为孩子长岁或外婆为外甥专门准备的鸡腿是一份难得的厚礼。鱼也是珍稀食品。每村有塘，塘都养鱼，以白鲢（鲢鱼）为主，亦有青鱼、鲤鱼等，年后放鱼苗，年前捕塘鱼，家家户户都有份。招待客人一般是白鲢，将其煎熟起锅后放在粽箬上用棕榈叶缚好再煮，这样整条鱼有头有尾，样子好看。为此鱼上桌，一般也是不能动筷的。有钱人家也有买点带鱼等过年的。

年夜饭　又称团年饭、团圆饭等，是一年之中最重要最丰盛的阖家聚餐。大年三十这天中餐匆匆了事后，整个下午的灶台不再熄火，里锅、外锅（农村大多有两眼或三眼土灶，很少独眼灶），风炉一齐上阵，炖、炒、煎、煮、焖有序安排，上灶的，烧火的各就各位。年夜饭的菜谱也是最齐全最高档的，各家各户会有所不同，但有几大件是一致的，如大鱼（寓意年年有余或跳龙门）、方块红烧肉、冻肉、煎豆腐、豆腐皮卷、鸡（鸭）肉以及给孩子长岁的鸡腿等，在桌子上还必须摆上岁糕、粽子等。子女办年夜饭时一般叫上长辈，既是为团圆，也是尽孝心。

十四夜、十八夜

十四夜是彩烟人新一年祭祀祖宗的起始之日，"亮眼汤"必备，即用淀粉配以鸡内脏，新鲜精肉等食材制作的羹汤。传说吃了后可眼睛清亮。十八夜把不能存放的剩菜吃掉。过了十八夜，过年结束了，"过了十七八，有糕有粽也不佘"。

清明

清明是祭祀祖先的大节，特别重要，有"清明大如年"的说法。清明主要是备办祭祖的祭品，叫羹饭。到祖坟扫墓的羹饭，通常不能重复使用，每个坟地准备一套羹饭，山公山母一套羹饭。豆腐、豆芽、线面（粉丝）为必备，加上猪肉、鱼和豆制品等九盘。多数人家上坟归来，聚餐前在家里再做清明夜进行祭祀活动，摆放羹饭是一条鱼、一只鸡（或鸡肉）、一块刀头肉或红烧肉、一盘豆腐等九盘菜，外加米饭一碗、麻糍几块（或节）。家里祭祖结束，整理并复原餐桌，倒掉羹汤青菜榨面米饭等，其余菜肴重新炒热，再炒制几个菜，就可以一家人吃饭了。清明也是亲人团聚的节日，为此菜肴较为丰富。

麻糍　清明必须捣麻糍。捣麻糍即将纯糯米放在饭甑里蒸熟，倒入捣臼后用榔头反复锤捣而成。一般是一臼麻糍二十斤左右糯米。麻糍分为两种，一种是白麻糍，一种是嵌麻糍。嵌麻糍的馅料分两类，一类是甜的，规范的甜馅必须先用豇豆或细豆煮透磨成糊状，再添加白砂糖在铁锅内炒熬成膏状后，经冷却待用。甜馅的另一种制作方式是，炒芝麻经碾压再拌入赤砂糖，方法简单，特别香。另一类是咸的，咸馅的配料大都采用鲜或腌腊肉，腌咸菜、鲜笋、小葱之类，切成碎粒经煎炒备用。两类馅料都得在捣麻糍前准备好。上坟一般用白麻糍。麻糍也是其他重要节庆或重大宴席的必备食品。

三月十九

民间流行每逢农历三月十九捣青麻糍的习俗。农历三月十九为明崇祯皇帝吊死煤山之日，此日吃青麻糍，有"灭清"之寓意。青麻糍所用馅料与嵌白麻糍无异，也分甜咸两类。加工青麻糍数量根据农户的人口和喜好自行决定，捣青麻糍不一定全用糯米，可适当掺和一定比例的晚米、玉米等，只是糯米与其他谷物都必须先打磨成粉，加工时加水拌和成干湿适宜上蒸。青（统称艾青），山野可采的品种有好多，品种不同口感也不同，根据各人喜好自行采集贮藏以备用。捣青麻糍所用粉拌最为理想的是用松花粉，因为松花粉防粘的隔离功能比干米粉强，而且还有强身健体的保健作用，颜色也相当好看。

立夏

立夏通常中饭要吃糯米或晚米饭，在饭中或加蚕豆、咸肉粒等，还要吃立夏鸡蛋和健脚笋。健脚笋要求是山上采的野生小笋，指头般粗细，据说吃两根一样长短的健脚笋，你的腿脚整年不会酸了。吃立夏饭是难忘的，因为立夏可吃上优质的纯米饭，平时吝啬而舍不得的当家人，或许会买点带鱼供全家享用，真是满意加倍，且可以尽量吃饱，因为风俗中酒醉饭饱后要称侬（称体重），吃得饱一些，体重多一点。

端午

端午节的吃，彩烟人与县内其他地方有较大区别。给小孩吃水煮鸡蛋，或是茶叶蛋，大人吃的鸡蛋一般用上收藏一年的艾草煮鸡蛋，或用鲜采的答菜（鱼腥草）煮鸡蛋。用现代科学理论来说，小孩吃水煮鸡蛋最利消化吸收，大人吃的药草鸡蛋有利强身健体。大人都要喝点"银王烧酒"，说可避邪，实可消暑。以前虽不流行吃粽子，但"吃过端午粽，还要冻三冻"的谚语，大家还是知晓的。

七月半

农历七月半俗称"鬼节"。准备菜肴，造好羹饭，主要是为祭祀自己的祖先，也有组织"放路灯"的，为安抚无子孙后代的孤魂野鬼。七月半家家户户要做麦饼，豆腐、豆芽必备。

中秋

中秋即农历八月半。旧时农村在中秋节能吃上圆沙（月饼）已算有口福了。20世纪70年代以前，五分钱一个红糖圆沙，六分钱一个白糖圆沙，也有人家用三分钱买个大麻饼作替代品，有的连麻饼也没有。

重阳

农历九月初九是重阳节，重阳节吃麻团。麻团用糯米粉蒸熟，拿捏成鸡蛋大小的粉团按扁，用拇指在中间捺一个孔，撒上芝麻糖即可食用。"重阳不吃饱，饿煞种田佬"，最重要的还是吃饱。麻团也是招待客人或孝敬老人的高档食品。

其他节日相对比较简单，如夏至吃麦饼，"夏至麦饼肉筒筒"，冬至吃冬至馃，"有的（指富有）冬至夜，没的（指贫穷）冻一夜"，春分、秋分是一年四季中的代表性节气，家有年长者买些新鲜肉菜祭祖宗、祭天地。许多节日，说到底还是为搞点吃的，改善一下生活，"摆摆冷，自好哽（吃）"。

过传统节日所需餐饮食材，一贯秉承自有自便、自给自足、就地取材的原则，可不买的尽量不买，可节省的尽量节省。

第二节　宴席桌菜

普通宴席

彩烟人赴宴叫吃"体面饭"或"大饭"。旧时，穷苦和平常人家除了办喜宴外，一般宴席不太讲究排场和仪式，重在庆贺和热闹一番。一般的宴席，肉、鸡、鱼基本有，其他菜则根据家境与时令比较随意，可有的宴席对食物与菜肴有特殊要求。如打灶要上"灶头馃"，竖屋要上麻糍，闹周要上"闹周馃"，做寿要上线面（粉丝），且每人一双嵌麻糍。尤其是白事（丧事）除了其他菜肴外，必须备足豆腐，吃完了再上，直至吃够，为此奔丧叫"吃豆腐"。而且米饭要烧得特别硬，谓之"丧扛米饭"。

结婚宴席

最重视的是结婚宴席，少则几桌，多则十几桌，甚至几十桌。过去桌是四方桌，称"八仙桌"，凳是四尺凳，每条坐两人。传统的桌菜通常为八人一桌（如果要加座，叫"插角"），置菜八大碗加两汤为配制。过去也有十六大碗，那是富豪人家才办得起。

八菜两汤　其中的四大碗约定俗成，不能轻易改变或替代。第一是红烧肉（俗称方头肉，人均两块），八块带皮带肥连精，另八块可精可肥可带排骨由大厨灵活掌握，肉块大小由主人提供的总量决定，通常每碗 2 斤，体面的每碗 2.5 斤鲜肉。第二是红烧鱼，以 1 斤左右的整条鲢鱼为标准量，小于 1 斤的寒碜，大于 1 斤的体面。第三是白斩鸡，以 1 斤毛鸡一桌为标准量。第四是肉糕，人均两块。其他四大碗分别是豆腐干（中炒）、肉皮肚配时令蔬菜、猪肺线面或泥鳅（干）姜丝、黄豆芽炒咸菜或皮卷等。其他加菜，一般应时应季而作，由厨师灵活采用。两汤为羹汤，食料以鸡血、鸡汤、鸡内脏、精肉、冬笋黄豆芽等切成细粒加淀粉制作而成，其中一碗加醋为酸汤。羹汤薄而透亮，鲜爽通口，老少喜爱，作为大餐的压局菜。

婚宴每人 2 个馒头（包子），2 个糍糕也是有规定不能少的。

第三章　零食糖果

零食可充饥、消闲、待客。彩烟人为了丰富生活，也制作一些零食，多数都是原产品简单加工，而有些则运用传统工艺精心制作，视为上品。然粗有粗的口感，细有细的雅味。

第一节　主要零食

番薯糕干

番薯糕干有两种制作方式。一是选用番薯淀粉含量低的番薯品种，洗净去皮（也可不去皮），在前一天晚上切成两三毫米厚、一厘米宽的条块，第二天在开水中焯熟但不过透，否则会影响到品相，均匀薄摊在竹簟上晒干，用砂（砂要求是米筛之下，糠筛之上的砂为合格）炒制，要求脆不焦煳为好，吃起来脆脆甜甜。二是选用优质番薯，去皮切滚刀块煮烂，起锅放容器内捻成番薯糊泥状，配加芝麻、橘皮或生姜碎粒，用模板制作成十六开纸大小的一张张薄片，摊晒在事先准备好的草帘（一般用干净整齐的稻草作铺垫）上，晒干后剪切成匀称的菱形或长条，用砂炒熟，吃起来更为香甜。还有一种叫番薯阉，条状，晒干后食用，也是特色食品。

洋芋片

洋芋片有两种制作方式，一种是将洋芋焐熟剥皮切片晒干，叫熟洋芋片，一种是将洋芋削皮切片晒干，叫生洋芋片。炒熟即可食用，用油煎更香脆，熟洋芋片比生洋芋片味道好。熟洋芋片加水蒸着吃是洋芋片汤，也可加点腌肉蒸着吃，都是不错的地道菜。生洋芋片是受外来食品"薯片"的启发而学着做的，流行时间不长。

术熜番薯和窑头番薯

每当初冬熜白术的时候，正好是番薯收获的季节，在烧柴火的熜堂旁边放上几根带泥番薯，利用火堂的余热将番薯烤熟。一轮烤熟，又换一轮。这种术熜番薯外僵里软，薯香四溢，十分抢手。

以前农户所用的砖瓦都靠就地选址叠小型砖瓦窑烧制，大多数村落都建有小型砖瓦窑。窑头番薯的原理与术熜番薯相类似，只是窑头番薯更难得，更加"香喷喷"。窑头番薯只能开窑一次烤一次，想烤第二轮要等到下次开窑。烤窑头番薯没术熄番薯那么简单，起码要准备几件器具：一根长于窑头口的竹木，且竹木不能是干燥的，以免自燃；一个装放番薯的容器，一般采用将要报废的破旧篮子或破旧畚箕，且要用细铁丝加固，以防烧烤物掉入窑内而白费心机；还要一根粗铁丝将容器绑接到横在窑头的竹木中间，以便在开窑的瞬间，将番薯悬挂入窑内，利用窑内向上蒸发的余热，一两小时把番薯烤熟。

大鸡胖与小鸡胖

大鸡胖通常称六谷（玉米）胖、六谷嗨，是将晒干的玉米用砂直接炒熟开爆，香味原汁原味，口感硬中有脆，适宜牙口好的人吃。将炒熟的六谷胖拌上红糖称糖六谷胖，冷却后成块状掰着吃，香中有甜。也有人采用未经晒干新脱粒的潮玉米，直接用砂炒熟即吃，称潮六谷胖，气味新香，口感更爽脆一些。20 世纪 60 年代中期，回山村一杨姓人家引进一款手摇爆米花机后，六谷胖多了一个新品种，一升六谷可爆一畚斗，每爆一铳加工费是八分钱，引得不少村民排队加工。爆米花机开始时只爆六谷胖，后来又衍生出爆岁糕胖和米胖。

小鸡胖是用糯谷直接放锅里炒，炒到一定温度后爆出米花，理去谷壳，现炒现吃，香软可口，一般是打新灶头时炒，春节三十夜、十四夜也炒，主要不是为吃，而是寓意为"发"。

米扁与米海茶

米扁的制作和应用堪称历史悠久，加工方法传统。选取颗粒完整（要求筛去碎米粒）的糯米，用清水浸透、蒸熟，晾摊成半干不粘手，用榔头在捣臼里捣扁，再晒干，即为成品米扁。米扁耐储存，受潮也可再晒。将少量米扁放在锅里用文火炒胖，即米胖，称"米海"。食用时，取适量米胖放碗内，配白糖冲入开水，就成为一碗香甜且有嚼头的米海茶。

用爆米花机爆的米胖，体积膨大，用它泡茶，冲入开水后迅速缩小，吃起来没劲道，不能与传统的米海茶相比。

连环糕

制作连环糕的原料为优质糯米和白砂糖，配料为薄荷等香料，再加一套雕刻有"8"字形的木制模具，一般每块模板雕十个"8"字形。

首先将糯米用温水浸泡，晾干后再放铁锅内炒熟，炒香、摊凉，用石磨磨成粉。把白砂糖溶成浆，和糯米粉按比例揉在一起，再放入薄荷等植物性香料，揉匀。再把拌揉匀的糯米粉倒在平整的大面板上划平，就可用模具倒扣在糯米粉上用力压，使"8"字形的模具充满糯米粉，顺手翻转模具，再用刀片用力划压过去，确保模具里的糯米粉充盈饱满。然后将模具倒放在另一块面板上，轻磕几下，将模具里的糕倒出来，一块块完整的连环糕就做成了。

连环糕软糯香甜，入口即化，还透着丝丝薄荷香凉感，老年人喜爱，小孩子更喜欢，还可以馈赠亲友。不过，连环糕的制作属纯手工，费工费时且产量有限，手艺后继乏人。据回山村老艺人介绍，三个儿女都无意传承，如有人愿意学，他愿免费教授，并赠送连环糕全套工具。

豆腐锅焦

其实是在制作豆腐过程中的一种副产品。湿豆磨成浆，经过滤去渣，然后把浆液放锅内烧开熄火。稍凉后，用盐卤或石膏水等凝固剂点浆，此时有一层沉淀物粘在锅内，锅底稍厚些，沿锅边渐薄，起浆后，因锅堂余火余温致使沉淀物呈焦黄色，铲下来，放点油盐拌和即食，豆浆味和焦香味融合，口感粗里带细，软中带脆，风味独特，极易吊人胃口。

牢铙斗及其产品

顾名思义牢铙斗与"吃"有关。形状很奇特，结构很简单，用一根细铁丝，在一头的端点先折成直径约3毫米的小圆，然后围绕这个小圆向外等距离转圈，约转十来圈即可停止，再平面向外折转约90°角留作斗柄，捏住斗柄上圈将中心小圆往下一拉，便成为一个螺旋形的上大下小的锥体斗状"牢铙斗"。

牢铙斗的发明首创，难以考证，当数特定年代的独有产物，大致可框定于20世纪60年代末，盛行于70年代，止于80年代初。使用人群男孩远多于女孩，使用牢铙斗的伴用器具为当年少儿冬季取暖用的火熜与铜踏，在斗里放上黄豆、花生米、玉米之类小颗粒食物，放进装满炭火的火熜或铜踏里。听到"哔哔剥剥"的响声，冒出香气，说明斗里的食物已烤熟。提起捞嘈斗轻轻将斗里的炉灰抖净，即可将食材往嘴里送。此时此刻，满嘴的口水能将烫嘴的食物冷却，舌齿协调配合，不一会便吃进肚里，接着又来第二斗。

第二节　回山糖果

回山糖果，严格地说是糯米糖（麦芽糖）。民间公认其药膳兼用，具有健脾、消食、润肺、止咳、化痰等功效。糖果由一粒粒新鲜白亮的糯米，添加发芽恰到好处的大麦芽粉糊，经催化而成。主材是糯米，辅材为大麦芽。回山糖果口感独特，其他糖制产品无法相比，故成民间品牌。

回山糖果的加工

蒸米　选取优质糯米，淘洗，浸胀，蒸透。

捣麦芽　大麦芽有两种形态，一种是新鲜大麦芽，可直接放捣臼内捣成稀糊状；一种是晒干的大麦芽，捣磨成粉状备用。通常以新鲜现捣现用为主。

拌和　将糯米饭与麦芽按一定比例，趁热拌和均匀。

发酵　将拌和好的材料适时倒入糖缸内发酵（糖化），约八个小时。发酵充满神奇和魔术化，由开始的干黏形态，经四五个小时变成黏糊状的甜粥模样，再过三四小时便成半透明的黏液状。这个过程，就是将糯米所含丰富的支链淀粉催化成葡萄糖和果糖的化学变化，也是手艺人显示技术和智慧的最关键环节。

熬糖　熬糖在糖缸内进行。原先固定在灶膛之上，糖缸的底下就是炉膛。炉膛放入大块的干柴猛烧，也不至于糖液焦化，主要是因为采用陶土制作的糖缸缸体厚实，受热均匀，热得慢，冷得也慢，稍做搅拌，就不会粘锅烧焦。熬糖是一个去粗求精的过程，熬多长时间，熬到什么程度歇火，也有相当的技术性。

冷却 将经过煎熬的糖浆从糖缸内用勺转舀到紧挨糖缸旁的冷却槽内冷却。槽的前下方有一可关启的出口，冷却到一定程度，就可将糖液从出口放流到敞口的接盆里，接盆有大有小，根据糖浆总量来选用。量少则一个人接，量多由两个人抬。

拉打与成型 糖浆搬到成型的场地后，要不失时机地拉扯。由刚放入接盆时的半流质，到变成有弹性的凝固状糖胶状态时，就是"打"糖的开始。所谓打糖，实质意义是将糖液中饱含的气泡排除掉，使糖液"净身"，成品结构紧密，外表光滑，口感细腻。凝固状的糖胶须经反复拉、扯、绞、并，通常由两人合作，默契配合，动作协调，最后根据成品规格的需要（制作成糖果或糖枣），拉成大小不同的棍条状，如果剪糖枣，要拉得细小些，剪成菱形小粒即可；如果制作糖果则要拉得粗一些，因为糖果在切块后，还得加另一半工序即揉圆后再按压，将每一小块按压成三毫米左右厚，六七厘米直径的圆饼状。

贮存 糖果成型后即为成品，分类包装和贮存。糖果的贮存比较讲究，因其存放在暖湿空气的环境里容易黏着和变形，所以一旦成型，冷透后必须将其存放在密闭容器里，还得配备足够干燥的隔离材料。传统的隔离材料，一种是用文火炒干的籼米粉；一种是秕谷（俗称谷壳），事先炒至焦黄而不碳化，可反复使用。

回山糖果的追溯

用糯米和大麦芽制作的甜味副食糖果，其手艺是彩烟人创造，还是从外地引进亦无文字史料为证，或与天台、东阳的鸡毛换糖有关。糖果作为远离都市、就地取材制作的甜味食品，能转化成商品，被公众接受，自然要经得起时间的考验，更要有市场或商铺来推介。据新昌县志载，彩烟集市沿革最早可追溯至明万历七年（1579），棠墅（今大宅里村与中宅村之间）始市。宣统《彩烟杨氏宗谱》有文字记载："康熙九年（1670）始开市下畈（回山村脚老区校旁）……市得不废，今仰赖之。"且下畈"开市碑记"尚存，现由县文管会收藏。根据上述史料推敲，彩烟集市已有四百多年，与回山糖果历史接近。

回山糖果的传承

随着社会的发展与变革，"百作手艺"中许多关乎民众生活的传统手工艺不少退出人们的视线，有的销声匿迹，有的难以为继，有的被新工艺新材料替代。回山糖果虽然没有以前那样兴旺，但仍有一定的市场，不仅彩烟人熟知，城里或县域内其他乡镇集市，仍有糖果售卖，且都标记"回山糖果"。据回山村糖果专业户杨大明介绍，每年制作糖果需要优质糯米上万斤，多的一年两万多斤，由此推算每年制作糖果成品超万斤（通常一斤优质糯米可熬制六两糖果），且供不应求。

有喜亦有忧。目前从事制作糖果的艺人大多年逾古稀，青黄不接，后继乏人，有的投机商户以次充好，以假乱真，冒用"回山糖果"。糖果的传承发展，离不开当地和有关部门的关心和扶持。

第四章　风味拾遗

风味是食材碰撞裂变的结果，是生活中的偶然演变成必然的结果。彩烟的一日三餐蕴含风味，节庆宴席彰显风味，零食糖果演绎风味，琳琅食林流淌风味。山乡风味，俯拾皆是。

第一节　酿造食品

自做老酒

农村自酿糯米老酒的历史由来已久，俗称"自做老酒"。自做老酒的时间，一般选在立冬过后至冬至，原因大致为，一是自产糯米已干燥入库；二是农事稍闲；三是酿酒气温适宜可控，蚊蝇减少。这些与绍兴老酒惯用冬酿的历史渊源有一定联系。

做酒首先将糯米用清水浸透，一般不少于 24 小时，然后将糯米上饭甑蒸熟透，趁热倒在事先准备好的容器里摊开晾凉。米饭温度与体温接近时，放上酒曲，酒曲与糯米的配比一般为 1 比 10，搅拌均匀，就可放入缸或甏中，接着加上优质泉水或井水。加水量原则掌握在 1 斤糯米加水 1.5 斤。根据经验之谈，如果自酿 50 斤米的酒，加水应少于 75 斤，如果酿 100 斤米以上，则可加水稍多于 150 斤。加足水后再搅拌，最后插入酒笓，再上盖，不要盖得太严实，因做酒之米曲属好氧菌。

气温适宜的话，经一昼夜就可开笓，开笓征象是酒米上浮，笓柄周围开裂，并将酒笓上送且侧斜，即可用笓在酒缸上搅拌。开始时一天搅拌多次，发酵旺的话，酒水直往缸外溢，酒香扑鼻，故开笓后的前几天不可大意，非常关键。五六天后，搅拌次数放慢减少，酒糟开始下沉，此时提起酒笓用碗盏滴上几点品尝，鲜甜可口，小孩、女人等不会吃酒的人最为喜欢。再待十来天，酒糟全沉，上面全是酒水，俗称缸面清，口感已由甜变烈，酒味十足，该是吃酒人享用的时候了。

土烧白酒

烧制白酒的原材料，要比自做老酒广泛，除了糯米酒的糟可作糟烧，更有旱地作物的籽实和薯类，如高粱、荞麦、大麦、洋芋、番薯等为原料，分别烧制高粱烧、荞麦烧、大麦烧、洋芋烧、番薯烧等；用野生的金刚刺根、金樱子果（俗称糖罂），烧制金刚烧、糖罂烧等，十分流行。近年来不断开发以各种水果和药材为原料，配以糯米、白砂糖为辅助发酵的果子烧，如杨梅烧、蓝莓烧、黄桃烧、猕猴桃烧等，越来越受欢迎，尤其是白术烧，原料独一无二，更具地方特色。

白酒发酵的曲种、流程与自制老酒不同，大多白酒的原料拌入曲种后须密封发酵，发酵时间因曲种不同，封存的时间也不同，有的三四周，有的甚至要三个月。烧制白酒的器具，很早农村流行的是装制酒原料的用杉木箍成的木桶，木桶上面放蒸馏圈及装冷却水的用锡制的锡桶（俗称烧酒甑）。后来越来越多地采用不锈钢器具，型号多，容量大。冷却水也不需用手工翻换，只需直接用水管连接在冷却桶与水龙头上，可连续供换水，省工省力，出酒更快。

白药酒

白药酒一般在夏季制作。制作白药酒，先将糯米浸透蒸熟摊凉，再将甜白药捻细成粉状，与糯米饭按一定比例拌匀，装入盆钵内，约七成满，中间用瓢按压出一个低于周边的"窝"，以观察白药酒发酵质量的优劣。如果经一昼夜，窝内已充满酒液，且能闻到酒气之甜香，说明大功告成。再过一天，就可老少享用。农忙时，用白药酒炖鸡蛋作为上好滋补品，可以免放白砂糖，经济划算。

黄豆酱

土制黄豆酱的主要原材料，为农家种植的大豆和小麦粉。

加工方法与程序为，选取优质黄豆浸胀后放锅罐内煮透，带汤稍凉，去汤更好，拌入一定比例的麦粉，搓揉成酱团后让其自然发酵。发酵的容器可选择篾制的箩或木制的盆，先垫上桐子树叶或山野新采的牡荆叶（俗称黄荆树），后放入酱团，上面再盖一层树叶或报纸之类防尘。在夏季发酵5～10天，酱团上布满米黄色菌体，说明发酵成功。若有黑色或绿色的菌体产生，应将其清除。然后，可取酱团放到配制好的盐水中制酱了。制酱的容器根据酱团的数量来确定，量少用适型的钵，量多用相应的缸，盐水比为0.8比10，酱团与盐水比为1比5或1比6。最后就是晒酱，酱的成功与否，质量的优劣，晒的因素很关键，因为夏季晒酱，一要防蚊蝇污染，二要防雨淋。如能做好这两防，就尽量晒，晒得越久酱香越浓，质量越理想。

第二节　零散菜肴

腌菜萝卜

一种是在腌制白菜时将形似鸭蛋大小的萝卜直接铺放在白菜中间，腌半月左右便可取出来切片或切成条，生吃，松脆爽口。另一种是在制作红菜干时，将大小适中的整个萝卜放在煮白菜干的锅中铺底同煮，待第二天取白菜干晾晒时，原先白嫩的白萝卜已转变成个头缩小了许多的酱红色软球了。入口咸中透甜，软中带滑，即成初冬时节下粥下饭的一道好菜。

腌苋菜梗

苋菜品种有红绿之分，绿叶绿皮的叫绿苋菜，紫叶紫皮的叫红苋菜，前者生长期略短，茎秆也矮小；后者生长期要长些，茎秆粗壮，产量也要比前者高。

腌制苋菜梗比较简单，如果即腌即食，只要选取茎秆还没纤维化的苋菜，切成3厘米左右长的小段，洗净放入容器里，加入适量的小苏打水，经两三天腌制，就可添加适量的盐后蒸着吃，口感软滑，少有渣，但香味不浓。若要长时间吃，或放置到来年还可吃，须要等到苋菜顶端开花结籽，三分之二的茎秆内皮已经木质化了才能收割加工。腌制时要加石灰水先浸泡数日，再装陶罐内加盐封存。加盐早，可贮藏的时间长，加盐时间迟，那么软化得快，可提前食用。腌苋菜梗腌制成功与否的标准是闻起来有点臭，吃起来却很香，段段软腐不空壳。

不过苋菜梗即使软腐过头，其卤汁还有利用价值。用卤汁煮豆腐或做麦粉酱，就是令人留恋的家常菜。

麦粉酱

每年六七月份，新麦刚产出，瓜菜未能旺产，正值蔬菜淡季，农家制作麦粉酱作为特色菜，以前在农村比较普遍。麦粉酱制作简便，只要头一天晚上用小苏打水或苋菜梗卤与新产的麦粉调成糊状催化一晚，第二天早上蒸熟就成功了。用苏打水作辅料的颜色是黄灿灿的，而用苋菜梗卤作辅料的颜色是蓝汪汪的，味道都不错，但苋菜梗卤作辅料的更香。

苦麻皮

用木棍将苦麻秆从根基向秆梢依次均匀轻敲，使皮与秆分离后剥下苦麻皮，或用锅铲将苦麻皮从苦麻秆上刨下后，洗净焯熟浸泡在水中，捞出用大蒜盐或少许辣椒炒制，清淡可口，是下粥的好菜。

菜部（枝）头

将雪里蕻、九心菜、芥菜的部头用腌九心菜文火焐透，嫩的部分入口即化，老的部分壳中是"菜肉"，甜蜜蜜，咸滋滋，可下饭，亦可下粥。

酱制品

将茄子切段，蒲瓜、冬瓜切片，将西瓜皮削除青皮切片，晒成半干后放入酱中过几天就成了酱茄、酱蒲瓜、酱冬瓜、酱西瓜皮。这些酱制品既有原本食物的味道，又有酱香味，酱西瓜皮更有种说不明道不清的味觉，但有的人就是喜欢吃。

猪油盐

将猪油熬熟，放入食盐烧熟，起锅盛在容器内，既可延长保质期，也是一种节约方法。鲜菜制作的汤类食物，放点猪油盐又香又咸。小孩身体不适或撒娇不肯吃饭时，米饭中拌点猪油盐就狼吞虎咽了。

骨头豆腐渣

制作骨头豆腐渣比较简单，先将事先准备的猪骨头，放在石捣臼里捣碎后加入一定量的新鲜豆腐渣和适量的盐，拌匀，再放到铁锅里炒熟，装盛到容器里备用。两种食材，一荤一素，荤素组合。可供即食，也可久放，放久后略带霉味，口感更加独特。食用这道菜时，因豆腐渣中掺和着一定的骨头细粒碎屑，必须细品慢咽，不可大意。

番薯皮肚

用番薯、洋芋或蕉藕等加工提取的淀粉，加水调成糊状，不可放盐以防粘锅，干稀要适宜。锅里先放少量油，将淀粉糊泼制成薄饼状，起锅稍冷却，切成菱形块状，质地软韧，颜色透亮，和在青菜咸菜里一起烧煮，入口滑糯无比，男女老幼皆喜欢。

芋煮豆腐

将生芋艿去皮后焐熟透，加入切块豆腐共煮约 15 分钟，再配适量盐、黄豆酱等佐料，用文火再煮 5 ~ 10 分钟，芋煮豆腐就可出锅享用了。如配以猪筒骨或时鲜腌萝卜菜同煮，味道更好。也可将豆腐煮到在汤水中浮起，再加入熟芋艿和佐料共煮 10 分钟左右。回山农家种的"乌脚基"芋艿芋仔浑圆，口感软而细腻，最适合制作芋艿豆腐。

回山豆腐干

回山从事豆制品加工的作坊很多，品种齐全，品质和供应量稳定，不过冠名已久且正宗的"回山豆腐干"是大宅里村梁玉明制作的豆腐干。据考查，梁玉明已是第三代传人，其父名雪照，所以回山豆腐干又名"雪照豆腐干"。其采用纯手工的传统方法，每一块豆腐干成型，都必须分别实施格模，包浆后再压榨，做到每块豆腐干内质一致。特别是用家传秘方原料熬煮，熬煮时必须用木柴而不能用煤。为此，质地柔软，富有弹性，香味持久，口感细腻又有韧性。炖、炒、蒸、煮等各种方法烹饪，皆是美味享受。因纯手工制作，每天限量，供不应求，特别是节假日，一"干"难求。相关报纸曾作专题报道。现回山豆腐干时而出现在新昌各大饭店的餐桌上，且有当天经接力传递带上飞机直接送往北京。

牛肉萝卜

牛肉萝卜是比较稀罕与高档的菜肴。20 世纪，牛主要是耕牛，农民的宝贝，决非如今牛主要是供食用。牛肉萝卜的主料是牛肉和萝卜，配比也不讲究，不过牛肉最好是牛肚腩，俗称"牛包肚"。辅料为茴香、桂皮、生姜、辣椒等。将牛肉清水浸泡，洗去血水，切成小块，开水汆熟，去除浮沫，捞起备用。选取萝卜洗净，切成滚刀块。将汆过水的牛肉入锅，加水没过牛肉，再加辅料，用大火烧开，再用文火炖约半小时，牛肉接近软熟，即可加入萝卜。烧开后再炖十分钟左右，萝卜软熟后加盐、酒等，用文火再焖十来分钟，牛肉酥软、萝卜甜润的牛肉萝卜就成了。

腌猪肉

腌猪肉以冬至以后到腊月期间为最佳。肉材要选农家自养的,最好是体形相对结实的土猪肉。通常分生腌和熟腌两种。生腌,即将盐撒在肉的表面,经反复揉抹后,放置在缸、桶等容器里腌十几天后,一块块用棕榈叶串起来,挂放在冬日的太阳下晒干,就可因需食用。如将晾晒干的腌肉放置在咸菜干的中间贮藏(陶制的氅内)则久藏不变味,且香气渐浓。熟腌,是将猪肉煮熟稍凉后即抹上盐,挂在阴凉通风处晾干便可食用。一般熟腌的量不多,因不宜久放。

第三节　野生食物

青(野艾)

俗称青或艾青。菊科植物,草本,有香气,被灰白色短柔毛。味苦、辛、温。功用有祛风除湿,消肿止血。民间常于春季剪采其嫩茎叶,经开水焯后过冷水,现用或冷藏用作为捣青麻糍或做青馃、青饺的辅料。有“二月清明青如草,三月清明青如宝”之谚语,意思如该年为早春,野艾早发芽,人们可提早采集,加工享用。

马兰头(马兰)

马兰头。菊科植物,草本,多分枝。叶缘有粗齿,头状花序顶生,花蓝紫色。功用有清热解毒,活血消肿。常于春季采摘其嫩芽,经开水焯后过冷水,后挤成团,可切细与豆腐干切粒同炒做菜热吃,也可做冷盘,还可筒麦饼吃等,是春季药膳兼用的时令好菜。

孟菜(苦菜)

孟菜,药名白花败酱。有特殊气味,夏秋开白花。苦、微寒,清热解毒,排脓消肿。民间习惯食用其嫩叶。口感没有马兰头好,早先作为充饥之野菜,如今作为药膳用。

茛萁脑头(蕨菜)

茛萁脑头,草本,高达1米,根状茎粗壮,具褐色茸毛,叶片三角形。甘、微寒,清热利湿,安神。春天刚出土的嫩叶即脑头拳头状,一折即断,此时的嫩叶经焯水可鲜食,也可晒干与猪肉炖、炒着吃。

山粉

从山野挖取一两年生的粗壮茛萁根,择去根毛泥杂,用清水洗净,放在石捣臼里捣碎成黏糊状,然后将黏糊状的茛萁根搬到篾丝箩里用清水淋。放置篾丝箩的容器必须大于箩,边淋水边翻揉,使箩内滴出的水由白变清。然后再将由箩内滴出的淀粉水(称粗滤)经过二次过滤,第二次过滤是将第一次粗滤的水舀到细网的麻袋或豆腐袋里精滤,经几小时沉淀后,沉淀在容器内洁白的一层就是人们需要的山粉了,山粉可作滋养食品。

青草豆腐（黄芪豆腐）

此植物名为豆腐柴，马鞭草科，别名腐婢、观音柴、止血草。落叶灌木。小枝有毛，叶卵状披针形，长 3 ~ 13 厘米，揉之有臭味。圆锥花序、花萼杯状，有腺点，花淡黄色，核果球形，紫黑色，夏初开花。微苦、辛、凉。清热解毒，用于治疗疟疾、痢疾、急性肝炎、中暑、吐血、便血、创伤出血、扁桃体炎、中耳炎、痈肿疔毒等。

制作方法：（1）采摘的柴叶用凉水洗净；（2）将开水冷却到 50 ~ 60℃，浸泡柴叶；（3）将浸泡的叶子装入布袋，加凉开水，在容器内揉搓成糊，拧紧布袋，把柴叶水倒入另一个容器，布袋内再加凉开水揉搓，再把经揉搓的水倒入原容器里，一般揉搓三回到水渐清即可；（4）把三次水混合后，将上面的泡沫用网斗撇干净；（5）把事先准备的豆秆灰放在碗里，用凉开水搅拌，再用纱布过滤一下，也可稍沉淀，用豆秆灰液的上清液直接滴在柴叶水里。滴灰汁时，要边滴边用勺子轻轻地顺一个方向搅动。细心看着柴叶水有凝固滞重的感觉，或用一根筷子插入容器中间能立住，即大功告成。再待半个小时，便是翠绿透亮的柴叶豆腐。用刀解成大块再切小片，添加适量糖醋便可享用。若经冷藏，口感更佳，兼药膳型冷饮，堪称夏季里的一碗清凉"翡翠"，带给你视觉和味蕾的双重清凉。

乌珠（苦槠）、宅子（橡子）豆腐

彩烟的乌珠树较多，常绿乔木，果实扁圆形，比宅子果实扁大，淀粉含量与宅子相当，做成豆腐的口感比宅子豆腐稍微逊色。人们习惯于深秋季节去山上采集野生宅子，果实，椭圆形。老熟的宅子淀粉含量高，制成豆腐质量也高，且药膳兼用，虽然费工费力，仍然乐而为之。现今已成稀罕之物，据说宅子粉市场价每斤百元以上。

乌珠、宅子豆腐的制作比较简单。先将淀粉加温水融化成稀糊状，再倒入铁锅或钢精锅内，边烧火加热，边用锅铲或长柄瓢搅拌，以防糊底。加热到由稀糊状的乳白色，慢慢变成黏糊状的浅栗壳色，就可熄火起锅，装入干净的敞口盆内冷却，即成富有弹性、透着光亮的乌珠（宅子）豆腐。按需解切成块，再将大块切成小片，加糖和醋，便是酸甜可口的应时食品。亦可烧制成咸味当菜食用。

竹笋

竹笋是对竹子植物根鞭两侧所萌发出粗壮幼芽的统称，可分人工和野生两大系列。人工种植的有毛竹笋、黄杆竹笋、雷竹笋、金竹笋等。野生品种更多，有火竹笋、笆头笋、笔头笋、鳗笋、苦竹笋等。毛竹笋的食用最为普遍，春有毛笋、夏有鞭笋、冬有冬笋（俗称团笋）。有诗曰"宁可食无肉，不可居无竹"。可见竹在中国人心目中的亲和地位，彩烟地区的村落通常伴随着竹山竹园。

据查考，竹为禾本科植物，一年内成材，数月便比母体高大，即便是最速生的树木，也不可与竹子比肩，"雨后春笋"的成语，也寓有快速之意。不过竹笋破土后，见风见光则硬，只有及时采挖，才能成为舌尖上的美味。最好的笋是刚出土或尚未出土的泥底笋，这个时段挖取的笋壳色泽鲜黄、壳尖略带粉红、节距紧密，笋肉洁白如玉，手感饱满，质地脆嫩，一尘不染，彩烟人用"笋干净"来形容其无比的清爽和白净。

笋极易与其他食物配伍，如与肥腻的肉类脂肪搭配，可以形成美妙的平衡；与腌制的咸菜相配，可去除本身的涩味又增加咸菜的鲜味，相得益彰。另外，人们习惯用春笋切丝与腌制的九心菜、雪里蕻共煮，晒成笋丝咸菜，在干燥凉爽的环境里长期保存，随时用来炖肉做汤，不受时令限制。

蕈（菌菇）

可供食用的野生菌菇在彩烟也不少，而且对安全采食积累了相当成熟的经验。产菇季节主要有两个时段，一个是每年 5 ～ 7 月的梅雨季。出菇品种较多，如绿豆蕈（菇的伞盖上布满墨绿的斑点）、麦枪蕈（形状似刚出土的麦子的子叶，棒状、无伞盖、茄紫色且连片簇生）、雨伞蕈（形状像雨伞、伞盖灰白、伞柄中间有一个圆形的套子）、鸡丝蕈（也像雨伞、伞盖暗紫色，因其味特别美鲜如鸡肉丝故称，鸡丝蕈萌发很集中，少则三五个，多则十几个，而且还能找到对窝，两窝一凑合，可能有半篮）、白蒲蕈（菌盖菌柄通体洁白，菇体较大）、奶浆蕈（掰开菇体，能冒出白色浆液）、柏子树蕈（经砍砟的乌柏树桩上长出的颜色酱紫状如黑木耳）等。另一个是秋末冬初。这个季节出蕈不多，最受人喜爱的叫寒蕈。按颜色可分红、黄两种。出蕈的地域比较特殊，必须与松木和苔藓共生，且多在背阴的东北向。近些年植被过茂，影响寒蕈的萌发，生产稀少，市价已涨到几十元甚至上百元一斤，称得上真正的山珍。

野生菌菇营养丰富，口感鲜美，吃法也多样。最重要的是具备识别毒菇的常识。在采集或购买中，要虚心请教并进行有毒菌菇辨认，以防不测。

泥鳅

泥鳅是回山地区宴席上的珍品。泥鳅擅长潜伏，一般生活在水田泥中，具有极强的生存能力和繁殖能力，即使水田改了旱作，一年后的泥底照样生活着泥鳅。所以，一般劳动人家，都会制作清蒸泥鳅、红烧泥鳅、豆腐泥鳅、泥鳅干等，泥鳅也就跻身于传统宴席"十大碗"。

泥鳅的鲜食主要有清蒸和红烧两种。清蒸泥鳅要洗净、去内脏，装盆，配姜丝、蒜瓣、酒料等，锅蒸十多分钟，趁热放盐与少许猪油即可享用。清蒸泥鳅肉质嫩滑，鲜味独特。红烧泥鳅将在清水中静养且勤换清水两三天的活泥鳅，不论大小，不经宰杀，倒入烧红铁锅中，随即盖住，几秒钟后揭盖，整理泥鳅，加适量猪油，改文火烤，形僵气香后，配黄酒、酱油、葱姜和盐等，加开水没过泥鳅，用大火烧开后，文火炖煮至泥鳅酥软，汤汁浓稠，即起锅享用。红烧泥鳅条形完整，条形小的有形无刺，条形大的只是背脊稍硬，鲜香无比。

鲜泥鳅较多或有节庆准备时，一般制作泥鳅干。制作泥鳅干首先将清洗沥干水的鲜活泥鳅倒入烧红的锅内，焖杀；揭盖后用文火略烤，尽量不让泥鳅粘连。然后起锅烘（晒）。烘（晒）过程，特别需要防止蚊蝇叮咬和家猫偷袭。泥鳅干的土法贮存也简便有效，用干净稻草包装，悬挂于阴凉通风处。历经数月不返潮、不变味、不变质，随时作为待客的上好酒菜。

田坑泥鳅的捕捉时期。在传统耕作制度下，捕捉泥鳅的时期有两个。一是清明至小满间。此时大多水田翻耕灌水，冬眠虫、蛙等苏醒，泥鳅也离泥向上活动，尤其是夜晚，泥鳅喜欢在每块田中溶氧量高、泥浆细软的里半块田中聚集。另一个是立秋至白露间。此时水稻分蘖盛期后需要搁田。搁田前必须在稻田挖沟，根据水田形状开挖出"巾"或"用"等字形水沟。在这个过程，能够同时挖到泥鳅，尔后放水搁田，泥鳅会聚集到水沟中，成为一年中最佳的捕捉时机。

捕捉泥鳅的三种常用办法。一是传统方法，挖泥鳅。即在田坑水沟，用双手挖泥取泥鳅，循序渐进，从一头挖到另一头，一定有所收获。二是高效方法，逐泥鳅。彩烟人创造发明了泥鳅笼和逐耙，将泥鳅笼按在田坑出口处，在坑的另一端用泥鳅耙，把潜伏在泥浆中的泥鳅驱逐到笼口方向，这样反复操作，事半功倍。三是简便方法，笃泥鳅。用毛竹片做成一头可握手一头插入缝衣针的"泥鳅笃"。选择在天气闷热的晚上，站在田塍上，用手电筒照住伏在水底泥面的泥鳅，再用泥鳅笃对准了"笃"，往往十拿九稳。用这个办法捕捉的泥鳅，需要当晚处理为妥。

彩烟野味不少，山上有野猪、獾猪、角麂、野猫、野兔。水中有黄鳝、鳖、鳗、螺蛳、石斑鱼、条鱼、蟹、虾等，可谓应有尽有，实属美味佳肴。然彩烟人敬畏法律，保护生态，即使如野猪严重损毁庄稼，也任其自然。

彩烟人在普通而普通的饮食里，在平常而平常的生活中，骨子里深藏着一些珍贵的东西。如食物再匮乏，要留最好的招待客人（"省主舍客"）；再困难也绝不吃种子（"吃种子，面壁死"）；"饭粒掉在饭桌上，不捡到嘴巴里要遭天打"；种什么、吃什么，出什么、吃什么；力求吃饱，探索吃好；大块吃肉，大碗喝酒等，反映了热情好客、守护根本、顺势而为、珍惜生活、追求美好、旷达洒脱的性格特征与内在素养。

新中国成立后，人民群众翻身做主人。尤其是十一届三中全会以来实施家庭联产承包责任制后，彩烟人民解决了世代困扰的吃饭问题，由赖以生存、追求温饱进入了小康生活。杂交稻等优良品种，莴笋、芹菜、香菜、番茄等外来蔬菜品种引入，丰富了餐桌，提高了生活品质。一日三餐的传统习惯慢慢走上了"以食养身"的时尚路子。

随着时代发展与进步，节庆食品丰盛了，过年大餐阔气了，立夏吃黄鱼，端午吃饺子、粽子，中秋吃月饼等随之盛行起来，逐渐与城市接轨。过生日原来一碗鸡子榨面算不错了，现在聚餐且上蛋糕，寿庆从六十大寿开始，越高寿场面越大。宴席桌菜也不断变化，甲鱼、鳗鱼、河虾、螃蟹、龙虾等淡水食品与海鲜纷纷搬上餐桌，牛、羊、兔肉等成为平常菜肴。方桌变成了圆桌，八人一桌变为十人一桌。村村办起了餐厅、厨房，办十几桌乃至几十桌宴席可以不出村，不少家庭还把宴席办到城里，亲朋好友、四邻五舍租车接送。各种新品种零食源源不断进入农家，一些比较粗俗的传统零食被淘汰。

时尚更新传统，丰盛淡化风味。尽管一些传统食物在逐渐消失，然而童年的味道永远抹不掉，怀旧的情感永远拂不去。乡愁是味觉上的思念，无论你少小离家，在外闯荡了多少年，无论你离家多远，甚至在异国他乡，但对故乡的味道熟悉而亲切，味觉在舌尖，记忆在脑海，思念在心间，分不清哪一种是滋味，哪一种是情怀。

　　对美味的渴望，源自人类的本能。"回味"现为回山农特产品的公共品牌，回山镇专门建造了"回味馆"，回山味道，回味无穷，期待一代一代传下去，这也是一种幸福。

第五编

方言俗语

语言是人类沟通表达的方式和工具，是人们交流思想的媒介，人们彼此的交往离不开语言。语言是文化的重要组成部分，通过语言，文化得以储存和传承。语言是在特定环境中，因生活和生产的需要而产生的，所以特定的环境会在语言上打上特定的烙印。

方言俗语（谚语）及民谣是语言运用中最活泼的部分，是地方文化最鲜明的体现，亦是珍贵的非物质文化遗产。

第一章 方 言

方言是一个区域的语言。文化在发展过程中出现程度不同的分化和统一，因而产生了方言。方言就是地方话、土话。

方言是"胎记"，"乡音无改鬓毛衰"，年老了依然那么鲜明。方言是"名片"，听到乡音，就知乡亲，不必介绍，无须引领。方言是"化石"，它既可追溯历史，亦在延伸历史。方言是区域"招牌"，听到典型的方言就知道说话者是哪里人。方言是"乡愁"，一句方言能勾起思念家乡的万般情结。方言是一方水土的文化载体，是根植于民间的文化形态，体现区域的文化特色，展示区域的文化魅力，蕴含区域的传统精神，彰显区域的历史价值。

方言是绚丽多彩的民族服装，有其独特的风情、风味、风韵、风采。方言的艺术感染力也是独一无二的。唱越剧须用嵊州、新昌话才柔情似水；苏州评弹用苏州话才字正腔圆；绍兴莲花落用绍兴话演绎才原汁原味。

第一节 根 脉

参天大树，必有其根；环山之水，必有其源。一方水土养一方人，也孕育了一方语言。彩烟能见诸文字至今已有近 1400 年历史，世世代代的彩烟人，在这美丽神奇的土地上耕耘播种，繁衍生息，形成了独特的方言。

彩烟方言的根在哪里，难以考证。从推理而言，洛阳话是彩烟方言的母体。人是语言的主体，杨白等人于公元 641 年从洛阳南迁，留居彩烟，是彩烟有历史记载最早的先民。他们从洛阳来，必然说洛阳话，而隋朝以金陵雅言和洛阳雅言为基础正音，即官方语言，犹如今天的普通话。为此，可以说，彩烟方言的根基是洛阳"官话"。随着诸姓的陆续迁入与经济社会交往的增加，各种语言在交流中融合。彩烟属吴语区域，以洛阳"官话"为基础的混合语言，逐渐转化归属为吴语语系。

语言是文字的基础。语言在左，文字在右，生活孕育语言，劳动创造文字，随时播撒种子，随时开花结果。衣食住行、柴米油盐、男婚女嫁、男耕女织、生老病死、甜酸苦辣、喜怒哀乐、伦理道德、忠孝节义、善恶美丑、悲欢离合、人情世故、习俗风尚、五脏六腑、四肢五官、东南西北、春夏秋冬、星辰日月、风雨雷电、鸡犬牛羊、虫草花鸟、鱼鳖虾蟹等均是方言产生的源泉。方言口随心出，代代相传，虽在丰富与发展，可地域局限性仍较明显。

第二节 集 萃

乡音方言足中气，初闻乍听难解意，仔细推敲慢斟酌，文理交融深含义。打开彩烟方言宝库，如入芝兰之室，芬芳幽然，雅间有俗，俗中蕴雅，外延宽广，包罗万象，内涵深刻，韵味悠长，谈不上博大精深，确也丰富多彩。

文化之美在于个性。彩烟方言，地道厚实，高山流水，余音绕梁，仔细品味，有一种返璞归真，回归自然的感觉。

新昌方言分为城里口音与乡下口音。彩烟口音属于乡下口音的一种。彩烟区域有"里段""外段"之分，里段即原回山镇区块，外段即原双彩乡区块。里段、外段的方言亦有些许差异。如对时间的说法，里段说"晏（an）前"是上午；"晏昼"是中午；"晏抱"是下午。外段说"晏昼头"是上午；"当晏昼"是中午；"晚上头"是下午。里段说"肚肠勒呒""哈痰吐涕"，外段说"肚肠勒移""咳痰吐涕"。又如里段将"岩头""石头"分开说，而外段多数村落则将"岩头""石头"都说成"岩头"，等等。当然，村与村之间少数方言也有区别。彩烟方言非常"方"，与新昌其他方言的主要区别是音腔不同。破译方言，关键是要找准本字（词），能见字（词）明义；难点是发音，能读准或基本读准其音；重点是释义，把意思表达准确与完整。

收集流传千年的彩烟方言是一件难事，可谓收之不尽，集之不竭，如农具、工具、用具、器具、炊具、餐具中的名称就有不计其数的方言，为此全部收集非常难，因而只能收集一些区域特色明显，较为典型、经典、精彩的方言和使用较普遍的混合语言。部分从字面看较为粗俗，而表达的主要是引申义或有调侃、戏谑之意的方言也收集其中。

一、彩烟方言的发音、注音、释义、排列等相关事项的说明

1. 发音：彩烟方言保留了大量的古入声字，没有翘舌音，只有平舌音；无儿化现象；无音变规律；少中介音；尖团不分；前鼻音少，后鼻音多。

2. 注音：注音通过两种方式解决。一是对方言中一些常用的字（词），以彩烟方言的发音或谐音为基准，以声母、韵母的先后为序，用汉语拼音注音。注音不标声调，因不同的语境有不同的声调。后面词条中除多音字（词）或个别特殊情况外，不再注音。二是对方言中的个别字（词），用发音相同或相近的汉字替代本字（词），并在括号里注明本字或释义。后面词条中出现类似字（词）的，除个别特殊情况外，不再释义或注本字（词）。

3. 释义：方言中有的是本义，而大量的是引申义。是本义的释本义，是引申义的，除必要外，一般省略本义，直接释引申义。后面引用的词条有具体解释的，为减少重复，前面排列中仅作简要释义。

4. 字与音: 方言中字与音存在两种情况，需做不同处理。一种是有音无字，如"均"（抚养、赡养）、"燕"（比照）、"经"（坚持；挺住）、"请"（祭祀活动）、"米"（萎缩）、"阄"（小纸团；蜷缩；昆虫）等找不到本字，只能用同音字替代；另一种是有本字，而不是方言音，如"歪（wang）绷歪（jian）翘""狗吠（bi）月亮""软（nuan）地戤笆桩""老虎追（bi）到脚后跟"等，尽可能找准本字，不简单地用同音字替代。2018 年 5 月 21 日，《绍兴日报》刊登的朱振国先生《绍兴方言浅识》中"破译方言，我以为最关键的是要找准其音的本字或词，能'见字（词）明义'，不能记音了事，或轻断误译，以防以讹传讹，谬种流传"的说法是非常有见解的。

5. 排列: 按词条字数多少，从少到多排列。字数相等的，同义词排列在一起，如"头岸""头大"等；两个字以上的，将有相同字的排列在一起，如"眼热""眼伦""心经头""和哈头"等；词性相同的排列在一起，如"硬腔""软泛"等；数量词构成的排列在一起，如"一吨重""三对六面"等；有动物名称构成的排列在一起，如"剥倒牛""虱叮蚤咬"等。因数量较多，亦不尽然。选择一些彩烟特色明显的方言排列在前面。其他则无序排列。

6. 俗语是方言的组成部分，是最能反映思想内涵的方言，也是方言的最好表现和应用。原收集的 300 多条俗语归属到本编第二章"俗语"中，俗语（谚语）在分析方言时仍作引用。

7. "侬"在吴语中本意是人，可发音是 nong，因"人"很难找到替代的字，而在方言中用途非常广泛，只能以"侬"替代。

8. 本文收集的方言在找准本字（词）、注音、释义等方面肯定存在缺点和问题，敬请乡贤、专家指正。

二、彩烟方言常用字（词）发音或谐音注音

b	ba	百	摆	败	牌	伯	排		me	木	摸			
		拜	白						mi	眉	尾	味		
	bo	扒	把	霸	爬	巴			mei	茂	矛			
	bi	吠	皮						man	晚				
	bei	鼻							men	问				
	bou	缚							mang	孟				
	bang	绷							mong	忘	望	梦		
p	pa	破	掰	拍	派			f	fai	灰				
	po	怕							fei	弗	勿	悔		
	pai	坯						d	da	带	条			
	pang	朋	棚	碰					de	端	独	毒	突	督	夺
m	m	呒							dai	拉	对	堆		
	ma	麦	买	卖					dei	头	斗	抖		
	mo	马	麻	骂					dou	大	拿	驼	多	

	dan	锻	弹	断	痰		
	den	掉	屯	等	顿	藤	
	dang	打	住	扔			
	dong	筒					
	dia	爹					
	diao	鸟					
	dian	田					
	duo	啄					
t	ta	拖	太	泰			
	tai	退	推				
	tei	偷	坍	脱	透		
n	n	你	五	耳	儿	鱼	
	ni	艺	二				
	nü	肉	玉				
	nou	糯					
	nie	热					
	nüe	月					
	nin	认	韧				
	neng	暖					
	ning	银					
	nong	侬					
	niao	绕	饶				
	niang	让	仰				
l	la	赖	癫				
	lo	乐					
	li	泪					
	lai	滚					
	lei	楼	漏	刘	流	留	溜
	lou	六	碌	螺	锣	卵	
	len	伦	论	乱			
	lang	冷					
g	ga	格	界	个	解	介	
	gai	站					
	gei	狗	钩	厚			

	gui	骨					
	gao	觉	交	教	绞	玩	
	gou	过					
	gan	拣	奸	监	间	裥	
	gang	梗	耕				
	gong	江	讲	抬	刚	杠	
	guo	家	角	假	加	架	嫁
		各	价				
k	ka	楷	揩	客			
	kei	口	扣				
	kao	敲					
	kou	窝	窠				
	kang	坑					
	kong	藏					
	kuo	壳	柯				
h	ha	蟹	吓				
	hou	火	货	伙			
	han	咸	闲	陷	馅		
	hang	找	杏	行			
	huo	花	虾				
j	ji	汁	直	值	其		
	ju	鬼	龟	跪	贵		
	jue	截					
	jia	脚	左	姐	着		
	jiang	张	胀	肠			
q	qi	去	溪				
	qiu	箍	抽	臭			
	qie	提	挈				
	qin	剩					
	qia	茄					
x	xi	虱	夕	息	歹	齐	吃 湿
	xin	讯	晴				
	xun	闻					
	xing	渗	寻				

xia	写	削	泻	嚼	惬	斜	谢
xiu	手	收	搜	兽			
xiao	烧						
xiang	墙						

r	ra	若	柴	瘦	石			
	re	杂	蚀					
	ri	字	树	视	自	是	氏	儒
		时	示	词	祠	序	叙	
		事	薯	似	如	市		
	rei	十	术	寿	瑞	锐	实	入
		随	受					
	rao	槽	造					
	rou	熟						
	ran	善	蚕	旋	鳝	船		
	rang	裳	床					
	reng	乘	右	巡	神			
	ruo	射	蛇	凿				

z	za	摘	傻	债	宅			
	zi	箸	嘴	主	猪	注	槌	至
		止	知	雉	柱	迟		
	zei	周	走					
	zao	爪	搔	朝	照	糟		
	zou	做	坐	粥	竹			
	zan	全	绽	转	专	钻		
	zen	俊	整	准				
	zang	争	场	丈	仗	长	常	
	zong	重	种	撞	中	钟	虫	
	zuo	醉	查					

c	ca	拆	蔡	尺				
	ci	吹	鼠	试	痴	取	趣	
	cei	出	丑	绸	凑	愁		
	cao	躁						
	cou	触	戳					
	can	蹿	串	穿				

	cen	春	村	蠢	存	陈
	cang	撑				
	cong	唱	闯	仓	冲	苍
	cuo	车	叉			

s	sa	帅	赛				
	se	雪					
	si	尿	书	舒	水	岁	势	蛳
		师	输					
	su	数						
	sao	燥	梢					
	sou	叔	锁	宿				
	san	山						
	sen	陡	身	笋	孙			
	sang	生	省	伤	赏			
	song	春						
	suo	晒	揉					

y	ya	野	夜	也	学	
	yao	校	效			
	you	后				
	yan	嫌	现			
	yuan	县	院			

w	wa	划					
	wo	话	丫	画	夏		
	wu	乌	焐	捂	悟	糊	壶	户
	wei	回						
	wan	还	范	饭	犯			
	wen	份	浑					
	wang	横	黄					

方言声母

ng	nga	蚁	额	外	蛾
	ngo	瓦			
	ngai	呆	艾		
	ngao	咬	傲		

ngou　我　饿

ngan　岸　眼　岩　颜

ngang　硬

eg egao　绞

　　eguan　背　掼　弯

方言韵母

æ　压　鸭

bæ　八　拔

mæ　袜

fæ　发　法

dæ　踏

tæ　搭

næ　捺

læ　辣　腊

gæ　挟　眨　夹

hæ　呷　喝　瞎

ræ　闸　佘

zæ　撒

cæ　插

sæ　杀　煞

wæ　罚　滑

多音字

脱　tei ~裤；teng ~皮

错　zan 造~了；cou ~误

涨　jiang 饱~；zang ~大水

大　dou ~小；da ~细

扯　dai 乱~；ca ~钝锯

锯　gai 扯钝~；ga ~板

甩　guan ~破；fan ~脚荡手

踩　cuo ~破；nao ~一脚

舍　suo 弗~得；sai 宿~

荡　dang ~撞；dong 游~

上　xiang ~相；rang ~面

呆　ngai ~菩萨；dai 木~~

条　da 一~路；tiao ~件

看　jiang ~一眼；mong ~戏

任　nin 姓；ren ~务

盛　zang 姓；ren 昌~

章　zong 姓；zang 印~

日　nei ~子；nie ~头

生　sang ~熟；seng ~产

恶　o ~事；wu 犯~

歪　wang jian ~（wang）绷~（jian）翘；
　　wa ~~斜斜

豆　dei 黄~；dai ~腐

挖　wan ~孔；wai ~痒

捣　dao ~臼；dang ~年糕

抓　za ~牢；wo ~米

饶　rao ~命；niao 讨~

遮　ra ~眼；zuo ~住

照　zao ~明；jiao 日头~记头

解　jia ~屎；ga ~开

挑　da ~担；tiao ~拨

松　song 喷~；rong ~树

人　nin 举~；nong ~家；ren ~命

软　nuan ~转去；nan 煳~

只　zi ~有；za 一~鸡

会　wai ~侬；wei 开~

差　ca 出~；cuo ~不多

世　si ~界；xi 一生一~

甲　gæ ~乙；kæ 指~

三、词汇

【一个字】

央	这样；那样	木	不灵光
抢	现在	板	不灵活
了	助词：表示完成，肯定，感叹等	叫	哭
孟	副词：表示程度高，厉害 好～、笨～	煞	厉害
蒙	代词：那；那里 ～舍。	着	穿
	助词：表示肯定 好孟～	花	好看；好色；说话不实
其	他；她；它；夫妻间称对方的特定代词	朋	合伙；合作；交往接触；手或脚敲打；
古	助词：用在句末表示肯定 好～、难～		手脚互动
格	代词：这；那；这么；这样	筒	裹；卷起
	助词：自～	搞	玩
介	助词	凿	骂
乔	代词：造～、～介、为～	趑	慢步走；显现
头	助词：上～、里～	捕	找
等	上面	夯	找
弗	不；勿；没；没有	骚	逞强；风流
呒	没；没有	嗨	强横；霸道
舍	代词：这里	鲜	显摆；作秀
得	行；好；可以	淡	讥讽
益	好处	皮	顽皮
锻	用力；放开	绽	饱满
席	吃；喝；吸	燕	比照
冒	呕吐	经	坚持；挺住
困	睡	请	祭祀活动
噢	喊；叫	米	萎缩
捞	用力推	阎	小纸团；蜷缩；昆虫
岸	推	熏	闻
索	揉；抚摸；按摩	熯	蒸
闹	踩	记	表示动作次数；表示时间短暂
蹬	用力踩	劲	控制；克制；忍耐
团	双脚踩	移	磨损
跄	跑；走	均	赡养；抚养
蹿	跳跃		

【两个字】

蒙央	那样	交易	交往
蒙舍	那边；那里	大量	稍微
哪舍	哪里	应急	原为应付，现为采取紧急措施应对
蒙抢	那时候	通道	通情达理
蒙格	那个	贝算	合算
孟固	助词	好贝	很合算
古格	这个	贝缴	投资，投入
古舍	这里	贝命	拼命
是央	是这样	发客	主人客气
群央	同样	做客	客人客气
群抢	同时	随记	吓唬；威吓
群舍	同一个地方	害利	损害；伤害
弗群	不同	落个	人因疾病折磨或营养不良影响发育
弗剩	没有		成长
头抢／对至	刚才	朝奉	指穿着华美，生活优裕、气度不凡
古枪	当时；那时候		的人
连至	连忙	喃唠	零食
连格	为什么会这样	侬头	人脉
新刚	刚刚	派头	架势
额抢	等会儿	擎头	带头；平衡；对等
乔抢	什么时候	手头	可支配的资金或东西
额拉／额亲	我们	提头	提起；提醒
央格	是这样	还头	恢复
乔格	什么	路头	路道；门路；关系
乔杰	说话生硬	场头	办事的程序；环节
造乔	干什么	套头	形式与程序
为乔	为什么	件头	事情
呒告	不要紧；没关系	望头	希望
呒遁	预料之中	月头	花蕾
噢得	叫作	出头	摆脱困境；有出息；帮人撑腰
经济	敏感；精明	独头	偏执
纠结	小孩多病恙	打头	只顾一头，不顾其他
做狗	小孩少病恙	岸头	合适的位置；头绪
		头岸／头大（da）	头绪

头大（dou） 架子大，不搭理人

大头 多数；物体大的一端；架子大，不搭理人

帅头／威势 气势

行头 道具，泛指用具

冒头 盛物器皿沿口以上部分

清头 脑子清爽

货头 烧制食物时添加的精美食料

鲜头 口味好

风头 一般指博彩时的运气，亦指人的运气

垫头 替代

蛇头 自己吃了亏还不知道或自认倒霉

梢头 赌资

坞头 户头；份额

息头 远去的记忆

埠头 水边的构筑物；位置

部头 植物连根部分及类似物体

牌头 靠山

头样 最要紧的

头髻 女人将头发挽结于头顶

头伐 过去

头蠢 头脑不清醒的人

头脚 基本、基础的东西

头场 演戏的前奏，也指事情、事件开头

压脑 作物因灾害影响生长；人因折磨影响成长

主脑 主见

天资 天赋

心过 心满意足

心苗 兴趣；喜爱

心术 良心

心糟 心烦

儒心 心软

立心 决意

亲心 从心底里喜欢

呛心 伤心透了

锲心 藏在心中，难以磨灭

悔心 懊悔不已，心灰意冷

经心 敏感；反应快

净想 千方百计

字眼 文化

带眼 不经意看到

着眼 全部

照眼／移眼／朝眼 稍微看了一下

转眼 看过了再看；转瞬即逝

触眼 看了不舒服

羊眼 癫痫

迎眼 东张西望

嵌眼 眼眶凹进

弹眼 眼珠凸出

吊眼 眼睑不端正

过眼 认真看过了

失眼 没看清楚造成过失

上眼 人或物品有档次；看得上

木眼 反应迟钝

眼伦 搞错了；不合情理；不分好歹

眼热 羡慕

眼红 嫉妒

眼火 眼力

眼法 观察与接受能力

眼界 指气局

乌黑 眩晕

偷睛 一种眼病。戏说病因是看了不该看的东西而致

鼻冲 不开窍

削脸 伤害尊严

落脸 失面子

翻脸	因言语、利益之争或误解突然改变态度	**话讯**	人逝世后向亲朋好友送达信息
脸孔	脸面	**风讯 / 讯风**	信息
花嘴 / 花泡	言而不实；花言巧语	**懈口**	没胃口或不愿做
归嘴	入口；吃	**迁口**	提及以前对人的好
应嘴	以语言回击	**金口**	语出如金，好话
倒嘴	说人坏话，意在使婚姻或其他事情不成功	**改口**	纠错；抵赖
塞嘴	抓住话柄以作回击	**拗口**	不顺口
挑嘴	无中生有或夸大其词制造事端	**清口**	口感清爽
口嘴	口角	**亲口**	说过或承诺过，必须算数的话
亲嘴	接吻	**世口**	世道
话风	话中之音	**草口**	牛的胃口，亦戏指人的胃口
老话	传承已久较经典的话	**唠念 / 钝叨 / 念件**	唠叨
破话	坏话；不吉利的话	**话说**	祭祀时祈祷语
钝话	调侃戏谑的话	**后味**	吃时有味；吃后回味
呛话	令人激怒的话	**席性**	饮食习惯
油话	油腔滑调的话	**尝新**	吃新鲜物品或珍稀物品
犟话	过分自信的话	**归肚**	记在心里
回话	回绝	**熬肚**	耐饥
造话	谎话	**肚毒**	成见；记恨
皮话	难听的话	**肚才**	内才
插言	插话	**肚作**	肠胃
虚言	不实之词；客气话	**肚肠**	点子、计谋
重言	重话	**屎孔**	人之胃
争叉	争吵	**毛相**	粗略印象
求恳	求情	**上相**	相貌与相书中的描述吻合；行为举止不成体统
多辞	以言行表示厌烦	**改相**	改变了原来的容貌
串凑	言真意切，意在促成	**变相**	改变了原来的容貌；变坏
斩剁	决断	**死相 / 死蝇**	讨厌
识素	识相	**嫩相**	相貌比实际年龄轻
论人	以厌烦、反感的态度责备人	**凑相**	漂亮
兜呼	招呼	**嫩时**	一般指人年轻鲜活
讨讯	问讯，打听消息	**脱手**	东西已不在自己手中
		宽手	对人家的客气、慷慨程度

对手	帮手；对头	身下	膝下；晚辈
下手	动手；做主角的助手	下身	人体腰部以下部分或私处
起手	开始	肩等	年龄比自己大的人，一般指兄姐
出手	给别人东西；动手	肩下	年龄比自己小的人
捋手	动作快，多指干活	尾巴	戏称晚辈
做手	干活的能力	种气	基因遗传
手势	习惯动作	做肉	指人胖
拔脚	拆牌子	利肉	财物利用率高
脚跟	前后；左右	肉实	肥实
存脚 / 屯脚　落脚		肉彩	一般指脸部肌肉
拗脚	地方偏僻，交通不便	单孱	瘦小孱弱
脚直	指死亡	对面 / 朝面　见面	
拗毛	言行让人心里不舒服或情况异常	牌面	面子
反毛	态度突然反常	脸皮 / 坍眼 / 坍台　丢脸	
发毛	发火	倒霉	丢脸；遭遇不顺利
宽气	无所谓；没兴趣；经济较宽裕	命宝	珍贵
筋骨	骨气；体质；为人处事的格局	金贵	娇贵
骨轮	有一定的硬度	巧案	碰巧；凑巧的好事
百骨	泛指人身上所有骨头	好案	碰上了好事
懈骨	懒惰的人	叫闭	戏称常哭的孩子
叉爬	视力差	管供	保佑
背爬	处于困境	见情	知恩感恩
背时	跟不上时代	见气	气愤
限背	僻静冷清	受领	收受
损腰	伤元气	受当	担当
腰力	实力	受主	收受；认领
脱力	用力过度，致身体虚脱	受用	物品合适耐用
空扯	无中生有，乱说一通	买主	顾客
屎扯（dai）　不直爽；胡搅蛮缠		涎侬	撒娇
惺忪	睡醒后恢复意识	提谓	故意
割血	因利益损失而心疼，形容吝啬	错绽	失误
皮浆 / 皮色　肤色		没坤	超越底线
身架	身体	出钵	断送
身段	体形	煞缚	厉害

卷筒	事情办砸了；对某事毫无办法	取刁	以奸猾手段获取利益
过龙	超过时间节点，失去了机会	善些	小心谨慎
浪工	浪费时间	扣则	合理安排；不浪费
打拗	反对，发难	话算	合算；打算
对叉	肢体冲突；意见相左	简量	少
烦难	麻烦；讨厌	窝糯	生活滋润
爽堂	直率；爽气	胀息	干燥食物的张力
直脱	直爽	胀顿	吃撑了难消化
穿绷	彻底显露；计谋败露	节顿	饮食有规律
绞绷	纠缠不清；遇到困难	搜溜	食物消化快，肚子空荡荡
隔绷	阻碍	饱胀	讨厌
风绷	体弱多病，经不起风雨	饱斋	厌烦
牵绷	不端正；不规则	燥捡	不在话下
牵叉	不对称；不协调	点卯	蜻蜓点水
伤方	中伤	出作	效率较高
游害	耍无赖，要挟	落作	进入专业角色
荡（dang）撞	指桑骂槐、含沙射影	做作	装腔作势
尖穿	讥讽	变作	变坏
摔操	耍脾气给人看	下作	下流
洗晒／摊晒	揭人之短	把作	干活中的掌管人
晒丑	亮丑	把宕	专指施工中的掌管人
歪枉	浪费	毛赖	赖皮，不认账
过夯	过头，过火	毛断	简单下结论
半仙	言过其实，行不踏实	毛判	以简单方式交易
摇宕	摇晃，摇摆	偏生	故意
落宕	有了落脚的地方；办事有了结果	好偏	尝试；岂敢
宕账	账目未算清或未了结	断影	失忆
懈门	不喜欢	扯淡	吹牛
健棒／鲜健	指老了依然健康，硬朗	浑整	些许，稍微
调旋	慢慢走动，调理	孜工	认真
事记	事情	随常	一般
做记	吸取教训	生重	有分量
做劲	操作谨慎，防止失手；约束自己行为	丈光	刺眼
结仇	记仇结怨	计高	点子；思路；想法；谋略

嫌憎	埋怨嫌弃；不满意	体泰	轻松；舒服
懊叹	懊丧哀叹	困觉	睡觉；房事
帮衬	帮助	倒欠	睡。粗俗的说法
动灵	帮忙	欠躺	舒展
灵动	脑子灵；反应快	泰觉	安稳觉
灵清	脑子清醒；做事清爽	百泰	安逸
转想	换位思考	发福	发胖
坐定 / 坐保	肯定；必然	听至	听见
对冲	剖开；碰撞；抵销	掼掉	丢掉；忘记带上
赃迹	作案留下的痕迹，指踪迹	搞酱	浪费，糟蹋，可指人或物
旋房	急得团团转	殚命	声嘶力竭地喊；苟延残喘地活
损袋	糟糕	谋命	置人于死地
孤惜	孤独凄凉	吊命	粮食、药物不足而勉强活着
恳哭	委屈得流泪	极死	处于困境，难以解脱
飞风 / 飞快	速度快，多指动作，亦指刀 具锋利	米精	指人萎缩了长不大。骂人语
飞薄	物体薄；米粥等汤类食物稀薄	活甩	轻松；灵活
穿纸	非常薄	害气	自感委屈而发脾气
搭底	最底层	撇清	澄清
钝青	目光呆滞	搔痒	行为仅涉及表面
钝大	拖延；拖沓	揩痒	易引发事端的行为
硬腔	说话口气生硬；东西质地硬	家堂 / 家神	人模狗样，不伦不类
硬气	说话算数；处事公道，靠得住	形范	形象举止
扎硬 / 硬辣	物品坚实；人有耐力	屁轻	声音小；分量轻
考硬	耿直硬气	服制	佩服，服帖
软泛	说话婉转；物品柔软	安耽	安逸
地气	土地的湿度与温度；乡情民心	整屯	场地紧凑而有舒适感
杀气	狠；厉害	朗康	阴雨天即将转晴的天气 状况
杀性	恶心；狠心	外滑	油滑，少涵养
慌嘿	急躁；手足无措	滋浓	滋润
嘿势	办事急躁	恩待	厚待
压势	威胁；胁迫	恩和	肚子饱和；家境较殷实
起势	开始好转	合活	共同生活
当势	年富力强	底装	最坏的准备与打算
		戏弄 / 调排	以恶作剧或以其他方式糊弄人

开舒	舒坦，舒服	毛羽	表象
瘪屄	蔫了，没精神	晦气	倒霉
瘪瞎	不饱满	解晦	消除晦气
瘪鳖	肚子饿；钱袋空；精神萎靡	脱晦	摆脱晦气
席瘪	遇上倒霉事；受人欺负	替晦	由某种事物或为某人替代晦气
活龙	矫健，活泼	上林	木成林；人成才
瘟鸡	没精打采	出山	出门上山；男孩发育成人；成才有出息
野鸡	指不止经的女人		
瘟狗	骂狗或骂人	出蚀	吃亏；亏本
瘟猪	智商低，常遭人算计	出疾	发泄；出气；发作
条猪	配种的公猪。也用来调侃风流男人	中意	喜欢
逗狗 / 猎狗	到处乱跑	上意	满足
毛狗	鸡	细意	仔细
狗毛	数量多，不值钱。一般指物，亦指人	安意	特别关照
倒牛	牛发生意外死亡；行为粗野；声音粗暴	止饶	感受个中滋味而停止
		煞饶	过瘾
牯牛	公牛。戏称强健的男人	牢饶	嘴馋
生屠	牲畜，泛指禽畜	软南	柔软
孤鸟	孤单的人	绵绸	柔软而光滑
打鸟	行为游离不定	绵伏	柔软而平直
鸟毛	指轻贱的人	实绽	饱满
烂蚕	好吃懒做的人	时俊 / 凑相	漂亮；好看
鳗段	肥实，多指身体壮实	喜侬	讨人喜欢
蟹撑 / 蟹爬	字写得差	细相	相貌细腻耐看
弹虾	山里人对虾类的统称，亦叫"虾弹"	细碎	细小；零散
掐虱 / 觅虱	动作慢	细法	一般指工艺精细
乌孙	乌龟孙子的简称。指地位卑微的人；自谦的话	利己 / 专刺	很自私
		讨债 / 力起	顽皮；不安稳
白鲞	意为谐音"白想"	讨保	求情；说情
山兽	野兽	生刺	产生成见
野货	野生动物；行为出格的人	作据	计较
枭雄	有势力；霸道	作拾	收拾，多指家务
煞甲	厉害	洗汰	洗涤
丫麻	蝌蚪	麦壳	言之不停且不合实际

把节　动作快

推扳　差；相差

限板　一定；肯定

路径　思路

路数　门道；根底

依小　从小

行止　行为习惯

通行／通谱／通港　符合基本规则；符合
　　　　常理

透鲜　鲜味好

透藠　拔节

管养　管理；管教

下落　给庄稼施肥；照料人

理植　管理照料

调大（da）　轻松

劲道　力道

拍翼　指张扬，炫耀

恩典　恩情

对典　对路

各是　不一样

照原　恢复到原来的状况

生好　本来就是这样

名色　装装样子

打塘　钓鱼时撒饵；打探踩点

交堂　交账

阴绩　罪孽

阴清　幽僻冷清

情还　情义

道效　耗费；费用

吊角　偏僻

硗确　土地坚硬瘠薄

摇核　不确定；没把握

试港　尝试

着港　落实

硬规　肯定

有号　有效

交托　托付

坛场　场地

到角／到班／到把　到位

朝事　新闻

天话　故事

开质　基本容貌与气质

漏斗　钱或物质很快流失

留斗　纠缠；不直爽；容易产生纷争

哭穷　装穷叫苦

有货　东西比想象的多

桌角　识相

麦带　软而无力；狭长形

转坞　换地方

落坞　合适

落夜　熬夜

落花　凑巧；合适

花头　本事；能耐

花苗　好看

花搨　常指脸上不清爽

花嫩　鲜嫩

画花　写字潦草

把柄　证据

着实　务实；踏实

到督　到底；最多或至少

喷花　五彩缤纷；视力模糊看不清

喷粉　骂人节奏快，语言狠

像范　像样；帅气

沓拖　疲软

顶真　认真；死板

蔫荐　不新鲜

臭滚　令人讨厌

沸粥　内心非常气愤

派气　脾气

入调　行为举止得体

大（dou）细　老小

大（da）细　普遍

圆通　和通；通融

上落　左右

落行　进入行业角色

行当　戏剧中的角色；职业

活磨　折磨

东道　丰盛的宴席

强事　往自己身上揽事

值钿　宠爱

作兴　提倡，允许；时尚

相似　差不多；合适

何苦　何必

倒瘟　倒运，倒霉

实糯　黏性好；家境好

煞懈　黏性差；做事懒散

断燥　非常干燥

毫燥　快；容易

饭桶　无用的人

嫩气　幼稚；欠老练

老察　老成；老练

老气　老练；老相

偷依　多指男人偷情

亲依　多指女人偷情

破货　指作风不好的女人

犯贱　自作自受，自我作践

犯恶（wu）　遭人厌恶

席柴　挨打

柴坯　经常挨打的人

卖坯　不值钱的女孩。骂人语

牛坯　健壮粗蛮的人

泥坯　农民。轻蔑意

杀坯　很坏的人。骂人语

木大　不够灵活的人

空骚　夸夸其谈，缺乏实力

冤孽　前世有冤

闹热　气氛热烈

贴透　体形舒展

夹发　女人夹头发用，既是实用品也是装
　　　饰品，亦称"发夹"

看发　刘海

笃发　打发

对发　平分秋色

搭对　成双；搭档

出挑　出色

还稍　报复

挽护　关照；庇护

龙种　非常

拢总　总共

好兴　原来如此；所以

亮气　开明；通情达理

屋挤　场地非常狭小

山厂　地处偏僻的单家散户

门槛　底线；必经程序

踏道　台阶

开拆　久旱无雨田地开裂；人因皮肤干燥
　　　而开裂

带疾　致残

作梗　从中使坏心眼

料落　没出息的人

捻藤　纠缠

现报　立即报应

欺待　欺负

亏空　出现赤字，入不敷出

笋光	精光；光滑	惹犯	碰撞；冒犯
光生	物品光滑；人长得较光鲜；一点东西都没有	溢透	失落；后悔
		撒末	飘洒飞扬，指花钱不珍惜，大手大脚
光汤	人长得较光鲜；事情办得较圆满	热宅	热情
起桔	手脚因摩擦而起泡	滚烫	非常热
牵叉	交叉；关系不顺；位置没对正	寒酸	发冷；吝啬；穷相
结滚	厉害	过癫	头上长疮会变癫，能传染给人，指感染了他人的言行举止
归水	进账		
归出	人情上有交往；经济上有往来	嗨威	显摆势力
条直	直爽；理顺了关系	马滑	过分炫耀
土铁	脸色发青	克实	朴实
铁实	坚实；踏实	显富	炫富
铁蛋	坚硬；圆滚	解謇	自我解脱；劝人解脱
铁桩	稳固；坚固	倒庄	因质量等问题退货
灯笼	心中明白清楚	抢行／斗抢	货物紧俏，畅销
清唠	无事可做闲得慌；肚子欠饱感到空荡荡	门神	泛称春联
		落联	押韵
清通	开明通气	益女	淑女
清苦	生活非常苦；清贫	终根	终身留下痼疾
苦楚	生活艰辛	断根	指疾病或隐患彻底消除
分清	说明；解释	赶报	办事行动迅速
通道	通情达理	赶猎	跑得快
六冲	民间有"男女差六岁为正冲、大冲，不宜婚配"之禁忌，泛指难相处	投道	合意
		闹热	热闹，不冷清
燥索	干燥舒适	经当	仍然，很长时间
鲜索	张扬炫耀；食品口味好；服装华美	快过	过得快
		抱佬	对某专业未入门或刚入门
空跄	空跑；跑空	大喳	鸡求偶时的声音，调侃男女寻找异性
腻腥	令人作呕		
强横	横蛮	嗅大	狗通过嗅觉寻找野兽踪迹或可疑物品；调侃男人寻觅女性
犟势	仗势		
寻事	挑衅	格门	规矩
得扎	得罪	该应	该受的报应
冲撞	顶撞；碰撞	落赖	不娇贵
撞岩	碰壁；意外		

勒席	千方百计搞好吃的	恰得	希望
熬俭	过清苦节俭的生活	力作	力气
露风	透露消息	本作	原本；地道
弄锋	种子发芽后刚钻出地面	本把	人的骨架、力气
仙丹	灵丹妙药	亦加	更加
门份	应该	磨墨/磨金	动作慢，时间长
回对	回应	横直	反正
摁实	殷实；货物充实	打横	另干他事
扎实	材料粗，质量好	爆抽	言行过火过分而达不到目的
实棚	殷实	抽拔	被人沾光；沾人家的光
搁棚	办事不顺而停止	拔旗	指人流如潮
挨棚	碰着，涉及；冒犯	粉破	破得一塌糊涂
扮致	打扮得漂亮，指剧团或演员	宗渣	本义是指老祖宗留下来的无用的东西，泛指破烂不堪的东西
盖台	出众超群		
压台	稳住阵脚	惹糊	模糊，不清爽
落台	结束	落段	告一段落
团圈/团近 附近		熟络	熟练；习惯
过堂	学艺后进修；走程序，过过场；食物烧过头，味变了	断行	此物品买完了
		结煞	了结；结果
响动	动静；反应	通天	本事大，实力强，关系广
时鲜	刚上市的蔬菜、水果等物品	屄种	指子女遗传了母亲不好的基因
开市	市场开始营业；专业市场开张	屄尿	眼泪
败市	蔬菜、水果等物品接近季节尾声	屄嘴	说话不算数或不值钱
木墩	不灵光	屄眼	侮辱视力特别好或特别差的人
卖婆	以介绍婚姻为名从中获利的女人	屄脸	丢脸；不要脸
淘梢	挽回损失	羹饭	泛指祭祀用的食品
站梢	替人造势	料绞	用布条制成的绑带。旧时农民劳动时将小孩用料绞绑在背上
着力	疲劳		
假次	假使；如果	暖筒	裹在小腿上取暖的棉花垫子
候着	刚好；碰巧	包头	工程承包人；旧时中年以上妇女包在额头上的装饰品
末笃	末尾；最后		
撮空	根本没有这回事；人临死前手在空中乱抓的动作	包脚	裹足
		高笃	厚底木屐
却可	可以谅解或理解	桥床	两条凳，几块板，像桥然是床

稿荐　用稻草扎成的床垫。区域内有人去世后搞荐要随之烧掉的风俗

古器　年代较久，有收藏价值的物品

喜丧　高寿之人的丧事

移线　针，功能即移线

尿壶　供夜间小便时使用的壶状器具，一般的是陶土烧制，也有用锡制成的

浇掣　功能形状似马桶，可多了一个嘴，可浇，多了一个柄，可掣

烟盅　吸旱烟的用具

火囱　取暖的用具

笃糖　指多次才能完成过程。过去天台人常用大饼糖（麦芽糖）到彩烟一带换白术，糖少讨添，讨添再笃，直至搞定

撮阄　是指每人从事先做好的纸卷或纸团中摸取一个，以决定谁应该得到什么或做什么。这是原始而公平的方法，至今仍在沿用

帮侬　长工

打短　临时性帮工，也叫短工

挑脚　交通不便时运输的主要手段，专门挑脚的称"挑脚佬"

称侬　彩烟有"立夏日"称体重的习俗

搞本　玩具

油塌　坐在斜坡上往下滑动，小孩子的一种游戏

匍跌　摔跤

龙卜　冰雹

灶鸡　蟑螂

老马　妻子

老屋　原来的房子；寿域

进沙／进赊　入赘

继拜　通过相关礼仪认他人为干爸干妈

过继　将自己的子女给人家当子女

结拜　按照一定仪式结为兄弟姐妹

典妻　旧时穷人将自己的妻子租给人家生小孩

大队　朋友

同队　一道

东司　厕所

坐马　架在粪缸上木制的便器，形状如旧时审堂的椅子。如厕戏称"坐堂"

出团　亦称出栏，指猪养大了卖出去

饭娘　放在米中再烧煮的冷饭

凑茶　烧开水

苎麻　一种繁殖力很强的植物。彩烟有父母逝世儿子戴苎麻线，公婆出殡媳妇套麻袋的习俗，寓意为家族兴旺代代相传

条干　早期的干茶，杀青后用手或脚揉捻后晒干，长条形，清香味；亦指体形

茶草　茶叶

茭笋　茭白

白术　中药材。彩烟特产

……

两个字语音

【三个字】

乔时得　没关系；不要紧

乔格难　没有什么难处

乔光景　什么情况；差不多，大致上

杀孟古　厉害

噢其晓　随他去

噢你晓　随你去

凭其去	任它去；任其自然	硬板方	肯定
本作货	地道的物品	定同朋	分组的方法。四个人玩游戏如需分为两组，即站在一起，齐声喊"定同朋"时，各伸出右手，或仰或扑，至两仰两扑时，分组成功
地底线	消息灵通人士		
火扒钩	比喻佝偻的人		
衣饭碗	职业		
似铳扑	暴病而死，指像被铳打中一样死得快。铳，火药枪	寻朋动	找朋友一起行动，指联动起哄；物体连带牵动
屁弹岩	说话没分量	呒掏净	少。虽没掏干净，但是剩下不多
跟屁阄	跟着别人转，没主张	蹬青竹	暴雨下个不停，声音噼啪作响
随屁出／呒关封　口无遮拦		呒结煞	没出息
凳下屁	传播别处听来的小道消息	呒光景	没原则；没底线
屁经叫	做事没效果，失败了	呒底洞	经济无法填补的空缺；无限度的消耗
难得扎	难惹		
寅是卯	容易；很快	呒港底	无法预测
连底冻	想到底，多指过分忧虑	呒神熟	没神气；神志迷糊
故里生	原来，平常	呒底价	无定价；做事没底线
凿相凿	吵架	呒卵数	做事没把握好
多道效	多劳碌；多消耗	呒斩刹	处事无决断
多延牵	多此一举	呒货乱	因没准备或家中空空而显得慌乱，无所适从
烂麻糍	做人少筋骨；做事无决断		
凭天判	任其自然	弗其弹	不稀奇
活格念	唠叨不休	弗晓得	不知道
唠记过	再次确认；重申	弗舍得	舍不得，小气
打刹板	死板	弗知死	不管死活
倒瑞气	晦气	弗入调	为人处世不合规范
蛮派拉	不娇贵，多指小孩	弗当汤	不够，差远了
辣麦面	挨打	弗心过	不满足；不甘心
打边格	不端正；不公正	弗上眼	不放在眼里
各事格	情况不对头；情况不一样	弗识货	不珍惜
搁出格／搁出一　不合群；被排挤		气弗过	嫉妒；气得受不了
大面小	不对称	硬弗起	没办法，无可奈何
倒水撒	打水漂	健弗起	疾病严重或年老体弱活不长了
力弹冲	跑得快。骂人语	席弗落	吃不消，无法做到
涎转来	因味太鲜且淡而让人吃了泛口水	捏弗牢	指屁。戏谑语

夜弗休	夜里仍在劳动，泛指熬夜	没花头	没能耐；效果不佳
贝弗着	不合算	断路头	亲朋不来往；生意断门路
噢弗动	叫不动	饿牢头	饥饿极了，狼吞虎咽
头世侬	见世面少的人	讨添头	有了还要
烂好侬	不讲原则的人	讲摊头	聊天
识宝侬	不管物品是否有用都不肯丢弃的人	空摊头	聊空天
做会侬	善于炫耀自己	带便头	趁便，顺便
假大侬	善于装蒜的人	爬墙头	男到女家偷情
做大侬	炫耀自己；女孩发育	海浪头／强朋头	虚张声势
中央侬	站在公正立场处事的人	起绷头	急；起劲
做侬家	勤俭节约	爬床头	调侃起得早的人；形容病后痛苦状
跄侬家	串门；走亲戚	大群头	小孩群中当头
弗像侬	没人样；失人格	轻骨头	轻浮
大好佬	有本事的人；自认为有本事的人	贱骨头	轻贱；陀螺
和事佬	调解人	备箕头	死亡的婴儿。骂小孩常用语
蛮和佬	门外汉	凑侬头	凑人数，多指工作不出力
同年佬	同龄人	收侬头	指天灾人祸人口大量减少
要老命	够呛	话回头	回音，回应
四柱头	骨干力量	借因头	找借口
上横头	桌子的正位方，尊位	冤大头	蒙受冤枉的人
坏场头	体形品貌	活络头	言行无定论
摘热头	晒太阳，本意是摘下太阳取暖	捏鼻头	嗤之以鼻；令人讨厌
底典头	渊源；依据	羊鼻头	话中有刺
心经头	念念不忘	触霉头	碰上倒霉事
和哈头	一起惹事	起轧头	闹矛盾
激骨头	刺骨的冷	席喷头	挨骂
熬烈头	承受、忍受能力	连大头	一起
嚼舌头	乱说话，多指说人坏话	楔骨头	瘦得皮包骨头
偷伴头	悄悄地	颗粒头	体量
踢脚头	互相争斗；暗中使招	底线头	纳鞋底线的线头，形容细小
怕惧头	威严程度	轻便头	轻松活
教术头	教育方法	挈篮头	拎篮子；讨饭
交托头	对相托之事的重视程度	哇拉	有本领的人
没望头	没希望，看不到前景	垫床头	猜不出谜底

钉攻头	不守本分的小孩	毛门头	刚开始，未入门；摸不着头脑
做对头	吵架或打架	打算头	谋划
大件头	大事情	书独头	书呆子
外名头	名声好，事实不然。自谦	横榔头	意料之外的事件
出名头	名声在外；臭名远扬	黑炭头	肤色黝黑的人
原场头	同原来一样	猫鼻头	对腥味敏感；喜欢吃腥味
呒做头	能力弱；本事小	狗鼻头	嗅觉灵敏
杀汤头	打压对方的气势	肮刺头	一种无鳞的鱼，头上从小长刺。
打汤头	猪鸡等畜禽宰杀后用汤去毛的过程		指难以交往的人
候汤头	趁便做事	碰鼻头	碰壁
候记头	突然之间	味利头	好处
突记头	突然；一下子	来势头	长势
趁兴头	趁人不备	霸岸头	为获取利益而把持某个领域或
孬断头	连续不断；纠缠不休		场地
懊闷头	郁闷	蓬格头	那个地方
热辣头	声色严，方式蛮，有威慑力	岸头山	运气，机会；靠山
猢狲头	膝盖骨	灸艾头	一种中医疗法；忍受煎熬痛苦
拔苗头	观察揣摩对方的心理活动	夹火头	火气上来，言行过激
二婚头	多指再婚女子	凑碗头	按照风俗上菜的碗数；招待客人
活切头	旧时指老公还在就嫁人的女人。		时撑面子
	骂人语	卵橛头	指物体短小
挽侬头	找关系	炮仗头	指人矮小结实
搭披头	份额小	懊糟头	说不清的味道；道不明的烦恼
细毛头	一般指吃喝时用量小，速度慢	螺蛳头	指女子发髻状如螺蛳，亦称"高头"
田作头	农民，劳动的好把式	脱肩头	缝补衣服的一种方法。农民劳动
亲熟头	热情的程度		时，衣服的肩及连接的背部常常
噢唤头	称呼人的热情程度		先破，用整块布换上去
独落头	一粒花生米的花生；单丁	扒灶头 / 扒坟头	毁坏人家的灶头、坟头，
笃落头	小孩口齿伶俐		系矛盾升级后的过激行为
大场头	大事情；大场面	地头势	地理、人脉优势
席苦头	吃苦	源头力	原本储存的力气
没硬头	没办法	花头眼	能耐；主意；花招
转手头	弥补前次劳动不足；转换劳动方式	打头觉	刚睡熟
便宜头	沾光	打头呆	思维卡壳；不善变通

机头灵	灵活	手眼洞	小。指掌控很紧
打头震	令人吃惊；心里发麻	掩眼法	欲遮人耳目的方法
重头大	重活	青滚花	青光眼。比喻视力不好的人
鬼头风	小旋风；人为引起的骚动	滴固綮	目不转睛
轻头重	不对称，不匹配	花海心	心高得脱离实际
直头大	行事简单；只能简单行事	筐藏心	隐匿保密
倒头爹	父母骂儿子	发善心	慈悲为怀，行善助人
倒头娘	父母骂女儿	了愿心	敷衍了事
头口水	首先得到利益	两样心	不公平
头起手 / 头望门　刚开始		犯触心	使人懊恼
招头纸	商品上的标签	犯切心	使人痛恨
割头发	女子剪了长发留短发	长远心	长期保持同样的心态
犯头痛	令人心烦	钉心肝	刻骨铭心的话或事
背后眼	有远见	落心肚	安心，放心
打俏眼	抛媚眼	含心段	中间段，指事物精华部分
斜视眼	偷瞧，暗送秋波	贪心高	欲望过高
斗鸡眼	视角不正常	黑心肝	心肠歹毒
大细眼	两只眼睛不对称；势利眼	疑心肝	怀疑心重
铜钿眼	细小的钱财	冲心子	性格鲁莽，带头闹事的人
天开眼	终于真相大白；喜从天降	开口奶	比喻人生第一步
羊白眼	眼睛黑少白多；厌恶的眼神	开口气 / 头口气　语气	
画眉眼	形容眼睛好看	油口歌	随便乱讲
苦雕眼	本地称猫头鹰为"猫头苦雕"。骂 人语	开大口	打哈欠
		问口嘴	出言不慎而遭人责问
扁字眼	话中有话	探口风	通过语言揣摩对方心理
老鼠眼	奸诈的眼神	口下风	言下之意
鸡毛眼	夜盲症	口舌化	语言表达能力
回头眼	回过头再看	倒胃口	没食欲；言行令人厌恶
眼孔浅	眼馋	烂牙床	说话有气无力，含糊不清
白眼饭	吃饭看人家的脸色	含喉咙	因紧张、恐慌说话含糊不清
白眼搇	只看不做	哽喉咙	吃了不该吃的东西
亮眼侬	有文化的人；给别人出点子的人	上席落	好的先吃
亮眼汤	羹汤，习俗中有正月十四夜吃羹 汤能明目的说法	席乐运	有口福
		席生活	吃苦头

讨生席	一般指女人偷情	挟脚骨	遭遇麻烦，处境尴尬
喊皇天	求助无门	打脚挫	闪失
挑嘴屎	搬弄是非的女人	搡脚卵	使坏招
打嘴掴	打巴掌	脱（ten）脚镣	推卸责任
烂嘴埠	口无遮拦，随便乱说	过脚门	过关卡；走程序
扭嘴边	出言不慎伤害人而遭人迁怒	接脚兵	后代
出塞话	发话指责对方	戳别脚	揭别人的短处
出白口	说难听的话	学手脚	学习，实践，锻炼
接口令	对话，回应，回击的反应程度	倒脚货	剩下的；差
好言声	说好话，有求对方谅解之意	落脚货	最后的
讨叫饶	因厌烦而放弃；无法承受	脚下蟹	江湖人士手下的虾兵蟹将
常言道	时常说的	脚边毛	细微
随口出	脱口而出	捋顺毛	顺着说；鼓励
扯喇天 / 聊天发　吹牛		倒毛叉	反着说；反着做
摊事劳	摆功劳	打隔脉	起疑心
扯钝锯	磨嘴皮子	打暗笑	暗自发笑
活卵话	说话做事太过分	驮团肚	喂奶的女人饭量大；饭量大的人
倒头卵	定位错了	大肚倒	胃口好，饭量大
捣生姜	唠叨	熬肚饥	挨饿
大花脸	比喻奸险的人	肉肚里	切身利益
小花脸	滑头；滑稽可笑的人	着肉烧	急事、难事困扰
解脸皮	无奈应付人情	长肉蕾	青春痘
大厨手	发挥主要作用的人	望刀血	充满期待。区域中有杀猪时血旺
留后手	因戒备留一手		与预示家庭兴旺有关的说法
手窝抒	东西少	肚下门	隐处，喻私利
手重响	拿出财物感到心疼	开肚门	女人生第一个孩子
解手刀	应急的措施方法；应付人情的钱物	恶肚肠	心肠歹毒，暗中算计
搔手皮	无事可做；有事不做	借米聋	因借米不肯而装聋作哑。指偶尔
断脚迹	断绝关系，无来往		听不见
绷脚筋	羁绊；理不清	做筋骨	振作精神；硬撑
脚筋胀	无所事事，空跑	皮外事	与己无关的事
脚碰脚	彼此彼此	木皮蛋	麻木，顽皮，脸皮厚
夹脚淋	小孩尿尿或病人、老人小便失禁	实皮蛋	做事不开窍的人
	的状况	撩皮格	浮夸，不着边际

烂屁股	坐的时间长	现开销	当场见分晓
病却喜	怀孕的早期反应	料过套	皆在预料之中
达事务	识相	撞着撞	偶然巧遇
打夯大	踩点	半羹篮	欠聪明
打刹板	死板，无法沟通	半橛拗	夭折。骂人语
隔壁气	本与己无关，替别人生气	对半差	差一半，泛指差得很多
腌臜气	难闻的气味；窝囊气	一刨花	一点点
出气货	底气不足	一抹光	常指衣服没花纹
过气货	背时、淘汰的东西	一抹宅	一般来说
为此话 / 好兴话 所以这样说		一点毛	数量很少
呼惊叫	吓一跳	一吨重	很重，很有分量
仰转炮	跌倒后仰面朝天	一字样	一直来如此。褒义
扑跟跌	扑着身子跌倒	一拆光	挥霍一空
留后步	从长计议；留有退路	一笔落	写字熟练；算账快速
甩（guan）锣槌 摞担子不干		一塘生	一起
澎水浴	游泳；做事随心所欲	独双手	无帮手
好兴想	感兴趣，寻开心	独手落	一个人完成
有趣相	好玩好笑；讨人喜欢	空双手	双手空空，指没收获；上门不带
味道歹	口味差；难为情		礼物
讲记完	说到底	两开台	因信息不对称而处事不到位
讲记穿	说穿了	双料货	货物质量好
体面饭	丰盛的宴席	来双股	贪心；起劲
迎饭碗	端着饭碗，边吃边走	好拜对	人与人脾气相似
饭碗脚	碗中饭菜不吃完	三只手	扒手
讨饭相	寒酸相	三蹿鬼	走路跳跃，顽皮状或轻浮状
翘尾巴	骄傲自满	四穿弄	四面通风，四处可行
佘竹筒	腹泻厉害；说话毫不保留	断六亲	与亲朋关系不好
倒屋破	说不吉利的话	懂六事	了解持身、持家、居官、居乡、
摸盘缠	人临死前手本能地慢慢挪动，说		处事、处人六件事，指小孩管大
	是在寻找上路钱。指办事动作慢		人的事
还火痛	肉体上痛后再痛；心灵上痛定思痛	七打八	寥寥无几
爬夜坑	夜里上厕所	傻八仙	傻。戏谑语
还魂觉	醒了再睡	十弗通	不通达
现汤煜	立即就办	十弗全	指人体功能不全；戏谑语

值千银	非常值钱
笑面虎	笑里藏刀
画老虎	通过做手脚获取利益
抲老虎	通过方法手段叫人卖力卖命
打虎跳	欢蹦乱跳
马眼风	膝关节炎
落地马	本来，原来；开始时
牛草鳖	指吝啬的人
牛头拱	用头撞人
牛倒栏	动作粗野，声音粗暴
偷牛胆	胆大
剥倒牛	动作慢，用时长
慢登牛	动作慢
操侬牛	指性格野蛮，脾气暴躁的人
猪头山	蠢
眠倒猪	倒下就睡
搭娘猪	指长期依赖父母的孩子
炮头猪	一窝猪崽中最大的猪崽
笨若骡	笨
巡更狗	无所事事，到处乱跑的人
洞里狗	见世面少的人
山厂狗	怕见世面的人
四眼狗	戏谑戴眼镜的人
狗舔过	形容干净
狗弹蚤	动作轻，不用力
塞狗洞	送了财物打水漂
梦冲鸡	昏头昏脑，意识不清的人
杀鸡风	手段狠
各窠鸡	不合群
小草鸡	小母鸡。戏称娇小的女人
小雄鸡	戏称风流少年
小鸡毛	物品发霉长出的菌毛
鸡褪窠	凌乱不堪
铸燕窠	日积月累创家业

谅老鼠	物体不坚固容易酿成后果；故意设陷阱
黄鼠狼	挖苦在人群中随意放屁的人
孵底鸭	受欺负的底层人
燥地鸭	不会游泳的人
山麻雀	多嘴多舌的人
放白鸽	女人以结婚为幌子骗取钱财
九里弹	指狠毒的人
倒拔蛇	给人少，要回的多；也形容费力多，效果差
蛇蛇动	轻视；蠢蠢欲动
甩了蛇	指人劳累过度，疲软无力
瘪臭虫	不声不响，沉默寡言的人
叮卵蚤	体型瘦小的人。损人语
冷冰冰	天气冷；态度冷漠
暖烘烘	暖和
冷飕飕	形容寒冷
寒抖抖	冷；穷
凉荫荫	清凉
热络络	热气腾腾
辣呵呵	爽辣可口
淡渍渍	食物淡；讥笑人的语言
酸震震	有点酸
熟习习	本来就熟悉
热皮皮	热心骤增；心里暖洋洋
空落落	无功之举；有饥饿感；空虚无聊
懒时时／烂搭搭	办事拖沓，没紧迫感
粉滞滞	味道粉得不地道
鲜懈懈	口味鲜得不正宗
懈索索	指食品欠筋斗，吃起来有松散感；做事欠上紧
刮唠唠	饥饿难忍
挖饶饶	饥饿时的感觉
翘滴滴	形容女孩出落得像模像样

坚笃笃	坚实，坚挺	安乐王	无忧无虑，生活安逸
硬丁丁	有点硬	蹬枪柄	较劲
玉淳淳	玉色晶莹状	动蛮法	使用野蛮粗暴的办法
肉沉沉	肉嘟嘟	好果子	好结果
凶霸霸	凶相毕露	夯结煞	后果不堪设想
野绷绷	行为出格，不懂规矩	离襁岸	长大能自立了
傻惺惺	欠聪明	抱箩底	兜底，包揽欠缺部分
泰悠悠	动作慢	散抛沫	分散；乱七八糟不整齐
混淘淘	稀里糊涂	打倒脱	指人胖
木呆呆 / 木乎乎　不灵光		脱个块	心中纠结解除
钝叨叨	说话慢吞吞，酸溜溜	破风车	指身体多病
细叨叨	过分仔细	翻畚斗　戏剧舞台上的杂技动作；人生大
糊踏踏	不清爽		起大落
焦辣辣	感官受刺激后的感觉	兴竹园	兴旺的家族
亮焦焦	光亮	搂火棒 / 搂屎棒 / 搂塘混　挑起或扩大事
空落落	虚无，失意		端的人
花碌碌	夜幕降临或晨光熹微	阿木伶	呆木不够灵活的人
肖劈劈 / 茄茄里　出手小气，寒酸相		呆菩萨 / 呆沙鳅　办事不够灵活的人
跌跌倒	步态不稳	操价钿	在交易中故意抬高或降低价格
滞滞动	血脉不畅，筋骨不舒	值铜钿	值钱
惧惧里	富的吝啬，穷的无奈	外买货	质量不好的物品
嗒嗒滴	湿透；穷透	陷河东	吃尽苦头，无法脱身
火火叫	形容身体暖和	通大盘	符合常规
蹭蹭叫	用力踩发出的声音，指有实力	搞味道	寻开心
叶叶暖	躁动不安	灵市面	打听消息
笃笃翘	有精神；挺时髦	常套文	老一套
笃笃敲	敲竹杠	无知赖 / 倒尸赖　耍无赖，无担当
突突抖	颤抖得厉害	割燥稻	快而毛糙
扁扁服	服气	外场面	表面现象
条条牵	有条有理	出面相	给人展示的初步印象
闪闪掉	丢三落四；东西 掉了一地	天将兵	强壮矫健
搁搁动 / 脱脱动　内心忐忑不安		天赦日	好日子
出马枪	首次显露才能	天字号	万幸
定盘星	秤上的准星，比喻为人处事有定力	天晓得	不可预测

大事业	大事情；偶尔做了一件事	倒大路	死在外面
年兴年	一年比一年好	败家子	行为放荡，挥霍家财的子女
沾光边	揩油	恶作扰	恶作剧
香入味	合适，匹配	魔样格	异样
撑侬家	勤俭持家	调龙灯	到处转悠惹是非
告小罚	轻微违反社会公德而受处罚	恶讼师	出坏主意的人
做单吊	上刑	哑中风	中风后失语；沉默不语的人
洗毻脚	揭老底	掼了货	不值钱的人或物
打破铁	争吵不休，不团结	山门外	未入门；门外汉
督破洞	揭短	作空弄	忙里偷闲
塞背后 / 塞后手	暗中送礼，多指行贿	原身货	未经任何改动的正品
外插花	正常情况外的事情或收入	老命丁	小孩老练过头
有得转	合算	老来子	中年后得子
活寡妇	丈夫功能缺失的女人	囫囵吞	整个吞下
活择子	灵活聪颖的青少年	黄绞藤	韧；也指病体常拖的人
活神仙	滋润潇洒的人	搞炮鬼	搞炮意为枪毙。骂人语
活清颠	艰难困苦的人	翘辫子 / 转阎皇	死亡
活烂臭	臭得厉害，令人讨厌	患成功	成功之患，使之失败。多指闯祸
麻痘鬼	因麻疹或天花死亡的人。骂小孩常用语	踏高跷	走路不稳
短命鬼	寿命不长的人。骂人常用语	笔督登	陡；挺拔
鬼打墙	说话做事不实际，不公开	拖油瓶	随母而嫁的小孩
鬼念符	毫无根据的语言	浇麻油	拍马屁
笋干净	非常干净	扯烂污	做事无责任感
剃刀布	衣衫油腻肮脏不洁净	掺水料	讲话有水分，缺乏真实性
刮皮刀	搜刮好处；衣衫油腻肮脏不洁净	长流水	收入有稳定的来源
打秋风	在礼尚往来中为得利而算计人家	清水果	单调，单一。一般指吃得差或没吃饱
敲竹杠	讹诈	戽水样	指花费大手大脚
霉豆腐	神志不清；做人无格局	随水氽	任其自然，随波逐流
火爆炸	性格暴烈	没主份	无权参与
煞清爽	环境清洁；品行清廉	没头潭	水满
血着红	大红，深红	没洋河	一片汪洋
墨滴乌	颜色很黑	哗大河	口子大
倒家山	败家的人	做伴当	做帮手

眠床债	卧床长久后才去世		结队祀神求雨
驻孝堂	守灵	偷茄样	欲罢不能
宝弄光	把值钱的东西都折腾掉	放烂线	放肆
立时难	立刻马上	插蜡烛	长时间站立
斗兴哄	跟着起哄，好斗的样子	落油锅	受煎熬
骚性夯	不安分，风骚的样子	乘便船	趁便
掂斤量	测试能量；较劲	沾光边	得利
毛割卵	做事马虎	上场昏	见不得世面
卵用场	没用	下样输	为人处事缺乏档次，授人以柄
卵花头	没本事	捣（dang）媒酱	婚姻介绍人遭到被介绍
丫婢嘴	讲话不负责任		人一方或双方的指责与迁怒
着子叫	声音尖	保本数	基本份额；基本格局
野王婆	撒泼的女人	念话神	唠叨，喋喋不休的人
屎席饱	把事情办砸了。骂人语	抖松香	非常轻松
屎里屎	一钱不值，毫无用处	有卷经	此事有依据
发屎昏	思维违反常规	阴干燥	放在阴凉处让其自然干燥；人逐
假屎腔	心是口非，半推半就		渐萎缩
花茫亮	早晨东方发白或夜幕降临时	刺窠棚	处于困境，难以解脱
雪括亮	天还亮；物体光亮；眼睛亮	刺戳样	指人性格脾气差，难以合作；内
烂冻滴	湿透了		心难受
变晴雨	气候变化；性情变化无常	硬筋干	因风干或制作不当，食物不松脆了
背旱涝	担风险	两公婆	夫妻俩
拗天檀	违背常理做事	叔伯姆	妯娌
红辣丽	红得鲜艳，好看	王大哥	指强势霸道的人
小节量	气量小	小侬娃	婴儿
咸滋味	有点咸味	小娘家	小姑娘
占天师	料事如神的人。多用作讽刺	刁刘氏	轻浮女子；多事的女人；亦为昵称
花把戏	糊弄人的花招	骑马布	用布条制作的卫生巾，旧时一种
落塘运	晦气，运气差		妇女用品
落地码	原来，本来	缚腰巿	围裙
没好歹	不知好歹	登天缚	将小孩的头发向上面扎成一束
窝（wo）出来	起床	叉角辫	小女孩或少女将左右头发打成短
捏得牢	在掌控之内		辫，各往上翘，像两只角
取水样	熙熙攘攘。旧时遇旱，农民成群	西装发	男人时髦的发型

轿头佬　旧时的轿夫，吹鼓手，地位低微，亦称"小百姓"

抢火子　一种游戏，护火子与抢火子的人都要眼快手快。指速度快

鸡顿鼓　将鸡的胃清除异物后吹成的小气球似的玩具

猪尿泡　将猪的膀胱清空后吹成的气球似的玩具

盐游螺　蜗牛

呼啸丝　竹丝。呼啸，挥动竹丝时发出的声音

弹簧底　高帮球鞋

销货郎　挑着销货笼担叫卖小商品的人

纸包糖　糖果，亦称"颗头糖"

花侬纸　一般指年画

破香烟　劣质烟

新酒汤　刚酿造的米酒

马达克　摩托车

蒲里袋　用蒲草编制的袋子，远路劳动时常用来装中饭

艾蒿把　艾蒿晒干，夹松毛缚成一束，点燃可用来驱蚊，走夜路可挥动照明

着镬柴　引火柴

动火焰／动烟火　烧饭

箍柴缚　拦腰抱住

饭汤粥　锅巴加水煮成糊状，比一般泡饭好吃

篾骨灯　篾骨在水中浸泡后晒干扎成一把，点燃作夜间照明用

松明灯　松木中松脂多的部分叫松明，点燃后可用来当灯照明

青油灯　柏子油叫青油，点上灯芯草可照明

灯芯草　点油灯的一种草，指少，小，轻

青柴山　茂盛，多指植物长势好

……

三个字语音

【四个字】

盎盎斯斯　亭亭玉立，婀娜多姿，女人身材好

摆摆赏赏　正儿八经地坐或坐时神态显摆

杳杳茫茫　茫无边际

仁仁墩墩　个子不高，长得结实

眼眼盼盼　经常不断的照看

着着实实　踏踏实实

捋捋括括　囊括

摇亭打鼓　因晃动而发出碰撞声

日暮用功　勤勉

敬工着业　专心致志；正儿八经

论头末事　东西多，不在乎

捋馍团起　待人大度；一团和气

红头面起　面红耳赤；尴尬相

看侬势足　势利眼

困起盲双　刚睡醒或想睡了的状态

争屋夺命　为了利益，不顾一切

楔穷烂滴　穷光蛋

到头相向　目标明确，脚踏实地按程序做

糟末烂疤　半点韧性都没有

糟污粒杂　杂七杂八，不干净

沥水拉糊　不清爽

瘫地麻风　指小孩赖在地上玩耍不肯起来

哈痰吐涕／咳痰吐涕　痰乱吐，鼻涕乱擤

提谓是样　故意这样

贴白上好　很快就好

贴式群样	一模一样	弗乌弗白	不清楚
好地朋生	无缘无故	弗丁弗板 / 半打弗翘	上不了正道，派不了用场
好朋陌生	朋友变生人，无缘无故	弗中弗节	不是时候
凭其那生	无论怎样，无论如何	弗燥弗湿	不过瘾
马滑的笃	炫耀显摆	弗苦弗辣	没滋味
浑嘴浑脸	脸面圆润	弗傻弗痴	不聪明
实跌实甩（guan）	脚踏实地打拼	弗耕弗踱	不通畅
实力步战	一步一个脚印	茶汤弗喝	一点东西都不吃，表示客气或不给面子
哑裂大呐	因痛苦而声嘶力竭	侬气弗搭	失人格
冷恶息发 / 冷搞息发	心灰意冷	好意弗歹	多此一举
立噢立应	反应快，效果好；马上到位	细意弗尽	尽管仔细，仍有疏漏；应慎之又慎
席餐饿顿	吃了上餐没下餐，基本生活没保障	半生弗熟	没烧熟；不成熟；不熟悉；不熟练
断火煞星	无影无踪，无声无息		
绕山绕黄	连山连岗，遥远的地方	青黄弗接	新旧衔接不上
各远天地	偏僻遥远	身手弗动	懒惰
独打林中	偏僻孤寂	歇手弗成	欲罢不能
独打朝纲	一般指单独打拼，创立家业；亦指单枪匹马，孤军奋战	歇落弗得	有一点时间就利用
		讨饭弗得	装穷叫苦；生活确实困难
夹乱进场	添乱	瞎字弗识	不识字，文盲
踢脚扳倒	地上堆满东西，行走不方便；走路不稳；道路坎坷	世事弗犯	遵纪守法；未曾冒犯
蹿脚搭地	激动至极，行为失控	钟头弗准	脑子不正常
拔脚便逃	逃脱。有心虚之嫌	半生弗糕	半途而废
聊来搭去	随意，随便，不正经，不稳重	根丝弗搭	裸体
落泊落难	受苦受难	根丝弗燥	湿透
端来移去	移花接木；凭空臆造	散毛弗拔	一丝一毫都不肯，吝啬
冤家凑孽	不幸的事碰在一起；狭路相逢	百毛弗管	什么事情都不管
皙靠之中	偶尔	噢天弗应	无可奈何，求助无门
颠倒弄洞	处事不按程序而产生后果；糟糕	屎实弗通	不开窍，不通达
紧板锣鼓	紧锣密鼓	叮声弗响	闷声不响
弗上弗落	不到位	前世弗修	前世没修行，今世吃苦
弗三弗四	不正经；行为不规范	来捋弗及	急不可耐
弗死弗活	勉强维持		

弗要移眼	不要看，表示厌恶
弗得好死	没有好下场
寻多弗少	一股脑儿
弗上台盘	上不了场面
弗上牌匾	不上档次
造其弗过	无法较量
造其弗懂	不可思议
造弗来古 / 造弗相似	做不来
下弗监上	下辈不指责上辈的过错
风嗡弗通	不通风或无风
呒大呒细	一般指不知礼仪；亦指上无老，下无小
呒上呒下	上无老，下无小，孤独凄凉
呒归呒出	与己无关
呒志呒气	没有志气，不顾尊严
呒头塌脚	没一点实际意义
呒丫尸顿	吃撑了
呒生变熟 / 呒生变有	千方百计
呒要奇谈	说无关紧要的话
呒道不理	一点道理也没有
呒气呒魄	没魄量
呒妨呒碍	没损害
呒气火筒	肚量大，能量小
肚肠勒呒 / 肚肠勒移	搜肠刮肚，绞尽脑汁
呒做头侬	不大有用的人。一般是自谦
呒米粥汤	通过不法手段获取的利益
呒转手骨	东西乱丢，处事随便
呒要地踏	无事找事
对半掏剩	剩下的不多
独脚才力	势单力薄
一手横量	实力强，势力大
一脚落手	自始至终
一扒落手	一个人干到底

一翘一旦	死得快
一往如势	势头好
一画两平	公平
一错二绽	失误，失手；意外
一爿烂摊	一塌糊涂
一塌括子 / 一塌粒银	囊括
一记工夫	时间短
似乎一敬	认为理所当然
二五八六	喝醉酒
第二八个	第二次或第二个
空双淡手	没带礼物
双眼望橼	无望，失意
双归双出	指夫妻恩爱
两老双全	白头偕老
三方四掰	所剩无几
三弗论顿 / 三弗落道	不三不四不上品的人
三脚狂蹿	惊恐状；快捷状
三脚两步	走得快
三头六逼	四面楚歌
三对六面	阳光操作，公开
三角石头	喻指难以合群的人
三角棱丁	不对称；不通达
三日两头	时常，频繁
三长两短	人生无常
三岁小侬	年龄小；年龄不小，仍然幼稚
乱话三千	乱讲；乱来
乱扯三千	胡来
瞎三话四	乱说一通
低头三尺	人前抬不起头
高头三尺	受人尊重；趾高气扬
另起三间	重起炉灶
立时三刻	立刻马上
比三比四	比来比去
老三老四	排名靠前；故作老练

四门大开	家里无人而不关门	千岁小狗	人老了，言行举止仍像小孩一样
四六笃对	五官端正，四肢匀称	廿四落后	太迟了
见方四正	方正	造嘴廿三	胡言乱语，造谣中伤
乌龟四六	少	龙虎啸健	指人体魄强健
黑五倒六 / 杂五倒六　乱来		喝龙骂虎	气势汹汹，吆五喝六
五荒六月	青黄不接	龙身马肚	男人体形好
六亲弗认	无情无义；铁面无私	各龙各脉	非宗亲；思维、思路各异
六亲无靠	无依靠	清对马桩	一对一
七的八笃	零碎	外套马衣	穿着打扮不得体
七脚八手	做事或帮忙的人多	水余马屎	说话毫无保留
七病八痛	疾病多	打牛话马	指桑骂槐
七调八捻	花样百出	牛精马力	勤劳；辛苦
七跪八拜	晚辈孝顺，长辈出殡时的悲痛状；求情，说尽好话	牛闭榨袋	吝啬
杂七夹邋	杂七杂八	抱佬蹬牛	技术、技能不到位
傻七傻八	愚蠢	老牛叹气	伤感
大天八亮	太阳升起，天亮已久	黄泥大狗	满身黄泥，衣冠不洁
无空八地	没事惹事	督落死狗	落井下石
洋花八搭	说话轻浮	棉花小狗	穿得暖和
命宫八字	迷信认为命运由生辰八字所注定	稳猪着狗	十分有把握
拖腔八调	声音长而难听	饿煞雄狗	挖苦长久没碰到过女人的男人
牙床十健	口气强硬	狗扯羊肠	东拉西扯，剪不断，理还乱
十貌九全	算完美了	狗皮搔搔	行为失范
百汗如雨	大汗淋漓	狗吠月亮	无用之谈；无端骂人
百作手艺	各类工匠	猪丫狗脸	人际关系时好时差
百侬百心	人心不一	猫探冷粥	试探
千侬万凿	口碑差，社会影响不好	猫忽狗忽	睡的时间短
千叨万娘	骂人爹娘，无休无止	杀鸡杀鸭	备办年货或盛情待客；初学胡琴时的声音
千中拣一	偶然	伤铳野猪	凶狠
无千到万	数量多	放山野猪	放荡。多指小孩满山乱跑
千多万谢	非常感谢	猪多肉贱	不值钱
千补万纳	衣服补了再补，反映出一个时期的生活状况	斜甏雄鸡	骚扰状，风骚
		红头雄鸡	酒醉后的形态

雄鸡打水	蜻蜓点水，没耐心	沙甄钵头	泛指小的陶器
鸡碎土地	吝啬；办不了大事	铜壶锡器	泛指金属器皿
猢狲放索	自由，轻松，无拘无束	破铜烂铁	泛指废金属
滚壮獭鳅	肥胖	煎煎炒炒	泛指烹调方法
笋光獭鳅	非常光滑；财物精光	菜碗菜脚	泛指剩菜剩饭
猢狲拨卵	多此一举，随意摆布	布头布尾	泛指边角布料
煨鹅大雪	鹅毛大雪	衣裳头裤	泛指服装
红眼大虫	眼睛红肿；亦比喻老虎	汤汤卤卤	泛指汤水
钻地老鼠	到处乱钻，无孔不入	陈年烂货	泛指因时间长坏了的东西
灰卜老鼠	比喻又黑又小的人	侬多势强	人众势强
犯贱骆驼	没压力不行动；亦指玩具陀螺	小户侬家	多指家境平平的人家
红嘴夹雕	一种嘴夹红色的鸟。比喻嘴唇 涂得太红	大侬行（hang）行（xin）	小孩懂行为 规范
温汤杀鳖	不紧不慢，效率低下	吓侬倒相	样子吓人
冬鳖夏鳗	冬天吃鳖，夏天吃鳗，指吃补 品要适时	学侬做侬	向人家学习，边学边做
		托侬跑势	托人情，找关系
群塘螺蛳	同一类人。贬义	死侬包袱	包袱沉重，难以解脱
沾灰泥鳅	肮脏不堪	麂头麂眼	东张西望
骚天老鸹	说大话，不切实际	捻头扼脑	轻浮或撒娇状
蚕亡麦死	自然灾害	骨头脑髓	想方设法
赤鳝（蚯蚓）钓鳗	以小付出换取大利益	移头霸脑	越位
塘磡水鸡	人很多而不热情参与	昏头耷脑	头脑不清醒
祠堂白蚁	指社会"蛀虫"，假公济私	空头八脑	不切实际，毫无意义
虿叮蚤咬	纠缠不休	硬头硬脑	不听话
头毛生虮	碰上了烦心事	夹头夹脑	劈头盖脸
亲房叔伯	泛指宗亲	撞头撞脑	人多经常碰到；不情愿碰到而 碰到
爹亲娘眷	泛指亲戚		
今冬明春	泛指时间短	突出突脑	另类；别出心裁
猪牛六畜	泛指牲畜	独头独脑	一根筋，执拗；不合群
桃梅李果	泛指水果	摘头摘脑	寻短处，找叉子；爱计较
牛犁车耙	泛指农具	噱头噱脑	虚张声势显摆
鲜菜鲜丝	泛指新鲜蔬菜	鬼头搭脑	言行离谱，行为诡秘
葱韭大蒜	泛指烹调配料	千头万脑	头绪纷繁，理不清
缸壶瓶甏	泛指大的陶器	对头对脑	面对面，相距近

词条	释义	词条	释义
眼头活相	灵光，反应敏捷	空心馒头	冤枉
油头滑脚	不实在，不靠谱	石骨头硬	坚硬
钉头鬼脚	瘦小孱弱的人	嘴眼鼻头	指人的五官或物的基本轮廓
斜头蹩脚	行为不端正	敲瓦爿头	平均分配
大头冷面 / 大头连牵　态度冷漠		节次头尾	节日
牛头马面	丑恶相	头痛派咽	头有点痛，不舒服
光头眼绽	精明相	依岸至头	按顺序从头开始
鸡头鸭变	变态；变坏	望企坞头	充满企盼
昏头六冲	脑子糊涂，思维不清	落山日（nie）头　好景不长	
糊头搽脸 / 了了糊搽　小孩没教养的行为		手头生活	轻便活
引头发风	引发事端	凑头利市	好日子碰上好兆头
眼汪头撞	伤感状	天地良心	良心所在，天知地知
硬头卵荃	执拗	心心记挂	时常惦记
门头户颈	门面	心到佛到	只要有心意就好
叩头跪拜	祭祀；求情	有口无心	只说不做
歪头歪脑	不听话的神态	将心比心	设身处地，换位思考
边头至尾	旁边，角落	屎塞心肝	不通窍，办不好事情
狗头军师	帮人出坏主意的人	烂肚心肠	不负责任，随意而为
掉头落角	语言因人而异随时变化	冲煞心肝	速度快，动作野蛮
岩头孔窍	物体不规则；人相貌难看	劳心劳碌	操劳
草头郎中	民间医生	静心用功	专注
呒头苍蝇	做事无方向	挂心挂肠	牵肠挂肚
大头天话	离奇的故事；说话漫无边际	起心发意	专门思考且尽力而为之
石灰椰头	涂脂抹粉，化妆过分	宽心牌九	胸有成竹，轻松；事无定论，放松
拆木斧头	指小孩子顽皮，淘气，见东西就拆		
		对眼乌碌	眼睁睁
滑头码子	油滑，不靠谱	眼睛望钝	望穿秋水
懊恼搭头	烦恼	眼花落花	眼花缭乱
死牛活头	半身不遂	白眼盯裆	反应迟钝；无所事事
壁角落头	偏僻的角落	眼目清亮	老了视力仍好
调破龙头	制造事端，败事有余	眼大无光	讥讽人没眼光
论人狗头	骂人语言刻薄	腥气眼叼	东西少
双副行头	工具或用具备份	着底着眼	所有，全部
白蚁树头	呆滞，不够灵光的人	亮眼瞎子	文盲

瞎子牵江	试探摸底
瞎子对课	胡乱应付
瞌充朦瞳	昏昏欲睡
清白亮明	清晰
对直白照	视线好，能看到
对白耀照	光线好，看得一清二楚
耳朵生角	误听
聋朋戏对	听不清，闹笑话
哭闭大闭	爱哭
鼻头拖涕	一般指小孩或老人不注意卫生
哮旦吸呼	上气不接下气
鼻头笑侬	轻蔑地笑
各手调账	经手人不同，搞错了
常步手势	习惯动作；常规程序
烂手部头	该做的做不好，不该做的乱做
乱脚舞手	手舞足蹈，不成体统
甩脚荡手	轻浮状；健康状
长脚挂手	人高马大手脚长
大班夹脚	指人多
脚线不通	地上堆满东西，连走路的地方都没有
老包细脚	老了学艺
前脚后步	追随而至，动作快
倒截脚骨	东游西荡，常不在家。骂人语
查根固脚	查找原因与根源
跷脚绷西	腿脚有病，行走不便
倒脚里缩	读书、做事退步
猫脚迹雪	雪小
头光脚细	旧时的时髦女子
赤脚露地	生活艰难状；劳动艰辛状
烂脚部头	穿鞋袜不得体；乱踩乱踏
轻脚轻手	动作慢，幅度小
毛脚毛手	做事不细致；有偷摸行为，手脚不干净

动脚动手	指行为不稳重
拔脚陷脚	淤泥深或道路泥泞，行走困难
贱皮贱骨	不娇贵
僵骨老小	发育不良，身材瘦小
贱气相道	自我作践
黄胖细顿	面黄肌瘦，不健康的状态
带毛惹货	趁机贪小得利
燥毛燥多	不光鲜，多指脸色
揉皮打裥	不饱满；不光滑
连皮榻浆	一股脑儿
褪毛剥皮	去毛去皮，所剩无几
青皮獠落	消瘦，脸无血色
刜皮雕起	死磨硬缠，纠缠不休
藤雕鳖拧	物品坚韧；人不直爽，胡搅蛮缠
厚皮厚多	人长得比较粗陋；身体好，不怕风雨
刁奸皮滑	奸猾
麻皮搭粉	遮丑，装靓
肖气脸皮	不要脸
木皮木脸 / 贼皮贼脸	不要脸，脸皮厚
皮皮气气	经常揩油沾光的人
皮塌嘴哗	喝足了，吃撑了
吊吊噔噔	唠叨不绝，话中有刺
念高王经	说话像念经一样，滔滔不绝
花嘴麦壳	言而不实，花言巧语
挑嘴弄风	搬弄是非，引发事端
活争活赖	百般抵赖
冷嘴埠热	碰上美味佳肴，正有食欲
满口消洋	入口即化，味道很好
满口答应	全部承诺
歪讲歪话	不善言辞，老实木讷
会讲会话	能说会道
哄爹哄娘	说话不诚实
牵爹挂娘	辱骂人家的爹娘

取名道姓	侮辱人的姓名称呼	淡笑无情	虚情假意
骗贼骗鬼	说话做事不诚实	情归理出	通人情
自讲自听	自言自语；听不进别人的话	你翘我叠	互不相让，不配合
嗨天嗨地	言过其实	气鼓胀脑	气愤难平
吭天吭地	喉咙响，声音重	汗出淌淋	大汗淋漓
天动地震	伤天害理，激怒天地	屎泥脾气	不爽气
轻讲轻话	说话慢声细语	大气难呵	口气重一点就受不了，娇气重
坐吃山空	吃老本，不做事	跷婆解尿	做事没准绳，乱来
省嘴舍客	自己节约，待人客气	油塌屁股	说话油滑
造嘴造念	捏造事实	死丫命顶 / 尽丫力竭	竭尽全力
嫌憎道八	埋怨，嫌弃	石怕卵硬	硬气；坚硬
古世念传	做了坏事，经常被人念叨	雕卵子韧	东西韧；人不直爽
呜哧呜哧	支支吾吾	解屎沾卵	由此及彼，造成后果
席团背草	狭隘封闭	条卵直出	衣不遮体，穷光蛋
席硬卵茄	固执	摆赤卵阵	无牵无挂，无所畏惧
白衣白席	不劳而获	丫屄丫卵	语言粗俗
自撑自席	自力更生	仰丫晒卵	仰面朝天睡觉
席饥伤饱	饿了吃撑，伤了肠胃	长根难拔	留逗的时间长
浪席浪用	浪费	跌来挽去	步态不稳
好席懒做	喜欢吃得好而不干活	活抢活夺	你争我夺
啊歌唱曲	因兴奋而随口吟唱	挑箩夹担	所携带的物品多
对呼对喝	不买账，顶撞	同床合铺	同居
开硬争店	不肯认输，争执到底	门槛踏移	多次上门
阴扯乌扯	讲话东拉西扯；做事随意而为	挨亲望眷	寻路头，找关系
扯来绷去	东拉西扯	着家地户	地道人家
恶时恶日（nei）	日子不吉利，摊上了大事	关门罩牌	不知礼节，不会待客
恶里骂舍	恶语伤人	关门落锁	家中无人，指无人接待
恶口毒毒	语言恶毒	堆头满碗	食物盛得满，客气
恶赖几几 / 恶出无赖	语言毒，行为狠	满淋满落	盛得太满，湿的流了，干的掉了
天咒无赖	用恶毒语言咒骂	临时策计	临时决定
血出无赖	鲜血淋漓；撒野，撒泼	商量做计	共同想办法，出主意
急出无赖	非常着急	拆家离散	家庭破碎，家人离散
慌夹慌忙	慌张，慌忙	挖壁撬洞	千方百计
腰驼背亏	佝偻状；疲劳感	挖骨里臭	拼命揭短

呑挖里稀	奇出古怪	细里碎来	细小
穿鞋着袜	不爱劳动，追求享受	杂乱夹等	杂七杂八
单衣薄裳	衣衫单薄	依箸裹粽	根据实际能力确定处事方式
粉破糊沥	破烂不堪	扣定打铁	量身定做
乱糊乱扰	乱搞	铁陌无生	陌生
拖泥露水	辛勤劳作	上好铁统	完好无损
起早落夜	起早摸黑	歪（wang）绷连起／歪（wang）绷系扯／
巡更半夜	半夜三更	歪（wang）绷歪（jian）翘　物品不端正；
黄昏早起	早晨傍晚	人品不端正	
早眠晏起	睡得早，起得晚，意为懒惰或	粗滥泡水	杂粮，指食物差
	生活安逸	随粥便饭	便餐
朝阳晒暖	位置好，阳光足	逢甜带补	穷时将甜食作为补品
地洞难钻	无地自容；无法可想，无计可施	飞火着紧	心急火燎
飞天本事	武艺高强	烹火大热	发高烧
精哇落壳	瘦	赶强作势	风风火火
病至有痛	生病	斩忙工夫	在繁忙中抽出时间
实病到身	病重	道地霸王／土地菩萨　一方势力	
百病消散	病痛消失了	粪篮麦篓	傻
搭床烂截	卧床不起。贬义	尸腐赖宅	做人没信心；做事不认真
活磨活难	受尽折磨	棺材隔壁	老了病了，活不久了
霉霉碎碎	隐隐作痛	路廊皮桶	说话不着边际的人
腻腥夹酱	令人作呕；令人怀疑	风燥皮桶	一有风声，到处乱说的人
拣净卖净	尽管拣好的，做生意的术语	熬辛苦达	勤劳艰苦
拣花落花	挑来挑去挑不好	天荒地没	荒芜
任拣任挑	货物充裕，任人挑选	洋人无道	侵略无道，引申为小孩不懂规矩
候上候落	等待合适时机	巡洋无道	霸权无道，引申为小孩不懂规矩
当时当节	季节不等人，年龄不饶人	北斗转南	投入很大，还是没办法做到
天打天晒	任其自然；无人管养	油光水滑	滋润，光鲜
时好时切	关系时而好时而差	清光水绿	单调，多指食品短缺
摊爿晒叶	枝叶舒展，长势好	清汤白佘	无油腥，味道差
平洋浅土	指平原地带，与高山深壑相对	清素扒蜡	无油腥，味同嚼蜡
有年呒月	遥遥无期	水出醪糟	水汪汪
有宽无急	不要紧	顺汤落货	顺利
上树拔梯	引人上钩，过河拆桥	骚丁绷浪	表现风骚、强势

小鬼相道	不成体统，不上档次	枉长白大	身高马大然无用；骂小孩长大了却没用
小样几招	吝啬	灯光丈亮／红灯膨亮	灯火通明
小恩小赐	小心意，小意思	清光皎洁	夜空明净
笨几糟佬	愚笨	墨水大黑	一片漆黑
省省歇了	没意思，没必要	风吹冷打	不能遮风避雨；语言讥讽人
幼年出家	从小训练有素	清冰大冻	寒冬腊月，天寒地冻
人情面亮	人情是面子	冰清冷水	冷清
当紧关头	节骨眼上	好戏作乐	游手好闲，寻开心
闲人野鬼	非主流	前去后空	提前开支，经济亏空
鬼出吊绳	异常偏僻冷清	家空户败	家境败落
冤枉鬼叫	蒙受委屈，吃了大亏	末代子孙	子孙没出息；无用之人
关前顾后	照顾全面，考虑周到	游戏浪荡	不务正业
新来晚到	刚到新环境，情况不熟悉	寒酸发热	忽冷忽热，泛指身体不适
男左女右	左大右小，男尊女卑	干姜瘪枣	发育不良
随手行李	及时整理	胀顿蒲瓜	指既矮又胖的人
老身康健	年纪大，身体好	日（nei）吹夜大	长势好
铜打铁铸	坚固硬朗，多指健康长寿	随风倒动	风吹墙头草，没有立场
团孙满堂	人丁兴旺	火煨毛栗	邋遢相
落叶归根	多指游子年老返乡	毛栗刺部	性格暴躁，惹不得
全副銮驾	出动全部力量	溜根砟竹	追根到底
明公直气	耿直，公正	骚性轰隆	轻浮好胜，喜欢表现
笔线通直	笔直；直率	高低上下	懂人情世故
倒天大雨	倾盆大雨	肉熟腌菜	不新鲜洁净
惹糊地踏	一般指物品不清爽	乱糊乱扰	乱搞
烂糊地踏	一般指环境不清洁	全家诛戮	满门抄斩
糊之踏之	处事随意随便	尖刀米饭	危险的职业
粗花大叶	多指姑娘身体健壮而相貌平平	学堂太公	多次留级的学生
红冠到脑	气色好	堂众太公	家族的太公，意为反正大家共享，而无人负责
红花饱绽	青春洋溢，充满活力	灶司菩萨	脸又脏又黑
雪白滚壮	皮肤白，身体壮，多指未经风霜	笋光滑塌	光滑；一贫如洗
雪白净嫩	皮肤白嫩，多指相貌比实际年龄轻	倒破祠堂	破烂不堪
雪淡糊沥	淡而无味	瘟尸烂僵	精神萎靡
白生白养	子女没出息或不孝顺		

倒尸诬赖	装诬赖，破罐破摔	热出火辣	热气腾腾
乌青烂熟	紫一块，青一块	拣净拣遍	挑剔
天知地明	大家心里都清楚	要紧要慢	紧要关头
直拨弄通	道路笔直；性格直爽	要记是记	步步到位；轻易战胜对手
寻死短见	自杀或以自杀相要挟寻事	吊水吊多	没完没了
烂糖麻糍	比喻缺少骨气的人	夹大夹细	不分大小，档次，一股脑儿
粘糖膏药	纠缠不休	实老实腔	说话实在
游坊郎中	江湖骗子	耐性耐相	慢腾腾
客随主便	入乡随俗，客人听从主人安排	不节不利	不吃亏，不沾光
对客面前	在客人面前言行欠得体	节节套套	接连不断
古董连牵	观念陈旧，思想落后	停停当当	到位
大户连牵	大度；欠精明	油桐树滴	油得厉害
牵丝大绷	关系千丝万缕，错综复杂	匍肩搭背	看如亲昵，实为轻浮
害大害细	上害老，下害小	不分里外	好比一家人
量大福大	气量大福气多，劝人要大度	瞎扯乌扯 / 瞎扯西扯 / 乱扯西扯 / 空扯西
风光大葬	葬礼隆重	扯 / 东扯西扯 / 七扯八扯 / 没理由，没依
横宽扁大	五大三粗		据，乱说一通
大段道理	基本道理	半路夫妻	再婚
讲起大凡	随便讲起	柴米夫妻	夫妻关系以生活为基础
大行大价	市场价，公平价	有子孤老	子女不尽赡养义务的老人
大行（hang）大步　大气		独个头佬	无妻儿者
行（hang）行（xin）动习　行为习惯		寡妇女客	寡妇
堆山若海	多得不得了	大肚女客	孕妇
独门独刹	别无途径；垄断	大肚麦蟹	怀孕时间较长，肚子大
独立专权	自作主张	郎婿半子	女婿可顶半个儿子
转弯落角	工作细致到位；语言随机而变	夹麦花汤	接二连三生小孩
细花剪刀	花言巧语	萝卜客人（nin）　指专门偷情的女人	
枉种薄收	枉费辛劳收获少，多为天灾所致	老山柴枝 / 老田荸荠　年纪不大而老练过	
单衣薄裳	衣衫单薄		度。贬义
小气薄里	身体弱，力气小	豆腐桶橛	身矮体胖
小合论吨	专算计，欠大气	家伙似米	统称用具
只恼欠多	贪心不知足	翻泥坏卵	种田地，干农活
不作其论	不当作一回事	霜冰牙齿	地面因霜冻而起的冰凌
蜜通消甜	甜透了	看牛小侬	通称小孩；专指未成年长工

依乡服乡　入乡随俗

到处为家　处处都是家，指适应能力强

出头日（nei）子　终于有出息了

……

四个字语音

【五个字】

点眼耸眉毛　反应灵敏

眼睛骨头痛　看见就讨厌

耳朵难兜风　听到风就是雨，立即传播

脸皮难解眼　满脸怒色无法看

小侬箸头亲　小孩子给东西吃就与你有感情

见侬骨头痒　轻浮，轻佻

青筋绷鼻头　人没有血色和活力

出鼻头眼泪　涕泪满面

牙齿争出血　激烈争吵

摇头甩（fan）尾巴　轻松或显摆的举动

癫子多花头　多此一举

石出横榔头　发生意料之外的事情

口舌没骨头　说过的话抵赖；忘记恩惠

口从心头出　言为心声

皮头蹋个刨　不当一回事

尻皮大记头　生气时难看的脸色

割卵移鼻头　损东补西，得不偿失

燥毛底茏松　毫无亮色，憔悴

磨刀吓卵子　吓唬

癣锈打屋柱　锈迹斑斑

死侬捏灰粽　吝啬

老木鱼实笃　实话实说

事务顿顿酒　认为理所当然

葬狗弗出毛　土地贫瘠

屁股弗坐热　时间短

屁股弗生凳　坐不住

落得弗滞流　雨下个不停

清水弗见鳗　突然消失，懵了

出口弗认输　自己说的话无论对错，都要坚持

席屎弗知臭　没有自知之明

侬老心弗老　心高；心花

面笑肚弗笑　表里不一，虚伪

步门外弗出　足不出户，闭塞

有水洗弗清　冤枉难申

傻归弗傻出　智商虽不高，也知要沾光

小弗可多算　积少成多

要财弗要命　贪得要命；赚钱拼命

两头弗着港　一方面也不落实

牢饶弗做肉　嘴太馋酿成后果

屈众弗屈一　宁可大家吃亏点也不能委屈少数人

眼弗见为净　眼不见心不烦

脚搀呒搞打　不能有半点闪失

呒要乱对经　不得要领，乱扯一通

呒爹娘教档　没教养，骂人的惯语

半天打霜落　说话不着边际

半天撒炉灰　处事无定位，乱来；说话不着边际

屁股半天高　夸张

半桶料多荡　浅薄之人喜欢炫耀

只可爬半岭　适可而止

一动百枝摇　牵一发而动全身

同船合一命　同舟共济

好地席一世　好的土地让人一辈子受益

猛头一搭捆　很突然，反应不过来

说成一片缎　溢美之词

独眼照千里　眼力好

好事两头发　喜事连连

嘴唇两爿皮	随意说是非	树倒猢狲散	大势已去，土崩瓦解
三毛一齐落	什么事都会干。贬义	老鼠争空仓	空争，白费劲
三早抵一工	三个早工抵一日工夫	讨把虱搔搔	自讨苦吃
浑整三半年	不当一回事	苍蝇添秤头	虽微不足道，但是也有用处
三弗象六样	不伦不类	灶头等腊鸭	任人宰割
三一三十一	平均分配	鸭多弗生卵	所添之人无用处
六眼一齐动	公开操作	耳朵麂角样	听力好，反应快
悬空八只脚	不实在，不踏实	有鲞弗席鲞	挑好的吃
喇天八只脚	海口夸得神乎其神	烂蚕好张钳	好吃懒做
坦平十六两	公平	蜻蜓咬尾巴	互相牵连在一起
千年挖臭屎	翻陈年烂账	直肚肠泥鳅	直率，没心计
千年百古代	时间久远	良心摆当中	不做亏心事
端凳如马走	勤快	心头脱个块	解除了纠结，轻松
空口对马鞍	讲空话	欠债没头颈	债务重
好马配好鞍	匹配	麻油夹头淋	过分的奉承
雷打老虎拖	恶人下场	花头眼合着 / 汤瓶合着盖	碰巧，凑巧
放弗出老虎	拿不出东西；不肯拿出东西	闷声大发财	不声不响
狮子大开口	口气大，夸海口；出手大方；索要太多	喉咙底叹气	无理不敢发声；无力难以发声
		喉咙台炮样	声音重
老牛上绣绷	老了学艺，勉为其难	乱念大悲咒	语无伦次，乱说
老牛席嫩草	多指老夫少妻	出口没好话	语言粗俗
牛娘狗耕田	勉力而为。牛娘狗：生过小牛的雌牛	凿得肉掉地	骂得狗血喷头
		牙床铁钳样	口气硬
倒牛送牛丧	雪上加霜，赔本	嵌嵌牙齿缝	东西少
老鸹望牛卵	不切实际，妄想	牙齿当界址	讲信誉
雌狗换狗娘	没有意义的交换	空手打空拳 / 空口说白话	没实力，说空话，使空招
狗耕田没路	做事没头绪		
黄狗旋坟头	空忙，瞎转悠	扯来绷脚筋	乱扯一通
死狗硬牙床	事实面前还不认输	气得达达滚	非常气愤
狗吠卵袋动	跟着瞎起哄	瞎子摸溪滩	没方向
贪钿席狗肉	贪便宜买不到好东西	眼睛起血线	激怒时的状态
天狗席月亮	月食	眼睛生得高	眼睛看上不看下，势利
羊头倚狗脚	牛头不对马嘴	肚饱眼睛饥	眼馋
解尿好熄猪	说得容易，实质无用	肚皮灯笼样	通透，心里明白

恶气过侬肚	说话做事过头，令人气愤
屎肚翻转面	气得不行
麻鸟屎落海	数量太少，无济于事
解尿浇嫩菜	锦上添花
捏卵子过桥	过分谨慎，多此一举
石板等种稻	收入稳定
小侬倒马壳	不当一回事；把正经事当玩耍
死侬望忌日	无用的期待
原侬讲原话	前后言行一致，以示真实可信
空淘箩盛饭	空手套白狼
怀兜当米壶	指经常借粮食度日
荟讨羹饭席	唾手可得而错失机会
日（nei）头做梦见	白日做梦，痴心妄想
床底下没根	生命无常
雨打日（nei）头晒	艰辛劳动；任其自然
端头磨头旋	任人戏弄
拐子打相打	互相骗人，不可信
灶脚基风水	血缘传承，家风沿袭
坟头冒青烟	风水好，后代有出息
燥竹弹出油	无奈被逼
软地敲笆桩	欺负弱者
烂田翻捣臼	越折腾越糟糕
哑子对聋朋	说不清，道不明
孝求马姥爷	恭敬尊重；无奈恳求
海湖大奇谈 / 海麻皮造反	夸夸其谈
红天漆黝黝	大晴天
轻担让重担	礼让
有礼弗为迟	只要有礼，迟点没关系
活络头先生	灵活而无原则的人
大头落下山	多数完成了
盐卤点豆腐	一物降一物
深山出好水	纯净水，无污染
困头谷等滚	无忧无虑
白席嫌憎淡	占了便宜还不满意

纯钢没铁屎	完美无缺，自吹自擂
竹有上下节	长幼有序
根从脉脚起	血缘传承；有因有据
老屎贴眠床	蚀本生意
开门要相见	要搞好邻里关系
便宜没好货	物有所值，莫贪便宜
远路没轻担	路远，挑轻担也很累
恶侬先告状	坏人抢说别人的坏话
恶侬先做大	坏人惯于无理取闹
侬多没好羹	人多了，很难有好菜好饭
盐倒酱缸里	不浪费或不外流
棒头出孝子	以棍棒打骂的方式能教育出孝顺的子女，教育子女的理念偏执
桑条从小压	子女要从小教育
灶塘望老马	没有比较，自以为是
饥寒起盗心	为生计铤而走险
风吹墙头草	没立场
火着害邻舍	殃及无辜
火着望好看	幸灾乐祸
青春无丑妇	青春可贵
生姜老格辣	经验可贵
甘蔗脑头甜	后来居上
好笋出笆外	嫁出的女儿有出息
叔伯姆生意	绝不愿吃亏，亦无法沾光
客来多双箸	客气话
马屁蓓挖粒	大的顾不住，小的很计较
只恼拿弗出	只担心拿不出东西招待客人
下碗上碗满	招待客人热情客气

......

五个字语音

第三节 特 点

彩烟方言地道而不古板，通俗而不俗气，平实而不呆滞，朴素而不枯燥，简单而不单纯，浊音而不含糊，洪亮而不刺耳，虽某些方面与其他方言亦有共性，但有其独特的区域特点。

规范而稳定

彩烟方言不是信口雌黄，语无伦次，而是组合有序，结构严谨，各类组词方式基本具备。尤其是固定词组用得较多，如俗语"造屋弗定磉，依旧转原堂""黄胖舂年糕，吃力弗讨好""有祸躲弗过，躲过弗是祸"等。又如谚语"七月秋凉转，八月依旧寒""六月穿棉袄，田塍好种稻""雨打秋，件件有得收"等。固定词组中的四字格用得更多。此类四字格，具有多种构成方式，表述规范，寓意深长。如：

联合关系：斜头瞥脚、挨亲望眷、铜打铁铸、虱叮蚤咬。

偏正关系：斜瞥雄鸡、放山野猪、骚天老鸹、犯贱骆驼。

动宾关系：督落死狗、念高王经、席硬卵茄、调破龙头。

谓补关系：拆家离散、歇手弗成、坐吃山空、低头三尺。

主谓关系：死牛活头、眼目清亮、团孙满堂、狗皮搔搔。

连谓关系：依岸至头、省嘴舍客、上树拔梯、席饥生饱。

其他词组的构成方式也很规范，不一一列举。

文饰而自然

在日常生活中，彩烟人自觉不自觉地对语言运用一些修辞，天然去雕饰，随意而不刻意，自然而不做作，协调而不生硬。凡汉语修辞方式，彩烟方言中几乎都有。如夸张有"屁弹岩""屁股半天高""掣起一劈腿，踢你到东海"等；比拟有"翘尾巴""老牛叹气""落叶归根""老鼠争空仓"等；对偶有"狗咬破衣裳，墩倒石头堆""铜钱银子白，眼睛乌珠乌"等；顶针有童谣"蜂叮赖，赖掼枪，抢打虎，虎吃人……"等；回文有"吃力不赚钱，赚钱不吃力"等；双关有"撬被头，讨屁臭""捋顺毛""倒毛叉""落山热头""豆腐薄刀两面光"等。而最多的是借代与比喻。如借代有"毛脚毛手""小侬箸头亲""穷头铜头，冷头风头"；借喻有"山麻雀""黄绞藤""眠倒猪""老牛席嫩草""藤弗死，鳖弗烂""笨牛多耕横头""石头底下格蟹""赤膊鸡打相打"等；明喻有"眼睛像格水葡萄，耳朵像格荞麦糕，鼻头像格烟囱灶，头发像格棕丝毛……"等。有的则一句方言中有几种修辞方式，如"砂糖嘴，剃刀心"，既是对偶，又是比喻；"身边弗搭铜，讲话像蚊虫"，既是借代、比喻，又是夸张、比拟。

简洁而丰富

短语多、长句少，开门见山，言简意赅。有的一词多义。如"造"字是一个万能动词，"打、敲、挖、踢、凿、钻、剥、摸、弄、吃、喝、吐、泻"等都可用"造"字来表达。用力"造"为

"锻","锻"字用途也非常广泛。一个"席"字，能延伸出许多意义来，"席鳖"（吃亏）、"席大户"（劫富济贫）、"席豆腐"（戏弄人或奔丧）、"鳗席虾"（轻而易举）、"席四方米饭"（闯荡江湖）、"席空心馒头"（受冤枉）、"席屙不知臭"（没有自知之明）等。"把节"的意思是快速，本意指把握时节。农民如果拖沓，错过时节，就会影响收成。按当今时代，还可引申为抢抓机遇。"拔脚"的本意是用手把脚拉开或拖下；书面意为摆脱某种境遇急急起步；而引申义为拆牌子，因不争气而使朋友、上级或长辈丢失面子。"殚命"指声嘶力竭地喊，苟延残喘地活。"荡撞"有指桑骂槐、含沙射影等含义。有的多词一义，如"断气""脚直""呒侬""过辈""转辈""翘辫子""转阎皇"等，一般指正常死亡。而非正常死亡则用另外语言表达，如"畚箕头"指婴儿死亡，旧习俗是婴儿死亡后放在畚箕里掣到山上埋葬，然后把畚箕放坟头上，又叫"畚箕头掣"；"脐风鬼"指接生时感染破伤风死亡的婴儿；"麻痘鬼"指出麻（麻疹）、出痘（天花）死亡的，多为少年儿童；"半橛拗"指年轻人夭折；"短命鬼"指六十岁以前死亡的；"倒大路"与"似铳扑"指意外死亡等。"困""眠""倒欠"等皆谓之"睡"。"走"的表达方式更多。"踱"表示慢走；"跄""蹿"表示跑；"荡"表示随意走；"旋"表示随便走；"猎""抖狗""抖卵"表示到处乱走等。"洗晒""摊晒"与"晒丑"意为揭短亮丑。"木皮木脸""贼皮贼脸"意为不要脸。"细意"是仔细；"中意"是喜欢；"上意"是满足；"惬意"是舒服；"安意"是特别关照等。

祖辈们还善于捕捉事物的共性，将其提炼概括，使之简洁却不乏丰富，如"爹亲娘眷"泛指亲戚；"牛犁车耙"泛指农具；"鲜菜鲜丝"泛指新鲜蔬菜；"葱韭大蒜"泛指烹调配料；"沙甑钵头"泛指小的陶器用具；"铜壶锡器"泛指金属器皿；"煎煎炒炒"泛指烹调方法等。

朴素而含蓄

彩烟方言中见字（词）明义，表明本义的词条不少，而大量的词条是引申义。如"桌角"表示识相。一直以来，农村常用的桌子是方桌，可坐八个人，如果超过八人坐在桌角的位置叫"插角"，理应坐正位而谦让坐桌角的谓之"识相"。"丈光"意为刺眼。"鼠目寸光"因为仅有"寸光"，所以指目光短浅，而"丈光"是"寸光"的一百倍，因而就"刺眼"了。"困醒"表示早晨，指天放亮了，困的人也醒了。"出山"表示出门上山；男孩子发育，长大成人；成才了，有出息。"值细"本义是值钱，有价值，引申为上辈对小辈的宠爱、关爱、呵护。"衣饭碗"表示职业。穿衣吃饭，解决温饱是人类生存的基本需求，而较为稳定的职业则是生存、生活的基本保障。"呒货乱"意为手忙脚乱，无所适从。本意是没东西就要乱；含义是仓廪实，才能天下安。"连底冻"指一股脑儿想到底。冬天寒冷，放在盘、碗等容器里的液体常冰冻到底，谓之"连底冻"。"屁弹岩"指说话没分量。屁轻，岩头大而重，屁想弹岩不自量力。"熄毛剥皮"指所剩无几。杀鸡鸭需褪毛，宰牛羊要剥皮，去了皮和毛，原本的变小了，剩下的变少了。"困起盲双"中"盲双"指睁不开双眼，刚睡醒或想睡了时的状态。"争屋夺命"意为为了争夺房屋财产而不顾身家性命，指为了利益不顾一切。"烂蚕好张钳"指好吃懒做。烂蚕即病蚕，不会吐丝做茧，但仍会吃桑叶。"陶镬弗煎汤罐煎"意为皇帝不急太监急。一直来，农村烧饭均是柴灶头，一般是两眼灶，即两口陶镬，中间靠烟囱处安装一个汤罐，利用余热将水烧热以作他用。很显然，烧火的目的是要让陶镬煎起来，如果汤罐先煎，就是主次颠倒，错位了。"轻记还重记，麻糍还糯米"意为人若犯我，我必犯人；人若敬我，我必敬人，通俗中蕴含着捍卫人身尊严乃至国家尊严和尊重他人的深刻道理。"乌龟合到鳖价钿"指不合算。鳖是营养价值很高的动物，乌龟是遭人唾弃不值钱的动物，买乌龟花了鳖的价钱肯定是不合算了。虽然，现在乌龟比鳖值钱了。"竹丝脑头颠倒拖"意为白发人送黑发人。竹丝脑头理应顺着拖，倒着拖，又住了，顺序错了。"跷脚赶到，市面散掉"意为节奏慢就要失去机会。集市有早市与晚市，在一个时间段里很热闹，称有"市面"。脚跷走不快，赶到过点了，就没有"市面"了。有的方言含义深藏其中，不能简单地从字面上理解。如"经济"意为敏感；精明。经济问题是敏感问题，搞经济必须精明。"纠结"意为小孩多病恙。小孩多病恙，父母必纠结。"进沙"意为入赘。入赘女婿如进沙子。"进赊"指招郎入继当儿子，但是儿子是赊来的。"交易"意为交往。一般是先有交往，再有交易。"通道"意为通情达理。通情达理才能大道行之等。

土气而风趣

彩烟方言充满泥土气息，许多语言反映的都是司空见惯的事物和生活现象，然入木三分，令人捧腹，俗中有雅，耐人寻味。说灰头土脸用"灶司菩萨"；说涂脂抹粉用"石灰榔头"；说嘴唇涂得太红用"红嘴夹鸟"；说肤色黝黑用"乌皮麦馃"；说浑身沾满黄泥用"黄泥大狗"；说姑娘长得五大三粗用"粗花大叶"，说长得白净细腻用"雪白净嫩"；说精神饱满用"红冠到脑"；说消瘦憔悴用"青皮獠落"；说青春洋溢用"红花饱绽"；说体形彪悍用"龙身马肚"等，形象鲜明，色彩斑斓。酒醉了，糊涂了是"二五八六"；老婆偷情，被人瓜分，所剩无几是"乌龟四六"；越折腾越糟糕是"烂田翻捣臼"；常人赶上了好日子或做大事是"讨饭佬赶大日"；时间短，动作快是"雄鸡打水"；轻浮风骚是"斜鳖雄鸡"；雪上加霜是"倒牛送牛丧"；毫无意义的争论是"老鼠争空仓"等，既粗俗，亦风雅。"各侬所爱，大姑娘爱驼背"指各人爱好不同；"和尚卵袋纯是肉"指实打实等，话藏玄机。"自贪自格肚下门"指自私；"花头眼候着"指凑巧；"尽丫力竭""死丫命顶"指竭尽全力。"肚下门""花头眼""丫"指生命之母。诸如此类，字面私生活，含义系其中。小孩无恙称"做狗"，可怜天下父母心；老了挨骂称"老牛"，可叹老了遭凌辱。"老马硬——柴，麦饼硬——茄"指男人吹牛；"老马硬——好话，麦饼硬——苦麻"指男人无奈。"狗老爬灶，侬老颠倒"指老了悲哀。"只要红米饭有得啃，哪怕老公像猢狲"指现实。"今日日子好，花花小狗来古弹蚤"指讨便宜。如此等等，诙谐间寻开心，戏谑中有苦涩！

直白而生动

彩烟方言中的四字格，多数不是成语，然类似成语，有的含义还胜过成语，如"倾盆大雨"与"倒天大雨"，"鹅毛大雪"与"熰鹅大雪"，"汗流浃背"与"百汗如雨"，"另起炉灶"与"另起三间"，"惊恐万状"与"三脚狂窜"，"四面楚歌"与"三头六逼"，"五大三粗"与"横宽扁大"，"千丝万缕"与"牵丝大绷"，"见风使舵"与"掉头落角"，"晕头转向"与"昏头奔脑"，"千方百计"与"挖壁撬洞"，"鸡犬不宁"与"鸡飞狗叫"，"指桑骂槐"与"打牛话马"，"半身不遂"与"死牛活头"，"不劳而获"与"白衣白席"，"青黄不接"与"五荒六月"，"搬弄是非"与"挑嘴弄风"，"狭路相逢"与"冤家凑孽"，"遥遥无期"与"有年呒月"，"虚情假意"与"淡笑无情"，"言过其实"与"嗨天嗨地"，"伤天害理"与"天动地震"，"心知肚明"与"天知地明"，"入乡随俗"与"依乡服乡"，"心急火燎"与"飞火着紧"，"风风火火"与"赶强作势"，"专心致志"与"敬工着业"，"追根溯源"与"查根固脚"，"东拉西扯"与"扯来绷去"，"满门抄斩"与"全家诛戮"，"婀娜多姿"与"盎盎斯斯"，"多此一举"与"猢狲拨卵"，"摇头晃脑"与"捻头扼脑"，"望眼欲穿"与"眼睛望钝"，"牵肠挂肚"与"挂心挂肠"，"势单力薄"与"独脚才力"，"半途而废"与"半生弗糕"，"十拿九稳"与"稳猪着狗"，"没完没了"与"吊水吊多"，"无影无踪"与"断火煞星"，"移花接木"与"端来移去"，"茫无边际"与"杳杳茫茫"等，后者比前者更通俗形象。

古朴而典雅

"央"指这样、那样。"抢"指现在。"头抢"指刚才。"蒙抢"指那一会儿。"额抢"指等一会儿。"蒙舍"指那里。"额记秋"指等一会。羹篮，祭祀用来盛祭品的篮子。麦篱，筛麦子用的筛子。可方言中称"羹篮"是傻，"麦篱"是傻，"羹篮麦篱"还是傻，不知所云。"乔杰"指说话生硬。"好贝"指合算。"贝缴"指投资、投入。"贝命"指拼命。"落赖"指不娇贵。"摔搡""伤方"指中伤。"尖串"指讽刺。"油害"指耍无赖。"专刺""利己"指自私。"老马"指妻子。"东司"指厕所。"硗确"指土地坚硬瘠薄，是古汉语中保留的词语，彩烟人读（kao）（ko），仍常在使用。诸如此类，非常古朴，区域外的人看不懂，听不懂，难理解。而有一些方言古朴中显典雅。如"了"（liao）是语气助词，标准读音，无"了"不成文。一些人调侃彩烟人起床"三桶料""窝（wo）起来了，面洗过了，饭席过了"，笑人者应自重。"懂六事"，六事指清代许还提撰写的《六事箴言》中"持身、持家、居官、居乡、处事、处人"六事。"少懂六事"是教育小孩少管成人的事情。"皇帝没白施工"是说为皇帝打工也要付工钱，按劳酬酬，理所当然。"十节尾巴九节黄"意为好景不长。古代传说，人本来长有十节尾巴，随着年龄的增长，尾巴逐渐黄去，等到十节尾巴全部黄掉，寿命就尽了。九节尾巴已黄，说明寿命不长了，引申为好景不长。"心经头"意为非常喜欢，念念不忘。《心经》是所有佛经中翻译文种最丰富，并最常被念诵的经典。"心经头"则领挈全文，尤为重要，更须念诵。"乱念大悲咒"指乱念一通。据《大悲心陀罗尼经》载，《大悲咒》是观世音菩萨为利乐一切众生而宣说，不少佛门四众虔心持诵，岂能乱念。《心经》与《大悲咒》等佛教文化术语融入方言，彰显了彩烟先民兼容并包的文化底蕴。

地道而通谱

彩烟方言非常"方"，为此地道而珍贵。然而，由于彩烟历史较久，能见诸文字要比新昌建县早300年左右，且彩烟方言出身"官话"，有的语言在向外输出。再说，随着农业生产的发展而产品交换随之发展，茶叶、白术等农产品源源不断运出去，食盐、棉布等工业品陆陆续续运进来，产品的交易促进了语言的交流。尤其是彩烟人读书勤奋，许多农家子弟"学而优则仕"，纷纷走出大山。对外交往增多，语言的交流也随之增多。为此，彩烟方言尽管原始地道，然也在不断丰富与充实，不少语言已成为混合语言。有些方言县内在通用，如1994版《新昌县志》方言部分中，有一张"部分词语县内对照表"列举了部分词条，对城关镇（含城郊区）与全县另外七个区的方言作对照，唯有回山方言与城关镇的方言完全吻合。有些方言在方言区内通用，如《嵊州方言辞典》收集的"劳财""发客""求恳""好言声""出白口""背旱涝""一手横量""商量做计""两头不（弗）着港"等，与彩烟方言一模一样。有些方言如"寻事""背时""帮衬""揩油""考究""双料货""敲竹杠""败家子""客随主便""枉种薄收""老三老四""风吹墙头草"等，使用范围更广泛。有些成语在方言中使用频率较高，如"一刀两断""三长两短""粗菜淡饭""回心转意""将心比心"等，可能是通俗易懂的方言被语言学家吸纳规范为成语，也可能有的成语是现成话，耳熟能详就习以为常地使用了。社会发生重大变化，语言也在变化。如外国人侵略中国，并将产品输入后，称外国人为"洋侬"，称外国商品为"洋货"，如"洋油""洋烛""洋火""洋袜""洋铐""洋葱""洋芋""洋车"（缝纫机）"洋箫"（口琴）"洋戏"（留声机）等，彩烟人脱口而出，且至今仍在沿袭。当然，在语意中隐含着屈辱、蔑视、痛恨之情。

应该说，凡是彩烟人说的"土话"，无论是原始地道的，还是在部分区域内通用的，都属彩烟方言，因为它有其独特的音腔。

第四节 内 涵

区域内的群体，长期生活在一起，在交流中取长补短，在借鉴中互相融合，久而久之，形成了地方特色鲜明的"一方人"。意为心生，言为心声，语言是心灵的一面镜子。彩烟人的思维方式、思想观念、性格特征、基本品质从语言中可见一斑。

做人有气节，然有点执拗

恨侵略。维护尊严，大义凛然。对侵略者、霸权主义恨之入骨，大骂"日本强盗"；大声斥责："洋人无道""巡洋无道"。**有骨气**。"树要皮，侬要脸""穷要穷得客气，破要破得干净"。**昭善良**。"良心摆头当中央""好事做头眼面前""做侬会好落得好"。**守诚信**。"讲过写过样""口舌当界址"。**重义气**。"亲帮亲，邻帮邻""船帮船，水帮水"彰显团队精神。"只恼拿弗出""下碗上碗满"凸现热情好客。**讲清白**。"自格是自格，别侬格是别侬格""清清水，白白米"，靠"撑头席，做头席"，不能"白衣白席"。**重自律**。"做上一世，做落一记""脚脚踏头墨线里""世事弗犯"。**有主见**。"自家肚皮自家划，弗听旁边过路客""听侬哄，饭碗吭得捧"。**达理义**。"轻担让重担""小侬牵牵其，老侬噢噢其""酒倒路头否酸掉""放得春风有夏雨"。但是"身段硬"。"席硬卵茄""开硬争店""老木鱼实笃""三个弗相信""硬来硬到底，麦出弗席米"。为此，时有委屈，时而吃亏。

处事讲规则，然也有误区

人际关系上讲"和"。"前半夜想自己，后半夜想想别侬""歹抢想想好抢"，待侬"常常如央"，不能"好时屎鸡汤溏饭，恶时大肛头咬烂"；邻里之间"远亲不如近邻""开门要相见"；兄弟之间"拳头打出外，大手指头挽归里"；夫妻之间"日头打相打，夜头摸脚梗"。**经济往来上讲"清"**。"亲兄弟，明算账""进归进，餐归餐"（帐照算，饭照吃）。**礼尚往来上讲"情"**。"亲眷篮对篮，邻舍碗对碗""人熟礼勿熟""有礼弗为迟"，要知"高低上下"，懂"情归理出"。**处事方式上讲"明"**。公开"三对六面""六眼一齐动"；公平"敲瓦爿头""三一三十一""坦平十六两"；公正"做侬自做自"，应"考硬""明公直气"。**但也有误区**，如"马善得人骑，侬善得人欺""侬怕恶，狗怕笃""若要富，走险路""饿煞弗着打煞"等偏执的理念也带来一些消极影响。

持家承传统，然有点偏差

讲伦理。"家有主，国有皇""竹有上下节""有大有细""下弗监上"。**重血缘**。"根从脉脚起""田要冬耕，团要亲生""生头格肉，贴头格肉""晚爹晚娘当时好，冷粥冷饭当时饱"。**严家教**。"桑条从小压"，不能"呒爹娘教档"。**扬孝心**。"敬重爹娘自格福，敬重田地自格谷"。**讲勤俭**。"歇，做抢多；席，饥抢多""手动动，嘴哝哝""鸡爬鸡得"，生活"粗滥泡水""席格七分肚"，蔑视"好吃懒做"，深知"坐席山空"。**悟人性**。"侬大分家，树大分丫""只可同天下，弗可同厨下"——清醒；"自靠自，碗靠箸""床头有石谷，死掉有侬哭"——明智；"床地下没根""爹过爹世，娘过娘世""儿孙自有儿孙福"——通敞。**善商贾**。彩烟人经商秉承"一画两平"——公平秤，"大行大价"——公平价，"不节不利"——公平心的宗旨，为此，市场繁荣，人流似潮。善商贾在不断地传承发展升华，"镜澄埠"首开先河，"北京茶庄"捷足先登，"中国茶市"半壁江山，彩烟茶商遍布全国各地。商贸活动涉及各行各业。**有点封建**。"棒头出孝子"，把棍棒教育作为教育子女的重要手段。**有点虚荣**。传说阴历十二月二十三灶司菩萨上天奏本，祭祀时托付"好言好语传上天，恶言恶语戒过边"，实属报喜不报忧。**有点轻工**。"斧头口，口对口；锄头口，均（养）百口"，重农轻工思想根深蒂固。彩烟区域内企业不多，彩烟人中企业家较少，可能与轻视工业的思想根源有关。

思维尚立体，然有点闭塞

深知决策重要。"席弗穷，着弗穷，打算弗着一世穷"。**了解城乡差别**。"牛修三世归山里，侬修三世归城里"。**正视门当户对**。"穷侬弗攀高亲，矮侬弗坐高凳"。**感悟人情冷暖**。"富在高山有远亲，穷在街边无侬问""侬望高头，水往低头"。**认知基本常识**。对价值规律、度量衡、天文地理等一些知识有所了解，如"一分钱，一分货""有钱买好货，蚀本也勿大""半斤对八两""一吨重""初三初四鹅毛月""十七八，孟时瞎"。尤其是大量的农谚，如"冬至牛游塘，好田三分桩"等则是对长期积累的天文气象知识的概括，将认知总结为规律。**富有创新意识**。彩烟方言如"路径"（思路）而今登上了大雅之堂，"新时代，新路径"常见诸报端。"四门大开"（所有门都开而不关），潜意识中透露出封闭时代难能可贵的开放意识。"像范"（帅气），时下演变为"有范""范儿"，成为网络热语。"试港""着港""通港""地底线""机头灵""飞天本事"等词语的本义，涉及通信、航海、航天等领域，体现了一定的前瞻性。因为文化不高，足不出户，"多见木头，少见侬头"，对许多事物的认知缺少广度与深度，有的只知其一，不知其二，知其然，不知其所以然，有的则"少见多怪"，为此思维仍具有较大的局限性，

出口少好话，然正直挺拔

彩烟方言中也有一些诠释善、孝、忠、义、情、廉、诚、公、勤、俭等的好言好语，但总体上夸奖、赞美、褒扬的语言较少，而谩骂、斥责、讥讽、挖苦的语言俯拾皆是，言辞犀利，疾恶如仇，通常是以反证来阐明自己的思想、主张、观点、立场。如骂"贼坯""充军坯""告炮鬼"等**警示守法**；"恶口毒毒""恶出无赖""良心狗席掉""雷打老虎拖"等**昭示善良**；"亮眼瞎子""祠堂太公""种田弗落作，读书弗进学"等**开示苦读**；"掺水料""花嘴麦壳""骗贼骗鬼""哄爹哄娘""半天打霜落"等**提示诚实**；"油头滑脑""匍肩搭背""斜头蹩脚"等**告示正派**；"吭结煞""倒家散""败家子"等**训示立业**；"大细眼""看侬势足""狗眼看侬低""眼睛生几头底心"等**透示平和**；"枭雄""拍翼""马滑的笃""鼻头笑侬""雄鸡毛笔督登"等**吩示低调**；"游戏浪荡""好戏作乐""席扑来，做哭来"等**明示勤俭**；"洞里狗""吃闭背草""步门外弗出"等**启示开放**；"牛草鳖""牛闭榨袋""死侬捏灰粽""百鸟过路拔散毛"等**意示大度**。"随屁出""吭关封""凳下屁""油口歌"等**陈示口紧**。良言一句三冬暖，恶语伤人六月寒。即使好意，语言粗鲁，亦伤人尊严，伤害感情。彩烟人社交是短板，而说话欠柔和婉转是一个重要因素。

彩烟方言通俗中蕴哲理，朴素中含真谛，辛辣中露锋芒，平实中显情操。从方言的内涵中可以看出，彩烟人既有中华民族勤劳、善良、勇敢等共有的优秀品质，也具有耿直、质朴、憨厚的区域特征，其主流与社会主义核心价值观一脉相承。

彩烟方言因为出身官话，用语规范；因为源远流长，用语古朴；因为积累沉淀，用语丰富；因为提炼过滤，用语简洁；因为区域特殊，音腔特有；因为直率憨厚，用语较俗。

社会在发展，时代在进步，尤其是改革开放与恢复高考制度以后，彩烟人源源不断考进大学，洪流滚滚涌向城里，地方话里融入了普通话，城里话中掺杂了地方话，这是趋势，亦是好事，然方言受到了极大的冲击，可以说正以加速度的状态在快速消解。我们要像保护其他非物质文化遗产那样重视方言的保护与传承，如果老祖宗传给我们的方言难以为继，那么在这片生养我们的土地上，地域文化也将枯萎。如果放弃方言，则如鲁迅先生所说的，是一把火把祖上留下来的老宅子烧光的"昏蛋"。保护方言，时不我待；传承方言，责无旁贷！

第二章　俗语民谣

俗语大多反映生活习俗、经验和前景愿望，谚语则言简意赅，是对生活实践经验的艺术化地表述和规律性总结，形式上大多为一两个短句，也有一些逐渐融入口语的文言语句。实践中很难明确区分，所以，这里的俗语包括谚语。

作为民间流行的民族或地域特色鲜明的民歌民谣，在彩烟地区十分丰富，也是彩烟语言的生动表现。

第一节　俗　语

彩烟俗语是祖祖辈辈的彩烟人用智慧和汗水创造出来，并在口头代代相传。彩烟人饱读诗书，吸收大量诗词名句、格言警句和历史典故，特别是随着社会发展进步及与外界的广泛交流，彩烟俗语在传承中丰富和发展。

气象农事

春冷多雨水。

冬至勿出年外。

大旱勿过七月半。

重阳无云一冬晴。

八月露水毒如砒。

交春落雨到清明。

三月三，丫麻（蝌蚪）烂。

冬雪园（音 kang），春雪浪。

落雪勿冷，烊雪冷。

小满勿满，芒种勿管。

端午响雷，无水种菜。

雨打立夏，无水洗耙。

雨打梅头，无水饲牛。

夏至前后，田水煮狗。

清明断雪，谷雨断霜。

干净冬至，邋遢过年。

一日赤膊，三日头缩。

（正月）有好上八，无好十四。

风凉风凉，晴过重阳。

七月半，大水汆和尚。

三月三落雨，落到茧头白。

春寒多雨水，夏寒断滴流。

两春夹一冬，无被暖烘烘。

吃了冬至饭，一日长一线。

冬冷勿算冷，春冷冻煞盎。

吃过端午粽，还要冻三冻。

吃了夏至饭，一日短一线。

七月秋凉转，八月依旧寒。

过了八月节，夜寒白日热。

霜降勿落霜，廿日无毒霜。

惊蛰响雷，四十二日大门难开。

吃过立夏饭，天晴落雨要出畈。

六月初三落雨，赵五娘娘晒裤。

十月有个夏，懒妇女客冻勿怕。

乌云接落日，勿落今日落明日。

清明麻糍一几晴，再也不顾冷和暖。

惊蛰雷声响隆隆，蛇虫百脚都出洞。

晚上月亮一个晕，明天无雨便是风。

五月初一晴，六月初一有个大雨精。

夏东风，燥烘烘，春东风，雨祖宗。

秋前秋后都勿怕，单怕交秋十日晒。

八月冷，九月温，十月还有小阳春。

雨打秋头廿日旱，再过廿日烂稻秆。

冬至寒冷多晴天，冬至温暖多雨雪。

立冬晴，一冬晴；立冬雪，要烂冬。

春霜难露白，露白便赤脚，春霜三日白，晴到割大麦。

五月八月小，蒲瓜茄菜好喂鸟；五月八月大，蒲瓜茄菜用箩坐（装）。

夏至打雷，塘底熰灰；夏至发风，塘底种葱；夏至发雾，塘底打铺。

冬至月头，卖被买牛；冬至月中，少雨多风；冬至月尾，卖牛买被。

十二月初三见月，正月初三见雪；十二月初三见雪，正月初三见月。

夜雷三夜雨。

二八月乱穿衣。

春天南风好做药。

八月露水如小雨。

天要落雨盐出卤。

二月十九观音炮。

田水过路田勿瘦。

旱天浇水抵遍肥。

处暑荞麦白露菜。

冬天施肥抵床被。

大熟时年吼东来雨。

猫（喝水）晴，狗（喝水）雨。

日出早，雨冲道。

星夹眼，天要变。

雪上霜，转原堂。

雨夹雪，落勿歇。

囝哺[1]落，囝哺晴。

鱼跳水，有雨来。

生苍蝇，熟蚊虫。

种年田，望年天。

三分种，七分管。

十年早，九年好。

正月竹，二月木。

早稻搭，晚稻插。

若要富，茶桑兔。

烂冬油菜，燥冬麦。

---

1 （小孩两片嘴唇发出嘟嘟的声音）

秋分萝卜，寒露菜。

小满前后，种瓜种豆。

科学种田，越种越甜。

冬雪是宝，春雪是草。

养团靠娘，种田靠秧。

种田早，勿着养秧老。

雨打秋，件件有得收。

人老一年，稻黄一夜。

小暑小割，大暑大割。

在山靠山，吃山养山。

耕牛呒力，全靠夜食。

养猪勿大，落堆屎屙。

薄料勤浇，廿天开刀。

七葱，八瓢，九大蒜。

日头打洞，落雨没缝。

春分秋分，昼夜平分。

七晴八拗，九戴箬帽。

月亮生毛，阴雨难逃。

天怕黄亮，人怕鼓胀。

早看东南，晚看西北。

风云送行，定有雨淋。

细雨轻雷，有雨勿来。

盐缸泛潮，要戴笠帽。

水缸出汗，明天好撑船。

日头返照，明朝像火烤。

四月呒太婆，八月呒破箩。

二月二,百样种子好落泥。

一捏多一甩，一日多餐饭。

三记勿落桶，勿是好稻种。

秋前三片叶，秋后十日粟。

正月十四黑，氃氃有得塞。

小满三日黄，芒种三日光。

板田过小满，犁索笃笃断。

种子年年调，产量步步高。

草籽花开，秧谷子要出田。

耘田勿拔草，还是勿耘好。

秧田水要清，种田水要浑。

秋前勿搁田，秋后喊皇天。

夏至前耘田，夏至后耘草。

若要稻苗好，起身肥难少。

有无萝卜，勿过八月十六。

九九八十一，犁耙一齐出。

白露种荞麦，半乌又半白。

万年水底松，千年燥搁枫。

要赚家畜钱，家畜同头眠。

日落回光照，明朝好晒稻。

西边云吞日，明朝天闭实。

猛火月亮，勿着麻花天亮。

寅卯勿通光，辰时亮堂堂。

日晕长降水，月晕断滴流。

早起红丝，等勿到宴饭时。

明星照湿地，大雨落勿及。

今夜星成团，天亮地成潭。

晚上满天星，明朝必定晴。

青天落白雨，癞子敲木鱼。

有雨山戴帽，无雨云缠腰。

雨打早饭头，宴来猛日头。

春雨无定期，落来落勿及。

秋后三交雨，夏衣高搁起。

一滴一个泡，大雨就要到。

云头如鸡爪，暴雨就要到。

云头鲤鱼斑，晒谷勿要翻。

早上乌台台，下午晒豆开。

早雷勿过晏，晏雷打记散。

冬天三交雾，大雪没屁股。

雨雪近年边，瑞雪兆丰年。

蜻蜓飞得低，出门带蓑衣。

鸭子嘎嘎叫，雷雨勿会小。

河底泛青苔，必有阵雨来。

灶灰湿作块，定有大雨来。

日落胭脂虹，勿是雨便是风。

六月南风发发，塘底水刮刮。

六月做汰浪，讨饭佬有米园。

王会山戴帽，癫子头皮晒起泡。

蚂蚁往上搬家，定有大雨要下。

南汰转北汰，汰得有米没有柴。

雷声越来越近，大雨就在脚跟。

一朝霜晴不长，三朝霜天长晴。

小雪雾漫地，一升麦子割石二。

头茶苦，二茶补，三茶充充数。

水牛冬天一间房，夏天一眼塘。

吃过清明酒，蓑衣箬帽勿离手。

吃过谷雨饭，天晴落雨要出畈。

种种一湾，割割一担，食食一餐。

太阳月亮穿外衣，勿是刮风便是雨。

甲子雨，丙寅止；乙丑雨，丁卯止。

日落西山云中走，雨来勿过半夜后。

塘水清，明朝晴；塘水混，明朝淋。

蜂出窝，天会晴，鸡勿归窝雨来临。

鸡啄风，鸭啄雨，蚂蚁拦路要落雨。

中午泥鳅翻肚皮，勿等鸡叫东风起。

夏天蚂蟥浮水面，勿到当晏天要变。

燕子高飞晴天到，燕子低飞雷雨浇。

日出东方云雾遮，晏过午时有雨浇。

咸物返潮天将雨，柱石脚下潮有雨。

锄头口，供百口；扁担口，口顾口。

二十雷电廿一鲞，拔掉黄秧种白豆。

清明早，小满迟，谷雨种棉正适时。

寒露早，小雪迟，冬前种麦正当时。

樱桃好吃口难开，枇杷好吃树难栽。

二月清明青如宝，三月清明青是草。

有收无收在于水，多收少收在于肥。

早稻勿过立夏头，晚稻勿过立秋关。

麦浪花半夜子时，稻浪花晏昼午时。

东鲞日头，西鲞雨，南鲞出来卖女儿。

夏雨隔牛背，秋雨隔灰堆，雷雨隔田塍。

人要补，荔枝桂圆，地要补，猪栏牛栏。

烂芋艿抵粽，烂番薯白送，烂萝卜倒巷弄。

有福没福，朝南选屋，有稻无稻，重阳放倒。

麦倒如糠，稻倒如仓，晒断麦根，磨断磨心。

芒种晴，紧割三日麦；芒种落，紧种三日田。

芒种芒种，百样要种，若如勿种，秋后落空。

早红霞，大水满丫杈；晚红霞，晒煞老蒲瓜。

云到天台，雨伞收归，云到新昌，雨伞撑撑。

有好廿六（白王殿会期），没好廿九（东岳庙会期）；没好廿六，有好廿九。

上半年日头落山砟担柴，下半年日头落山洗双脚。

鸡归窝早，明朝日头好，鸡归窝迟，明朝雨勿止。

茶叶是个时辰草，早三天少，正三天宝，迟三天草。

烟囱勿出烟，一定是阴天；早晚烟扑地，老天有雨意。

早雾暗，晚雾阴；春雾雨，夏雾热，秋雾凉风，冬雾雪。

南风刮过更，日头赤光光，南风刮过头，明天便好坐。

鲞高日头低，明朝穿蓑衣；鲞低日头高，明朝晒弯腰。

落山日头好，明朝晒烟焦；落山日头暗，明朝没好天。

头八落雨好耕田，二八落雨好种田，三八落
雨好时年。

年内削麦抵床被，正月削麦尽尽理，二月削
麦坏饭米。

寅子癸丑晴，四十二日满天星；寅子癸丑落，
四十二日糊踱踱。

早上知了喳喳叫，明天大雨当头浇；晏后知
了叫喳喳，明天日头当头晒。

春南风，雨淙淙；夏南风，杨柳红；秋南风，
树头空；冬南风，暖烘烘。

上元无雨多春旱，清明无雨少黄梅，夏至无
雨三伏热，重阳无雨一冬晴。

十五六，月团圆；十七八，卯时曙；十九二十，
更时后；廿二三，半夜弯；廿五六，煮饭熟。

春雨甲子，蚕黄麦死；夏雨甲子，赤地千里；
秋雨甲子，禾生双耳；冬雨甲子，牛羊冻死。

春雨洋洋，无水洗秧；夏雨洋洋，晒煞稻娘；
秋雨洋洋，晒谷归仓；冬雨洋洋，晒煞甘箸。

世态人情

严师出高徒。
寒门出孝子。
棒头出孝子。
桑枝从小压。
死狗硬牙床。
看穿别说穿。
同行是冤家。
人心隔肚皮。
恶侬先做大。
枪打出头鸟。
出头椽先烂。
针尖对麦芒。
狗屁弹岩头。
鸡毛当令箭。
螺蛳尖屁股。
少不可多算。
贪多嚼勿细。
老太婆裹脚布。
石板等甩乌龟。
打灯笼照别人。

井水不犯河水。
牛头勿对马嘴。
粗人勿食橄榄。
三句勿离本行。
脚脚踏头墨线里。
弗磨弗难弗成人。
磨刀勿误砟柴工。
功夫不负有心人。
传来之言勿可信。
好事做头眼面前。
老鹰弗打窝下席。
兔子不吃窝边草。
雄鸡打水勿成事。
乌龟合到鳖价钿。
老鼠钻进风箱头。
螺蛳壳头做道场。
放得春风有夏雨。
鸡子壳里挑骨头。
狗咬螺蛳好响声。
一根肚肠通屁眼。

一个萝卜一个孔。

十节尾巴九节黄。

十个女客九个庚。

十年财主轮流做。

伤筋断骨百廿日。

老虎逼到脚后跟。

好汉勿吃眼前亏。

水牛屁股拔根毛。

豆腐薄刀两面光。

讲得菩萨活起来。

热面边搭冷屁股。

自贪自格肚下门。

白头颈老鸹遭侬怪。

千日鬼勿着一日侬。

千钿买勿得外名头。

好记性弗着烂笔头。

会捉老鼠的猫勿叫。

若要好，大做小。

手动动，嘴哝哝。

手歇掉，肚瘪掉。

清清水，白白米。

席种子，站壁死。

站头借，跪头讨。

侬如铁，饭似钢。

牛样健，狗样贱。

呒因头，借因头。

夜新鲜，日蔫荐。

一分钱，一分货。

侬要脸，树要皮。

老怕跌，小怕噎。

铜锣响，脚底痒。

出口快，遭侬怪。

进归进，餐归餐。

开条门，多路风。

六月债，还得快。

桥管桥，路管路。

亲帮亲，邻帮邻。

自靠自，碗靠箸。

前照一，后照七。

亲兄弟，明算账。

死板板，等讨饭。

只怕好，勿怕恶。

砂糖嘴，剃刀心。

挑嘴屄，钉板壁。

贪心高，捏勿牢。

问得肯，有记等。

挂羊头，卖狗肉。

头发长，见识短。

人靠有心，树靠有根。

勿怕食素，只要识数。

坐有坐相，站有站相。

脚痛要搁，手痛要络。

拳不离手，曲不离口。

火要空心，人要实心。

耳听为虚，眼见为实。

十七八岁，连根拔树。

少管闲事，多吃番薯。

侬有会笨，刀有快钝。

侬要衣装，佛要金装。

有样力量，放样炮仗。

做样生活，换样骨头。

做上一世，做落一记。

日头没力，全靠夜吃。

侬老颠倒，狗老爬灶。

一弗赌力，二弗赌席。

夏练三伏，冬练三九。

酒色财气，杀身四忌。

宁可无钱，勿可无礼。

贪嘴摸夜，贪小失大。

勤俭勤俭，先苦后甜。

团大分家，树大分丫。

爹有娘有，弗着自有。

有筋还筋，没筋还新。

有借有还，再借弗难。

滴水成河，粒米成山。

白田逢雨，点滴入土。

响茶勿煎，煎茶勿响。

大口难开，大树难栽。

事难做绝，话难说尽。

出口伤人，要害自身。

耕田要深，讲话要真。

物以类聚，人以群分。

树高千丈，落叶归根。

树大屋大，量大福大。

创业百年，败家一天。

交人交心，浇树浇根。

佛样敬人，贼样防人。

一餐好待，三餐难办。

欺人是祸，饶人是福。

客气客气，自熬肚饥。

场面实象，陶镬冰冷。

说话过边，勿能讨添。

讲得相信，骗得干净。

人急悬梁，狗急跳墙。

瘦田蚂蟥，叮牢勿放。

婊子的嘴，大溪的水。

王婆卖瓜，自卖自夸。

十里撒谎，隔壁乱讲。

多见树木，少见人头。

麻车水碓，先来先推。

箩里拣花，越挑越花。

福气福气，有福有气。

人旺全福，田旺全谷。

大难不死，必有后福。

比上勿足，比下有余。

豆腐水做，阎王鬼做。

昏懂懂，城门当狗洞。

听侬哄，饭碗没得捧。

狗吠月亮，越吠越亮。

有样看样，没样看势向。

油有千斤，弗可点双蕊。

灯芯草打侬，意思难挡。

金窝银窝，弗如自家草窝。

一朝被蛇咬，十年怕井绳。

侬往高头走，水往低处流。

读书顶有用，一字值千金。

人穷志勿穷，志穷真格穷。

硬来硬到底，麦出勿席米。

话不要说死，路不要走绝。

是好说不坏，是坏说不好。

佛争一炷香，人争一口气。

子不嫌母丑，狗不嫌家穷。

肚饥等爹归，脚冷焐炉灰。

造屋勿定磉，照旧归原堂。

只要家里和，吃穿弗用愁。

只要功夫深，铁耙磨成针。

好话勿在多，一句抵一箩。

小侬牵牵其，老侬噢噢其。

勿听老侬言，吃亏在眼前。

一堆烂牛屙，会发三遍热。

三百六十行，行行出状元。

牙齿当界址，讲话要算数。

当面糟蹋，宁可背后拷煞。

满碗饭好吃，满口话难讲。

一勤生百巧，一懒招百病。

人无千日好，花无百日红。

一心想得宝，从头苦到老。

灯不拨不亮，理不辩不清。

锣不敲不响，话不讲不明。

瞎子弗怕刀，聋子弗怕炮。

好笋出笆外，好花开墙外。

侬小只要佤，刀小只要快。

大钿赚弗来，小钿眼弗开。

赌场无君子，十赌九个输。

煮饭要有米，讲话要有理。

晴天防雨天，丰年防荒年。

问路不施礼，多走二十里。

黄胖春年糕，吃力弗讨好。

轻担让重担，远路呒轻担。

轻担让重担，空手让挈篮。

铜钿银子白，眼睛乌珠黑。

银子难露白，露白便出脚。

师傅请进门，窍门在自身。

人是实的好，姜是老的辣。

心要放得宽，菩萨会来管。

哑子吃黄连，有苦说勿来。

食别人口软，拿别人手短。

人情弗是债，陶镬挈头卖。

人在人情在，人死两分开。

请归一支香，请出用猪羊。

亲眷篮对篮，邻舍碗对碗。

铜缸对铁鬶，半斤对八两。

哑子对聋鬶，半斤对八两。

勿怕勿识货，就怕货比货。

当面呵呵笑，背后弄鬼叫。

见人讲人话，见鬼讲鬼话。

日头难讲侬，夜头难讲鬼。

挈起一擘腿，踢你到东海。

上言弗去搭，下言弗去插。

旱天多雨意，奸人多眼泪。

万事礼为先，有礼勿为迟。

牛么有根绳，侬么有个名。

千里送鹅毛，礼轻情意重。

钱财如粪土，仁义值千金。

自家的心事，别人的闲事。

哄得侬相信，弄送侬干净。

神气勿灵清，强盗当官兵。

别人客气，只当自介福气。

做人难做保，背树难背脑。

若要人勿知，除非己莫为。

若要俏，骨头冻得落落叫。

牙痛勿算病，痛起来要你命。

笨侬也是侬，稻草绳也是绳。

人弗可貌相，海水弗可斗量。

一行服一行，打蜡（锡）服松糖（松香）。

门前一条河，讨个媳妇像格[1]婆。

长子耐耐踱，矮子跟得卵腾落。

长子前面看戏，矮子后面席屁。

学会数理化，走遍天下都不怕。

读书读勿来，画画香炉蜡烛台。

勿做亏心事，半夜不怕鬼敲门。

明人不做暗事，真人不说假话。

穷难穷凶极恶，富难寻欢作乐。

1　此处"格"为代词。

穷要穷得清白，破要破得清爽。
呆侬呆侬福，烂泥菩萨住瓦屋。
傻人有傻福，烂泥菩萨住瓦屋。
拳头打出外，大手指头挽归里。
有理走遍天下，无理寸步难行。
真金不怕火炼，猛火勿怕青柴。
坐三年书房，勿着坐三年路廊。
千钱想万钱，做了皇帝想成仙。
天有不测风云，人有旦夕祸福。
一回生，二回熟，三回成朋友。
羊头依狗脚，依来依去依勿着。
自讲好烂稻草，自讲歹烂丫屁。
日头讲到夜头，菩萨来蒙庙头。
只可吃朋友鸡，勿可戏朋友妻。
自做做来不及，别人做做不中意。
今日日子好，花花小狗来古弹蚤。
船到埠头自会直，车到山前必有路。
东坑无水西坑舀，哪有坑坑断滴流。
强盗山里有善侬，和尚寺观有恶侬。
廿年媳妇廿年婆，再熬廿年做太婆。
运气来，弗怕呆，讨个老马带胎来。
吃弗穷，穿弗穷，打算弗着一世穷。
一年土，二年洋，三年忘记爹和娘。
为人不做亏心事，半夜敲门心不惊。
好狗勿倒路中央，猎狗勿死床底下。
新三年，旧三年，缝缝补补又三年。
有爹有娘珍珠宝，吪爹吪娘路边草。
孝敬爹娘自格福，孝敬田地自格谷。
一寸光阴一寸金，寸金难买寸光阴。
斧头口，口对口；锄头口，均百口。
清油石头要滑倒，尖角石头要扳倒。
富在高山有远亲，穷在街边无人问。
侬修三世进城里，牛修三世归山里。

虎落平阳被犬欺，龙搁浅滩被虾戏。
倒灶倒灶真倒灶，乌龟碰着戳鳖佬。
瞒得冷眼有热眼，瞒得热眼有冷眼。
年纪活到九十九，难话别人孤老头。
多讲多话多遭怪，多吃多用多欠债。
别人吃了传四方，自己吃了满屙缸。
好曲呒三遍好唱，好话呒三遍好讲。
会讲会话是个佛，弗声弗响是个贼。
哪个人前勿讲人，哪个背后呒人讲。
画龙画虎难画骨，知人知面不知心。
害人之心弗可有，防人之心弗可无。
有仇非报非君子，知恩勿报烂小人。
小人还梢眼面前，君子还梢过十年。
前半夜想想自己，后半夜想想别侬。
气得屙肚翻转面，笑得肚肠剩半根。
天作孽，还可活；自作孽，弗可活。
人比人，气死人；命比命，气成病。
有福之人天来凑，无福之人天打斗。
天弗怕，地弗怕，独怕扁嘴老鹰来啄。
爹娘对团囡路样长，团囡对爹娘箸样长。
白拆田弗怕车来水，打短佬弗管籴来米。
捡来货，千年弗罪过，老天菩萨看见过。
硬揿牛头弗吃水，硬抲蜜蜂否做蜜。
虾有虾路，蟹有蟹路，泥鳅黄鳝钻条路。
陶镬弗煎（沸）汤罐煎，皇帝不急太监急。
三年一遍，大佛出现；一年三遍，狗上镬沿。
勿怕勿懂，就怕装懂，勿懂装懂，永世饭桶。
城里人到乡下，杀鸡杀鸭；乡下人进城里，攀肩搭搭。
身边弗搭铜，讲话像蚊虫，身边搭点铜，喉咙像台铳。
前世弗修今世苦，今世修修没工夫，看来后世还要苦。

老鹰满天飞，常常熬肚饥；丫麻（蝌蚪）搭地移，吃得肚拖地。

食别人饭，由别人掼；端别人碗，由别人管；抲别人筷，由别人差。

善有善报，恶有恶报；如若不报，时候未到；时辰一到，一定会报。

家长里短

小孩无假病。

少年无丑妇。

女大勿由娘。

人老脚先老。

无病便是福。

肚饱眼睛饥。

十指连心痛。

凡药三分毒。

久病成良医。

解屎浇嫩菜。

树倒猢狲散。

瞎子对瞎鼓。

前言弗搭后语。

饿煞弗着打煞。

远讨弗着近买。

眼睛难遭垃圾。

棒槌多双耳朵。

肚痛埋怨灶司。

亮字搭个穿字。

讨饭佬赶三餐。

讨饭佬赶大日。

冷饭落死侬肚。

簟头滚到地头。

赤膊鸡打相打。

笨牛多耕横头。

死马当活马医。

毛刺辣落火踏。

猪娘吃豆腐阀。

河水鬼扯大队。

心头冷到肺头。

讨债（顽皮）勿要等教。

远亲勿如近邻。

差狗勿着自走。

讨个老婆卖个娘。

经堂媳妇井头婆。

酒倒路头否酸掉。

东坑没水西坑舀。

丈母讲天郎讲地。

鲜花插在牛屎堆。

少年夫妻老来伴。

有钱难买老来瘦。

上床夫妻落床客。

家有贤妻无横祸。

亲团弗如晚老公。

争气还是和气好。

肚饥勿管麦皮馃。

一个铜板掰开用。

老天勿打席饭侬。

清官难断家务事。

一日弗打三条亏（扭曲）。

一家勿知一家事。

强龙难斗地头蛇。

独枝毛竹难登天。

雨伞骨头里戳出。

砻糠搓绳开头难。

烂糖鸡屙当时热。

老虎咬到脚后跟。

癞头癞到后思根。

眼睛生蒙后思跟。

眼睛望记鼻头梁。

眼睛生蒙头顶心。

牙齿倒落咽肚头。

自翻石头自压脚。

自做先生（医生）鸡爪疯。

解尿不由卵做主。

包讨老马包生团。

自讨老马自扛轿。

没高山弗见平地。

捧弗上树格冬瓜。

冬吃萝卜夏吃姜。

好汉弗赚六月钿。

好汉只怕病来磨。

辛苦铜钿快活用。

水牛屁股嵌砂糖。

小狗看见大屙堆。

竹狗拖鸡问山王。

羊毛出在羊身上。

百鸟过路拔根毛。

竹丝脑头颠倒拖。

傻子傻归勿傻出。

天落馒头狗格运。

绣花枕头稻草包。

开关白术闭关烟。

左手弗放心右手。

自饱弗顾别侬饥。

偷鸡弗着蚀把米。

手头放弗出老虎。

癫子头皮剩格壳。

死侬捏黄蜡元宝。

强盗手头夺铜锣。

风水做在岩皮头。

屎缸头蜜枣会捞。

鸡子算出四两骨头。

大麦还是小麦先黄。

当官爹勿着讨饭娘。

千钿买弗得自中意。

担冲拢鼻头否打嚏。

耕弗耕着耙也耙着。

歪（jian）头龙王献外宝。

拳头肚里钻出巴掌。

一张眠床弗困两样侬。

满堂子孙弗着半夜夫妻。

脚掌烂，要讨饭。

若要壮，夹热烫。

点一点，拜一拜。

文绉绉，打花抽。

男要朗，女要藏。

肚里摸，肚外摸。

席扑来，做哭来。

盯眼归，白眼出。

办法完，口舌团。

饭会席，裤会系。

日弗眠，夜弗安。

开只眼，闭只眼。

掀被头，讨屁臭。

鬼念糊，油豆腐。

哄个笑，打个叫。

道地大，垃圾多。

侬怕恶，狗怕笃（敲）。

大排场，养猪娘。

藤弗死，鳖弗烂。

鸡啄啄，鸭嘎嘎。

田鸡眼，雄鹅胆。

侬会料，天会调。

东扯来，西扯去。

风水退，出末代。

官大路，晒石板。

卖豆腐，欺软子。

雨伞骨，里督出。

讨饭婆，眼界大。

不怕官，只怕管。

斧头凿，上拷落。

打算早，出青草。

有起头，无结刹。

破雨伞，日日夹。

牛耕田，马食谷。

牵牛绳，断六亲。

猫翻倒，狗享福。

冬吃鳖，夏吃鳗。

人怕好，弗怕恶。

只怕绝，弗怕蚀。

代传代，媳妇套麻袋。

海海动，番薯萝卜种。

金刚钻，只能补补碗。

千层单，勿着一层棉。

由人算，天下无穷汉。

海阔洋洋，忘记爹娘。

家有两老，赛金赛宝。

细水长流，吃穿勿愁。

富人过年，穷人过关。

屋有千间，吭没柴间。

生死的性，钉死的秤。

八十生团，代代落后。

穷头铜头，冷头风头。

摸头脸皮，饱头肚皮。

脑子死凶，爹娘弗供。

头颈实细，单想食记。

红颜薄命，丑妇担财。

眼睛凸出，拳头勒出。

债多弗愁，虱多弗咬。

心高若天，命薄似纸。

团要亲生，田要冬耕。

嫁出格女，泼出格水。

老人嘴多，小侬手热。

小怕剃头，老怕看牛。

人老病出，树老根出。

上岭要哼，落岭要抖。

嫁鸡随鸡，嫁狗随狗。

柴米夫妻，酒肉朋友。

团大分家，树大分叉。

女大一，勿着男大七。

外甥皇帝，娘舅狗屁。

亲要亲好，邻要邻好。

颠倒颠，丈人拜郎年。

靠囡挈篮，靠郎腾（投）塘。

亲上加亲，咬卵见筋。

囡要远送，菜要近种。

只有得意，没有做意。

讲天悉天，讲地悉地。

五花六花，七亮八亮。

生生勿生，耕耕勿耕。

想捞箬帽，蓑衣佘去。

争点弗得，差点弗得。

萝卜青菜，各侬所爱。

癫子爱帽，哮旦爱鲓。

长兄如父，老嫂比母。

姑娘当婆，一世不和。

后生风流，老来筋佝。

天怕黄亮，人怕鼓胀。

人心平平，天下太平。

头痛医头，脚痛医脚。

小洞（小病）不补，大洞（大病）叫苦。

瞎子抠奸，薄刀乱斩。

贼要贼抠，竹要篾缚。

不守规矩，不成方圆。

上有政策，下有对策。

耳听为虚，眼见为实。

做大好做，做小难做。

狗咬老鼠，多管闲事。

稳笃等，弹虾落竹棍。

大路通天，各走一边。

麻雀虽小，五脏俱全。

研究研究，香烟老酒。

点点拜拜，勿点勿拜。

嘴边无毛，办事勿牢。

一千欠，勿着八百现。

跷脚赶到，市面散掉。

来得早，勿着来得巧。

心神勿定，抽牌算命。

站着借钱，跪着讨还。

虱多勿痒，债多勿愁。

水从源出，病从口入。

单方独味，气煞名医。

三分吃药，七分调养。

深山扒土，越扒越苦。

檀树火筒，一气勿通。

瞎子帮忙，越帮越忙。

有力长发，无力长甲。

生不带来，死不带去。

席饭防噎，走路防跌。

好货勿贱，贱货勿好。

杀杀没血，剥剥没皮。

半天讨价，着地还钿。

恶好头来，痛痒头来。

羊眼弗瞎，狗脚弗截。

十里三谎，隔壁乱讲。

小狗打嚏，三年大利。

上盘格鸡，送丧格子。

日防火灶，夜防贼盗。

瓜无滚圆，人无十全。

豆有黑点，人有缺点。

学勤三年，学懒三天。

一只手，抠弗得两只蟹。

活着勿孝，死掉勿要叫。

生得其身，保弗得其世。

兄弟赌夺，叔伯姆赌绝。

样样学像，没工夫搔痒。

石板等甩乌龟，硬碰硬。

人有上下代，竹有上下节。

若要人敬己，先要己敬老。

九子廿三孙，别人上孤坟。

猫生猫值钿，狗生连舔舔。

种田要好秧，生儿要好娘。

寒天喝冷水，点点在心头。

相骂无好言，相打无好拳。

日里打相打，夜里撸脚梗。

新亲热别别，老亲挂板壁。

生团活清癫，生囡活神仙。

做做要人多，席席两公婆。

夫不嫌妻丑，妻不怨夫穷。

上轿三声娘，落轿老公香。

相好好到老，石板好种稻。

轻记还重记，麻糍还糯米。

歇抢做抢多，饱抢饥抢多。

只可同天下，弗可同厨下。

床头有石谷，死掉有侬哭。

没钿买补席，困困当将息。

想想一个计，忖忖一个计。

会管管一家，歪管管千家。

好爸三个桩，好侬三个帮。

老公嫁一千，总要想着前。

一妻弗到头，老了独脚勾。

狗咬破衣裳，墈倒石头堆。

侬牢饶做媒，狗牢饶舔碓。

爬树像栗鼠，倒落变鸭子。

有酒讲酒话，没酒讲卵话。

神气弗灵清，强盗当官兵。

眼睛花姹姹，丫头当小姐。

眼睛青滚花，摸着甑头架。

大懒差小懒，小懒差门槛。

亲眷难交财，交财便断开。

赢来弗肯结，输掉弗肯歇。

当面糟蹋，不如背后敲煞。

各人各爱，大姑娘爱驼背。

头皮像萝卜，一世要劳碌。

脸孔一个疤，老公嫁三嫁。

晒死树下稻，饿死独介佬。

前夫有个子，偷米偷到死。

豆腐拓格好，老马搭格好。

好人难做娘，好田难化秧。

墙倒害隔壁，火着害邻舍。

出门弗带伞，淋煞呒侬喊。

出门带个人，勿着带根绳。

过村防狗咬，走路防跌倒。

坐席山要空，浪费无底洞。

儿大不由爹，女大不由娘。

女大十八变，越变越漂亮。

肚饱多荒淫，肚饥起盗心。

做大弗做正，牵狗像猢狲。

前世修修过，住格朝南屋。

有钱买好货，蚀本也弗大。

贱侬讨媒做，贱狗舔麦磨。

有祸躲弗过，躲过弗是祸。

心头想发财，倒糟弗曾来。

富格裤里裤，穷格赤屁股。

出门像扯纤，回家像射箭。

种田弗落作，读书弗进学。

日头站门坊，夜头遮灯光。

小望其弗大，老望其弗死。

走路慢慢探，气力省一半。

糖梗脑头鲜，甘蔗箬头甜。

口燥喝热茶，越喝越口燥。

六月格日头，晚娘格拳头。

眼睛乌珠黑，家事想独得。

在家靠父母，出门靠朋友。

在家千日好，出门一时难。

日子风吹过，生世勿得过。

金窠银窠，勿着自介草窠。

千日洗脚，勿着一日洗被。

三早抵一工，三春靠一冬。

一龙团团转，鸭多勿生卵。

三个臭皮匠，抵个诸葛亮。

人头不到齐，锄头不落泥。

小官见大官，屁股出冷汗。

薛仁贵征东，张士贵得封。

斧头食凿子，凿子食木头。

大蛇食小蛇，小蛇食丫蟆。

姜是老的辣，醋是陈的酸。

老婆硬——柴；麦饼硬——茄。

老婆硬——好话；麦饼硬——苦麻。

做大三分横，做小呒商量。

背后勿商量，当面无主张。

要夜随其夜，豆腐慢慢卖。

天下十八省，马屁大通行。

人在屋檐下，不能不低头。

贫莫与富斗，富莫与官斗。

有山必有路，有水必有渡。

勿怕勿识货，只怕货比货。

做贼无贼脚，一世偷勿着。

青筋绷鼻头，相骂勿断头。

口燥喝热茶，肚饥食毛楂。

重阳勿食饱，委屈种田佬。

力气是奴才，使使便会来。

夏天蛇食鼠，冬天鼠食蛇。

砌墙靠石脚，缚柴靠柴夹。

一年做到头，剩双空拳头。

天气三日晴，车水请龙王。

海麻皮造反，老鼠拖砧板。

出门老鸹叫，半路碰强盗。

雨打棺材盖，侬家节节退。

食素会成仙，牛马上西天。

盐卤点豆腐，一物降一物。

打架想拳经，卵子架田塍。

两狗勿同槽，同槽便要咬。

乌龟实否做，挨着没奈何。

亲眷是把锯，俉去去我来来。

有种没种，冬瓜生团直笼统。

头遍做行贩，稻草绳侬笃甩。

爹亲娘亲，弗着铜钿银子亲。

雌狗尾巴弗摇，雄狗弗去爬。

有爹有娘，大树脚下好乘凉。

来碌勿及，抓牢黄牛当马骑。

新来晚到，摸勿着水缸镬灶。

一口碗勿响，二口碗叮当响。

挑料格侬弗臭，背皮勺格侬臭。

囷撞腰爹讨饶，囷撞肩爹成仙。

茄子红通通，不知哪个好做种。

田稻别人介好，子女自己介好。

嫁资千杠万杠，弗如桥里一杠。

眼不见为净，屙捣麻糍呒得剩。

一代亲，二代表，三代全勿晓。

食勿煞，饿勿煞，气气要气煞。

煮勿热的冷粥，喊勿应的晚叔。

拣日勿着撞日，撞日勿着今日。

水有源，树有根，翻身不忘本。

村看村，户看户，群众看干部。

只有状元学生，没有状元先生。

帮人要帮到底，救人要救到头。

会讲勿论倒顺，会种勿拣田地。

肚痛脚筋吊，一个时辰换生肖。

孤老头的钱财，讨饭佬的性命。

骗勿尽的人头，走勿完的路头。

鸡来穷，狗来富，猫来开当铺。

人无横财勿富，马无夜草勿肥。

天上老鸹飞雀，地上独眼跷脚。

生看见熟没份，熟看见吃没份。

穷侬不攀高亲，矮侬不坐高凳。

老实没真老实，乌狗没真乌狗。

卖勿掉只要贱，挑勿动只要健。

头大官胚，脚大泥胚，手大贼胚。

初五，二十三，神仙出门要撞岩。

远亲勿着近邻，邻舍和睦胜至亲。
邻舍好，好靠老，远亲有病叫弗到。
门前小孩打相打，各带儿女回家厢。
笃落螺蛳过老酒，强盗追来勿肯走。
爹当官，囝享福；囝当官，爹劳碌。
冷粥冷饭当时饱，晚爹晚娘当时好。
后生解尿浇过海，老了解尿沥大腿。
钢要用在刀刃上，钱要用在正路上。
人是铁，饭是钢，一餐勿食饿得慌。
敬重爹娘敬重福，敬重师傅敬重屋。
一夜夫妻百夜恩，百夜夫妻如海深。
黄胖日头也是好，黄胖老公还是宝。
寡妇女客好买田，独铁树佬难过年。
老鼠掉在糠箩里，一场欢喜一场空。
南瓜生个南瓜种，冬瓜总是直拢通。
一男一女如盆花，三男四女是冤家。
打是亲，骂是爱，勿打勿骂勿成材。
年青无子活神仙，老来无子苦黄连。
有子有孙苦一记，无子无孙苦一世。
姑娘嫂，不要吵；婆媳妇，要和好。
叔伯姆好共檐头，姑娘嫂好各山头。
一个姑娘百个求，九十九个空双手。
养亲囝，翻疥橱，灶膛炉灰煨鸡子。
老婆是别人的好，囝囝是自己的好。
瞎子难算自己命，郎中难治自己病。
大办钢铁卖淘镬，大办粮食食薄粥。
一朝天子一朝臣，朝朝天下有奸臣。
依得佛法要饿煞，依得官法要打煞。
乱世年间的人，不如太平年间的狗。
阿弥陀佛六个字，只讲别依弗讲自。
依家撑得年兴年，灶头铸头床面前。

动手动脚是畜生，会讲会话是先生。
帮助别人要忘掉，别人帮己要牢记。
吃官饭，打官鼓，官鼓破了有人补。
路归路，桥归桥，勿怕别人讲笑话。
一只小猪勿食糠，一群小猪抢着香。
一道篱笆三个桩，一人做事三个帮。
天压人，一把平；人压人，压勿平。
肚饥喝弗得热粥，心急办弗得大事。
跑过三省六码头，食过奉化芋芳头。
天下衙门朝南开，有理无钱莫进来。
闲话少说无是非，夜饭少食健身体。
瞎搭搭，拜菩萨；糊大海，发大财。
十个癫子九个富，除非癫子弗脱箍。
有钱能使鬼推磨，呒钱只怕事难做。
只见和尚食馒头，勿见和尚灸艾头。
穷好遮，丑好遮，大肚女客实难遮。
大安三堡好良心，囝囝落雨中央晴。
穷人讲话话勿灵，月夜走路路不平。
菩萨面前子好求，天下哪有孤老头。
灶司菩萨偷柴卖，财神菩萨要欠债。
男人嘴宽走四方，女人嘴宽撬屙缸。
好时鸡屎汤滔饭，恶时大公头[1]咬烂。
黄鼠狼拖鸡问山王，老虎拖人问土地。
老公的饭汗食出，囝囝的饭眼泪食出。
爹娘投错半世苦，老婆讨不好一世苦。
亲挽亲，邻挽邻，砸断骨头还连着筋。
不当家不知柴米贵，不养儿不知父母恩。
小时外婆家，后生丈母家，老来跄囝家。
倒冠格鸡娘，花脸格猫娘，青面格婆娘。
食得邋遢，会做菩萨；食得干净，会做观音。
七搭八搭，蒲鞋着袜；好管勿管，太婆管卵。

---

1 （肛门）

过去是若要富走险路，现在是若要富先修路。

天要落雨勿由人做主，娘要嫁侬勿由儿做主。

拉屙勿怕乌风（冰）冻，老虎赶来勿怕脚筋痛。

两眼一闭，两脚一伸，任何东西带勿到棺材里。

丈母娘见郎，灶背后旋惶，齐橱里翻光，割奶放汤。

侬家撑得宽，箬帽剩个圈；侬家撑得兴，箬帽剩个顶。

肚皮像西瓜，一定生麻吊；肚皮像爬篮，一定生个囝。

勤力望菜园，懒惰望亲眷；菜园好伸手，亲眷难开口。

新昌癫子对打对，嵊县癫子好煏灰，奉化癫子当宝贝。

哪个和尚勿食荤，牛肉狗肉囫囵吞，泥鳅黄鳝勿算荤。

有囝许大郎，有祸自会挡；有囝许小郎，呒爹娘告当。

有囝嫁得读书郎，冰清冷水守空房；有囝嫁得种田郎，拖泥带水在一堂。

第二节　民　谣

民谣简练明快，可歌可唱，可读可诵。这里选辑在彩烟经久流传的童谣、劳动歌谣、生活歌谣。

童　谣

点点虫　点点虫，虫会爬；点点鸡，鸡会啼；点点鸟，鸟会飞；点点狗，狗会吠；点点猫，猫拖老鼠吱吱叫。

萤火郎（虫）　萤火郎，矮落来，我把你做媒。做到哪里？做到天台。三甏老酒四甏开，花花手巾包杨梅。杨梅苦（甜），跌落绍兴府。买个哩落鼓，哄哄小新妇。小新妇也会缝来也会补，关在门外饲老虎。

大麦叫　大麦叫，小麦叫，会叫多叫叫；歪叫少叫叫，大黄麦饼啼惊叫。

排排坐　排排坐，搭麦果，麦果掉落地，黄狗抢勿及，抢抢起来是只破筲箕。

看戏　铜锣响，脚底痒；囝要跑，娘要打。

月亮婆婆　月亮婆婆，杀只雄鹅。雄鹅脚，分给爹；雄鹅肠，分给娘；雄鹅头，分给哥；雄鹅爪，分给嫂；鹅大腿，分给小妹妹。

月亮堂堂　月亮堂堂，大伯小叔上学堂。学堂空，抲相公。相公矮，抲只蟹。蟹子钳，抲神仙。神仙待两待，上山摘青梅。青梅苦，跌落绍兴府。绍兴斧头快，斫柴卖。买壶酒，请娘舅。娘舅勿动手，外甥先动手。外甥一个屁，娘舅逃勿及。逃到台门口，拾个大馒头，掰记开来一根虫，让你娘舅当烟盅。

点点扳扳　点点扳扳，扳过南山。南山出青草，青草好饲牛。牛皮好绷鼓，鼓鼓鼓，哪个小侬烂屁股。

叫猫袋 叫猫袋，炒油菜，油菜豆腐爹一块，娘一块，叫猫吃格豆腐碎。

燕 燕、燕、燕，飞过天。天门关，飞过山。山头白，割大麦。大麦摇，飞过桥。桥上抬媳妇，桥下打花鼓。媳妇多少长？插朵珠花撞栋梁。媳妇多少矮？插朵珠花撞檐街。媳妇多少大？两扇台门走勿过。

一颗星 一颗星，不仑顿。两颗星，挂油瓶。油瓶漏，好炒豆。黄豆香，隔壁老媆汏生姜。生姜辣，抲水獭。水獭尾巴长，抲姑娘。姑娘矮，抲只蟹。蟹脚尖，抲神仙。神仙待一待，上山摘青梅。青梅苦，跌落绍兴府。绍兴斧头快，砟柴卖。卖到西门外，拾对小红鞋。

数粽子 一个粽子四只角，解缚，剥壳，蘸糖，拖来咽落。两个粽子八只角，解缚，剥壳，蘸糖，拖来咽落。三个粽子十二只角，解缚，剥壳，蘸糖，拖来咽落。

妈，我要豆 妈，妈，我要豆。乔介豆？罗汉豆。乔介罗？三斗罗。乔介伞？破雨伞。乔介破？斧头派。乔介斧？状元府。乔介状？油车撞。乔介油？芝麻油。乔介芝？白花猪。乔介白？柏子白。乔介柏？老娘舅。乔介老？钦差老。乔介钦？乌豆青。乔介乌？高楼屋。乔介高？天顶高。

我要抱 我要爸爸抱，爸爸出门去种稻；我要妈妈抱，妈妈上山摘茶草；我要爷爷抱，爷爷胡须将将困泰觉；我要奶奶抱，奶奶纺线织布做棉袄；我要叔叔抱，叔叔煏灰砟茅草；我要哥哥抱，哥哥读书去赶考；我要姑姑抱，姑姑眼睛白白快些逃。

解锯谣 叽咕解锯，大木匠解大锯，小木匠解小锯。会解直直落，勿解雕木勺。木勺漏，炒乌豆。乌豆香，隔壁老嬷捣生姜。生姜辣，抲水獭。水獭尾巴长，抲姑娘。姑娘耳朵聋，抲裁缝。裁缝脚手慢，抲只蛋。蛋会飞，抲只鸡，鸡会啼。讨格老嬷八十一，穿双鞋来红兮兮。邻居讲你勿错起，叫你送晏饭，送到黄泥畈，掼起一脚板，剩根饭篮甩。

解锯谣二 叽咕解锯，麻车水碓，会解直直落，勿解雕木勺。木勺漏，好炒豆，豆芽香，隔壁老婆捣生姜，生姜辣，抲水獭，水獭尾巴长，吭我吭姑娘，姑娘耳朵聋，叫我做裁缝，裁缝手脚慢，叫我去抲蛋，蛋会飞，抲只鸡，鸡会啼，做格豆腐狗甩去，讨格老嬷八十一。

癫头婆 癫头婆，来偷货，偷来偷去一堆屙。

生小猫 黄头毛，夜夜生小猫。一夜生十个，十夜生满百。

赤膊阍 赤膊阍，蹲捣臼，捣臼蹭几破，把侬妈抓来卖。

赤光阍 赤光阍，打桐油，桐油打记燥，连忙赶儒乔。碰着一个小强盗，时扑时扑打一套。

娘舅 大娘舅，大大（指"次"）有；二娘舅，大大宿；小娘舅，大大空双手，躲在门角后，夜壶清水当老酒。

要笑煞 要笑煞，要笑煞，癫子头皮西洋发；大脚麻疯丝光袜，亮眼瞎子钢笔插；麻皮姑娘粉榻榻，癫头婆娘要花插；侬话话，要勿要笑煞。

癫子谣（一） 一癫子生病，二癫子讨讯，三癫子话勿死，四癫子话要死，五癫子话没棺材钱，六癫子话抽屉旮旯里有个烂铜钿，七癫子话没棺材扛，八癫子话料缸棒，九癫子话没处葬，十癫子话葬到番薯塘。

癫子谣（二） 一癫子抲猪虱，二癫子抲蚊蚁，三癫子掼门担，四癫子带担水，五癫子买黄鱼，六癞子买萝卜，七癞子买洋漆，八癞子买双蒲鞋倒头拖，九癞子九颗糯米革缸酒，十癞子给阎罗大王做生日。

蜂叮癞　蜂叮癞，癞掼枪，枪打虎，虎咬人，人捉鸡，鸡啄蜂，蜂叮癞……

柴叭花　柴叭花，朵朵开。爹娘生落三姐妹，大姐嫁给种田佬，二姐嫁给教师郎，只有小妹没人要。爹爹买把麦秆桥，坐几落起嘟嘟叫，一抬抬到城隍庙，菩萨胡须一几翘，害得小妹吓几掉。

怪事情　太阳菩萨西边升，东洋大海起灰尘，雄鸡生蛋变猢狲，黄狗出角变麒麟，鸭蛋爬路到南京，铁树开花结金铃，鲤鱼游过泰山顶，剖开白鲞会还魂，扫帚柄里出毛笋，毛竹脑头倒生根，岩山劈开变黄金，冷饭抽芽叶放青，砻糠好搓渡船绳，楞子江上造长城，雷峰塔抬起到西岭，十二月冷水烫煞小官人，六月河水结成冰，还有一条鲶鱼精，张开嘴巴像城门，两根胡须通绍兴。若是哪个不相信，去问南海观世音。

弹花谣　别别弹，别别弹，弹花师傅生个呒头囡，囡蒙府橱旮旯当晏饭。猫猫拖几起，弹花师傅气几煞，猫猫呢？猫猫上树了，树呢？树么斧头斫掉了。斧头呢？斧头大水氽去了。大水呢？水么日头晒燥了。日头呢？日头被乌云遮牢了。乌云呢？乌云被风吹散了。

扛新妇　压吱压吱轿轿，媳妇扛来瞧瞧。扛到虎龙庙，虎龙菩萨一记笑，害得妹妹吓记掉。连忙喊爷爷，爷爷挈灯盏，灯盏倒记掉。连忙挈水桶，水桶倒记破。连忙喊桶匠，桶匠喊勿应。连忙喊先生，先生冻得石刮硬。

蚊虫谣　七月半，蚊虫像石钻，八月半，蚊虫去一半，九月九，蚊虫叮捣臼。

叮叮咚　叮叮咚，叮叮咚，念经老太九斤重，杀杀倒来一稻桶，焐焐起来一水桶，炒炒起来一酒盅，和尚道士咬勿动，嚼嚼嵌牢牙齿缝。

螺纹谣　一螺富，二螺穷，三螺拾狗屙，四螺磨豆腐，五螺骑白马，六螺管天下，七螺磨刀枪，八螺杀爹娘，九螺做太守，十螺中状元。

头谣　鼻头像格烟囱灶，眼睛像格水葡萄，耳朵像格荞麦糕，嘴巴像格破屎包，头发像格棕丝毛。

小孩谣　小侬三斗三升火，手心好炖酒，屁股好拓果，稻秆蓬脚弗好坐。

赌博谣　赌赌赌，要我勿赌，除非落土；有人来扒土，爬几起来还要赌。

塑侬谣　眼睛像格水葡萄，耳朵像格荞麦糕，鼻头像格烟囱灶，头发像格棕丝毛，嘴巴像格破屎包，双手像格鸡脚爪，双脚像格锄头脑。

甄布政　甄布政，甄布政。长橼细瓦擂鼓门，千军万马保家门。八十公公做樵夫，七十婆婆织纺锭，两只小船运菜还缺一顿……[1]

1　该民谣产生于明景泰年间，主要描述明代河南布政使甄完老家彩烟岩泉的生活情景。甄家旧舍为竹椽茅屋，用竹篾当门，甄完父母年迈仍劳作不息，每天靠两只鸭子下的蛋去换油盐。得知实情，皇帝深为感动，御赐"清官第一"匾额。

孟姜女　正月里来是新春，家家户户点红灯，别家丈夫团圆坐，我家丈夫造长城。

二月里来暖洋洋，双双燕子到南洋，新窝筑得端端正，对对成双在画梁。

三月里来是清明，桃红柳绿百草青，家家坟上飘白纸，孟家坟上冷清清。

四月里来养蚕忙，姑嫂双双去采桑，桑篮挂在桑吊上，握把眼泪采把桑。

五月里来是黄梅，家家田中青秧栽，别家田里秧青青，孟家田中是草堆。

六月里来日难挡，蚊子飞来叮胸膛，宁可叮我万口血，莫叮我夫万杞良。

七月里来起秋凉，家家堂前裁衣裳，别家都有新衣藏，孟家家中是空箱。

八月里来门前开，姑嫂送衣挑水来，闲人只说闲人话，哪有人送寒衣来。

九月里来九重阳，重阳老酒桂花香，满满接过我不吃，无夫饮酒不成双。

十月里来上稻场，牵砻换米纳官粮，家家都有官粮纳，我的家里人抵当。

十一月里雪花飞，孟姜女千里送寒衣，前面乌鸦来引路，我夫长城冷冰冰。

十二月里过年忙，杀猪宰羊闹盈盈，家家都有猪羊杀，孟姜女家中冷如冰。

十二个月都唱光，关官听得泪汪汪，快快放我过关去，让我早日会夫郎。

劳动歌谣

种田谣　种田种得直，麻糍有得食（xi）。种田种得弯，麻糍拿来还。种田像调龙，麦饼肉筒筒。种田种头个，尝新没得份。

勤与懒　一亩田，一亩地，勤脚勤手食勿及；十亩田，十亩地，好食懒做食个屁。

做牛　做牛耕田，做狗看家，做和尚化缘，做鸡报天亮，做小娘纺线，哪只牛勿耕田。

耕田　眼睛看犁路，耳朵听石头，田角头走其足，耕得好，放你早，耕得勿好耕你倒，耕得直，有得食，耕得慢，脚尖烂。耕田耕记好，给你吃个放轭草。

车水谣　从前天空晴，车水调龙灯，男女齐上阵，日车夜勿停。一记勿留心，脚髁头敲得血淋淋。现在天空晴，去把"龙王"请，电钮一记撅，水泵清泉喷，丘丘满腾腾，老汉坐在田边"听戏文"。

养兔谣（一）　三只兔，油盐醋。五只兔，衣裳裤。十只兔，家里富。百只兔，万元户。

养兔谣（二）　家养三只兔，不愁油盐醋。家养十只兔，又买毛线又买布。家养百只兔，三年造新屋。

修水利　冬春兴修大水利，真是一个好时机。挖起烂泥筑成坝，引进水来蓄库里。锄头铁耙当刀枪，油灯火把当太阳。早战浓霜夜战星，月亮底下比英雄。巧干苦战五个月，水涝旱灾消减净。彩烟人民有力量，气死海底老龙王。

天上没玉皇，地上没龙王。我就是玉皇，我就是龙王，喝令三山五岳开道：我来了！

建水库　不怕风雪和寒霜，竞赛红旗工地飘。水库工地变战场，锄头铁耙当刀枪。气灯火把当太阳，顶住太阳赶月亮。顶住月亮赶太阳，人人都为建库忙。誓令水库变海洋，不怕水涝和旱荒。战胜自然丰收望，提高生活有保障。人民团结有力量，气死海底老龙王。

从前烟山侬，有田勿挑塘，专靠请水拜龙王，拜得秋再转，苦煞嵊县侬。现在烟山侬，不靠拜龙王，大修水库挑山塘，天旱有水放，金谷堆满仓。

行头　裁缝好熨斗，鞋匠好楦头，作头好墨斗，算命好张口。

下岩谣　前是岩，后是岩，当中一条大溪滩，生活实困难。江西去锯板，江西封山返转还，想想还是造电站。虽然已是勿简单，要想变富交通难，必做公路通溪滩。

赶市谣　赶到儒岙，买顶凉帽，赶到澄潭，买筒汤碗，赶到新市场，买只小猪娘，赶到镜岭脚，买把锄头赶喜鹊。

打得好　打得好，打得好，老鼠麻雀都打倒。

生活歌谣

烟山侬　烟山侬，真格苦，席格六谷糊，走格黄泥路，穿格自做布；蜡烛横放倒，乌糯半年稻，柴枝当棉袄，葛藤当缚腰；藤李当大枣，洋芋是个宝，菜干当金针，豆腐当人参。

烟山侬，乌糯当早稻，紫枝当棉袄，蜡烛横放倒，葛藤当缚腰，洋芋要算宝，上山像赶豹，下山打虎跳。

穿格八卦衣，困格竹丝被（稻草），吃格糠菜粮，住格茅草棚，怀兜当米壶，扁担当大路，菜卤当酱油，糠菜算好货。

烟山穷，烟山苦，烟山人民真社过（指"苦"），三餐吃格番薯糊，天天走格黄泥路，身上穿格补里补，住格破房茅草屋，夜里困格硬板铺，落雨吃格酱油卤（指从茅草屋漏下来的水）。

烟山穷，烟山苦，烟山百姓真罪过，怀兜当米壶，酒盅当盐壶，穿格余姚粗大布，三日两头补，落雨一身焐，困格稻草铺，走格黄泥路，住格破房茅草屋，落雨要吃酱油卤。

大烟山，小烟山，一件破长衫，穿起盖脚面，日里当长衫，夜里当被毯。

讨饭谣　讨饭讨到第一家，乌漆台门大人家。讨饭讨到第二家，两叔伯姆咕嗒咕嗒纺棉花。讨饭讨到第三家，青菜炒炒豆腐渣。讨饭讨到第四家，龙子龙孙打虎跳。讨饭讨到第五家，满镬晏饭是苦麻。讨饭讨到第六家，大小团圆呀呀叫。讨饭讨到第七家，秋收季节呒谷晒。讨饭讨到第八家，瞎眼婆婆要上吊。讨饭讨到第九家，一对夫妻在吵架。老公气得走奉化，老婆被迫回娘家。讨饭讨到第十家，肚皮饿得咕咕叫。兵荒马乱人心动，天山由我来当家。

独铁树佬　独铁树佬苦得好伤心，食煞饿煞无人问，肩扛工具手锁门，一做做到夜脚跟，自烧夜饭有得吞，自格勿烧饿肚皮，寒冬腊月更要命，冷菜冷饭冷被褥，冷水洗脚冷冰冰，一困困到半夜更，头上冷到后脊跟，下身冷到脚后跟，想想伤心正伤心，南无佛，南无阿弥陀佛。

穷人眼泪　民国天下无皇帝，一元大洋三升米，有钱人家利盘利，穷苦人家出眼泪。

黄胖病（指旧时膨胀病）　一年黄，两年胖，三年田地都卖光，四年不死也要拖去葬。

长工谣　吃地主饭，由地主掼。做年做到死，无钱买烧纸。

土改歌　人人都想步步高，哪个不想饭吃饱；农民成立农协会，打倒土豪分田地；人民政府来领导，样样事情照顾到；反霸减租大生产，劳苦大众吃饱饭。

找对象　一要功夫，二要钱，三要搭介没皮脸，四要会谈天，五要跑得健，六要嘴巴甜，七要送礼八戒烟，九要全兑现，十要求团圆。

思想进步党团员，五官端正像演员，身体健壮运动员，态度和气服务员，家中居住小花园，每月工资五十元。

办食堂　村村堡堡办起食堂，家家户户搜刮粮仓，山山岙岙柴草砟光，老老少少都喝粥汤，有人吃得雪白滚壮，有人吃得浮肿黄胖，带鱼尾巴加点米糠，美其名曰营养食堂。

越来越好　现在国家形势好，人民生活有依靠，承包到户办法好，人均收入年年高，杂交稻种产量高，看在眼里喜眉梢，自来水管接到家，省力省时更卫生，计划生育搞得好，家庭负担可减少，前丁渠道处处通，兴修水利好处多，全靠三中全会好，我们尝到好味道。

生活美好　楼上楼下，电灯电话，洋犁洋耙。

时令谣　正月灯二月鹞，三月打虎跳，四月吹麦叫，五月端午羹，六月乘风凉，七月秋风转，八月桂花香，九月九重阳，十月小阳春，十一月里雪花飘，十二月里杀猪羊。

九九谣（一）　一九二九，缺水不走；三九廿七，篱笆笔直；四九三十六，被窝里发抖；五九四十五，太阳开门户；六九五十四，篱笆抽嫩刺；七九六十三，衣裳担头担；八九七十二，篱笆着齐起；九九八十一，黄狗子拖地。

九九谣（二）　一九二九伸勿出手，三九四九冰上走，五九六九沿河看柳，七九河开，八九雁来，九九加一九，耕牛遍地走。

第六编

耕读传家

耕读传家久，诗书继世长。彩烟人祖祖辈辈以耕为本、以读为先，古有勤耕苦读先辈，今有尊师重教模范。以致民风淳朴，邻里和睦，民众勤劳，重文尚礼，耕读家风长盛不衰，文明乡风代代相传。

第一章　耕读文化概览

彩烟人虽世代生活在相对独立的高山台地上，但各姓氏始祖大多来自具有深厚文化底蕴的名门望族，人文精神传承与生俱来，"教子孙两行正路克勤克俭，继先祖一脉真传唯耕唯读"，耕读传家，渊源深厚。

第一节　耕读探源

据史料记载，早在春秋时期，耕读就备受重视，不过认识不尽相同。孔子重读轻耕，"耕也，馁在其中矣，读也，禄在其中矣。"孟子继承这一学说，"劳心者治人，劳力者治于人"，进一步崇读轻耕。墨子学派则崇拜大禹"沐疾风，置万国""形劳天下"的刻苦精神，提倡躬耕垄亩、身体力行，以劳动吃苦为高尚之事。许行主张"贤者与民并耕而食"，提倡耕读并举，首倡"耕读教育"。汉武帝罢黜百家独尊儒术，确立了儒家思想的主导地位，使耕与读进一步分离，豪门大族享有读书做官的特权，而耕者地位低下，被剥夺读书权利。直至隋文帝杨坚推行历史性变革，创立科举制度。既鼓励耕者勤读，可与豪门子弟"平等"地参与科举考试，又鼓励有兴趣的豪门子弟与耕者竞相开垦无主荒地，创造财富，使耕读得以融合。李氏唐朝继承完善科举制，推行"均田制"，大大提高了青年人读书和农耕的积极性，出现了"贞观之治"时代，耕读文化开始形成，在宋元明清时期得以进一步发展。

彩烟地区有耕读文化独特的优势。独立而偏远的地理因素，使彩烟先民历来以"农耕为本"，将农业作为生存的根本。而"学而优则仕"的"诱惑"，又决定了通过读书考取功名成为彩烟人谋求发展的重要路径。曾为许行提倡的耕读教育促进彩烟教育的平民化，为底层民众向高层社会流动提供条件。它与彩烟农耕文明相结合，形成彩烟耕读文化，符合彩烟先民聚族而居、安土重迁的乡土情怀，深刻地影响彩烟社会的发展和文明的推进。

隋唐以后，众多姓氏自觉不自觉地涌向彩烟，并随着"科举制"和"均田制"的推行与影响，颇具特色的彩烟耕读文化，也逐渐地繁荣起来。也可以说，有文字记载的彩烟文化史，一开始就是"耕读文化"的历史。唐初，荣王杨白避祸彩烟，在沥江三渡垦荒种地，或为彩烟最早的耕读人家。后裔勤耕苦读，出现众多名人杰士，为彩烟文化的发展做出贡献。

新昌梁氏原是豪门大户，官宦人家。三十世梁永敏"生而颖异幼习儒，尤精景纯之术"，于南宋绍兴十四年（1144）率四子三孙十余口徙居棠墅。一面开荒种地，一面延师课子课孙，成为彩烟又一户典型的耕读人家。未几，丁益旺，家益兴。幼子梦弼，学有成，仕开建县尉。孙梁汝明以进士官礼部侍郎，为南宋大儒，与鳌峰族侄平叔、维叔，并称梁氏三杰。

彩烟的其他姓氏，也都是奔彩烟山这块宜耕宜读的宝地而来。无论是避祸上回山，还是慕名来彩烟，皆因彩烟可耕可植，可保安全。可谓"大旱有半收，大乱不用愁"，实在是个勤耕苦读的好地方。于是，彩烟的耕读文化也愈益繁荣起来。

第二节　耕读特点

彩烟山上直接影响和推动耕读文化发展的，是最早成名于南宋的理学研究和以后"义不仕元"的隐居生活。

耕读，即"又耕又读""边耕边读""半耕半读"，总之是"耕读结合"。耕读文化形式多样，于个人，有晴耕雨读、日耕夜读、忙耕闲读；于家庭，有父耕子读，兄耕弟读；于宗族，有族耕嗣读。

耕读文化内涵丰富，"耕"为"读"创造条件，是"读"的基础；"读"既是为了认识与改造自然、改造社会增长知识和才干，也是认识世界的过程；而"耕"是运用这些知识和才干，去参加生产斗争、社会实践和科学实验，达到改造世界的目的，是"读"的出发点和归宿。相辅相成，缺一不可。随着耕读文化的发展，两者关系愈来愈密切，直至当代，彩烟男女老少仍在勤奋读书又艰苦耕耘。

热衷理学。理学的兴起，成就了著名理学家和业儒大师。彩烟梁氏始迁祖永敏，是典型的父耕子读、兄耕弟读的耕读人家。第三代梁汝明于淳熙八年登进士，仕至礼部侍郎，与理学大家朱熹为挚友，为南宋大儒。晚年弃官归棠墅，结胜林泉，讲明性理，执意切磋，至老不倦。朱熹寻老友，避地梁汝明家著书，传为佳话。此外，明代宅下丁村"浣花斋"，为杨世植读书处；同时建有书楼，后杨继斗读书其中，名其为"万卷楼"；好官梁葆仁建有"止止山庄"，这些书楼名声在外。以父耕子读、兄耕弟读、勤耕苦读为特征的耕读文化，为浙东的理学研究做出了贡献，也为彩烟培育理学名人和杰出人才创造了条件。

义不仕元。南宋权臣弄权而使大多彩烟有学行者，不再考虑读书为朝廷效力，而是热衷于过隐居生活。他们淡泊明志，躬耕事亲，或耽于学问发于吟咏，或办学传经课教子孙，形成一个隐士群。尤其是数十年后，蒙古族建立元朝，彩烟各大姓氏和许多地方一样，皆以"义不仕元"为汉人骨气，更以做"隐居士"为荣，不再谈科举，甚至取名字号也以"效德""效道""抱拙""野云""潜轩""樵隐"称之。棠墅梁汝明之子梁云程、蟠溪村卢宁、下宅村杨温如等均是隐居和耕读的典型。

积极参政。至明代，汉民族新政权的建立，唤起了久被压抑的有识之士，极大地鼓舞了彩烟人读书参政的积极性，涌现出一批以杨信民、杨文邦、梁灌、梁沂、丁川等为代表的勤耕苦读，愿意为朝廷尽忠，为百姓解难的"学而优则仕"的有志青年，为彩烟的耕读文化史写下了光辉灿烂的一页。下屋头村梁克华（梁爆），以甄完、杨恭惠为师，与何世光、俞振才为友，德器成就。于成化十二年（1476）上京取捷于应天府，遣任南阳通判。在位上，为政务实，刚正为民，监收三州粮税，清正廉洁，至公无私。泾渭涨洪，水势悍甚，堤决稼淹，害民大灾。梁克华亲身上堤督监固堤堵水，水患既平。又赈粮济灾，民得以安生。

第三节　耕读风气

彩烟各姓氏历代祖宗，都以耕读传家为祖训族训，不但要能耕田事稼穑、丰五谷，养家糊口，还要苦读知诗书、达礼义，修身养性。既要学做人，又要学谋生，懂得礼义廉耻，做一个有道德的人。新天中心完小墙壁上的校训"耕可致富，读能立身"，是这一精神的传承。

耕读氛围

彩烟祖辈们在给祖庙、祠堂、庭堂命名时，充分体现耕读气息和崇尚美德懿质，激励后代建功立业的愿望。如上宅村的清德堂、积善庵，下宅村的崇美庵、素白堂，回山村的迪启祠、汲古楼，雅里村的萃秀楼、思修堂，大宅里村的树德堂、树勋堂，樟花村的硕德堂、重义堂，旧宅夯村的世德祠，马家田村的凝德堂，篁嘉塘村的嘉善堂，王家市村的和令祠等，祖先对后裔期望甚高，期盼子孙养成勤耕苦读的习惯。

从古至今，几乎所有彩烟地区的村庄，都有村规民约，把学文求知、耕读传家作为重要内容。如彩烟董氏《宗约》中有"招考乃朝廷巨典，应试为一族争光，派下有人入泮者给予花红银。有应试者至期亲赴家庙，给领路费五两，以励士习敦文风也"的规条。其《家规》也倡导"处世惟孝友，治家惟勤俭，肄业惟耕读"。

而今，中心村的文化礼堂、综合会堂等建设，都设有村史、成就、励志、优学榜等内容展示，名士贤达，尤其是金榜题名的人员，无不进入优学榜，以示表彰。大宅里村的农民公园，竖着和挂着一支支朱杆白毛的"毛笔"，公园中央放着一块形若墨盘的石块。一看到这些"文房四宝"，人们就会自然而然知道这是书香之村，显示着浓浓的读书气氛。贤辅村的公民道德规范："立身处世，诚信为本，自尊自强。求知求真，学法知法，依法行事。尊敬长辈，孝顺父母……"下岩村则更干脆，"多学习，勤劳动，共富裕，跟党走，敬国家，爱集体……"在植林村，每个党员家庭都立有家规、家训、家风。有的是"读书明理、修身养性、薄财重文、为国为民"，还有的是"修身养性，崇德重文"，这些都彰显浓浓的耕读气氛。

"千事万事均可让，唯独读书不可让。"彩烟民间把学文读书作为人生的头等要事，千方百计克服家庭困境，抛弃各种繁忙事务，白天耕云犁雨，夜间萤窗苦读，精心竭力读书，一直是彩烟传统风气，亦是彩烟乡贤的一大特色。对彩烟人来说，读书是摆脱贫困、造就人才的最好路子或最佳选择。回山人读书尚学之风，在新昌全县出了名。清康熙《新昌县志》序言中称，"特其地多闻人，为孝友、为节义、为理学，经济文章，代不绝书"。

耕读典型

和乐一堂 樟花村和乐堂，是一座三进两厢大台门，原有三十多间木结构重檐楼房，是耕读世家梁氏五十世廷谏（邑庠生）、廷讯、廷蔼、廷海（邑庠生）、廷让（太学生）五同胞兄弟，于清乾隆年间所建。乔迁新居不久，适逢状元梁国治彩烟山祭祖，见兄弟五家，妯娌子侄皆和睦相处，其乐融融，羡而以"和乐"名其堂。"和乐堂"后裔更有耕读遗风，家学渊源。道光年间，又以"和乐堂"名义在河里四石建"顺台祠"，祠内两厢楼房，皆为子孙勤读之处（民国时期在此创办迪新小学），在祠前整理田畈，名之为笔杆丘、笔头丘、墨丘、墨瓦（砚）丘，以激励后人读书的积极性，鼓励子孙在"和和顺顺"的平台上，以艰苦农耕为本，以勤奋读书，人才辈出为荣。故后裔在清代就有众多太学生、邑庠生、附贡生、副贡、恩贡、岁进士、乡进士，尤以光绪年间"同胞俩举人"（指辛卯科举人梁葆章和丁酉科举人梁葆成）、"祖孙三知县"（指安徽即用知县五十四世梁景鸿、江苏江宁知县五十五世梁梦崧和湖南即补知县五十六世梁葆章）而声闻于世；民国时期又以"梁毓芝编印《识字捷径字典》""梁銎立负责编纂《国际法》"名闻遐迩。如今，有中国气象局巡视员、中国气象学会秘书长梁景华和现任浙江省人大常委会党组书记梁黎明；有日本早稻田大学博士梁海燕和美国哈佛大学博士、世界银行教育基金负责人梁晓燕；有电子工业信息技术高级工程师梁仲新和浙江省农科院高级工程师梁兼霞；还有国家一级演员、同济大学兼职教授梁谷音。更有意思的是彩烟人天性好读乐耕，和乐堂学子求学报志愿，多填师范，学成选职业，喜择教师。据不完全统计，有包括讲师、教授在内的大中小学教师78人，其中担任过中小学校长14人，真可谓人才辈出、济济一堂。

耕读之家 湾头村，有这样一户人家，在家长杨品燮的教育熏陶和亲身带领下，儿女一个个刻苦攻读，树理想、有抱负，出类拔萃。

杨品燮生于1913年，出生农家，从小聪明颖悟，潜心于学，见理之精，同辈莫及，中学毕业即考入浙江大学。毕业后被分配到上海从事建筑设计，20世纪50年代后就成为知名的高级工程师。与苏联专家一起工作，合作共事。上海许多大型建筑的设计都出自他手。

杨品燮自己的事业非常出色，在教育子女方面更为成功。作为一家之长，他以身作则，不抽烟、不喝酒、不打牌，利用点滴时间看书钻研。他还腾出时间教育子女，介绍一些好书给孩子学习，全家读书气氛十分浓厚。他帮助或引导孩子们树立起远大理想，确立起奋斗目标。

杨品燮的子女现在奋斗在各行各业。大女儿杨美萍大学毕业，投身教育事业，成为教书育人的典型。大儿子杨湘帆从国防科技大学毕业，任中国科学院教授级高级工程师和博士生导师。次子杨资帆，毕业于上海交通大学，高级工程师，现在绍兴任职。三儿子杨源帆也毕业于上海交通大学，现为南京市地方海事局高级工程师，江苏省造船工程学会会员。二女儿杨美琼和三女儿杨美君都大学毕业后在企业从事科技创新工作。四儿子杨沣帆和小儿杨永帆相继毕业于上海大学，现为高级工程师。

一从彩烟飞白鹤，儿孙德济凌青云。如今，杨品燮的孙子、孙女、外孙也都相继大学毕业，在多条战线担当有为。

诗礼传家 下宅村杨士庸一家，也是出于农耕、知书达礼之家。杨士庸母亲丁氏幼小聪颖，善读书。长娴礼教，工女红。与夫相敬如宾，事长以孝，处妯娌以和，御婢媪以宽，性淑而和气。而杨士庸父亲入庠后，重游学，省垣沽、敷文、紫阳各书院六年，设教于异乡十余年，后任庆元县训导两年。家政悉数由丁氏主持。丁氏持家尚节俭，自奉尤薄，而扶难济困，筑路修桥，则出巨资毫无吝色。晚年益励。1930年灾重，粮食歉收，丁氏出资购买玉米二十石，赠里之贫困者，翌年又修村前大路及枫丘头岭数百丈。施衣舍食，及助人为善者更难指数。

丁氏生育三子一女，训子女，首重道德，次及学业。士庸幼小时，丁氏常执儿女经授，读且为讲解，使其知其义。执四诗五经授士庸及弟，谆谆不倦。士庸稍长，其父返家教育子女，让士庸自择学业。士庸选择司法，并精心钻研。丁氏时常告诫说："继承先志，不辍所学。"士庸不负父母之厚望，学就成才。

士庸兄弟传承崇德务实之家风，又时时以"清""慎""勤"三字为训，一生无过，实得益于父母之教。杨士庸毕业于浙江公立法政专门学校，任最高法院东北分执事。在职期间，牢记母亲教诲，忠于职守，清廉为民。由于品端学邃，为法曹巨擘。其弟宗藩，以德济世，有求医者，药之则效，起死回生，不胜枚举。对贫病者，不收分毫，亦深得邑人及邻郡佳评。

第二章 耕读模式演化

彩烟祖先为使子孙读书有场地、读出成效来，想方设法开馆立塾，创建书楼。近现代以来，一批有识之士投资办学、捐资助教，逐渐引领风尚。更可喜的是新中国成立后，彩烟地区掀起办学热潮，既营造浓厚的耕读氛围，又为彩烟子弟提供耕读传家的主要场所。

第一节 书塾书楼

开馆立塾

彩烟人对读书育子十分重视，一代一代形成风气。明清时期就出现以上宅村杨丽泽先生及其金岩义塾为代表的一批立塾办学的先贤。

杨世彝 下宅村人，世代务农，家境不裕，为子孙就读，不惜家资，请名师至家，立塾教子诗书。他经常教训子孙后辈："吾家无田宅遗子孙，惟赖读书觅生活，儿辈能业，一生吃用不尽。"由于重教育子，其长子为太学生，次子、幼子成绩俱佳入庠。

杨登曲 下宅村人，家产丰厚，仍烟蓑雨笠，劳作田间。聘请名师在家设馆，教授诸儿孙。经常告诫子孙说："世间唯读书为第一，此事不可让。"儿孙们殷勤苦读，皆成大才。

杨世风 下宅村人，为邑庠生，自幼聪颖，善读书，博阅经史，作文下笔警人。奈七试名场，不得志。众惋惜，终不介意，读书自若。在家设馆数十年，循循善诱，因人而施，从其门获隽者不胜数。

杨性元 下宅村人，6岁入塾读书，过目不忘。14岁即在家设私塾，一边收徒授课，一边发奋苦读，17岁，入邑庠。尔后始终以授课为业，以修书为田，并照顾乡民，见义勇为，为人称赞。

杨尔仪 雅里村人，累代厚朴，唯以耕读为重，经三传，书香克振。其父继承先辈重教遗风，建宗祠，立家塾。尔仪在村左建一书舍，延师课读，远近求学者，纷至沓来。有贫者，则免费且助之。授业二十余年，始终不稍懈，成才者，数以百计。其德配吕氏，备娴内，家政肃然，尤能督其子孙，皆致力于学，声誉响亮。

梁祖成 樟花村人，家虽清贫，志向豪迈。读书入迷如痴，终日忘食，终夜忘寝。志笃学专，英年就补弟子员。随时间推移，学识越加渊博。他在裕庵祠中设馆收徒，授课四五十载，远近投学者无数。其教授空余，仍手不释卷。乾隆五十七年（1792），梁祖成年近八旬，临期带病入场，文章大有光焰，监考官拣其原卷进呈。乾隆帝御览后，恩赐举人。年老成名，为彩烟之破天荒。

梁荣柱 樟花村人。弱冠游庠，凡经史子集，有所注释悉自出己裁。在新嵊两地多处开馆，晚年回本地梁大宗祠设帐讲学，从其学者数百辈，孝廉周卜涧、廪生裴坤岱、舒章龙、族侄岁进士梁鉴，皆其中翘楚。

赵田春 下西岭村人，家境平常，自幼勤奋好学，父母督课，学有所成。后在自家设塾，收徒课授，严教善诱，门生均学有成，声振郡邑。

董吐春 贤辅村人，喜读古人书。因家贫，设馆授徒乡里，课暇即诵读不倦。童子试屡不得志于有司，公益刻自励，光绪辛巳科试获隽，蜚声黉序。

四大书楼

彩烟自古以来读书重教之风颇盛，许多饱读之士、殷实之家，创建书楼，作为读书、教书、著书、藏书之所。据考有四大藏书楼最为出名。

著书楼 南宋时，棠墅梁汝明在彩烟十六都祥棠村建有书楼，曾延请理学名家陈应奎（南宋理学大家陈亮之子）在此执教十多年。相传，汝明好友朱熹为避党祸曾隐居于此，完成《大学集注》，并将此手稿赠梁汝明，后毁于清咸丰时期兵灾。

庆元间，伪学禁起，晦庵（朱熹）避难至棠墅挚友梁汝明家，与其益相善。梁有别业在苏村（今祥棠），相距不十里，地僻静，建楼三楹，止晦庵。晦庵著书于斯楼，亲注《大学》一帙，遗梁示勖也。后名其楼曰"著书"，遗址犹存。

朱熹所注《大学》，引黄炎培关注。1934年4月，考察新昌风情，游历大佛寺，特别向县人调查晦庵（即朱熹）墨宝下落。黄在日记中专门写道："相传朱子《四书集注》稿，实成于新昌。今亲笔《大学注》稿，犹保存于县城南九十里上塘村梁姓家。""如果朱子手稿《大学集注》还在，此七百五十年前墨迹，该何等珍惜爱护呢！限于游程，不及访上塘村一观瑰宝，这是很可惜的事。""朱子《大学注》稿，归来重复通函访问，传已毁于洪杨之役。确果，吾们只有一场空欢喜了。"

连槐堂 明初，岭头周村名士周铭德，因书舍旁有双生异槐，故名此堂为"连槐堂"，宋濂作有《连槐堂铭》。周铭德十分博学，吏部尚书萧山魏骥，杨都堂信民等均出于其门下，传对甄完也有推举之恩。

万卷楼 清乾隆时，宅下丁村杨世植家藏书甚多。好友东阳叶臻曾在此执教多年。杨世植与叶臻等当时并称"浙东四杰"。居所边另建小屋三间，旁种名花数百棵，引涧水环绕，鸟语花香，幽静无比。屋内藏经史子集颇丰，杨世植自名其楼为"万卷"，获名士梁葆仁盛赞。

渊源家学，代有达人。杨世植子杨继斗，字学枢，号小铁，别号浣花居士，彩烟杨氏第四十世祖。在此博览经史，淹通百家，诸家小说、释典语录无不遍览，才情横溢，逼肖乃父。淡于功名，喜与迁客骚人寻桃源异境、名山胜迹，处处留题，多有佳句，著有《浣花诗草》。其诗多意味深厚，雅近唐音，文名颇盛，惜其著述未曾流传下来。当时新昌县令陈铭曾题《浣花斋诗》："官声迂拙无如我，家学渊源独望君。"

乾隆戊戌年，族中续宗谱，杨世植通掌全稿，一切艺文编撰均出其手。嘉庆甲戌年，族中又重修宗谱，杨继斗亦承担编辑全稿之重任。其时负责续谱的多为其长辈，而继斗却只是继辈之小儿，能担此重任，赢得族人信赖，足见其文才之卓越，胆识之过人。

止止山庄　位于韩妃岭脚灵岩自然村。为梁葆仁（号西园）隐居之所，也是新昌清代有名的民间藏书楼。

梁葆仁入仕前，在韩妃及下洲村开馆授业。致仕后，正式买下沙滩，一面修建山庄，一面率乡民挖沙填土，垦荒造田。山庄始建于晚清光绪初年，成型于1900年前后，盛行发展到20世纪40年代。依山傍水而建，坐南朝北偏点西。背靠灵岩山，灵岩山山势陡峭，树林茂密，行人根本无路可走。前临韩妃江，当时江水滔滔，唯有一排碇步可以通行，如遇水流大时，还得靠船或竹筏摆渡，可谓地势险要。最繁荣时，房子有八十多间，人口也有四五十人之多。庄园内还有菜园、花园、果园、竹园、鱼塘等。

取名为"止止山庄"，主人一是根据韩妃江水在山庄前面曲折前行，取于苏东坡的"水行山谷中，行于其所不得不行，止于其所不得不止"的内涵；二是取于《孟子》的"可以仕则仕，可以止则止，可以久则久，可以速则速"的内涵；三是体现主人顺应自然、急流勇退、低调做人以及重教育人等价值取向。

止止山庄共有古书籍12000余册，为西园先生一生读书教书、爱书藏书积累的古籍古书，凝聚其一生的心血，并被收入《浙江历代藏书家名录》。古籍涉及水利专著、医典、文学曲艺以及地方史志等，其中有不少是难得的孤本、善本和珍本，如《易经》32家注释本，还有《全唐文》《全唐诗》《世说新语》《酉阳杂俎》《二十四史》以及数十种地方史志等。

1956年，其裔孙梁以忠等得知县人民政府规划建立图书馆，遂将所藏古籍无偿捐赠给新昌县人民政府，目前这部分古籍保存在嵊州市图书馆。

止止山庄历经百年沧桑变化，虽已断壁残垣，但其历史及耕读文化底蕴颇深，止止庭训更是意义深厚，恩泽后人。

第二节　早期小学

清末民初，彩烟地区兴起一股办学热潮，较大的村单独或几个村联合开办起小学。校舍大都利用祠堂，经费大都来自族产。这些学校（堂）的开办，大大促进了彩烟的教育事业的发展以及文化水平的提高和社会的进步。这个时期彩烟地区先后创办的学校，有道南小学、瀚亭小学、继志小学（大宅里）、迪新小学（樟花）、梁氏小学、五堡小学、雅里小学、元恩小学（上宅）、兴隆小学（下宅）、植林小学、双桂小学、新华小学（后谢）、王家小学、塘西小学（后改为旧住小学）、袁家小学、大安小学、韩岭小学、渡河小学、殿前小学、西丁小学、宅下丁小学、马家田芸溪小学等20余所。

道南小学

光绪二十八年（1902），县城南明书院改为县立南明高等小学堂，沃洲镇知新学堂改办东区公立高等小学堂。同年，彩烟袁家村陈昆、上市场村潘士模、雅里村杨爔、植林村赵式庐等，相约发起创建道南书院，成为新昌县最早的三所新式高等小学之一，即彩烟山上最早的学校。

道南，意即邑南传道授业解惑之所。亦取南宋程朱理学之道，发扬光大于南方之意。故始建时称道南书院。1905年农历八月初四，经发起人与众多参与筹建的有识之士，如杨雨时、梁景鸿、赵式庐、杨秋霞、杨永尊、杨莌葆等，共同商定，正式更名为绍兴府新昌县南乡公立道南高等小学堂，简称道南小学。由回山村国学生杨树钧担任首任堂长（校长）。

道南小学校舍，选址于彩烟十四都宁爿山（即三间泗洲山背后）。左为下塘，右为茅坂，离大宅里、上下宅等不过五六华里。主建筑坐北朝南，北高南低。中轴线三进，从操场步阶而上，门厅、大堂（亦称孔圣殿）、后堂（楼房），依次递进。后堂及其整排楼房的楼上，均为学生寝室。后堂东首楼下为教室，循阶而下，依次为东斋的东花厅（教室）、中厅（教师办公室和学生寝室）、前二厅（教室或自修室）、前一厅（厨房和膳厅）。后堂西首楼下为校长室，包括校长的起居室、办公室和会客室，向南循阶而下，依次为西斋的西花厅（教室）、中厅（阅览室和事务办公室）、前二厅（教室或自修室）、前一厅（膳厅）。出前一厅东西边门，循阶而下，就是宽阔操场，纵横各数十弓。

新校舍两旁，密栽松杉竹木，隆冬不凋，四季常青。伫立操场，遥望前方，泄上山、鸡冠岩，峰峦环抱。回视学校，粉墙、黛瓦，格外肃穆庄严。池、井俱在西侧墙外，可濯可饮，非常方便。因水清凉常绿，故称冷塘，现建水库，仍以冷塘名之。如此规模的全新校舍，当时不仅彩烟山上从未有过，全县也属数一数二，可为新昌南区第一建筑物，曾轰动新昌，彩烟人都引以为豪。

光绪三十四年（1908），校舍竣工，即考虑聘请教师，宣告开学。所聘教师皆为教育界高手、多才多艺之士。以年龄为序，有樟花籍恩进士、吏部制签州判梁葆镕，号柳生先生；樟花籍丁酉乡进士、分省直隶州判梁葆成，号萍香先生；樟花籍邑庠生梁祝霖，号雨亭先生；还有一位是城里优廪生吕维岳先生。其中，雨亭先生是一位奇人，《梁氏宗谱》描述："同事促膝对坐，议论风生，对谈之下，令人忘倦。每遇星期天，蹑芒鞋，携干粮，登高峰，览其名胜，夕阳西下始返。课余之暇，浏览报章。见某某贪鄙、某某恇怯，每为之气愤填膺，曰鼠辈可杀。直有搔首向天拔剑斫地之慨。素抱社会主义，谓富者厌膏粱，贫者饱粗粝；富者连阡陌，贫者少立锥。同履戴于天地，何不平耶。假使吾风云会令得宰天下，必不使富者纵恣，贫者向隅，如此悬隔。一日以是意质之某先辈，先辈不以为然。君目瞠眦裂，怒发冲冠，与先辈力争。先辈知志不可夺，以好言慰之，乃已。世以梁癫目之，不知君实热血心肠激愤不能自已也。"

1912 年，道南小学已有 5 位教师。正常情况下，开设了修身、语文、算术、历史、地理、理科、英语、图画、唱歌、手工、体操等 11 门课程。因设备齐全，校风整饬，学风严谨，为全县知名高等小学堂之一。这年，新昌教育会成立，推举道南小学教师梁葆镕为南乡教育会会长，鼓励南乡各地纷纷仿效道南小学在校舍、经费、师资等方面的办学经验，积极筹备办学。

1912 年，已有 3 个学级 80 多名学生。后来任联合国法律事务厅法律编纂司司长的梁鋆立，南京国民政府司法行政部简任专员梁念萱，新昌县参议员梁佐勋、退休教师梁瑞铨、梁凤衍，北大政治系高才生、早期中共党员梁敏时，陆军少将梁希陆，平阳代理县长梁国钧，处州中学校长梁介白等都曾在道南读书，接受启蒙教育。

1929 年，萍香先生和雨亭先生相继去世，柳生先生也已 66 岁，退休在家。道南小学虽然规模、学级、师生人数都比初期繁荣，但是封建反动势力对这里觊觎已久，霸占了部分校舍，在校内设立国民党南区分部办公室，常聚在道南小学，谋划"土地呈报"等事项，以加重对广大农民的剥削和压迫，引起民愤。

以早期道南小学学生、下洲农民张万成为首的代表人物，在秋收起义和风起云涌的农民运动影响下，多次在龙镇殿、法官庙等地秘密协商，发起暴动。9 月 18 日，下洲、石门坑、丰岩山等地农民 200 多人，在张万成率领下进军彩烟，第一把火，就烧向国民党南区分部，结果殃及池鱼，把土木建筑的道南小学校舍，烧个一干二净。

1930 年秋，道南学校在周公庵复课。1933 年，迁往新市场盛家祠堂。时有 6 个学级，近 200 名学生，7 位教师。1938 年，迁下畈殿。当时有 5 个学级，146 名学生，6 位教师。1946 年，迁下宅村，与兴隆小学合并，名称改为彩淳乡中心国民学校。

1949 年，新中国成立，县人民政府接管，改彩淳中心小学为回山区中心小学校，派陈燕初先生担任负责人。从此，道南小学获得新生。在当年的文教干事求德虎同志的关心支持下，发动全区干部群众集资备材，以原道南小学校舍为蓝本，在下宅村西的三房祠堂愚安祠基址上，开建回山区校新校舍。

不久，将雨亭先生的继子梁挺达从八和乡校调到回山区校，担任了相当长一段时间的副校长和校长，这是历史的巧合。

2020 年 5 月，彩淳中心完小复名道南小学，为回山镇两所小学之一。

瀚亭小学

清光绪三十二年（1906），杨蕭廷（杨宝镛）在回山村瀚亭祠创办私立高等小学"养智"学堂，民国初改称瀚亭学堂。同时捐书田 36 亩，路费田 4 亩，作为常年经费。

大门进去是对称的两个小天井，前厅是两个年级的教室，教室两边的楼下是学生烧饭的地方，楼上是学生宿舍。穿过前厅又是大天井，每星期一全校师生都集中在大厅里开周会，背诵孙中山先生遗嘱。两个天井楼上是教室，楼下是办公室，大厅兼用为二个年级的教室。

瀚亭小学是完全小学，每年有二三十个小学毕业生。这些学生来自回山村及附近各村，还有镜屏的、安顶的、塘西的。路远的住在学校，自己烧饭，过独立生活。瀚亭小学的创办，解决了一些村学童的就读困难，培养了不少著名人才。

1958 年，回山区公所从上宅搬迁上市场，学校改名回山区中心小学。

震华小学

清宣统三年（1911），由棠墅梁瑞禄与同村人梁选卿、梁玉儒合资在大宅里村继志祠创办私立高等小学震华小学。当时办校经济困难，校长梁瑞禄共垫银圆 400 余元，卖掉己田 20 多亩。后学校转到梁大宗祠，改名为梁氏小学。

1912 年，新昌知县金城批准成立"梁氏高等小学"。梁瑞禄废家兴学事迹呈报，1919 年，由省长公署颁发"见义勇为"奖状，后由教育部奖给"三等金色嘉祥章"。

尉健行回访梁氏小学

尉健行，1931 年 1 月出生，新昌县人，家住城关镇尉家台门。父亲尉可见，在县城工作。1942 年 7 月，日寇占领新昌县城，城门日本士兵站岗，城民进出均需鞠躬叩头，尉可见先生深感屈辱，为维护民族与人格尊严，决意到别地谋生。经一学生介绍，1942 年 11 月到办在大宅里大宗祠的梁氏小学任教至 1943 年 7 月，尉健行跟随父亲前往读书至小学毕业，寄住在大宅里村梁慕桃父母家里。2003 年 3 月下旬，时任中共中央政治局常委、中央纪委书记尉健行重返故里，4 月 1 日上午偕夫人专程到母校梁氏小学（时为新天中心学校）回访。

在县城通往回山的车上，尉健行书记兴致勃勃回忆往事：当时在梁氏小学读书，米吃完了要到家里拿，从县城背着米到学校要走七十多里路，上韩妃岭时，先在韩妃庙歇脚。时值少年，为了求学，靠双脚经常往返城乡，非常艰辛。梁氏小学校风、学风很好，老师很有学问，教学严谨。有一次，老师问他，"脚踝"的"踝"字怎么写。他认为是"月"字旁一个"果"字。老师说，错了，应是"足"字旁一个"果"字。这件小事至今记忆犹新。当时多数学生生活艰苦，放学后要回家劳动，而学习非常勤奋。他说："我在梁氏小学读书虽然不到一年，但严谨、勤奋、艰辛的氛围对我一生影响很大。"

车到韩妃时，尉书记示意停车，然后步行至韩妃庙。他说，当时韩妃村到韩妃庙是一座木板桥，从城里到回山的人，一般都在韩妃庙休息一下。这里也是值得他回忆的地方。到大宅里一下车，尉书记马上走到曾寄宿过的房子，三脚两步走上楼，警卫员急得捏了一把汗，连忙跟上，因寄宿处是一间低矮的砖木结构房子，已无人居住，年久失修，破旧不堪。在路上，他碰到了同班同学大宅里村的梁健民老师，立即上前握手叙旧。随后，他又到梁氏小学旧址踏看，回忆当时学校的布局与情景，边走边说边指点，心情激动，感情真切。

好学校、好老师、好校风、好学风，对每个人的进步成长都是至关重要的，留下的印象亦是刻骨铭心不可磨灭的。

第三节　普及教育

新中国成立初期，彩烟同全国各地一样，在轰轰烈烈的"土改"和合作化运动的同时，大力兴办教育事业。据《新昌县教育志》和《新昌县地名志》记载，1912～1949年9月，回山各村创办小学46所，新中国如数接管这些小学外，给原未设置学校的20多个村继续创办学校。在此基础上，提出了"教育向工农大众开门，教育为生产建设服务"，1958年又提出"教育为无产阶级政治服务，教育与生产劳动相结合"的办学方针，实行两条腿走路，农村学校似雨后春笋般涌现，连几十户村民的姜岙村、旧屋村也办起了小学。至20世纪70年代初，实现了"小学不出村、初中不出乡、高中不出区"的目标。

20世纪50年代初期，为满足农民子女学习文化需求，解决师资不足问题，对一些山区学龄儿童少的小学，推行"二部制"巡回教学。李间小学和溪边小学（相隔一条李间岭）、下坪山小学和下丹溪小学（中间隔一条茶壶岩岭），分别采用"二部制"教学方式，学校均为"四复式"（1～4年级）。李间小学和溪边小学1位老师，下坪山小学和下丹溪小学1位老师。1位老师，2所学校，隔日巡回教学，每星期一、三、五，老师到这边学校上课，另一边学校学生自愿跟读；星期二、四、六，老师到那边学校上课，这边学校学生自愿跟读。"二部制"教学到1957年止，恢复4所小学日常教学。

1970年、1974年，回山初级中学、回山公社初中先后增设高中部，成为完全中学。1974年8月，这2所学校分别更名为回山第一中学、回山第二中学。此外，还有单设初中1所（新天中学），附设初中2所（中彩中学、安顶中学）。1977年，荷塘、樟花、三合、下岩、双凤、旧里、植林、后谢等较大的完小，都曾办过戴帽初中。到20世纪70年代末，回山区共有小学83所，中学11所，全区实现了读书不出乡村的目标。不仅如此，当年儒岙区长征乡、永丰乡，镜岭区肇圃乡、镜屏乡及天台石岭乡等地学子也纷纷到回山上学读书。

到20世纪80年代，由于国家计划生育政策和改革开放政策的落实，农村学龄儿童大量减少，教育面临改革和现代化新征程。小学不断撤并，中学不断改制，到2019年仅有4所小学，即回山镇中心小学、彩淳中心完小、双彩乡中心小学、新天中心完小。初中仅有2所，即回山中学、道南中学。

幼儿教育方面，为让"耕读"从娃娃学起，曾于1958年和1959年以村为单位办起幼儿园，后因国家暂时困难相继停办。1978年，幼儿教育重新兴起，安顶学前班、新天学前班、植林学前班、彩淳学前班等先后创办，1980年改为幼儿园。2000年8月，由企业老板捐资在回山村建起"东美希望小学"，即回山中心幼儿园，并通过浙江省二级幼儿园验收，获"绍兴市绿色幼儿园"称号。彩淳幼儿园于2006年被认定为浙江省三级幼儿园，"绍兴市示范幼儿园"。

新昌五中

彩烟地区第一所中学"新昌第五初级中学"（简称五中）继南明、沃西、知新、新北（黄泽）之后于1956年应运而生。

五中宣告成立后，相继在彩淳下宅村紧邻回山区中心小学的地方建成教室、学生宿舍、办公室等。大会堂为中学和回山区中心小学共用。课桌凳子和教师办公桌椅等教具由回山木业社新制作。

1957 年 8 月，根据发展趋势，学校向上级教育部门递交申请报告，要求扩建新教室。经县文教局、县人民政府审核转报，宁波专署文卫局核查，浙江省教育厅审批，投资 12000 元，建造"工"字形平房六教室。1958 年 5 月动工，仅用 60 天时间，动用国家资金 11400 元，按计划保质保量完成了六教三办建筑任务，并经验收合格，投入使用。至今，这幢 20 世纪 50 年代建造的"工"字形教室以及砖木结构大会堂，仍然完好如初。

新昌县文教局抽调新昌二中专职团干黄立权老师担任新昌五中校长（1956 年 8 月～ 1962 年 8 月）。调梁钟美老师任党支部书记，后兼任校长。潘炯丹老师任五中教导主任兼语文、化学教师；抽调回山区校吕新铨老师任语文、体育教师；调黄泽镇校吕嘉进老师任数学、物理教师；调新昌四中叶宣均老师任出纳。不久，调新昌中学语文老师吕培浪、上虞三中赵普洽老师、石莲珍老师，又新安排获治平老师到五中任教，抽调新昌三中专职会计盛兰老师任五中总务。这样，教职工增加到 12 人。

1956 年，学校坚决贯彻"学校向工农大众开门，教育为生产建设服务"的方针，按照文教局规定，面向回山区、儒岙区范围招生。当年招收初一新生两个班共 100 人，工农子弟占 93%（1958 年统计）。吕新铨、吕嘉进老师分别担任初一甲、乙班班主任。9 月 1 日正式开学。1957 年按计划招初一新生两班 100 人。在校学生 201 人。

1958 年秋，按计划招收初中新生两班 100 人，连同二、三年级共 6 个班级学生，全部搬进新教室就读。此后，坚持每年招生 100 名。

1961 年 10 月，新昌第五初级中学改名为回山初级中学。1970 年秋，开始招收高中新生，改称回山中学，成为全县较早的完全中学之一。1974 年 8 月，回山公社初中招收高中新生，改称回山二中，同时回山中学改称回山一中。不少毕业生在恢复高考后金榜题名，甚至考入北大、复旦、浙大等名校。

1981 年秋，回山一中停止高中招生。1983 年秋，回山一中最后一届高中学生毕业后，撤销完中建制，更名彩淳初级中学。

1995 年，彩淳初级中学更名为道南中学。2003 年，双彩中学并入道南中学。当年在校生 10 个班级 428 人。教职工总数 25 名，其中专任教师 22 名，本科毕业 3 名，大专毕业 19 名，专任教师学历合格率 100%。

回山中学

回山教育史上，有两个时期出现过回山中学校名。这两个时期的内容和实质各有千秋，都影响深远。

新昌五中于 1961 年改名回山初级中学（简称回山中学）。1970 年秋，回山中学拥有高中部，为回山地区唯一的完全中学。1974 年 8 月后改名回山一中。校址下宅村。

如今的回山中学于 1983 年由回山一中和回山二中合并而成,为初中教育学校,与道南中学一起承担区域普教任务。回山二中的前身,是 1958 年创办的回山民办初级中学,由回山民中、八和民中、中彩民中等三所民中合并组建,校址在回山村旗杆台门。1960 年,迁址上市场村蜂桶亩。1969 年 2 月,回山民办初中改公办,更名为回山公社初中。1974 年秋开始招收高中新生,学校更名回山二中。1988 年秋起,回山中学停止普高招生,改招职高生,尔后与县人民武装部合作成立新昌县第一预备役学校。2000 年起停招职高生。

1960 年,回山民办初级中学在蜂桶亩建新校舍。学校按照批文,在东首建一幢“工”字形六间教室平房,在西首建半幢“工”字形四间教室平房。先后两次开展群众性建校活动:1972 年建二教一办平房,平整操场;1974 年建四教一办砖木结构平房。1983 年,在四间教室平房后边,建成三层十二间教室楼房;1987 年,建成大楼三层十二间教室楼房。从 20 世纪 90 年代到 21 世纪初期,学校不断进行改建、扩建和绿化、美化提档升级。

回山区(镇)中心小学

回山区中心小学的前身为创办于 1902 年的道南小学和创办于 1906 年的瀚亭小学。1946 年,道南小学改称彩淳乡中心国民学校,校址下宅村;瀚亭小学改称回山乡中心国民学校,校址回山村。解放后,人民政府接管,两校分别称彩淳乡中心小学和回山乡中心小学。

1951 年,回山区级机关从回山村迁驻上宅杨大宗祠,彩淳乡中心小学更名为回山区中心小学(简称区小)。年初,回山区委发动群众助工、助木材,在下宅村兴建回山区小新校舍,为全县唯一一所回廊形四合院校园,占地面积 4263 平方米。竣工时,全区群众齐集区小操场热烈庆祝。

1958 年,回山公社(原回山区)机关迁驻上市场,回山乡中心小学更名回山公社中心小学,原回山区小改称回山中学小学部。

回山公社中心小学于 1983 年更名回山区中心小学。1987 年 9 月迁入新校区。1989 年改称回山镇中心小学。2016 年 8 月,安顶中心完小并入;2020 年 8 月,新天中心小学并入。2020 年,回山镇中心小学校园总面积 10005 平方米,是一所拥有 6 个教学班,187 名学生,20 名教职工的现代化小学。

新道南小学

新道南小学的前身为回山区中心小学。1958 年,改称回山中学小学部。1969 年,改称朝红小学。1978 年,被县文教局列为全县 6 所重点小学之一。1979 年,更名为彩淳公社中心小学。1984 年,改名彩淳乡中心小学。1992 年,改名双彩乡彩淳中心完小。2001 年,维修校舍。2015 年,实施校舍大整修,2016 年竣工,同时被认定为县文物保护单位。2006 年,被评为绍兴市绿色学校。2008 年,被认定为省级示范小学。2009 年,被认定为省级艺术特色学校。

2020 年 5 月,双彩乡彩淳中心完小与双彩乡中心小学合并办学,彩淳中心完小复名为新昌县道南小学。

农职业中学

20 世纪 60 年代，掀起大办农业中学或"五七高中"的热潮，办起门溪农中、大坪山农中和泄上山民中等，几乎乡乡都办农中，形式有全日制、半日制、隔日制，实行教育与生产劳动相结合。后逐渐撤并为全日制的回山民办初级中学，后更名为回山公社中学。1965 年春，创办半耕半读的泄上山农校。同时，回山中学亦开始招收半耕半读班级，与泄上农校挂钩，兼作其学农基地。1975 年全国"农业学大寨"会议后，贯彻"以学为主，兼学别样"方针，重拾半耕（工）半读办学模式，于 1976 年 6 月在彩淳后马庵创办农中，称"五七"学校。1979 年改称彩淳农业中学。1983 年更名为彩淳农职业中学，1992 年停办。安顶"五七"中学也于 1976 年创办，到 1979 年撤并。

第四节　捐资助学

捐田赠资、慷慨解囊，彩烟贤达助学历史悠久，传承耕读流芳永久。

助学典型

胡澹及子孙助学　胡澹生于明初，饱读诗书。游南明，至彩烟，经沥江三渡，为美丽之山川形势、淳朴之风土人情所吸引，更挂怀白王殿荣王事迹，厌倦仕宦，流连忘返。于是结交绅耆，留作塾师。不久后略置田产，于白王殿侧之殿前建立居所，兴办学塾，亦教亦耕。耕时"荷锄横经"，不断充实自己；出行"短衫藜杖、棕鞋桐帽"，"见者不知其为贵公子也"。澹三子，可楠、可举、可圣。常诲子孙"荣王以贵胄逊荒于此，殁为贵神"，"尔曹各孝悌、教诲、力田；庶几无忝乃祖"。三子相继学成，即引领他们亦教亦耕。起早贪黑，尽力以耕自给；甘愿清贫度日，潜心教育事业，希冀让更多孩子入学。办学束脩自便，贫者免费，无论贫富、远近，皆可入学。

为教育事业致使家境贫困，胡澹殁后数十年无力安葬，很久后才由孙辈于白王殿右沥江山买小块坟地安葬，了却其死后陪伴荣王之心愿。后裔亦不忘先祖遗愿，将办学传统代代相传；子孙繁衍后，以业精者为师。胡门弟子难以计数，有名者如明初大元村丁川、清乾隆时宅下丁杨世植公子小铁杨继斗等。

胡澹为后世自主办学树立榜样，也为基础教育普及奠定基础。其所创立的学校一直坚持下来，民国时期搬迁至白王殿右侧。新中国成立后仍称殿前小学，直至 1965 年 9 月 1 日高小开始招生才改名为五一完小。

乡贤助学　樟花村梁湟及子梁璐，回山村杨瀚亭及子杨国薪，为彩烟地区热心办学授业、资助耕读传家的典范，为后辈敬仰和膜拜。彩烟捐资助学之风蔚然，大宅里村梁启隆起家贫寒，经几十年勤耕苦作、省吃俭用，积累了一些资产。他为人豪爽，慷慨侠义，十分重视建塾授业，于清康熙三年（1664）助力建造学宫，并为学宫捐书田十亩，以储子孙学用。后又在学宫的独月池前建"兴贤、育才"两坊，以此激励后人苦读成才。他经常关心学宫的教读与经济收支情况。清乾隆五年（1740），为让在学宫就读诸生食于庠馆，解决贫困学子的饮食困难，又捐肥田十亩。其信仰学业、崇奉圣贤之心昭然。王家市村梁廷龙于清乾隆五十七年（1792），捐书田 5 亩多，并发每科应试卷资钱三千五百文，以资贫士上进应试之费。下宅村杨镇帮捐给书院碑田 2.2 亩，旧柱村杨价人捐府学碑田 125 石，贤辅村董有瑞捐书田 20 亩，为子孙诵读之费。杨继斗捐书田 20 余亩，奖励后人课读。太学生盛传让熟读四书五经又当救人郎中，带领族中人捐资设立十亩学资田，作为塾资，资助族中子弟读书。乡贤杨吾冰、梁宗鹏、赵达才等于 1985 年联手捐资 1.1 万元设立奖学金，专门奖励下宅村籍考入大专院校的学生。

氏族村庄助学 从古至今，村庄集体助学也层出不穷。至民国，彩烟梁氏世泽祠、世德祠派下共有族田 1300 多亩、地 200 多亩、山 100 多亩，收入多半用于教育，仅八和 1 乡，利用宗祠族产办学 11 所。旧柱村捐赠书田 75 石（稻谷产量为 75 石的田，下同），又捐 10 亩，上宅村捐赠书田 3.2 亩，后谢村捐赠书田 28 石，又捐 3 亩。到 20 世纪八九十年代，一些村集体为改善学校面貌，提升办学条件，无偿划拨土地给学校，建造校舍，扩大操场，如金家村于 1988 年捐献土地 10 亩，1995 年又捐土地 8 亩，助建中彩中学。宅后王村于 1995 年捐献土地 4000 平方米，用于建造后王小学。

社会助学 20 世纪 90 年代，在共青团组织和工商界倡导下，兴起社会捐资办学热潮，名为"希望工程"。1995 年，绍兴市第一所希望小学"觉苑希望小学"在双彩新市场动工兴建。浙江省佛教协会捐款 20 万元，绍兴市教委和新昌县政府各出资 5 万元，县教委、县团委及双彩乡政府共出资 23 万元，学校设法自筹 11 万元。于 1996 年竣工交付使用。1996 年 8 月，总投资 26 万元，在新天完小建成"萧耿希望小学"。浙江萧山建筑有限公司总经理陈萧耿捐款 15 万元，涉及各村筹资 10.2 万元（樟花村 3 万元、后溪村 1.7 万元、李间村 1.5 万元，马家田、王家市、汤家、柘前等 4 村各 1 万元），门溪水库管理处 5000 元，新天老人协会也捐款 2000 元，王家市村民梁乃东捐款 500 元。1998 年，被杨英明勇救学生而牺牲的事迹感动，绍兴市光辉物资有限公司总经理朱启康捐款 20 万元，在上三高速双彩道口西侧兴建"启康希望小学"。2003 年，该校荣获全省模范希望小学称号。2000 年 8 月，紧挨回山镇小而建的东美希望小学校舍竣工，建筑面积 846 平方米。

2011 年，彩烟人俞朝杰任董事长的浙江陀曼控股集团设立"陀曼新昌中学奖优助学教育基金"，主要资助品学兼优、生活暂时困难的学生，并对高考中获得省市"状元"、全省前 200 名等学生进行奖励。10 年累计资助和奖励 300 人次以上，总款额 100 万元以上。

下宅村民与中学操场

下宅村与道南中学紧邻。道南中学 12 个班级规模，600 多名学生，原操场已经远远不能适应体育课与师生活动，迫切需要 300 米跑道的操场。而要新建操场，场地唯有学校前边那 18 亩水田。

下宅山地多水田少，那 18 亩为旱涝保收、自流灌溉稳产田，下宅人视之为命根子。校方向下宅党支部和村委会提出划拨 18 亩水田支持学校兴建操场的要求。时任下宅村党支部书记杨竹汀，村委主任杨仲文，把学校操场问题作为头等大事，召开大大小小会议上百次，走门串户无以计次。终于统一了全村干部群众思想，并拿出解决的好办法：将操场所需之田划拨给学校；同时发扬愚公精神，在山地里开垦 18 亩新田。

1999 年底，道南中学操场破土动工。但凡政府用地普遍采取征用办法，只有道南中学操场用地采取的是所在村支持，且以良田支持的办法，也说明下宅村尊师重教之风范。

第五节　投资办学

彩烟人从开馆立塾到家庭办学，自古以来耕读盛行。随着时代进步，教育事业的发展和教育改革的深入，彩烟人同样走在前列，投资办学成为名人名校，学生的荣耀，也成为彩烟人的骄傲。

南瑞实验学校

南瑞实验学校由下坪山村梁上炎为董事长的彩建控股集团有限公司于 2004 年 8 月投资创建。学校位于七星新区，占地 75 亩，总建筑面积 52788 平方米。实行"民办、公管、民营"机制，为集小学、初中于一体的九年一贯制学校。

建校伊始，有教职工 61 名，前丁村人俞财富为校长。设小学部 12 个教学班，招收 292 名学生。2005 年 5 月，贤辅村人董朝阳为校长。同年，学校增设初中部，每年招收小学一年级 6 个班级，初中 4 个班级，实施小班化教学。2007 年起，植林村人赵德源担任校长近 10 年。2012 年 9 月起，初中招生增加到 6 个班级。2015 年起，增加到 8 个班级，规模不断扩大。到 2017 年 3 月转制前，学校共有 58 个班级（小学 36 个班、初中 22 个班）、2332 名学生（小学生 1348 名、初中生 984 名），教职工 264 名。

南瑞实验学校先后获得市级以上荣誉 20 项，其中有全国科技体育传统学校、浙江省九年一贯制示范学校、浙江省绿色学校、浙江省健康促进学校（金牌）、绍兴市文明单位、绍兴市示范家长学校等。

从 2008 年到 2017 年，十届初中毕业生参加中考，摘取全县中考"状元" 6 人。普高上线率、省一级重点高中录取率，以及各学科的平均分、及格率、优秀率等各项指标均列全县第一。学校办学水平考核连续数年全县第一，逐渐树立南瑞品牌。

杭州铭师堂教育

杭州铭师堂教育科技发展公司由植林村人赵华锋（1982 年出生，武汉大学毕业，现为杭州新昌商会副会长）于 2006 年创办。秉承"用互联网改变教育，让中国人都有好书读"的宗旨，以"创建一家受人尊敬的伟大企业，打造全球最大的在线教育集团"为愿景，践行"用户为中心""坚守契约"等理念，已成为全国最大的在线教育集团。

铭师堂教育打造高素质团队。目前 3000 余名员工中，90% 为本科及以上学历；70% 以上来自省级和国家级重点公立学校，95% 的直播主讲老师毕业于清华、浙大、上海交大等顶尖名校。铭师堂教育旗下拥有"升学 e 网通"和"开课啦"两大核心产品，均已通过教育部首批教育 APP 备案，并入驻学习强国、央视频等平台。截至 2019 年，两大产品服务于全国初高中学校近万所，累计服务学生 200 多万人。

第三章　耕读精神传承

在彩烟耕读文化的鼓励和影响下，彩烟子孙不负祖辈厚望，勤耕苦读，奋发有为，学优入仕者不少，学成为师者不少，学登高峰者不少。一个个精忠报国，服务社会，不畏艰难，奋勇争先，成为各个时代的见证者和建设者。从而，耕读精神代代相传，不断发扬光大。

第一节　校长教师

学校是耕读传家的重要阵地。学校声誉和教育质量的高低，主要靠教师，关键在校长。从民国时期到 21 世纪初，彩烟地区涌现出一批桃李满天下的优秀教师和中小学校长。

校长群体

据不完全统计，担任过校长的彩烟籍人超过百名。担任过各级各类学校校长的樟花村人有 15 位，中宅村仅梁葆仁家族中当过校长的就有 11 人。彩烟籍校长中不乏知名前辈，如早期担任道南高等小学堂堂长的杨树钧、杨茀侯、杨永尊、梁选卿，新昌简师校长和新昌中学校长梁以忠，解放初期的回山区校校长梁挺达，新昌五中校长梁钟美等，为彩烟地区乃至新昌县的现代教育做出贡献。以后涌现的大批校长，均在各自岗位上奉献力量。

佳话相传，有彩烟人"一村 3 人同时当校长""一校 3 任校长""回山出文干"等。1978 年 2 月，县教育局任命樟花村梁钟美任回山一中校长、梁中聆任回山二中校长、梁杏萱任儒岙中学校长。县城历史名校南明小学，有三任校长为彩烟人，分别是白毛坑村杨益忠（1995 年 7 月至 2001 年 7 月）、前丁村俞财富（2001 年 7 月至 2006 年 7 月）、回山村杨晓玲（2016 年 7 月至今）。20 世纪 70 年代初期，为加强对学校教育工作的统筹协调和专门领导，实行教育干部负责制，即县教育局向每个区及公社派驻教育干部（民间称文干），全面负责该区或公社各学校的教育教学工作。当时，担任教育干部的彩烟人有 11 位：樟花村梁钟美派驻回山区，回山村杨桂初派驻大市聚区，樟花村梁杏萱派驻回山公社，樟花村梁中聆派驻儒岙公社，上将村王树源派驻新天公社，上将村杨苗灿派驻安顶公社，上宅村杨炎标派驻彩淳公社，侯家岭村梁启岳派驻中彩公社，大宅里村梁正明派驻长征公社，柘前村丁国钊派驻新溪公社，柘前村丁岳道派驻五马公社。此外，下西岭村赵忠敏相继担任回山中学校长、鼓山中学校长和县职业技术学校（含技工学校）校长。回山村梁灿林、下塘村梁庆才、西塘村丁新龙等担任乡镇中心学校校长十年以上。

道南高等小学堂堂长杨树钧　字振鈜，号韵珊，回山村人。生于1856年，为晚清国学生。道南小学始建时称道南书院，1905年正式定名为新昌县南乡公立道南高等小学堂，确定杨树钧为首任堂长，负责学堂建设和教学的具体工作。1908年学堂建成开学，其继续担任堂长，直至民国初年。

处州中学校长梁介白　大宅里村人。1926年大学毕业后投身教育事业，先后在湖郡女中、弘道女中、天台中学任教员，后任树范中学教务主任、省立台州中学教务主任，台州中学校长、处州中学校长。1947年8月任浙江省教育厅督学。1949年2月起任严州中学校长。在任处州中学校长时，千方百计筹集资金和采购材料，建造起一座教学楼。回到彩烟家乡，又在下宅村举办补习学校，亲自为家乡子弟教学。

新昌简师、新中校长梁以忠　中宅村人。1936年大学毕业后，任上海育青中学训导主任。1940年回家乡筹集祠堂庙会田扩充韩丰初级小学校产，添办高小部，改校名为永宁乡中心小学，并任校长。1941年4月，受聘任刚成立的新昌简易师范学校（以下简称简师）校长。1943年2月，简师和新昌中学合并，称新昌中学，梁以忠任新昌中学校长，至1944年1月两校分开。

1942年春，日军占领县城，学校被迫停课。正值兵荒马乱之际，梁以忠认真负责地将新昌简师从南明书院迁入石溪村。不到四个月，发动民工400余人，将简师的全部校具、图书、仪器、杂物等一切，陆陆续续搬运到天台万年寺。1943年8月，新昌中学（简师）在万年寺复课，梁以忠继续任校长。1944年秋，万年寺校舍不安全，又历尽艰难，将简师全部家当搬迁到新昌方泉乡方口村，然后复课。1945年8月，简师又从方口迁到县城西郊鼓山书院旧址。学校连年迁徙，历尽磨难和艰辛。梁以忠还亲赴上海，向新昌在沪谋生的同乡好友40余人募捐钱物，为简师添置教学器材。

1949年7月，县人民政府接管简师后，梁以忠仍是校长，直到简师奉命停办，担任县人民政府文教科教导员。据新昌县志载，简师办学8年，培养毕业生227人，都成为小学教育骨干，还有的参军提干，有的成为干部。

教师队伍

彩烟地区各学校教师，绝大多数是彩烟本地人，新昌县域也有一大批彩烟籍教师，彩烟人在全国各地大学任教的教授、副教授就有数十位，其中正教授20多位。据2019年不完全统计，来自彩烟各村的教师中，拥有高级职称的教师达到160多位，还有一批教师获得各种奖励，杨岳生、戴海林等被评为全国特级或优秀教师，丁锬贞、杨亚东、梁雪光、梁庆才、胡显仁、赵德源、梁泉灿、丁新龙、盛伯阳等荣获浙江省人民教育基金会"春蚕奖"。

"好官家庭"，数代从教。被誉为"湖北第一好官"的中宅村人梁葆仁，特别重视教育，勤于政务还开馆授课，辞官返乡后捐资办学，筹办知新学堂，亲撰《知新学堂记》，还嘱咐夫人把私房钱一部分捐给道南小学，一部分捐给梁氏小学。在他的教育和熏陶下，子孙后代代代都有教师模范，成为典型的"教育世家"。据粗略统计，执教为师的达 90 余人。1980 年，绍兴地区行署向其家庭颁发了"教育世家"奖匾。梁葆仁后裔直系亲属中，目前在任教师的仍有数十人。梁正平、梁慷等10 人分别在上海交大、河海大学、中国美院、浙江交通职技院等担任教授、副教授；梁春蕾等 20余人分别在上海、杭州、新昌等地担任中学教师；有 30 人为小学和幼儿园教师。

上将村杨志才，曾任新昌农校教导主任、嵊县蚕桑学校负责人，任教时多次被评为优秀教师，退休后从事太极拳研究与教学，成为新昌太极拳的先辈；蔡家湾村盛双霞，现任北京师大乐育书院副院长、汉语国际教育师资培训研究所所长等。

全国特级教师杨岳生　下宅村人。1955 年毕业于杭州大学地理系，在绍兴市第一中学任地理教师兼史地教研副组长。被评为全国先进工作者、浙江省特级教师、中国著名特级教师。曾兼任浙江省地理教学研究会副会长、浙江省地理学会理事。教学之余撰写教材，编写各种地理科研专著 30 多万字，其中刊登在省级以上刊物 15 篇，在全国地理教改研讨会和省市地理学术会议发表交流 20 余篇。自制大型直观教具，编写出版《绍兴地区地理》《职工高中地理复习资料》等科普书、复习资料近 10 种，编写绍兴市综合乡土地理教材，获浙江省乡土地理教研成果一等奖、教研课题研究二等奖。其《穿岩十九峰》发表在 1987 年第 4 期《地理知识》上。

河海大学教授梁正平　中宅村人。1960 年 7 月华东水利学院河川枢纽及水电站建筑专业毕业，留校任教，从事水利建筑材料的教学和科学研究，曾任河海大学建筑材料教研室主任，现为河海大学教授、博士生导师，全国高校建筑材料学科研究会理事、常务理事、理事长。承担"八·五"国家重点科技攻关项目"全级配混凝土试件强度及其统计分析"，通过电力部鉴定达到国际先进水平，获国家科技进步奖二等奖。发表和出版多篇论文与多部专著。

浙江大学教授梁永超　西塘村人。为浙江大学环境与资源学院教授、博士生导师，长江学者、德国洪堡学者。1979 年考入浙江农大土化系。1983 年考取攻读南京农大硕士研究生。1996 年为南京农大资源与环境学院在职博士生。2000 年起任南京农大资源与环境学院教授。2004 年被评为中国农业科学院植物营养与肥料学科一级岗位杰出人才，农业农村部植物营养与养分循环重点开放实验室副主任，中国土壤学会第十、十一届理事会土壤植物营养专业委员会副主任，中国植物营养与肥料学会常务理事兼学术委员会主任，中国农业科学院学术委员会委员，中国生态学会理事。

中国矿业大学教授杨永国　雅里村人。1984 年毕业于天津大学应用数学专业，1989 年中国矿业大学数学地质硕士研究生毕业，2000 年获得中国矿业大学矿产普查与勘探博士学位。现为教授，博士生导师。主要从事数学地质、矿产资源经济评价和地理信息系统应用的教学和科研工作。主持完成或参与国家级、省部级科研项目 20 多项，获省部级科技进步奖一等奖 2 项，二等奖 2 项，计算机软件著作权 6 项。为中国矿业大学学科带头人，国际数学地球科学协会（IAMG）终身会员、国际数学地球科学协会（IAMG）中国委员会委员等。

清华大学教授梁上上　大宅里村人。1990 年考入杭州大学法律系，1994 年考入中国社科院研究生院，2001 年考入清华大学法学院攻读法学博士。曾任浙江大学光华法学院副院长；现为清华大学法学院教授、博士生导师。中国法学会理事、中国商法学研究会常务理事；浙江省人大立法专家库成员。曾获清华大学学术新秀、浙江省优秀中青年法学专家、全国十大杰出青年法学家等称号，入选教育部"新世纪优秀人才支持计划"、浙江省"钱江人才计划"等。

中科院大学教授级高工杨湘帆　湾头村人。国防科技大学毕业，主要从事科技创新，关键技术与共性技术研发、产业孵化、技术转移与风险投资和创新人才培养等。重点面向国家战略目标核心科技研发，积极推动科技转移转化，培养有创新能力的优秀人才，并探索体制机制的改革创新等工作。现任中国科学院研究员、教授级高级工程师、博士生导师。

上海大学教授杨锃　斋堂村人。2008 年 3 月毕业于神户大学综合人间科学研究科并获博士学位。先后主持国家社科基金、上海市浦江人才计划等多项研究工作，发表学术论文 20 余篇。现任上海大学社会学院副院长、教授、博士生导师，《都市社会工作研究》集刊执行主编。担任中国社会学会理事、中国社会工作学会理事、中国康复医学会社会康复专委会副主任委员、中国社会工作教育协会残障与康复社会工作专委会副主任委员、上海市康复医学会精神康复专委会及工伤康复专委会委员、上海市社会工作协会精神健康社会工作专委会副主任委员等。

浙江大学教授杨坤　上宅村人。2004 年 6 月于浙江大学环境科学系获博士学位。主要从事污染土壤修复、环境纳米材料、吸附材料与技术、环境界面行为等方面研究工作，负责和参与承担国家基金等项目，曾在美国麻州大学进行博士后研究和访问研究。现任浙江大学环境与资源学院副院长、教授、博士生导师、环境科学系主任、污染环境修复与生态健康教育重点实验室副主任。国家优秀青年科学基金获得者，入选教育部"新世纪优秀人才"、浙江省"151 人才"、国家环境保护专业技术青年拔尖人才等多项奖励。

北京大学教授梁仲鑫　大宅里村人。1955 年考入复旦大学，翌年转入北京大学物理系就读。毕业后留北大工作，为北大教授。主要从事原子能物理和技术方面的科学研究，在国内外发表《耦合螺线长腔的实验研究》《重离子后加速用谐振腔的实验研究》《加速腔的载束高功率试验研究》《后加速试验增能腔的静态实验》等学术论文 30 多篇。1984 年与人合作研制 400 千瓦电子伏特加倍器氟束脉冲化装置，为国内首创，主要技术指标达到国际先进水平。

厦门大学教授赵洪　植林村人。对外经济贸易大学毕业后在厦门海关工作，后考入厦门大学攻读世界经济硕士、经济学博士研究生。曾任教于泰国朱拉隆功大学、马来西亚国民大学、菲律宾雅典耀大学，曾任美国亚洲研究基金、日本发展经济研究所、新加坡国立大学东南亚研究所访问研究员。发表学术论文 80 余篇，著有《马来西亚金融发展研究》《21 世纪中印能源发展战略》等专著 5 部。现为厦门大学国际关系学院、东南亚研究中心教授。

浙江财经大学教授盛法生　金家村人。毕业于浙江大学电子科学与技术专业，长期从事电工与电子技术、传感器技术与应用、低功耗集成电路原理与应用、模拟集成电路及其应用、电磁场与电磁波、微波与光波导技术等课程的本科生教学工作。现为工学博士，浙江财经大学教授。已出版专著 2 部，编著教材 1 册。主持或参与完成国家自然科学基金等省部级项目 20 余项，获浙江省科技进步奖 3 项，世界发明铜牌奖 1 项，国家发明专利 1 项。

浙江工业大学教授潘理黎 岩头山村人。北京化工大学化学工程系毕业后攻读澳门科技大学研究生。主要从事环境科学与工程、生态学等专业的科研、教学与咨询工作，主持研制新产品 5 项，主编出版教材 2 部，起草行业标准与团体标准 4 项，完成政府与企业咨询项目数十项，授权中国专利 8 项，获省部级科技进步奖 2 项，行业科技进步奖 1 项，其中 1 项被科技部列为"九五"国家科技成果重点推广项目。现为浙江工业大学教授，民革浙江省委专委会委员。

中国计量大学教授梁国伟 大宅里村人。毕业于浙江大学热能动力与自动化专业，1986 年 7 月到中国计量学院任教，后晋升为计量大学教授。长期从事流量计量测试技术与智能仪器仪表领域的教学与研究工作。主持或参与浙江省自然科学基金重点项目和省科技厅项目等 20 多项，出版著作 2 部，发表学术论文 60 余篇。为中国计量测试学会理事、中国计量测试学会流量专业委员会委员、浙江省工程热物理学会常务理事。曾获浙江省优秀教师、省优秀共产党员等荣誉。

上海工程技术大学教授赵德钩 寒庄村人。绍兴文理学院数学系毕业后在回山中学任教。后调澄潭中学任教务主任、副校长。1997 年 8 月调绍兴文理学院数学系，任系党总支书记。2007 年 9 月调上海工程技术大学，曾任数学教学部主任。发表数学类论文近 40 篇，参与国家自然科学基金项目及省市级科研项目多项。主持完成上海市重点课程建设、上海市高校重点教学改革项目 2 项。现为数理与统计学院教授，校教学督导专家和学院教学督导组组长。

浙江大学兼任教授杨亦农 1982 年毕业于浙江大学生物系，赴美国攻读并获博士学位、博士后，主要从事水稻抗病、抗逆分子机理和功能基因组研究，在国际著名学术期刊发表论文 40 多篇，获多项美国科学基金及农业农村部基金资助，现为美国宾夕法尼亚州立大学副教授（终身教职），浙江大学生命科学院兼任教授。

浙江大学副研究员梁波、福建师范大学副教授杨少军 均为下塘村人。梁波从事传感检测方向研究工作，参与战场伤员救援系统研究，负责国家科技支撑计划中血糖监测系统研究，已发表学术论文 20 多篇，获国家发明专利 10 项。杨少军入选福建师范大学青年英才计划，分别访问新加坡南洋理工大学和澳大利亚莫纳什大学，主要研究格上密码学、格值拟阵以及格值凸空间，已发表学术论文 11 篇，主持国家和省自然科学基金 2 项等。

第二节　人才分布

彩烟耕读事业蓬勃发展，"尊师重教、教书育人、立德树人"蔚然成风，从古代科举考试，到现代全国高考，各行各业出类拔萃，彩烟人才不断涌现。

人才辈出

彩烟耕读家风结出硕果，各类考试捷报频传。

科举考试 彩烟人在古代科举考试中表现不凡，考中进士的有上宅村杨国英，下宅村杨轰，雅里村杨墀，棠墅梁汝明，大宅里村梁振源（武进士），中宅村梁葆仁，大园村丁川等 10 多人。

考中举人的有下宅村杨信民、杨廷燮、杨雨时、杨埏、杨永青；雅里村杨济江、杨曜之、杨喜之（3 人均武举）；宅下丁村杨世植；大宅里村梁槐林、梁华林、梁振煜（武举）；樟花村梁葆成、梁葆章、梁毓芝、梁祖成；下屋头村梁爆；下岩村盛旸；蔡家湾村盛凤炳（武举）；大园村丁科；下西岭村赵方睦等。

全国研究生考试（统称考研）　彩烟人在当代研究生考试中表现优秀。据《新昌县教育志》（1990 年前）记载，全县共有国内研究生 88 人，其中彩烟籍 21 人，约占四分之一。据不完全统计，具有研究生学历的彩烟籍人士有 180 多人。获得博士学位的如下。

上宅村杨坤、杨美芳、杨小号；下宅村杨亦农、杨莺逗、杨维春、杨天锋；回山村杨东来、杨敏敏、杨灵芳、杨翠竹、杨意箐、杨钢锋；雅里村杨永国、杨赢；宅下丁村杨青青、梅赵迪；大宅里村梁上上、梁剑、梁赛江、梁丹丹、梁文斌；樟花村梁鋆立、梁晓燕、梁海燕、梁泽华、梁家铭、梁烨烨；中宅村梁文彬、梁建权、梁慷；下塘村梁波、杨少军；官元村杨蒋伟；上西岭村梁仲文、徐伟杰；斋堂村杨铿；西塘村梁永超；上库村梁国钱；下丹溪村梁丽玲；下坪山村梁帅伟；官塘村王伟杰；旧住村王贤忠；前丁村王斌辉；蔡家湾村盛双霞；金家村盛法生、盛孟君；下岩村张再兴；柘前村丁尚军、丁锡霞；王家塘村丁嵩；牛塘村张鑫毅、盛春辉；袁家村陈恩；西丁村陈礼凯、俞品安；植林村赵海芳、赵洪；贤辅村董锦芳、董林辉；后坂村董力枫；岩头山村潘聪平、潘黎明、潘贤林、潘李鹏、潘乐英；长虬村张水锋；白毛坑村杨静；杨家年村杨帆等。

普通高等学校招生考试（统称高考）　现代兴起新学，举行高考，尤其是 1977 年恢复高考后，彩烟人上线率走在前列。

据不完全统计，考入清华、北大、人大、复旦、同济、浙大、上海交大等名牌大学的彩烟人有数十人，仅清华大学和北京大学就有丁嵩、丁小良、王可为、孔华威、杨中萱、杨凯、杨来建、赵益洪、赵海芳、俞国燕、盛天启、盛双霞、梁易、梁上上、梁仲鑫、梁剑锋、梁柏枢、董靓钰、潘聪平、潘康姝等 20 余人。还有省、市、县高考"状元"多名。上市场村杨筱辉荣获 1980 年全县理科"状元"；马坞头村丁小良为 1982 年全县理科"状元"；下坑岭村赵益洪为 1987 年全县文科"状元"；植林村赵少斌为 1995 年绍兴市理科"状元"。

植林村赵少斌家境困难，生活艰辛，他从不挑剔吃穿，还帮助父母干一些力所能及的家务，从不让父母生气，十分孝顺。上小学时，在校勤奋读书，星期天回家，就拾柴拔草、喂猪养兔、烧饭洗碗，样样能干。读初中时，农村实行承包制，分田分地包干到户，家里更加困难。他在校全身心投入学习，回家就帮父母去田间地头干农活，晚上在煤油灯下全神贯注读书做作业。功夫不负有心人，1992 年成功考进了新昌中学。1995 年高考取得喜人的佳绩，成为绍兴市理科"状元"，被中国人民大学录取。

渡河村下坑岭自然村赵益洪，同样出生在贫苦家庭，父母字也不识几个，但是耕读家风浓厚，对子女要求特别严格。赵益洪刻苦攻读，各科成绩均衡发展，从小学到高中，各阶段学习成绩均列前茅，1987 年高中毕业即以全县文科"状元"的总分考入了北京大学。

相关报纸曾报道回山有个"状元村"。小厅村只有 20 来户人家，恢复高考制度后，考入大中专院校 30 多人。一些农家子弟分别跨进浙江大学、厦门大学、福州大学、湖南大学、浙江农业大学等高等学府校门，梁宵楠获得了复旦大学硕士学位。梁永滨经过多年打拼，成为云南世界恐龙谷旅游股份有限公司总经理，2017 年被推荐为云南省第十二届政协委员。

上库村包括后宅湾自然村共 80 余户，迄今有 54 人考入高等院校，其中梁国钱获得博士学位，梁杏坤、严雨辰、严贞慧、严李萍等获得硕士学位，有 8 户人家每户有 2 个子女考入大学，也成为有名的"读书村"。

初中学业水平考试（统称中考） 历年初中升高中的中考中，也同样体现苦读夺魁的"彩烟现象"。1999 年中考，王家塘村丁嵩以总分全县第一名而成为"状元"。最近三年来尤其突出，2018 年中考，欧潭村王可为荣获第一；2020 年中考，下宅村杨宸沣荣获第一；2019 年的中考"状元"，其母亲为植林村人。

各级公务员考试（统称公考） 在每年公务员的国考和省考中，彩烟籍人士的考试成绩比较好，尤其突出的是村主职干部考进公务员队伍。从 2002 年起，在农村党支部书记或村委会主任中招录公务员，当年全县录用 2 人，彩烟囊括。现在，上市场村杨勇已任回山镇人大主席，王家塘村丁伯余已任县委巡察组副组长。之后，后王村两任村委主任、旧里村两位主职被招录为公务员。至 2020 年，新昌县从农村主职干部中共招录公务员 32 名，其中彩烟人 9 名。至今，9 人中已有 6 人担任副科级以上领导职务。

学有所成

古人说，学而优则仕。彩烟人善于知行合一，把所学知识应用到社会实践，以报效国家、服务社会、惠泽乡梓为己任，各行各业人才济济。

党政军警界 据不完全统计，当今在各级党政机关和部队中，有 80 多位彩烟人担任或曾任处（县、团）级以上领导职务。在新昌县内担任或曾任正乡（科）级领导职务的彩烟人也有 50 多位。副厅（司、局、师）级以上领导主要如下。

梁黎明 女，祖籍樟花村人。1983 年 1 月加入中国共产党，1983 年 8 月参加工作。在职研究生学历，教育学硕士。曾任共青团宁波市委书记，鄞县县委副书记，宁波江北区区长、区委书记，舟山市委常委、组织部部长，舟山市委副书记、市长、市委书记，浙江省副省长等职。2018 年起任浙江省人大常委会党组书记、副主任。

张德中 东碃村人。1957 年就读新昌第五初级中学，1960 年保送至新昌中学。1963 年考入浙江师范学院中文系。毕业后在浙江省公安厅工作。曾任省委办公厅机要秘书，武警浙江省总队政治部主任。1993 年任武警浙江省总队政委，武警大校警衔。

梁景华 樟花村人。1962 年考入南京大学气象学院气候专业。毕业后在北京市气象局工作，1981 年调入中国气象局，历任处长、司长、巡视员等职。组织并参加气象法、气象科技政策等研究工作和国内外获奖的科教影片《台风》《高原气象》等拍摄工作。现为中国气象学会名誉理事。

盛秋平　后谢村人。1989 年 8 月参加工作。在职研究生学历。曾任绍兴市旅游局（总公司）副局长（副总经理）、绍兴经济开发区管委会副主任，绍兴市招商服务局局长，嵊州市市长、市委书记，永嘉县委书记，金华市副市长、义乌市市长，金华市委常委、义乌市委书记。2018 年 2 月任浙江省商务厅党组书记、厅长。

贾玉山　下湖桥村人。1974 年就读大连海运学院，毕业后在上海海运局工作。先后任上海海运局党委办公室主任、上海船员公司党委书记、中国国际船舶公司组织部部长、中国海运集团公司油运总公司工会主席、纪委书记。荣获中国海运（集团）总公司优秀党务工作者、第十二届金锚奖，2004 年被评为上海市优秀思想政治工作者，2011 年获"全国优秀工会工作者"称号。

盛天启　祖籍蔡家湾村（出生定海）。毕业于内蒙古师范大学，后获北京大学硕士学位。1994 年任中央宣传部调研二处处长、副局级巡视员、理论局副局长。1999 年起任中央"三讲"办公室宣传组副组长，多次参与中央重要文件和领导重要讲话的起草工作。2001 年起，担任中央机关刊《求是》杂志的编委兼秘书长。

梁璜辉　大宅里村人。1951 年加入中国新民主主义青年团，并参加革命工作，从基层上调浙江大学工作，后调任浙江丝绸工学院党委书记，浙江省高等学校招生办公室（即省招办）主任。担任招办主任二十余年，以公正廉洁而名。是中国教育研究学会成员，曾在《中国高等教育》发表多篇论文，曾主编《高校招生考生手册》等。

梁德兴　上市场村人。1950 年参加工作，担任"土改"工作队队员、乡文书、代理乡长。1952 年保送新昌中学读书，1954 年到绍兴卫校读书，1957 年 9 月在新昌县委办公室工作。1959 年 9 月，到浙江医科大学学习，1964 年 9 月毕业在浙医大附属第一医院工作。1972 年后，相继在浙江省委组织部、宣传部、省府办公厅工作，历任副处长、处长。1992 年 2 月起，担任浙江省红十字会副会长兼秘书长。

杨晔　祖籍回山村人。1983 年 8 月参加工作。省委党校研究生学历。曾任诸暨市委常委、纪委书记，中共绍兴市纪律检查委员会副书记、市监察局局长，2017 年 2 月任宁波市第十三届纪律检查委员会副书记。

杨援宁　岭山村人。1976 年 11 月参加工作。曾任丽水地委办公室副主任、丽水市委副书记，浙江省委组织部办公室调研员、副主任，省质量技术监督局人事处处长、党委委员、副巡视员，省监察厅驻浙江省民政厅监察专员，省民政厅党组成员、中共浙江省纪律检查委员会派驻浙江省民政厅纪检组组长、监察专员，省卫生健康委员会纪检监察组组长。

梁柏枢　侯家岭村人。1978 年考入绍兴师专，1985 年考入北京大学中文系攻读汉语专业研究生。毕业后在中央国家机关从事语言文字、编辑出版、新闻采写，以及外国专家、国际人才交流工作。曾任《国际人才交流》《专家工作通讯》（简称"两刊"）总编辑，2010 年入选"全国新闻出版行业领军人才"，拥有编审高级职称。2017 年任国家外国专家局驻英国办事处总代表。

梁国钱　上库村人。博士，兼职教授，享受国务院特殊津贴专家。多次主持和负责浙江省自然科学基金项目和重点（大）科技项目研究。历任磐安县政府副县长，浙江省水利水电科学研究院副院长兼总工程师，省水利河口研究院副院长兼总工程师，浙江省钱塘江管理局党委副书记、副局长，浙江水利水电专科学校副校长，浙江省水利河口研究院党委书记、副院长。2013 年 11 月起任浙江同济科技职业学院党委副书记、院长。

俞其昌 岭头俞村人。教授级高级工程师。1955 年毕业于北京矿业学院，在煤炭工业部北京煤矿设计研究院和选煤设计研究院工作，历任设计组长、设计室副主任、副总工程师、副院长。为煤炭工业部技术委员会委员、中国煤炭工业技术经济咨询委员会委员、选煤专业委员会委员、煤炭学会理事。曾赴日本、美国和加拿大等考察交流。曾获全国煤矿先进生产者等多项荣誉。在北京参加代表会议时，受到毛泽东主席、周恩来总理的亲切接见并合影留念。

梁旭东 上市场村人。高级工程师，海军专业技术大校。1989 年在海军武汉工程学院（现海军工程大学）毕业，在海军驱逐舰第六支队参加工作，后考入海军工程大学攻读电力自动化研究生。现任东海舰队装备部修船处总工程师。

陈德春 回山村人。高级工程师，陆军专业技术大校。1988 年从郑州防空兵学院毕业，在三十一军九十一师防空团工作，历任排长、连长、指导员、技术室主任，后调九十一师装备部，2010 年转业。

工商科技等界 彩烟人在工商科技等领域有成就、有建树者不乏其人。现拥有教授级高工、高级工程师、高级会计师等高级职称的 60 多人。一些乡贤在科研高端领域崭露头角，喜结硕果；一些乡贤在基层默默耕耘，无私奉献；一些乡贤在企业脚踏实地，努力打拼。如三花控股集团有限公司决策委员会副主任、浙江三花制冷集团有限公司总经理陈雨忠，原浙江医药新昌制药厂副厂长，现浙江医药股份有限公司总裁助理、公共事务总监梁林美，万丰奥特控股集团党委委员、工会主席杨旭勇，浙江万丰科技开发股份有限公司董事长梁赛南，浙江白云伟业集团公司党委书记、总经理梁流芳，浙江新柴股份有限公司原总经理、董事长张德范，诚茂丽都房产开发有限公司总经理吕夏洪，浙江鼎顺发展有限公司董事长丁碧江，中迪环境工程有限公司董事长杨锵春，广金商贸有限公司总经理丁亿洪等，秉承彩烟精神，在不断创造经济效益、社会效益的同时，努力体现人生价值。还有不少在外地的知名企业家，也在创新中发展，在发展中创新，创造业绩与辉煌。

梁璜润 号辅民，大宅里村人。民盟会员，高级工程师。1946 年毕业于国立中央政治大学交通管理铁路专业，在铁道部第三勘测设计院工作，曾为民盟辽宁省委特邀调研员、大连市科技咨询委员。多次为抗美援朝做出贡献，两次获抗美援朝、保家卫国甲等奖。1956 年提出大兴安岭铁路建设方案。1983 年担任国家"六五"科技攻关等重大项目设计。1986 年开始研究大连跨渤海直通烟台铁公路两用、贯通东北至华东长江三角洲的南北大道设想，作为 1996 年全国政协提案，被纳入全国"九五"建设计划。2006 年被评为全国交通运输系统先进个人。

孔华威 井塘村人。高级工程师，致公党员。浙江大学理论物理硕士毕业后，长期担任高科技公司管理工作，具有多年市场管理和运作经验，对信息技术和电子技术的科技成果产业化有相当经验。曾任杭州赛格计算机公司总经理，北京民族恒星科技有限公司执行总裁等。曾获2001～2011 年浦东新区科协系统十佳先进个人、2011 年度上海市优秀科技创业导师。现任上海中科计算研究所所长，上海张江科技创业投资有限公司首席专家。

杨东来 回山村人。教授级高级工程师。攻读博士研究生后，投身交通事业，力做"交通工匠"。2014 年 6 月起兼任港珠澳大桥桥梁主体工程 CB07 标项目经理，负责港珠澳大桥钢桥面铺装施工。荣获科学技术奖 6 项、发明专利 6 项。在沥青混凝土配合比设计及钢桥面铺装工程上有自主创新成果，多次登上中央电视台新闻联播。2018 年后投入南沙大桥、安徽池州大桥、湖北石首大桥、清远北江四桥等工程建设。现为广东保利长大工程有限公司副总工程师。荣获"全国公路优秀科技工作者"、广东十大感动交通人物"最美南粤交通工匠"、全国交通运输系统劳动模范等称号。

杨超斌 下宅村人。1998 年毕业于中国科学技术大学，获通信系统专业硕士学位。后进入华为工作，曾于 2008 年 5 月在北京举行的第 43 届世界通信大会上发表精彩演讲。在 2020 全球移动宽带论坛期间，作为华为技术有限公司无线网络产品线总裁的杨超斌，提出面向未来的"1+N"5G目标网，发布支撑"1+N"的 5G 全系列解决方案，以构筑 5G 极简网络。

杨梦初 下宅村人。中国建筑材料科学研究院高级工程师。1962 年 7 月毕业于浙江大学化学工程系硅酸盐专业，从事特种玻璃纤维的研制工作。率先研制成功耐碱玻纤，研制开发填补国内空白等系列产品 20 多个品种，发表学术论文数十篇，获国家级科学技术进步奖、省部级成果奖等5 项。

梁佳钧 大宅里村人。1990 年考入上海纺织高等专科学校染整专业，又考入香港财经学院攻读硕士研究生。20 多年来，潜心致力于无缝内衣染整行业，带领技术团队获得国家授权发明专利16 项，实用新型专利 24 项，完成国家火炬计划项目 2 项。2014 年成立浙江省第四批高技能人才创新工作室。2013～2015 年，三个创新内衣设计项目被中国纺织工业联合会评为"纺织之光"内衣创新贡献奖。荣获"全国工人先锋"称号、浙江省劳动模范、浙江省第二届"金锤奖"，担任中国针织染整学组副主任委员、全国针织专业委员会专家委员。

俞朝杰 渡河村人。浙江陀曼控股集团董事长。俞朝杰领军的陀曼控股集团一直坚持走创新之路，目前已累计申报或拥有专利 380 多项，其中发明专利 105 多个，承担省、国家级新产品或科研项目 60 多项，累计起草制订行业标准 10 项。由"陀曼智造"参与发起的"企业数字化制造、行业平台化服务"新昌模式被称为破解世界性难题，在全国推广。集团先后获国家火炬计划重点高新技术企业、浙江省专利示范企业、浙江省科技新浙商等荣誉。

梁永挺 下坪山村人。彩建控股集团有限公司董事长。梁永挺秉承"艰苦创业、敢为人先、不断进取、走向世界"的企业理念，坚持以"质量第一、信誉至上"为宗旨，走"以质兴业"之路，近年来承建的数百个工程，工程质量合格率为 100%。公司连续多年获得建筑业优秀企业称号。公司而今成为以工程建筑为主，以国际劳务、园林绿化、水产养殖、酒店服务等为辅的综合型现代企业，其中主营产业建筑施工已是区域内企业中具有实力的企业之一，连续多年上缴国家税收

1000 万元以上。2019 年，获得县政府授予的高质量发展贡献奖。

杨国荪　回山村人。原是回山粮管所所长。退休后，因其公道正派，会办实事，爱管"闲事"，被镇党委请回村里担任党支部书记。上任后带领班子成员发动群众建设新农村，集资兴办公益事业，修建名胜古迹敬胜堂，现已成为全县有名的红色旅游之地。他还亲自调解各种纠纷，是公认的"老娘舅"，因此被镇聘为首席调解员。杨国荪出于公心，把好准星，做到无私心、无偏心，有耐心、有恒心。善于积累和探索，形成明理法、融情法、借力法、对比法、迂回法、激励法等调解方法，把"枫桥经验"本土化。二十余年来，调解大小纠纷上千起，其中重大纠纷 200 多起，调处成功率在 98% 以上。其他乡村也纷纷请他做"老娘舅"，已跨乡镇调解纠纷 16 起。被授予"全国模范人民调解员""浙江省人民调解能手"等称号。

医药卫生界　彩烟籍主任医师有 10 多位，副主任医师也有 30 多位。在县内医疗卫生系统担任领导的彩烟人有杨伯尧曾任县中医院、县人民医院院长，周日章曾任县卫生防疫站站长，杨红江创办协和医院并任院长，梁国钧被聘为张氏骨伤医院院长，还有杨岳炜、杨新叶、杨于民等为区（镇）卫生院长，赵集中为回山卫生院书记等。同时，郑黎明的天姥中医博物馆、潘国超的同仁诊所、梁炳法的大宅里卫生室等，都有较高的知名度。

俞用古　岭头俞村人。与堪舆大师杨宗敏和都御史杨信民并称明代"彩烟三杰"。特别喜爱《黄帝内经》《伤寒杂病论》《神农本草经》《脉经》等著名医典，潜心于阴阳、寒热、表里、虚实之辨，钻研岐黄之书，行医时还特别注意病人的情绪，给病人以鼓励，使病人树立战胜疾病的信心，增强病人的抵抗力。用药时还注意药物酸碱之分和病人体质的酸碱度，还根据药理，嘱咐病人在吃药期间需要禁忌鱼腥或油腻及冷热等事项。人称神医，名声远扬，故事不胜枚举，至今流传。

梁赞熙　旧宅岙村人。立志于岐黄之术，以济人为念，于劳作之余，潜心研读，御纂金鉴，博览金匮要略，荟萃先师精华，几经应验，医术渐显。求医者纷至沓来，凡投医者均奏奇效。梁赞熙行医，无贵贱之分，无亲疏远近之别，有求必应。若出诊遇冬不惧严寒，逢夏不怕酷暑。远者跋山涉水，近者黄昏早起，医者心劳、患者安心。上门求诊者，午则待膳，夜者供宿。受资极微，好义善施，深得远近邑人赞颂。平时与志同者读医论药，还经常授单方独味于乡邻，聆听者受益匪浅。

梁瀰声　莲花心上王村人。医学硕士，教授。20 世纪 40 年代就读于上海同德医学院，毕业后在上海仁济医院工作，弘扬梁氏家风，刻苦钻研医疗技术，为医术及教育事业做出贡献。先后被评为仁济医院劳动模范，上海市首届劳动模范。

丁少华　柘前村人。温州医学院毕业后，一直在医疗系统从事临床医疗工作，主攻关节外科对股骨头坏死，髋、膝、肩关节病诊治，尤其对人工髋、膝关节置换及翻修手术有较高造诣。擅长关节镜下微创治疗肩峰撞击症、肩袖损伤、肩周炎、肩关节不稳等肩关节疾病和半月板、膝关节韧带损伤等膝关节疾病。曾到德国、韩国、美国、印度等地学习关节镜技术，主攻肩关节、髋关节、膝关节置换技术。现为宁波医疗中心李惠利医院主任医师，知名骨科专家，中国肩肘外科协作委员、浙江省康复医学会四肢重点专业委员、中华医学会宁波骨科分会委员等。

卢苗贵 蟠溪村人。浙江省疾病预防控制中心主任医师，鼠疫防治工作组常务副组长，高级整脊正骨师，中国管理科学研究院特邀研究员。世界上首次发现并命名蚤类新亚种 2 种、动物新纪录 1 种，浙江省蚤类新纪录 4 种、革螨新纪录 16 种，出版专著 13 部、发表论文 65 篇；获奖科研成果 5 项、研发新药获国家发明专利 2 项。多次荣获抗洪救灾、抗震救灾、救灾防病、抗击"非典"等全国先进个人荣誉。是传染病、自然疫源性疾病防治和救灾防病、重大疫情防控方面的专家，浙江省著名鼠疫专家。还在整脊正骨中医古法骨骼复位治疗颈椎、胸椎、腰椎突出、增生、侧弯、粘连等与骶骨错位及其引发的诸类疾病上，颇有特色和奇效。

文化艺术界 一批文化和文学艺术领域的彩烟人成名成家，规格较高，名气颇大。梁文斌、梁少膺、杨宇力、杨弋昌、杨轶等成为中国书法家（美术家）协会会员，孔六明、潘益平、杨强强、赵旭东、陈金兰、王立等加入浙江省书法家协会。下宅村杨子和是首屈一指的乱弹旦角演员，民国初年闻名上海。下宅村杨荣繁是著名丑角演员、导演，新昌调腔早期骨干。回山村陈焕招的调腔鼓板，被列入《中国戏曲志·浙江卷》传记条目。回山村杨汉年爱好音乐及乐器制作，20 世纪 80 年代初开办广受好评的乐器店。下岩村张广达就读刘海粟为校长的上海美专，又师从黄宾虹并深得赏识。贤辅村董伯敏业余从事名人墨迹研究收藏，创办耕烟名人墨迹研究中心，还多次举办展览并向国家和有关方面捐献藏品。植林村赵汉阳拥有三个本科学历，儒、释、道三寄，诗、书、画三栖，出版有木直斋系列文集（《出世入世》《我思我在》《禅心道韵》）。

梁谷音 樟花村人。我国著名昆剧表演艺术家，国家一级演员，同济大学兼职教授，第三届中国戏剧梅花奖获得者。是上海市政协委员、文化和旅游部振兴昆剧指导委员会委员、中国戏剧家协会会员、上海戏剧家协会理事。享受国务院特殊津贴专家。1954 年考入华东戏曲研究院第一届昆剧演员训练班（后为上海戏曲学校），1961 年毕业后加入上海青年京昆剧团。1973 年调浙江省京剧团工作。1978 年上海昆剧团成立后调回上海。师承沈传芷、朱传茗、张传芳等名家。戏路宽广，六旦、正旦、闺门旦、刺杀旦均能应工。代表剧目有《烂柯山》《潘金莲》《蝴蝶梦》《琵琶行》《思凡》等。曾荣获第一、五届上海戏剧白玉兰表演艺术主角奖。1959 年国庆节演出，受到周恩来总理等党和国家领导人接见。1989 年 8 月，江泽民总书记视察上海时，高度赞扬了梁谷音等同志。

杨婷娜 回山村人。国家一级演员，工徐（玉兰）派。1992 年进新昌艺校学艺。1994 年被上海越剧院选中并到上海戏曲学校深造。嗓音高亢亮丽，扮相俊美，气质潇洒、飘逸，表演细腻传神，富有激情，极具舞台感染力，文武兼备，当今越剧舞台难得的文武小生。2003 年荣获上海越剧新秀奖。2006 年"越女争锋"全国越剧青年演员电视挑战赛中荣获金奖，并获"越女十姐妹"称号。2007 年举办"越梦心语"演出专场。2014 年获上海戏剧白玉兰配角奖。

袁亚春 袁家村人。浙江大学出版社总编辑、编审，浙江大学学报（人文社科版）执行主编，浙江大学人文学院兼聘教授；中国编辑学会常务理事、浙江省期刊协会副会长。曾合作撰写出版《经济思想通史》（四卷本）等学术专著 3 部，发表专业论文 20 余篇，合作承担国家级、省级哲学社会科学研究课题 6 项；获教育部哲学社会科学研究成果三等奖、浙江省哲学社会科学研究成果一等奖各 1 项。为国家重大出版工程"中国历代绘画大系"出版项目负责人、国家出版基金项目评审专家、教育部图书质量审读专家、浙江省出版专业技术正高职称评审专家。同时也是《图书出版流程管理》等 2 个国家行业标准的起草小组副组长。获中国高校出版人物奖、全国中青年优秀编辑奖、中华优秀出版物奖、浙江树人出版奖等奖项 30 余项，入选浙江省宣传文化系统首批"五个一批"人才、全国新闻出版行业领军人才。

梁文斌 大宅里村人。1994 年到绍兴少儿艺术学校从事书法教学，其书法作品参加中国书法家协会、西泠印社等举办的全国性展览和比赛，并入展获奖。2003 年进修于中国美术学院现代书法研究中心。2008 年考入中国美术学院攻读书法硕士研究生。2011 年考入中国艺术研究院攻读文学（书法）博士。2014 年进入北京语言大学，担任教学副教授、硕士研究生导师，中国书法国际传播研究院院长助理，中国书法篆刻研究创作部主任等职。为中国书法家协会会员、全国青联书法篆刻委员会委员、全国 70 年代书法家艺术委员会委员。多次获全国书法篆刻展大奖，并获得中国书坛"兰亭七子"称号。

梁少膺 莲花心村人。书法作品多次入展全国展览，荣获第二届全国电视书法篆刻大赛一等奖、第五届全国书法篆刻展览全国奖、西泠印社"百年西泠·湖山流韵"诗书画印大展一等奖；参加"当代著名书法家成名作、代表作展览""当代名家书法精品展""海内外著名书法家创作邀请展""国际书法大展"等国内外重大展事 40 余次。从事魏晋南北朝书法史、美术史研究，从事日本美术、书法的研究与译介以及山水画创作与研究，为中国书法家协会会员、中华诗词学会会员、浙江省美术家协会会员。又因工诗文、金石、书画等，长于文献学、考据学，成为知名职业艺术家、史学家。

杨弋昌 湾头村人。从小书读秦汉，笔法二王，尤其爱好并研究书法与古文字学。曾获第三届新昌县"十大杰出青年"称号。其书法作品在各级评比和展览中频频入展获奖，入展中国书协举办的"全国首届书法小品展""首届王羲之奖全国书法作品展""祭侄文稿杯全国书法大展""丝绸之路全国书法作品展"等国展 10 余次。获"万山红遍"浙江书法大展优秀作品最高奖，第六届、第七届、第八届全绍书法大展银奖，第十届全绍书法大展金奖。为中国书法家协会会员、兰亭书会会员，绍兴书协创作委员、教育委员。

杨宇力 上宅村人。书法作品入展中国书协第九、十、十一届大展及篆书、隶书、行草书、临帖、手卷、册页、扇面、冠名等展览和比赛 30 余次并多次获奖。连续四届在浙江省"沙孟海奖""陆维钊奖"展中获奖。屡获中国硬笔书协主办的全国性权威展赛最高奖，并于 2013 年、2017 年、2019 年担任全国硬笔书法大赛评委，2018 年出任首届华珍阁杯全国书法大展评委。作品散见于多种专业报刊，被多家专业机构收藏。现为国家二级美术师，中国书法家协会会员、中国硬笔书协草书委员、浙江省书协创作委员，浙江省"新峰计划"书法十佳人才，"南太湖特支计划"人文社科领军人才。

杨轶　祖籍回山村人。1978 年生于镜岭，2001 年毕业于浙江师范大学，曾任教师，现为职业艺术家。其美术作品多次入展全国美术大展，获全国小幅油画展优秀奖、浙江省花鸟画展优秀奖、花鸟画特展铜奖，被多家美术馆、博物馆等机构收藏，被誉为"中西合璧"画家。系中国美术家协会会员、浙江省油画家协会会员、浙江省中国画家协会会员、浙江省书法家协会会员、绍兴书画院特聘画师、新昌县美术家协会副主席兼秘书长、新昌天姥画院院长。

杨慧月　斋堂村人。国家二级演员。宁波小百花越剧团张（桂凤）派老生，相继在《五女拜寿》《碧玉簪》《秦香莲》《三看御妹》《红楼梦》等剧中任主要老生角色。在《康王告状》中饰徐直，《责子》中饰郑北海，分别获得浙江省第二届戏剧节青年演员三等奖和小百花流派唱腔表演赛三等奖。1990 年饰演《归长安》中的薛良，获浙江省新剧目调演三等奖，1991 年饰演《徐策跑城》中的徐策，获宁波小百花会演一等奖、浙江省第二届小百花会演优秀小百花奖。1997 年在《孟姜女》中饰秦始皇，获浙江省第七届戏剧节演员一等奖。1998 年被评为浙江省"新越剧十姐妹"。

杨燕平　后将村人。国家二级演员，导演，艺术硕士，中国戏剧家协会会员。曾任江山婺剧研究院副院长，现任金华艺术学校副校长。2014 年毕业于上海戏剧学院导演系。主攻小生行当，戏路宽广，擅长人物刻画。主演的婺剧《周仁献嫂》获得国际小戏艺术节"最佳表演奖"。乱弹《借妻》获得浙江省戏剧节"金奖"等。执导乱弹《戚继光》、婺剧《连环计》等作品十几部，风格鲜明，构思新颖，在戏剧界有一定的影响力。

俞开明　高坪村人。二胡制琴大师、古琴制作大师，绍兴市非物质文化遗产项目二胡制作技艺代表性传承人。双明民族乐器厂厂长。二胡作品屡次获全国金奖，被载入《国乐精粹》。多年来，师从上海、苏州等地国家级大师与非遗传承人，潜心钻研，创新发展。2008 年创建双明民族乐器厂。2013 年与中国乐器协会民族器乐学会合作创建中国首家二胡制作工艺研发基地和古琴制作基地。2016 年筹建胡琴艺术博物馆。2010 年荣获中国民族器乐艺术节二胡制作大赛金奖、首届国际珍品二胡大赛金奖并获大赛组委会颁发的"国际二胡制琴大师"称号。2014 年制作的"咏梅"二胡被选为国礼赠送德国友人。

第七编

民间文艺

文运同国运相牵，文脉同国脉相连。彩烟地区的民间文艺，是从古至今彩烟人生产与生活的生动写照、通俗活泼的创造发明、自娱自乐的文化形态，代表和反映着每个时代的精神风貌。

第一章 民间艺术

民间艺术在彩烟源远流长。以庙会为舞台或阵地的彩烟民间艺术活动，每逢白王殿、东岳殿庙会或重大节日庆典，重头戏就是演戏。然后，吹鼓亭、滚绣球等各式民乐，舞狮、三十六行等民舞，纷纷登场上演，热闹非凡。

第一节 农村剧社

老老紫云班

1890 年前后，烟山艺人张宝相、杨子和、毛芋钵头（艺名）、金水花脸（艺名）等艺人和镜岭艺人何章生、潘水全、何富生等以及嵊县少数艺人组成"老老紫云班"。

老老紫云班常年在绍兴、宁波、台州、杭州等地流动演出。自 1915 年始，老老紫云班与绍兴乱弹多次组合进入十里洋场上海滩同台上演。当时的挂牌名角是花旦杨子和。

老老紫云班的剧目以乱弹为主，主要剧目有《高平关》《岳飞挑梁王》《反五关》《狸猫换太子》等。

坐唱班

20 世纪三四十年代，物质生活十分匮乏。一旦再遇上天灾人祸，彩烟地区绝大多数农民面临生存危机，不少人只好背井离乡，外出沿门乞讨。有一口好嗓子的农民，则利用民间曲艺作为谋生的手段，沿门说唱，换口饭吃或讨点小钱。这就是"小唱"。

"小唱"临场发挥，即兴演唱，灵活多样。人员一般只有两三人。或夫妻，或父子，或母女等。乐器也只有笃鼓、二胡或琵琶、三弦等。唱词和唱腔随机应变，大都是"利市话"。如有一户人家见唱小唱的来了怕向他讨吃、讨钱，连忙把门前的凳子端进屋，关起门来躲在家里不出声，因为他家里也穷。唱小唱的见了，就坐在门口的手推磨上唱起来："小唱小唱（不要唱之意）偏要唱，没凳坐，坐麦磨。主人听我来唱一唱。新年要有新气象，家家户户喜洋洋。待人待客待自己，要有菩萨好心肠。有善念，结善缘，做善事，得善果，合家安康，万事都如意。门好关，户难开，开开大门铜钿银子滚滚来。"此时，旁边一位老年妇女，见他们唱得好，又时已中午，便上前叫他们到自家吃点中饭。虽是随粥便饭，唱小唱的十分感激，为答谢馈赠美意，就在她家里敲起笃鼓，挂开二胡唱起来："两老双全、儿孙满堂，大儿中状元，二儿会拜相，三儿也登科……"唱得大家乐呵呵。

"小唱"除即兴编词，见人唱人，见事唱事外，也唱乱弹折子戏，如《三奏本》《渔樵会》等。还有的兼唱越剧、新昌滩簧、婺剧折子戏等。

围坐成班而唱的是"大唱班"，是民国后期较为盛行的民间曲艺班社，以乱弹为主。人员大多是社会上的"小百姓"（每逢民间婚丧嫁娶，用锣鼓吹打与迎送的"轿头佬"），民间驱邪拒鬼、出殡做道场为职业的"道人"等融合而成，一般由7～8人组成，多的有10多人。每人使用打击乐器或丝弦乐器2～3件，并按生、旦、净、末、丑，诸行当角色搭配。演唱乱弹的全本剧目，主要有《龙虎斗》《三王府》《节孝图》等。

彩烟大唱班较有名的有樟花、李间、王家、荷塘、贤辅、回山、雅里、渡河、蔡家湾、后谢、下岩、上下宅、大安、岩头山、下坪山、欧潭等村班社。这些唱班行当搭配较齐全，吹拉弹唱个个是能人，有时稍事补充数名配角，还能上台演出。因此在农村颇受器重，报酬也较丰厚，艺人多被尊为"先生"。

樟花班社 初创于民国初期。人员有吹笛的梁正田，吹梅花的梁汗勋，敲鼓板的梁凤廉，拉板胡的梁小焕，拉二胡的梁甫勋、梁树祥，弹斗子的梁喜成等，个个都是能手。通常每年正月初二出门，唱到二月才回家。据传嵊县西乡当地出名的坐唱班来樟花村贺岁，唱难度较大的《芦花记》。当闵士公念完开台白第一句："昨夜长街大雪倾"，旁边听戏的小孩梁德庄接着念："今朝檐前挂玉锭，翠竹压成狮子尾，乌鸦改作鹭鸶行。"那唱班见小孩也熟知芦花记，知道遇见师门，要求相见，因樟花唱班正外出贺岁，只好作罢。

雅里唱班 据老艺人杨国钱（1928年生）回忆，唱班于1947年组建，主要人员除了他还有杨焕照、杨喜彬、杨喜照（鼓板）、杨灿桂（笛子）、杨灿新等8人。唱班聘请竹潭的海球为师，当年就出门去天台、磐安等地献艺贺岁，群众反映颇好。

贤辅唱班 据老艺人董品桂（1921年生）忆述，唱班由6个道人和1个和尚组成。分别弹奏乐器（板胡、二胡、三弦、笛子、大小锣、梅花等），兼任戏剧"生、旦、丑"诸角色，以二凡、流水、三五七曲调为主。不化妆，不着戏服，坐着清唱绍剧剧目，如《高平关》《双贵图》《劈山救母》《芦花记》《送子得子》等。一般白天做道场，晚饭后敲头场、二场，吹梅花，接着捧元宝、调财神；然后坐唱绍剧约一小时，最后念经祭祀。

木偶班社

"木偶"也称"布袋木偶"，有大小之分。小木偶头小似鸡蛋，体长27～33毫米。大木偶头如茶杯大小，体长约43毫米。演小木偶戏设前后场各一人，前场主演木偶，集唱、做、念、打于一身，两脚还得照顾大小锣的敲打，发挥演员、乐队、值台、效果等全能作用。后场侧重于吹、拉、弹、唱，忙时还得兼前场参演，两人配合默契，具有人员少而精、技能难度大的特点。唱腔袭用乱弹、小调等曲调，上演剧目大多是人物少、动作性强，富有神话色彩的一类剧目，如《前后白蛇传》《西游记》《燕青打擂》《十八摸》等。

民国后期，新昌县内有十余个木偶班社，彩烟地区主要是樟花、袁家、贤辅等村木偶班社，贤辅村董韩周的布袋木偶绝技"可称骄之者"。他们在本地表演外，还活动于新昌、嵊县、宁海、天台、临海、东阳、义乌、磐安等地。

樟花村木偶班社　也叫"品藩木偶"，由梁凤廉父子三人组成。他们自己设计制作木偶，用铅粉、纸筋、苎麻、胶水糅合捣烂，雕塑成型，然后开脸、油漆，罩上蛋清，小旦嵌上水钻包头，悲旦插好甩发等不同角色的木偶和道具，还制作了一个雕梁画栋的木偶戏台，演出结束后，可以拆开放在担子里。父亲梁凤廉负责鼓板，鼓架上巧妙地搁着尺板、包鼓、铜鼓和小锣；大儿子品均前面的木架上挂着胡琴、梅花、笛子、三弦、铜锣和凑子（小钹）；小儿子品藩用双手舞动剧中人。木偶剧开场，忽而吹，忽而拉，忽而敲，忽而唱，竟然把七八人才能进行的唱、舞、念、打、吹、拉、弹等，压缩成三人组合，令观众叹服不已。班社经常到邻村和邻县演出。新中国成立后，还在樟花村下台门演出过几次，深得当地群众的喜爱。

戏剧社团

彩烟地区农村业余剧团主要盛行于民国时期，直到"文革"前。一般以村为单位组建，开展有偿演出。据记载，1940 年左右，新昌县有女子科班 60 余个，其中彩烟地区 10 个，其中下岩村 4 个，其余是下宅、后谢、蔡家湾、岭山、回山、王家。解放后陆续组建戏剧班社的有雅里、上宅、华董、贤辅、王家、后溪、袁家、后谢等村，这个时期是戏剧发展的兴盛时期，新的剧目大量涌现，艺人群芳斗艳，可谓百花齐放。

1964 年"社教"运动，接着"文革"十年浩劫，传统戏剧特别是越剧，遭到严重摧残，绝大部分剧团被解散，道具戏服被毁。村里以俱乐部或毛泽东思想文艺宣传队形式演出现代革命小戏、革命样板戏，演唱语录歌等。样板戏主要是京剧《红灯记》《智取威虎山》《沙家浜》《海港》《奇袭白虎团》《龙江颂》《杜鹃山》以及舞剧《红色娘子军》《白毛女》等。

"文革"结束后，特别是电影戏曲片《红楼梦》上映后，给农村业余戏剧团复苏带来希望。民间艺人重新组织戏剧班社，并从各地招聘演职员。由于绝大部分剧团的戏装道具被毁，加上婚嫁、年龄和工作等因素，多数村的剧团无法重组，下宅、华董等村重新购置戏装道具，继续活跃在彩烟内外。1983 年后，随着影视的普及和城镇文化生活的繁荣，群众对文艺的要求提高和审美观念的改变，彩烟地区农村剧社逐渐退出舞台。

下岩剧团　下岩村历来有爱文习武的传统，早在 1940 年，就有女子科班 4 个。"文革"期间也有几班做时装戏、样板戏的文艺宣传队，吹拉弹唱的爱好者也不少。"文革"结束后，在人们如饥似渴地狂热追捧传统戏的背景下，下岩村大戏班于 1977 年组建，同时还有 3 个小戏班。大戏班的演职人员有 20 多人，服装道具不断更新，演出质量不断提升，除在本地演出外，还应邀去嵊县、临海、上虞、临安等地演出,深得好评。

雅里剧团 成立于 1950 年,是彩烟地区组建较早的剧团之一。演职员大都是 20 多岁的青年,且有原大唱班的基础,又有竹潭海球师父授艺,组建后正常演戏。主要演职员有杨焕照、杨喜彬、杨国钱、杨喜照、杨灿桂、杨灿新等近 20 人。演出剧目主要有《三皇府赐皇袍》《送子得子》《九松亭》《宝莲灯》《陈胜吴广》《三奏本》《东平府》等。《白蛇传》是该团的拿手戏,观众评价很高,各村竞相邀演。

华董婺剧团 诞生于 1954 年 9 月。聘东阳三单村著名婺剧艺人汪根方父子为师,学艺三年,外出演出。节目大多以《水浒》故事、疑难悬案题材为主。演出较多的有《林冲雪夜上梁山》《玉麒麟》《九件衣》《十五贯》《金棋盘》等剧目。董仲宣(生)、董伯春(旦)、杨尚贤(丑)等演员演技高超,受到好评。"文革"中停演,改革开放后再度演出,但后继乏人,难以成团。

贤辅绍剧团 在原有绍剧坐唱班的基础上,由一批年轻戏曲爱好者自发组织起来,服装、道具也都是每人打工挣钱凑集起来购买,演唱和动作均为口对口、手把手学习而成。剧团曾出演彩烟外的儒岙、小将直至天台、下三府等地。演出节目有《狸猫换太子》《双贵图》《双龙会》《狄青围困大狼山》等,曲调主要以二凡、流水、三五七为主,伴奏乐器有板胡、二胡、三弦、笛子、司鼓、大锣和梅花。角色行当分大花脸、二花脸、小花脸、老生、正生、武小生、小生男角;老旦、正旦、小旦、花旦、悲旦女角。

后谢农村业余剧团 成立于 1953 年,由盛春标倡导、20 多位男青年组成,从自筹资金、借用戏装起家。先后聘请多位名师辅导,成名的有净角盛永庭、丑角盛柏君、小生盛桂忠、正生盛之正、小旦盛浩忠、花脸盛开正等,王牌角色盛庆祥,无论正生、老生、小生都能演得恰如其人。该团不仅在本地演出,还应邀去儒岙、小将及县外天台、磐安、东阳、奉化等地演出。该团演出的第一出戏叫《三上桥》,后来排演翻身忘本的《柴相全》等;再后来演出样板戏。传统剧目《高平关》《白蛇传》《征西 1~6》《五龙会》《狸猫换太子》《龙虎斗》《乾隆皇帝游山东》《画容扇》《迥龙阁》《大名府》等 40 多个。"文革"期间一度停演,1980 年后重演,1990 年后后继乏人,未复演。

后溪雁群越剧团 成立于 1956 年,聘请品相、灿娟等多位有名老艺人为师。除在本地演出外,曾去万年山、白鹤殿、天台城等地演出。当时戏价每场 6 元钱,拜一场"落地寿"7 元钱,相当于现在五六百元。该团能演《双狮图》《文武香球》《秦香莲》《盘夫索夫》《状元斩母》《玉蜻蜓》等十多个剧目。卢玉贞(小旦)、李金娟(正旦)、卢福千(大花脸)等演员,演技较好;后场的卢竹生拉得一手好琴,琴声如泣似诉;还有吹梅花的中斐,能一口气不歇气地吹到底,故有"中斐梅花灿桂箫"的美誉。

上宅业余剧团 1949 年 5 月,新昌县城解放。上宅村在农会领导下成立青年会,演出文明戏。1950 年由杨炎兴、周日贵等 20 多位青年创办"上宅村俱乐部",1956 年改称"上宅业余剧团"。正生杨佳麟、花旦杨玛丽、悲旦杨亚娟、小生杨国灿等,演出《节孝图》《三审林爱玉》《棒打寇珠》《打銮驾》《龙图断》《大斩胡王府》等 20 多个剧目,甚至能连演四天四夜,深得观众好评,于是还去本县外地和奉化、天台、嵊县等地演出。

1967年，剧团戏装道具被"红卫兵"所毁，从此停演。1980年重组剧团，重办戏装道具，重新演出，至1983年停演，不再演出。

下宅东升剧团 下宅村历来演艺人才辈出。解放前就有唱乱弹的剧团，不少艺人被外地剧团聘请为师，其中杨荣繁、杨小标、杨昌老是新昌高腔剧团的老师父（导演），故下宅村有"戏窝"的美誉。

东升剧团成立于1953年。主要演职员有杨炎仁、龚岳舟、杨绍焕、杨岳汀、石少青、蔡庄琴、俞碧玉、杨永和、陈苏连、杨小宝、杨德叶、杨桂仁、王灿娟、钱银福等20余人。演出剧目有:《珍珠塔》《唇亡齿寒》《卖草藤》《箍桶记》等几十个传统剧目;《血泪荡》《白毛女》《红灯记》《龙江颂》《沙家浜》等十几个时装戏。

东升剧团在"文革"期间停演。1978年后重组剧团，除本地演出外，还受邀去温岭、温州等地无偿演出。因水平高，演得好，当地村民竞相邀请，坚持送红包，每场戏也只收80元，基本上平均分配，这在当时也是相当不错的收入了。

下宅越剧之家（雄美越剧团） 创办人杨永昌（1940～2020），其父亲杨小标是原新昌高腔剧团的名师，主演小旦，祖父辈也多是演戏的。他在部队服役期间，是文工团演职员，其妻钱小娟是原新昌越剧团旦角演员。三年暂时困难时期，钱小娟主动要求返回下宅家乡。"文革"期间，杨永昌夫妻俩在东升剧团担任主角。钱小娟扮演"白毛女""李铁梅""小常宝"等角色，至今还被人们津津乐道。

2004年，杨永昌与儿子杨雄峰组建"新昌越剧三团"。2008年创办"越剧之家"，2009年改名为"新昌双彩乡雄美越剧团"。该团的主要演职员皆由其一家三代人承担。杨永昌与儿子杨雄峰担任乐队主手。妻子钱小娟、儿媳章美珍，女儿杨莉苹，孙媳吴菊梅，还有亲戚章珍英等担任主角。演出剧目有《宝莲灯》《追鱼》《皇帝与村姑》《清官谱》等50多个。该团除在本地演出外，常年在舟山、宁波、温州、绍兴、台州等地巡回演出。获浙江省文化厅颁发的"浙江省农村文化示范户"称号。因演出水平高，观众反映好，被多家媒体采访报道。

上市场越剧团 成立于1950年。首演《梁山伯与祝英台》出名，还演过《八大王》等传统剧目。"文革"期间，两位上海知青到上市场村插队落户，一位是上海越剧院著名演员竺素娥（嵊县人，中国戏协会员，誉为越剧皇帝）的女儿叫小竺，另一位叫陈美青。两位知青加入剧团，在排演《红灯记》时，竺素娥多次来团指导。剧中，小竺饰演李铁梅，陈美青饰李奶奶，梁千源饰李玉和，杨柳春饰磨刀师父。后场乐队除原有大唱班的人员外，还聘请了回山二中的潘锡朝、梁正立老师。剧团负责人梁林标为剧团事务操劳奔走，费尽了心思。演出后，观众都认为该团的演出水平不亚于专业剧团，后来被县特邀到新昌电影院演出，场场爆满，得到了县文化部门的嘉奖。

两位知青返回上海后，剧团不再演出。

袁家剧团 据陈章满（1936年生）忆述，剧团创办较早，"土改"时就开始做文明戏，后来逐渐增加传统戏。办高级社和人民公社时，是演出的鼎盛时期。剧团聘袁火钱老艺人为师，主要演员有陈岳才、陈章满、陈伯相、陈生桥、陈中禄、陈标钱、陈焕招、陈庆开、陈品贤等，演出剧目有《飞云剑》《通天箫》《朱仙镇》《双金定》《武大柱》《借东风》等几十个。演出水平较高,颇受观众好评。"社教"开始后停演,再未复演。五大箱戏装道具还在。

王家业余绍剧团 创办于1952年。主要演职员有梁桂堂、梁相雪、梁章甫、梁银儒、梁凤吾、杨福千、梁水源、梁喜千、梁相乔等,演出剧目有《渔樵会》《封神榜》等十几个。还到天台百步等地演出。"文革"初期部分戏装道具被焚毁,再未演出。

篁嘉塘业余剧团 组建于1950年。村民梁云章参加县文艺会议回村后,在村干部的支持和配合下积极开展工作,全村青年积极响应。在一无戏剧表演基础,二无师父传授的情况下,自己找来剧本《小仓山》,根据剧本简单介绍,每个动作按剧情细心探究推敲,逐渐演绎成戏。村中一位叫丁能道的老人,酷爱看戏,见识也多,平时能指点一二,成为剧团唯一"师父"。功夫不负有心人,演出效果反响极佳,于是赢得多村邀演。还去天台车门湾演出,得到当地乡长的高度赞扬和观众的好评。受邀去有戏班子的雅里村演出,同样得到好评和热情招待。到素有"戏窝"之称的下宅演出《梁山伯与祝英台》。起初台下骚动,还有冷言,待到梁成廷演唱祝英台"送兄"那场戏时,那失魂落魄般的表演细腻而传神,音调清悦优美而又凄切哀怨,此时台下鸦雀无声,直至最后双双化蝶,台下赞声不绝,赢得好评,后人念想。

农村俱乐部

1950年,彩烟地区各村成立农会。在农会领导下,相继成立民兵队、妇女会、儿童团等,还成立起农村俱乐部,吸引众多文娱活动爱好者参与。为配合《婚姻法》宣传,樟花、后谢、大宅里等俱乐部演出《六根番薯》《借亲配》《三上桥》等;为宣传抗美援朝,演出《打渔杀家》等文明戏。

1958年在区文化站"全面规划、加强领导、积极发展、重点示范、逐步提高"方针指导下,俱乐部迅猛发展,遍及绝大多数农村。当时演员穿着打扮简单,演出场地多在祠堂或操场,甚至是学生课桌作舞台,演出内容大多为三句半、快板、相声、歌舞等。1960～1963年,受自然灾害和生活困难影响,农村俱乐部活动走入低谷。此后,省委要求"巩固和发展农村俱乐部",实行"党领导,团主办,民兵、妇女等部门密切配合",俱乐部活动列入议事日程。

1966年"文革"开始,传统剧目禁演,俱乐部也改称"毛泽东思想宣传队"。演出革命样板戏和宣传性小节目,唱语录歌,跳忠字舞。1976年10月,"文革"结束,宣传队停止活动,俱乐部得到恢复。

20世纪80年代后期,农村俱乐部受到市场经济影响,逐渐萎缩。进入新世纪,随着经济社会发展和人民群众对文化生活需求愿望的增强以及劳动人口的转移与变化,农村兴起图书室、老年活动中心、综合文化中心、文化礼堂等建设热潮,农村俱乐部也转型或被取代。

樟花村俱乐部 成立于1950年。1952年还成立了师生假期俱乐部。先后演出过歌颂劳动模范的《王秀鸾》;反对封建婚姻的《六根番薯》和《借亲配》;反映潜伏特务投案自首的《新生》;支持抗美援朝保家卫国的《未婚妻》和《打渔杀家》等,几乎每年都活跃在乡间。

大宅里村俱乐部 大宅里村的戏班一直称"大宅里俱乐部"。解放初期,演出时装戏(又称文明戏），由梁小照、梁小木、潘和千、梁启禄、梁品均、梁保红、梁明祥等演出《血泪仇》《孔祥熙》等，名噪一时。报幕员梁大妹年轻漂亮，声音清脆，也深得观众喜爱。"土改"和合作社期间，戏班还邀请樟花村和中宅村的艺人合演《两兄弟》《兄弟换防》等节目，多次代表回山地区参加县文艺会演并获奖。1967年后，由梁启文带班的俱乐部，主要演出样板戏《白毛女》《红灯记》《沙家

文艺宣传队演出

浜》等，演员有梁淑溪、梁德娟、梁桂球、梁阿毛、梁叶明、梁中华、梁明祥等。不仅在本地演出，还受邀去沙溪、奉化、宁波等地演出，场场盛况空前，好评如潮。为能争取大宅里戏班，那里的村坊甚至抢演员、抢道具，闹出意见和"矛盾"。梁明祥自始至终担任导演，演出和导演水平有口皆碑。1983年后，由于各种原因，俱乐部停办，再未恢复。

回山村俱乐部 1963年由村中团员青年自发报名组建。邀请县调腔剧团章华琴、蔡德锦等老师辅导，排演了《风雷渡》《审椅子》《三世仇》等多个调腔剧目。在本地演出外，还受邀去长征乡、天台三州乡等地演出。1965年参加全县文艺会演，杨永明、杨小妹主演的歌舞《逛新城》荣获一等奖。1967年后，排演京剧《红灯记》《智取威虎山》等剧目。1975年为配合全县活动，演出了《红云岗》等剧目。1979年，根据观众喜好，由村团支部牵头排演《九斤姑娘》，得到群众好评。

1980年，俱乐部改建为"回山村越剧团"，配备起舞台灯光、音响、幻灯及布景设备。由杨锡姣为名誉团长，杨锦阳为团长，陈月丹为副团长。聘老艺人龚春花、王玉英为师，演员以本村女青年为主，主要有杨月翠、杨雅芹、杨敏妃、潘录妹、杨凤姣、杨丽初、杨森燕、杨美翠、杨奎燕、杨福章、杨太章等20多人。排演了《恩仇记》《三篙恨》《花田错》《孟丽君》《何文秀》《血手印》《沉香扇》《三看御妹》《回龙阁》《辕门斩女》《苏三起解》《打金枝》《三盖衣》《盘夫索夫》等多部经典传统剧目。1980年赴临安各地演出。1983年去象山、宁波等地演出，反响较好。后剧团停演，再无重组。

李间俱乐部 1965年在村支部书记李林火牵头和支持下，组织文艺宣传队，请村校老师做辅导。表演唱《东方红》《我们走在大路上》在公社文艺会演中获得好评。首演成功后，积极性高涨，接着排演《风雷渡》，自费买来幕布等道具，于1966年下半年正式成立"新天公社李间俱乐部"，演职人员达到21人。除了表演文艺小节目，还演出了《红灯记》《智取威虎山》《沙家浜》选段。1969年春节期间还去嵊县沙地、北漳及奉化地界部分村庄连续演出13场。唱的是婺剧曲调，后场鼓乐又欢快闹猛，得到观众好评。普遍反映，俱乐部成立后村风民风大有好转，参加文化娱乐活动的人越来越多。

回山中学文工团 1956年创办时为"新昌第五中学文工团"，演职人员均为学校师生。每到节日或集会或寒暑假，就到各地义务演出。1963年，校长梁钟美亲自主持，音乐教师沈宏山（原新昌高腔剧团演员）为导演，率领师生组成的演职员20多人，利用课余和假期到各地义务演出。一

般安排在晚上，不吃群众一顿饭，不收一分钱，演出结束即连夜返回学校。有的带病出演，常常挨冻挨饿，就是没有半句怨言。足迹踏遍彩淳的每个村落，还去中彩、新天、回山、安顶等公社的一些村庄，甚至演到天台岭上。演出节目丰富多彩，有新昌调腔、宁波滩簧、山东快书、话剧、相声、歌曲、魔术、滑稽戏、乐器独奏等。较有名的剧目有翻身不忘本的《刘介梅》，一心为集体的《送肥记》，阶级教育的《半夜鸡叫》《杨白劳告状》《审椅子》，样板戏《红灯记》《沙家浜》《智取威虎山》等数十个。文工团的演出得到广大群众的一致好评，成为回山地区享有盛誉的文艺宣传队。

教师假期文工团　后称毛泽东思想文艺宣传队。学校历来是传道授业解惑的场所，也是社会进步的助推器。解放后，学校师生积极配合党和政府开展各项活动，喊口号、贴墙报、办黑板报、写墙头标语、文艺演出等等，做了大量工作。"土改"前后，八泄联乡中心小学成立教师文工团，演出《刘胡兰》，由梁碧桂饰刘胡兰，陈宝兴饰刘胡兰的母亲，梁益庄饰民兵，学生梁中斐也扮演一个角色，梁品超任导演。他们利用休息日和寒暑假到各村巡回演出。安顶乡的教师文工团也很活跃。早期演过《三月三》，"文革"期间演出相声、快板、歌舞，以及样板戏《沙家浜》中"智斗"。新天、彩淳、中彩的教师文工团和区文工团除本地演出外，还去周边乡镇演出。大多是宣传戏，也有折子戏《靖海曲》《打猪草》《拾玉镯》《王秀鸾》《关不住的姑娘》等。当时流传着一段顺口溜："杨名胡琴灿桂箫，陈晓霞的喉咙，铭凡的调，中贤的鼓板呱呱叫。"

回山区文工团　1958年以贤辅村原有剧团为主体组建，梁珍娟任团长，潘锡朝为秘书，福增为导演，梁珍娟、梁小玉、董小桂、梁玉娟、盛开正等为主演。节目主要有爱国教育《靖海曲》，黄梅戏《打猪草》《拾玉镯》等，及一些配合时事的宣传小戏。团驻地原在贤辅村，后迁至区公所边的营造厂。1959年深秋解散。

民间戏曲名人

彩烟地区戏曲人才很多，名人也不少，其中走出新昌，并在省内外影响大、声誉好的有国家一级演员梁谷音、杨婷娜，国家二级演员杨慧月、杨燕平等。

杨荣繁（1907～1990）下宅村人。著名丑角演员、导演。8岁时进调腔科班学戏。1954年县政府聚集流散艺人组建半职业性"新昌新艺高腔剧团"，杨荣繁担当主演和导演。1957年夏举办首届高腔训练班时，他将9岁的儿子杨秋千以及下宅村另外3个同龄人招进训练班学习，全体演员中下宅村人就有7位，其中3位成为老师。1962年，《闹九江》赴省演出获得成功。此后，杨荣繁与赵培生、楼相堂、潘林灿等一起，一面献出手抄藏本，一面口授传统剧目，由退休教师尉可见整理成《新昌高腔传统剧目汇编》；由杨荣繁等4位老师父念腔，由方荣璋、滕永然记谱的《调腔曲牌集》等编印问世，为调腔的传承发展做出重要贡献。杨荣繁的表演艺术精湛，最有特色的是《北西厢·请生》中的法聪，《水浒记·活捉》中张三郎的端椅掌灯绝技等，均于1986年被省艺术研究院录像存档。

杨子和　生卒年不详。下宅村人。著名乱弹旦角演员。老老紫云班骨干成员。艺术生涯整整

50 年，民国初年闻名上海。与绍兴绍剧艺人搭班，担任该班头肩旦，在上海挂牌演出。因唱做俱佳而名声大噪，是当时首屈一指的乱弹旦角。

陈焕招（？～ 1946）回山村人。著名调腔鼓板，《中国戏曲志·浙江卷》中有其传记条目。三大特点有"饱"（即识字甚少，却因过耳不忘，好学不倦，肚里货多、懂得很多）、"灵"（即反应敏捷，朝气蓬勃，勇于创新，善于突破）、"催"（调腔班有"吊脚板"之称，戏文越演越紧，观众脚板自然而然被吊住，要达到这样的目的，须靠鼓板师紧催节奏）。老艺人们说，只要焕招的鼓点一催，就像心被揪住似的，戏再也慢不下来。无论前场后场，还是观众演员，全都随他鼓点带动，全神贯注到戏里去了。他还兼顾各方，及时匡正演员"荒腔走板"和唱念谬误，且具即兴应变能力。1946 年在天台平镇演出时，不幸溺水身亡，一些剧目随之绝响。

第二节　民间舞蹈

自古以来，彩烟人能歌善舞、尚武多艺，喜爱机巧杂耍，物质生活虽然贫乏，文化生活并不枯燥，甚至比较丰富，有不少是各级非物质文化遗产。

十番

中宅、雅里等有十番班社。参加演奏 15 ～ 20 人，使用的乐器一般是笙箫、管、笛、碗胡、二胡、三弦、琵琶、秦琴、斗鼓、彭鼓、大钹、大锣、叫锣、双星、鱼板等。演出时间大多在黄昏。列成两路纵队，打击乐在前、丝弦管器乐于后，密步慢行穿街而过。中宅村梁品翰（领头）、梁品华、梁其恒、梁其梦等十多人表演的十番十分精彩，音乐悦耳动听，吸引大众。中宅村保存了十番的曲谱，后遗失。

吹鼓亭

以"亭"为依托的民乐。鼓亭是由细木精雕细刻而成，八角五层，可拆可装。四面刻满龙、凤、狮子，花鸟图形，亭旁挂有五面锣（小锣、铮锣、紧锣、冬锣、大锣），亭内放置三叉鼓（笃鼓、战鼓、大鼓），亭用木料构结框架，外用彩绸结扎色彩鲜艳。演出时，亭由 4 ～ 8 人扛抬，后随 8 名旗手，擎举 8 面旗帜，其中 4 面三角旗、4 面门对联。亭两旁排列 10 ～ 20 人的乐队，除打击乐外，还使用大唢呐两支及板胡、竹笛、二胡、三弦等民族乐器演奏。乐曲有多种，其中樟花的吹鼓亭班社主要演奏《滚绣球》，旧宅岙的吹鼓亭班社主要演奏《骑马调》，都很有名气。还有高湖、中宅、贤辅、官塘、雅里、下塘、大宅里、后溪、长虬等村有过吹鼓亭班社。

滚绣球

一种由打击乐器与管弦乐器混合演奏的民乐曲牌。樟花演奏队以坐唱班为基础组成，常以围坐形式演奏，也参与贺岁，在 20 世纪 30 年代的一年"东岳庙会"上特别出彩，得到广大群众称赞。据梁钟美回忆，樟花的滚绣球演奏，以吹笛能手梁正田为首，吹笛子的梁汗勋、敲鼓板的梁凤廉、敲四小锣的梁树祥、敲四大锣的梁甫勋和敲金丁、鱼板、凑子、大钹、月锣的梁小焕、梁喜成、梁孟臧、梁日升、梁树春等,簇拥着"吹鼓亭",与其他表演队一齐进行。樟花的两支笛子本来就有名,再加上打击乐器的包鼓声、堂鼓声、四大锣、四小锣以及凑子、大钹、金丁、鱼板等多种声音互相协调;打击乐器声与美妙动听的笛声互相协调;行进锣鼓队的步伐与"滚绣球"音乐节奏的互相协调;以及用两根长杠抬着的玲珑剔透的吹鼓亭,也都步调一致、起落有序,不仅悦耳,还好看。

舞狮

彩烟的民间舞蹈,主要是动物模拟舞和人物化妆舞,其中舞狮集吉祥、驱邪、习武为一体,因而最为常见和普及。根据老艺人回溯,舞狮有悠久的历史,1850年前后,后溪村狮子班去新昌南门石溪村贺岁,留下一段有趣佳话。

狮班一般由12~20人组成。按各自的舞蹈与武术水平,以狮皮毛色为标志,划分等级。其中"绿毛狮子"取绿色为雌性柔顺的含义,表示是初学新手组成的班社,暗示请同行关照之意。"黄毛狮子"表示学成已有数年。"铁毛(黑色)狮子"表示已具相当水平。"红毛狮子"取红色为雄性、刚强的含义,表示是佼佼者组成的班社,暗示可与同行较量之意。

舞狮表演,大多是单狮舞蹈。由两个人在狮子皮下表演,一人在前举狮头,一人弯腰在后作狮子后半身,通常称狮头或狮尾。舞狮过程一般分为三段,首先耍狮者平握系绳绣球引出狮子,坐镇四角的模拟舞为先,有狮子舔咬毛皮,依廊柱揩痒或相互亲昵等动作,颇有温存的人情味。接着是武术表演,分行拳与器械二部分。行拳一般有大洪拳、小洪拳、插山十六支、霸王拳、西川落五虎、宋江拳、小金刚、六步拳等十几种套路。器械有大刀、棍棒、三节棍、响铃叉、单双铜、铜锤等。最后表现以狮子叼绣球收场。其中耍狮者以绣球为诱与狮子搏击、戏谑,最后降服狮子等种种舞蹈姿势,以一个接一个的惊险动作,促成高潮,造成一种紧张又欢乐的氛围。整个表演过程,以打击乐器伴奏始终。乐器有大号、大锣、小锣、大鼓、小鼓、火钹等,音响气势颇为雄伟。

解放前后,彩烟有名的狮班有樟花、前丁、渡河、丁山、植林、雅里、上下西岭、上宅、马家田、后溪、岭山(有4个班)、下坪山、后坂、袁家、李间、石界、宅下丁、汤家、旧里、贤辅、下岩(有2个班)、蔡家湾、欧潭、岭头俞、东碻、大安、王店等村共30多个。有的直到二十世纪六七十年代还有表演。

舞龙

舞龙在彩烟不是很普遍。每个班社也是不同的舞法,龙的长短与颜色也不尽相同。一般每条龙长15~30节,每节龙箍长50~70厘米,高40厘米,节与节之间的距离为3米。舞龙时,每节龙箍由2人轮流挥舞卷动,龙跟着绣球做各种动作,不断地展示、穿插、扭、挥、仰、跪、跳、摇等多种姿势。人们以舞龙的方式来祈求平安和丰收。舞龙结束,烧去龙头和龙尾,龙身必须高挂在祠堂内,以示保平安。

后谢、溪边、中宅等村在 20 世纪四五十年代曾有过舞龙班社。中宅村在 1947 年做梁氏宗谱时进行了舞龙表演，也曾在正月或重要节日到外村表演。

马灯

又称舞马，马灯舞。后将、西丁、西塘、北池、下塘、岭头周等村有过舞马灯的班社。马灯舞产生时，意为反映战争生活，后演变为民间的闹春活动。马灯班人员 30 ～ 50 人，4 名旗手为前锋，后依次是马夫 2 名，挂马灯的人物 10 名，分左右两队排列。扮演的人物各班不尽相同，有的扮演王昭君、宫女、将军、官吏，似在演"昭君出塞"；有的扮上八洞神仙，似在演"八仙过海"神话。表演场地不拘，表演顺序一般为：在锣鼓声中挥鞭策马作舞，密步穿插队形，依次为"元宝阵""香烟曲""绕四角""梅花结顶"等；马夫配马；前后场群唱马歌；继续穿插队形，有"破十门""里盘龙""剪刀阵""出五方""转三角"。越穿越快越紧凑，于高潮中结束。伴奏以《骑马调》为主。配马、遛马时伴奏《柳青娘》，进入高潮时则敲《急急风》。唱马歌只有一种曲调，或唱土特产，或唱各朝人物，或唱政治时事，或助人为善，只有内容上的不同，没有音调上的区别。

回头拜

化妆舞之一。参加表演 20 ～ 30 人。一律身穿箭衣马褂，头扎绣花彩巾，手捧精雕金镂红色小祭桌，前披绣花小桌围，下垂彩色排苏，上放锡制香炉烛台。在锣鼓声中，按照节拍群走三大步回身一下拜的动作，故称"回头拜"，以步伐整齐与幅度大的为优胜。常与"三十六行""莲子行""大旗会"等一起在迎神、庙会、旱年龙潭取水时表演。能表演回头拜的班社：回山、岭山、樟花、中宅、后溪、李间等村。

三十六行

寓意"行行出状元"。20 世纪 40 年代较为盛行。扮演者 100 ～ 120 人，分别化妆成县太爷、叫花子、嫖客、农夫、马夫、郎中、篾工、石匠、木匠、屠夫、算命的、看相的、猎人、商人、小贩、卖唱的、做西洋镜的、孕妇、接生婆、媒婆、驼背、独手、跷脚、尼姑、和尚、道士等各类人物。扮演坐轿、背犁的要本人交钱。

表演时，先用耍叉、飞刀拉开一块较大的场地，然后让三十六行出场。在鼓乐队的伴奏声中，一面高 7 ～ 8 米的大旗为开路先导，后面有 10 名大汉，肩背土冲以充护卫，另外 4 名大汉手执斩马刀开路。须由一人领队舞串队形，队形有里龙阵、外龙阵、梅花阵等。各按行业身份自由做出种种发噱的表演。接着分组登场，节目有"莲子行""买草囤""双看相""打花鼓"之类，演毕再换场地活动。

能表演三十六行的班社有大宅里、上宅、高湾、石界、下洋、回山、篁嘉塘、旧宅岙、中宅、渡河、官塘等村。

莲子行

是较具特色的民间群体舞。自有独特的曲调，一唱众和、即兴编唱，边走边唱的艺术特色。表演人数可多可少，不拘一格，一般由 20～80 人组成。表演时，一人领头带唱，其余队员列成两行，紧随其后接唱"莲格莲花落""莲花，花啊花，花格莲花落呀啊"，故领头唱的人必须有一定的文才、口才和随机应变、即兴唱出的能力。领唱内容有赞美大姑娘漂亮的，有鞭笞为官不仁的，有慨叹百姓痛苦的，有指桑骂槐斥责行为不轨的等。

莲子行根据装扮和使用的道具不同，可分为"讨饭莲子行"和"马帮莲子行"。讨饭莲子行头戴扎花草帽，身穿茶坊布衣，腰束草绳，脚蹬草鞋，右手专做姿势，左手食指和大拇指夹住由 5～7 片竹爿穿成的响器（也叫七姐妹）。领唱者右手握一长形尺板，也叫开口龙头捧，起表演和指挥的作用，敲打时发出"尺、飒剌剌"的节拍声，压住词调板眼，显然是一群穷百姓形象。马帮莲子行做义士装扮，头扎绣花英雄包巾，身穿紧袖排扣打衣打裤，背插红布大刀，腰束绸带，小腿裹腿，左手所执也是竹片绒球响器。领头者右手握的是一支龙头狭条长尺板，俨然是一批"义和拳"的形象义士。

据《新昌县志》载，莲子行的历史可上溯至明朝正德年间。清代时皆由十四五岁的男少年表演，后来才出现女子表演的女队，男子表演的男队。至民国后期多由女子队表演。解放初期，彩烟地区的群众大多会演唱，且改成男女演。1963 年，官塘小学的学生在陈士中老师的辅导下，学过莲子行，并在区校文艺会演时表演。"文革"时被废止，1988 年后又出现。2006 年 9 月，双彩乡觉苑希望小学排演的莲子行《山里娃笑颜开》，参加全省"希望工程浙江实施 15 周年纪念晚会"会演并获奖。

能表演的村有雅里、上西岭、植林、下塘、篁嘉塘、中宅、下宅、宅下丁、旧里、袁家、东碛、石界、下洋、渡河等。

高跷

中宅村、上宅村、下宅村有过高跷班社，并在解放时庆祝活动中表演。高跷有一定的难度和技巧，由成人扮演，化妆成各种戏曲人物，如薛丁山、樊梨花、狄青、双阳、杨宗保、穆桂英、许仙、白蛇、刘关张之类的角色，依托 1.5～2 米的木棍上，能上山下坡、行走如飞，休息时或靠或坐于屋檐、墙头。

大旗会

又称高扯旗。是由数十人扛抬一顶宽 1 米、高 10 余米大旗的杂耍。大旗的旗杆用特大毛竹或杉木制成，顶端装上金银色七彩旗顶，旗顶状如多层楼阁，边插五彩小三角旗与丝绸飘带，旗杆重披彩色绫缎制作的旗衣，一直挂到底部，上绣"国泰民安""五谷丰登"一类字句。一般在迎神祈福时活动，下面由 20 余名壮年轮流扛抬前进，四周有数十人拉纤平衡，或撑杆支撑，20 余人手持铁铳或大刀充作护卫，随着吆喝声飞行过树梢，撑杆者飞跑、挥刀、斩荆，不论上山下坡，涉水登山，均能保持旗身笔直。这是一种"以团结显示力量"的民间艺术。大旗本身是一件艺术品。回山村的大旗是一面十余米长的"蜈蚣旗",上书四十二字"皇图巩固、帝德重光、威加四海、直被遐方……"每个字约一尺方正,用黑色绒布剪成,大旗扯起十分壮观。另外,大宅里、岭山村也各有一杆旗,解放初曾作过表演。

台阁

民国后期,大宅里、樟花、下宅等村有过班社,形式为 8～10 人分组轮流抬一座木制雕镂彩漆的台阁。整个队有数个台阁,每座台阁上站立一名 15 岁左右的少年,粉妆绣裹成戏曲中的男女名将、名帅状,双手握住一根在台阁上固定住的古代兵器,兵器顶端用条带巧妙地缚住一名五六岁的孩童,也装扮成戏曲中人物。远看似站着一般。在鼓乐喧闹声中扛抬而过。现年 87 岁的梁柏生老人记忆犹新,1940 年前后,大宅里的梁石凯、梁火照等人参与过台阁表演。

打花鼓

在迎神、庙会及喜庆时演出。有时单独表演,有时插入"三十六行"中表演。扮演者通常是三十六行中的佼佼者。20 世纪 40 年代,大宅里村品华和全佬能表演打花鼓。

童子痨

产生于民国初期。当时农村盛行童婚,俏女子常嫁病残丈夫。有的女大男小,既当姐又当妻,造成终身悲剧。童子痨所反映的就是这个社会现实。一般由 7 人组成,其中乐队 5 人,表演者 2 人,分别饰演童子痨与童子痨妻。童子痨妻打扮得如花似玉,以相衬童子痨的枯瘦矮小。童子痨自始至终走的是矮脚步,抬头望妻,时而捧胸咳喘,时而捏鼻捶背,时而跟跄欲跌。童子痨妻则是戏曲旦角步法与手法,皱眉拭泪,无可奈何,形容悲切。两人在台上边舞边唱,以《孟姜女调》各叹自己身世悲苦。演出时间约 30 分钟。

袁家村和下塘村在 1949 年前夕有班社表演。当年看过童子痨表演的老人,如今还能吟唱。

男:"正月格春鸟叫得早,多劳媒人话得好:话我童子山园田地有多少,拿来许配我童子痨。"

女:"正月春鸟叫得早,我格命宫真勿好,廿岁后生要多少,何必许配你童子痨。"

秧歌

源自陕北,解放初最为流行。一般舞队几十至上百人,扮成历史故事、神话传说或现实生活中的人物,随着乐曲节奏,边舞边走,变换各种队形。舞姿丰富多彩,舞步简单明快,场面热闹非凡,因而深受农民群众欢迎。凡有大型喜庆活动,都少不了秧歌队。农村秧歌又叫"唱秧歌";游屯串村,又叫"跑秧歌";光扭不舞就叫"扭秧歌"。城乡居民普遍喜欢只扭不唱,听到秧歌曲就自觉不自觉地扭动起来。

为庆祝"土改"胜利,1951 年国庆节这天,各村群众敲锣打鼓,在原八和、泄上两乡举行进村大游行。樟花村组织了四组秧歌队。一组是男民兵扮姑娘秧歌队,头包花头巾,脸上涂脂抹粉,身上穿着靓丽的花衣服,竟然扭得婀娜多姿;一组是妇女扮男民兵的秧歌队。头戴单帽肩背枪支,舞得雄赳赳气昂昂的;另一组是儿童团秧歌队。男的扮老公公,头戴赤帽,身穿长袍马褂,棉花粘的白眉毛白胡须，脑后拖根稻秆辫子；女的扮老婆婆，头戴红红的两片石关树叶做成的包头，身穿大襟衣、额画纹路颊描红，两耳坠根红辣椒，舞姿不大，跨步很小，活像年龄最大的一组老公公和老婆婆；再一组是年过半百的大妈秧歌队。衣着朴素划一，舞姿不很张扬，却扭得非常整齐。每组几十人，每过一村都要舞动一番。更忙的是两组乐队，一到村庄，既要配合前后两组秧歌队，用笛子、胡琴、锣鼓伴奏跳舞，又要在出村时改为行进锣鼓，忙得不亦乐乎。

腰鼓队

通常称"打腰鼓"，广泛流行的民间传统舞蹈。起源于古代战鼓。解放前流行于山西陕西一带，后来遍及全国城乡。属集体、群体舞蹈，少则4～8人，多则上百人。用于欢庆、热烈的场面，表达人们欢欣鼓舞的心情和劳动人民的英雄气概。舞者男女都有，均穿红色彩服，腰挂一只椭圆形小鼓，双手各持一根鼓槌，鼓槌上扎有红绸，边打边舞，鼓点变化丰富，节奏强烈，舞步也多变，能走出各种复杂美妙图案。

打腰鼓

回山村腰鼓队　2010年组建。表演精湛、气氛热烈，常受邀去镇、村喜庆场面表演并受到一致好评。2012年参加在拔茅举行的全县腰鼓展演中荣获第二名。现仍活动正常，活跃在彩烟各地。

上下宅村女子腰鼓队　2015年，由50多位中老年女子组成。有大鼓1个，钹1副，腰鼓50个。聘请腰鼓专职师傅指导训练。平时每晚在村广场上认真排练，每遇节庆日，如彩烟旅游节、双彩西瓜节、杨氏颁谱大典等，受邀参加活动，得到好评。

广场舞

舞蹈艺术中最庞大的系统。因多在广场聚集而得名。集自娱自乐与表演性为一体，以集体舞为主要表演形式，娱乐身心为主要目的。参加广场舞的大多是女性。回山、大宅里、上宅等村组建过舞蹈队，其中回山村"阳光舞蹈队"表演的《最炫民族风》在新昌县首届排舞比赛中获得金奖。

第三节　民间音乐

彩烟地区的民间音乐是由彩烟人民在漫长的历史过程中，通过口口相传而流传下来的音乐形式和音乐作品。无论使用的乐器、演奏的乐谱，还是演奏形式，都有着极强的民族性、地域性。与彩烟民俗习惯相容，与彩烟娱乐活动配套。可惜的是，彩烟民间流传的民歌和乐谱曲牌，许多已失传，如民歌《小山妹》，中宅村的《十番》曲谱，旧宅呑村的《骑马调》等。录入本节的，为其中的一部分，另外收录了几则戏剧传统曲牌。

尺工谱

尺工谱与简谱相对应的音符有正调三五七，尺调三五七，正调小开门，正调新流水等。

尺工谱

二凡

请佛梅花"采"（原标题中最后一个字为自创字，读 cǎi，意为笛子或唢呐），柳青娘，梅花锣鼓打击乐，急急风，头场，二场，五场。

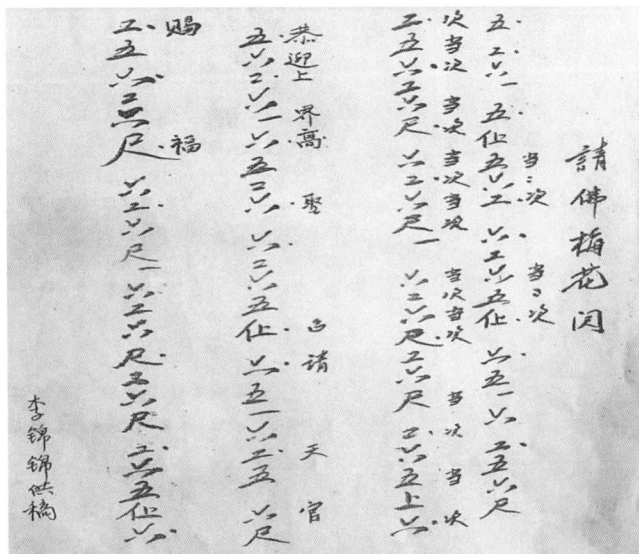

柳青娘

二凡

歌舞、戏剧曲牌

卖花钱，莲子行，马灯调，莲花落，打场童子痨，流水，骑马调，二凡，高阳，平阳，绍剧清板，正调小开门，香柳娘，柳青娘，夜深沉，滚绣球。

卖花钱

歌唱农业合作化

（莲子行）

由陈永茂提供

1=♭E 3/4
.8. 中速

‖: 3 35 | 6 53 | 3 56 1 | 5 6 53 | 2 12 | 3 5 32 | 2 56 | 1 - :‖ 3 35 | 6 53 |

打 起 竹 板 二 化 的 驾 葛 响，亮， 各 位 战 友 听 我 唱 别 的 事 情
不 合 唱 作 化 采 鼓 请 人 放 高 潮 炮 了 高 也 不 唱 武 松 打 虎 景 况 都 热 闹 潮 升 级 并 补
陇 箩 管 理 改 善 积 极 性 生 产 家 家 户 户 毛 主 席 真 英 豪 生 活 好 共 产 党 好 领 导

5·6 i | 6 6 | 6 53 | 5 6 i | 6 53 | 2 35 | 3 23 | 3 23 | 6 | 56 53 |

都 搞 不 得 唱 好 来 山 山 茶 花 儿 开 呀 春 南 风 多 茶
都 学 福 好 道 次 山 茶 花 儿 开 呀 秋 风 多 茶
车 通 山 茶 花 儿 开 北 风 多 茶

2 2 2 2 | 6 53 6 | 5 6 53 | 2 2 | 1 6 12 | 3 23 | 3 23 0 | 3 235 |

花 呀 要 把 合 作 化 唱 呀 一 唱 呀 桃 呀 桃 花 开 拉 拉 拉 全 国
花 呀 统 经 营 好 处 多 呀 荷 呀 荷 花 开 拉 拉 拉 小 株
花 呀 如 今 我 们 住 收 获 了 呀 梅 呀 梅 花 开 拉 拉 拉 敬 谢

3 23 0 | 3 235 | 3 23 0 | 3 235 | 3 23 0 | 3 235 | 3 23 0 | 3 23 0 |

人 民 欢 欣 鼓 舞 都 在 庆 祝 社 会 主 义 拉 拉 拉
劳 力 多 种 六 编 横 产 四 改 每 进 技 术 提 向 产 量 千 左 右 拉 拉 拉
密 听 众 自 编 自 唱 唱 得 产 象 要 请 愿 拉 拉 拉

3 235 | 6 53 | 6 | 5 6 53 | 2 2 2 | 2 2 | 3 5 32 | 1·2 1 :‖

共 产 党 领 导 牵 福 公 米 呀 毛 主 席 指 示 好 方 向 别
共 上 义 社 户 广 早 谷 实 满 现 仓 就 向 私 有 制 苦 缴
敬 祝 农 友 们 身 体 健 康 呀 在 秋 收 冬 种 生 产 上 曲 打 胜 仗

马灯调

1=D 2/4

由陈永茂提供

6 6 6 5 | 6 i 16 | 5 - | 6 i 15 | 6 | 6 i | 5 6 53 |

正 月 采 茶 好 时 呀 年 天 上 红 云 一 片

2 - | 2 2 | 3 5 | i 6 | 5 | 5 3 | 5 5 | 5 6 i 5 |

片 公 社 红 霞 好 鲜 抢 计 划

3 5 6 i | 3 6 53 | 2 - | 5 6 17 | 6· 5 | 6 i 6 5 |

生 有 开 新 篇 嗳 海 嗳 海 哟 计 划

3 5 6 i | 3 6 53 | 2 - ‖ 过门:(唢呐吹"骑马调")

生 有 开 新 篇

记录者潘初兴

莲花落

记录人:潘初兴

1=G 2/4

1· 2 3 5 | 1 2 2· 5 | 3 2 1 2 | 6 1 6 3 | 2 - |

正 月 里 来 是 新 春 来 莲 花 莲 格 莲 花 落

2· 2 16 | 2 7 6 | 5 3 | 1 1 | 3· 5 3 6 | 5 0 ‖

家 家 户 户 点 红 灯 莲 花 化 化 莲 格 莲 花 落 DC

注:此歌典由毛贩村杨中德搜集

打场童子痨

1=G 2/4

蟠溪村　陈国芹(演唱)

一、基调

二、尾声

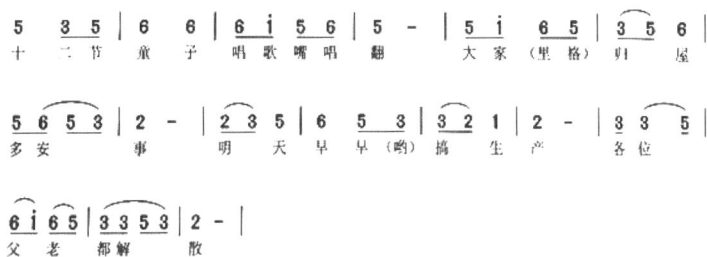

流　水

D调

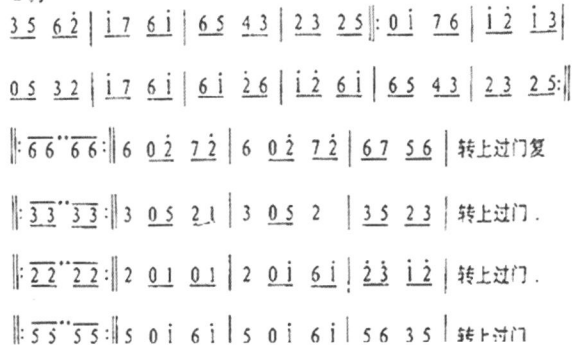

流　水

G调

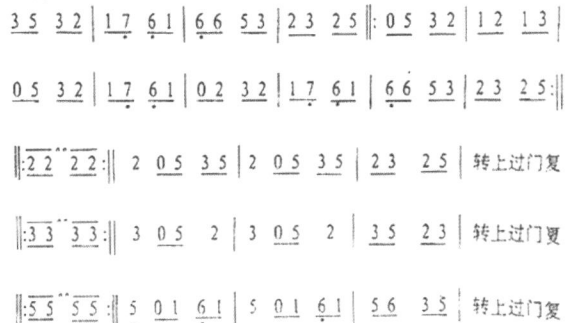

二凡（一）

D调

356 3505 | 1̇276 56i | 06i | 6535 | 2.3 235 ‖: 02 3565 | i6 563 |

02 3565 | i.6 56i | 62 7656 | i.6 56i | 65 43 | 2.3 235 :‖

6字过门 ‖: 6666 6666 :‖ 6.2 7656 | 6 7777 | 6.7 576 | 转上过门

3字过门 ‖: 3333 3333 :‖ 3.6 5652 | 3 4444 | 3 4444 | 3432 123 |

转上翻复

2字过门 ‖: 2222 2222 :‖ 2.3 2̇i6i | 2̇ 3333 | 2 3333 | 2.3 235 |

转上过门复

5字过门 ‖: 5555 5555 :‖ 5.i 6i63 | 5 6666 | 5 6666 | 5653 235 |

转上面过门翻复

二凡（二）

D调

3.5 3565 | i26 i | i6i3 3253 | 2.3 235 | 02 3565 ‖:

九、三五七

G调

‖ 扎 23 | 1 | 35 | 23 21 | 6i | 23 | i⌐ — ⌐i | 1 — :‖ 35 23 |

1 6i | 23 16 | 5 — | 56 53 | 2 | 13 | 21 23 | 5 — |

35 23 | 5 | 65 | 35 32 | 1 | 6i | 23 56 | 3 — | 56 53 |

2 — | 25 32 | 1. 7̣ | 65 6i | 2 — | 22 35 | 2 35 |

25 35 | 6 — | 56 35 | 1 | 6i | 23 53 | 6 — | 56 53 |

2 13 | 21 23 | 5 — | 35 23 | 5 | 65 | 35 32 | 1 | 6i |

23 56 | 3 — | 56 53 | 1 | 6i | 23 53 | 6 | 56 | 35 23 |

1 — :‖

十一、高 阳 (绍剧)

D调

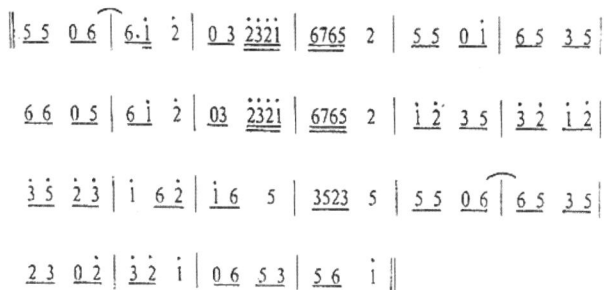

十二、平 阳

G调

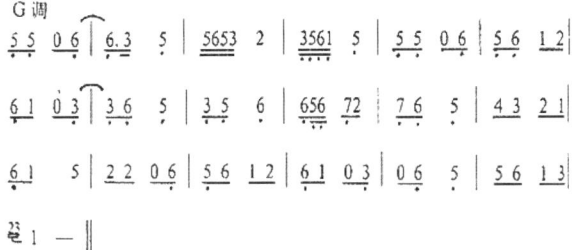

十三、绍剧清板

G调

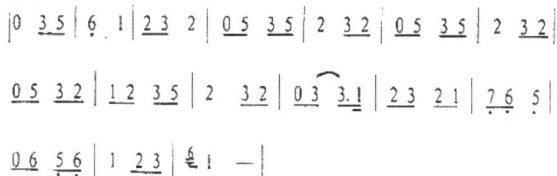

歌舞、戏剧曲牌

第四节 书画艺术

书画艺术并非文人墨客专利。古往今来，很多著名的文艺家来自民间。彩烟各地历来风气良好，各类文艺人才被群众追捧。民国以来，学校教育开设了毛笔写字课、美术课。后自来水笔普及，毛笔书法有所忽视，美术也倾向于应用为主，而山水风景、仕女人物、花鸟虫兽等有美育功能的作品，也一度受到限制。1978 年后，诗歌创作、书法美术重新活跃，逐步形成书画热，促进了传统文化的传承发展。

一批彩烟人在省市各种群众性比赛中获奖，有的作品在各级报刊发表。贤辅村董杏舟精于书法，以孙中山遗嘱为内容，参加台州府比赛拔得头筹。宅下丁村杨吉初，曾任县人民法院党委副书记、副院长，退休后潜心钻研书法艺术，作品屡屡入展获奖，还负责城南书画社，影响了很多人。回山村杨阿娇，加入新昌县美术家协会，又为县夕阳红书画协会理事。2007年9月进老年大学学习花鸟等，多次在老年组织画展中入展或获奖，得到业界和社会的赞评。上市场村章新萍，从小喜欢舞文弄墨，擅长山水花鸟画创作，作品多次入展或获奖，多次举办"萍踪画影"展览，现为浙江省中国花鸟画家协会会员、绍兴市美术家协会会员、新昌县美术家协会理事。梁雅卿、潘锡朝的作品也入编县级以上作品集。西丁村陈庄贤自幼喜爱美术，总在村里墙头开花，如今美丽乡村建设中，他利用酒坛、菜瓮等绘制美丽的画作。樟花村梁乃志与西丁村陈庄贤还能描绘彩塑菩萨。下岩村李小良业余苦练，家里的书法和美术作品都是自己创作。还有一批彩烟籍摄影爱好者，追求专业和艺术，杨玉墀等加入浙江省摄影家协会，贾栋举办艺术摄影培训班。

彩烟书画社

成立于1995年10月。回山中学退休教师杨雪璋（雅里村人）牵头并被推举为主席，俞灿成、梁桂源、吕岳挺为理事，潘林桂为秘书长，梁鸿为顾问，吸收20余名书画爱好者参加。成立以来，积极开展活动，每年重大节日进行书画展览，组织讲座、笔会、研讨及点评交流，展示书画魅力，美化社会环境，陶冶人们情操，丰富文化生活。

书画社成立十周年时，专门举行纪念活动，县里的天姥诗社、夕阳红书画协会及小将、大市聚、儒岙的书画社团前来参加活动，参与书画交流，在全县产生影响。之后由杨亚斌任主席，梁天墀为副主席，吕岳挺为理事，潘林桂为秘书长。持之以恒地开展活动。杨雪璋老师的书法作品多次参加县、市、省及全国性展览和比赛，入编《新昌中老年书画集》《全国优秀师生书法集》《迈向新世纪中华老年书画集》《辉煌北京全国书画精品大观》及《北京夕阳红之歌老年书法集》。杨尹山、梁锦波、董汉三、盛柏林、盛亚泳、杨海虹等书法作品也在各级展览（比赛）中入展获奖。几位书画社的骨干每年书写春联，得到群众的好评。吕岳挺写的春联，被外地旅客要求每张50元购买，一时传为佳话。杨志良的书法碑刻几乎遍及彩烟村落。

烟山书社

成立于1998年。杨弋昌发起并被推举为社长，利用自身特长无偿教授书法，聘请专家授课，举办作品展览，营造良好氛围。烟山书社发展社员37人，其中有3人成为省书法家协会会员，6人成为市书法家协会会员。2012年5月29日举办"墨舞烟山·烟山书社作品展"。县人大常委会主任求子平兴致勃勃地参观了展览，《今日新昌》整版刊登了烟山书社社员的优秀作品。

第五节　民间武艺

自隋唐以后，科举成为中国封建社会最基本的选官制度。科举分文、武两科，但历代乱世重武，治世重文，多行文科科举，武科举行得甚少。明朝中期，武科才渐渐受重视。到崇祯时，武科有了武状元。清代武举沿袭明末，先试马步射，之后比力气，包括拉硬弓、舞刀、举石。弓分八、十、十二力；刀分八十、一百、百廿斤；石分二百、二百五十、三百斤。合格了才考笔试。

武科考试大致同文科，分四个等级。一是童试，考中为武秀才；二是乡试，考中者为武举人；三是会试，考中者为武进士；四是殿试，通过殿试分出一甲3名（状元、榜眼、探花）、二甲10多名（武进士出身）、三甲即余者（同武进士出身）。光绪二十七年（1901），武举制度被废除。

彩烟山区的民间武术，因彩烟人历来尚武习武，不仅习武人员广泛，且武艺不凡，素有"烟山拳头"的美称。过去，每个狮子班，都有拳师。几乎所有的演出，都会有舞刀弄枪的节目。坊间有"回山宅下丁，天台八角亭"传说，还有"一家三武举""兄弟武举""叔侄武举"人人称颂，更有"水碓榔头捣肚皮，吓走天台卖鲞客"的传奇。

彩烟人民崇尚武术，古时为了防身护村，也为了混口饭吃，现今大多为了强身健体。特别是改革开放以来，各级政府在继承传统的基础上，配合全民健身，多层次地开展武术比赛活动，武术进学校，使武术成为对学生进行爱国主义教育，培养学生尚武精神的重要手段。所以，至今农村仍有不少青年、中老年在习武。

道南小学武术课 青少年后备人才的挖掘与培养，是保持武术运动优质人才的基础。武术运动的长远发展和发扬光大，其根本在于青少年的参与。道南小学重视弘扬传统文化、重视民族体育人才的培养和发展，基于传统武术从青少年抓起、从娃娃抓起的理念，于2017年9月起，开设1～4年级每周一课时的武术体育课。聘请岭山村的潘金富为武术教练。

武科名人录

据《彩烟杨氏宗谱》载，雅里村在清道光年间，杨万春的子孙辈16年间有3人中武举：济江及侄曜之、嘻之先后中举，称"一家三武举"，实属难能可贵。当年"叔侄登科"的牌匾悬挂在道地丘容安堂的正上方，"文革"初期被毁。家所遗的两把铁制大刀，形似三国名将关云长的青龙偃月刀。其中一把重八十斤，在20世纪50年代末全民炼钢时被投入高炉炼钢。另一把120斤重的大刀，县文物部门曾多次要求收藏，未果，后失窃。

杨万春 雅里村人。乾隆年间的武秀才。精武绝技，臂力过人。于家设馆，教授弟子。乡里武艺高强之人，大半是他的弟子。

梁翰铨 原名爱生，大宅里人。祖父为武举，父为前清秀才，外祖父亦善拳术。幼时喜舞棍弄棒，随外祖父练拳。1926年入南京中央国术馆第一期学习。1928年10月参加中央国术馆第一届国术国考（共427人），获拳术乙等奖牌。毕业后受邀聘为河北唐山国术馆教练。因家庭等原因未能就任。

梁翰铨擅长大、小洪拳。长期在宁、绍、台、金、温等地区设坛教授国术，教练大洪拳、小洪拳、燕青拳、猴拳、小金刚、宿山拳、散手、武松脱铐以及春秋大刀、杨家枪、猴棍、梅花棍、刀枪对拆、钯凳对拆、飞镖等，受教者数以千计。曾多次参加省、市武术大会并表演。

卢氏兄妹 卢金和和卢小妹，后溪村人，两兄妹。金和生性好武，自幼随父练就一身硬功夫。运出气功，刀枪也难伤其身。所授徒弟众多，天台、磐安、东阳等地都有他的门生。小妹自幼与兄长练功，能耐不小。有一次众人要他表演，她拿来一支响铃叉，到村边的阳基塘边，将响铃向塘中一掷，立在塘中央，然后一个爆腿，飞跃上了响铃叉顶端，坐在那里悠闲地梳起头来。梳罢头，纵身一跃，站在岸上，如履平地，人们惊呼又赞叹。

卢廷顺 彩烟卢氏第十九世祖。不慕仕进，好武重文，胸襟洒落。善气功，伸手缓慢前推，手未及而灯火灭；一个扫堂腿，能将嵌入地的鹅卵石，扫得四处横飞。一次，在调解村中邻里纠纷时，他对双方说："日后如有不按今日约定行事，那就如同此桌！"说毕举起一根手指，劈下去，瞬间桌子少了一只角。

李良 溪边村人。毕业于湖南省体育学院。现为国家一级武术教练、国家一级武术裁判、中国武术六段。曾在温州、金华、宁波、台州、绍兴等地文武学校和武术队执教。2017年创办"新昌德尚武术馆"，成绩显著，获得了社会各界和上级组织的高度评价。

潘氏三兄弟 岭山村生于20世纪50年代的潘氏三兄弟金富、银富、原富，名声在外。岭山曾有4个舞狮班社，很多青壮年喜好拳术和武术。较早且小有名气的有周品财、周柏楦、潘柏松、潘富明等。金富12岁开始习武。他与弟弟银富、原富及村上喜好拳术的朋友一起，请来王店的六财师父，一连几个秋冬，在台门堂前，甚至点起煤油灯习练不断。先学拳娘"九记头"，然后逐步学会"大洪拳""缩山拳""霸王拳""西川落五虎""宋江拳""十六指""小洪拳""小金刚""六步拳"等十几种拳术。后来，他们还聘请过几位过堂师父，学习散打和其他拳术套路。买来刀、枪、棍棒、剑、戟、叉等，以及乐器和狮皮全套设备，组成狮班，每逢新年初一就出门，到正月十八返家。他们的舞狮班到新昌城里、天台白鹤殿、东阳方岩山一带贺岁舞狮，颇受欢迎。狮皮也由当初的绿毛皮到铁毛皮，直至红毛皮，潘氏三兄弟的拳术也渐有名气。他们从2012年起参加省级各项武术比赛，金富获得"少林盘龙棍""少林南拳""浙东南拳"等四个一等奖；还获得"浙江其他南拳""少林三段位套路"等三个第一名。他还获得浙江省武术协会颁发的"传统武术三级教练证"和"中国武术四段"称号。银富分别获得"少林3段位套路""少林棍"第一名。原富分别获得"浙江其他南拳""大刀"等第一名。

金富还不忘武术传承。从1982年起，曾受聘去后溪、北池、大安、官塘、嵊州彭山等地传授技艺。

梁式古 樟花村人。身材魁伟，力大无比。饭量惊人，一次能吃一大筲箕的米饭，相当于六七人的饭量。他9岁入塾，23岁获邑武庠。一足能抵起一只重五六百斤的石臼。家庙有神龛，重数千斤。以一木贯穿其中，择健壮男儿七人，共抬一端，式古独抬另一端。让七健儿先起，然后他弯腰用力一挺而起，另一端七健儿力不能支，尽伏倒在地。复抬又如此，众皆叹服。

梁逊之 樟花村人。自幼聪慧，深受父母钟爱。禀性沉静，英姿内敛，熟学能书。由于父母忠厚老实，常受人欺侮，愤愤不平，遂弃诗书，改学拳术，终能一人挡百夫。自此，全家无事。

杨昌荣 后坂村人。光绪年间考中武秀才，臂力过人，舞起120斤大刀，虎虎生风，还能舞剑。

赵方模 下西岭村人。光绪恩科武举乙未会试，大挑一等，特授杭省千总，赏戴蓝翎。

俞祥松 前丁村人。清咸丰年间，夏季去天台割稻。闲暇时在晒场上练了几下拳脚，一天台人见晒场上深深下陷的脚印，意欲找他较量。祥松连声答应着，刚蓬好稻秆，就在稻秆叉的上端，接连表演了"蜻蜓喝水""独脚金鸡""千斤拨"等几个高难度的动作，随后从稻秆叉上一跃而下，却不见那天台人的踪影了。

俞斌喜　前丁村人。一日，村里发生火灾，一户人家楼上有仓稻谷，上楼搬谷已来不及了。他叫人在楼下放好箩筐，向上伸手一拳，打穿了楼板和仓底，稻谷如水帘般倾泻下来。

俞斌章　前丁村人。功力不浅，30多人拉他不动，80多岁还会上树摘柿。

俞庭三　前丁村人。14岁起习武，持之以恒地苦练，练得一身好功夫。且秉承卢金和师训："习武是为防身护村，决不能无故伤人！"一次，长虹村一村民到前丁村割草砍树，他上前阻止。那人仗着自己年轻力壮，不但不听，反而口出狂言，他一时怒火中烧，随手把那人一推，竟把他悬空推出三丈多远，趴在地上好久爬不起来。此后，唯恐伤人，再未出手。

改革开放后，国家重视武术的传承和发展，开展各种比赛和活动。2011年起，他获得省级各项武术比赛七项大奖。2012年2月，获中国武术协会颁发的"武术教练证"并获"短棍五段"称号。在2019年8月的全省第六届推手比赛暨绍兴中外传统武术邀请赛中，喜获"老年男子组个人全能第一名"，并获"武坛耆英"称号。年逾古稀的他拳不离手，鹤发童颜，健壮犹如青年。

倪雪明　陕西人氏，因家遭不幸，流落宁波奉化，后遇在奉化锯板的西丁村陈姓村民，随他来到西丁。后在上冈头村村东的镇国庵出家为尼。倪雪明不仅练武防身，平生仗义疏财，乐善好施，深受当地善男信女的敬重，由此镇国庵香火旺盛，庵产也日渐丰厚。

一日，倪雪明将镇国庵自产的竹笋挑到棠公市（今上市场）售卖，别名青衣毛的地痞见笋鲜嫩，又欺师太个子小，竟拿了笋就走。师太上前，晓之以理，可青衣毛口出狂言，出手就打，师太顺势将他当胸一抓，如抛球似的掷之于地。青衣毛趴在地上，久久不能动弹。百姓无不称快，而其功夫由此远播。

上冈头村有一村民家境贫寒，常受师太资助。为答谢师太，于女儿出嫁之日，特差一青年邀师太喝喜酒。师太正端碗喝茶，婉言谢绝，青年上前就拉，可师太如生了根一般，怎么也拉不动。青年无奈，又叫了二人，前拉后推，她手端茶碗，滴水不溢，推行至门槛时，师太运起内功，立于其上，三人再也无法推动她，只好作罢。

倪雪明于1953年去世，但她的为人和武艺至今被人们传颂。

杨蔚然　回山村人。个子不高，勇力过人。一次他骑马去方岩拜菩萨，见山路狭窄又陡峭，这马浑身发抖，横竖不肯迈步。他来到马前，背靠马头，双手抓起马的两只前腿让马趴在自己的肩膀上，硬是将马慢慢地拖拉着走。这"马骑人"的壮举，四处传扬。

梁南军　旧宅峛村人。1971年生，18岁开始学习传统武术，20岁学习拳击散打。35岁师从太极馆吕萍老师，习练陈氏太极拳与杨式太极拳。后来又得到了李建龙老师指点。梁南军为推动传统武术运动的发展，促进文明与健康，一直在各地积极推广太极教练太极，学生遍布八大省市。同时他还带队参加各种规模比赛，自2012年以来，荣获市级以上奖项10多项，为宁波地区较有名声的太极拳术教练，现任海曙区太极协会副主席。

第二章　文化娱乐

更接地气的文化娱乐，是民间文艺的重要部分。旧时，彩烟人的生活比较简朴，娱乐用具也相当简陋，大多就地取材，因而娱乐方式相对单调。除看戏、听故事、听书说书外，多自哼小调或奏乐器为乐。有的找知心朋友下象棋、打扑克；有的喜欢随时随地找些器物玩乐；也有的搞些体育竞技活动。大多数游戏和娱乐益智也健身，也有的带有博彩或赌博成分，主要还是为了休闲娱乐。

第一节　少儿游戏

无忧无虑、天真烂漫的童年，可以理所当然地享受大人们的呵护，可以不去顾及父母脸上那抹愁云因何而来。因为年少，除了上学做功课，可以尽情地玩耍。童年的玩伴、童年时耍过的游戏，会引起人们甜蜜的回忆。

刘关张打手皮

三人游戏。分别代表刘备、关羽、张飞。玩时每人口念"刘——关——张"，一边伸出右手的几根手指。手指伸多伸少，甚至不伸，均由各人根据经验判断来定。然后从"刘备"这里依次数起"刘、关、张、刘、关、张……"，如果最后刚好数到"刘"那么"关""张"两人各抓住"刘"的手打手皮。边打边念"刘关张"，当念到张时，两人又伸出手指。直到伸出的手指数相同，就不再打。依次类推。

背米

两人游戏。背对背、手挽手，你背我一下，我背你一下，连续动作。一般不比胜负。

跳房子

又称窜天堂、跳方阵、跳方格、跳洋房子，但稍有区别。

跳之前，先在地上用有色石块画出连在一起的方格。有正方形、长方形，也有长方形与半圆形相结合的。

参加跳房子的人数不限，形式有两人轮换跳，几个人轮流跳，人多时分成两组轮换跳等。跳时先将一片石块或粗瓦片磨成的圆片（也有用沙包或厚纸包的）放在第一方格外。跳者全神贯注，用一只脚将石块轻轻踢进第二格。依次进行下去。直至将石块踢过全部方格。如果中途累了，可以在规定的"老窝"方格内休息片刻。如果在踢石过程中出现石块压线、出格或石块连穿两格的现象，就算失败一次。下一轮重新从第一格跳起。先到达终点的，要把石块放在脚背上，轻轻地走出方格。先完成全套动作者为胜。负者要接受胜者的处罚。

弹玻璃球

玩时将自己的玻璃弹子用手弹出，弹中对方的为胜。

斗鸡

双手扳起一条腿，单腿蹦着，用身体去撞击对方，倒地一方为输。也有群体混战的。

掼纸包

用纸折叠成四个角的厚纸包，然后两人对掼，谁能把对方的纸包砸翻过来，谁就胜，这纸包就归谁。也有掼香烟壳的。

打水漂

也叫撇水撇。手拿小石片，最多的是用碎瓦片，斜对着水面用力将石（瓦）片往前打出去。石（瓦）片会跳跃式的飞速前进，即石（瓦）片在水上漂，点起一连串的水圈，谁的圈多，谁的远，即为胜者。

跳皮筋

女孩子最爱的游戏之一。它可以玩出许多花哨的动作。还有朗朗上口的儿歌："1、2、3、4、5、6、7，马兰开花21，256、257、28、29、31，大家都来争第一……"如果是三人跳，两人站立绷直皮筋，一人在皮筋内转身、跳跃、勾腿……先从脚脖子开始，随着游戏的深入、皮筋一节一节升高，难度也一点一点加大。后来皮筋移至脖颈，甚至用手举过头顶。这种游戏运动量大，跳、蹦的动作较多，双臂也要顺势摆动，还要保持身体平衡，还要唱歌喝彩，不失为好的体育运动。

冲关

分两组，每组若干人手拉手，拉得紧紧的。一人领喊："挑谁？"大家就齐声高喊"某某某！"某某某就开始向对方虚弱处冲阵，如果冲过去了，就可以挑走对方一人，如冲不过去就只好留下来成为对方人员了。

砸沙包

玩前用伸出手的正反来分班。当喊过口令："预备……起"大家伸出手来。伸手背的为一班，伸手心的为另一班。4个人、5个人都能玩。分班后，谁先砸谁，还得多道剪刀石头布来决定。然后拉开距离，被砸的人站在中间。砸人的做出各种虚实动作，以迷惑对方，找准时机砸过去。如被砸中就得下去。如果接住沙包得一分，将来万一自己人被砸下去，还可以凭分"救人"。直到全部被砸下去后再换班。

踢毽子

旧时把公鸡尾巴毛穿插在铜钱上。也可以是圆铁片或其他代替。踢毽子的花样很多，单腿踢、双腿轮换踢，脚底板向后踢，两人互踢等等。这个游戏也是女孩子的最爱。

打陀螺

用鞭子抽打陀螺，使其不停地旋转。这个游戏是男孩子的最爱。尤其是当几个人一起玩时，相互竞争较劲，就像一场激烈的比赛。所以有的孩子为了使陀螺转得快而稳一些，选用材质较硬的木头，陀螺的尖端再嵌上钢珠。还有的为了使陀螺旋转时好看，在陀螺的周围画上各种色彩的圆圈。

过家家

用现在的话来说，就是过日子的角色扮演。一般情况下，女孩子居多，也有女孩子邀请男孩子一起玩的。通常会选定一个场景，然后各自带入角色参与其中。最常见的就是家庭故事：小姑娘扮演在家做饭的"女主人"等待"丈夫"回来，然后小男孩扮演的"丈夫"回家，再拿些道具当碗筷，两人开始"吃饭""聊天"……也有在石块中找小圆洞作为捣臼，然后捣米、做饭、吃饭等。这个游戏一个人可以玩，很多人也好玩。

猜中指

把一只手的五根手指尖尽量聚拢在一起，然后用另一只手把五根指尖小心包裹起来，做到只露出一点点指肚让其他小朋友猜。通常会把被猜的五根手指打破自然排列进行穿插以迷惑对方。也有用另一只手的手指放到五根手指里，达到以假乱真的目的。

折纸

折纸的样式很多。有折成一个东西南北的指套，套在手指上玩耍或让人猜。也可折纸飞机，尖头的、平头的，看谁折的飞得远，飞得稳。有的折成纸船，放在水沟里让它漂流。还有折成官帽、衣裳、裤子、宝塔、白鹤等。

摸瞎

一人蒙上眼睛，其他人在划定的场内站好，让摸人者找到大家，并猜出摸到的人是谁。在摸人过程中，被摸者一只脚不动，另一只脚和身体可转动躲避。摸人者把人摸到并猜对，就算过关。如果喊错了名字或一直完不成任务，那就得接受处罚。

官打捉贼

一种角色扮演的智力游戏。五人抓阄，按阄中指定的分成张三、李四、小偷、军官、打手五个角色。然后军官出来指认谁是小偷（贼）。其他三人不能出声。军官靠观察大家的表情判断谁是贼。对了，就由打手来打贼；错了，就由打手来打军官。打时，打手口念："打一打，挠一挠，问问军官饶不饶。"当然，如果打的是军官，就由贼来决定惩罚的量度。

蹬（打）柿核

一般是两人或多人进行。用"石头剪子布"确定先后顺序，其余的人将柿核放在砖块或平整的石块上，先打的人站着瞄准石块中最容易打下来的柿核打下去。如果将别人的柿核打下来，不但可作为胜利品归己所有，还可继续打下去。如果这一下没打中，那就让别人打下去，依次轮流。

抓子儿（揉子）

这个"子"就是杏核，石子一类。桌子上、地面上均可以玩。先把石子撒在桌子上，然后抓起一粒石子抛向空中，在空中的子儿没落下之前，疾速收拢并抓起桌子上的子儿，再接住空中的那颗"子"。至于一次抓多少，就按事先规定，但不能空手，一粒石子也没有。还有用手背颠簸的。玩的花样比较多。

撑花线板

用一根长约80厘米的毛线或橡皮筋打结后套在两手上绷紧，然后双手轮流连续挑几次，再让另一个人连续挑。每次都会挑出不同的花样，而且每个花样都有个贴切的名称。谁要是挑坏了，即无法再往下挑了，就算输。这个游戏也是女孩子玩得多。

鬼推磨

一般是三人游戏。让其中一人站在中间并蒙住眼睛，其他二人分别拉住中间人的手，进行不规则的旋转，然后停住，让他分辨。马上说出东、西、南、北方向或指定四方的标的物，如果说错了，就继续旋转，直到说正确为止。然后换一个人站在中间，轮流进行。

筑水库·装水轮

在一条小水沟里，用泥土筑成一条"水坝"。蓄满水，然后用20～30厘米长的小竹节对半剖开，用其中一块放在"水坝"上，并在上面压一块石头固定作为水槽。再把用青丝藤绕成的两个圈圈交叉作为水轮，中间插入一根筷子大小的竹棒作为中轴，两端放在用两根"丫"字形树枝做成的支架上，水浇在水轮上，就不断旋转起来。

斗蛐蛐（斗蟋蟀）

这是一项古老的娱乐活动，是中国民间博戏之一。角斗的蛐蛐只用雄性，它们往往会为保卫自己的领地或争夺配偶权而相互撕咬。玩时，用直径3～4厘米、长20～30厘米的小竹筒，在一侧雕刻成搁栅状，搁栅孔隙不得大于蛐蛐的身子。然后把这蛐蛐笼用薄竹片做成的闸门隔成 2～3 个空间，其中一个空间是蛐蛐搏斗的场地，另两个是蛐蛐休息的地方。斗蛐蛐时把两只蛐蛐赶至中间的空间，让他们角斗。有时两只蛐蛐也有等待、试探或怯场的情况，伏在那里不动弹，此时你可用小草的茎，一端将其弄成生有毛毛的样子，用来驱赶他们在一起。有时鏖战虽然激烈，但战败一方或是逃之夭夭或是退出争斗，很少有"战死沙场"的情况。

挤油

这个游戏一般在天冷时，小孩子们在墙根或是坐在圆木头上两边向中间用力挤。玩伴可多可少，两三人也可玩。玩时要防止对方突然抽身而去，让对方扑倒在地。这时，大家不但不会生气，反而都会哈哈大笑。挤油用来比喻人多而拥挤。

吹麦叫

即吹哨子。也有用树皮或柴叶的。麦子收割时，正是农忙季节。为了不让小孩缠扰，大人会教小孩做麦秆叫，让小孩取乐，大人就可安心干活（打麦）。用麦秆其中较长较粗的一段，一端留下麦秆节，另一端把麦秆节剪去。再用麦秆顶端的细麦秆对折对合插入麦秆叫的孔内，往下拉出一条裂缝，也可来回多拉几下。有时边拉边念："大麦叫小麦叫，大王菩萨逃几起，嘀惊叫……"然后衔住麦秆往外吹或向内吸，就会发出"吱——"的声音。

孵火子

多人游戏。其中一人两手撑地，身下放若干块石片或砖块作为"火子"，作孵子状，并前后左右转动，用脚横扫，不让别人抢走"火子"。旁边的小孩乘其不备，或做出各种虚假动作声东击西，将其身下的"火子"抢走。如果抢完"火子"，孵子者就算输了。如果抢子者被孵子者用脚横扫着的话，此人就算被"消灭"，不能再去抢了。

抛柿核圈

在地上画出 10 个同心圆，用柿核（或石子、沙袋等）抛中第一个中心圆得 10 分，第二个圆得 9 分……最外层一个圆得 1 分。抛出圆外倒扣分。每人一次，按累计得分高者为胜。

挑棒

一人或多人、地上或桌上都可以玩。是考验手眼灵敏度的游戏。道具是一把大小长短差不多的树枝，最好是规则一致的火柴，随手一丢，所有的小棒会零乱地堆在一起。游戏是用手一根一根地挑（捡）起来，每挑一根，决不能影响到其他棒，直到全部棒捡完为胜。只要其他棒抖动了，就算输了，重新再来。

捕跌

也叫掼跌，书名摔跤、相扑。通常两个或者两人以上玩，也用来比赛。主要靠臂力、脚力以及坚韧力。以倒地者为输。

荡游

书名荡秋千。一个人就可以玩。只要有一根绳子即可，往树上一吊一扎。没有绳索也能玩，抱住毛竹往上爬，爬到竹梢后，竹子往往弯腰，成了弧形，直到手在竹梢，脚在地上。然后运用脚尖和手力，就可以上下左右地荡来荡去，游来游去了，荡游因此得名。

爬屋柱

可以独自玩，也可以多人比玩。一般楼房，门口屋檐会有竖立的屋柱，类似电线杆，但没有电线杆高。爬屋柱爬得好，爬树上树也一定好。

小儿游戏除上述外，还有飞镖、弹弓、滑泥坡、柯小羊、走运棋、大菱旋（或竹爿旋）、滚铁环、纸风车、射水枪、塑泥娃、放风筝、呼啦圈、丢手绢、牛头攻、击鼓传花、老鹰抓小鸡、堆雪人打雪仗等。

第二节　成人娱乐

成人们会在闲暇时，搞一些娱乐活动来打发时光，消闲取乐。也在农忙时节，抓住歇息的机会，调剂并缓解疲劳。成人娱乐活动多种多样，拔河、打拳、摔跤、游泳、打扑克、搓麻将、翻牌九、掷骰子、打五格宫、纳花会等。随着时代发展和社会进步，娱乐活动也在发生变化，越来越多的人喜欢狩猎、钓鱼、旅行、登山、唱歌、跳舞、水上运动、球类运动、养花鸟虫鱼等。

搓麻将

搓麻将是彩烟地区古老又大众化的娱乐活动。有谜语为证，"麻脸姑娘骨头轻，四大金刚都动心，一朝翻脸喝一声，只认铜钱不认亲"。人们喜欢搓麻将，自然是因为变化多端，技巧性、偶然性、娱乐性兼备，诱发兴趣；劳作归来，茶余饭后都可以摆一桌；还能调剂神经，多动脑筋，心情愉快。

20世纪50年代至70年代几乎绝迹。80年代又兴起，几乎每个村都有麻将桌，有的还有棋牌室。农村文化礼堂、老年活动室等建成后，大多设置棋牌室，提供麻将、扑克等，由人们消遣与娱乐。

打扑克

男女老少皆宜的娱乐活动，也是益智类游戏，常用来比赛和集体活动。扑克牌千篇一律，每副54张牌，但玩法千变万化，每个地方不大一样。彩烟地区打扑克主要是"长红心""包红心"及"升级""关牌"等。长红心、包红心和升级通常要4副扑克牌，4人搭配，两对"对打"或比拼。

打扑克从来没有被淘汰，不仅农村，城镇也时兴，公园里凉亭下随处可见。

掰手腕

两人先摆好马步，然后一手握一手，用力将对方的手翻转或让对方站立不住者为胜。多为男人娱乐。

拧棍

也是一种比手力的娱乐游戏。玩时，两人侧身面对面，各自用双手握住木棍一端，往顺时针方向扭转，能扭转者胜。

走棋

是一种消闲且益智的娱乐，且较文雅。棋类有军棋、运棋、象棋、围棋、跳子棋等。以走象棋者居多。

猜拳行令

多人娱乐活动。常在饮酒时或新婚闹洞房时猜拳取乐助兴。发拳时，一边口念："独占鳌头，二子登科，三元及第……十大全来"一至十的带数字的吉祥语，一边伸出手指。如甲念"六六顺风"，乙念"两相好来"。如果两人伸出的手指数刚好等于六个，那么甲赢乙输。如果乙伸出的手指为3个，那么就是错拳，必须罚。因为无论甲伸不伸出手指，决不会等于2。有句话叫"拳输，酒勿输"，因为拳输者得到的处罚，就是喝酒。

第三节 影视娱乐

电影

1957年春，回山地区出现电影，均由县电影队来巡回放映。虽然是黑白影片，但广大群众对这新生事物相当欢迎，热情高涨。往往一个村子放电影，周围几公里的村民都会赶来观看，甚至赶十多里山路看一场电影。

"文革"期间，多数农村剧团停演，观看电影成了当时群众主要的文化娱乐活动。尽管电影放映内容比较单一，除新闻纪录片外，重点放映七个样板戏，还有抗战反特故事片《地道战》《永不消逝的电波》等，阶级斗争题材片《青松岭》等。

1978年彩色戏剧影片《红楼梦》在新昌城关镇上映，不少回山地区村民乘坐手扶拖拉机赶去观看。《红楼梦》到下宅村放映时，观众人山人海，盛况空前。此后，大批影片上山下乡。

1980年放映《少林寺》后，各地掀起"武打热"。据电影放映员回忆，那时放映《少林小子》《南北少林》《游侠黑蝴蝶》《霍元甲》《鹰爪铁布衫》等影片，常常每天连续放映或跑片放映，观众观看热情十分高涨。1977～1986年的十年里，是电影放映的鼎盛时期。

20世纪80年代末，随着电视的进村及普及，电影渐受冷落，各乡镇电影队也相继解散。

电影放映队　1974 年起，回山区以及下辖的回山、安顶、新天、彩淳、中彩公社，相继建起 8.75 毫米电影队。1976 年，回山中学为配合学校电化教育，建起 8.75 毫米电影队。门溪水库电影队也于 1984 年建成。1980 年起建 16 毫米电影队，当年是回山、安顶和新天，中彩建成于 1986 年。1985 年 2 月全区第一个村级放映队回山村建成 16 毫米双机电影队。

1985 年，双柏树村杨伯明，下岩村张柏明，相继创办个体电影放映队。填补了"国家队"和"集体队"不能到达的空间和空档，也丰富了放映内容和群众文化生活。

各电影放映队的放映员认真负责，不辞劳苦，常常临近两村跑片放映或晚间连放数场，既提高电影普及率和覆盖面，又极大地丰富了群众的文化生活。放映员有回山区队梅仁均、董雪秋；回山队董柏凤；安顶队杨柏生、杨新山；新天队王晨耀、梁乃萱（一年）；彩淳队张柏灵、张雨凡；中彩队盛一平、柴苗雷。

农村放映电影和演戏，大部分利用大会堂和祠堂，也常常在操场或晒场搭台演出，尤其是放映电影。

回山影剧院　由原回山区公所和各乡镇筹资，县里给予 2400 元贷款，利用区大会堂改建，于 1983 年 1 月完成。舞台面积为 40 平方米，观众厅硬背椅座 867 席，还有票房、16 毫米电影放映机两台等设备。演职员宿舍、厨房、化妆室都借用民房解决。观众上座率较高，放映和演出活动较多。后来，影剧院改成会议室和办公用房。

回山村影剧院　1985 年 2 月，回山村自筹资金新建完成。院内有舞台可供专业剧团演出大型剧目，观众厅内有座位 1072 席，院址在回山村口公路旁，与回山镇集市上市场相邻。备有 16 毫米电影放映机两台。回山村是回山地区第一大村，四周又与上市场、雅里、贤辅、田平（殿前）、宅下丁等相邻，每次演出或放映，上座率都较高。后来改建成文化礼堂，继续发挥作用。

1990 年后，随着电视机的普及，各电影队、电影院相继停办。

广播

1957 年，回山区公所安装了第一个高音喇叭。采用干电池扩音机，借用电话线，按一线一地的接法。每天下午一点到三点播音一次。在广播期间不得也无法使用电话机。

1958 年，回山区建立广播站。播音员是下洋村杨海照，线务员是上市场村杨新照。1960 年，全区各村安装 1 ～ 2 个广播。广播站增加一名线务员。当时广播的主要用途是发通知和不定时播出各大队（村）的生产情况（如产量、积肥、兴修水利等）。

1968 年，基本实现户户装广播。每个广播每月应交纳维护、收听费 0.3 元。1970 年，全区五个公社都建成了转播站。除转播中央、省电台和县广播站的新闻、文艺节目外，各公社转播站还开设自办节目，播送通知、传达政令、开展社会教育等。

1986 年起，广播站开始收广告费。广播内容也越来越丰富。不过群众最注意收听和最受欢迎的节目是"气象预报"，以及农科员的"农事广播"。1999 年后，各村各户开始安装有线电视，有线广播逐渐退出历史舞台。

2015 年前后，全县实施"广播村村响"工程，根据人口多少，免费为每个村安装 1 ～ 6 个广播（高音喇叭），每天早、中、晚定时播音。

电视

1958 年 9 月 2 日，北京电视台（1978 年改名中央电视台）试验播出黑白电视节目。此后，电视在全国各地从城市到农村逐渐普及。

1972 年，回山地区第一台电视机在回山中学（校址下宅）安装落户，接着县煤矿、区供销社、区粮管所、区卫生院等单位购置起 17 英寸黑白电视机。

尔后，一些经济较为宽裕的个人家庭也赶潮流，购置了 14 英寸黑白电视机。电视机价格在 500 ～ 700 元，当时月工资收入大致二三十元，不过五十。那时放电视，主要靠室外天线接收信号，而且稳定性差，图像模糊，常常时断时续。有时，一个人掌管天线，一批人观看电视。人们戏称那时的电视"一年四季雪花飘，男女老少不是人"。

1985 年，回山供销社添置了一台 21 英寸彩色电视机。此后，彩色电视机逐步走进寻常百姓家。20 世纪 80 年代末 90 年代初，有电视机的家庭仍然少之又少，如果谁家有彩电，那他们家或门口一定成为集散地和文化活动中心。如中宅村梁先生，当时一个月工资几十元，于 1987 年用 3000 多元钱买了一台 21 英寸熊猫牌彩电。每到晚上，村民们纷纷到他家看电视。

20 世纪 80 年代后期，人们逐渐走向"电视时代"的同时，也出现了卡拉 OK 和录像热。1986 年，回山供销社在新大楼二楼办了一所面积约 100 平方米的卡拉 OK 厅，设备也比较齐全，吸引了众多追逐时代潮流的青年男女，有的在校学生也在晚自修后偷偷地去唱一唱卡拉 OK。

同时，回山供销社利用食堂餐厅办起了录像厅。明码标价，收费五角每人。大多放映武打片，如《射雕英雄传》《霍元甲》《陈真》等，观众也大多是少年和青壮年。后来曾转给个人承办。卡拉 OK 厅和录像厅经营约 3 年，在电视的普及中消失。

1992 年，回山供销社创办"工会舞厅"。两年后承包给职工经营，又一年后停办。20 世纪 90 年代，电视逐渐普及。如今，电视收视率又迅速下降，城乡居民走进"信息时代"。

第四节　以文为乐

雅俗共乐

从古至今，彩烟地区的人们重视文化、重视教育、重视读书，氛围很浓。无论农耕还是从事务工经商的，都不乏嗜书如命的人。他们不求功名，不管身份，没有目的，也不讲形式，只是兴趣爱好所致，只是同道相聚的欢愉，比如读书、看戏、雅集、采风、朗诵等个体和群体活动。无论什么时代，买书、藏书、读书仍是许多人的休闲方式，因为书是传道解惑的老师，是治病救人的医师。

有一杨姓农民只有小学文化，自幼随父从事农耕。他爱读书、平时有点零钱就买书，一有闲暇就看书，常受父亲指责。他自撰春联曰："耕耘旷原里，奋学小窗前。"后来年迈了，依然读书不辍："耕耘阡陌中，消闲史书间。"有一陈姓农民只读了三四年书就务农了，但他爱读书，耕作之余就读书，到年过古稀了，还能背诵《唐诗三百首》中三分之一多的诗和《古文观止》中的二十多篇文章。涉猎的书籍范围广泛，天文地理、中外历史、诗词小说无所不及，每当场合，他就旁征博引，谈古论今，滔滔不绝，成了众星捧月般的一言堂。此时的他，完全沉浸在书中的意境里，不亦乐乎，满脸是惬意。有一位俞姓老人，如今年近百岁，他只在 11 岁时读过两个月的书，一直以来用毛笔写诗词，自编自制谜语。有一条谜语，把谜底"革命尚未成功，同志仍需努力"制作成了一首藏头诗，映射出彩烟人嗜好舞文弄墨、尊道崇文的特性。

诗歌是每个时代敏感的风向标，自然地成为折射时代意识的棱镜。古时，一些文人雅士清高自好，不入俗流，"谈笑有鸿儒，往来无白丁"，常用以文会友的方式，吟诗赋词，寻觅知音、畅抒胸臆。如盛氏十六世祖盛仁之中举出仕，即将赴职。他的亲友杨信民、甄完、丁川、王达观等前往祝贺。命酒官亭相庆不已，不忍分手。酒酣兴发，行歌互答，各占一绝，以赠盛君，至今传为佳话。

诗书寓乐

作诗，抑或抒发感慨情怀，抑或倾吐友情心声，抑或喝酒助兴。蔡家湾村盛岱燕，2014 年被确诊为癌症，从此以诗歌为武器与病魔做斗争。历经数载，写成几百首诗歌，不少发表在中国诗歌网上。2018 年初，杭州市新昌商会为其圆梦，资助其出版《盛岱燕诗歌集》，产生很大影响。这位只有初中文化的草根诗人，如今仍然在田野上劳动耕作，在纸张上抒情写作，准备再出一本诗集。旧住村人俞杭委，2018 年加入浙江省作家协会，出版个人诗集《陌上烟柳》，还主编了《不如回山》等四个乡镇诗文集。顶山村人梁丽玲，出版了诗歌散文集《做一个淡淡的女子》。

为文，抑或讴歌时代文明，针砭社会时弊；抑或回忆艰难过去，憧憬美好未来；抑或记录人生故事，抒写人生感悟。上市场村杨绳、莲花心村梁少膺加入了中华诗词学会，出版了多部文学著作。王家塘村梁富铨，工作之余收集整理资料，感悟人生历程，于 2010 年前后，编著了《言为心声》《路在脚下》等书。涧潭村杨能，20 世纪 90 年代以数十万字的散文、小说、报告文学而加入浙江省作家协会，还出版散文集《迷人的潜溪》、杂文集《出裸与出名》，记录外婆坑村创业故事的《新愚公高唱创业歌》被选为浙江省初中语文课本乡土教材。大安村盛伯增，以纪实的方式描写亲身经历和感受，创作了《一点乡愁》《一点遗憾》《一点乐趣》等。

第五节　文化建设

文化站建设

1958 年 10 月 1 日，回山公社（区）文化站建立。一间 20 平方米房子，图书 100 多册，幻灯片一架，黑板报两块等。配备一名记工取酬工作人员。1961 年因建制改革，文化站撤销。

1963年上半年文化站重建。性质与规模不变，县里每年拨给补助经费240元，省、县陆续拨给图书、幻灯片等。工作人员是下宅村杨绍云，工作要求和制度逐步建立健全，大部分大队（村）组建了俱乐部。到1971年再次被撤销。

1974年，恢复区民办文化站，经费和设施似前。工作人员是上前陈村陈永茂。文化站主要任务为在农村建报刊栏和黑板报，创办图书室，组织农村业余剧团和俱乐部，配合宣传党的方针、政策。

1981年，区文化站由民办转为公办。陈永茂因农业户籍未留用。然后区文化站工作人员依次是叶益青、梁华灿、俞法宝。

1982年，彩淳乡建起全区第一个乡级文化站；1983年新天乡、安顶乡相继建站。回山乡、中彩乡也于1984年12月建站。

五个乡的文化站都设在乡政府内，除回山乡仅一张办公桌外，其余四乡均达到"五个一"规模标准，即一人、一室（站舍）、一板（黑板报）、一橱（宣传橱窗）、一机（照相机）。

1992年5月，撤扩并中，新天、安顶和回山合并为回山镇文化站，彩淳、中彩合并为双彩文化站。

文化活动推进

撤并后的回山镇文化站，主要开展文化宣传活动，于20世纪90年代后期开展文物保护调查，申报文保项目，如白王庙被县文管会列为首个文物保护点，后有东岳庙、五圣殿、中宅石柱祠堂、马家田梁家小祠堂、回山村敬胜堂等相继被列为文保点；组织开展非物质文化遗产普查、文化活动中心建设、"农家书屋"建设、重点村庄文化礼堂建设等；组织农民群众参加新昌县茶文化节活动，成绩不小；2007年，组织举办首届回山镇农民文化节，邀请越女争锋金奖获得者杨婷娜莅临献演。从此，每年组织举办一次农民文化节暨茭白节、西瓜节、音乐节等，广泛吸引群众参加活动。

撤并后的双彩乡文化站，十年里举办书画比赛、文艺会演、舞狮闹春等60多场次。较有特色的是"四个一"。"一社"即烟山书社。参加县纪委举办的廉政文化书法大赛荣获一等奖。"一队"即马帮莲子行。代表绍兴市参演"希望工程在浙江实施十五周年纪念晚会"。"一家"即下宅村杨永昌越剧之家。杨永昌夫妇及儿孙三代为主的越剧团长年累月在舟山、温州、台州等地巡回演出。"一才"即民间艺人李永良表演的小品、快板、口技、魔术、乐器演奏等，自编、自导、自演。每届农民文化节均有他的节目。

第八编

工艺藏品

彩烟工艺藏品实惠实用，精湛精美，是彩烟文化和历史习俗的积淀，具有很强的地域特色。虽经时代的发展和生活方式的嬗变，遭受过严重毁损，但凭着彩烟人对土地的爱恋和深情，对文化保护传承的责任和担当，默默地珍藏和坚守着这一民间宝库，使之经久不衰。

第一章 工艺品

彩烟地区的工艺品五花八门，是"百作手艺、能工巧匠"的代表，是农村企业或工商企业的发源，其源自彩烟、源自生活、源自彩烟人民的匠心，技术与艺术兼备，是经济和文化的双重载体。

第一节 木雕和根雕

彩烟地区的木雕和根雕等技艺，与彩烟的人居环境与资源密切相关，无论是祖辈前辈的作品，还是近代现代的产品，一脉相传，有所革新与创造，尤其是千工床、百工床、小玉光、板玉光，雕花床、雕花梁、良床、牛腿等，所雕刻的图案场景，都是以彩烟地区流传的山水花鸟、古典人物、神仙传奇等为主要题材的艺术创作，如一块花板、一首诗、一个故事，连起来就是一出戏。

木 雕

雕花床（摄于下塘村）

雕花床部件

良床（摄于袁家村）

良橱（摄于袁家村）

庪橱（摄于下塘村）

庪橱相当于现在的橱柜和冰箱，用于放置餐具和食用品等。

官箱（摄于下塘村）

官箱是古代当官人赴任出行时，随带的箱子。后人把官箱改为嫁妆，这箱成为世代传家之物。

牛腿（摄于回山村、晨光村、上宅村、汤家村祠堂）

雕花梁（摄于上宅村、汤家村）

格子门窗（摄于回山敬胜堂、下塘村新堂前）

根 雕

杨汗初根雕 杨汗初（1954～），回山村人。原为机械工，2010 年改行从事根雕工艺。刻苦钻研，不断创新，并得名师指点，作品精益求精。2017～2020 年有 7 件作品参加各级比赛获奖，被评为县级、市级四星、五星级民间工艺师。

《市井闻闲》（获省铜奖）   《银瀑长流》（获市银奖）

《孔雀》（获市铜奖）　　　　《李白诗仙·昭君出塞》（获市优秀奖）

《吉祥如意》（获县优秀奖）　　《百梅春光》（入县非遗精品展）　　《苏武牧羊》（获国家铜奖）

杨国凌（淳丰艺术）作品　杨国凌（1985～），上宅村人。自费创办浙江文化创意有限公司，办起淳丰艺术馆、熏香馆。其作品以新昌山水文化、高僧名士、文人墨客等为题材，丰富拓展根艺的表现形式、创作手法和创作空间。多项作品获得大奖。

《善缘》（获国家金奖）　　　　　　　　　　　《东渡》（获国家金奖）

《穿岩十九峰》

《大禹》　　　　　　　　　　《孔子》

《李白》　　　　　　　　　　《杜甫》

《传道授业》（甄完、杨信民的恩师杨丽泽，怀才不仕，隐居乡间，对两位弟子严于课训）

《陈宗器》（陈宗器，新昌人，新昌中学创办人之一，新昌中学第二任校长，著名地磁学家）

第二节　石雕和砖雕

彩烟石雕和砖雕作品，是石匠师傅精雕细琢和匠心创造的成果，既是实用品，也是艺术品。

石　雕

石鼓（摄于郑氏中医博物馆）

石桌和石凳（摄于淳丰艺术馆）　　　　**马槽**（摄于淳丰艺术馆）

石狮（摄于郑氏中医博物馆）　　石碑（摄于下塘村梁氏凤潭公坟碑）

石窗（摄于回山村敬胜堂）

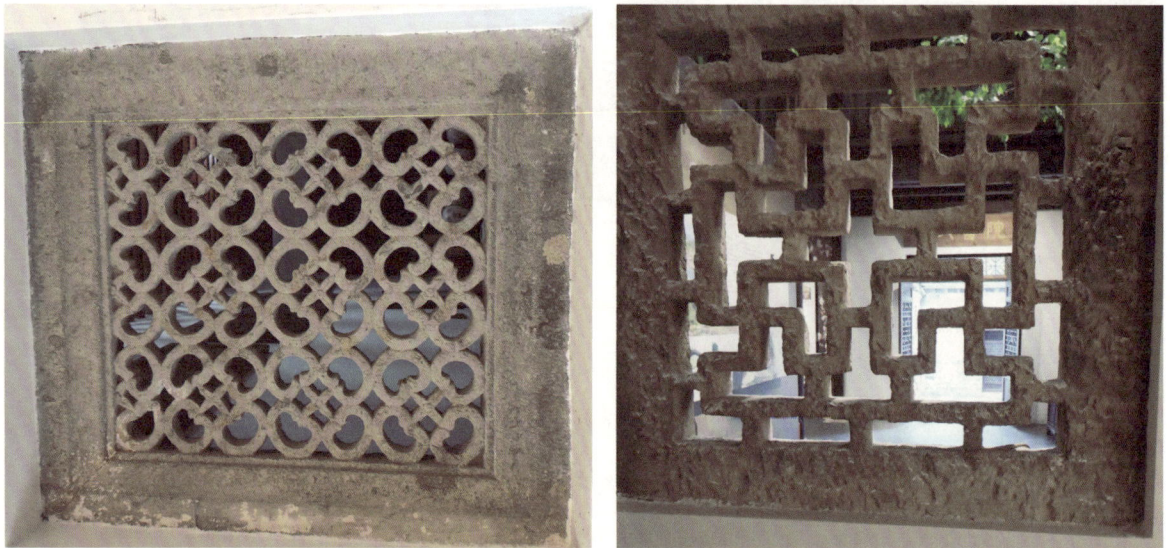

石磨（摄于熏香艺术馆）　　石花盆（摄于熏香艺术馆）

石锁和石臼（摄于郑氏中医博物馆）

旗杆石（摄于回山敬胜堂）

砖 雕

上坊（摄于回山敬胜堂）

筷子笼（摄于上宅村）

第三节　木器和竹器

自古以来，彩烟人靠山吃山，利用丰富的木材和毛竹资源，根据生产和生活的需要以及变化情况，创造出丰富多样的生活用品和生产工具。这些木器和竹器既实惠，又实用，是家家户户的必需品和必备品，且样式也不断变化，日趋时尚精美。

木制品

八仙桌（摄于下宅村）　　　四仙桌（摄于上宅村）　　　大橱（摄于官塘村）

千桌（摄于上宅村）　　　　木椅（摄于下塘村）

木茶盘（摄于下塘村、下宅村）

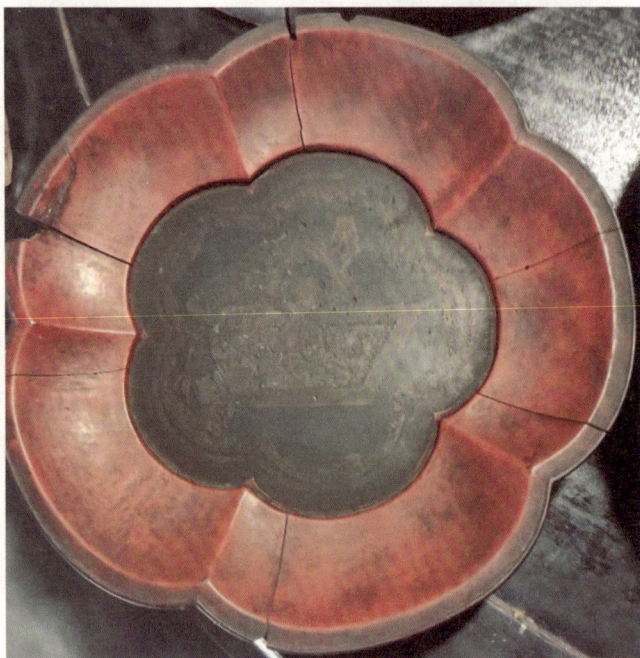

朱端桶（摄于上宅村）　　**弯桶**（摄于下塘村）　　**托盘**（摄于下塘村）

提桶（摄于斋堂村）　　**饭桶**（摄于下宅村）

量器（摄于上宅村、袁家村）

栳1　　　　　　　斗　　　　　　　圆升　　　　　　　方升

以下 5 件摄于下宅村。

桶盘　　　　　　　　　　　**水桶**　　　　　　　　　　　**酒桶**

1　古代容量器具：10合（gě）为 1 升，10 升为 1 斗，10 斗为 1 石。2.5 斗为 1 栳，4 栳为 1 石。

青桶

绣花木鞋篮

以下 8 件摄于下塘村、上宅村、屯外村。

谷仓印

银圆架

闹周果印

糍糕印

连环糕印

头梳盒

以下 6 件摄于下塘村、中宅村。

洗衣盆

洗脚盆

尿壶

滤桶

切勺

舀斗

竹制品

大套篮（摄于上宅村）

以下 11 件摄于下塘村。

小套篮

贺篮

赶考篮

镜空篮

团空

篾茶盘

饭篮

床头篱　　　　　　　　簸漏斗　　　　　　　　饭淘箩

手腕垫板（写字之用，摄于樟花村）

座车（摄于前丁村）

第四节　金属制品

根据彩烟传统，银器为女性首饰，锡铜器为日常用品，这些也是重要的嫁妆，每个家庭或多或少都具备一些。

银器（摄于下塘村）

银索

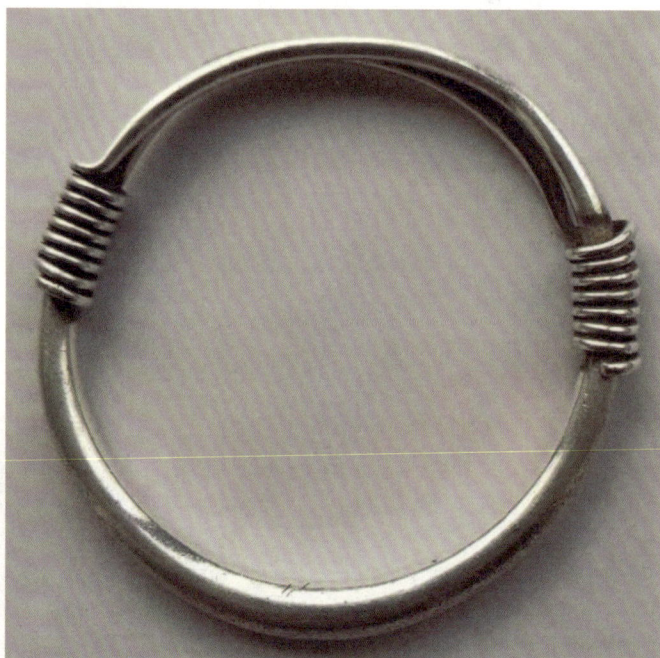
银手镯

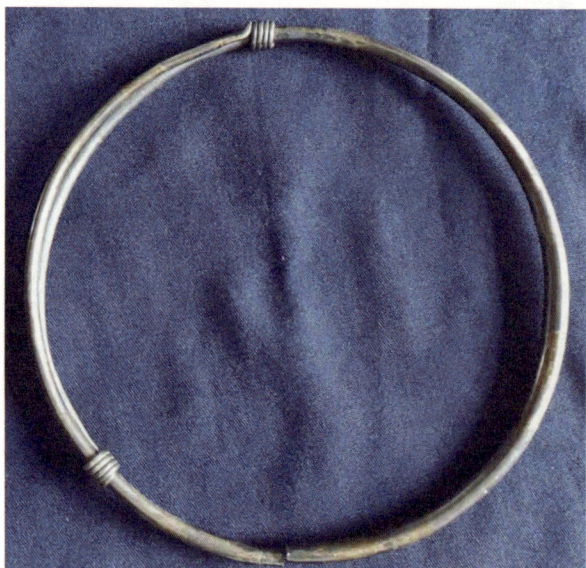
银项圈

银戒指

锡器（摄于下塘村、袁家村）

蜡烛台

锡瓶

锡尿壶

锡酒壶

锡茶壶

锡端

铜器（摄于下塘村、屯外村、中宅村、下岩村）

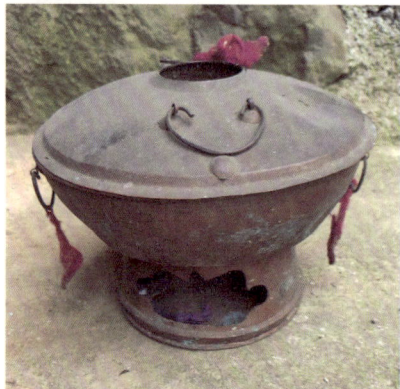
铜火锅

铜罐

铜茶壶

铜踏

铜面盆

铜锁

铜粉盒

铜镜

铜挂件

铜茶碟

铜勺

水烟斗

第五节　针织绣品

　　彩烟女性不仅勤劳贤惠，而且心灵手巧，擅长女工。她们平日参与劳作，闲暇时则纺织、绣花、织带、制鞋、缝衣，练就本领。很多姑娘在出嫁时，把亲手缝制的新衣服以及鞋、袜、帽等，赠送给公婆和宗亲长辈。婚后，新娘又会着手做婴幼儿衣帽，用红绸绣上精美的图案，还将织好的五颜六色的辫线镶嵌在衣帽上，耀眼又漂亮。

　　（针织绣品大多数摄于下塘村，小部分如鞋、帽、香袋摄于官元村、回山村）

针绣品

绣花绷

裤带、带扣、带梭

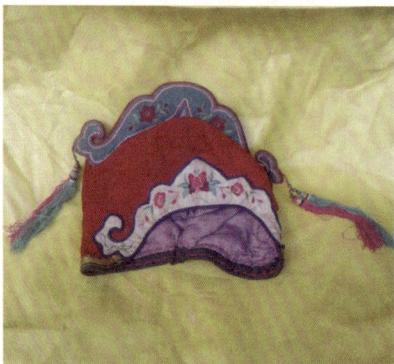

小生帽

狗头帽

兔头帽

八叶涎围

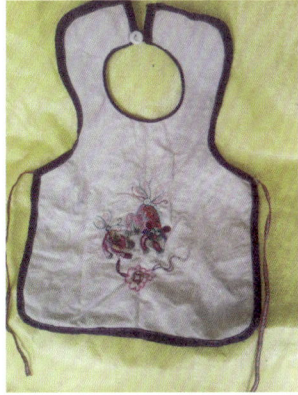
涎兜

帽丹

帽圈

枕套

锁匙袋

警报袋

红小袋

　　巾包袋又称"警报袋",源于抗日战争时期。警报声一响,老百姓在袋子里装好钱物,一拉袋口的带子,即可外出避难。此袋携带方便,钱物不易外露和丢失。随着岁月的流逝,"警报袋"成为新娘出嫁时必备之物。缝制也讲究起来,主要用"士林洋布"制作,然后在袋子两面绣上各种图案,如金鸡、凤凰、鸳鸯等。回娘家和走亲访友时,提着"警报袋",很有派头。此外,新娘还有另外两种袋子:一是锁匙袋,用来放嫁妆箱、橱门及房里门的钥匙;二是"红小袋",用于放红鸡蛋。洞房花烛夜时,新娘从红小袋里拿出红鸡蛋,夫妻分吃,寓意是"金鸡生凤凰,凤凰结百子……",有"早生贵子"之意。

肚兜(钱兜)

烟袋

八角

闹周鞋

老虎头鞋

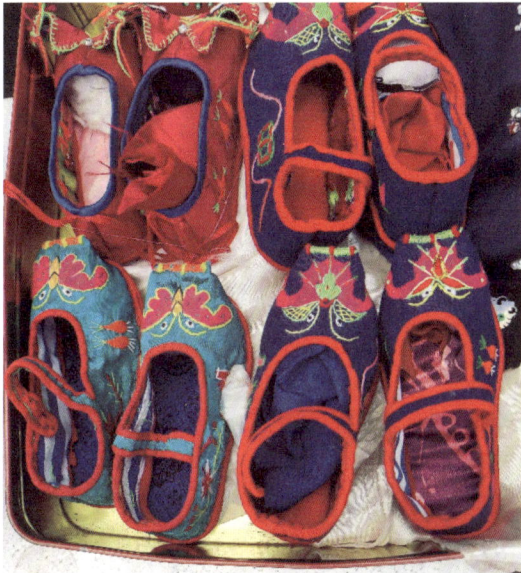

老耙头鞋

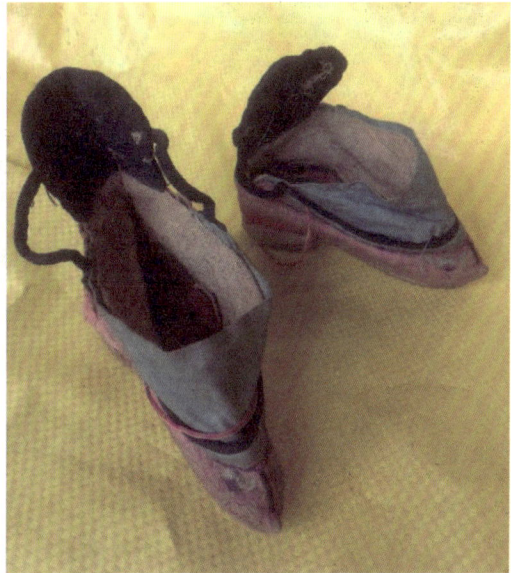

细脚婆鞋

　　鞋前绣着老虎头的鞋子称老虎头鞋，绣着蝙蝠的鞋子称老耙头鞋，寓意是福禄双全，长命富贵。鞋子两边绣着葱头、菱角和铜钱，寓意聪明伶俐，财运亨通。男孩闹周时穿红色的老虎头鞋或老耙头鞋；女孩闹周时穿蓝色的老耙头鞋，也可穿红色的老耙头鞋。

包头

帽檐

香袋

针编织

辫线勾和辫线架是编织辫线的工具，把蚕丝线染成红色的，然后将其编织成辫线。把辫线装饰在小孩帽子的边沿上和连接处，使帽子显得精美。

辫线勾

辫线架

辫线

旗袍

大襟衣

束腰裤

青花包裹布

第六节　乐　器

杨汉年作品

板胡

主胡

二胡

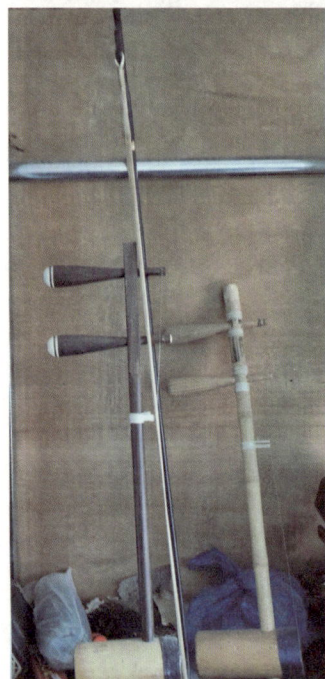

京胡

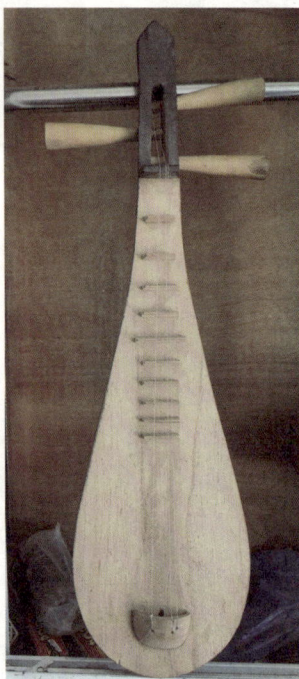

斗子

琵琶

三弦

俞开明作品

二胡

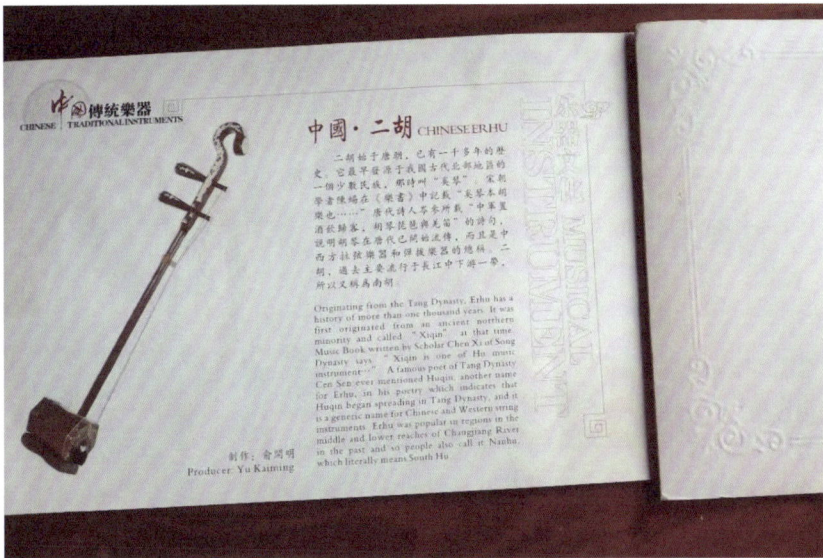

制作的二胡当作贺卡封面图

古琴

第七节 工匠工具

　　彩烟农村的传统工匠，主要有大木匠、小木匠、油漆匠、泥水匠、石匠、篾匠、桶匠、弹花匠、棕棚匠以及铁匠、铜匠、锡匠、烟匠等，涉及生产生活的方方面面。随着社会的变革与进步，工具不断机械化，许多工具被淘汰，这些工匠也逐渐改行或消失。这里采集到的工具只是一部分。

建筑装修工具

木匠工具

刨、凿

油漆工具（摄于上宅村）

泥塑工具

灰塑工具

生漆工具

油画、仰天画笔

做瓦工具

生活用品制造工具

织布工具（摄于上宅村、下塘村）

纺车

腰机（织布机）

梭子

腰机附件

弹花工具（摄于汤家村）

筒花盖

弹槌   绕线架

尺子、纤丝棒   拑花棒   弹弓

棕匠工具（摄于后坂村、湾头村）

  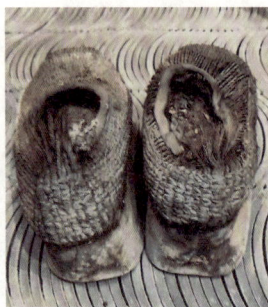

棕匠工具   棕衣   高笃

草鞋工具（摄于后坂村、屯外村）

布鞋工具（摄于下塘村）

其他工具

烧酒工具（摄于下宅村）　　　**做烟工具**（摄于上宅村）

烧酒桶　　　　　　　　刨烟架　　　　　　　　烟刨

铜匠工具（摄于下塘村）　　防卫工具（摄于后坂村）

捕泥鳅工具（摄于下塘村）　　刀篓

第二章　藏　品

　　彩烟地区民间还收藏着玉器、金器、银器、铜器、瓷器及旧画古钱币等（遗憾的是没有录到金器）。这些老古董经历了时代的变迁和岁月的消磨，愈发显得珍稀，以及保存和传承的难能可贵。

第一节　金　属

银　器

钒仙

翡翠戒指

头钗

翡翠银簪

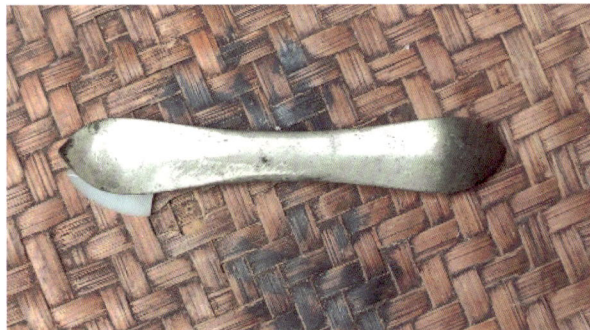

银簪

（摄于下塘村）

铜　器

斗秤

天平秤

军刀鞘

（摄于郑氏中医博物馆、回山村）

铜花瓶

铜墨盒

（摄于屯外村、回山村）

灯　具

桅杆灯

铜灯盏

汽灯

美孚灯

（摄于下塘村、蟠溪村、道南中学）

第二节 非金属

玉 器

玉佩

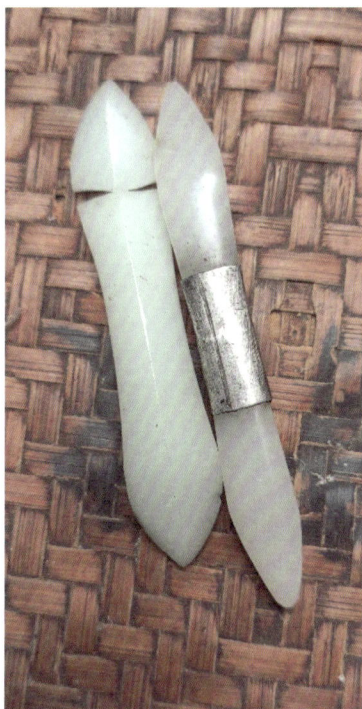
玉簪

象牙章

玉手镯

（摄于袁家村、下塘村）

陶 瓷

翠瓶　　　　　　　　　　　　　　碟

（摄于袁家村）

化妆油碟

（摄于下塘村、中宅村）

（摄于后谢村、樟花村）

（摄于郑氏中医博物馆）

（摄于西丁村）

（摄于下塘村）

第三节　其　他

钱币

（摄于下塘村、上贝村）

（摄于下塘村）

粮 票

（摄于下塘村）

算 盘

自鸣钟

（摄于袁家村）

旧 画

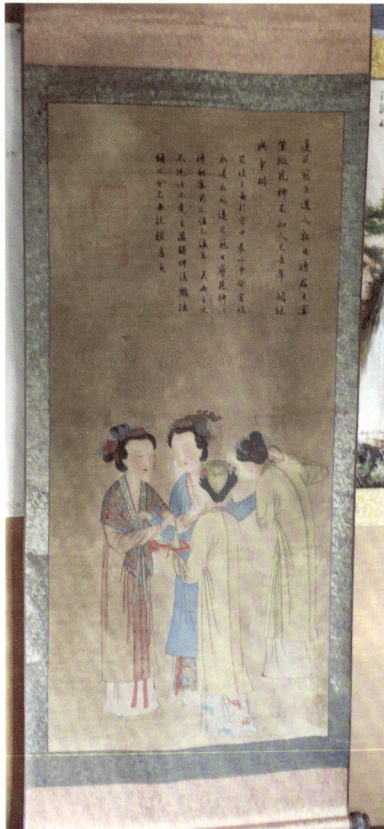

仕女图

太白醉酒

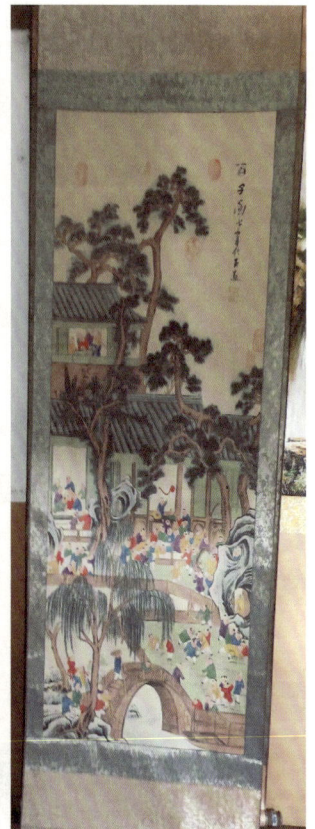

百子图

财神图

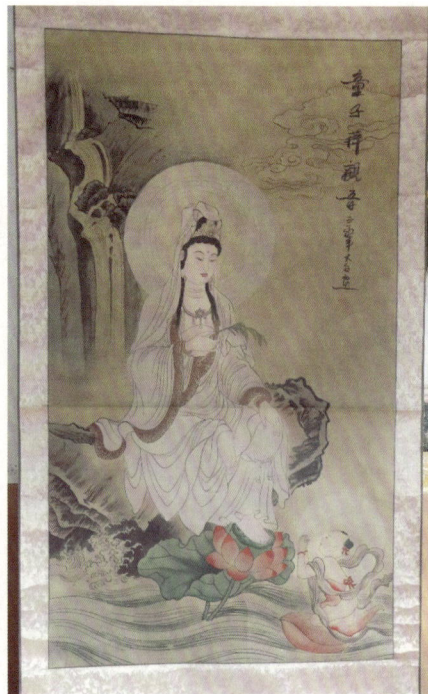

童子拜观音

（摄于上宅村）

八骏图

松影鹤寿

天马赋

牧牛图

烙画

（摄于上宅村）

第九编

乡村医药

乡村医药卫生，事关当地民众的身体健康和生命安全。彩烟人在长期的生产与生活实践中，摸索出一批治病救人的良药医方，也涌现出一批有名的郎中和赤脚医生。新中国成立后，彩烟医疗卫生事业快速发展，人民群众就医问药日益方便，防病治病和健康安全得到保障。

第一章　卫生保健

新中国成立前，彩烟地区虽有俞用古等著名的岐黄医家和郎中，但缺医少药、无力延医的现象依然突出。乡民生病大多依靠山草药、偏方验方和土郎中的针灸、针刺放血、推拿、刮痧等民间疗法医治，甚至用驱邪念咒、推土柯风等玄术，因此疗效不甚理想，各类疾病发病率较高，平均寿命亦较短。新中国成立后，党和政府十分关心人民健康，高度重视基层卫生事业。从1952年开始，彩烟地区逐步建立起区、乡镇、村基层医疗卫生保健机构，医疗卫生事业和爱国卫生运动长足发展，先后组织实施合作医疗、新合作医疗、大病保险、大病补助、特殊病种报销、送医送药下乡、医共体联建等制度与措施，不断解决群众看病难、看病贵、因病致贫等实际问题，总发病率、病死率明显下降，健康水平普遍提高，平均寿命明显延长。

第一节　医疗机构

彩烟地区医疗卫生保健机构与网络的建立与发展。

区（镇）卫生院的建立

1951年12月，浙江省卫生厅下拨经费2000元，专门用于筹建回山区医疗卫生机构。1952年5月1日，设立在上宅村的新昌县人民政府回山区卫生所成立并开诊，共有西医师1名，初级卫技人员2名，负责人为孔喜章。1960年6月，区卫生所迁至上市场村，与回山大队卫生保健所合署应诊。1962年11月，搬迁至回山区大会堂单独应诊。1966年5月，迁入上市场村中园山，区卫生所更名为回山区卫生院，梁锦辉任院长。1966年至1970年，县里先后分配十余名大专院校毕业生到区卫生院工作，还指派省市医疗专家前来行医授术，快速提升医院的医疗技术水平。

自1979年以来，回山区（镇）卫生院历任院长为赵集中、贾轩叶、杨学明、汪云汀、杨炼超、杨永成、吕勇明、王伟明、章康康。

乡村卫生院（站、室）的建立

1952年3月，回山乡卫生院在上市场村建立。1954年4月，安顶乡卫生院在雅里村建立，有床位 2 张、医护人员 4 名。1955 年 2 月，中彩乡卫生院在新市场村建立，有床位 5 张、医护人员 7 名。同年 3 月，新天乡卫生院在大宅里村建立，有床位 2 张、医护人员 7 名。1958 年 10 月，彩淳乡卫生院在上宅村建立，有床位 4 张、医护人员 5 名。

1970 年 4 月，全区所有大队（现今之村委部分自然村）建立起合作医疗站，并实行合作医疗制度。1975 年 3 月，回山区赤脚医生培训班在回山中学内举办，历时 3 个月，培训赤脚医生 40 余人。

至此，回山地区的区、乡（公社）、大队（村）三级医疗网络形成。

医疗机构的调整与发展

1992 年 5 月，撤区扩镇并乡后，回山区卫生院与回山镇卫生院合并，改称回山镇中心卫生院，下设新天分院、安顶分院；中彩乡卫生院、彩淳乡卫生院合并，改称双彩乡卫生院（驻地新市场村），下设彩淳分院。

1999 年 1 月，回山镇中心卫生院翻建病房楼，建筑面积 713 平方米。2004 年 4 月，建成门诊综合楼，建筑面积 1445 平方米。2006 年 6 月，更名为回山镇卫生院，同时挂回山镇社区卫生服务中心牌子。2014 年 12 月，被评定为乙级乡镇卫生院。卫生院（社区卫生服务中心）占地 4165 平方米，建筑面积 2444 平方米，其中医疗用房 1425 平方米。设内科、外科、中医科、中西医结合科、儿科、口腔科、妇产科、检验科、放射科、药房和综合病区，核定床位 20 张，实际使用床位 15 张。在职职工 28 人（编外 5 人），卫技人员 25 名，其中中级职称 3 人。下设大宅里社区卫生服务站，有社区责任医生 24 名。

2006 年 6 月，双彩乡卫生院增挂社区卫生服务中心牌子。2011 年 9 月，新门诊大楼投入使用。卫生院（社区卫生服务中心）占地 870 平方米，建筑面积 1196 平方米，其中医疗用房 960 平方米。设全科医疗科、内科、外科、妇产科、中医科、中西药房及检验科、影像科等，核定床位 5 张。在职工作人员 20 人，其中中级职称 2 人。下设上下宅社区卫生服务站，有社区责任医生 19 名。1992 年以来，历任院长为杨永成、张益栋、梅月锋、骆赛波等。

2020 年 7 月，新昌县调整基层医疗机构及编制，撤销回山镇卫生院、双彩乡卫生院，合并设立新的新昌县回山镇卫生院，挂新昌县人民医院医共体回山分院、新昌县回山镇妇幼保健计划生育服务站牌子。新的卫生院核定编制 59 名，领导职数 4 名（1 正 3 副），核定床位 20 张，在职职工 55 人，其中卫技人员 50 名。

第二节　公共卫生

卫生习俗　彩烟人的个人卫生习惯较好，尽可能避免或减少了疾病的发生。每逢过年，家家户户组织大扫除、掸尘清垃圾，干干净净过新年。平常也十分注意和重视家庭卫生、环境卫生、建筑及食品卫生。酿制酱油、酱菜时，采集蜘蛛网制作网盖，有效防止虫类叮食而污染。房前屋后通过挖掘排水沟、清理垃圾来消除虫害引发的疾病。平时还习惯开窗通风，预防麻疹、流行性感冒等呼吸道传染病发生。

预防接种　1952 年，普遍接种牛痘苗，鼠疫活菌苗，霍乱菌苗，霍乱、伤寒、副伤寒甲乙四联混合菌苗，白喉类毒素。1974 年，首次使用流行性乙型脑炎疫苗、钩端螺旋体疫苗、百白破混合菌苗接种免疫人群。1976 年，对 15 岁以下儿童皮内接种卡介苗预防肺结核病。1982 年起，停止使用牛痘苗。1984 年 10 月，全面实行计划免疫按月接种制度，规定每月的 15 日为接种日。传染病预防基本实现主动预防阶段。

新法接生　1951 年 6 月至 1952 年 9 月，组织举办接生员培训班，推广新法接生，改造旧产婆，新生儿存活率和健康水平得以普遍提高。

疫情报告和防控　1974 年 8 月，回山区卫生院发现恙虫病患者 1 例，经浙江省军区后勤部卫生处血清学检验确诊，病例发生于新天公社樟花大队。1989 年，新昌县被列为全国人体寄生虫病分布调查点之一。同年 5 月，对新天乡人群进行抽样调查。1999 年 1 月，检查了回山镇 3 个乡 3 个村共居民 1649 人，寄生虫感染率为 26.1%。2009 年 5 ～ 8 月，抽取双彩乡新市场村为监测点，检查 1022 人，受检率 64.72%，查出土源线虫 3 种，感染者 47 人，总感染率 4.60%，其中蛔虫 7 例、钩虫 38 例和蛲虫 2 例。2003 年，双彩乡报告新生儿破伤风 1 例。

防病治病　1982 年，个体开业行医施行，一些卫生院医护工作者投身于个体开业行医。1985 年，个体药店应运而生。1986 年、1987 年由新昌县卫生局先后发放《乡村医生证》。乡村医生队伍在防病治病中发挥应有作用。

合作医疗　新型农村合作医疗制度自 1999 年起实施，回山镇确定农民个人统筹金为 30 元，双彩乡为 20 元。2012 年，个人缴纳提高到 145 元。农民住院费用报销补偿封顶 2007 年 7 月为 1 万元，2008 年 7 月提高到 3 万元，2010 年提高到 6 万元，2011 年提高到 7 万元，2012 年提高到 8 万元，2019 年提高到 28 万元。2021 年个人缴纳 520 元，住院病人最高补偿额为 28 万元。

饮水卫生　回山镇自来水厂建于 1989 年 11 月，水源为前丁水库。1995 年 4 月扩建，设计供水规模 4000 立方米每日。2002 年，供水范围扩大，供水人口 3500 人，日供水量 400 立方米。各村就近选取清洁水源建立泵站，回山地区生活饮用水均已自来水供应。

环境卫生　每年开展爱国卫生运动，整洁环境，清除"四害"。2002 年，双彩乡新市场村被评为市级卫生村。2008 年，回山镇拆除露天粪坑 3275 个，新建公厕 55 座、垃圾房 71 座。2010 年，回山镇拆除露天粪坑 2233 个，建公厕 24 座，垃圾房 31 个。2011 年，回山镇被命名为市级卫生镇。2015 年，回山镇回山村、屯外村、王家市村和双彩乡袁家村被评为市级卫生村。2017 年 12 月，双彩乡被评为市级卫生乡镇；回山镇高湾村、屯外村被评为省级卫生村；回山镇中宅村、荷塘村和双彩乡下塘村被评为市级卫生村。2018 年 12 月，回山镇、双彩乡被评为浙江省卫生乡镇。

第二章　民间验方

　　彩烟地区是天然的中草药储藏宝库，是正宗的"道地药材"基地和"白术之乡"，药材资源极为丰富和名贵。有被誉为"北参南术"的白术，还有漫山遍野的半夏、百合、龙胆草、土牛膝、六盘花（莲鱼须）、鱼腥草、一枝香，等等。自古以来，传统中医疗法盛行于民间，秘方和验方也珍藏在民间，名医和郎中及赤脚医生更受民众称道。

　　民间中医是彩烟地区一大特色。明万历年间，新昌民间有业医者5户，其中彩烟俞用古医术不袭古方，随证应变，有神医之誉。当代的医药名家亦不在少数。他们为人类健康事业而奋斗在全国各地，成名成家。更有一大批土生土长的名老中医，奔波在彩烟大地，毕生为民排忧解难，救死扶伤。他们没有很多的荣誉和头衔，但有着医术和医德及老百姓的口碑。

　　中医治病有奇效，神奇的事例和感人事迹一宗接一宗，也为我们挖掘、收集、整理一些中草药单方、秘方及民间经验方，进行整理与编辑提供条件和可能，以供后人传承借鉴，治病养生之用，更大程度地造福于民。

　　需要说明的是，在验方收录过程中，有的配有药物图片，有的无法获取该药的植物分布信息，难以拍摄录入；有的因季节原因，无法拍摄到最佳药物特征信息图片。另外在草药名称记载上，采取以当地习惯叫法取名录入为主，配以学名或国家统一的植物名称，也有以当地群众传统叫法（名称）记入者。少部分验方因提供者已离开人世，难以补充完善。由于编撰时间仓促，有的验方只能以提供者陈述录入，无法做到一一检验实践印证。因此，有些验方的实际疗效，仍然需要在今后采用中实践验证。且因个体差异，验方使用时，建议咨询求证有经验老中医，或请医师指导，以确保安全。

　　此外，提供获得的验方较多，本书主要采纳具备"简、便、灵、验、易"的单方独味验方，以及个别疑难病症治疗需要的验方，合计100个。在著录次序上，不作学术或专业排列，不作以"一药多用"或"同病异治（药）"兼并归类入书，尽量能保证读者和供验方者、作者信息共享，共同受益。

　　凡此种种，未尽事宜请读者补充完善并斧正。

验方 1[1]

【治结核性脑膜炎】

石吊兰 Luisia morsei，又名钗子股、岩香。30 克，煎服，每日两次，可治愈结核性脑膜炎，有特效。

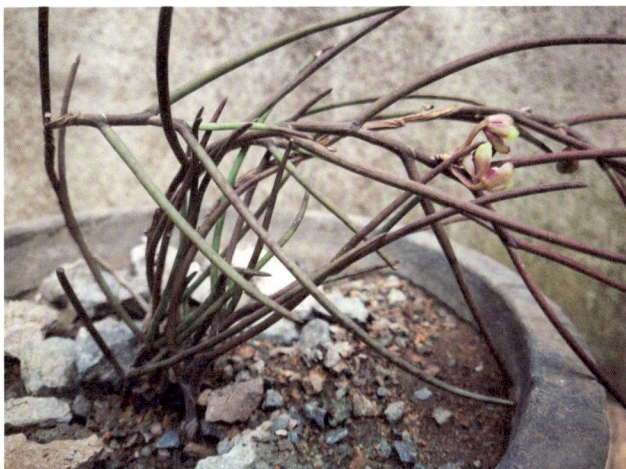

石吊兰

验方 2

【治血崩】

血崩是妇科的危急疾病，稍有不慎极易造成病人死亡。

野芝麻 30 克，煎汤，每日早晚一次口服，特效。

野芝麻 Lamium album，又名地蚤、野藿香、山麦胡、高山鱼灯苏，是一种多年生的药用植物，其性平，味辛，具有活血止痛的功效。对于治疗月经不调和痛经等妇科病有显著疗效。

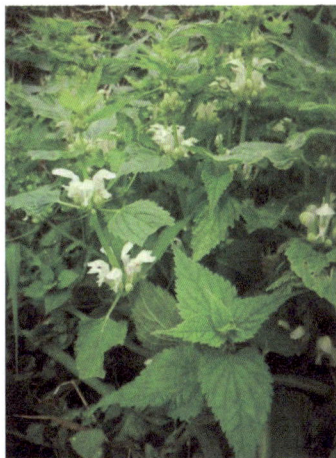

野芝麻

1　验方 1～验方 7 的供方者为大宅里村卫生室梁炳法。

验方 3

【治出血】

墨旱莲 Eclpita alba（L.）Hassk，又名醴肠、旱莲草、墨汁草。取其干品 30 克，加水煎服，一天两次，连服 3～5 天，内服治疗体内各类出血，包括痔疮出血，鼻血，消化道出血。新鲜墨旱莲适量，捣烂外敷，治疗体表皮肤外伤出血，包括刀伤出血，擦伤出血等，均有良好止血功效。

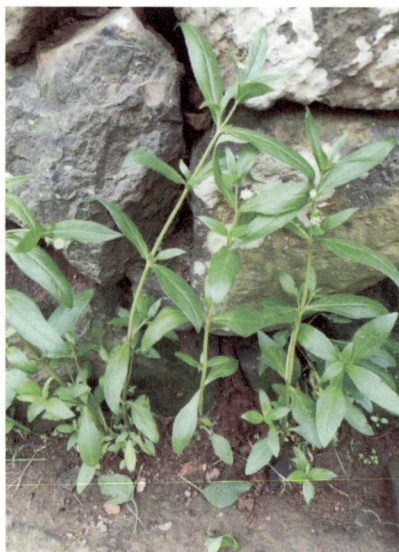

墨旱莲

验方 4

【治小儿疳积】

田麦秆，又名田肥角。鲜品 30 克，猪肝 50 克，煎服。或采用新鲜田麦秆 30 克，猪肝 50 克，炒熟食用。一天两次，连服一周以上。

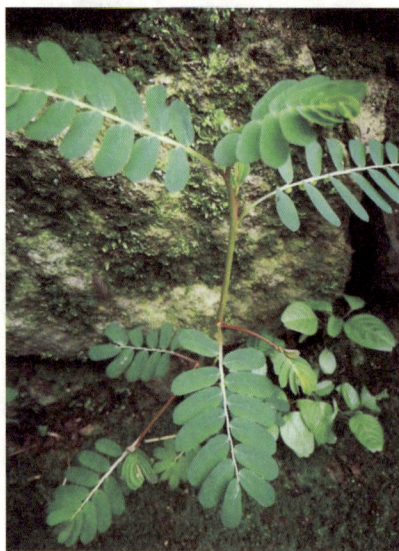

田麦秆

验方 5

【治刀伤出血】

刀伤出血患者，采用黄毛耳草 Oldenlandia chrysotricha（Palibin）Chun（别名过路蜈蚣、铺地蜈蚣、白山茄、地蜈蚣），全草（鲜）嚼烂外敷局部，一天一次。

此外，专治刀伤的另一株草药，由大宅里村梁燕珍提供，系其家父临终前留言传承下来。无药名，经查形似"单花莸"。暂命名其为"无名止血草"。此草药取鲜品适量，捣烂外敷伤口局部，特效。

黄毛耳草   无名止血草

验方 6

【治深部脓肿】

深部脓肿，常见于腹股沟部位，儿童多发，民间称"阴毒"。

治法 1：小杉树（干品）3 克，每天两次煎服，特效。

治法 2：莲鱼须（又称六盘花、牛尾菜）根（干品）30 克，每天两次煎服，特效。

验方 7

【治烫伤】

桑螵蛸（未化蛹）10 只（视烫伤面积定），文火烤干研粉，加麻油适量调匀，每天三次外敷烫伤局部。适用于水火烫伤。

验方 8[1]

【治女子不孕】

郑氏种玉汤，香附 15 克、柴胡 10 克、当归 20 克、白芍 10 克、云苓 15 克、丹皮 10 克、白术 15 克、桃仁 10 克 、桂枝 10 克、枸杞子 15 克。煎服。

主治女子不孕。肾阳不足者，加巴戟、鹿角霜、附片，温肾壮阳，暖养胞脉。肾阴虚损、冲任失于滋补者，加枣皮、熟地、养阴益精、滋补冲任。肝郁气滞，胁痛乳胀有块者，加青皮、郁金、丹参，疏肝解郁，活血止痛。肝郁化火，血热妄行，色红量多者，减桂枝、桃仁，加栀子、生地、黄柏，清热泻火、凉血止血。痰湿内阻，升降失宜，胞脉闭塞。

观察治疗不孕患者 76 例，服药 6 剂受孕者 4 例；30 剂受孕者 37 例；30 剂以上受孕者 31 例；无效 4 例。

验方 9[2]

【治误食毒蘑菇中毒】

民间采摘野生毒蘑菇（毒覃）食用后引起中毒。二巯基丙磺酸钠对以肝损害型为主的毒蘑菇中毒者具有特效。具体用法、用量、视中毒程度及病情危急情况选择注入途径、间隔用药时间及用药量。

验方 10

【治关节扭伤】

透骨消 Centella asiatica，又名金钱草，连钱丹，活血丹。主产于浙江、江苏、四川一带。遇拧伤、扭伤关节脱位并复位后局部肿胀疼痛等症，将之捣烂和酒敷患处，每日换药一次。

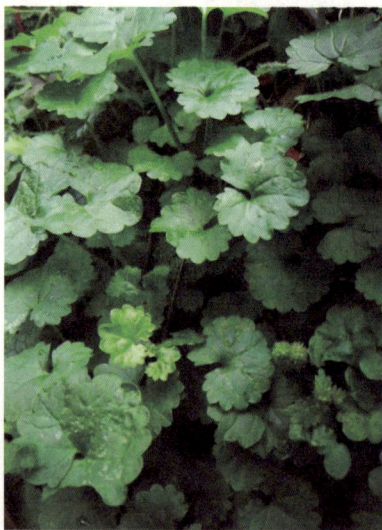

透骨消

---

1 验方 8 供方者为官塘村郑黎明。

2 验方 9 ～验方 14 的供方者为蟠溪村卢苗贵。

验方 11

【治乳痈疮疡】

白子菜 Gynura divaricata（L.）DC.，别名黄花三七、接骨丹、土田七、白扁三七，具有清热解毒，舒筋接骨，凉血止血功效。属于菊科菊三七属植物，以全草入药。将其捣烂外用治乳腺炎、疮疡疔肿，疗效特佳。

验方 12

【治脚底发热】（秘方）

冬瓜叶 7 片，加食盐少许（1～2 克），加水500 克，煎汤，浸泡痛脚 20 分钟，每天一次。

验方 13

【治跌打损伤所致瘀血肿痛】（秘方）

跌打损伤是民间常见疾患，特别在古代，各种拳击、武术格斗者，伤及全身或局部肢体，比较多见。往往发病突然，伤情严重，甚至危及生命。一般难以短期治愈或无药可治，无医可寻，但真精通权术者又多常身边自备秘药。此方即古代一拳师被人偷袭致伤避难时，东家偷偷留取他身上一颗自备药物后，经人鉴定识别而传承下来的秘方。

天荞麦 Fagopyrum eymosum（Trev.）Meisn，别名野荞麦、金荞麦、金锁银开、铁甲将军、荞麦三七。天荞麦根 2 个，切片并煎汤服用。一天两次。如遇患者有高血压则禁止服用。

验方 14

【治痔疮】

治法 1：新鲜大田螺去靥后，加入适量冰片，自然存放，冬季七天，夏季三天，取其腐烂后液体，外涂痔疮表面，每天早晚各一次。

治法 2：五倍子烧灰，加入清油调和后外敷痔疮局部。

白子菜

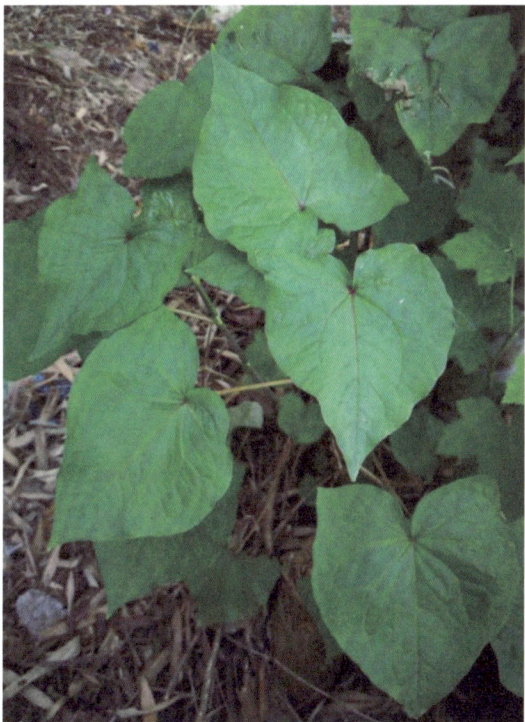

天荞麦

验方 15[1]

【止汗】

小麦 500 克，炒熟至发胖，起锅后即用适量红糖搅拌均匀，冷却后即成块状。每天当作零食服用，有治盗汗，又称出冷汗疗效。

验方 16

【治轻微烫伤】

采摘一芦荟叶，将其折断并用折断面流出的汁涂抹烫伤创面局部。

验方 17[2]

【治胆管结石】

治法 1[3]：鸡骨树籽，又名野鸦椿子。鸡骨树籽 60 克，鸡内金 30 克，研粉空腹吞服，每次一调羹，每天两次，忌服海鲜、豆制品。

治法 2：鸡骨树籽吞服 7 颗，每天两次。通常在吞服后即能止痛。

注意：胃溃疡患者直接吞服鸡骨树籽容易引发胃痛，应谨慎服用。

验方 18

【治膝盖酸痛】

金雀根，学名锦鸡儿 Caragana sinica，又叫金雀花、斧头花、白心皮、阳雀花根、板参、土黄芪、野黄芪等。土牛膝[4]Achyranthls bidentata，又叫白牛膝、山苋菜、对节草。金雀根 25 克，土牛膝 15 克，七帖，煎服。

这里介绍的土牛膝指的是白土牛膝，另有红土牛膝不用。如果白土牛膝的根呈现红色，也不可作药用。下同。

鸡骨树籽

金雀根

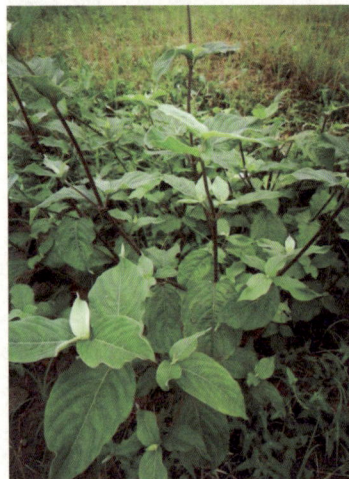
土牛膝

---

1 验方 15～验方 16 的供方者为王家塘村梁富铨。
2 验方 17～验方 43 的供方者为旧宅岙村梁碧堂。
3 此治法为王家市村卢新凤口述，卢苗贵整理。
4 这里介绍的土牛膝指的是白土牛膝，另有红土牛膝，不用。如果白土牛膝的根呈红色，也不可作药用。下同。

验方 19

【睡眠不好 】

铁扫帚 Lespedeza cuneata，别名千金拔、夜合草、铁马鞭、疳积药、截叶胡板子。铁扫帚 25
克，合欢花 15 克，百子仁 10 克。七帖。煎服。

铁扫帚

验方 20

【治鼻衄 】

大蒜泥加食盐，捣烂敷涌泉穴。

验方 21

【治各类刺进入人体表皮 】

土牛膝 Achyranthes aspera，别名白牛膝、山苋菜、对节草。土牛膝叶加食盐捣烂，外敷局部
治疗各类刺伤及机体。

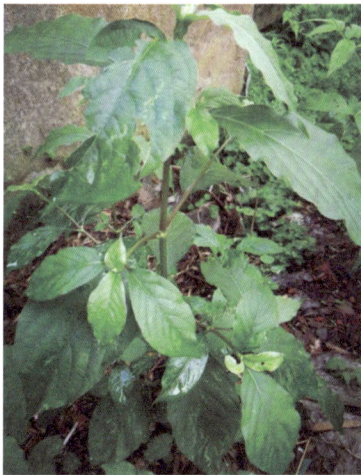

土牛膝

验方 22

【治隐症】

隐症表现为无任何原因情况下，身上发皮疹。冬瓜叶 7 片，加盐煎汤，外洗治疗隐症（同法，也可治疗脚热）。

验方 23

【治疗痈】

榔 Ulmus pumila，又叫香皮榔。榔树叶，加鸡蛋清，捣烂敷患处，一天一次，连续三天。

香皮榔

验方 24

【治疗疣】

芝麻花揉搓疣局部，每天一次，连续一周。

验方 25

【治疗脚趾缝湿气溃烂】

檫树 Sassafras tsumu 叶（鲜）、食盐少许，捣烂外敷并包扎，一天一次，连续三天。

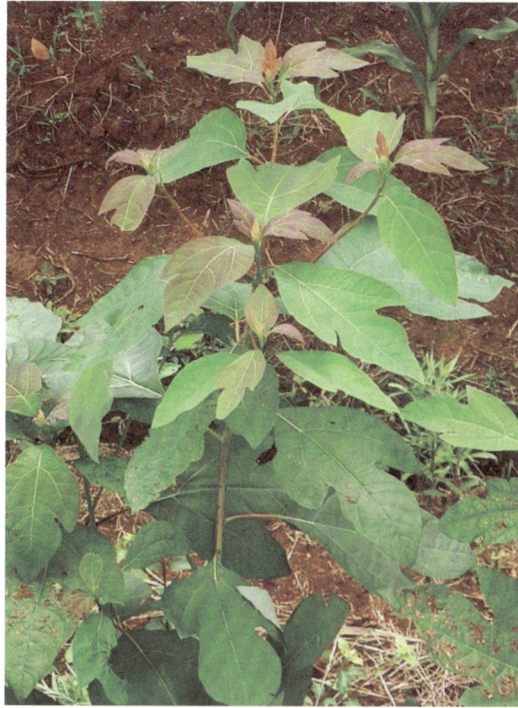

樆树

验方 26

【治疗痈肿恶疮】

垂盘草 Sedum sarmentosum Bunge，别名猪牙齿、石指甲、半枝莲、狗牙草、三叶佛甲草。垂盘草全草，食盐少许，捣烂外敷身上痈肿恶疮，每天换药一次，连续 3～4 天。

此外，垂盘草还有治疗急性肝炎的功效 [1]。急性肝炎，肝酶升高，可用垂盘草（鲜）100 克用水煎服，代茶饮，能降肝酶。

垂盘草

1　此治法由杨伯尧供述。

验方 27

【处治蜜蜂蜇伤】

山火筒，学名博落回 Macleaya cordata（Willd.）R.Br.，别名号筒杆、号筒梗、泡筒珠、博落筒、杉河叶。将叶挤出汁外敷叮咬局部，揉 5 ～ 6 分钟即痛止。

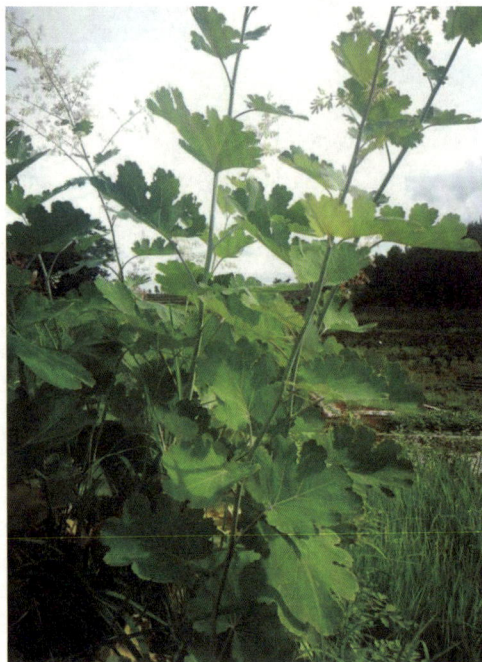

山火筒

验方 28

【石蟹治疗漆叮伤 [1]】

石头下捕获之蟹捣烂外敷漆过敏局部皮肤，次日再敷一次。

验方 29

【治疗淋巴结肿痛】

生草乌 Aconitum chinense，别名乌头、吓虎打、华东乌头，潐烧酒磨出汁，外敷淋巴结肿胀局部，每天 3 ～ 4 次。

验方 30

【治疗上吐下泻及扁桃腺肿】

七叶一枝花 Paris polyphylla，别名重楼、草河车、白河车、蚤休。上吐下泻者，七叶一枝花根（干品）2 克，切碎，温开水吞服，日服一次，连服 3 天。扁桃腺肿者，七叶一枝花根（干品）5 克，泡茶喝，通常 5 天可治愈。

---

1 漆叮伤，系漆树采伐、提炼油漆过程中，或路经漆树种植地区导致的皮肤过敏，俗称漆叮伤，实际为漆过敏。

验方 31

【治喉痛、扁桃腺发炎】

黄蓝酱 Youngia heterophylla，又名野芥菜、异叶黄鹌菜、黄含草。取鲜品捣汁，滴三滴液于喉部，痛即止。

验方 32

【治疗癣症】

丝瓜叶（鲜品）适量，食盐少许，捣烂取汁外敷局部，每天 3 ～ 4 次。

验方 33

【治脚筋吊】

羌活（干品）15 克，煎服，每天一次，一次两剂，连服三天。

验方 34

【治疗鹤膝风（膝关节积液）】

豆腐渣烘热外敷患侧膝关节局部，每天一次，连续五天。

验方 35

【治肺炎、咳嗽、肺痈】

天豇豆 Cassia occidenlalis，又名望江南、金花豹子、金豆子、羊角豆。全株干品 50 克，煎服，每天一剂，分两次服用，连服一周。

验方 36

【治老胃病及跌打损伤】

仙桃草 Veronica peregrina，学名蚊母草。干品 30 克，煎服，每天两次，跌打损伤五剂。老胃病三剂。

验方 37

【治疗跌倒腿肿】

凤仙花 Impatiens balsamina，别名透骨草、指甲花。叶（鲜）适量，加食盐少许，捣烂外敷跌伤局部，一天一次，连续外敷三天。

黄蓝酱

天豇豆

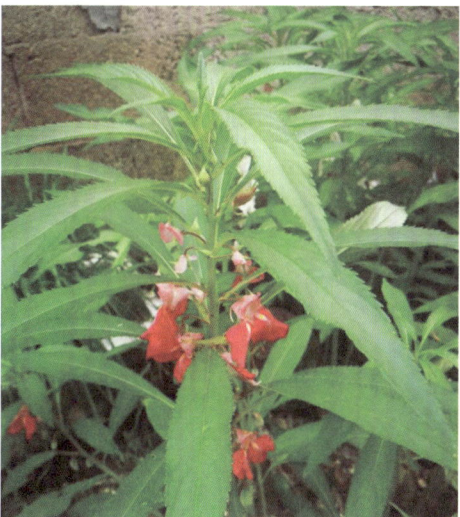
凤仙花

验方 38

【治疗尿少】

金银花 Lonicera janonica Thunb. 别名二花、双毛、忍冬、二宝花。根（鲜）50 克，煎服。每天一剂，分两次服用，连续五天，利尿。

金银花

验方 39

【治疗隐脚】

隐脚表现为脚踩下去时脚底疼痛尚能忍受，脚提起时反而疼痛加剧更加难受。番薯叶加盐，捣烂外敷。

验方 40

【治刀伤出血】

马兰头 Kalimeris indica（L.）Sch.-Bip.，别名鸡儿肠、红马兰、泥鳅吊、田边菊、路边菊、蓑衣莲。

马兰头根捣烂外敷，立即止血。

验方 41

【治蛀牙】

板柘，胡颓子 Elaeagnus pungens，别名蒲颓子、半含春、卢都子、雀儿酥、三月枣。根（鲜）半斤，生鸡蛋一斤，煮熟，连汤和鸡蛋一起食用，治疗蛀牙。

板柘

验方 42

【治皲裂】

紧松树 [1]Pseudolarix amabilis，别名金钱松、金松（浙江杭州）、水树（浙江湖州）。根皮（鲜）捣烂，与糯米饭搅拌在一起，局部外敷包扎，三天治愈皲裂。

紧松树

1　紧松树，也称筋松树、金松树，待考证，以图中实物为准。

验方 43

【治翻花疮】

症状表现为皮肤突发很硬的"疣状"疮，根部小而硬，头部呈伞状出血，好发年龄为 50～60 岁人群，全身均可发病。临床上易误诊为皮肤癌，一般较难治疗。

马齿苋 Portolaca oleraea，别名酱板草、长命草、马苋。全草（鲜）适量，加食盐捣烂，外敷局部。一天一次，3～5 天可望根治。治疗 6 例，均有特效。

马齿苋

验方 44[1]

【治腰扭伤】

倒挂刺，又名云实 Caesalpinia sepiaria，别名老虎刺尖、倒钩刺、药王子、朝天了。根一段煎服，特效。

验方 45

【治盗汗】

瘪桃 20 克和糯稻根 20 克，煎服，特效。

验方 46

【治尿结石】

车前草 Plantago asiatica、大叶金钱草适量煎服，特效。

倒挂刺

验方 47

【治婴儿满乳】

陈皮、竹衣青（绵茵陈 Artemisia capillaris，别名茵陈、茵陈蒿、猴子毛、白蒿）适量煎服，特效。

验方 48

【治刀伤】

将红毛老鼠（刚出生的鼠仔，皮肤发红，俗称之）和石灰捣烂晒干制成粉末备用。刀伤患者可直接将该粉末敷在伤口创面上，加以包扎即可。

车前草

1　验方 44～验方 51 的供方者为岭山村陈文新。因其去世，无法详加补充剂量及疗效信息。

验方 49

【眼睛上星】

角膜溃疡又称眼睛上星。肩背上有水泡，刺破即可治愈。

验方 50

【治穿板"狐狸"】

脚底化脓性感染，严重者会穿透足背部，称之为穿板"狐狸"，是农村地区的常见疾患。

取田螺一个连壳捣糊，外敷于患处，每天一次，效佳。

验方 51

【治产后"月里症"】（偏方）

女性在分娩后出现腹部空痛、有块、血不净、腹泻、浮肿等，称之为产后"月里症"。

糖莓，又名金樱子 Rosa laevigata，别名刺榆子、山石榴、山鸡头子、糖罐。糖莓根、红花、核桃壳，三味药治空痛、化血瘀、腰酸背痛。腹泻加夜闭草，浮肿加甫公壳，连服三剂。

煎此药不能用水，要用黄酒煎；用文火，药液不能沸，以免流失；用瓦罐，不能用铁锅。原药至少煎两次。

验方 52[1]

【治腐烂疮】

蛇草莓 Duchesnea indica，别名蛇莓、蛇泡草、龙吐珠、鼻血果果、蛇果、野草莓、地莓、地杨梅、蛇阿公。

蛇草莓（鲜）一斤，烧酒一斤，放瓶内盖紧，浸泡三天。治疗只烂皮肤不烂肉，患处外皮能揭下，如薄纸状，肉中流出血水的腐烂疮，按照个人酒量口服该蛇草莓酒。

验方 53

【治肾亏、腹泻】

红叶乳浆草，又名地锦 Euphorbia humifusa，别名红筋草、奶浆草、血见愁、铺地锦。

红叶乳浆草（鲜、干都可）5～10 棵，洗净，猪腰 1～2 个切片，加水适量煮熟。食猪腰和汤可治疗肾亏、腰酸痛、脚浮肿，疗效良好。吃后症状为小便短而次数增多。单味红叶乳浆草（鲜、干都可）可治疗急性肠炎、痢疾等腹泻。

---

1 验方 52～验方 53 的供方者为下塘村杨民。

红叶乳浆草

验方 54[1]

【治蛇咬伤】（偏方）

独叶一枝花 Hemipilia flabellata，别名雨流星草、肾子草、无柄一叶兰、独叶参、单肾草、一面锣、落地还阳、鸡蛋参、独叶一支枪。独叶一枝花特征为开红花、一片叶，叶面上青下红色者真。

取其根捣烂敷患处，当即会流出毒水，一至两天即可。

验方 55

【治火烫伤】（偏方）

青蛙一只放于竹筒内，用火烧成炭，研成细末，加上麻油或猪油敷患处，一天刷两次，一般三日即可，严重者五日，且不留疤痕。

验方 56[2]

【治疗面肌痉挛】

50度以上白酒（或劲酒）一瓶，朝天椒7颗（如无，则红辣椒17颗）。将辣椒洗净晒干后浸入高度烧酒中，摇匀盖紧，浸泡一周以上备用。

打开制备好的朝天椒酒，用手蘸取搽到痉挛部位（包括眼睛边缘、脸部、嘴边等痉挛部位），每天搽3～4次，也可5～6次，连搽一周痉挛即可解除。如遇复发，再搽，次数减少，起先数月复发，以后几年复发，常备此药搽之，五六年后可断根。

1　验方54～验方55的供方者为岭山村潘伯成。
2　验方56～验方57的供方者为后谢村盛旭锋。

该方药对轻度和中度面肌痉挛有奇效，对重度面肌痉挛可缓解。如无效则需就医（目前权威医学采用耳后开颅隔离神经和血管，手术较简便且治愈率100%，但易复发）。

验方 57

【治跖疣】

白花蛇舌草 30 克，虎杖 30 克，龙胆草 30 克，板蓝根 15 克，大青叶 15 克，百部 15 克，生薏仁 30 克，紫草 30 克，桃仁 15 克，红花 15 克，透骨草 15 克，明矾 20 克。

煎煮半小时，将汤药倒入洗脚盆中（要能浸没全脚，至少浸没跖疣），药很热时采取熏脚，汤药温度达到 45℃（脚放入很热但能承受的最高温度）时泡脚，浸泡半小时，每天至少一次，连泡一周可全部结痂，等痂老化自然掉落，可断根。

验方 58[1]

【治疔疮】

乌韭 Stenoloma chusana，别名雉鸡尾、乌蕨。

乌韭（鲜）适量，加少许盐捣烂敷于患处，每天一换，持续数日。

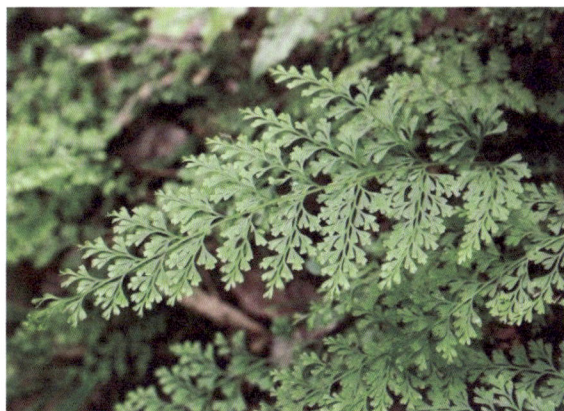

乌韭

验方 59

【治小儿夜尿】

猪尿胞（膀胱）一个洗净，内盛糯米，蒸熟，供患儿食用。一般吃 1 ～ 2 个即见效。

验方 60

【治牙痛】

大树脑，学名海州常山 Clerodendrum trichotomum，别名臭桐、八角梧桐。

大树脑根 500 克左右，洗净切片，加鸡蛋 7 个，焐透，吃蛋，两天吃完痛即止。

1　验方 58 ～验方 71 的供方者为荷塘村下坂头自然村杨伯尧。

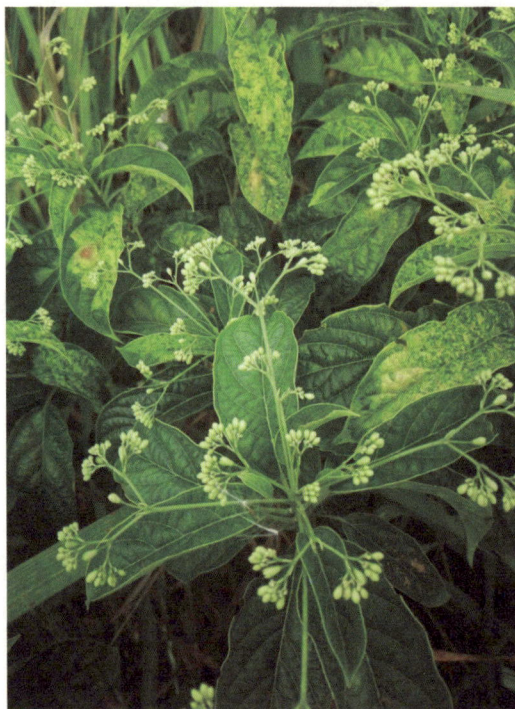

大树脑

验方 61

【止咳】

枇杷花（干）30 克煎汤，每天服两次，每次一汤碗，连服三天。

枇杷花

验方 62

【治疮痈】

紫花地丁 Viola yedoensis Makino，别名三角犁头草、地丁草、红水牛花、瘩背草。

凡皮肤生疮生痈，用紫花地丁适量，加盐少许捣烂敷患处，日换两次，数日可拔脓散结痊愈。

紫花地丁

验方 63

【治小儿疳积】

小儿面黄肌瘦，腹部膨出，纳差夜啼，营养不良，腹有蛔虫等症，可诊为疳积。可捕糊叶楣（又名云实 Caesalpinia sepiaria，别名老虎刺尖、倒钩刺、药王子、朝天子）虫 3～5 条，用火烹出虫油，待虫干后碾碎用温开水或拌在粥里服下即可。

糊叶楣

验方 64

【防流产】

孕妇先兆流产，可用野苎麻 Bochmeria nivea（别名野苦麻、上青下白、白麻、圆麻）根（鲜）100 克左右用水煎服，日服两次，数日可愈。

验方 65

【治惊吓】

人受惊吓，可用黄栀（即山栀 Gardenia jasminoides，别名栀子花、山栀子、黄栀子），碾碎加朱砂适量拌入麦粉揉成团，粘敷于双手内关穴，双足心涌泉穴，留敷一夜，去除后局部皮肤会变黑色，1～2 次即可收效。

验方 66

【保胎】

习惯性流产者，可用艾叶 Artemisia vulgaris30 克焐鹅蛋一个，焐透，孕妇将鹅蛋吃下，先每月一次，怀孕 7～8 月后每周一次，吃至孕足月即可平安分娩。

验方 67

【处治桶蜂毒】

桶蜂咬伤，可捕蜘蛛一只，让它在咬伤口处吸毒，毒尽伤愈（蜘蛛吸尽蜂毒后，可将其放入脸盆水中，让其吐毒，蜘蛛吐毒后复活）。如患者身上多处被桶蜂咬伤，则应前往医院处治。

验方 68

【处治蜈蚣毒】

蜈蚣咬伤，捕鸡，取鸡涎涂于伤口，能迅速消肿。注意，被蜈蚣咬伤后处治要快速，以免毒素进入体内而影响治疗效果。如患者被咬已久或伤情严重，则宜去医院处治。

野苎麻根

黄栀

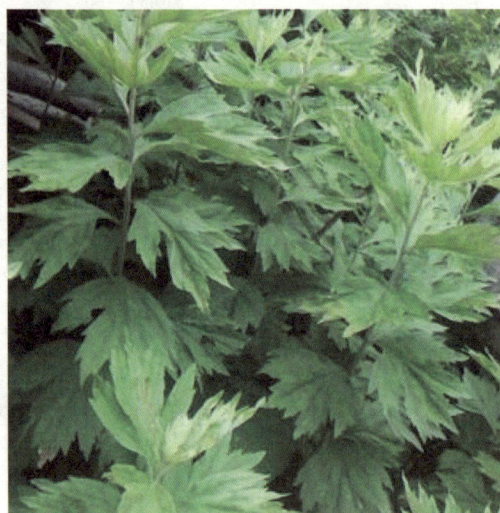

艾叶

验方 69

【治烫伤腐烂】

如烫伤腐烂，可取朝北面的青苔适量，取适量用过的羹架篾（篾制蒸架）烧成灰和入青苔中捣烂，敷于患处，见效快且不留疤痕。

验方 70

【治宫寒痛经】

许多痛经由宫寒而致，可取艾叶 Artemisia vulgaris30 克，焐鸡蛋 2 个，焐透后于月经来前一周服下，最好汤也服下，每月一次，一般 3 ～ 5 次能显效。

验方 71

【治赤白痢疾、肠炎】

马齿苋 Portolaca oleraea，别名酱板草、长命草、马苋；铁苋菜 Acalypha australia，别名铁苋、痢疾草、海蚌含珠、野麻草；斑地锦 Euphorbia maculata 各 60 克，用水煎服，每天 3 次，3 ～ 5 天可愈。

马齿苋　　　　　　　　　铁苋菜　　　　　　　　　斑地锦

验方 72[1]

【治肾脏病全身浮肿】

萝卜种下面的壳 100 克、蒲瓜（活芦、葫芦）种子外壳（老活芦壳）100 克、天罗筋（丝瓜络）100 克、瘪竹（毛笋未散丝）折断干燥。水煎，睡前服，第二天浮肿即退。

验方 73

【处治孕妊期的先兆流产刚出血】

先兆流产是孕妊期妇女多见的疾患，以农村妇女特别多见。其发病原因很多，这里主要针对各种先兆流产早期刚出血的患者，可提供紧急救治。

1　验方 72 ～验方 75 的供方者为下塘村梁庆才。

茶豆（长豇豆）种子外壳（菜豆壳）200 克，银圆 1 枚。水煎服，服用两天，能保胎。

<h1 style="text-align:center">验方 74[1]</h1>

【治指甲炎化脓】

指甲发炎化脓，在农村俗称"生蛇头"。

取鲜乌米饭（即乌饭树 Vaccinium bracteatum，乌饭、墨饭草）嫩叶；毛楂（即山楂 Crataegus cuneata，别名野山楂、山里红）嫩叶捣烂敷患处，外加包扎。每天换药一次，治愈为止。

乌米饭　　　　　　　　　　　　　　　　毛楂

<h1 style="text-align:center">验方 75</h1>

【治美尼尔氏综合征】

突发性头部眩晕、耳鸣，自感天旋地转，瞬间倒地平躺后，适时会自己从地上爬起来，似乎一切归于平静，什么事都没发生似的。此类疾病即美尼尔氏综合征。

仙鹤草 Agrimonia pilosa（别名独脚金鸡、龙芽草、狼牙草、子不离母、脱力草、金顶龙牙、黄龙尾、毛脚菌）（鲜）100 克，煎服，一天两次。轻症或早期者，连服 3～5 剂可望痊愈；重症取鲜全草 200 克（干品 100 克），煎服 3～5 剂。

1　验方 74 由下塘村梁启学口述，梁庆才整理。

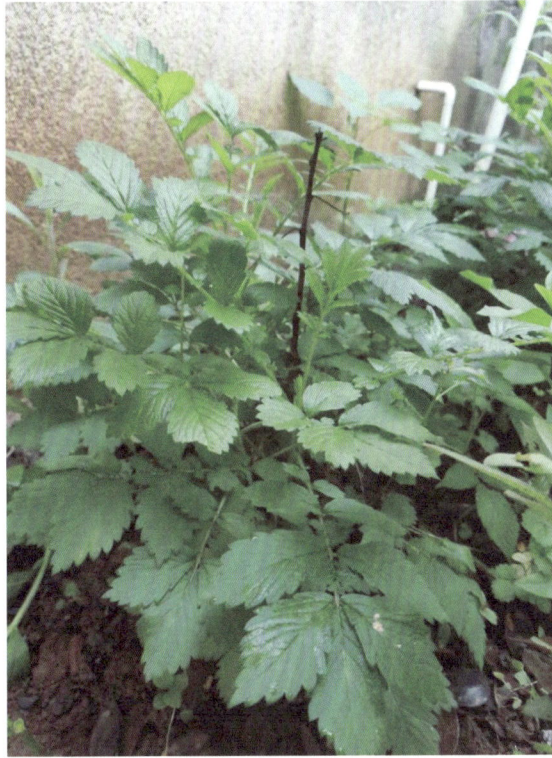

仙鹤草

验方 76[1]

【治疗蛀牙痛】

十大功劳 Mahonia bealei（别名钢寇刺、土黄柏、刺黄柏、刺黄芩、木黄连）树根煮 7 个鸡蛋，服食鸡蛋治疗蛀牙，特效。

十大功劳

1　验方 76 的口述供方者为长虬西塘村梁苗灿，蟠溪村卢苗贵整理。

验方 77[1]

【治疗伤筋】

关节扭伤致局部肿胀、疼痛是常见、多发且突发性疾病，民间称之为伤筋。

陈旧的草席（小孩经常尿床的草席更佳）适量，点燃并将其烧成灰，在即将熄灭时用优质食醋（9° 食醋）冲灭并搅拌均匀，取该醋浸草席灰外敷扭伤局部并包扎，一天更换一次，直至伤愈，特效。

验方 78

【治疗铁器刺伤皮肉】

铁器、竹器等尖锐器具刺伤手指、脚趾及身体其他部位极易造成感染，难以在短期内治愈。

嫩竹笋的笋尖连同适量白砂糖放入口中嚼烂，外敷局部。显效。如属被掩埋土壤中的铁器、竹制品或生锈的铁器等锐器刺伤，则应首先注射破伤风针，而后再依该验方之法处治。

验方 79

【治手背无名肿毒】

菜油煎鸡蛋，敷患处。立效。

验方 80

【治痈】

将蜂窝烧灰，趁热时加入菜油并调匀，外敷并包扎。

验方 81

【治疖不化脓】

疖位于皮肤较深部，不易化脓愈合。农村地区称之为疖不化脓。

取小麦适量，放入口中嚼烂，外敷患处。或螺蛳捣烂敷患处即可。

验方 82

【治指疔】

黄荆树，又名黄荆 Vitex negunno，别名黄荆柴、黄金条子，用其蛀虫粉烧灰并外敷。

1　验方 77～验方 84 的口述供方者为蟠溪村卢品桂。验方 77 为民间"土方"，实践验证疗效确实且简便。市场上一些喷剂可以改善局部症状，但并不能较快治愈。

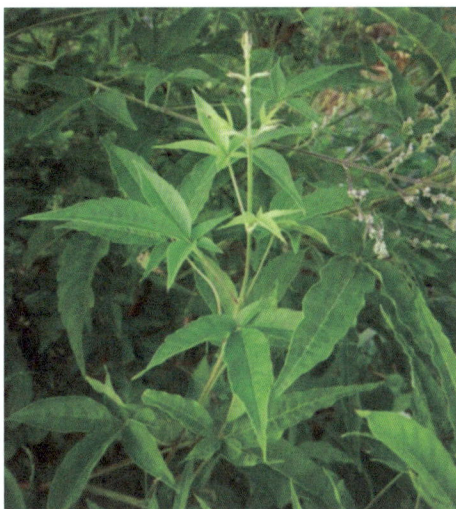

黄荆树

验方 83

【巧治对子】

对子，即病变位于颈背部大椎穴与枕骨基部之间。患处常疼痛难受，西医诊治难度极大。

鲫鱼捣烂敷患处。

验方 84

【治弹丫】

弹丫，即位于手背相邻的手指基节之间红肿热痛的炎症病灶，常表现为原因不明的肿痛疾患。

方法 1：将山涧溪水中捕获的蟹捣烂，外敷患处。特效。

方法 2：将烟叶收割后剩余篼头上再生长出来的嫩叶捣烂外敷局部，一天一次，连续两天外敷可治愈。

验方 85[1]

【治肝病浮肿，血球蛋白倒置】

大金钱草（学名透骨消 Centella asiatica，别名金钱草、连钱丹、活血丹），马胡须（又名龙长草）根（少量），蓑衣青（学名绵茵陈 Artemisia capillaris，别名茵陈、茵陈蒿、猴子毛、白蒿）（全草），垂盘草，上青下白，煎汤代替茶饮治疗之，饮用 1 个月。

验方 86

【产妇通乳】

术楮树，又名柞树、橡子树、抱栎，彩烟地区叫术楮树。此验方用"术楮篼头"，即术楮树

---

1 验方 85 ～验方 86 的口述供方者为蟠溪村卢雪明，整理卢苗贵。

果实。术楮箅头有雌性和雄性两种，雌性者叫"术楮"或"麻术楮"，可用来加工"术楮豆腐"供食用。雄性箅头与雌性形状、构造、成分等不同。

术楮箅头（雄性）1～2个，煎汤，每天两次，连续服用3天，特效。

术楮箅头（雄性）　　　　　　　　　　　术楮树

验方 87[1]

【治手指肚痈疮】

大肚刺，叶如指甲大卵形，叶纹粗，树上长刺，长约7厘米，两头小，中间膨大，故得名。大肚刺叶适量，加少量食盐捣烂敷患处即可。

验方 88

【治扁桃腺炎】

取7厘米左右长土牛膝 Achyranthes aspera（茎须绿色）根5～6段，一枝黄花根适量，将它们洗干净，捣烂，用新鲜井水浸泡30分钟，喝药汁，仰头，让药汁尽量接触患处。

验方 89

【治开水烫伤】

取生石灰泡水，沉淀后用石灰水加麻油，调成糊状，均匀涂患处，后用棉絮（稍厚）包住患处（有保暖作用，促使血液循环，如有水泡，能使泡内的水尽快被吸收，还可以防止碰伤）。

验方 90

【癌症止痛】

取三叶青（学名三叶崖爬藤 Tetrastigma hemsleyanum，别名蛇附子、金线吊葫芦、小扁藤）地下块茎适量（拇指大的1颗，小的可用2～3颗），新鲜的，捣烂吞下即可。干的（6～12克）可煎服。用于癌症患者止痛。

---

1 验方87～验方100的供方者为杨家年村杨柏财。

验方 91

【治痈疽】

铁蜈蚣[1]可治疗痈疽，这里的痈疽指民间俗称的翻转狐狸。

取铁蜈蚣全草 75 克左右，捣烂，加一汤匙食盐或白糖，放在药罐或搪瓷杯里，将口封住，留一小孔，再放在火上煮，当小孔里冒出热气，即可将患处对着热气熏，伤口即会流出毒水，约两三小时，毒水流尽，红肿即退。然后敷点消炎药膏，等伤口痊愈即可。此外，铁蜈蚣也可用于治疗肝癌晚期止痛，干草 50 克左右，水煎服。

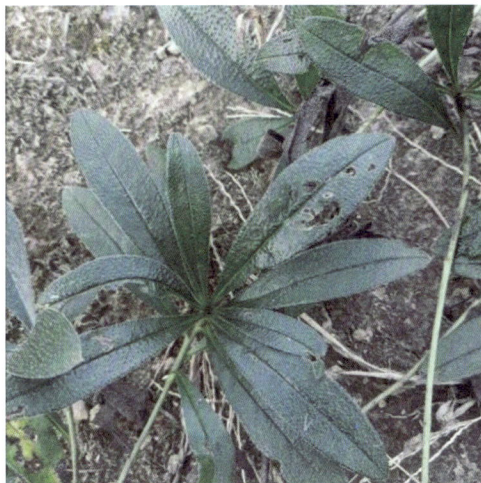

铁蜈蚣

验方 92

【治疗拉肚子】

仙鹤草 Agrimonia pilosa，干品 20 ～ 30 克或鲜草约 100 克，煎服，一天两次。

验方 93

【治咽干咳】

小鸡草，药名酢浆草 Oxalis corniculata L.，鲜草 100 克，煎水喝。

验方 94

【治甲沟炎】

浸盐卤中的黄豆，最好一年以上。取盐卤黄豆两三颗，捣烂敷患处即可。

验方 95

【治疗多头痈疮】

取黄闯蜂窝捣烂敷患处即可。

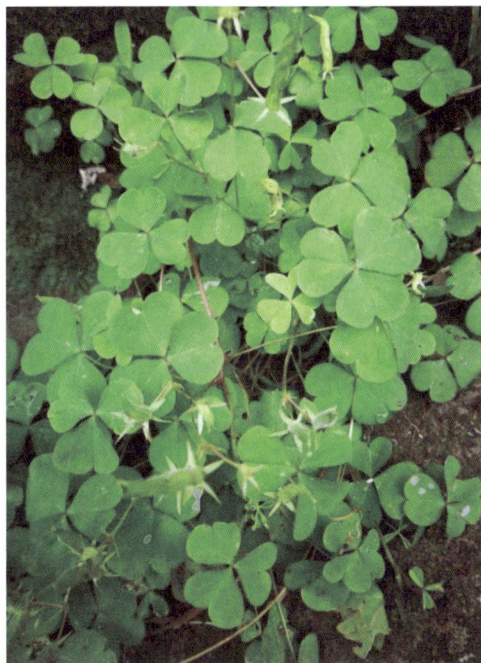

小鸡草

1　此铁蜈蚣并非植物学上的"铁蜈蚣"，乃提供验方者当地民间的叫法，其真实名称暂且未能查明。在《中草药大辞典》和《浙江中草药》等书籍上，也均未记载。望读者在采用时认准图片中的药物。

验方 96

【治无名痈疽】

取博洛回子 Macleaya cordata（又名山火筒）根适量，捣烂敷患处即可。

验方 97

【治刀伤】

岩络藤（学名络石藤 Trachelospermum jasminoides，别名石鲮、明石、悬石、云珠、云丹、风车茉莉等），适量，加点盐捣烂敷患处。

验方 98

【治尿路感染】

取马胡须全草 500 克左右，煎 3 碗水，剩 1 碗许，饮服。

验方 99

【治蜈蚣咬伤和蜂蜇伤】

蜈蚣咬伤、蜂蜇伤、腹蛇咬伤时均可用新鲜的鸭跖草 Commelina communis（别名兰花草、靛青花草、淡竹叶、竹叶草、竹叶活血丹）在患处反复搓擦，咬伤严重者须反复搓擦 5 分钟以上，也可将鸭跖草捣烂敷患处，有良好的疗效。蝮蛇咬伤须迅速挤压咬伤局部释放出毒液，并在使用鸭跖草搓擦局部的同时，服用蛇药。以确保患者的生命安全与伤口及早康复愈合。

验方 100

【治小儿惊悸夜哭】

浸盐卤中的雄鸡蛋，最好一年以上，用筷子挑一点腌雄鸡蛋，稀释于一汤匙的凉开水中，喂小儿喝下即可。

博洛回子

岩络藤

鸭跖草

第十编

乡风习俗

千里不同风，百里不同俗。彩烟是一个相对独立和自成一体的地域，这里形成的许多风俗习惯，具有鲜明的地域特色和浓郁的乡土气息，是典型的传统文化。

第一章　岁时节令

节日中的民俗事项，往往和天象、节气、物候有着一定的对应关系。人们从漫长的生活经验中，根据气候变化、天象流转的规律，相应地总结摸索出一系列农业生产习俗，再恰当安排一年中时间的分配。彩烟地区的风俗，特别是过年和四季习俗，与二十四节气相结合，与农事、农作相联系，逐渐形成生活习俗和规律，经历代代传承，融入彩烟人的日常生活里。

第一节　过年习俗

同全国各地一样，过年，是彩烟人集团聚、欢庆、祈福和饮食娱乐于一体的最隆重的传统节日。它承载了丰厚的历史文化底蕴，独特的地域文化色彩。

风调雨顺总期待，五谷丰登常希冀。大年来临，彩烟人家家户户张灯结彩，无论大人、小孩都沉浸在欢乐的气氛中，喜气洋洋忙着过年。

过年准备

买年货　过年前夕，无论钱多钱少，家家户户的家长总是要到市场上、菜场里逛一逛、看一看，根据家里经济情况和过年预算置办年货，即使是穷人家，也在"自产自销"前提下，买一点办一点。

送年羹　快过年了，嫁出去的女儿要给生养自己的父母表示孝心，即送年羹。送年羹自然是女婿送，体面不体面也在女婿的心意和家境。过去送年羹大多是食物，如年糕、油豆腐、猪油、猪肉、塘鱼等，后来送得比较体面的有一只猪腿，也有送衣物的，如给丈人、丈母娘送新衣服、新鞋袜等。再后来，送年羹演化为以金钱为主，少则数百，多则几千，甚至更多。

掸尘　早先流传着民谚："廿二掸尘灰，廿三送长工……"这一天或是前后，要用掸帚、扫帚和揩布，从天花板到墙壁到家具，从屋里地面到门口檐廊，上上下下、角角落落、里里外外，都要打扫一遍，干干净净迎接新年。

送灶司 二十三是传说中灶司菩萨上天的日子。据传这晚夜半，灶司菩萨要把每个家庭一年来的善恶之事向玉皇大帝奏本报告。因此，这天在灶司龛前放上茶果米、水果、经，供奉灶司。在拜灶司菩萨时，家长（户主）恳请灶司菩萨"好言好语传上天，恶言恶语抛一边"，希望灶司菩萨在玉皇大帝面前尽说好话，为百姓求福。

此后到除夕这一周，每个家庭安排行事日程，井井有条地做着过年的各种准备。

贴门神 寓意驱邪守家，除旧迎新，吉利畅达。传说邪魔作祟，天天在宫门口大喊"李世民还我命来"，扰得唐太宗李世民病入膏肓，即派遣秦琼、尉迟恭守卫宫门口，驱赶邪魔。日子久了，两人吃不消了，想了个办法：将画着秦琼、尉迟恭的像贴在宫门口，遂成了门神。如今，每年张贴顺应形势的春联，还有大红福。

谢年 过去农村"谢年"很隆重。农民一年到头风里来雨里去，辛勤地在黄土地上劳作，获得老天的眷顾，庆大年不忘天恩，不忘祖宗，过年了必须在案桌上供奉经佛，点上蜡烛，供奉猪头、大鱼大肉、糕点果子等，以示谢年，以表祈祷和祝福。先打扫卫生，所有用具也都洗刷得清清爽爽。主人拜天地菩萨，衣服裤子也得清洁整齐。请菩萨用的猪头、鸡、鱼、线面、豆腐、水果、茶果米、经等，放到八仙桌的盘子里，点燃香蜡烛，感恩天地菩萨，保佑五谷丰登，六畜兴旺。最后烧了佛经，谢年结束。

还债/躲债 要过年了，债权债务也必须了结，有债务则要还清，有债权也要讨债，即使不能结清也要有个交代。欠人家的钱要设法还掉，即使贫穷，也要守信，要有骨气。彩烟人有句老话叫"有借有还，再借勿难"。在旧社会，"穷人过年活轻颠，富豪过年像神仙"。过年如过关，要千方百计盘算好，有的如戏剧《白毛女》里喜儿老爹，过年还得外出逃债躲债。

除夕夜

小孩盼过年，大人愁过年。最高兴和向往过年的是小孩子。因为除夕团圆饭，是全年最丰盛最享受的晚餐。就餐前，要拜菩萨，祭天地，祭祖宗。晚餐后，要放鞭炮，分压岁钱，一年的苦与乐都在了，画一个圆圆的句号。而且大年三十夜与平时有很大的不同，平常吃饭难得上桌，又没有条件吃鱼吃肉，平时调皮淘气要受到父母祖辈的责骂，唯有这天，大人们放大了肚量，不仅不揭短不指责，大多还受到鼓励，比如"吃了年夜饭，又要长一岁了。""更懂事了！"等。如有三兄四弟的大家庭，老小有更多的优待，如特许吃一只大鸡腿。

最忙的是家庭主妇和当家人，虽经一周的紧张筹备，除夕这一天仍得大清早起床开始忙碌。生的要变熟，冷的要变热。本来是晚饭后干的事，如炒花生、六谷胖、番薯糕干、葵花籽等，20世纪80年代起提前到下午——中央电视台开播"春晚"后，为了及时收看"春晚"，调整了原有程序。

接灶司 灶司菩萨上天七天后，在除夕之夜就要回到人间。主人点着三支清香一对蜡烛，朝天拜三拜，念道："灶司菩萨上天奏好事，下界保平安，下凡住我家，保佑我家五谷丰登，人丁兴旺！"然后将陈旧的灶司像换下来，贴上新的灶司像。

做除夜　全家团圆，坐下来吃年夜饭之前，不能忘记生我养我的一代代祖先，用丰盛的菜肴祭祀祖先，并向祖先叩头跪拜，祈求保佑平安健康和新年大发，尔后烧经和元宝孝敬。这就是做除夜。

分岁　彩烟人不叫吃年夜饭，而叫分岁。到除夕半夜就分成了去年和今年，这叫法比较确切。一家男女老少能坐下来吃团圆饭，这是令人喜悦的时刻，特别是有一个从很远的外地回家的亲人坐在一起分岁，更是欢乐。真是喝不醉的酒，说不尽的情。

压岁钱　能够压住邪祟，保佑儿孙的意思。所以，压岁钱是家长给儿女的。小孩盼过年，终于盼到三十夜，从爸爸妈妈手里拿到了压岁钱。崭新的钞票扇起来刮刮响，看起来特漂亮，高兴得不得了。一般人家压岁钱不多，孩子可以支配。也有的团圆饭后，妈妈会说："明天就是新年了，我要给你买一套新衣服，你的压岁钱给妈妈保管好吗？"小孩子连说："好！好！"将压岁钱如数交给妈妈了。

关门炮　吃过团圆饭，整理好锅盘碗盏，当家的就去门外放炮仗，然后关上大门，消晦驱邪，辞旧迎新。

守岁　即坐夜，一年就要过去了，大家坐在一起聊天，快快乐乐迎接新年的到来。现代人坐夜喜欢打扑克、搓麻将、看电视，特别是"春晚"，丰富多彩。子夜一到爆竹连天，真是"新桃换旧符"。可惜放烟花爆竹污染环境，后来被禁止了，热闹的气氛减低了不少。

正月初一

从正月初一（大年初一）起，新春佳节内容丰富，也有禁忌。

新年的开端，在吃、穿、行各方面都有讲究和要求。大年三十夜守岁守得越长越好，而正月初一则要起得早，尤其是当家人以示新年利市。家庭主妇要烧好开水，准备给每人泡一碗米海茶，意思是日子甜蜜兴旺。然后才吃早饭。

"三十夜的吃，正月初一的穿。"正月初一的穿着最要紧，尽可能穿新装，特别是孩子，要帽子、衣服、裤子、袜子，一身到脚新，里里外外新，意味着新年新开端新气象。

正月初一不烧新米饭，一家人吃剩菜剩饭，年糕、粽子、冷饭汤之类，主要表示年年有余。这一天忌扫地，怕财气流失。要小心打破碗盏，表示平安。还不打骂小孩，即使顽皮有过失也不打不骂，没有哭声，表示祥和。

开门炮　一般到东方发白雄鸡鸣啼，当家人去大门外放开门炮、百子炮，随之连喊"新年大吉""财丁两旺"。后来，很多人家选择零点前后放炮，特别是千百响的百子炮在零点前开炮，一直响到零点后，既关了门又开了门。

烧头香　以前到寺庙去烧头香的人不多，近年来逐渐盛行。

欢度春节

跄侬家／走亲戚　是欢度春节的主要活动。通常从正月初二开始，到元宵为止，家家户户你来我往跄侬家，带点礼物去长辈亲戚家，走亲访友加游乐，互相拜年，祝福"新年快乐""新年发财""新春大吉"等。这是春节的主要内容和活动。如今越来越少了，亲情也淡了不少。

做寿拜新年 老人做寿（如八十大寿），一般在正月初二举行。如果有人年前去世，那么正月初二要拜新年。亲戚们带着鞭炮和经、香、蜡烛，从四面八方赶来祭奠和祭拜。

舞狮 彩烟地区有很多狮子班，有的大村甚至有三四个，正月里外出各村舞狮和武术表演，非常热闹。有的到祠堂、庙宇，有的要在台门里，还有的挨家挨户门口敲锣打鼓地舞狮子，以示吉利。改革开放后，逐渐为影视等活动所替代。

十四夜 是春节的重要日子。用青菜、年糕粒、山粉等做出羹汤，彩烟叫"亮眼汤"，全家人都吃，吃了眼睛会明亮，"喝过亮眼汤，眼睛亮堂堂"。小孩子吃了亮眼汤还要到毛竹园摇毛竹，边摇边念："摇摇竹，竹样长；摇摇稻草蓬，稻草蓬样大。"十四夜最好是黑天墨地，大雾弥漫，俗话说，"十四夜黑，鬏鬏有得塞"，说明年成好，大丰收。十四夜吃亮眼汤还有个小故事。相传很久以前有位县令要卸任了。他十分清廉，不贪一分钱，卸任时还略有积余，如何把这点积余也处理好，花了一番脑筋。办公益事业钱不够，转交给下任又不放心，最好能让百姓有所享受。终于想出了一个办法，把这点小钱买些青菜、水糕等，做成羹汤让大家喝。亮眼汤就这样流传下来。

元宵节 正月十五是民俗大节，会有民间群众性闹灯会、猜谜语等游戏娱乐活动。家家户户吃元宵即汤圆（彩烟人一般叫汤团），以示团圆和美满。

十八夜 老习惯到正月十八，过节的日子结束了，也不再走亲访友。十八夜弄几个菜碗祭祖宗称为"落灯夜"，即"过年过到十七八，有糕有粽也不余"。如果十四夜没祭，十八补祭，以示谢意，更表明新一年农事的序幕已经拉开。"雨水"节气一般年份都在十八前后，差不了几天。为此约定俗成春节走亲戚要在正月十八前。如今上班族，初七八就要上班了，十八夜的习俗也就越来越淡化。

第二节　四季习俗

春夏秋冬每一个季节，彩烟地区都有约定俗成的风俗习惯。当然，也有禁忌，如"杨公忌"不办任何事。

杨公忌 流传的杨氏对祖宗的敬仰及禁忌的日子。这一做法后来慢慢影响到许多其他姓氏，在杨公忌这些日子里也一样做到不办红白事及其他事。相传宋朝有一个杨氏太公（名杨业），生有十三个儿子。而不幸的是一年内这十三个儿子都为国捐躯，故农历正月十三、二月十一、三月初九、四月初七、五月初五、六月初三、七月初一、七月二十九、八月二十七、九月二十五、十月二十三、十一月二十一、十二月十九，这十三天即为"杨公忌"。解放前，每遇这些日子就有人沿街敲锣，通知村民："今天是杨公忌，不要挑料（粪），不要挑猪牛栏，不要晒大脚裤等肮脏东西在门口。"

春

除了春节，还有以下活动。

二月二　农历二月初二龙抬头。"二月二，龙抬头，田头地角热溜溜。"气温回升了，雨水渐多了，万物开始生长了，蛇虫也出洞和清醒了。这天要吃过年时裹的粽子，叫吃陈年粽。把硬的粽子煨熟很不容易，文火慢慢煨或烤，煨或烤熟后放在门槛上，用刀背斩，嘴里喊："二月二斩蛇虫，蛇虫百足斩出去，金银财宝斩归来。"斩毕吃粽子。

放鹞　彩烟人把放风筝叫作放鹞。"正月灯，二月鹞，三月吹麦叫……"农历二月吹的风是顺风，朝着一个方向吹，正是放鹞的好时节。彩烟大人小孩都喜欢，一般到空旷的操场、晒场上放。如果家里有人生病，鹞放上天后，会把线剪断，以表示放走晦气。以前放的鹞，都是自己动手制作。没有形状尺寸和材料的规定要求，只有能不能飞上天，能不能飞得高飞得稳，所以放鹞时节的天空，常常是不拘一格，千姿百态。现在商店里出售的纸鹞，基本上千篇一律，品种也不多。

二月十九　传说二月十九是观音的生日。民间普遍信仰观音，都去寺庙念经、拜忏，祈求大慈大悲、救苦救难的观世音菩萨保佑平安健康。六月十九是观音的成道日，九月十九是观音的出家日，每到这天也是如此。

三月三　亦称"上巳节"。相传农历三月初三是黄帝的诞辰，自古有"二月二，龙抬头；三月三，生轩辕"的说法。三月三不仅是传统踏青歌节，也是祭祖、祭拜盘古的重要日子。除了祭祀，还有抢花炮、抛绣球、吃五色糯米饭等习俗。现已淡出，归入清明节里。

清明上坟　清明大如年。在外的游子可以不回家过年，但清明节必须回家，以示对祖宗的尊敬和怀念。清明扫墓，彩烟人叫上坟，过去是前三后四（即清明节前三天或清明后四天，新坟要在清明前半个月先扫一次墓），现在上坟考虑到孩子上学以及工作关系，都会选择清明节前的双休日进行。上坟一般在三代以内，即长者的曾、祖、父辈祖坟，称为三代太公。上坟顺序和祭拜的顺序相同，都是按照辈分即从大到小，依次进行。

扫墓时全家出动，首先标坟头，在坟头上添加一大块就地挖取的草泥块叫草饼，然后在草饼上插一支长青树枝，再在树枝上缠绕事先准备好的黄孝纸，意在通知祖辈，子孙后代来上坟了。其次摆祭品，再点香蜡烛。祭品酒菜和麻糍，通常准备大小多少不等两份，一份祭祖，一份供山公山母和土地菩萨。酒过三巡后放鞭炮，烧纸钱、冥币和经。

随着时代的发展和社会的进步，文明祭扫渐成大势。清明节后，气候逐渐转暖，"清明麻糍是个药，天晴落雨要赤脚"，吃了清明饭和麻糍，又要辛勤劳作了。

太公坟值年　其实就是族祭。大太公的坟由房族里的子孙轮流进行祭祀。轮到值年的农户事先必须将太公祠堂、太公坟堂打扫干净。祭祀用的一切用具也须清洗。轮到有茔田茔地的富有人家值年最好了，既可解决值年祭祖的所有祭品开支，还可解决全体人员的大餐问题。值年一般先要请厨师，然后是在扫墓时分签。房族里的子孙不分男女每个人领到一支竹签。房族里有名堂的长者或小学以上学历的毕业生称为"绅经"，六十以上的"绅经"和"老头"可领到两支或三支竹签，以示敬重。扫墓回来兑换每人一份麻糍和胙肉（猪头、鹅肉煮熟后放进冷水里再经风吹日晒的肉）。

祭祀 在坟堂前放茶几和椅子，铺好垫子。椅子前面放好两张直摆祭桌，再放上祭祀用的三牲福礼和其他一切。祭祀开始，司仪赞礼、奏乐，族长先跪拜，然后先男后女，分别长幼跪拜。跪拜结束读祭文，祭文读毕与孝纸一起烧了。接着放鞭炮，祭祀完毕。

三月十九 此时到处是绿色的海洋。田地长满了青，这是采青来做青麻糍的最佳时期。三月十九做青麻糍，已成彩烟地区特色。

三月廿八 东岳大帝的生日。去下殿拜东岳大帝，然后求签、念经，很热闹。现在忙于摘春茶，有所淡化。

夏

立夏日 天气越来越热，农作物生长更快。过立夏日，除了要吃糯米饭、鸡蛋、健脚笋等，男女老少还要去称体重。打秤花要多打出，从小到大，讲究吉利称人。边称人边讲些吉利话，如称老人，秤花八十七，活到九十一。称小孩，秤花一跳二十三，聪明伶俐会出山。称姑娘，秤杆翘起一百斤，嫁个老公真称心。

放生节 四月初八是放生节。善男信女们去市场买来动物，一般是活鱼、泥鳅和田螺等，到寺庙里拜菩萨做祈祷，然后放生。放生池是放生的好地方。

牛生日 四月初八也是牛生日。在没有拖拉机耕田的时代，所有的田和地，基本上是牛耕作。牛的功劳实在太大了，给牛过生日也应该，牛生日这天休息，要吃最好的饲料，嫩青草，糖拌六谷，还有酒。

端午 随着社会发展和文化水平的不断提高，现代农民知道了端午节的来历与传说。端午节是为纪念爱国诗人屈原，他不满统治者而投江自尽。后人在这一天门框上插起"菖蒲宝剑"和艾头，传说吃艾头和吃菖蒲都是为了能成仙；用黄酒和雄黄配成雄黄酒，喝酒人在白酒里加点雄黄，可解毒健身。用雄黄酒在小孩额头上写一个"王"字，以祈胆大，意在避邪，还可防虱叮蚤咬。在大门上写一个"王"字可防鬼怪邪魔进屋。端午节的时候，大人会给小孩子的手上或脚踝处系上五色线，也是为了给小孩驱邪避害，祈祷吉利安康。彩烟山绝大多数人家吃汤包和茶叶蛋，现在吃粽子的多了起来。过去过端午节有戏看，如嵊州女子越剧名演员赵瑞花演"白蛇传"，白娘子被迫喝了雄黄酒现了真身吓死了许仙。

端午节的另一个民俗活动就是做香袋，找些绸缎边角或花布碎片，请心灵手巧有一定的针线功夫的妇女做成各种样式的香袋，内装朱砂、雄黄、香粉，缝制成"鸡心""虎头""荷花"等形状，然后把做好的香袋佩戴在小孩身上或挂在门窗边床头上。根据老一辈所说，香袋可以避邪，还有助于健康安神。

夏至 一年里头日子最长了。农活最忙、体力消耗最大，气候温度特别热的季节，俗谚："夏至田水好焐狗。"填饱肚子，农活照常干。过夏至主要是吃筒麦饼，喝茶粥汤。

六月六 初六是最热的伏天。"六月六，狗腾塘。"狗容易生蚤、虱，养狗户将狗带到塘边，趁不留心，抓起狗的两条后腿往塘里抛，狗怕淹死，拼命打着两腿往塘边游，还拖着舌头呜呜地叫，这个拍腾的场面就叫狗腾塘。这天，大人给孩童洗浴，可免病痛，像猫狗一样易养易长，无痛无痒。

晒霉　六月六还是"晒书日""晒龙袍日"。相传，这一天的阳光最厉害，能消毒，晒过的书和衣服，不会霉变，不会虫蛀。即使是阴天，也要把衣服拿出来晾一晾，才放心。

秋

七巧节　七月初七晚上，是牛郎、织女一年一度的鹊桥相会。晚上，只要天气晴朗，就会看到满是星星的一条银河以及两边的牛郎和织女，民间传说优美动人。现在已演变成中国式的情人节。这一天，是约会、求婚、结婚的极佳选择。

洗头　过去，七月初七这天妇女要洗头。采来木槿花（彩烟叫洗头草花）和叶，煎汤洗头发。据说这样可以洗去陈年醒腥，头发不会变白，不容易掉发，还能除虱。

七月半　农历七月半即鬼节。彩烟地区不管道教佛教，这一天要烧制羹饭供奉，点起香蜡烛祭祀，跪拜时口里念经，或是希望神仙野鬼今天来好好吃好好享用，其他任何时候都不再来打扰，保佑我们家平平安安。

放路灯　是七月半晚上相当流行的祭祀活动。妇女们一早到寺庙去念心经万佛，超度亡灵。夜里月亮升起后在村旁边放好祭品，点燃香、蜡烛，边敲锣打鼓边念经进行祭祀。然后开始放路灯，路灯烛是篾骨浸过柴油，很容易燃烧，一人点路灯烛，一人插路灯烛，后面跟着敲锣鼓和木鱼的敲班，最后一个边敲木鱼边念念阿弥陀佛，边递给亡灵吃的羹汤。放路灯从村子里祭坛开始，往村外走田畈，绕一大圈子，最后到孤坟坛旁烧了白天念的经以示结束。

地藏王菩萨生日　七月三十日是地藏王菩萨的生日。善男信女白天在寺庙里拜地藏忏，烧香蜡烛进行祭祀活动。这天禁止地上乱泼水，不可跨越祭祀地藏的香烛。

中秋赏月　中秋节是我们中华民族的传统节日。人逢佳节倍思亲，出嫁的女孩给父母送中秋月饼。现代人比过去更重视中秋佳节，送礼更丰厚。吃月饼的时候，不知你有没有注意月饼底下贴着一张正方形的小纸头，据说是有来历的。明朝开国皇帝朱元璋反元，想毒死所有元兵，月饼底下贴着纸的无毒，没有纸的有毒不能吃，从此流传下来，月饼底下都贴着纸，表示无毒，可放心吃。

在秋风习习的月光下赏月，很使人神清气爽。赏月喝酒是同时进行的。采下来的新鲜桂花浸在白酒里，就成了桂花酒，用来招待客人。"问讯吴刚何所有，吴刚捧出桂花酒。"到时你也成了好客的吴刚，拿桂花酒招待客人。

现在中秋节一般举行文艺晚会、赏月诗会及诗歌朗诵会。

九月九　即重阳节。过去是一个汉族的重要日子，改革开放后逐渐演变成老人节。如今，每年老人节，各地都会开展敬老活动，或组织老人开展游艺活动或者举办文艺晚会。

赏菊　重阳赏菊自古有之。大多农户会上山采菊花，晒干后用于泡茶，也用于烧菜时调料。现代以来，有关部门或单位举办菊花展，各家各户选送优美的菊花参展。

冬

做酒　秋收冬藏，十月正是做酒的好时光。做酒也要选时日，古人云："甲乙造酒清如镜，丙丁造酒如醋形，戊巳日浊壬癸淡，辛日酸来庚日清。"这个月里只有甲子、乙丑两日是造酒的好日子，其余日子均不行，这是先人智慧的结晶，不妨一试。

十月廿六　是个传统庙会日。善男信女都到寺庙烧香拜菩萨，香火很旺，还要演戏。后来这一天演化为举办物资交流大会和群众性文艺会演，一派节日气氛。相传南宋理宗时，有进士杨大春上奏皇帝，祈求三王庙保佑百姓荒旱灾年也能丰收。十月廿六这天理宗皇帝准奏，于是流传下来，成为庙会期。

做冬至　冬至大如年，每家都要举行冬至家祭，俗称"做冬至"。方法与清明、七月半一样，外加一盘冬至果。

补冬　"冬至进补，夏至打虎。"古时有冬至吃补食的习俗。现代营养学的兴起，进补的习俗依然还在，只是农谚改成了"冬天进补，夏至打虎"。

第二章　婚丧嫁娶

婚丧嫁娶，彩烟人叫红白喜事。俗话说，男大当婚，女大当嫁。婚姻是人生特别重要又伴随与影响终身的历程，被称为终身大事，列为四大喜事之首。同样，殡葬是对死者遗体进行处理的最后告别的文明形式。红白喜事，是社会发展和文化演进的有机组成部分，千百年来形成了一整套操办规矩和习俗，且随着社会发展而进步。

第一节　婚姻习俗

定亲

做媒　过去男女配婚，大多是父母之命、媒妁之言。偶尔做媒当红娘的，一般是见到亲朋好友、四邻五舍中有门当户对的男女青年，牵线搭桥，促成姻缘，这是现代社会中常见的。专业的媒婆媒人，掌握一个区域内男女青年的信息，自己排列组合后四处出动游说，每撮合成一桩婚姻，收取红包和礼物。女方相貌丑陋的，说是粗枝大叶，身体很棒；男方智商不高的，说是老实诚恳，人品很好。姑娘漂亮家里较穷的，找个家境殷实相貌一般的人家；小伙相貌堂堂却一贫如洗的，就找个有点缺陷却有实力的女人。凭着媒婆一张嘴，也要把烂泥菩萨说活了。而今，大多是自由恋爱，也有不少是亲友介绍，集体组织相亲活动，还有通过媒介，以及专业婚介机构和网络平台介绍。

旧社会的婚姻，还有娃娃婚、腹里婚、寡妇婚、活头婚、续亲婚、纳妾婚、抢婚、童养婚、对房婚、入赘婚、错房婚、交换婚、冥婚等。

挈包　其实是一种订婚仪式。经媒人介绍，父母同意，这样男女双方就可以选日子挈包了。挈包走动时，双方才看到对方面目，如心目中的对方与要求相差甚远而反悔的也有。挈包这天，男女双方均要办一两桌酒，男方要拿出聘银和包给女方，聘银的数额随着时间的推移而变化，内容也不一样。早先的姑娘聘银以米计算，十石、二十石米；后来以银洋来计算，几百上千不等；再后来以人民币计算，几百元涨到几千元以及几万元等。穷人嫁女与富人嫁女不一样，穷人是"卖儿卖女"，富人是"赔钿嫁女"。包的数额要根据女方的社会关系而定，女方的爷爷、奶奶、外公、外婆、娘舅、阿姨等都要送包，而且必须成双，叫一对包。早些时候是四斤白糖一对包，后来发展到桂圆、荔枝包等。然后，男方除聘银和包外，还要见面老酒等物。当然，女方也要回礼。早些时候是一"杭州篮"的花生、纸包糖等物，再加上几十个红鸡蛋；后来数量增加，品种也增多。

定终身 按约定俗成的传统，挈了包已定终身，双方不得反悔，谁反悔，谁遭到社会舆论的谴责。如果男方反悔，送给女方的聘银红包等财物一律不退；如果女方反悔，财物一律退还。挈包后，男方第一次到岳父母家也要带上一对包，以后可以随意。岳父或岳母要给毛脚女婿见面礼。此时，女方除了公婆亡故应奔丧外，不能随便到婆家，否则被认为轻浮。

日子银 男女定下结婚日子时男方送给女方的钱。男方拣好日子，让女方复核后确认。男方要给女方送上日子银，还要给衣裳钱、毛线钱、半筒套鞋钱等。后来增加到金银首饰钱。

嫁娶

酒席 彩烟人叫喝喜酒。结婚时男女双方都要办酒席，邀请三亲六眷、左邻右舍赴宴。规模大小与丰盛程度根据家庭经济状况、社会地位而定。现在男女青年讲时尚讲仪式，请婚介公司隆重操办。有些家在农村的，结婚喜酒就在城市的宾馆饭店里办了。

送嫁 早先除吃过包的亲戚送嫁要体面些外，其他的可以随意应酬。男方则是包红包，红包钱数随着生活水平的提高而提高，送礼也随之丰厚。女方办酒席的鱼、肉、鸡、鸭、糍糕、馒头等也应由男方送上，并根据女方嫁妆多少要送轿子庚（轿口杠）。

嫁妆 是父母送给出嫁女儿的日常生活用品。嫁妆的多少，根据女方家庭的经济实力和其父母对女儿的宠爱程度而定。常规的木器是一双箱、一对小橱、一张八仙桌、一只大脚桶、一副锡烛台；床上用品是两床棉被（一垫一盖）、一对枕头、一领床帐；日常用品是碗、盘、面盆等。六七十年代的大户人家嫁女"三大件"是被褥、缝纫机、半导体收音机；后来"新三大件"是彩电、冰箱、洗衣机；再后来是手机、小轿车等。

过去，嫁妆用眠轿（睡人的轿子）抬。一把轿是"一杠"，二把就是"二杠"，总称为"几杠"嫁资。后来用米箩挑，称之为"几担"嫁资。再后来就用车子装。

翻糍糕做馒头 就是用刻有"福、禄、寿、喜"的木板模子和粳米粉，翻印并蒸熟成糍糕，又用面粉做成糖馒头。男女双方喜酒桌上的糍糕馒头都由男方供应。凡是来喝喜酒的人，都有一份糍糕馒头可以带走。糍糕馒头还用来作喜庆小礼品送给亲朋好友。现在是每个喝喜酒的人一盒喜糖作为礼品。

轿子 早年用轿子抬，从娘家抬到夫家，除了媒人，没有人送。抬的轿子也有等级区别，富人、当官的都用八人抬的大轿；一般中等人家用两人抬的蓝呢轿。最普通的是藤轿，无论哪种轿，也许就是女人一辈子的唯一一次坐轿。

出嫁 上轿时，要兄弟或父亲抱上轿，怕女孩走上轿带走了娘家的泥土。后来社会进步了，女方直接步行到夫家，还有很多姑娘好友送到，现在已用小轿车迎接新娘子。

拜堂　由新郎将新娘抱入厅堂拜堂。新娘盖上红头巾，穿着红衣服、红绸鞋。按照司仪喊叫，新郎新娘一拜天地、二拜高堂、夫妻对拜。然后由伴姑娘将新郎、新娘送入洞房。接着是燃放炮仗和百子炮，邻家孩子们则跑到新房拿礼物喜货，新房里一片喜气洋洋。

吵房　就是闹洞房。新房里或楼下设一桌酒席，叫暖房酒。媒人、新郎、新娘、伴娘、男方父母为宾客。新郎的朋友喝酒猜拳，唱歌戏闹。每吃一种果子，都要先说利市话，叫开果子。如橘子满肚籽，新郎新娘早生子；桂花球圆又圆，生个儿子中状元；蛋卷两头空，伴姑娘想老公；红纸酥糖一包包，新郎新娘抱一抱，明年生个小宝宝；小小麻饼甜又香，互敬互爱互商量……。最热闹的要数划拳了。划拳的口令大致是：一点红素，两相好来，三星高照，四季发财，五魁首来，六六顺利，七巧妹啊，八匹马来，九龙献宝，十大全来。划拳赢的人要吃糕，输的人要喝酒……

回娘家　结婚后三到五天，新娘的兄弟要来满月，挑来麻糍、鸡肉等，招待聚餐后，新娘带着糕点和红鸡蛋红花生等，随兄弟第一次回娘家。娘家的亲朋好友小孩子要来讨彩头，煞是热闹和喜气。

第二节　丧葬习俗

彩烟地区的丧葬办理习俗，主要是尽孝和葬礼两个环节，两者缺一不可。

尽孝

送终　通常情况，儿女为父母送终，生者为死者送行，是尽孝道的体现，也是常规礼仪。所谓送终，就是长辈咽气时晚辈在身边，这样长辈有福气，晚辈又尽了孝。父母病危时，儿女及子孙后代应在床前守候，一则便于照料，二是为了送终。有的在外打拼的子女急急赶回来，老人也会拼尽最后一点点力气，支撑到最后相见。送终送不着，是客观原因，晚辈会觉得很遗憾；是主观原因，人家要说闲话，说你不孝顺。

吊孝　老人咽气后，晚辈要在头颈上吊（套）上苎麻线。将逝者之身洗干净，称之为洗肉身，然后穿上青老衣，脸上罩上丝棉，抬到转凳板上。头部朝大门口，上方放置香炉，点上清香，脚下方点上油灯，称之脚头灯。遗体用箥簟或稻桶簟遮住，箥簟斜靠墙壁。完毕后，把逝者睡床上的草席、蒿荐垫底、旧花絮等拿到村边指定地点烧掉。

后事　指办丧事，在彩烟地区，"爹死娘葬"是天大的事，必须照规矩办好，不留遗憾，以示哀思和孝顺。首先商议后事办理方案，确定办丧事比较内行的总管（彩烟人叫陈设）人选并邀请到位，确定与之搭配的账房，掌管所有财务与物品。然后，一切听任总管安排和吩咐。接着的几步工作。一是定日子，请先生拣定出殡的日子及时辰，选定落地的地方。二是报信，派专人向亲戚传递死讯。过去交通信息不便，要派人直接赶去，亲戚多的要派好几人赶路。三是请"八脚"，做坟、干活、抬棺材的人统称八脚。抬棺材一般是四个人抬，四个人轮换。做坟堂上的活也是这八个人，寓意八仙，"八脚"由此得名。四是做"材里"，请几位左邻右舍能做针线活的女人帮忙，为逝者做盖被、做白布白条等所有披麻戴孝要用的物件。五是请厨师，根据总管估算和要求，买菜办大饭。一日三餐，直到结束。

守灵 出殡前无论白天黑夜，子女不能离开灵堂。条件好的，请来"敲班"敲打。凡是有人来吊唁，子女晚辈都要号哭并礼节致谢。

葬礼

葬礼是由请的先生、总管等人组织进行的一套比较规范的程序或仪式，彩烟地区约定俗成，具体操作起来有增或减。

定场饭 彩烟人习惯把丧事米饭叫作"豆腐饭"。豆腐饭很有讲究，出殡前一餐饭叫"定场饭"，此前的都叫"健脚饭"，先生、八脚、敲班、亲戚、邻居、帮忙人都吃，吃了腿脚轻便。停殡时间长的，健脚饭甚至要连续吃十天。

买水 轿头佬（一般是八脚领头）一手擎破雨伞，一手拿一口碗，在前头引路。长子手持清香在前，后面是其他子女和敲班，来到泉井边跪拜。舀水回灵堂，放在香案上。

拜门神 长子穿戴父母生前的衣、帽等，到家门前拜门神，祈求门神放行逝者之魂出入。

落材 将棺材引入中堂安放，将遗体抬进棺材。在先生呼喊和敲班敲打声中，放入随带物品及乾坤袋、七星板、大小梳、牙刷、灰粽、木泥三斗三升三合（虚倒）、赶狗棒、黄腊元宝等。最后在锣鼓敲打及家人哭叫声中，把虚掩的棺材盖敲钉落实，为盖棺落材。

送水 由轿头佬带领子女把买来的水送回，倒于井边。子女跪拜，祷告井头土地，保佑平安吉利。

做祭 由先生引领并念祭文（各式祭文都有范本）。先将所有祭品放在祭桌上准备祭奠，每件祭品予以祭奠跪拜。儿子媳妇、女儿女婿都要"点一点，拜一拜"，吹吹打打，点点拜拜。子女越多，时间越长。

做道场 一般在晚上进行。是用唱戏念经悼念逝者的一种仪式。相传梁文王时期就有道场了，由几个和尚诵经跪拜，没有吹打说唱，称为"做法事"。唐玄宗时期开始在贵族间盛行，至清朝开始加入了吹打说唱，但也只在富贵人家举行。再后来，这种悼念形式在民间广泛流行起来，不论贫富，其后人要做道场，表示对去世者的沉痛悼念。

出殡 一般在下午。时辰一到，两面大锣开道，棺材抬到村外定点，即由先生和八脚领队指引，先童男、童女在前，各执一顶幡"金童引进黄金道，玉女送归地府门"，随后是逝者子女等直系亲属，其中长子腰束稻草绳，头戴三梁冠，手柱孝竹棒，面对着棺材往后退步，棺材起步，一步一柱。八脚喊"柱——"直系亲属都跪拜，三步之后转身往前走。敲班跟在棺材后，其他送葬人和所有花圈都在敲班后。最后一位是挑祭品的人。

归框 棺材到达坟堂后，先暖框（墓穴），由八脚领头将芝麻秆、艾蒿、松毛放进坟框里燃烧。然后锣鼓喧天、鞭炮齐鸣，八脚们把棺材摆进框里。归框后位置是否端正，先生八脚过目校对，子女们也过目测算，直到不深不浅、不偏不倚，完全正中。归框后再次祭奠，将孝子棒放墓两边，将三梁冠、稻草绳等放棺材背，将幡插到坟头上。

点主　祭奠结束后，儿子捧着神主牌位跪着，先生或八脚领头在神主牌位前"点主"。点主道："日吉时良，天地开张，儿郎点主，万代荣昌。点龙龙显爪，点虎虎抬头，点山山有色，点水水成泥。笔头点到东，儿孙代代出富商；笔头点到西，儿孙家到京城里；笔头点到南，儿孙代代中状元；笔头点到北，儿孙代代出富贵。此乃不是民间之笔，乃是玉皇殿学之笔。王字头上加一点，荣华富贵万万年……"然后，将点主之笔和事先准备的几支毛笔抛向空中，抢到的人表示吉利，回家送给读书的小孩，有文曲星高照之意。

返丧　也叫返山。长子手捧神主跟着先生或八脚领头，沿着出殡原路返回，敲班只有铜锣边走边随意地敲一下，再敲一下。所有送葬人员返回后，都要洗手洗脸，再喝糖茶，以示洗掉晦气，今后日子甜蜜。

散场饭　丧事米饭（豆腐饭）最后的大饭叫"散场饭"，表示丧事结束了。散场饭办得特别丰盛，烟和酒也都比较高档，场面也最大。如今的"散场饭"大都在宾馆酒店操办。

做七　在葬礼后进行。通常情况做六次，最多做到"十七"，最为孝顺和圆满。"头七"是出殡后的第二天，叫来道人念经超度，到傍晚时，子女等直系亲属挑着祭祀物品到墓地，把两顶幡拦腰砍断。祭祀后回到家里再七跪八拜。按彩烟习俗，"六七"是女儿来做的。即42天后，女儿配备酒菜、柴米等到娘家，办一餐大饭。请八脚、敲班、亲属及邻居帮忙者都来吃饭，以示谢意。后来不少人改为出殡后送礼，表明是"六七"的意思。

生辰忌日　每逢去世者的生日和死日，为表晚辈（儿女）怀念和孝心，在家里举行生辰祭和忌日祭。祭祀的祭品准备和祭礼方法程序，与七月半、清明节相同：就位、摆祭品、献酒、跪拜、烧经和纸钱、礼毕。有的人家一年做一次，有的每逢五或十重点祭祀。

第三节　重要庆典

人的一生有很多重要的日子，值得纪念，值得庆贺，也要追思和怀念，更要按照乡风习俗办理。除了婚丧大事，彩烟地区还有不少风俗。

庆人

闹周　小孩出生后第一个生日叫闹周。无论贫富，闹周都要办，办得欢乐喜气。早上八点左右，周岁小孩穿新衣新裤，戴虎头帽，穿虎头鞋，头挂银项链，手戴新手镯，由父母抱着祭拜灶司菩萨和山王土地。拜后在盛有钱币、算盘、笔、佛珠的盆里，让孩子选择其一以示未来。亲戚送礼送货来道喜，与邻居一道帮助主人家做闹周果（彩烟人多叫花果），如做出"桥顶果""狮狮果""雄鸡果"等，亲戚客人回去时，都要带一袋花果。然后，主人家还要将花果挨家挨户地送给左邻右舍，有的甚至分发给全村各户。现在闹周，因为麻烦复杂，又很少有人会这种手艺，已基本上不做花果，代之以商店或市场买来的糯米果或夹砂糯米馒头。

彩烟人给小孩子取大名的同时，习惯为小孩子取小名，就像文人墨客都有字和号一样。一般取名比较好养的狗猫之类，以期存活并顺利长大。还有喜欢相互取绰号（外号），根据身材外形，也有根据个性特长。往往小孩变成了老人，村里的老少依然叫他（她）小名或外号。

做生日　生日是人生中值得纪念的大日子。旧时，子女多，生活困难，一般从简。小时候，是父母给子女做生日。彩烟地区主要是烧一碗鸡蛋榨面，算是体面了。后来，做生日时一家人团聚，也买个蛋糕。等到父母老了，子女给父母做生日。借此机会一家人吃团圆饭，再给父母送点衣服和鞋袜之类，以表孝心。

做寿　彩烟的特点是从六十岁起做寿（过去能走完"六十甲子"也算不错了），并且都做九头，即五十九做六十、六十九做七十、七十九做八十大寿。八十岁以上叫作大寿。做九十大寿和一百大寿，则要提前两年以上做。彩烟人做寿都安排在正月。一般初三以后，初十以内。这样，春节本来要走亲戚，正好一带两便。再说，本来备有年货，春节做寿也可减少不少开支。做寿习惯，是出嫁的女儿给父母做。没有女儿的，儿子做。过去做寿给亲房叔伯以及左邻右舍送长寿麻糍，现在礼物大多是全村挨家挨户送，有的是水果，有的是糖果，有的是方便面甚至捣麻糍。做寿时要摆上供品，点上大红蜡烛，中堂要贴上"福如东海长流水，寿比南山不老松"等寿联。先拜天地菩萨，再由晚辈拜寿，一一向长辈说些祝福的话。

有的长寿老人把子女做寿的钱捐献出来，资助村里的公益事业或者直接用于做好事。

庆事

上梁　造屋是头等大事，所以彩烟人在定屋基时要请先生，奠基开工时要定好日良辰，特别是上梁时，必须挑选黄道吉日，举行隆重竖柱上梁仪式，祈求全家老小平安健康、财源兴旺。过去建造的好房子就是砖木结构的楼房。当房子造到高潮，可以竖大柱、上栋梁时，马上准备好所有物品，举行祭祀礼仪。在新屋堂前摆两张八仙桌，一张摆放鱼肉寿面馒头等祭品；另一张放果品和泥木石匠工具等。时辰一到，当家人点燃清香祭拜，然后是泥水匠木匠等工匠祭拜，大声说着利市话。祭毕，烧经。开始上梁，同时燃放鞭炮。竖好柱，上好梁，要在横梁上贴大红的"吉星高照"，墙壁两边贴大红的"星耀紫微辉生画栋，日占黄道喜建雕梁"等喜气和祝福的对联。

归屋　归屋即乔迁之喜，住进新房的开始。这个日子也必须是黄道吉日，同上梁一样要举行隆重的祭祀仪式。当代人乔迁也传承了传统方式，既简单祭拜，又操办喜酒，亲朋好友来祝贺。

第三章　民间信仰

千百年来形成的彩烟地区的民间信仰，大都是自然神崇拜和祖神崇拜，然后又吸纳了儒、释、道三教合流的教义，并逐渐融为一体，具有很强的实用性和功利性。主要也是为了满足人们的"现世利益"，信仰基础是"敬天尊祖"，祈求的目的也是高度一致，那就是"招福避邪"。

第一节　各种神祇

自然神

民间信仰自然神，认为在自然界，万事万物都有一种看不见摸不着的有灵性神力的"东西"在起作用。人们只有膜拜和祈求这种超自然的"东西"即神，才能得到帮助，达到目的，实现梦想。

日头菩萨　即太阳神。传说农历三月十九是太阳的生日。因为太阳神没有独立的庙宇，人们在其他寺庙和道观中以祭品祭祀日头菩萨，祈求平安无事，五谷丰登，人畜兴旺。

龙王　在彩烟地区地位特别高大，以致有不少溪坑小潭，也会被称为龙坑、龙潭。遇到严重干旱时，一个或几个村的人会自发组织起来，供奉祭品，叩头跪拜，向龙王求雨，以期风调雨顺、五谷丰登。

土地　是古时的社神"福德正神"，俗称土地公公、土地婆婆、土地菩萨。有泥塑，有石雕，在彩烟大地无处不在，无人不敬。人们在开山放炮前，修桥铺路时，建房定基日，都要用鸡、肉、鱼、豆腐、榨面等祭土地神，还要念《土地经》烧给土地菩萨，保佑平安。

山神　即山神土地，山公山母，有无形、有形之分。有形的就是建造专门的山王庙、山神庙，供奉山神。有的在家宅旁边立一间小石屋，放一只香炉，每年祭祀一次，以保住宅平安。无形的就是每年的清明扫墓，一定会在坟堂右边摆上祭品，点上香蜡烛，还要烧山王经和孝纸等，先跪拜山公山母，再跪拜先辈祖宗。

田公田姆　即田头土地，管理农作物的神祇，确保作物丰收，不让飞禽走兽来糟蹋、破坏粮食。将鸡、条肉、鱼、豆腐等放在田塍上，点起香蜡烛虔诚地跪拜并祈求田公田姆保佑稻谷丰收。

门神 彩烟人直接称门神。通常门前有石狮子的大户不画门神，普通人家张贴门神像。尽管门神的形式发生了变化，但门神崇拜依旧。因为门神管理着一家门户，所有进出家门的神鬼由他把关，所以凡是乔迁新居要祭拜门神，每逢清明、七月半、冬至等祭祖祭祀时，也要向门神通报。过年贴新门神（春联），意在让门神擦亮眼睛，忠于职守。

灶司菩萨 是人们最亲近的神，又称灶司、灶君、灶王爷。正式名讳是"先天东厨司命九天元皇灶君感应天尊"。灶司的神龛在灶梁上、烟囱边，打灶头时由砖头砌成，里面贴一张含有"上天言好事，下界保平安"或"天增岁月人增寿，春满乾坤福满门"对联的画像，黄纸墨印。后来印刷品画像变成了神像下方有五个捧着元宝铜钱的小孩，寓意即"五子登科""招财进宝"。因为身处烟熏火烤和灰尘纷飞之地，又是一年到头只打扫清理一次（农历十二月廿三灶司上天面圣时），所以神龛和里面的画像被油烟熏得不成样子，总是被家长用来骂孩子脏或邋遢相为"灶司菩萨像（相）"。民间还有一句名言，"肚痛埋怨灶司"。肚痛应该与自己饮食不卫生相关，却怪无关的灶司，冤枉别人。以前，灶司画像是由庙里或民间"先生"送上门的，不卖钱，随意施舍。后来，过年前夕，街头随处可见卖灶司画像。再后来，进入煤气灶时代，灶头越来越少了，城里更是见不到灶司画像了。

人格神

被公认对社会、地方或广大民众有过重大贡献的伟人和英雄去世后，人们对其无限崇拜和敬仰，像敬神一样来祭祀。久而久之，逐渐神化为神明、人神。祖神、地方神、行业神，统称为人格神。彩烟地区的人格神，是彩烟人公认的先祖和英雄。

白王 即隋荣王杨白，彩烟杨氏始祖，又是整个彩烟先贤。杨白子孙后代以及彩烟各姓氏乡民感念白王的恩德，每逢重大节日都来白王殿祭祀念经供奉白王，而渐成彩烟人之神。史载白王对彩烟乡民有求必应，乡民视白王为祖神。据《彩烟杨氏宗谱》载："宋淳熙十四年（1187）彩烟荒旱。县官亲到白王庙祈求，即得大雨，蝗虫尽死。嘉定八年（1215），闰春到夏四个月大旱，耕种不得，百姓祈祷，神灵应验，即得雨水沾足，田稻中熟。嘉定十年又旱，百姓到殿祈祷，后雨水即通，可得半收，百姓得活。"

包公 信仰包公是中国民俗的一大特色，大多庙宇里供奉有包公神像。民众对腐败的切肤之痛和切齿之恨集中反映在对包公的爱戴与信仰之中。包公姓包名拯，字希文，北宋庐州人，官至枢密副使、开封府尹。一生为官清廉，公正无私，秉公断案，敢于同强权势力斗争。平民百姓崇拜包公，并祈求带来福泽。

胡公 又叫"胡公大帝"，历史上确有其人，名曰胡则，字子正，宋乾德元年（963）八月十三日生于永康县胡库村。端拱二年（989）中进士，官至兵部侍郎。为官清正，操守过人，非常关心百姓疾苦。百姓感其恩德，在其读书过的方岩山立庙纪念。对胡公信仰比较广泛，每到春节期间和八月十三就要朝拜胡公，香火很旺。回山的胡公殿建在旧里村。解放后改建为小学，后来又恢复胡公殿原貌，塑有胡公大帝像，还有求签和解惑释难的地方。

关公 被称为关帝、关王、财神、魁星等，在新昌民间是信义和文武双全的化身，还是理财的人神。关羽与刘备、张飞桃园三结义后，忠义大节为后世崇仰，民间广为立庙奉祀。关公生前精于理财，发明《日清簿》，被后世尊为商业保护神。关公信仰早已超出历史人物关羽，成为人们心目中的大神，享受历朝历代国家祭祀的武圣人和佛教上的保护神。家庭供奉，商家更是堂而皇之供奉。据了解，乡村庙宇中以关公最多，彩烟地区也一样，几乎所有庙宇里都有关公像，还有"万古勋名垂竹帛，千秋忠义壮山河""千秋义勇无双士，万代衣冠第一人""赤面赤心扶赤帝，青灯青史映青天"等各种楹联。

五通 又叫"五猖""呆乱五通"，传说是五个法术无边、专门搬移财物的精怪。如果受"五通"惠顾，一下子把金银财宝往你家里搬，你就富足了。通了五通，你就会亲眼看到米缸里的米会满上来。当然，搬进快，搬出也快，一下子就没了。后人把他奉作博彩业或赌博的行业神祇。

鲁班 是各种工匠的祖师，如木匠、石匠、箍匠、泥水匠、砖瓦匠等，一般尊鲁班为神而祭拜。

佛道神

儒释道三教中一些最具亲和力的神佛，在彩烟地区特别受到敬仰和崇拜。由于长期融合和发展，不断磨合和借鉴，形成了道不道佛不佛，似道又似佛的信仰神祇与地方和家庭的保护神，统称为佛道神。彩烟没有完整的佛道神寺院，通常都把统称为菩萨的佛道神，供奉在庙里甚至家里烧香念经朝拜，十分虔诚地"拜菩萨"。

观音 原名"观世音"，是佛教中四大菩萨之一，在民间却远远超出佛教范畴，成为最受欢迎的保护神，除了专门寺院，几乎所有的寺庙都供奉着观音像，很多人家里也供有观音与弥勒神像。观音故事家喻户晓，观音风俗深入人心，观音是大慈大悲、神通广大、救苦救难的化身，大凡求子、驱病、择偶、求学、脱晦、求财、赐福、封禄等所有大事、急事、疑难事，很多人都会口诵《心经》向观音祈求。

弥勒 大肚佛弥勒是人们最喜爱的神佛之一，新昌大佛寺开凿与供奉的就是弥勒佛像，彩烟人自然更信弥勒。据传，释迦牟尼预言，随着弥勒的降世，人间将会出现"人寿极长，无有诸患"的太平盛世。所以，民间信仰弥勒成风，早已不是单一的佛教信仰，而是成了民风习俗。弥勒与观音都是彩烟地区民间家庭供奉的主要神佛，以致出现泥塑、石刻、根雕等商品化的弥勒艺术品，十分畅销。弥勒像前通常会有那副警人警世脍炙人口的楹联："大肚能容，容天下难容之事；笑口常开，笑世间可笑之人。"弥勒信仰的主要目的，即祈求家庭平安、消灾避难！

泗洲 彩烟地区自古以来建有很多能遮风避雨、驱暑御寒、暂时歇脚的泗洲堂。有泗洲堂，就有泗洲菩萨，用来保佑人们路途平安。有的泗洲堂有神像，有的没有像，只在墙壁上留了个地方，可以摆香蜡烛。泗洲菩萨像大都雕得粗糙，甚至不像人不像佛，乡民们还是比较崇拜，进了堂就会拜。泗洲菩萨对人们的要求也不高，点一支香也行，拜一拜就好，没有祭品也罢。

泗洲堂一般由民间筹资或有善心的人捐资建成。建在距村庄较远的路边溪边和山岭上，房子大多为矮平房，石头和砖瓦砌成，也有泥墙筑成的，大多为一间，也有二三间的。名称也五花八门，有的叫"凉亭"或"经堂"，走路要经过的堂屋；有的以路或岭命名，如大安中秋岭的泗洲堂叫"中秋亭"；有的以间数直接为名，如下塘村外大路边的泗洲堂叫"三间泗洲"。从新市场到下宅的路上，也有座"三间泗洲"。这两座泗洲堂都建得很早又比较好，经常有人来歇脚，所以名气也很大。后来随着交通事业的迅速发展，走路的人越来越少，泗洲堂也在荒芜中倒塌或在摇摇欲坠之中。

地藏　与文殊、普贤、观音并列为四大菩萨。地藏曾立下大愿："众生度尽方证菩提，地狱不空誓不成佛。"因而受到信众的敬重。受如来佛委派，地藏负责普度地狱众生，与救度世间众生的观音分工不同，一个超度凡间，一个超度阴间。七月三十日是地藏成道日，这一天人们会到寺庙里烧香拜佛。

东岳　彩烟人叫东岳大帝。东岳是道教的神祇，属泰山山神，五岳之首。在汉朝就形成了崇奉东岳主宰冥府生死的风俗。民间信奉天庭、凡间和阴间三界。天庭是玉皇大帝和佛祖神仙的乐园，凡间是凡人生活的地方，阴间是凡人死后必去的地方。凡人经修行可以得道成仙；而在阴间，德人上升极乐世界，善人转世做人，恶人打入十八层地狱。掌管和主宰这个阴曹地府的神祇就是东岳和地藏。

彩烟下殿建有东岳庙，十月廿九是下殿庙会日。每年的这个时候，男女老少从四面八方赶来，连天台、东阳、磐安等地人也成群结队而来，外地商贩也纷至沓来摆地摊。庙会期间，曾邀新昌调腔剧团或新昌越剧团来演出，人山人海，热闹非凡。这里的村民家家户户备足酒菜，热情招待四方来客。

玉皇　即民间信仰的"玉皇大帝"，又俗称为"玉帝""老天""老天菩萨"。在天庭是最高的神祇，主宰天庭的最高长官、众神之王。

据《西游记》描述，玉帝管着一切天神、地祇和人鬼。住在天庭宫阙，在灵霄宝殿办事，统领着一批文臣武将。文神有李老君、太白金星、文曲星、丘真人、许真人等。武神有托塔李天王、哪吒太子、巨灵神、四大天王、二十八宿、九曜星官、五方揭谛等。他还管辖四海龙王、雷部诸神以及八仙、地藏、十殿阎王等。

玉皇大帝是求官、求财、求寿、求平安的神祇。其塑像，身穿九章法服，头戴十二行珠冠冕旒，手持玉笏，旁侍金童玉女。人们如家有厄难，可对天遥拜，祈求玉帝保佑，逢凶化吉。鞍顶山上建有天宫殿，又称玉皇殿。

王母　尊称为王母娘娘。形象雍容华贵，凝重端庄，踏祥云，骑凤凰。王母有两样法宝，一是不死之药，二是"千年开花，千年结果，千年成熟"的蟠桃。传说中最经典的是隆重而神仙也难求的蟠桃会。王母掌管三界十方的女仙，却没有管住自家人或身边人。小女儿与凡间董永结成"天仙配"；外孙女与牛郎"七夕鹊桥相会"；嫦娥偷吃了她的不死之药飞上月亮；各显神通的"八仙"闹得不可开交，最后倒是王母收服，成了得力干将。农历三月三是王母的神诞，妇女们有的去寺庙烧香，有的在家里对天遥拜，向王母祈求姻缘、治病消灾、求子求寿、家庭平安。

阎王 又称阎罗王，俗称"阎王老爷"。为阴间阎罗府最高审判长，掌管十殿阎罗（第一殿秦广王蒋，第二殿楚江王历，第三殿宋帝王余，第四殿五官王吕，第五殿阎罗天子包，第六殿卞城王毕，第七殿泰山王董，第八殿都市王黄，第九殿平等王陆，第十殿转轮王薛）。民间信仰阎王，是因为阎王有特别的威惧感和威慑力，因为"阎王叫你三更死，谁敢留你到五更"。阎王有两个兵将，一个牛头，一个马面。牛头人手，牛蹄，执铁叉；马面人手，马蹄，执钢矛。牛头和马面部下有黑无常、白无常两个。阎王发令牌捉拿鬼魂由牛头、马面或无常去执行。民间信仰阎王，主要是祈求驱鬼治病、消灾延寿。彩烟民间把下宅包公庙当作五殿阎王殿，香火兴旺。

无常 是阎王府里的鬼卒。头戴三尺高帽，披肩尺半长发，脚穿破烂草鞋。因专门钩拿灵魂差使而出名，且常见于戏剧、民间俗语和庙会活动与会演中。有白无常和黑无常之分。黑无常又叫死无常，管勾魂，代表死神。黑衣黑帽，手持铁索，三尺高帽上写着"天下太平"四字。白无常又叫活无常，管文书，代表喜神。白衣白帽，手捏破扇，三尺高帽前檐写着"一见有喜"或"一见生财"四字。

八仙 人人知道"八仙过海，各显神通"，在彩烟乡村，到处能找到八仙踪影，特别是吕洞宾帮百姓的传说家喻户晓，还有不少把八仙画像作为春联（年画），甚至供奉八仙同供奉观音、弥勒一样成为民间风俗。八仙分别是纸驴张果老、洞箫韩湘子、宝剑吕洞宾、荷花何仙姑、玉版曹国舅、神扇汉钟离、拍板蓝采和、铁拐杖铁拐李。这八个传奇人物，就像一盘五彩缤纷的拼盘，分别代表老、幼、男、女、富、贵、贫、贱，即男女老少、文臣武将，迎合了社会各阶层的审美需要，各种各样的人都可以从八仙身上找到自己的影子，还可以与其中的一位做亲近的知音，因此八仙特别受到民间信仰和爱戴。人们拜八仙是求各显神通，拔刀相助，除恶扬善，排忧解难。

文昌 即文昌帝君，道教中的神祇，主宰功名和禄位，是学问、文章、科举的守护神。由"文曲"（北斗七星之一的文昌六星合成文曲星）和"文昌"（文衡星孚佑帝文昌帝朱衣夫子魁星爷合成五文昌）两组神组成，受到赶考人、读书人以及家长们的普遍欢迎。同时，文昌帝君也是书店、文具店、刻字、说书、造纸等行业神。

上帝（神）

上帝是基督教（又称耶稣教）的至高神，是宇宙万物的创造者和主宰，并对人赏善罚恶。基督教的核心教义是《圣经》，星期天（礼拜天）在教堂做礼拜。彩烟地区的基督教由金家村章涨森夫妻传播，光绪三年（1877）在新市场设分堂，后领子女在新市场建造木结构二层楼教堂。

章涨森儿子相海终身信奉，专职传道。礼拜天在教堂讲道，平时走村串巷传道义，且以教堂为家。章相海信徒众多，从新市场向王家市、雅里等地发展，在全县有影响。金家村盛德乔成为回山教会负责人，大宅里村梁山水是新昌县教会负责人，曾担任县政协委员。

现在，彩烟一带的基督教堂有三所，信徒约130人。回山基督教堂位于回山村，王家市基督教堂位于新天村，新市场基督教堂位于新市场村。

第二节　各种术数

术数，实际上是古代科学技术比较落后，人们对自己命运无法把握时寻找的一种心灵安慰和寄托。术数在民间传承，有些有一定的道理，能起到心理安慰的作用；有些有不少迷信色彩，也已渐渐在民间淡出，这里介绍的只是曾经存在的一种现象。

看

看相　主要是看面相和手相。把面相与天地山川、五行八卦联系起来，结合人形、声音、肤色、姿态、坐行等等，对人的命运加以详解、剖析。民间流传的看相秘籍和图谱比较多，主要还是《麻衣神相》和《十二宫图》《玉掌图》等。

看相先看三庭，再看十二宫。三庭即发际至印堂的上庭、山根至准头的中庭、人中至地阁（下巴）的下庭；十二宫分别是眉间命宫、鼻之财帛宫、眉之兄弟宫、上眼睑田宅宫、下眼睑男女宫、面颊下端奴仆宫、眼尾妻妾宫、鼻中央疾厄宫、额头两侧迁移宫、额头中央官禄宫、眉毛上部福德宫以及整个脸部周全相貌宫。看相有相形和相神之分，两者是统一的整体。一般先看神，再看形。神即是人的气质外表反映，精神风采，形是人的局部细节。

以看相为业者自古有之，兼职者也有之。曾在"文革"中中断或隐身，后又复起，主要在神庙、风景区及公园附近。香客看相多以流年、家宅、财运为主，而游客以问流年、爱情、财运为多。

看风水　有阴宅（坟墓）、阳宅（住宅、厂房、祠庙）之分。风水重点是穴堂（坐落位置）和四砂（前有朱雀后有玄武、左有青龙右有白虎）。一般要求高燥向阳，有来龙，有靠山。如果并列或纵列建房，地基高者为胜，屋脊高者次之。还有一句谚语："门前孤树，财丁不旺；屋后池塘，药罐放汤。"

照妖镜　屋前窗前等有高树、高宅或有大路直冲、有高山压迫者，用"照妖镜"镇之。照妖镜有镜、剪刀、米筛三样物件，有挂两样的，有只挂镜的。镜要倒挂，即高者变矮，以此寓意镇宅避灾。挂照妖镜时要念《退魔咒》："皇天后土，城隍土地，屋神门神，天上喜神，请来虎神，保佑家庭……"

泰山石敢当　是常见的一种避邪、镇宅方物。民间在宅舍会遇到"街箭"（街与宅相对相冲，形似箭入宅舍）"路箭""墙箭""屋箭""树箭""河箭"等时，必须设"石敢当"。宅舍的侧旁遇上街箭、路箭等，在对箭的墙基上立一块泰山石敢当。如宅前有屋脊（屋箭）、墙角（墙箭）对着大门或正堂，在大门一侧立一块石敢当。泰山石敢当起避邪、镇宅的作用，安放与宅基动工同步，请道士和工匠做法事，念《镇宅龙虎经》。

测

算命　民间盛行的一种术数习俗。"算"是罗列、计算的意思，"命"是命理。古人认为，每个人一生下来，老天就安排了"命运"。人的命运由三部分组成，即"运"（即运气或时运。命中某一时段的命理），"命"（人一生的定数），"数"（命运以外的大因素大环境）。源于商周《白虎通仪》和王充的《论衡》对"五行"的记载。两汉有了发展，东汉至六朝出现比较粗糙简单的"算命"，唐宋时期不断发展和完善，逐渐形成体系并在社会上流传，到明朝达到前所未有的高潮，出现盲人为主的专业"算命先生"以及越来越多的信众。

算命分两种。一种是从头到尾细细算来，也叫"细批八字"；另一种是算个大概，即算一下今年流年、财运等，叫"排八字"。通常由命主报上出生年月日时辰，请算命先生对其一生富、贫、贵、贱、兴、衰等进行推算预测。算命结果也是两种形式，一种是边弹三弦，边对命主情况进行说唱；另一种是根据命主的四柱八字，将测算出来的情况一一讲解。

算命在旧社会是盲人的谋生之道和活命之路，也帮助人们趋吉避凶，缓解矛盾求平安。盲人算命是由师傅口传相教，历尽千辛万苦才学得，所以比较专业。明眼人算命，则是读命书而来，多数只能排排八字。算命的主要步骤是排年月日时"四柱"、加上天干地支"八字"、对照八字歌诀与金木水火土五行排列，再推算出相生相克、好运或差运等。重点是性情及形貌、适合之事业、疾病、有利之方位、小心年限、学历、姻缘、财富、六亲、命运吉凶。算命人通过"牵拢打拨、旁敲侧击"获取信息，利用玄之又玄的命理秘籍，混饭吃、得钱财。

求签 "签"和"经"合起来叫"签经"。庙宇不但有签还有签经，佛寺不一定有签经。签是用毛竹削成的一支支小竹片，约20厘米长、1厘米宽，每支签有号码，从"1"编到"100"。签有诗歌签与卦头签两种。诗歌签用一个个历史故事来解释诗意，解释玄门。卦头签用八卦，通过起卦来解释签经。求签是香客进庙烧香的一项内容。烧香祈祷后，将签筒不断摇晃，直到摇出一支签。拿到对签处，根据签号对出一张签经来。最好的叫"上上签"，好的叫"上签"，差的叫"下签"，一般的叫"中签"。保名庙、东岳庙、胡公殿等都有签经。求签以问流年否泰，以询出门顺遂。求签是一种心理意象，即讨彩头、图吉利。还是一种信仰，与神庙共同织起一张信仰网络。

测字 也叫"拆字"，是把汉字加减笔画，拆开偏旁，或以谐音、土音及望文生义等方式附会、推测吉凶的一种占卜方式。测字先生多占卜流年、婚姻、财运等。

测字有两种形式。一种是固定字式。固定大、己、女、土、水等32个汉字，每个汉字写在一张红纸上，卷成筒形放在盒内，让问卜者抽出一个，测字先生根据此字来解释卜辞。每个字都有固定的解释辞，再经插科打诨和看着问卜者面相，灵活解释。另一种形式是问卜者自由书写一字（汉字），并言明所卜何事。测字先生按字之形义，再察言观色问卜者，加以解释、发挥、预测。

抽牌 也是一种占卜形式。不过抽牌没有单独设摊的，通常和看相、算命和签经等在一起。俗话说："心慌不定，抽牌算命。"抽牌有扑克式和画卷式两种。前者用厚实硬纸做成扑克牌一样，像洗扑克牌一样翻洗纸牌，然后让人抽出一张。后者用比扑克大的不易撕破的油纸，像画卷一样卷起，一筒筒地放在木盒里，上下搅和后抽一筒。展开纸筒，里面有画又有诗。

择吉日 即拣日子。是把某人的生辰八字结合某一日的值日星宿和五行的相生相克，从中选出一日，为黄道吉日。有不少人会在新官上任、搬新房、出远门、结婚、出殡、动土、上梁、开业、开工等重要时候，拣个好日子。

祈

关肚仙　也叫关巫仙，是一种巫术，也是一种迷信。在一些国家如美、英等通行叫"通灵"，还有专门的研究机构。农村里，施巫术的叫"肚仙婆"。其实是原本本分的妇女，到了更年期时出现反常，有时神经错乱、鬼话连篇，再在"法术"下演变成与鬼相通或鬼附体的女巫。"关"的意思是给人与鬼搭桥梁、打通道，让鬼通过肚仙婆的肚子从阴间来到阳间，直接与家人对话。一般是一炷香工夫，香尽魂去。有不少人家人去世后，会请肚仙婆关肚仙了解死者在阴间生活情况，对生者还有什么要求。

退土　突然间寒酸发热，头晕目眩，四肢无力，食欲不振，并伴有上吐下泻等症状时，被视为"冲土"，即冲犯土地菩萨。其实这一症状大多是中暑，过去以为中了邪气秽气，请求术士"退土"以治病。退土的办法多种多样又大同小异：点上三支清香，供于灶司前或插在退土的身边；用一小盅或小碗盛上茶果米，再用纱布包住，翻转面来，用手拎住布条，在患者肚皮上或头部进行转动。同时，口中念念有词《退土咒》："……有土退土，没土扒晦，阴阳无忌，百无禁忌，喷几休、喷几休——好来！好来！"

竖箸头　也叫喊魂，又叫收惊。彩烟方言叫作等箸头。小孩子受到了惊吓，出现惊恐和头昏发热等状况，过去以为鬼怪作祟。驱鬼的办法就是用大碗盛一碗清水；取来三只筷子，捏在一起，在孩子身上绕三圈，然后两头在碗中蘸水，再把筷子直立在碗中央，这就是等或竖或顶；再点燃三支清香，在灶司前。如果在一炷香内，筷子竖牢不动，说明真的有鬼作怪，念咒驱赶。如果筷子散伙倒地，表明鬼怪被驱逐了，连声喊"……归来了！归来了！好了！好了！"，安慰歇息。

抲毒风　同竖箸头和退土等差不多，遇到病痛难解，无可奈何时，采取这种办法排毒驱鬼。抲毒风者用女人梳头时梳下的头发，称之为"乱头发"，再包点盐米，边念着咒语，边在患处按摩。有的老人经常给别人抲毒风，如咒语："头戴七星冠，身穿八卦衣，手拿青锋剑，单守神鬼间，不论天间地间，李荣李广将军之间，鸡犬牛羊之间，神间鬼间民间，太上老君如令赦……"妖魔鬼怪闻风丧胆。

夜哭郎　小孩子经常在夜里哭个不停，又没有什么毛病，叫夜哭郎。民间用去魔压胜法来治。选一个好日子，夜晚在床前点三支清香，对床拜三拜，口念《天皇皇》三次，然后在一张红纸上书写《天皇皇》："天皇皇，地皇皇，我家有个夜哭郎。过路君子念七遍，一夜睡到大天亮。"把香与红纸拿出家外，贴在大树或厕所上，把香插在树下或厕所边的空地里，意思是告知过路神祇，让他们做信使口传到保婴神（东岳大帝之女碧霞元君）的耳朵里，其就会降临安床并保佑儿童早日康复。

念经　"经"本是佛经，迷信说法可作为阴间用的货币。"经"的种类很多，如《心经》《弥陀经》《金刚经》《寿生经》《往生经》等普通经；连续念七天叫"打七"；十二个不同生肖的人念的经集合起来叫"十二生肖"。《高皇经》是菩萨用的；《莲经》不仅要念，而且要拜，称之为"拜莲经"。《地藏菩萨本愿经》价值也很高，一部相当于一只金元宝。储存"经"的地方叫"牒"，相当于凡间的存折或"卡"。念经有的为了让逝者受用，每逢清明、七月半、冬至、逝者忌日将"经"烧给。

也有的为自己去世后备用。念经一般是老年人尤其是老年妇女晚年生活的组成部分。

拜忏　忏是一种经文，有很多类，有《金刚忏》《梁皇忏》《平安忏》《观音忏》《地藏忏》《三昧水忏》《血湖忏》《天赦忏》等。人生难免有过错、过失、过节，拜忏是表示忏悔，希望自己的罪孽得到赦免，请求菩萨或神灵谅解。

赌咒发誓　从古至今，这样的事情经常发生。譬如借钱与还钱，因没有第三者知道而被一方赖账；如鸡失窃，怀疑邻居所为，而邻居矢口否认；又如两人矛盾纠纷，互不认输，调解不了，等等，民间常采用这个办法，因为"人在做，天在看"。主持人或"娘舅"点起香烛，双方对天或菩萨发下"不得好死""天打五雷轰"等毒誓。

请财神　商铺店堂开张、生产工厂开工、船舶下水、工匠动工等，要请财神菩萨，念《发财经》，作为利市彩头，祈求四面八方，财源滚滚，财路通泰。这个"请"是"拜"和"祭"的意思。现在庙里供奉的财神，一个是武财神菩萨关公关云长，一个是文财神菩萨范蠡范大人。

第三节　移风易俗

荀子认为，"移风易俗，天下皆宁"。龚自珍在《对策》中强调，"守令久乎其任，皆有移风易俗之权"。新中国成立后，始终把移风易俗摆上重要议事日程，文明新风吹遍彩烟大地。

在旧社会，人们信鬼神拜天地，大多数人其实是借机表达愿望，期盼早日脱离苦海。许多祭祀祭祖活动，也只是表示对上代祖宗的纪念与追忆，以及对天地大自然的感恩与敬畏，希望得到恩赐和护佑。新中国成立后，人民群众相信党领导人民群众团结起来办大事，"为有牺牲多壮志，敢教日月换新天""不信鬼神不信邪，相信人力能胜天"。

婚嫁仪式也在不断演化和改进。旧时婚嫁也是因男女双方的地位和家庭经济条件的不同而千差万别。虽然也有父母之命、媒妁之言、聘银庚银，但大多农家子女也只是举行简单的仪式。新中国成立之初，《中华人民共和国婚姻法》颁布，提倡婚姻自主，喜事新办。同时，反对包办婚姻、买卖婚姻。只要男女双方自愿结婚，到乡政府登记，就可领取"结婚证"，当时就出现了时尚话语："新社会新气象，男女婚姻自主张"，什么聘礼、贺礼、嫁妆等也都淡化了。当然，送嫁和迎亲仪式也大有改变。20世纪50年代初，樟花有一男青年与王里山一女青年自由恋爱，定下日子，女青年不坐花轿，由该村妇女代表十余人敲锣打鼓送新娘，送到撞潭岭泗洲堂，由樟花妇女会和儿童团组成的迎新队接着。送新队与迎新队唱着歌曲一路行进，还在鼓乐声中表现喜庆的扭秧歌。然后，双方到乡政府办理结婚登记手续，再返回家里与至亲喝喜酒，向邻里分喜糖，这就是"喜事新办"的新仪式。后来，更提倡"勤俭节约办喜事"，提倡文明闹新房，唱戏唱歌曲，连迎新接新的程序也节省了。办了登记手续，再办双方至亲到场的喜酒，在邻里送些喜糖，新郎新娘出个场、表个态，"发点喜糖递支烟，既省工夫又省钱"的结婚仪式圆满完成了。这种勤俭办喜事的新风习俗，一直延续到20世纪80年代。

随着改革开放及经济生活条件的改善，谈婚论嫁又要讲究聘礼、彩礼、贺礼、嫁妆及隆重仪式，不同年代的嫁妆"三大件"也在升级换代。新娘不穿旧时的喜庆红装，而流行穿婚纱，还要进城拍婚纱照，还要请婚庆公司操办婚礼、大摆酒席。同时，旅游结婚的新风也依然流行。

操办殡葬的传统习俗也在移风易俗中不断改进与变化。封建迷信色彩较浓的葬制、丧礼，是一种具有习惯势力的社会旧风俗。新中国成立后，党和政府通过党员引导和政策支持，逐步使群众改革土葬、实行薄葬，破除看风水、选坟地、搭灵棚、摆路祭、出大殡、打幡摔盆、烧香化纸、收送挽幛等迷信和铺张浪费现象，推行文明、俭朴、节约办丧事的殡葬礼俗，树立起良好的社会主义精神文明新风尚。

殡葬改革以来，棺材变成骨灰盒，大坟被公墓代之，许多程序和规矩在移风易俗中推陈出新，也形成了殡葬的新风尚新习俗。

各种术数，也随着科学技术的不断发展渐渐淡出，如人们身体不适，现在已很少有人再会去做术数解除病痛，而是去医院求医问药；对各种自然灾害，也很少再去求神拜佛，而是相信气象信息，科学预防和组织救灾。

经济社会的发展，文明程度的提高，科学技术的进步，使移风易俗有了大踏步的进展，社会新风尚正在取代愚昧的旧习俗。

第十一编

红色印记

红色文化流动在民族的血脉里，遗传在民族的基因中。回山历来有红色传统，从策应太平军进军浙东，到彩烟农民暴动，再到回山会师，都留下了红色文化的印迹。

第一章　觉　醒

久居相对独立的台地上的彩烟人，祈求在安逸环境下，安分守己，耕读传家。当被剥削和压迫得难以活命时，也被迫奋起抗争，特别是在中国共产党领导下，从觉醒到觉悟，积极投身到为国家、为民族、为老百姓的斗争中。

第一节　早期抗争活动

策应太平军进军

据史料记载，清咸丰十一年（1861）10月，太平天国范汝增、黄呈忠部进军浙东。11月11日（十月初九），杨增龄（彩烟肇圃村人，今属镜岭）联络诸暨莲蓬党首领何文庆，聚众起义，举火达旦。11日，接应太平军由诸暨入嵊。12日，占领新昌，出榜安民，设卡招兵。其部将水大王梁佩书攻天台，与天台民团相持于关岭。新昌成为太平军"联络台婺，支应宁绍"的重要据点。

彩烟农民暴动

1929年9月18日（农历八月十六日），彩烟乡下洲村（今属城南）农民张万成为反对"土地陈报"率众起义。

1929年七八月间，农民张万成串联四乡农民，反抗政府"土地陈报"和苛捐杂税，要求开仓济贫。9月18日，下洲、石门坑、丰岩山等村农民200余人手执斩马刀、锄头、棍棒等，举"众心不服"大旗，齐集下洲村旁龙岩井，张万成宣布"只拆五虎七煞（指恶霸地主）的屋，不伤老百姓"等纪律。暴动队伍上山开进袁家、蔡家湾、后谢、下塘、下宅、大宅里、樟花、中宅和回山等村，收缴地方武装枪支，拆毁民愤大的地主房屋，捣毁设在道南学校的国民党区分部。沿途农民千余人纷起响应，次日增至万余人，县长告急。

不久，省保安处急派驻嵊县的省保安团第一营营长蒋伯范率兵镇压，经澄潭、镜岭、练使岭，天黑时至回山，用排枪攻击，张万成等以土炮还击。终因组织不严、武器又差，暴动失败。张万成等退上万年山。1932年3月，被国民党当局诱捕，9月2日于县城北门外被杀害。

张万成农民暴动，是在全国风起云涌的革命运动和秋收起义影响下的反抗剥削与压迫的农民暴动。回山有下塘风三间泗州和白王庙等暴动集会处旧址。

赵爱香救助红军伤员

1935 年 11 月 23 日，中国工农红军挺进师一部经回山活动。

据下西岭自然村赵显灿回忆，"我小娘（即小姑，下同）叫赵爱香，爸爸叫赵能章。我在很小时就听小娘和我爸妈他们讲，我小娘当年救护红军战士的故事⋯⋯"

1935 年农历九月的一个傍晚，下午 4 点钟左右，一支有 30 多人的红军队伍，从东阳县（现属磐安县，下同）张家湾村沿着下夹溪来到回山镇上下西岭村北边一处叫荷花塘的山厂（自然村）前面。当时这个山厂还很偏僻，只住着赵爱香和她丈夫严炳友一家。这支部队稍事休息后，行军到了下西岭自然村。这天夜里，这支红军队伍就宿在下西岭村，村里群众知道他们是红军后，就主动送番薯给他们吃，红军战士们坚持一定要付钱，对村民很好。第二天一早，这支队伍就出发了，经顶山村石彦坑自然村、孟仓自然村后向东阳县方向去了。

当天下午，住在荷花塘山厂内的赵爱香去取木柴时，发现有一个面无血色、20 岁左右的年轻红军战士头扎毛巾坐在灰塘边，他的脚趾受了伤血迹斑斑并且肿得厉害，行走十分困难。她马上把这个战士带到家中，安排他住下，让他换上了便衣。当时这个红军战士进食困难、胃口很差，赵爱香就专门烧了薄粥给他喝。以后，她还每天到山上去找白夏枯草（一种消炎的山草药）煎汤给他喝，并对他脚上伤口进行外搽消炎，对他十分关心。

这样治疗了半个多月后，红军战士的脚伤大有好转，他对赵爱香十分感激。有一天，他告诉赵爱香："我是江西人，家在景德镇附近，以后我会拿景德镇碗来谢谢你。"这个红军伤员告诉赵爱香，他受伤后行走困难难以跟上部队，当他坚持走到这个地方时，实在走不动了，部队领导经商量后就把他留在这里，叫他养好伤后再按照部队沿路留给他的标记去找部队归队。

后来，有一天下午，赵爱香无意中把她家里藏着一个红军伤员的事情告诉了她哥哥赵能章。听到这个消息后，赵能章十分紧张，就拿着红军战士换下来的军装到外前丁村亲戚梁某家去商量，因为这个亲戚当时是个有文化的人，做事比较老到。结果，想不到他当着伪保长，思想很反动，听完这件事并看到军装后，他说："这个（军装）是实货，看来是真的。"并劝说赵能章把这件军装藏在他家里。

赵能章前脚刚走，这个亲戚就后脚跑到伪乡政府去报案了。当时，村里有人在伪乡政府里工作，同时村里也有其他人得知了这个消息，他们马上将这个情况告诉了赵能章。看到形势危险，于是，赵能章和赵爱香两兄妹连夜同红军伤员商量转移的事。临走前的那天夜里，那个红军战士写了一张纸条给赵爱香，可惜赵爱香不识字，不知道上面写的是什么，估计上面写的是他的联系方式。怕他路上找不到吃的东西，赵爱香还特地炒了米胖、六谷（玉米）胖这些吃的东西让他带在身上。随后，由赵能章和同村的三个朋友一起送他上路，经过顶山村石彦坑、孟仓，再穿过东阳县的里峦村，一直送到葛依尖村后才放心地返回。当时，沿途石头上确有红军留下的箭头标记等暗号。

第二天早上，伪乡政府就派人赶到荷花塘山厂，把赵爱香和刚好在山厂内的赵能章老婆两人抓住捆了起来。这些反动派在赵爱香身上用了"老龙喷水""坐老虎凳""单吊"等酷刑，威迫她说出那个红军战士的去向，审问她有没有把枪支弹药藏在山上等信息。赵爱香吃了不少苦，哭叫声很大。当时，这些反动派还想把赵能章老婆也用"老龙喷水"进行折磨，她再三辩说这件事与其无关，总算没有动手。幸亏赵爱香机警，在被做"单吊"之前就已把红军战士留给她的纸条吞进了肚子里。后来，因为实在问不出有价值的信息，这些反动派就把她们放了。赵能章当时刚好外出，听到家里的消息后就跑到很远的山上躲了起来，七天七夜没有回家。过了很久，赵能章到外前丁梁某家想要回那件红军战士留下的军装，梁某说他已把军装烧掉了。

解放后，新昌县政府曾发给赵爱香每月 18 元的生活补助。

20 世纪 80 年代，安顶乡乡校师生曾多次到荷花塘请赵爱香讲当年治疗红军伤员的故事，对学生进行爱国主义教育。

据 1985 年 2 月 1 日赵爱香写给中央军委的信（因故未寄出）所载，她当时救治的红军伤员名叫寥新汉。现下西岭村尚有当年红军宿营地、"红军洞"等遗址。

第二节 早期共产党人

回山地区早期就有共产党人活动。也有不少回山人，受到共产党先进思想影响，成为早期的共产党人。

梁敏时（1911 ~ 1939）樟花村人。道南学校毕业。1928 年保送浙江五中。1932 年保送北大政治系读书。1933 年初在北大加入中国共产党，担任党小组长。同年 5 月参加冯玉祥察绥民众抗日同盟军。

在浙江五中期间，与慈溪同学胡杏芬热恋，后在北大的读书费用多由胡杏芬资助。胡杏芬考入清华大学，后在患病期间与邓颖超（当时化名李扬逸）相识成为好友，著有叙事散文《李知凡太太》。梁敏时积极宣传抗日、秘密从事革命活动，1934 年任中共北京西城区委委员。后不幸被捕入狱，关在南京东门监狱，受尽威逼利诱、严刑拷打，始终坚贞不屈，又被折磨染上了肺病。

1937 年 7 月因国共合作、全面抗战而获释回新，参加抗日。同月 31 日，任新成立的县抗敌后援会秘书长。1938 年 10 月 10 日任政工队干事长，通过俞渭川出面以抗日自卫文化委员会名义集资 450 块大洋，委托陈安然负责，在司墙弄口（今文化中心附近）创办新新书店（1941 年因日军飞机轰炸停办），专门经销抗日救亡报刊图书。1939 年 4 月，在镜岭镇溪西村西坑黄洋岗其母静修的庵堂内因病去世。

杨明昌（1921 ~ 1943）又名杨义忠，上市场村人。由傅志评介绍参加三北游击司令部第一期教导队学习，加入中国共产党，任余姚陆埠联乡自卫队指导员，1943 年 5 月 18 日在余姚东门外玉皇山壮烈牺牲，年仅 22 岁。

抗日战争爆发后，杨明昌认识了共产党员杨世华。在杨世华的教育下，激发了爱国抗日思想。

1941年3月，中共新昌特派员傅志评与妻子陆温如通过杨世华的介绍，在杨明昌家对面开了一家小店，以小店为掩护，坚持秘密斗争。杨明昌常向他们借《西行漫记》《论持久战》和《大众哲学》等书籍阅读，更激发了他的抗日爱国思想。1942年9月，为开辟和建立浙东抗日根据地，开展敌后游击战争，三北游击司令部决定举办教导队，培养政治、军事干部，要求各地输送学员。傅志评动员杨明昌参加教导队学习。1942年11月，杨明昌加入中国共产党。1943年1月，教导队结业后，被派往余姚陆埠区工作，担任陆埠联乡自卫队指导员。和战士们打成一片，同甘共苦，心心相印，深得大家的敬重和爱戴。率自卫队镇压了横行陆埠一带的土匪，又发动群众，禁演不良戏，使社会秩序逐渐安定。1943年4月30日，余姚城内的日伪军，乘我主力部队不在陆埠区之际，对陆埠联乡自卫队下毒手。日伪军100余人，乘着夜黑，包围自卫队驻地，杨明昌和13名战士落入敌手，被日军用铁丝穿过手掌，用船押至余姚城。5月18日，被杀于余姚城东玉皇山。

杨世华（1922～1979）又名杨复华，回山村人。1939年在县政工队参加中国共产党，1942年2月任中共新东区特派员，后任中共嵊新县委政治交通员，北撤南下后任上海市公安局科长，后任最高人民法院调研室主任。

傅志评（1917～2004）宁波人。中共新昌县特派员。1941年至1942年，和妻子陆温如在回山上市场坚持隐蔽斗争，他们的第一个孩子因贫病而夭亡。

第二章　回山会师

1949 年 1 月，浙东人民解放军近千人在新昌县回山村会师，召开中共浙东临委第二次会议，做出《关于浙东胜利前夜的形势和我们的任务》的决议，成立浙东人民解放军第二游击纵队，奠定浙东解放的基础。同年 5 月 18 日，在回山村宣布新昌县人民政府成立。

第一节　会师背景

浙东武装斗争

1946 年 12 月召开的浙东"上海会议"，确定浙东开展武装斗争，要将台属地区（嵊县、新昌、奉化都属台属工委管辖）作为发展浙东游击战争的中心、出发点和立足点。这是我党对国民党反动派公开发动内战的回应。由于浙东是蒋介石老家，反动统治势力极强，革命的星火屡遭镇压，游击战士在艰难的环境下苦斗，并逐步成长。

1948 年 4 月 16 日，中共中央上海局发出浙东工作指示，要求以浙东为中心，从分散的地方武装中逐渐形成基干力量，在不妨碍坚持原有山区的游击战争前提下，集中力量打开台属局面，待力量达到相当程度，即开辟闽浙赣老苏区根据地，在大军到达以前，形成整块根据地或小块解放区。以军事力量打开局面，到敌人空隙地方去发动广泛的群众性的游击战争，不要把中心力量老是在老的地方与敌人纠缠不清，要把内线的纠缠防御局面变成外线发展的进攻局面，在浙东一直到闽浙赣敌人空虚地区开展斗争。这个指示（简称"四一六"指示）是经中央同意，与全国解放战争主战场近一年来由内线转向外线的战略进攻和即将展开的战略决策相呼应的。为贯彻"四一六"指示，上海局外县工作委员会副书记林枫于 4 月又一次到四明山，主持召开浙东临委会议，决定了浙东工作的两个主要发展方向。一是发展台属地区武装力量，创造浙东的大块中心根据地，打通与浙南的联系；提出了"四山相连，山海一片"的战略构想。为此，浙东临委决定跳出内线，从 5 月下旬开始，相继分三路出击。二是依靠路西地区发展浙西地区，打通和皖南的联系。浙东临委副书记马青留守四明山主持临委工作。三路出击，西路领先。5 月 28 日上王岗战斗当晚，三支队政治处主任诸敏率"坚强"（后称"灵活"）部队西进会稽地区。会合丁友灿率领的嵊新奉独立大队，奇袭三界镇，伏击上阳岭，强攻瑠家田，取得三战三捷的胜利。嗣后转战嵊新东地区，与"小团结"部队一起，打开嵊新东地区的局面，建立起向南发展的"跳板石"。中路，由浙东临委书记张瑞昌（真名为顾德欢）、三支队参谋长张任伟率"钢铁"（后称"机动"）部队于8月13日南进台属地区，和台属工委书记邵明率领的"铁流"部队会合，编为浙东人民解放军第四支队，刘发清任支队长，邵明任政委。8月23日召开天台山拜经台会议，研究和部署加速开辟台属地区的工作。浙东临委还布置嵊新奉独立大队负责打开四明通往台属的"走廊通道"。东路，由浙东临委委员王起率领的东海游击总队280余人于8月18日南进六横岛，准备挺进天台山。21日，遭敌军舰、炮艇包围，陆海联合搜剿，损失惨重。王起在六横岛被困半个月，东总政治处副主任余力行率领20余名战士和第二江南武工队在坚持数月后撤往四明山。

三路出击，两路胜利，一路失利。为对外线出击作一次总结，张瑞昌通知诸敏率"灵活"部队抵达天台山华顶寺与四支队会合。10月4日至7日，张瑞昌和邵明、诸敏、张任伟、王槐秋在新昌"飞地"逐步、大陈和宁海山洋等地召开台东会议，总结浙东主力从内线作战转为外线发展的经验教训，决定将台属地区分成台东、台西两个地区。台东地区，以"机动"部队为中心力量，负责打开宁（海）、天（台）、新（昌）、奉（化）、临（海）、三（门）地区的工作局面，成立中共台东临时工作委员会，将东海的工作统一起来。台西地区，以"灵活"部队为中心力量，帮助开辟嵊（县）、新（昌）、东（阳）、临（海）、天（台）、磐（安）、缙（云）地区，在军事上与浙南连成一片，完成创建浙东中心根据地的准备工作，建立中共台西临时工作委员会。

新昌面临形势

台东会议后，在台东地区调整了区划，其中新建立中共新天县工作委员会。将嵊新东县的新昌县东区、南区划归新天县。为配合打开新天地区，嵊新东县工委于1948年10月10日建立新东南武工队，至10月底，武工队扩大到30余人，开辟了以东山、石磁为中心的游击区。11月20日，张瑞昌、邵明、刘发清率四支队和嵊新奉独立大队200余人，奔袭新昌县东区大市聚镇，在东山村闻敌情变化，连夜移师新昌五马乡马坑等村。22日，新昌县县长王武岳督率国民党正规军75师62旅第3营7、8两连，迫击炮排、团属搜索连和新昌县保安队等约800人，凭借美式武器发动进攻。战斗十分激烈，持续数小时。刘发清支队长及时调整战斗部署，组织突击队迂回敌炮阵地，发起突然进攻，一举夺取敌炮阵地，俘敌炮兵，缴获武器，旋即向敌阵开炮，发动冲锋，敌全线崩溃。大市聚敌据点不攻自破，台东与四明的通道畅通无阻。

在台西地区，诸敏率"灵活"部队再次到嵊新东地区和"小团结"部队配合行动，挺进磐安、缙云、永康等地，拟与路南部队会合。但进入磐安境内后，由于土顽武装的阻挠和语言差异无法前进，返回嵊新东地区。12月1日，和前来参加台西工委会议的周芝山率领的会稽部队，从新昌西区秤锤坑村出发，奇袭澄潭镇敌据点，敌军闭门固守，遂用火攻，并发动政治攻势，敌举白旗投降，全俘敌排长以下24人。接着，乘胜进攻镜岭镇，守敌遁逃。

不到 10 天，新昌境内接连发生马坑、澄潭等战斗，一东一西，交相辉映，影响巨大。敌乡村、集镇据点纷纷撤除，退缩县城，台东、台西纵横 150 公里连成一片。嵊新奉、嵊新东、新天三地区根据地的建设进一步发展。张瑞昌认为，这对于加强四明、会稽、台东、台西的联系，创造中心根据地帮助极大。其中，嵊新奉地区在抗日战争时期老区的基础上，1948 年 2 月建立了县工委以及独立大队和县办事处，设立联络站，建立区武装和区政权，使嵊新奉独立大队能机动出来随浙东临委领导转战台属地区。新天地区，在马坑等战斗后，成立了新天县大队和第十办事处，迅速建立起新昌南区石磁、东山和天台北山区大同、东丰等游击基地，建立农民协会、民兵大队、姐妹会等群众组织，设立交通联络站，开展征收"爱国特捐""爱国公粮"，统一制发米票，在新天县内通用。

而嵊新东地区，1948 年 4 月建立县工委，7 月建立县武装"小团结"部队和嵊新东（后称第九）办事处。在暖谷山设立中心联络站，分设县站、区站多处。政权工作从利用旧政权发展到建立乡民主政权，县农民协会和乡、村农民协会。组织征粮队，统一印制收据、派款单。设立粮站，规定内部供给制度，还有被服厂，后来还设置了电台和报社。新昌全县 30 个乡镇，有 17 个乡镇已为游击队所控制，其他乡镇也能进入活动，有的建立了地方党组织。如新昌县城，有中共城区临工委，与游击区配合十分密切。

第二节　会师过程

根据新昌武装斗争形势发展情况，在马坑等战斗后一直转战于天台、宁海、临海的张瑞昌，与邵明、刘发清于 1948 年 12 月 13 日经天台西区来到新昌回山村，与诸敏、丁友灿会合。次日下午，在新昌彩淳乡莲花心村召开台西临时干部会议，张瑞昌作《目前形势与浙东工作上的新问题》的报告，报告指出，浙东斗争即将进入迎接和配合大军解放全浙东的新阶段，必须立即集结一个较大的主力兵团，以台西为中心造成中心根据地与整个浙东革命力量的公开领导中心；成立浙东人民解放军的司令部机关，以加强军事领导与统一军事指挥；建立浙东临时人民政权，以使用行政力量，大刀阔斧地开展工作，并应成立较有规模的教导队，训练部队和地方工作干部；更有规模、更有计划地开展对敌政治攻势和敌人内部工作；进行进攻小县城的准备等。

关于浙东主力的集结地点，张瑞昌等分析认为，回山地处新昌县城西南方向，西连东阳、嵊县，南接天台，距新昌县城均有近百市里[1]，是一块相当宽阔的丘陵地，连接天台山、会稽山、四明山和括苍山，方圆百里无敌军，有很大的回旋余地，是最理想的组建主力兵团的集结地，进攻县城的后方基地，因此决定在回山会师。

对于在回山集结浙东主力部队，张瑞昌十分慎重。12 月 16 日他们移师游击基地——新昌县石磁乡东山村，连日开会，围绕回山会师部署了 1949 年 1 月底以前的工作。然后，张瑞昌给马

1　1 市里为 500 米。

青、王起连发三信，详述在台西地区集结主力部队的工作部署，要求他们带五支队全部、四明补充"机动"部队的新战士、四明选送教导队的学员、四明调来台西的全部干部、通报台、新闻台与印刷机关等，争取时间直接到台西地区会合，以创造中心根据地与建立领导中心。

嵊新东县工委为完成回山会师的历史使命，着重做了如下几方面工作：加强回山地区工作，由潘月英驻回山发动群众，做好争取乡保长和地方士绅的工作，为游击部队征粮派款，囤积粮食，随要随送；加强情报工作，在南临天台、西通嵊县、北达新昌县城三个方向建立了情报网；发动群众，开展减租减息斗争；买猪买鸭，买年糕买老酒，安排浙东临委机关驻地、各部队宿营地以及军民联欢会场，安排文娱节目，准备欢度春节；发动民工，组织担架队，支援攻打县城，并由嵊新东工委书记杨光（寿菊生）带领"小团结"部队去天台西区街头、平镇一带做开展工作，向临（海）天（台）仙（居）方向发展。

王起在接到张瑞昌的信后，从四明山经嵊新奉地区来到嵊新东地区，于 12 月 25 日在后坞口与张瑞昌会合。随同抵达的还有从东海地区撤出的余力行等 10 余名干部。当晚，张、王彻夜长谈，交换对浙东新的形势与任务的看法，讨论部队集结和建立新的公开领导中心等问题，加速了回山会师的各项准备工作。随后，马青也率浙东临委直属大队（由临委机关"快速"部队原五支队"铁马"中队、实验区武工队等组成），于 1949 年 1 月 6 日从四明山出发，经嵊东、新北、新东、新南，12 日抵东山村，13 日抵达万年山。张瑞昌得知马青到达台东地区，一面迅即取得联络，一面于 1 月 15 日和王起率"团结"部队、余力行等人，从镜岭十八曲岭上了回山村。诸敏、丁友灿率"灵活"部队和"小团结"部队已先期抵达。

16 日，马青率领临委直属大队开进回山村，由诸敏主持举行会师大会。随后，张任伟、詹步行、陈志达、陈子放、白涛等干部，邵明、刘发清率领"机动"部队，王槐秋率领"铁流"部队以及嵊新奉独立大队等相继到达，各路人马近千人。

张瑞昌、马青、王起在 1 月 16 日会合后，即在回山举行中共浙东临委第二次会议，至 1 月25 日结束。

中共浙东临委领导和台属、四明、东海等地区党政干部，浙东主力部队以及部分地方武装在新昌回山会师，召开中共浙东临委第二次会议，成立浙东人民解放军第二游击纵队，是浙东游击战争发展的一个重要里程碑。它既是 1948 年 1 月浙东临委第一次会议以来浙东工作的一次全面总结，也是浙东革命力量的一次大检阅，更是迎接大军南下，解放全浙东的一次总动员，从思想上、组织上、军事上为迎接大军南下，积极配合中国人民解放军解放全浙东奠定了基础。浙东革命斗争进入一个新的发展阶段。

第三节　会师成果

回山会师，中共浙东临委第二次会议在回山举行，意义重大，成果丰硕。

决定壮大革命力量

会议分析了浙东目前形势的基本特点，部署了今后浙东的工作，通过了《关于浙东胜利前夜的形势和我们的任务》的决议。决议指出，当前浙东的斗争形势已经发展到配合大军完全解放浙东的新阶段，已处在争取浙东完全解放或最后胜利的前夜，浙东的完全解放只是几个月的事情。决议提出，今后浙东工作的总方针与任务，是根据全国革命的新形势，浙东最近发生的重大变化以及将更迅速变化的浙东敌我情况，更加有规模地大胆地向敌人开展军事上政治上的进攻，更加有规模地大刀阔斧地发动群众，扩大浙东革命力量，更有力直接地准备配合大军，争取浙东全部解放之早日到来，并开始为胜利后的工作进行必要的准备。

根据上述方针，决议提出浙东全党同志面前的迫切的任务。一是把浙东整个地区在过去时期发展与积蓄起来的全部武装及其他力量，适当地有力地组织起来，动员起来，彻底转变各方面的工作，更有规模、更有计划、更大胆地向浙东地区的敌人开展进攻。更有规模、更大刀阔斧地发动群众，以求更迅速地削弱与解决浙东敌人的力量与统治，逐步扩大浙东解放的地区；及时地把现有的游击区与游击根据地，以及新解放区，按照当时当地情况允许的条件，迅速争取向公开的根据地发展，以求更迅速地壮大浙东人民的革命力量。二是争取时间，紧紧抓住一切新的空前的有利条件，更有计划有信心地限期完成浙东敌人重要据点与一切城市内部的工作，更直接地认真地去准备与实行内应外合，以配合浙东主力或大军来解放浙东全部城市与完全解放浙东人民，并为接收与管理城市的工作进行必要的准备。三是立即加强浙东全党的统一集中领导，健全领导机关，并从思想上、政治上、组织上把全党更好地组织起来，使之适应领导主力及各地党组织展开对敌进攻，发动群众及掌握新老解放地区党、政、军、民各项工作的需要，并为不久的将来，浙东全部解放后，更为繁重的任务，进行必要的准备。

成立浙东人民武装

会议做出成立浙东人民解放军第二游击纵队和重组第三支队的决定。1月28日，会师部队集中于回山村瀚亭小学，马青代表中共浙东临委宣布成立浙东人民解放军第二游击纵队，马青任司令员，张瑞昌任政委，刘发清任副司令员，张任伟任参谋长，诸敏任政治部主任。宣布重组第三支队，张任伟兼支队长，诸敏兼政委。

同时，会议还决定加强和健全浙东临委机关，成立秘书处，下设机要、通信、总务、交通4个科；筹办出版《浙东简讯》，于3月15日创刊；又创办浙东人民干部学校。

此外，会议决定集中力量攻打小县城。2月10日，纵队首战天台，攻占了天台县城，给敌人以沉重的打击，连一家美国通讯社也惊呼："活动在中国滨海的红色游击队占领了距蒋介石家乡90公里的天台县城。"11日，部队又挥戈东下，于2月17日胜利地解放三门县城。此后，三门县城一直在共产党和游击队的控制下，成为浙江省第一个获得解放的县城。

奠定浙东解放基础

回山会师是浙东临委第一次会议以来浙东工作的一次全面总结，也是浙东革命力量的大检阅，为迎接大军南下，解放全浙东奠定了基础。可概括为两个实现，一个转折，一个准备。

两个实现　一是基本实现了浙东临委 1946 年在上海会议上的战略构想，即浙东地区要"四山相连，山海一片"。由于东海部队的主要领导干部几次重大决策的失误，使东海部队失败。东海部队起步最晚、发展最快、损失最重。部队原有 2 挺重机枪、20 挺轻机枪，500 多人，后来只剩 30 多人，因而"山海一片"由于东海的失利，没有实现，"四山相连"则已实现；二是实现了华东局 1948 年 4 月 16 日的指示要求。华东局指示浙东临委要打开局面，发动群众，以群众斗争来壮大武装力量，部队必须从敌人空隙地区发动广泛的游击战争，跳跃式向前，力求面的发展，不要把中心力量老是放在老地区与敌人周旋，要把内线的防御局面变成外线进攻局面，主力必须在战斗中扩大，力争主动。为了贯彻上述指示，临委决定"三路出击"。中路由张任伟带"钢铁"部队到台属活动，西路由诸敏带"坚强"部队到会稽、台西地区活动；临委决定把隐蔽在岱山岛的定海县保警第二中队拉出来（有 2 挺重机枪、10 挺轻机枪，200 多人）。5 月份临委决定准备起义，结果没有起义。7 月份又原地不动。由于六横战斗和"清剿"斗争的失败，保二中队被敌缴械，使东海武装受到严重损失，最后只剩下一支 20 人的队伍和第二江南武工队 10 多人，撤到四明和台属地区。所以说，回山会师实现了"跳出去"战略部署。

一个转折　在台属局面尚未打开以前，敌人拥有正规军，还比较强大。回山会师之前，形势起了变化，准备集中部队打大仗，打县城。是打新昌，还是打天台、三门，最后决定打天台，这是在回山会师时决定的。从回山会师、临委第二次会议，到迎接解放大军到达，党政军各方面工作有了统一的部署，整个浙东形势是个转折。

一个准备　就是后来打天台、打三门，回山会师是一个扎扎实实的准备，包括思想准备、组织准备和物资准备。将四明五支队的"铁马"部队拉出来，编入三支队建制，充实和加强了三支队领导，同时还组织了民工队。

第四节　成立新昌县人民政府

回山会师后，浙东革命斗争转入准备迎接大军南下，解放全浙东的新阶段。新昌党组织开始为新昌解放而斗争。

1949 年 2 月 17 日，三门解放。浙东临委书记顾德欢（化名张瑞昌）和丁友灿专门研究成立新昌县人民政府，考虑新昌县县长人选。决定调第十办事处秘书潘景炎负责成立武工队，在丁友灿领导下，专做新昌上层统战和敌军工作。3 月 12 日，丁友灿和新昌商界实权人物、县参议会副参议长唐默亭在永宁乡大岩岗寺观进行谈判，达成在解放新昌县时配合行动等多项协议。4 月上中旬，浙东临委在诸暨陈蔡召开第三次扩大会议，做出《关于接管城市准备工作的决定》，决定设立嵊新（地区）特派员，由丁友灿为特派员，项耿为副特派员，负责新昌、嵊县的接管工作。

5月上旬，嵊新东、新天游击区负责接管新昌的干部和部队，以及新北区武工队，先后到达回山村，开始整训，学习城市政策、入城守则等，进行接管城市的各项准备工作。

5月17日上午，嵊新特派员丁友灿从三门海游镇回到回山村。18日，宣布成立中共新昌县临时工作委员会，吕少英任书记；宣布成立新昌县人民政府，章一萍任代理县长。同时，成立新昌县大队和县警卫队，指定各区负责人，组成接班新昌县的班子和队伍。

5月22日傍晚，中国人民解放军第二十一军六十一师一八一团冒着细雨从西门进入新昌县城，宣告新昌解放。24日拂晓前，六十一师奉命向奉化进军，解放了蒋介石老家溪口镇。

5月23日，丁友灿等从回山出发，在镜岭宿一晚，24日傍晚从南门进城。25日，新昌县临工委驻先贤祠，县人民政府驻地方法院旧址，正式对外办公。始属浙江省第二专区，后改第十专区，继改绍兴专区。

第五节　会师纪念

会师记载

浙东人民武装在新昌回山会师　1949年1月25日，新昌县回山会议，决定成立浙东人民解放军第二游击纵队，浙东武装及干部近千人在新昌回山会师，浙东临委负责人顾德欢、马青、王起也在此会合。临委在回山召开扩大会议，通过了《关于浙东胜利前夜的形势与我们的任务》的决议，部署了今后浙东工作。决议提出，要更有规模的大胆向敌人开展军事上、政治上的进攻，更加有规模地大刀阔斧地发动群众，扩大与巩固浙东解放区；要更迅速地削弱浙东的反革命力量，壮大浙东的革命力量，要更积极地准备配合大军，争取浙东全部解放之早日到来，并开始为胜利后的工作进行必要的准备。会议决定成立浙东人民解放军第二游击纵队：司令员马青，副司令员刘发清，政委顾德欢，参谋长张任伟，政治部主任诸敏。纵队下属六个支队：一支队（金萧），支队长蒋明达，政委张凡；二支队（会稽），支队长杨亦明，政委周芝山；三支队（浙东主力），支队长张任伟(兼)，政委诸敏(兼)；四支队(台属)，支队长兼政委邵明；五支队（四明）支队长储贵彬，政委陈布衣；六支队（路南），支队长应飞，政委卜明。（录自《中共浙江党史大事记》）

刘副司令的检讨　1949年1月29日清晨，天寒地冻，滴水成冰。浙东新昌彩烟山深处，千年古村回山村的瀚亭小学里，近千人的游击纵队指战员坐满了操场。这是一次特殊的检讨会。在台上做检讨的，正是他们的副司令员刘发清。

这一天，是浙东人民解放军第二游击纵队成立的第二天，也是34岁的刘发清新婚第二天。十多天前，四支队长刘发清和政委邵明率领的"机动"部队，和其他浙东主力部队、游击队在回山村会师，并参加了在敬胜堂召开的中共浙东临工委第二次会议，会议通过了《关于浙东胜利前夜的形势和我们的任务》报告，分析了当前斗争形势，提出了浙东斗争总方针。在1月28日浙东人民解放军第二游击纵队成立大会上，刘发清被任命为纵队副司令员。同一天，经组织批准，刘发清与爱人张群奋在借住的敏慎堂台门，举行了简朴的婚礼。

刘副司令员的检讨，正是因为这次婚礼。原来，为祝贺刘司令大婚，总务科长张永祥到镇上花两块钱买了20多个鸡蛋，请房东大娘帮助煮熟分给战士们，房东大娘还按回山风俗把鸡蛋涂上了红颜色。

第二天早上，刘发清得知此事，认为自己搞了特殊化，狠狠地批评了张科长。夫妻俩顾不得吃早饭，一起写了一份检讨书，送到了纵队司令部，并主动要求在全队做检讨。刘副司令勤俭朴实、刚正廉明的作风感动了全体指战员。随后，会师部队开展了以革命纪律、思想作风为重点的整风教育，大大提升了广大指战员的革命士气。[1]

会师遗址

2019年10月14日上午，浙江省新四军历史研究会在新昌县政府成立旧址、浙东人民解放军会师之地回山村敬胜堂，举行"革命传统教育基地"授牌仪式，并将回山村作为浙东分会的革命传统教育基地的长期联系点。

回山会师遗址是我县乃至是全省的一处重要党史胜迹，其所承载的革命历史和革命精神，在开展革命传统教育、弘扬培育民族精神、发展红色旅游经济上具有重要的现实意义和深远的历史意义。

回山镇坚持"不忘初心，牢记使命"，继续以红色文化为引领，以敬胜堂为重点，做好基地内古建筑修缮工作，不断挖掘和丰富回山会师精神的深刻内涵，充分开发利用党史资源，积极培育打造精品红色旅游线路，推动党员干部时刻铭记党的光辉历史和奋斗历程，学习革命先辈的崇高精神，以红色文化指引走好新时代的长征路。

第六节　会师拾遗

现年83岁（时年12岁）的村民杨敏求回忆：大约在1948年冬解放军会师时，敬胜堂容纳不下上千名解放军，主要集结在敬胜堂和小学操场这两个地方。

现年82岁（时年11岁）的回山村民杨楚豪回忆：那天晚上正在屋里挖六谷，边挖边聊天，并不知道解放军领导在商量大事。第二天，当丁友灿等领导把他们的聊天内容原原本本地讲给他们听时，才恍然大悟。

1948年农历九月十六是上市场市日。这天上午有200多名土匪在回山村吃中饭，中午后从西岭来了十五名解放军，从黄园岭扑向回山村，用步枪、机枪进行扫射，土匪大多逃走了，只抓住一个土匪的副大队长。以后就没有听到枪声。

解放军在回山小学（当时称瀚亭小学）操场会师，好多村民也在场。会开了不久，一架飞机飞过，当时大家很害怕和紧张（回山村民杨银章当时11岁，亲眼所见）。

1　摘自浙江省纪委省监委网站。

第十二编　民间文学

民间文学从千家万户中凝聚，在千家万户里流传。收集、整理和编辑彩烟地区的神话笑话、民间传说、民间故事、逸事轶闻、民间谜语等，既是对原生态民间文学的保护，对再生态民间文学的传承，也是对新生态民间文学的创造。

第一章　民间传说

在彩烟这片神奇的台地上，流传着许许多多各式各样的传奇故事。这些故事，有的有根有据，令人信服；有的有趣有味，耐人寻味；有的亦真亦幻，令人遐想。

鞍顶山龙潭的传说

鞍顶山是彩烟山的标志，一直为人称道。相传，鞍顶山龙脉集结，形似盘龙。山顶有一座寺庙，庙里有一口大钟，大钟一响，"三州三府"周边百姓都会听见。这座寺庙僧人众多，方丈神通广大，德高望重，因此善男信女纷至沓来，香火十分旺盛。

这块风水宝地被龙王看中，早已垂涎三尺，想占为己有，变成龙潭。一天夜里，方丈做了个梦。有个老者自称是鞍顶山小金龙，说天庭玉帝颁过旨，鞍顶山乃千年佛地，千年龙地，轮回序换。如今佛缘已尽，龙缘将至，望早迁寺院让其栖身。方丈回答，老衲年不逾百，哪知千年之约？后来这龙王又多次托梦方丈，要方丈让出宝地，方丈断然拒绝。佛法无边，龙王也无可奈何，不能强来，但心却不甘，总想谋取。

龙王挖空心思想出了一个办法。他化为一条巨蛇，每天午时缠绕在寺庙的大柱上，吓得众僧不敢居住，善男信女不敢来烧香拜佛。方丈知道这是龙王作怪，只好前去和巨蛇说："你要想寺庙变成龙潭，除非屋顶开花，冷饭抽芽。否则，请你不要再来扰乱寺庙了。"方丈心想这两个条件是不可能实现的。

说也奇怪，自从方丈提出条件后，龙王便再也没来作怪了。寺庙恢复了正常，香火再次旺了起来，渐渐地人们对龙王作怪的事也淡忘了。

过了五六年，风平浪静，方丈认为已平安无事了，就想外出去化缘。出门前方丈召集众僧，要求众僧虔心佛事，遵守寺规，不可节外生枝。

方丈外出时间比较长，僧人们思想松懈了，做事也随意了。平时用豆芽炒冷饭吃，到了种丝瓜的季节，在寺庙边种了几株丝瓜，又把丝瓜藤牵引到寺庙屋顶，丝瓜花开满了屋顶。这样一来，"冷饭抽芽，屋顶开花"就实现了。

龙王高兴极了，马上兴风作浪。乌云翻滚，大雨倾盆，洪水泛滥，整个寺庙被冲泻一空，且越冲越深，硬生生地冲出一个很深很大的龙潭。他又把龙潭与天台王年潭相通，所以有"三两蚕丝通不到潭底，寺庙的大钟也流到了天台王年潭"的传说。

还在外地的方丈，掐指一算，算到寺庙遭殃了，立马返回，发现寺庙果然已经变成了龙潭。木已成舟，方丈也无可奈何，只好带着众僧另寻他处安身。

寺庙自从变为龙潭后，水龙、山龙都显灵，浙江一带风调雨顺，粮食丰收，人才辈出。

而今，三县民众齐心协力建寺修潭，景色越来越美，游客络绎不绝。

十里两都堂

传说明朝时期，因新昌地偏境小，新昌县令去绍兴府参加例会时常常被其他县令小觑，内心郁闷。师爷看在眼里，计上心头，向县令献了一个计策。

没过多久又要开例会。新昌县令依计而行，故意姗姗来迟，到后直接坐到主位上。果不其然，还没有坐稳，就遭到了大县县令们的责难。这时，新昌县令不慌不忙地说："不怕诸位见笑，我新昌县虽小，但事情不少，关系重要，所以来迟了，望大家见谅。"大家嗤笑："小小新昌有何重要事？关系重要？愿闻其详。"新昌县令说："有首民谣请各位大人听听。隔壁两尚书，十里两都堂，举人满街走，秀才多似狗。"然后开始讲"十里两都堂"的来历。大家听完之后，都默不作声，从此再也不敢小看了新昌。

故事说彩烟山大园村，有一户丁姓人家。家境虽贫寒，但为人善良，心地淳朴，待人真诚。特别是女主人，热情友善，省主好客，乐善好施，深受村民尊敬。有一年，一位先生云游到大园，银两用光，暂时落泊，腹中饥饿，向丁姓主妇要点吃的。丁家女主人十分热情，把家中稀有的好菜好饭给先生吃，还叫先生安心住在家里，免费供吃供住，热情款待。

先生见这户人家自己省吃俭用，却常常做善事，觉得这户人家心地善良，善有善报，善人应该得福地。于是，先生就外出寻找宝地，寻了一段时间，终于在现在门溪水库上游山中找到了一处佳穴，地名叫石门槛，葬此后人可出帝王将相。然后，先生对女主人说："你一家十分善良，善有善报，待我又这么好，我无以为报，最近我终于找到了一处绝佳的宝地，只要将你家先人移葬，后人就可以出帝王将相。我问你，你是要代代皇还是见见皇？"女主人心想，我们这种小户穷人家，能见见皇已经是天开眼了，大造化了。所以她说："先生，像我们这种人家能见见皇已经是心满意足，了不得了，怎么还能想要代代皇呢？"先生认为，这是思想境界高、知足的体现，也就依了她，把穴位点在了石门槛外。

丁家将祖先移葬到"石门槛外"。葬后不久，丁家生下了两个儿子，前后相差一岁，丁家添丁后家境更加困难。小孩有个姑姑嫁在彩烟下宅村，姑父姓杨，在朝为官，家境较好，但没有孩子。丁家两个小孩就长年累月住在姑姑家。

十来岁时，到了年底，已是大年三十。姑姑对两个孩子说："马上要过年了，你们回家去过年吧，明年早点来。"

两个孩子回家过年去了。第二天就是正月初一，姑姑起来做早饭，开门一看，两个孩子已在堂前爬屋柱。姑姑忙问："你们怎么今天就来了？这么早？"孩子回答："您不是叫我们明年早点来吗？今天就是明年了呀！"

姑姑恐怕丈夫埋怨，心里有点不高兴。上楼后丈夫见妻子脸色不好看，问有何事。妻说："娘家的这两个小孩子又来了。"丈夫忙问："他们在哪里？在干吗？"妻说："在堂前爬屋柱。"丈夫显得十分惊讶与高兴，忙说："快叫他们进来，好好款待。"原来当孩子在爬屋柱的时候，姑父在做梦，梦见一条黄龙一条青龙在屋柱上盘绕。他知道这是龙星透出，预示小孩将来必做大官。

姑父无子，他跟妻舅商量："你是否能将孩子分给我一个？两个孩子都由我来培养。"孩子父亲听后十分高兴，因为家贫无力培养，如果跟随姑父肯定会有出息。于是就说："要大要小随你挑。"姑父也通情达理挑了小的。两个孩子都被姑父接去培养，经姑父的精心调教，致力培育，兄弟俩长大后都考取了功名，都成了都堂，大的叫丁都堂，小的叫杨都堂。大园村与下宅村相距约十里，故称"十里两都堂"。

张定边师徒的传说

话说陈友谅兵败九江，部将张定边一路逃遁，辗转逃至浙江。

张定边是有名的地理学家。他逃至彩烟鞍顶山脚渡河村，但见"村边地方可以用兵"，便决定建头陀殿隐居。

张定边立足渡河村后，开始自力更生，种起庄稼。而他挖的"菜孔"呈现"富贵出卖"四字。相传，杨宗敏去孟仓村外婆家走亲，路过头陀殿，看出了此四字并禀告一同前往的父亲，被张定边当场听到了。张定边摸了摸杨宗敏的头，说"孺子可教"。从此，杨宗敏拜师张定边，后来也成为有名的地理学家。

一天，张定边师徒俩从鞍顶山出发，过渡河村，经荷塘里路到汤家村，一路游览赏景，察地形地貌。到柘前村时，看了该村的"荷塘岗头变成的岩石"，他说这是"风水露骨，宝地结穴不会太远"。师徒两人分头寻找"结穴宝地"。张定边自带一枚"小铜钿"，杨宗敏自带一枚"针"。然后，张定边在找到的结穴宝地里将铜钿埋于沙泥地里，杨宗敏将身边带的针插于找到的"穴点"泥土上。两人回到家里，互说自己找到了宝地。张定边说，自己将铜钿埋在那里。杨宗敏说，自己将针插在那里，请先生陪他去看看。张定边同意去看。结果师傅手摸铜钿时，徒儿要师傅"小心取出，我有针插于此"。张定边发现"针插在铜钿眼里"。

一次，杨宗敏借住在大元村姓丁的人家里，已经有些日子。丁家人为人善良，非常善待杨宗敏。杨宗敏无以为报，就把"针插铜钿眼里的宝地"（名曰"麒麟转火"，当地"转火"即"喷火"之意）给丁家，问："你们是要见见皇，还是代代皇？"丁家答："我们是穷人家，能见上皇帝就满意了。"为此，杨宗敏将丁家的坟墓定在"结穴"地外面一点点。此事过了几代人后，大元村丁家人依然贫穷，太公太婆年事已高，但身体健朗。太婆来自下宅村杨姓人家。杨姓太婆有两个儿子。一年正月初一，十多岁的两个儿子去下宅村外婆家，外婆外公尚未起床，门未开。孩子们见外婆外公未起，就爬上他们家的油润屋柱玩耍。此时，外婆外公均梦见门口有两条龙盘绕，起床开门见两个外甥在油润屋柱上。外公外婆自己无孙子，问女儿讨要了一个孙子。女儿把小儿子过继给兄弟。外公外婆精心培养教育孙子。后来，大元村的哥哥丁川成为丁都堂，皇帝外出巡访游玩时，就委托丁都堂代理皇帝事务，即代皇；下宅村的弟弟成为杨都堂。

梁葆仁传奇

中宅村梁葆仁被称"堤工第一"，被誉为"湖北第一好官"。辞官归里后，居于止止山庄，藏书读书，泽及乡邻。

（一）求知若渴

中宅村是梁氏聚族而居的一个村庄，梁余森家便是其中一户。梁余森，号石韫，十岁丧母，十六岁随父经商，积阅历为学问，生性不羁，接替父亲打理生意，不善理财，一身债务。清道光二十四年甲辰正月初六，梁余森喜得第三个儿子，取名"葆仁"（谱名承薪）。

小葆仁在祖父梁昌渊及父母的教诲下，九岁即能论古今，深得祖父喜爱。但由于家境所迫，小葆仁专事牧牛，读书则成为一种奢望。与中宅村相邻的大宅里村有私塾，塾师梁槐林，是名噪新昌的举人。小葆仁每天很早起床外出牧牛，牛吃饱草后拴在树上，自己跑到私塾的窗外听课。有一天，老师考问学生问题，教室里鸦雀无声，无一人答得出来，小葆仁却情不自禁地在窗外答了起来。老师发现答对题目的竟是一个没有上过学的牧童，就叫进来问话，见这孩子聪明好学，爱才之心油然而生，破例允许他免费入学。小葆仁万分高兴，牵着牛跑回家报喜。祖父和父母为了孩子的前途，即使家中少了帮手，自己再苦再累，也心甘情愿。

梁葆仁读书悟性极高，对同学非常友爱，梁先生看到他品学兼优，由衷高兴，拈须颔首："孺子可教也！"私塾有"点心假"，每天下午让学生回家吃点心。梁葆仁家里没有点心可吃，为了避开这种尴尬的场面，经常跑到私塾外的幽静处去背诵功课。一次，旁边的一位老太太看到他没有点心吃，偷偷地捏了一个锅巴饭团塞给他。

农历十月廿六日，是彩烟乡白王殿的庙会日，白王殿内搭台唱戏，赶集的人山人海。年近弱冠的梁葆仁随先生去白王殿赶集，先生会见了回山村富户杨仁煦、杨仁灿兄弟俩。杨仁煦早慕先生才学，高薪聘请他去回山村执教，先生欣然答应。梁葆仁微露愠色，因为这将失去恩师的教导，杨仁灿看出梁葆仁的忧虑，就把梁葆仁拉到一边安慰说："你不要难过，哥那里我去跟他说，一定会答应让你仍跟先生读书的，你就住到我家里来，膳食由我供给。"梁葆仁随后便跟先生去回山村读书，住在杨仁灿家。但读了几个月，因受不了杨仁煦的奚落，就毅然返回家中……

同治三年，梁葆仁与县内文人王秋潭、杨晓峰、梁翰生、王梅岑、盛松坡、赵爱吾、赵惠卿等人结社于彩烟乡下岩村华藏寺（后移社泄上），文酒论交。同治七年，25岁的梁葆仁经过县试，被录取为秀才。是年初夏，父亲不幸去世，出外深造几成泡影，只得先在县内教书谋生，等待机会继续深造。不久，同社好友王秋潭英年早逝，梁葆仁"惊且疑，哭且恸"。他的《哭亡友王秋潭文》近三千字，既痛哭挚友的"贫而死，贱而死，壮而死，无子而死，丧明而死"，也是对自己人生命运的感悟。梁葆仁共有兄弟六人，大哥承震长其十三岁，已成家立业，少有进取之心；二哥承坤，喜欢武术，考取武秀才；四弟承州，资质平平；五弟承赢，体弱多病；小弟承钦年幼。梁葆仁的母亲召开家庭会议："承坤、承薪好学，但没有能力供你们两个同时外出深造。我打算借债让你们中的一个外出深造，另一个在家帮助维持生计，你们两个自己商量决定。"母亲的主意一出，老二承坤深知才智不如三弟，就主动担当起维持家计的重任。恩师知道后，也出资相助，梁葆仁得以到省城读书，在杭州敷文、崇文、紫阳书院及诂经精舍等著名书院深造，并得到敷文山长杜莲衢、紫阳山长夏子松及诂经山长俞荫甫等夫子的谆谆教诲。

在杭州求学期间，梁葆仁与富阳学子夏涤庵以及何镕等志趣相近。夏涤庵出身富家，家有藏书万卷。一次书院放假，夏涤庵邀梁葆仁去富阳，梁葆仁在夏家住了三个多月，博览群书，学业有了飞跃的长进。梁葆仁的文章每每被人传诵，水师提督彭玉麟到杭州时听到梁葆仁的文名，差人约见，见了这位儒雅的后生，面露喜色，有意提携到自己门下。此时的梁葆仁志在通过科考取得功名，婉言谢绝了彭大人的美意。梁葆仁学成回家，去拜望恩师，适遇恩师在门溪江畔垂钓，恩师得知消息高兴至极："我没有看错人！"一时兴奋过度，中风倒地，此后就一病不起。梁葆仁感念师恩，服侍数月，直到先生去世，还为先生守灵一个月。梁葆仁自己取号"西园"，寓有不忘"东庐"之意。后来又为先生修缮坟墓，并置田六亩致谢。

（二）科举场上

三十而立，成家立业为男子大事，梁葆仁娶彩烟乡岭头周村周氏为妻。光绪元年，生下长子岸声，次年双喜临门，一是喜得子树声，二是以优异的成绩通过乡试中举。中举后，可授最低的官阶，得到微薄的薪俸。梁葆仁先后去天台文明书院以及嵊县等地书院执教。

梁葆仁在韩妃江边的韩妃村、下洲村执教时，常在沙滩上闲坐观景，村民为挽留其长期在村里执教，许以沙滩。他买下灵岩的沙滩，修建别墅。背山面水，栽桑植果，读书其中。

光绪十二年，梁葆仁已是一个有三个儿子的父亲了，还要上京赶考。可是，因替父亲还债，家中已经没有积蓄。在为盘缠犯难时，幸亏回山村的杨仁灿资助，才得以动身。四月，正在会试的紧要关头，他却患了疟疾，不时发冷发热，只能带病坚持。一不小心，一滴墨水滴在试卷上。按照考试规则，这个卷子将被作废。负责浙江省批卷的考官向主考官汇报说："浙江一个学子的文章写得实在好，可惜试卷中沾上了一滴墨迹，只好作废。"主考官是个爱才之人，将卷子拿来看，一看即拍案叫好："这样的人才埋没掉太可惜，你要将他报上来，但名次不能靠前，因为前十名皇帝要亲自阅卷。你将他排在靠后一些。"因此，梁葆仁在会试中是第 146 名贡士。

（三）奇审"园门"破窃案

在任湖北省天门县知县期间，一老者前来申诉，他家菜园一亩多生姜昨夜被人偷光，要求查办。梁葆仁问他菜园有没有围墙？答曰有。又问菜园有没有园门？答曰有园门。再问园门有没有上锁？答曰上了锁。梁公说，那好，你先回去，本县会查处的。

老者走后，梁葆仁即拟了布告，其大意是，某地某某在自家菜园种的生姜，被人偷光，经本县初步审查，是由于园门玩忽职守，未尽看管之职，明日在县衙公开审理园门，民众可到庭旁听。命人将布告张贴在县衙外和大街上。民众看到这张布告，都想知道知县在搞什么名堂。

县衙的大堂挤满了看热闹的。堂审开始，梁葆仁一本正经，一拍惊堂木，喝令将园门带上堂来。衙役懵了，只好将门板搬上堂来。梁葆仁煞有介事地问话："园门，前夜你园中生姜被偷，是你看护失职所致，还是你伙同盗贼作案，快快从实招来！"这园门哪能答话？停了一会儿，梁葆仁又将惊堂木一拍："你不回答本县的问话，拖下去打二十大板。"衙役哭笑不得，只好将园门打了二十大板。然后，梁葆仁宣布今日审案结束，将园门打入大牢，改日再审。

旁听的民众被这稀奇古怪的审案弄得哄堂大笑，离开县衙时，却被衙役挡在了大门内，要求他们每个人写下自己的真实姓名和住址，领三个铜板去买生姜，明天来县衙交差。如果买三个铜板以上的生姜，明天可如实补领超出的铜板。第二天，全城菜市的生姜被买一空。民众来交差时，都要说明生姜是从什么地方、哪个店铺买来的。这些被一一登记下来。

经过统计，发现某个店铺的生姜销量有三百多斤，高出一般店铺十几倍。梁葆仁即将该店主传来问话，问他生姜的进货渠道，平时每次进货多少。店主答道："小人从来都是诚实经营，一般每次进货若干。"梁葆仁又问："你昨天卖出的生姜为什么有这么多？"店主答道："那是一个老顾客送货上门的，大前天早上天未亮就来敲门，挑来两担生姜，价格比较便宜，我就全部收下了。"如此这般顺藤摸瓜，又将那个卖生姜的传来问话，问他卖给某商店的生姜从何而来？卖生姜的故作镇定，说是自己种的，种了两亩多地的生姜。梁葆仁接着问他，生姜种在什么地方？此人随口回答，种在某某地方。梁葆仁说，那好，本县今天要去看看你种生姜的地方，请你带路。这下，此人蔫了，终于交代了偷姜的事实。

经过调查得知，此人家境贫寒，家有老母，平时孝顺。遂对其从宽处理，责令其按所窃生姜市价所值的价款，偿还给种姜人。梁葆仁还从私囊中支出五千文送给此人，叫他做点小本生意，并令他每半个月汇报一次买卖情况，如不再做坏事，那么就不追究了，否则前账后账一并计算。偷生姜的人深感梁葆仁的威德，从此改正。老百姓也都敬佩新任县官奇特的断案方法和爱民如子的高尚情怀。

（四）以和为贵全妇节

天门县中有富户邱氏兄弟，兄长的子女已长大成人。其弟娶妻王氏，后邱某因病去世，遗下子女尚幼。遗孀王氏常请僧人尼姑来家做佛事，超度亡灵。年轻守寡，不耐寂寞，日子一久，便与和尚勾搭成奸，外界略有微词。邱某的侄辈因不务正业，家道中落，早就觊觎叔婶的家产，将婶王氏告到县衙，要求将其逐出家门。

梁葆仁接到此案，不禁眉头紧锁。如果让原告胜诉，就是帮助败家子向无助的孤孀弱儿进行勒索，王氏可能无脸见人而自寻短见，并殃及年幼子女；如果让被告胜诉，就是包庇风化案件，为公众所不允。他心生一计，明里向原告传话，被告如有不规行为，本县一定秉公处理，但捉奸要捉双，你们要严密监视王氏，如若和尚前来宿奸，即来报告，本县派人拿获。暗里授计王氏，叫她物色一尼姑，黄昏时分前来投宿。

某日黄昏，夜色朦胧，原告派的监视人见一"和尚"前来邱王氏家，一推门就径自入内。监视人火速禀报县衙。梁葆仁立即带领衙役前来，一到邱王氏家，将"和尚"与王氏双双擒获。王氏大喊冤枉，称是与尼姑同宿。梁葆仁着人验视，果真是尼姑。故作惊喜，拱手向原告说："此事纯属误会，尊府门第清白高贵，未有玷辱，实在可喜可贺。"原告见此无话可说。梁葆仁遂做起和事佬，家以和为贵，家中不和让人欺，要求侄子、婶婶对此事不要记仇，弟妹年幼，做大哥的要多加照顾帮教，婶婶在经济上回报。事后，王氏将三分之一田产赠予大伯儿子，双方重归于好。梁葆仁办案有意化干戈为玉帛，也算是两全其美和顺应民意之举了。

梁偲太公和"五星"的传说

（一）

一天下午，梁偲太公从天台藕塘庄园返家，路过荷塘村五星殿，见五个衣衫褴褛的外地小孩哭爹喊娘，说与父母失散，遍寻不见，都还饿着肚子。太公见状，顿生怜悯之心，答应帮助他们寻找爹娘，并带他们回自己家暂住。

梁偲夫人娄氏为人贤惠，对这五个小孩待之如己出，帮他们沐浴更衣，三餐饱饭，与自己的孩子一起，共同生活了相当长一段时间，直至寻到他们的父母。他们的父母千恩万谢，带着孩子离去，不知所踪。

（二）

太公在荷塘五星殿遇到的五个孩子，原来是五位神仙，神通广大，号称"五星"，亦称"五通"。是太公好善乐施，施谷千石赈济灾民的事迹，感动了五星神，特化作灾民小孩，再试太公品行。他们亲身经历后，更佩服太公的善言善行。

自孩子父母带走小孩后，翌日晨，娄氏太婆准备取米做早餐时，却发现米壶比昨天更满了，真有"越吃越有"的怪事？此等异事，后来还多次出现，他们这才相信一定有神助。后来的许多故事，也证明了是五星神跟随太公一辈子，助其更有成效地勤劳致富，行善积德，心想事成。

太公后裔，感恩神助，在荷塘太公奇遇五星的地方，建造五星殿，以示纪念。据传，明清时期，五星殿香火很旺。

太公的后裔，时常听说太公赈灾济民的故事，也相信五星神时时处处存在，所以他们听从大人们的告诫，取米时不敢莽撞大声，只轻轻打开米壶盖的一半；盛饭时也只打开锅盖的一半，生怕惊动正在作法的五星神。

（三）

梁偲太公和娄氏太婆，有五子一女，十二孙五孙女，人口增长迅速，住房紧张。

太公决定，在故宅对岸建新宅，欲建成三厅两厢二层大台门的雄伟屋宅。可新旧宅第之间，沟壑较深，绕道又远，须在其间建一堤埂。规划既成，就发动全家劳力，寻找土石材料，筹备筑堤工具，做了各种准备，他们打算第二天开工，大干一场。

没想到第二天清晨，筑堤工具已经被动用过，土石材料已经用完，堤埂也已经筑成。这是两个自然村之间的樟花第一埂，后人都说是五星相助筑成的，既便利了两村之间的交通，又为堤内填土造田创造了条件。

（四）

五星殿前有一肥田，名"对角"。据说，东家急需钱用，欲出售。太公闻讯，欲买下以扩大产业。谁知天台有个女财主也要买，而且志在必得。东家当然高兴有人竞争，必能卖个好价钱。

女财主欺侮太公是个土佬哥，提议与太公比富。办法是两人各在对角的田中摊银圆，每个稻茬摊一个，谁多谁买田，输者放弃。

女财主开始以为太公不敢比，让太公知难而退。待太公答应下来，又认为太公必输无疑。定下后，女财主即雇人去家里挑银圆，太公没有回家。等女财主的雇工将银圆挑到，宣布比赛开始，太公才不慌不忙走到田里边，从肚兜里掏银圆，掏一个摊一个，逐个摊去。待女财主挑来的几担银圆摊完，太公仍然一个一个摊下去，没有停歇的迹象，其实是五星神在作法帮助。女财主只好认输，放弃竞争，走了。

于是，太公顺利地买下了旱涝保收的对角，惠及子子孙孙，直至耕耘到新中国成立，参加"土改"和合作化，相当长时间内，这田仍然是樟花的集体土地。

（五）

一天雨后，太公路过绍兴一条泥泞不堪的集镇小街，听到路上行人怨声载道，说行路难。

太公听后突发奇想，踱进街边的瓷器店，问遍各种各样碗价。店主见太公头戴箬笠，足着草鞋，身穿土布短袄，腰束料绞（束腰带）。嫌其问得太多，有些不耐烦，说："反正你不买，问怎的？"太公说："我想买。""买几口？""买好多。"店主欺其无钱买不起，说："真买多，你买一筒，送你一筒。""说话算数？""一言既出，驷马难追。""那，我全要。""钱呢？""在我脚下，请借锄头一用。"店主寻来锄头，太公接过，在脚下地面刨了几下，果然一个银锭。店主趋前抢过，说这是店里的元宝，当然是他的。太公亦不争辩，退到街上刨起来，刨出好多银锭，足够付完瓷器店内全部碗的钱。此时，闻讯赶来旁观的人多了，太公就请他们帮忙，把店里的碗搬出来，翻个个儿，底朝上，整齐地铺填在泥泞的街道上。这就是明清时期绍兴府著名的碗足街的来历。

从此，行人路过，无不称赞梁偲太公的善举。

（六）

据传，太公晚年，曾嘱咐过五星，如我过世，请每天清晨在我坟前的石桌上放一盆金一盆银，子孙们谁先见到，谁就可以拿走，以激励子孙后代早起，勤耕勤读。并嘱咐儿子们建坟墓时，不要忘了放石桌。还说"石桌烂，五星才要再讨饭"。意为石桌永远不会烂，五星就永远不用再去流浪要饭，可以永远助子孙勤耕勤读，家道富足，心想事成。

嘉靖七年，太公卒。儿子诠、识、谏、誉都非常重视墓地建设，请进士工科都给事中俞朝妥撰文，进士兵部尚书吕光询书写墓志铭，八年后隆重安葬，儿孙们也没忘在坟前放一石板香案桌。据说五星亦依太公嘱托，每日清晨在石桌上放金放银，惠及太公子子孙孙。

太公有五子，幼子英年早逝，其后裔分为四房。不知何年何月，有几个青年为二房后裔抱不平，说二房住中宅，距离祖坟较远，得金得银概率不高，相约在夜里私下把石桌抬走。当抬到相公殿前的双连井处，绳索突然崩断，石桌掉入双连井的淤泥当中，再也无法挖掘出来。有人说，这就代表着石桌烂了，是贪心的后果。

不过，太公后裔仍然相信，只要好读乐耕、好善乐施的传统美德在，五星一定会继续神助子孙后代。

十五十六月团圆

彩烟梁氏东派第四代传人，乃涯公之独养儿子瓛公。瓛公德行酷似其父：乐施好善，好读乐耕，培德重教，克尽孝道。养父母，尽孝尽礼。精心营建父茔，选定里前丁宝地"犀牛望月"。与之相关的"十五十六月团圆"的故事，后世传为佳话。

据传，父茔竣工那天，有嫉妒者欲贬损之，手指一山曰："这是霞云山，犀牛望月月不明。"瓛公元配俞氏系俞用直之女，进士俞振才、俞振英的姑姑，俞朝妥的祖姑，她指着坟茔正对面的另一座山道："此山才是月亮山，十五十六月团圆。"妒者自讨没趣，悻悻而退。

里前丁宝地"犀牛望月"祖茔的正对面，正是月亮山，近旁是霞云山。看这月亮山，真像大半个圆月。现在，祖茔没入前丁水库，遗迹已无处可寻。可"十五十六月团圆"的故事，代代相传。尤其是涯公裔孙中人才辈出，应验了俞氏的美好"预言"。

韩妃娘娘的传说

隋末江都之变，隋炀帝死于扬州。王世充在东都洛阳拥立杨侗为帝，次年又废了杨侗。杨侗遇难，两个儿子杨歧、杨白被迫外逃求生。长子杨歧逃往袁州萍安里，幼子杨白携妃韩氏逃向越州。

杨白他们乘舟溯剡江而上抵达剡县。听说剡西南有彩烟山，可通台入闽，因此继续前行。到彩烟山脚，水路不通，舍舟步行入山。行至房门口（现韩妃小村村头的地方），有一户人家，便上前请问："这是什么地方"？乡人答："是房门口。"再问："去彩烟山往何处走？"乡人答："沿水路溯流而上，要过三十六个渡，渡渡要脱裤；登山上鸟路，过东河、走西河，山路难走。"

韩氏从深宫跋山涉水，千辛万苦逃到深山，又看到岩石林立，溪流挡道，早已心力交瘁，再听乡人回话，求生无望，绝望之中就投入江中，一死了之。韩妃死后，杨白无奈，只好在山脚草草埋葬了夫人，带着随从攀着鸟路上了彩烟山。

到彩烟山后，杨白不想再逃了，认为这深山适宜隐居，所以就在彩烟沥江三渡定居下来，隋室帝胄之裔杨白就成为彩烟杨氏之始祖，繁衍成彩烟山的一个大族。杨白为悼念韩氏，就将韩氏投江的江改名为韩妃江，此村为韩妃村，在江边建起了韩妃庙，立庙后将韩妃墓移到庙东边，为其祈祷。

门神

据传，唐初李世民顺天意，得民心，玉帝派泾河老龙管理降雨，助其治国安民。

泾河老龙喜获重任，变身老者，下界了解民情。巧遇一少年在干枯的池塘底栽茄，好生奇怪，问："不怕淹？"答："我爷爷说，天旱没雨。"老龙想，有雨没雨，你爷爷说了不算，权在我手里呢。遂回天庭，安排次日的放雨计划。放雨前又去人间，见同一少年在塘底起茄秧，说是爷爷说要下雨了，准备把茄移栽到高处去。老龙心想，我没计划，他说没雨，我有计划，他又知道了，人间竟然有此奇人，一定要会他一会。

老龙依少年所指，去拜访少年的爷爷。原来少年的爷爷就是袁天罡，上晓天文，下知地理，易经八卦，无一不晓，挂招牌"料事如神"。见有人问他今晚有雨否？他说有。雨的大小呢？他说小雨三分下城里；大雨七分下城外。老龙大吃一惊，此人竟然对上天的计划了如指掌，这还得了！顿生嫉妒之心，仗着放雨权在手，说要与袁天罡赌头，想杀了他。袁天罡说招牌比性命重要，愿以招牌相赌。晚上，老龙偏偏在城外放雨三分，把七分大雨放入城中，造成城外旱情未解，城内却遭洪水大灾，民怨沸腾。老龙犯了天条，按律次日午时当斩。老龙得知魏徵是斩龙执行人，无心去砸袁天罡的招牌，立刻赶到唐太宗李世民处恳求，要他次日午时设法拖住他的大臣，免得自己身首异处。李世民面情重，答应了他。

次日中午，太宗邀魏徵下棋，时间下得很长，午时三刻，魏徵疲劳，靠在桌上睡着了。太宗见他睡梦中出汗，拿出扇子，替他扇了三扇。醒来，继续下棋，很晚才离去。太宗之前不知老龙心存恶念，又做了恶事，理应得到恶报，还以为做了好事一件。谁知晚上睡梦中，见无头的老龙闯入宫内，大喊："李世民，还我头来！"太宗辩道："我好心依你，帮你，怎么赖我？"老龙说："你邀魏徵下棋不假，他睡梦中赶来杀我，你为什么助其三阵风，害我龙头顷刻落地。不问你要，问谁要？还我头来！还我头来！"太宗猛然惊醒，心跳加速，冷汗直冒。再次睡去，又见老龙讨头。如此再三，一刻不得安宁，只好求教于魏徵。魏徵答应晚上在宫门口值夜，太宗果然睡了个安稳觉。后来向太宗建议，叫名将秦琼、尉迟恭一道，在宫门口轮流值夜，太宗也能睡好。一段时间后，试着在宫门上画这三人的画像，也能保证太宗安稳睡觉。于是这三个人的人像，就成了传说中的宫门守护神"门神"。

这个故事在彩烟流传很广，彩烟人多相信门神的威力无边，能震慑一切妖魔鬼怪（邪）。所以，建宗祠都要在正门上画门神，过年也都要在自家门上贴门神，直至今天，写春联、贴春联，仍然有人称其为"写门神""贴门神"。贴春联，除了感恩、祈福、迎新的寓意以外，还带有驱邪保平安的愿景。

井上园与景上县

传说在乾隆年间，井上园村还是一个县城，名叫"景上县"。县城旁边一带建有很多景点。这里不仅是繁华之地，自然环境更是旖旎秀丽：鞍顶山脉巍峨连绵，青山隐隐，为其玄武；门溪江曲折蜿蜒，流水淙淙，为其朱雀；飞凤山、金盘山遥相对应，错落有致，为其龙虎山；山环水抱，山水交融，景上县名副其实，是一座花园式的城市，堪称福地。

那么后来为什么会败落了呢？传说与乾隆皇帝有关。有一年，乾隆皇帝游江南，听闻景上县不但繁华无比，而且风景秀丽。于是，游兴顿起，决定游赏景上县。

为了游得方便自在，乾隆皇帝扮作商人，仅带了干儿子周日清，扮作随从，两人骑马观景，沿十里长廊，过佛寺，穿花径，赏山水，行至花苑。游到临近县城边，有一大晒场，晒场上正晒着谷子。乾隆父子游兴正浓，只顾观景，既未下马也不靠边，直接骑马从簟谷上踏过。百姓看到后，非常气愤，商量着要整治一下这两个无礼之人，于是收起谷子换上了黄豆。

乾隆父子游完县城后，对景上县的风景赞叹不已，依旧骑马原路返回，踏簟而过。由于黄豆圆硬马滑倒了，人仰马翻。守在四周的人们蜂拥而至，上前要捉打乾隆父子，乾隆父子俩落荒而逃，百姓紧追不舍，乾隆父子躲进一座岭旁的树丛中才免遭捉打。因乾隆皇帝在这座岭躲避过，所以后来这座岭就被称为皇隐岭，又被称为王月岭。

乾隆脱险后，十分气愤，就派来御林军，将景上县毁于一旦。景上县从此变成了落魄的小村落。

不过这里的风景依然，吸引了无数游客前往。

烟山拳师与舞狮

烟山拳头很有名，烟山的打拳舞狮影响更广。早先，彩烟山的舞狮班很普遍，大一点的村几乎都有拳师与舞狮班。可是拳师与舞狮为什么会联系在一起呢，与彩烟山又有何渊源？这里有个民间传说。

很久以前，黄坛高泗洲这个地方来了一只雄狮。这只狮子十分凶猛，经常出来伤人，闹得人心惶惶，个个提心吊胆，不敢出门，严重影响人们的生产生活。大家为此伤透了脑筋。

为了解决狮子伤人的事情，村民们集中起来商议，其中有一人说："听说烟山有一个名叫老本的拳师，人家都叫他拳师老本，武功很高，非常厉害，是否请他来帮助收拾这只凶恶的狮子？"大家齐声赞同，立即派了两个人去烟山寻请拳师老本。

找到老本后，向他说明了狮子伤人的事情。老本知道了这件事后，非常重视，下决心要为村民除去这个祸害，就随同二人来到了高泗洲。他先集中村里的后生练习武功，练了一段时间后，看着大家已有了一定的功夫，就决定去打狮子。

可是，狮子平时躲藏在山中，什么时候下山害人也无法预料，怎样才能把狮子引出来呢？老本想了一个办法，他准备了狮子最喜欢的食物，把它包藏在一个鲜艳的红布里，团成一个球，然后在红球上系了一根绳。他叫其他人在山脚埋伏好，自己拿着红球，与另一个后生"嘟得、嘟得"地吹着号子上山去引狮子。狮子听到声音，闻到香味，就追着老本两人下山来了。

老本把狮子引入埋伏圈内，把红球抛向狮子，狮子张开血盆大口就想咬球。老本腾地把红球拉了回来，狮子猛地扑向老本手边咬球，老本立马将球抛出老远，等狮子奔去咬球时，老本又将红球拉回。这样来来回回，抢来抢去，搞了个把时辰，狮子被弄得晕头转向，气力也消耗了大半。老本看到时机已经成熟，便呼的一声跳到了狮子背上，两手死死抓住狮子的两只耳朵。而埋伏的后生们一拥而上，棒头、锄头、拳头、脚头一齐打向狮子，经过一番激烈的搏斗，终于把狮子打倒，取得了胜利。狮子被除掉了，人们把拳师老本尊为英雄，彩烟山拳师的名气也更加大了。

为了纪念这次打狮活动，在正月里农闲时节，拳师老本组织人马重演这次打狮的过程。后来逐渐演变成打拳舞狮子活动，并且成为固定的娱乐性节目在全县范围内广泛流传开来，每逢春节或其他喜庆场面都会进行打拳舞狮表演。

卢金和传奇

彩烟地区群众为防身护村，历来习武成俗，其中武艺高超者也不乏其人。同治年间，彩烟又出了一位武林名人，此人姓卢名士林，字金和，蟠溪村人。自幼随父练就一身硬功夫，在村边的"万缘桥"上纵身跳下，一跃上桥面。运出气功，刀枪也难伤其身，远近闻名，妇孺皆知。

（一）

一天，蟠溪村头来了一位卖鲞的天台人。他见一身材魁梧的中年人匆匆而来，连忙上前问："老兄，你们村的卢金和在家否？""你打听他有什么事吗？""听说他武功高强，运起气功来，连水碓榔头也可捣，真有其事吗？"

说来巧，这人就是卢金和。他听后哈哈大笑："这有什么稀奇，不要说卢金和，就是我也能让水碓榔头捣几下！"卖鲞人不信，打赌说："如果真如你所言，我愿将这担鱼鲞送你！"

卢金和与卖鲞人来到村边的上埠水碓，叫那天台人开闸放水，自己横躺在捣臼上。然后放下榔头，任由石榔头一下一下地捣。那天台人见状大惊，挑起鱼鲞撒腿就跑。卢金和肚子一挺，挂起水碓榔头就追。那天台人见逃不脱，连忙跪地求饶："师父！师父！请饶恕，我本想与你比试武艺，想不到你的本领如此高强。我愿将这鱼鲞给你，求求你放过我吧。"卢金和笑着说："鱼鲞事小，大丈夫说话要算话，这是做人的道理！"说着挥挥手："走！"

（二）

蟠溪村的青壮年大多跟随卢金和习过武。农闲时，他们集中在万善庵（周公庵）练功。吃住在庵，以免夫妻同房。这些徒弟个个练就一身好功夫。他们组成的狮子班，每逢节日就外出闹春贺岁祝寿，颇有名声。

一天，狮子班来到新昌城边的石溪村。在村外，他们就吹起长号，敲起锣鼓。一走进石溪祠堂，只见已有不少村民等在那里。一位白发长者，见狮班带的是红毛狮皮，心想你有多大能耐，敢舞红狮！上前抓起狮皮一挥，将狮皮抛挂在四经柱的梁上，并拱手对狮班说："你们若能胜我老朽，拿下狮皮，就让你们在这里献艺，若不然，请离开！"说罢，摆开架式，让他们进招。蟠溪狮班众人见状，不敢贸然动手。一则，石家望族，文人武士，不乏其人；二则对方功底不明，赢则尚可，输则坏了师父名声。大家拱手推辞："不敢当！"退出石家祠堂，返回村里，禀告师父。

卢金和听了此事，很是恼火。他亲自带着狮班，专程来石溪村。照例吹号，敲锣打鼓，气昂昂地走进石家祠堂。那老者见蟠溪狮班又来，很是不屑。只见卢金和纵身一跃，将四经柱横梁上的狮皮拿了下来。老者见状，不由分说，就向卢金和进招，只见卢金和一闪，运起内功，两手一推，手未碰到人，但那老者却连连后退，仰面倒地，半晌爬不起来。老人知道遇到了高手，忙吩咐石家众人，热情招待卢金和及他的狮班。

（三）

卢金和武术高超，使人敬畏，且武德高尚，让人传颂。他一生从未无故伤害过别人。授艺时，也常教导徒弟们："学武是为了防身护村，决不能恃强逞能，更不能无故伤人！"

一天，卢金和从天台传艺返家，途径门溪村南的畚箕掼。这里林木森森，地势险要而偏僻，常有强人出没。卢金和正埋头赶路，忽然从林中跳出一蒙面大汉："拿买路钱来！"说着，伸手来取卢金和的行李。卢金和随手一推，只见那强人倒在路旁石堆里不动弹了。卢金和心生懊恼，自语道："人家还没抢去你的东西，你怎么伤了人家性命。罪过！罪过！"

再说那强人的儿子是个帮人做衣服的裁缝。他打听到父亲死于卢金和之手，决心报仇。可是自己手无缚鸡之力，如何对付得了这个武林高手？思谋再三，他决定利用自己的针上功夫。每缝一针，就利用手腕之力将针向桌子上的固定点射去。久而久之，这飞针之功，竟能在十步之内百发百中。于是他带上蘸过毒药的几十根毒针，去寻卢金和报仇。

这天卢金和从东阳授艺回来，行至上下西岭的西岭脚下夹溪，迎面走来一人，只见来人手一挥，自己胸前就隐隐作痛。说时迟、那时快，卢金和抓住那人的手："你我素不相识，为何要伤我？"来人一边挣扎，一边怒吼："你我之仇，不共戴天！我父亲不是你在畚箕掼打死的吗？""哦，原来如此，我不是有意的，请见谅！"卢金和松开手，就让他走了。

回家后，卢金和胸口的伤处溃烂了几个月，幸好无大碍，但他对自己的过失仍内疚不已。

（四）

清朝末年，国运衰微，内忧外患，兵祸天灾，烽烟四起。而贪官污吏加紧搜刮民脂民膏，民不聊生，纷起抗粮抗税。

蟠溪卢宁公建有万善庵一座。此庵山林田产富有，号称富庵。当地一个地痞对此垂涎已久，以各种莫名的理由蚕食鲸吞庵产。作为卢氏后裔的卢金和等不畏强暴权势，据理力争，倾其家产，与之打官司。那地痞一则理亏，二则畏卢金和的武艺，也无可奈何。

一天，地痞又为谋取万善庵事纠集了一批人。其中一人摇头叹曰："将万善庵充公为十方所有，改成书院，是个好办法。但卢金和不死，此事难成！"有人献计说："据说嵊县黄泽一带农民抗粮，闹事者已被处以重罪。我们何不告卢金和一状，告他目无国法、聚众习武，假借抗粮，意欲谋反。"众人齐声拍手称妙。就这样，借朝廷官府之手拔除眼中钉的行动紧锣密鼓地开始了。官府的批文下来了："速拿卢金和归案！"

官府的兵丁来了。乡丁们也狐假虎威四处抓捕卢金和。

此时的卢金和正在天台一带带徒授艺，听说官兵抓捕他，不觉大怒，胸脯一拍："我何罪之有？"当即要返乡论理。徒弟和当地的父老乡亲死活不让他返家，都说：如今坏人当道，指鹿为马，以假乱真，诬陷好人的事多不胜数。浮云蔽日，官府也已是非难分，现在回去，凶多吉少。

过了几日，忽见一位亲房挚友风尘仆仆地到来。卢金和问及官兵抓捕他的事。那亲房说："没事，没事了。官兵见你不在，早已返回县里去了。现在村里几位青年正等着你传授武艺呢，我就为这事专程来叫你回家去。"金和想：我外出也有一段时间了，更何况村里出了这么一件大事，让乡亲们受惊了。他对徒弟们说："我要回家一趟,不多久就会回来,你们不要放松习武。"说罢,不顾徒弟和乡亲们的再三挽留,准备行装动身。

六月的天,骄阳似火,似乎要把大地烤焦。卢金和与那亲房匆匆踏上了归程。忽然狂风四起,乌云蔽日,雷声隆隆。40多个徒弟见上天也不让师父返乡,再三劝阻。无奈师父去意已决,只好前后簇拥着护送师父前行。一路来到天台与新昌的交界处,即畚箕湾界牌岭。早已等候在那里的几个村里人迎上前来。卢金和就对徒弟们说:"此地已是新昌地界,又有亲房兄弟来迎,你们尽管放心回去,无论如何不要再送了!"

卢金和怎么也想不到,这是一个陷阱:官兵买通卢金和的亲房兄弟,计取他的性命。

他们走到裘坑岭脚。只见裘坑岭上林木森森,松涛隆隆,风吹草动,鸦雀哀鸣,让人毛骨悚然。此时,大雨来了,卢金和想打开雨伞。就在他举手的瞬间,身后那亲房兄弟突发暗器猛击,卢金和右手顿时被打断。而埋伏在那里的官兵乡丁一拥而上,卢金和左冲右突,寻机退入覆钟山中。兵丁们将山团团围住,埋伏在草木丛里。傍晚,天色昏暗,四周死一般的寂静,身受重伤的卢金和悄悄地探出身来,被蜂拥而上的兵丁抓住,五花大绑,押解到大宅里村。

卢金和被施以酷刑,逼迫他承认聚众谋反。他们将卢金和绑成"大"字形后放倒在地,又在四肢上放四个大水缸,然后往水缸里加水,如他不招供,就继续加水。直到他的双手和双脚被水缸轧得粉碎,血肉模糊,他也始终没有招认。

卢金和被押上断头台。刽子手连砍七刀,不仅没有伤他分毫,连刀刃也弯曲了。最后,他大叫:"要我头,用冷水喷我喉!"年仅45岁的武术前辈,成了无头冤魂。

箩隐与陈大眼

陈大眼,彩烟回山村人,传说他是明朝开国第一大将,后来为什么又不是了呢?这里有个离奇的故事。

话说元朝末年,皇帝昏庸,朝廷腐败,民不聊生,元朝气数已尽。天庭决定改朝换代,派真龙天子及一批文臣武将下凡投胎。

当时天庭下派的真龙天子投胎于新昌城关镇栅栏台门里的一户贫穷人家,天子的名字叫箩隐。为什么叫箩隐呢?这里又有一个离奇的故事,箩隐本不姓箩,也不叫隐,因其是他奶奶将其隐盖在箩底里救下的,故名箩隐。

那究竟是怎么一回事呢?传说箩隐的父亲有两兄弟,箩隐的父亲为兄,兄长弟两岁,老母健在,一家三口和睦过日。

箩隐的父亲20岁那年,家中发生了一件奇事。有一天,箩隐父亲上山砍柴,拾到了一张虎皮,五彩斑斓,很好看。其父就拾回家中,告知其母,其母很高兴,将虎皮藏在风车斗内。

说也真怪,自从这张虎皮拾进家后的第二天开始,每天的饭菜又好又多又香。儿子问母亲:"这几天的菜怎么这么好?"母亲回答:"我也不知道,饭菜不是我烧的,每次等我去烧时饭菜已经做好了。"大儿子觉得很奇怪。第二天他假装外出干活,其实躲在门外,从门缝窥视。快到晌午,他看到一个美貌无比的年轻姑娘前来做饭。

大儿子看到美丽的姑娘，情不自禁上前一把抱住，姑娘想挣脱那里挣脱得了。无法挣脱，姑娘只得说实话，她说："其实我是一只老虎精，附在虎皮上。虎皮被你拾回，我也就来到了你家中。看着你家的人很善良，我想帮助你们，同时我自己也可修行。现被你抱牢，破了我的隐身术，叫我如何是好？"男人说："你这么漂亮，我又没老婆，不如当我老婆好了。"姑娘说："我是虎精，你不怕？"男人说："我喜欢你还来不及，怎会怕？"姑娘说："既然你真心喜欢我，我就与你做夫妻。但你要想办法用咒符将虎皮镇住，且不能让虎皮近我身，否则会有大祸临头。"男人答应做到，并将此事告诉了母亲。母亲深感奇怪并有点害怕，但看到如花似玉的姑娘，想想家中贫困娶不起媳妇，也就答应了，高兴地办了喜事。

过了一年，媳妇生下了一个儿子。老太婆喜添孙子，乐开了花，并分了家。第二年的一天，这家又发生了一件奇事。老太婆的小儿子去种田，看到了一个巨大的田螺，他好奇地捡了回来，放在水缸里。此后，奇事又重演了，每天又有丰盛的美味佳肴。因有兄长的奇遇，弟弟也照哥哥的方法躲在门外偷看。大约半晌午，果然出现了一个美丽姑娘来做饭菜。小儿子照兄一样突然上前紧紧抱住姑娘，姑娘无法挣脱也将实情告知，说自是个螺蛳精，叫田螺姑娘，正在修行，让他马上放其入壳。小儿子看到这么漂亮的姑娘，怎肯放手，一定要娶其为妻。田螺姑娘看小儿子情真意切，也就答应了。其母又高兴地为他们办了喜事，当年又添了一孙子，老太婆真是笑得合不拢嘴。

两个孙子聪明伶俐，特别是大孙子，不但记忆力强，出口成章，而且出言成真，十分灵验。

两个孙子到了十来岁，他们玩耍时相互揭了对方的短处。兄说弟："壳壳壳，螺蛳壳（意为弟弟是螺蛳精生的）。"弟说兄："钉钉钉，老虎精（意为哥哥是老虎精所生）。"又一天，兄弟俩打架，弟被兄打败，哭着向母亲诉委屈。弟母宠儿欺侄子，结果发展到妯娌相吵，弟媳骂嫂是老虎精。嫂不承认，弟媳激将："如果不是，你有胆量穿一下老虎皮吗？"嫂认为已经过了多年，应该无碍了，于是硬着嘴说："穿就穿。"说着就去拿来虎皮披在身上，这一披，不得了，她马上变成一只黄斑老虎，张开血盆大口将弟媳和侄儿咬死了。当她扑向自己的儿子正要咬时，婆婆闻声赶到，看到老虎已咬死两人，又要咬长孙，急忙拿起了一个箩盖住长孙，自己坐在箩上，口中大骂："畜生，虎毒不食子，你眼伧（意为发昏）了。"老虎精经骂后觉醒，一声大吼远遁而去。

因长孙性命是被隐在箩底救下的，故取名箩隐。遭此劫后，箩隐一直与奶奶相依为生。

光阴似箭，一过又是十来年，箩隐长到二十来岁。由于其聪明好学，知识渊博，而且出言成真，言必应验，人们感到十分惊奇，纷纷议论说他是皇帝圣旨口，长大要当皇帝。

这议论传到箩隐奶奶的耳朵里。那天她正在切菜，听到有人说其孙子会当皇帝，她顺口说道："如果我孙子会当皇帝，那么上街头借米盏的人也让他们还还稍（意为翻身），下街头借盐盏的人也让他们还还稍。"灶司菩萨由于耳朵不好使，误听为上街头借米盏的人也是一刀，下街头借盐盏的人也是一刀。心想，她孙子当皇帝后如果这样，穷人不是要被他杀光吗？而且不分善恶，这不行，我要奏明天帝，不能让箩隐当皇帝。

于是，灶司菩萨上天奏本，玉帝听后准奏，下令要撤回箬隐的龙身，将其替换成讨饭身骨，令雷公电母将箬隐换身骨。雷公电母领命，电光雷鸣指向箬隐，箬隐的奶奶一看阵势不对，急中生智叫箬隐口咬马桶沿。因天忌污秽，结果箬隐全身骨肉都被换成了讨饭身骨，唯一张嘴未换，仍是圣旨口，依旧言出必验。

箬隐长大后讨饭，留下了许多趣闻。如箬隐讨饭到小将芹塘，箬隐说："箬隐芹塘宿，蚊虫去叮竹。"从此以后芹塘村的百姓家中无蚊子，无须挂蚊帐，而竹林里蚊子很多。讨饭到梅渚，看到一家人在种田吃点心，他想讨点麻糍，结果那家人只给他一碗剩麦面，箬隐生气地说："麦面橛（意断面条），麦面橛，见水便吸血。"一边说一边将麦面倒入水中。一会儿，断面变成蚂蟥，真的来吸血了。讨饭讨到磕下村，村人在割稻，有人与箬隐调皮讥笑，箬隐不高兴了，说："磕下好田畈，铄结（镰刀）放落没晏饭（中饭）。"当时磕下村田虽多，但总歉收无法解决温饱。后来有一天箬隐去大佛寺，走到小寺岙碰到下雨，躲进岩洞里，另外也有几人在躲雨，箬隐想开点玩笑，笑着说："箬隐躲得好，岩头压落屙榨脑。"话一出口，旁人立马逃出，旁人一出，岩就压下。大家齐声喊箬隐，只听到里面有回音，但箬隐从此消失了。小寺岙的回音壁现在仍能听到回音。

话说箬隐下凡时，跟着诞生了一批文臣武将，来扶持他治理天下，其中第一大将陈大眼就诞生在余商村。

陈大眼十二个月才出生，出生时有十二斤重，因为眼睛大，故叫陈大眼。出生后长得很快，五六岁时已长成十五六岁的身貌，胃口大，力气大。因力大无比，与同伴玩耍时经常将玩伴弄伤，无人敢与他玩。父母只好将他关在家中读书。他聪明好学，尤爱兵书。长到十五六岁时，已是体魄魁梧，威风凛凛。

当时要扩建白王殿，材料要到泄上山取，山陡路窄，取材困难，大梁大柱要几十人抬。大家想起陈大眼力大无比，请其帮忙，陈大眼欣然答应，尽力帮助。他到达泄上山后，健步如飞，人家来回一趟他可来回五趟，至中午他就将主材全部搬运到了白王殿现场。

中午捣麻糍，他一个人一边捣一边吃，一斗二升米的麻糍还没捣熟就已被他吃光了。

由于箬隐不当皇帝了，天庭也将他这个大将收回去了——年纪轻轻就夭折了。

金鹅孵子

从下湖桥村到下市场村的途中，有一处叫金鹅孵子的地方。

传说金鹅孵子是一处宝地，有家富户选定金鹅孵子这个地方做坟。堪舆先生告诉主家，这个地方做下坟后，后人中会出宰相尚书等大官。他又告诉主家："做坟时若碰到头戴铁帽的人要停止挖土；看到鲤鱼上树时真不能往下挖了；碰到马骑人时一定一定不能再挖了；如果没做到，最后挖到石板时千万要停下来，否则就要坏事了。"

选好日子，主家叫来材脚去挖土做坟，并按那位先生交代。

那天，在挖坟坑时正好下雨，有个人头顶一口铁锅当笠帽，站在旁边看他们挖坟坑。挖坟坑的人根本没注意到这个人，继续往下挖。不久，有个人赶集市回家，买了条鲤鱼，路过做坟的地方，与做坟的人是熟人，就将手里的鲤鱼挂在树上，坐下来与做坟的人聊天。做坟的人，哪里会想到挂在树上的鲤鱼就是鲤鱼爬上树呢？仍然往下挖。这时有个木匠经过，他背着一只"三脚马"（做木工时用的工具）准备给人家去造寿材，看到一伙人在做坟，也停了下来与大家聊天。做坟的人怎么也想不到这就是马骑人。一天下来一直没见到上述所说的怪事，这些做坟的材脚把主人家的话当作无稽之谈，就一直往下挖，挖呀挖，忽然挖到了一块光溜溜的石板，大家以为石板底下有什么宝贝，把主人的话忘得一干二净，挖得更起劲了。挖开了石板一看，大为惊奇。只见一只金光闪闪的鹅在孵小鹅，金鹅受了惊吓，翅膀一拍，就飞走了。

金鹅飞呀飞，飞到了天台，变成了一条坞泥蛇。这条坞泥蛇又变成了一座金带一样的山，这座山就变成了宝地。

金带山下住有一户贫穷的人家，家里只有叔、嫂两人，小叔子还是个十来岁的小孩。

一天，嫂嫂叫小叔子到金带山拾干柴。小叔子到金带山脚，正好有个过路人朝山一看，说道："山上有根金带还没有人拾去。"聪明的小叔子记在心里，他不动声色地在金带山上找金带，找了半天也没有找到，只好空着手回家。

嫂嫂见小叔子空手回家，问其原因。小叔子就把上山找金带之事告诉了嫂嫂。嫂嫂是个很聪明的女人，心里已经明白了大半，她对小叔子说："你去金带山脚碰到那个过客的地方等那位客人，等到后拉住他，告诉他我嫂嫂叫先生到我们家去，有要紧事情商量，吃饭、住宿我们招待。如果客人不肯来，你硬拉也把他拉进来。"小叔子就返回原地去等，天将黑，在原地等到了过路客。小叔子把嫂嫂的话转告给过路客，不顾三七二十一拉着他就往自己家里跑。

嫂嫂十分热情地招待过路客。这位过路客是位高人。他对嫂嫂说："这座金带山的龙穴如果做下坟去后，过五代就会出宰相，是个大忠臣。"嫂嫂问："我们把五代前的祖宗骨骸移来葬下去，不就立刻会出宰相了？"高人十分赞赏嫂嫂的聪明睿智，他说："做宰相的人已经出了，可惜是个奸臣。"嫂嫂说："只要能做宰相，管他是奸臣、忠臣。"请求高人定好位置。

嫂嫂说干就干，她把前五代祖宗的骨骸移来葬下。后来，她的小叔子就做了宰相，可惜是个奸相。他就是宋朝有名的大奸相庞吉庞太师。

刑场咬奶头

彩烟一带流传着这样一个故事。

从前，有个妇人，生了一个聪明的儿子。在儿子六岁那年的夏天，小孩光着身子在门口玩耍，见到一个小贩挑着一担白鲞进村来卖。他趁别人在买白鲞的时候，挤进人群，偷来一块白鲞，放在背后贴着墙站立着。等卖白鲞的人到别村去后，他拿着偷来的白鲞回到家里，交给母亲。

母亲接过白鲞，问他是怎么偷来的。儿子如实禀告，母亲听了非常高兴，不但不责备，反而表扬了他，还叫他以后多偷点白鲞送给外婆。

第二年的夏天，小孩七岁了，仍光着身子在门口玩，母亲见到远处有个小贩来卖鸡蛋，就对儿子说："你偷白鲞的本事蛮大，偷鸡蛋你有办法吗？"

"有！"小孩不假思索地回答。趁别人在买鸡蛋的时候，小孩偷了两个鸡蛋夹在胳肢窝下，一边一个，又立在墙边。等卖鸡蛋的走远了，他把鸡蛋拿回家交给母亲。

母亲咧着嘴巴夸奖他，要烧荷包蛋给他吃。可是她叹道："要煎荷包蛋，可是家里没有油。"

小孩立即说："我去想办法。"说着，他拿了一个棉球到油坊的门口去玩耍。

他假装在油坊门口抛棉球，抛了一会儿，故意将棉球抛入油缸内，然后便掩面假哭。店主问明原因后，就将浸过油的棉球还给他。他拿着油浸过的棉球回到家里，交给母亲。母亲欢喜得哈哈大笑，说："真聪明！这种好办法亏你想得出来。"

从此以后，这个小孩将全部智慧都用在偷窃上了。偷技越来越高，作案越来越大，最后发展到偷窃库银。他犯了国法，被判处死刑。

在行刑那天，他要求和母亲会一面，监斩官同意了，母亲按时赶到。儿说："妈妈！我盗窃库银，身犯国法，死而无怨，只求妈妈在行刑前让我再吸一下奶头，我死后才能瞑目。"母亲泪如雨下，解开衣襟，当场给儿子吮吸奶头。

想不到儿子狠狠地咬了一口，将奶头咬了下来，鲜血直流，母亲顿时昏厥过去。

监斩官正想斥责他的时候，儿子说："我今天盗窃库银，被判处死刑，是从偷白鲞开始的。我妈妈的'开口奶'饲得不好，一直唆使我偷窃，养子不教，母之过也，所以我要咬下她的奶头，正告世人。"

刑场咬奶头的故事就这样流传下来了。

桑条从小压

从前，彩烟山有一个叫刘纪昌的堪舆先生，夫妻俩只生了一个儿子，取名叫刘福生。父母对儿子十分宠爱，儿子从小养成了坏脾气。

刘纪昌外出做事，总是带着儿子一起去主人家吃饭喝酒。小的时候带在身边不占席位，别人倒也不在乎，孩子一岁岁长大，到了十来岁，就要与客人争席位，如果不让他上桌他便无理取闹，引得别人纷纷议论，说刘纪昌不识相。听到议论后，刘纪昌也觉得这么大的儿子还经常带去吃喝，确实不太像话，于是决定以后少带儿子去吃饭。

日子过得很快，转眼儿子十八岁了，人大胆大，任性使气，越发无法无天了。父亲对儿子说："儿呀，你已经十八岁了，以后我去外面吃酒，你不能跟去了，不然很难为情的。"儿子哪里听得进去。

过了不久，有人请刘纪昌去吃饭，他一个人前往。刘福生吃饭时不见父亲，便问其母亲。母亲忘记了丈夫的嘱咐，脱口道，别人请他去喝酒了。儿子听后，顿时火冒三丈，骂道："他只知道自己快活，这样瞒骗我，我要让他不得好死。"此后，他经常虐待父亲，有时甚至出手毒打父亲。

父亲感到很无奈，想试试儿子的心肠到底怎么样。他做了个稻草人，用猪尿泡灌猪血做了个假人头放在自己睡的床上，再用被盖起来。自己躲在外面，叫妻子告诉儿子，你父亲又去喝酒了。其妻告诉儿子后，儿子一听火冒三丈，拿起一瓶酒，一口气喝完，然后拿起一把菜刀，在磨石上嚓嚓嚓地磨了起来。母亲见状吓得边哭边骂："活畜生，真是前世作孽呀。"

刘福生两眼血红，握刀在家等候，左等右等，等到天黑也不见父亲回来，便摸黑到父亲睡房里找。一看父亲已睡在床上，便怒从心中起，恶向胆边生，举刀狠狠向父亲头上砍下。随后跑到外面借着月光一看，刀上及衣服上沾满了鲜血。顿时酒醉也被吓醒，知道自己杀死父亲闯下了大祸，连夜逃出家门，不知去向。

刘纪昌看到家中发生这样的情况后，心惊肉跳，心灰意冷，觉得做人没意思，也没有心思再操旧业。年纪一大，妻子先他去世，他无依无靠，只得讨饭为生。

光阴似箭，过了多年。有一天，大佛寺的当家和尚去山门外散步，忽见一白发苍苍、衣衫破烂的老人坐在那里，看看有点眼熟，就上前去问："大爷，你这么大的年纪还讨饭，难道没有后代吗？"老人叹道："唉！别提旧事了，儿子不孝，差点杀了我，他离家好多年了，至今生死不明。"

和尚吃了一惊，上前细看，往事涌上心头，进一步细探因由，老人便把往事详细告诉了他。和尚越听越伤心，暗暗流下了眼泪。原来他就是刘福生，自从杀父逃出之后，改名换姓，对往事悔恨不已，立志潜心修行，诵经念佛，超度亡父。

常言道：放下屠刀，立地成佛。刘福生经过多年的苦修苦练，精通佛道，几年前老住持坐化，他接任了住持。无论如何也想不到，父亲未死，眼前这位可怜的老人就是自己的父亲。他不便说破，只叫小和尚把老人请进寺里，热情相待。

老人很是感激，住了一段时间后，觉得白吃白住不好意思，便向住持讨活做。住持陪他外出，走到寺边一块桑树地里，指着桑树说："你年纪大了，不能干重活，有时间的话，就压压这桑条吧！"

老人很高兴，就立即拿来锄头畚箕，去压桑条。由于桑条挺拔硬朗，压下去又弹起来，压了多天，还是没压成。这天吃夜饭时，老人对住持说："这桑树枝条挺硬，压不牢呢！"

住持深情地说："桑条从小压，大了无办法。对待子女也是一样的呀，如果不是从小就严格管教，到年岁大了就来不及了，就有可能做出伤天害理的事呀！"

老人看着住持醒悟道："师傅，你说得对极了。我如果从小就教育儿子，就不会发生现在这样的情况了，现在后悔也来不及了。"

谢迁与母亲

说起谢迁谢阁老，大家并不陌生，因为谢迁为官清廉，勤政爱民，办事公正，疾恶如仇，忠孝两全，深得民心。谢迁品质如此优秀，与其母亲的教诲培养是分不开的。其母亲何许人也？大家可能不熟悉。谢迁的母亲姓杨，彩烟人氏，是大家闺秀，素有文化教养，温柔贤淑，教子有方。

谢迁长得眉清目秀，五官端正，自幼聪明伶俐，智力过人。谢母杨氏从小悉心教育，精心培养，教他知文识字，重点培养他的人格品行，在他幼小的心灵深处植下了公正廉明、真诚善良的优良品质。可惜好景不长，在一年的冬季，谢迁父亲身患急病不幸身亡，留下孤儿寡母，哭天抢地。更可恨的是谢家的亲房为了霸占谢家财产，无事生非，逼迫杨氏改嫁，幼小的谢迁只得随母离家。谢母嫁到奉化罗家岙，生下一个儿子，因大头大脑、耳垂有颗明显的黑痣，乳名就叫罗大头。真是祸不单行，杨氏第二个丈夫在去上海做生意的渡船中，遇狂风暴雨，船只沉没，一船人全部遇难。之后，罗大头被其大伯抢去做了过继儿子，杨氏又被扫地出门。杨氏第三个丈夫姓孙名重阳，为人纯朴，沉默寡言，村里人都叫他孙呆大。成亲两年后生了儿子，生得小头小脑，皮包骨头，外号叫孙鬼头。杨氏对这个老来子仍是精心抚养，教他勤奋苦读，修心养德。

皇天不负好心人，杨氏终于苦尽甘来。若干年后，三个儿子先后名列榜首，考取状元。杨氏被谢迁接到京城生活。有一天，罗大头到谢迁府邸做客，杨氏看到他耳垂的黑痣，追问身世，原来这就是自己的第二个儿子，母子相认，激动万分。这样一来，就变成了一母三状元，谢母从此儿孙绕膝，享尽天伦之乐。

有一天，皇帝问谢迁："天下人谁的福气最好？"谢迁不假思索，随口答道："数我母亲的福气最好。"皇帝大惑不解，自己贵为天子，吃尽山珍海味，享尽荣华富贵，天下之大，莫非王土，难道自己不是福气最好的人吗？于是轻蔑地问道："爱卿的母亲有何大福呢？"谢迁知道说错话了，最大福气的人是皇上，但话已出口，无法收回，只好内心思忖，急中生智，回答："启奏万岁，明天正好是初一，我母亲要去万寿山寺庙进香，劳驾皇上去看一下。"

第二天，皇帝真的站在宫殿门口看究竟。他见到人群中有一顶装饰华丽的大轿，缓缓地抬向万寿山佛香阁。里面坐着一个老妇人，谢迁拎着香篮在轿前引路。再细看抬轿的两个轿夫，一个是前科状元罗大头，一个是新科状元孙鬼头。皇帝见了，连声说："我当皇帝再威风，也不可能让状元给我抬轿子当轿夫，爱卿的母亲轿前轿后，三个状元为她服侍，确实是天下福气最好的人。"于是谢迁趁机说明三人乃一母所生的三兄弟，皇帝听后感慨不已。

谢迁兄弟当官后，母亲经常告诫他们要忠君爱民，体恤民情。谢迁谨遵母命，经常私行出访，除暴安良，惩恶扬善。有一次，谢迁察访到一个地方，看到有个妇女在洗萝卜，披头散发，愁眉苦脸。谢迁正走得口干舌燥，想讨个萝卜解渴，连问妇人三声没有回音，以为是哑巴，连带手势再问第四遍，那妇人流着眼泪递给他一个又大又圆的萝卜。谢迁说："你是不是舍不得萝卜？我可以给你银子呀。"

妇人说："客官，我不是舍不得萝卜。我碰到了难事，心里悲伤，所以落泪。"谢迁问："你可否讲给我听听？"那妇人含着眼泪讲了事情的由来，原来妇女有一行田，嵌在当地一位举人老爷的田畈中间，因这行田水源足，阳光好，田肥沃，年年丰收。举人老爷看上了这田，硬逼她将田低价卖给他。妇人不肯，向其求饶："我孤儿寡母，全靠这点田过日子，没有了田，我们娘俩怎么活呀，请举人老爷开恩，放过我们吧！"举人不但不怜悯，而且强行霸田，今天就要强行签写买卖文书了。

谢迁听后，对妇人说："有这种事？我来想办法，你是否可以叫我娘舅？"妇人说："只要田保牢，外公也会叫。"谢迁说："等会你回家时拎桶水将水沿路滴到你家，我会依水迹找到你家的，到时对我招呼要热情些。"

妇人回家不一会儿，举人带了一班人马来逼田了。妇人不肯，双方正在僵持。谢迁到了，妇人一见，热情招呼："娘舅你来得正好，举人老爷要强买我的田，我正没办法呢。"

谢迁道："你卖了田，你们娘俩喝西北风去？"

妇人说："他们人多势众，我没办法呀！"

谢迁转身与举人说："举人老爷，我外甥女靠这点田活命，请你们高抬贵手，田到别处去买，这点田留给他们过日子吧。"

举人一使眼色，一跟班发话了，"我们老爷一门三举人，别人送田都来不及，现在出钱买你的田，你要识相，今天是卖也得卖，不卖也得卖！"

谢迁听了很生气，提高声音说："什么？你们一门三举人就要霸田，照你们这么说，我们一母三状元，可以霸天了？"

对方一听，知道来者就是谢迁，不敢造次，只好灰溜溜地溜走了。

还有一回，谢迁察访到一个地方，一个大村仗势欺侮一个小村，强占小村的山和田地，谢迁秉公而断，维护了小村的利益。这种秉公执法、扶贫济困的案例，不胜枚举。所以人们爱戴并怀念谢迁和谢母。

鹿含草的来历

相传很久以前，彩烟山一带住着一对青年夫妇，男的叫贤良，女的叫善凤。两人勤劳善良，男耕女织，生活过得还可以。

一天，善凤坐在堂前纺花，突然，一头小鹿瘸着腿慌慌张张地逃进家来，扑通一声，倒在善凤的前面。小鹿忍着伤痛，用低沉细微的声音断断续续地哀求道："阿姨，我被猎人打伤，忍痛逃下山来，猎人紧追不舍，求求你救我一命。"善凤见小鹿伤口还在滴血，看它一副伤痛难忍的可怜相，产生了怜悯之心，就歇下手中的活儿，带小鹿走进左厢房，让小鹿躲进鸡窝里，四周用柴草遮盖得严严实实。然后，立即清除了屋内外小鹿滴下的血迹，回去继续纺花。

刚坐定，猎人就赶到了门口，气喘吁吁地问善凤："大姐，刚才可有见到有只受伤的小鹿？"善凤不紧不慢地用嘴向门口东面的路一努，说："向东面的路上逃去了。"猎人信以为真，没多说，掉头就向东面追去。

善凤见猎人已远去看不见了，就起身走出门去，采了草药捣烂，走进左厢房，将藏小鹿的遮盖物移去，唤小鹿出来，给伤口敷上了药，包扎好，放小鹿逃生。小鹿边跑边回头看着善凤，感激她的救命之恩。

猎人飞快地追赶了好一阵子，没有追上小鹿。他十分疑惑，想了想，定是上了善凤的当，小鹿可能躲在善凤的家里，就折返往回跑。他赶到善凤家里，要善凤让他在家找一遍。善凤因小鹿已不在家中，藏小鹿的痕迹也都处理了，心里很踏实，就大着胆子应允了猎人。结果，猎人一无所获，沮丧着脸，失望地说了声"对不起"，就怏怏地离去了。

过了一年，善凤临盆分娩，遇上难产。母婴生命危险，贤良焦急得紧锁双眉直发愁，一句话也说不出来。忽然，一只小鹿含着山草闯进家来，贤良吃了一惊。小鹿吐出含在口中的野草，望望贤良，劝慰道："叔叔，你别着急发愁，我是去年由阿姨救下命的小鹿，得知阿姨难产，特衔草药送来治难产的，服下后一定会保母婴平安，你尽管放心！"说毕，小鹿就回山里去了。

善凤服下小鹿衔来的草药后，婴儿很快就呱呱坠地，善凤十分欣喜。为了永记小鹿含草药的救命之恩，就把这草药取名为"鹿含草"。

拜田公田姆的故事

彩烟山一带，每年九月初九，农民为求丰收，必拜田公田姆，祭品有鱼、肉、鸡之类。

有一年，有户人家杀了只鸡准备供奉田公田姆。可是他老婆嘴馋，将鸡肫和鸡肠偷吃了。老公知晓，不肯去拜田公田姆。老婆无奈，只好硬着头皮自己去拜。老婆提着祭品到田里，老公则随其后躲在旁边窥看老婆如何拜。

老婆在田头放好祭品，点上香烛，拜了数拜，说："田公田姆，今年两头春，养鸡没鸡肫；今年两头长，养鸡没鸡肠。"她老公见老婆如此应付，觉得十分好笑，不觉笑出声来。

老婆不知老公在窥视自己，以为是田公田姆在笑自己，就说："田公田姆勿要笑，我屋里大儿细女呀呀叫。"说好又拜了几拜，然后整好祭物迅速跑回了家。

傻子学话

从前，有个傻子定了门亲事，后来他丈人知道这新女婿智力低下，有意想要赖婚。

不久，丈人做六十大寿，女婿当然得去。他母亲怕他去讲错话，会对婚姻不利，就拿出一些银钱，叫他去学话。

傻子拿钱上路了，在路上，他碰到了一位考童生。他们一块儿在路上走着，闲谈中，考童生知道这人是要去学话后，说："你把我讲的话都记牢就行了。"

转眼间，他们看见有几只屎壳郎正在一堆牛粪上面忙着。考童生就说："外面急匆匆，肚里糊恼恼。"

他们继续走着，走到了溪边，看见溪潭内游动的小鱼群。考童生又说："乌的的，乌的的，没网也没斗。"

不一会儿，他们走上了独木桥，这时考童生说："独股桥，独股桥，必定有蹊跷。"

过了独木桥，他们看到一位姑娘四处张望，似乎在寻找什么。考童生说："小小娘子，不可东张西望。"

又走了一段时间的路，他们来到了一家饭馆。他们走进去，在饭桌旁坐了下来。傻子用母亲给他的钱，用丰盛的饭菜招待了考童生。吃好饭，两人要分手了。分别时，考童生说："再会，再会。我们县里会，县里不会省里会，省里不会京城会。"然后分别了。

傻子记住了考童生所说的话。

丈人的六十寿诞到了，傻子带着寿礼来到了丈人家门外。丈人见傻女婿上门了，叫下人把台门关了。傻子被挡在了门外，急了，就说："外面急匆匆，肚里糊恼恼。"门内的仆人听到了，以为他要打进来了。想想也是这个情景，就告诉了主人，开门让他进去了。

丈母娘用红枣泡茶给他吃，却不给勺子。傻子看到碗内乌黑的红枣，就说："乌的的，乌的的，没网也没斗。"丈母娘给了他勺子。

吃中饭时，别人的面前都有一双筷，而傻子的面前却只有一根筷。傻子就说："独股桥，独股桥，必定有蹊跷。"

听了这些话，大家都觉得他不像个傻子。他未来的媳妇在楼上知道未婚夫婿在下面吃饭，打开窗门，倚着窗台探身往下看。傻子发现了，就对着他媳妇高声说："小小娘子，不可东张西望。"他媳妇听到了，非常难为情，连忙关上了窗门。

吃过中饭，傻子要回家了，他丈人送他。分别时，傻子说："再会，再会。我们县里会，县里不会省里会，省里不会京城会。"他丈人以为是傻子要告他赖婚，连忙说："不要会，不要会，给你的人，是你的人，你不要告了。"

崩开岩

蔡家湾村与后谢村之间，有一块很大的岩头，重数十吨，一分为二，裂痕清晰，相传是神仙吕洞宾修建仙岭天桥时遗落的。

吕洞宾与张果老两个神仙打赌，用一晚时间完成天桥，以鸡叫为限。结果，张果老半夜装鸡叫，吕洞宾误以为天亮了，只得停工。建桥工程半途而废，建桥材料散落各处，崩开岩就是其中之一。

朱相公成仙

相传，朱相公出身贫寒，以贩卖私盐为生，价格公道，妇幼不欺。那时官府禁卖私盐，违令者斩，朱相公被官府缉拿归案。

逮捕朱相公那天，正好是观音菩萨的生日，观音念及朱相公为人正直，度其成仙。

朱相公成仙后，以两臂为扁担，石臼为筐，担盐卖盐，足迹遍及远近，所到之处旱情解除，番薯丰收，麻雀不吃农夫稻谷……从此百姓再也不愁没有盐吃、没有粮吃了。

朱相公成仙后，他的断扁担就成了彩烟台头山的扁担阙，两只石臼筐成了新市场边石缸水库的石缸和台头山上的"盐箩石"。

神仙椅

很早以前，岩头山与南泳两村隔溪相望，没有船只，来往不便。老百姓期盼造桥，神仙吕洞宾就想在此架桥，方便行人，造福百姓。

一天夜里，吕洞宾在着手建桥，造到三更半夜时分，大岭脚村的"山王太公"得知了吕洞宾在造桥。山王心想，桥建成了的话，必将影响自己的利益。山王太公想了个鬼主意：学公鸡啼叫。因为神仙造桥必须一夜时间造好，以鸡叫为界限，公鸡叫说明天亮了，如果桥没有造好，鸡一叫，桥就塌了。

造桥的石头材料散落各地，在岩头山与大岭脚之间的岩石中，至今还留着神仙椅、神仙床这些当年造桥的必需材料，成为今天的景观。

神仙桥

下丹溪有一座"三眼桥"，传说一夜之间就建成了。桥建好要进行开桥庆典，第二天清早，人们发现两桥头和桥中间各留着一个大脚印，这脚印是神仙踩下的。三个脚印就像三只眼，故叫三眼桥。

"三眼桥"是不会倒塌的，因为这是神仙造的桥。

二仙斗法

张果老和何仙姑都身怀绝技。仙姑一向不服老张，定要与他一决高下。仙姑求胜心切，欲以己之长击彼之短，执意要比试造桥，以鸡叫天明为限。老张暗想，造桥乃人间大好之事，正合我意，且造桥是个力气活，我难道会输给你个小女子不成？便慨然应允。

仙姑去天台山一天然瀑布上，把臭脚丫借风一甩，甩到对岸，瞬间成了一座桥，即今石梁桥，成就了"石梁飞瀑"的美景。造好桥后，匆匆赶往老张造桥处——彩烟东碛村。见老张还未建成，仙姑就捏着鼻子学鸡啼，东碛和附近村的公鸡都跟着啼了起来。雄鸡一唱天下白。此时，老张已经施法把大量的石块运到东碛和西碛，眼看大功即将告成。可雄鸡一鸣，石块便一动不动，老张功亏一篑，不得不停止造桥。直到今天，西碛遗址和东碛村口还堆积着众多横七竖八的大石块，乡人称之为碛硼。

悉知真相后，老张不服，诉之玉帝。玉帝发了话，仙姑随即到场。玉帝判曰："吾洞悉尔等竞技全程。张果老为人诚实，脚踏实地为民办事，恪守规则，虽功败垂成，其实可嘉，赏仙桃一枚，希为民多办实事。"老张领赏谢恩。判仙姑道："汝赢了竞技，且为民办成好事一桩，本当褒奖。"仙姑得意暗笑。"然不守规矩，行些鸡鸣狗盗下三烂之事，输了人格，实乃可恶，拘留七日以思过。倘有不服，随时申诉。"仙姑道："小女子定当改过自新，决不申诉，愿受罚。"

仙家七天，人间七年，何仙姑被拘禁了七年。

李品芳龙镇殿还愿

今中彩茶场下姆桥右侧，原有一雄伟建筑，名龙镇殿。传殿内供奉的龙君能治人间疾病。

清朝年间，东阳少年李品芳陪母从老家逃难去宁波，途经龙镇殿而母得重病，遂在殿内休养，后被殿后岭头俞村民俞大真（音）治愈。李母发愿说："吾儿若有出头之日，定到龙镇殿来谢恩。"

后李品芳果真中进士而得官，带着一队人马，鸣锣开道，爆竹声声，替母还愿，并为殿宇写了匾额。

李品芳（1793～1876），东阳人。清道光三年登癸未科进士。不久赐太子伴读，擢礼部侍郎。道光十九年擢从一品内阁学士衔。才华横溢，宦途顺畅，然目睹君王昏庸，朝政日非，自叹无力回天，遂于道光二十四年以母病为由，急流勇退。蛰居家门，布衣粗茶，读书著述，怡情花草。不谈政事、不荐人、不说情、不以私事求人，和蔼可亲，被尊为"八婺完人"。

耳朵粘在羹架（蒸架）上

商人贾正，在外经商，见多识广。妻子任氏操持家务，孤陋寡闻，又自以为是。

贾正想吃红烧肉，任氏心想，这很简单，拿来胭脂涂在肉上，放在火上烧烤，丈夫吃后，哭笑不得。贾正想吃"坐面"（揉面），任氏心想这个容易，一屁股坐在面团上，做出坐面。丈夫吃完后说，此面好吃。妻子说："你要知道，我用屁股坐过多少次吗？屁股都坐痛了。"贾正想吃汤包，任氏心想这个好办，她听人说，"养猪勿大像汤包"。所以，就和好面团，塑成小猪样，放在羹架上蒸，结果猪耳朵粘在羹架上。

后来，人们就把"耳朵粘在羹架上"作为听不进话的代名词。

硔下山遇仙

古时候，彩烟硔下山（又名硔岩山、狮子山，在硔下村后）乱石满山，树木茂密。

传说山脚住着两户人家，山上有神仙，神仙每日夜里能放出线絮一个，磨得米粉三升，放在山上。山脚的一户人家，每天清晨去山上拿这些物品。时间长了，这户人家日子越来越好过，而另一户人家同样劳动，生活总好不起来，就注意起这户人家的行踪。

一天清晨发现这户人家上山得到一个线絮，三升米粉。此后，另一户人家每天抢在这户人家的前面，抢得线絮和米粉。这样两户人家相互争夺，互相谩骂，甚至打起架来。神仙知道后，就再也没有线絮和米粉了。

神牛的故事

从前，彩烟山里有个小孩，自幼没了爹娘，跟哥嫂一起生活。白天，小孩到山上去看牛，牛跟他特别亲。

他的嫂嫂有时把饭送到山上给小孩吃。有一天，他的牛突然开口说话："小主人，今天你嫂嫂送来的饭有毒，不能吃。"过了一会儿，嫂子果然把饭送来了，他当时没吃，等嫂嫂走后，把饭倒了。一会儿，沾到饭食的草变色了。嫂子给的饭，果然有毒。

过了一段时间，那牛又对小孩讲："你哥嫂要与你分家了。分家的时候，你只要我就可以了，别的东西可以不要。"

过了不久，他的哥哥对小孩说："你也不算小了，我们要与你分开，让你自己过日子。"小孩说："好。"哥哥说："我们家私产不多，你就自己去生活吧！"小孩说："没东西，我怎么活下去，这头牛你总得给我吧！"没办法，哥嫂只好同意了。

小孩分到了牛，骑着牛走了。他们走呀走呀，走到一个地方，看到一处房子很好。那牛说："小主人，我们住在这里好了。"于是，他们停了下来，问了旁边的人，才知道这屋没有主人，别人都不敢住。小孩照牛的意思，住了下来。

走到屋里，牛又说："这屋后的地里有很多银子，你可以拿锄头去挖出来。"小孩拿着锄头，到屋后把银子挖了出来。他把这些银子的大部分给了穷苦人家，自己只留了小部分，但足够他买田地了。

在牛的帮助下，小孩很快就成了当地的富户。小孩非常同情穷人，常资助穷人，收留无家可归、流离失所的人。

再说小孩的哥嫂。自从小弟走后，日子过得很不顺，收入减少，慢慢穷了下去，又不幸遭了火灾，无家可归，只好外出讨饭了。

说来也巧，小孩的哥嫂，讨饭讨到了小孩居住的地方。听到有一富户乐做好事，能收留落难之人，就投奔来了。那时，他们当然不知道是自己的弟弟在做好事。等哥嫂吃好饭，与主人闲聊时，才知道是兄弟。弟弟说："分家时，我只有一头牛，我有今天，全靠这头神牛。"哥嫂俩惭愧得低下了头。

弟弟拿出银子送给哥嫂，让他们重新振作起来。

凤其祥的传说

有个名叫凤其祥的人，到山上去砍柴，看见两条蛇在柴根头孔里交配。一条是雌黄纳蛇，在蛇类中称为蛇皇后；另一条乌梢蛇，在蛇类中称为宰相。

凤其祥一看，觉得君臣乱伦，心中不服，一气之下，将乌梢蛇打死了。那条雌蛇被打伤后逃回家里，向蛇皇告状："可恶的凤其祥，在花园打死乌梢宰相，还把娘娘我的凤袍撕破并打伤了我。"蛇皇听了，怒发冲冠，说："打死丞相，打伤娘娘，这还了得。"就派眼镜蛇大将带领千军万马去杀凤其祥。

眼镜蛇大将去的时候，声势浩大，千军万马当夜到达凤其祥的家。眼镜蛇大将亲自爬上屋顶，去探听虚实。

再说凤其祥夫妇躺在床上，没有睡着。其妻觉得有些异常，问丈夫是否做过恶事。凤其祥说："今天上午，我看见两条蛇在偷情，而且是臣嫖君妻，乱伦。我将丞相打死了，雌蛇被打伤跑了。"这话被眼镜蛇大将听到了，认为凤其祥没有错，就带着蛇群回去了，并向蛇皇奏本，讲明缘由。

蛇皇大怒，派眼镜蛇大将把蛇娘娘绑起来，推到午门斩杀。蛇皇同时叫眼镜蛇大将到凤其祥那里去托梦，叫凤其祥到午门把蛇娘娘的心肝吃了，吃了之后，能听懂百鸟说话。凤其祥真的把雌蛇的心肝吃了，但他不相信会听到百鸟说话。

第二天，凤其祥坐在道地里，听见有只鸟对他说："凤其祥呀凤其祥，后山老虎在拖羊，你去赶走它，你吃肉来我吃肠。"凤其祥到后山一看，果然有老虎在拖羊，他把羊从虎口夺了下来。那羊被咬死了，他吃了羊肉，但是他却把羊肠抛进了粪缸，不让鸟吃，这鸟非常气愤。

第三天，凤其祥又坐在道地里，那只鸟又对凤其祥说："凤其祥呀凤其祥，前山老虎在拖羊，你去赶下来，你吃肉来我吃肠。"凤其祥听后，拿着斧头去追赶，赶了好多路，也没有看见老虎在拖羊。他感觉有些累了，正好他看到有个山厂（一个小村子），就进去歇息。

那山厂，正好是盗贼抢劫杀人的现场。地保带着衙门差役来查看，见凤其祥手提斧头在那里，不容凤其祥分说，就把他带到县衙。审堂时，凤其祥告诉他们原委，大呼冤枉，县官就是不信。

为了试探真假，县官把凤其祥关在一个小牢里，在牢房的屋顶上面放了两盆东西，一盆是米，一盆是盐。摆好后，叫狱卒看着。

不久，两只黄鸟来觅食，它们从这盆跳到那盆，从那盆跳到这盆，叫着，一盆米、一盆盐、一盆淡、一盆咸。鸟飞走之后，县官就审凤其祥。问，你听到了什么？凤其祥答道："雄鸟说，一盆米，一盆盐。雌鸟说，一盆淡，一盆咸。"县官虽然觉得他说得有些道理，但还是没有定案，仍把他关着。

关了三四个月，朝廷里发生了一件大事。外国敬献一只金丝黄毛小鸟，敬献时，外国使臣说："这只金丝黄毛小鸟，贵国如能养活，我国就向你们称臣，年年进贡珠宝金银。若养不活这只小鸟，我们就力反中原，要你们对我国称臣，并进献财宝。"

皇帝拿到小鸟后，这鸟什么食物都不吃，毛羽干枯了，体质越来越差。皇帝发愁了，发出皇榜称：若有人能养得活此鸟，此人无官平地升官，有官官上加官。这皇榜贴出之后，县官想到了凤其祥能懂鸟语，或许可以救活此鸟，并把它养好。就把凤其祥带到皇帝面前，皇帝叫他戴罪养鸟。

凤其祥看到金丝黄毛小鸟的样子，就说："金丝鸟呀金丝鸟，你怎么了，你吃什么呀？用什么洗澡呢？"那金丝鸟听到凤其祥这么问它，就告诉凤其祥："我吃的是沸红的白炭，在滚沸的油锅里洗澡。"凤其祥告诉了皇上，皇帝连忙让人准备了沸红的白炭、滚沸的油锅。金丝鸟不但吃了个饱，而且洗了澡。不久，金丝黄毛小鸟好起来了。

外国人知道了金丝黄毛小鸟的事，知道中国有能人，只好依先前所说的，对中国称臣、进贡。

道人遇鬼

从前，彩烟山有个有名的道人。有一年年底，这个道人被邀请去给一户大户人家打七做法事。念了一天的经，及至傍晚，法事终于完毕。

主人很客气地留道人吃晚饭，好酒好菜招待，并用粽子给其当主食。他吃得很高兴，一吃时间有点长，酒足饭饱，回家时已是二更时分。

从主人家到自家约十里路，其时夜深人无，一片寂静。没走几步，就听到窸窸窣窣的声音，他以为有人跟在后边，停下回头查看，并不见人。又继续往前走，一走声音又跟着出现。他加快了步伐，声音也加大加快了。忍不住又回头查看，模模糊糊看不清楚，恍惚好像有人跟着，但奇怪的是他停下后声音也消失了。只好又往前走，声音又响起来了。他心里发虚，心想我做道人，经常与鬼打交道，难道真有鬼要为难我？越想越害怕。

他只能自我暗示，内心告诫自己不要怕，不要怕，自己懂法术，用咒语就可驱走鬼怪。于是他就开始念咒，同时加快了脚步。但一点也没有用，咒念得越响，步走得越快，这鬼声音也跟得越急越响。于是，越来越怕，越走越快，最后几乎是拼着命往家逃，逃到家几近虚脱，腿一软倒在地上。

他老婆大吃一惊，问："怎么了？"他惊魂未定，低声哆嗦着说："有鬼有鬼，吓死我了。"

老婆问她怎么回事，他把经过说了一遍，他老婆觉得事有蹊跷，不可思议。于是在他身上检查了一下，这一查就查明了原因。原来他吃粽子后一片粽叶粘在他屁股上，他一走就发声，不走就很安静。

他老婆笑着对丈夫说，亏你还是一个道人，差点被一片粽叶吓断了命，说出去真让人笑掉大牙。

得知真相，道人羞愧难当。

三个儿子不如一箱石子

从前，彩烟有一户人家，夫妻恩爱，男耕女织，生活虽不富裕，却还幸福。夫妻生了三个儿子，当生下第三个儿子时，妻子由于难产，不幸身亡。

父亲为了孩子不受后娘之苦，没有再娶。当爹又当妈，含辛茹苦，省吃俭用，备受煎熬，终于将三个儿子养育成人，并都娶了媳妇，分家自立。

父亲以为自己好不容易将儿子们养大成家，终于可以安享晚年了。但是事与愿违，三个儿子各自成家后，均不愿意赡养父亲，你推我阻。老父吃了上餐无下餐，衣食无靠，老年失养，生活艰辛，身心两苦，万念俱灰，生出轻生念头。

有一天，老父的一个要好朋友来探望，看到他的生活惨状，十分愤懑，又无可奈何，但朋友很想帮助这位悲惨的老人脱离苦海。朋友想出了一个办法。他叫那个老父拿出了一个箱子，偷偷地在箱子里放满石子，盖好盖子，然后锁了箱子。这么做之后，又教了老父一个妙计。

老父把三个儿子及儿媳都叫来，这位朋友跟他们说："你们老父亲有话跟你们说。"老父当着三个儿子儿媳的面说："我这辈子呕心沥血，勤俭持家，终于积累了这点家底细软，以备养老，现在我已垂老无用，生活要靠你们赡养了，今后谁照顾我，我就把这箱银子给谁，如果你们三个儿子都赡养，那么，平均分配。这个箱子请我这位朋友保管，等我死后你们就可以拿来分配。"

从此之后，三个儿子都很孝顺，让老父安度了晚年。

老父去世后，三个儿子迫不及待要回箱子。当众打开了箱子，一看惊呆了，原来根本不是什么银子，而是一箱石子。箱里附有一张字条，写着："三个儿子不如一箱石子，若没有这箱石子，我早已饿死。"

三个儿子面面相觑，羞愧不已。

篾匠巧避文字狱

彩烟人在清朝初年抱有比较强的反清复明思想。为表达乡人这种思想，有人将篾匠所剖的篾片称为"篾青""篾黄"，以谐音表示"灭清""灭皇"。

此称谓一出，很快在本地传开，并流传至周边府县，最后居然传到了皇帝的耳朵里。皇帝大为光火，欲动之以文字之狱，可苦于得不到人证物证。于是派出爪牙四处暗访。

一天，一个篾匠带一徒儿在殿前祠堂剖篾打箬，隐约见一脑袋探门窥视。俄顷，两个操外地口音的过客入门讨茶。篾匠目视大茶壶，示意其自便。过客喝足，欲与之搭讪。贼头鬼脑，该走不走，引起篾匠高度警觉。一人突指其手中的篾青问："此谓何？""竹皮。"又速指篾黄："此又谓何？""竹肉。"因不得证据，二客不悦，茶也不谢，悻悻而去。

徒儿道："师傅，怕啊，险遭灭族之祸啊！"师说："汝无多舌，何祸之有？"篾匠巧避了文字狱。

杨宗敏传奇

杨宗敏，名文证，字宗敏，王家年村（今杨家年村）人，因其学识渊博，用术奇特，判断准确，人品高尚，被誉为"再世杨救贫""杨地仙"。

（一）

传说有一天，一个叫闵头陀的异僧云游到王家年村边。这个闵头陀其实就是陈友谅的部将兼谋士张定边。张定边败逃至彩烟山，易姓改名为闵头陀，隐居于鞍顶山北麓的一座佛殿里，后此殿名为"头陀殿"。

那天，闵头陀在王家年村边，看到一块地种着鸡爪粟。种鸡爪粟不奇怪，奇怪的是形似八卦。他问村人，这作物是谁家种的？村人说是杨国有家的。闵头陀找到杨国有家，问："那块鸡爪粟是你种的？"杨国有答："是的，是小儿宗敏定图形种的。"便唤来相见。见宗敏虽尚未成年，但眉清目秀，十分惊讶，心想难得的奇才让我碰到，真是缘分。便对国有说："这个孩子聪颖绝伦，我很喜欢。"

国有见这个僧人非比平常，连忙热情接待，邀请其住下。整好房间，好酒好菜款待，尊敬有加。

头陀住下后，开始悉心教授杨宗敏数理九章、天文地理、律历通书、易经八卦、阴阳五行、六壬奇门等玄学之术，并带他登山涉水，实地指导。杨宗敏天资聪颖，一点就通，还举一反三，触类旁通，再加上勤勉好学，对所学之术无不精益求精，融会贯通，几年后学就了一身本领。

（二）

数年后的某日，头陀殿来了个外地人，与师父相谈许久，师父忽悲忽喜，忽哭忽笑。杨宗敏不知道他们在说什么，只是非常奇怪。那天夜里，他做了一梦，梦见师父送给他三件法宝：一龙碗，一龙鞭，一黄皮书。醒来时，床头果有三件法宝。另有书信一纸，信上写道："吾云游向鄂。汝艺已精，可放手开搏。所遗宝物珍藏于家，莫示人，非不得已勿用。切记切记！"

杨宗敏有此三宝，可呼风唤雨，断事如神。年过三十时，杨宗敏已名声大噪，人们传说其技艺为异人相授，彩烟及周边县区的豪门大户凡堪舆必请杨宗敏，几个同行无可奈何，改行学剃头或裁缝，苦不堪言。

（三）

有一天，杨宗敏到了上虞，游到曹娥庙，已是傍晚，就寄宿在曹娥庙内。是夜，曹娥娘娘到杨宗敏处托了一梦。梦中曹娥娘娘对杨宗敏说："现在曹娥庙香火不旺，十分冷清，是由于庙宇的大门方位不好，我知道你技能十分了得，请你为庙宇重新选好方位再开大门，让香火旺盛起来。"

曹娥娘娘在托梦杨宗敏的同时，也托梦给当地的富人："有个姓杨的大师在为庙宇重开大门，以期旺盛香火，希望诸位大力帮助，明天到庙后，会同杨大师办成此事。"第二天起来，许多人做了同样的梦，觉得很奇怪，纷纷前去曹娥庙。

杨宗敏看了庙宇的大门方位，的确不好。他在为庙宇重新选择大门方位时，善男信女们也到了，真的看到一位大师正在选门址，就相信梦是真的。于是跟杨宗敏一起，重新开了庙宇的大门。

大门重开后，香火果然旺盛起来了，曹娥娘娘很是感激。

不久的一天夜里，曹娥娘娘又到杨宗敏这里托梦："明天，八仙之一的铁拐李到我的庙里来，这是千载难逢的好机会，你可求他提升你的法术，要不顾一切，忍辱负重，抓住机会学到仙术。切记！切记！"

杨宗敏一早起来，一直等在庙门口。等呀等，等到酉时，才见一个衣衫褴褛、面目污垢、挂着铁拐的人，一瘸一拐地向庙走来。杨宗敏赶忙迎上前去，扑通跪下，作揖礼拜，连喊师父。老人说："你眼花了，我一个老叫子，怎么会是你师父呢，赶快滚开，别影响我讨饭。"

杨宗敏任凭老人辱骂，就是拉住他不放。老人火了，唾液痰液吐了杨宗敏一脸。杨宗敏就是不怕羞辱，抱住师傅双腿，要求其传授法术，终于感动了老人。他就是铁拐李，说："你不怕羞辱，那你不怕痛吗？"杨宗敏说："不怕！"铁拐李随手用铁拐对准杨宗敏的左眼一指，杨宗敏的左眼球便被挖出，当时就昏厥过去，铁拐李趁机为杨宗敏装了一只仙眼。

杨宗敏苏醒过来，铁拐李问："实话实说，到底痛不痛？"杨宗敏答："痛！"铁拐李说："你的造化就是如此，不过已给你装入了一只地眼，也够你用了，好自为之吧！"说完就不见人影了。

杨宗敏被装上一只仙眼后，十里开外，入地三丈，地下的龙脉穴位一目了然，预测吉凶极为应验，被誉为"杨地仙"。

杨宗敏的名声越来越大。他性情耿直，心地善良，侠肝义胆，同情弱者，为富人贵族帮忙收取钱物，为贫穷人家帮忙，不但不收钱物，有时还倒送钱物救济穷人。因此，百姓称呼杨宗敏为"再世杨救贫"。

（四）

杨宗敏自得了三件法宝后，断事如神。为感师恩，一路寻踪，并帮人点穴、分经。进入江西境，看到两位堪舆先生在替人筑寿域，其经穴与己看法不谋而合，深知两位为高人。两人走后，他用三宝测之，居然不差丝毫。于是长叹一声，别人无宝而有此绝技，凭我技艺留此三物何用？竟把三宝弃之，转身返乡。

（五）

有个"九脱明堂，独安二房"的传说。

话说彩烟杨氏第二十五世祖海珠太公，俗称白茅坑太公，元朝时从侨居地山东返居长塘里，配卢氏，生四子，过着和谐美满的生活。

及至太公晚年，欲找一块宝地做寿坟。就请了侄子辈杨宗敏来寻找。因为他是乡间流传的"彩烟三杰"之一，其术闻名全国。杨宗敏来海珠太公家住下，每日出去寻找，其生活则由四房儿子轮流招待。

四房儿子的夫人中属二房夫人最好，为人诚朴，心地善良，待人热情，宽容大度，好善乐施，口碑载道。对杨宗敏也是真心款待，胜似亲人。杨宗敏对二房夫人由衷感激和尊敬。

寻找了一年多时间，终于在白茅坑金钗山找到了一块宝地。但结合来看，对二房不利，杨宗敏于心不忍，拿捏不定。心想：二房最善良，对自己又最好，现选择的地方虽是佳穴，但对二房不利，如何是好？

他怀着忐忑不安的心情，同二房夫人商量，说：我找到了一处佳穴，地方确实好，称得上是风水宝地，但对你不是很利。你为人善良，对我又最好，这块宝地弃之可惜，用之不安，对不起你，为此十分纠结。二房夫人听后慷慨地说：只要地方好就好，其他几房都好了，我一房差点又有什么关系呢，你就大胆安坟吧！杨宗敏被二房夫人的品德再次感动，暗暗想着补救办法。

结合地形地势，他终于想出了补救办法。在建造坟墓时，他要求材脚（做坟的人）在坟前明堂处砌起九层平台，改善明堂。砌好后，他手持罗盘，站在坟前，面对明堂，大声喝道："九脱明堂，独安二房！"

说也奇怪，经杨宗敏改造，海珠太公逝世葬下后，真的是二房后裔最为兴旺，不但人丁发达，而且人才辈出，丁财两旺，现在回山、雅里、上宅等村的杨姓人氏望族，都是二房太公的后裔。

九脱明堂的坟墓，仍在白茅坑金钗山。

（六）

有人常常会说，既然风水这么灵验，那么堪舆先生为何不为自己选得一块宝地，可以世世代代荣华富贵呢？

其实，好风水不是任何人想得就可以得的。就是杨宗敏也不例外。

有一天，他的儿媳妇说："公公，您为别人挑风水挑得这么准，这么好，为什么不为自己家找块好地方，让自己家的日子过得好些，让我们的子孙能够荣华富贵呢？"他回答："好风水不是你想得就可以得的，要有福气得的。"儿媳妇说："我不信，您就为自家拣块宝地吧，您不想我们家越来越好吗？"

公公拗不过儿媳妇。他眉头一皱，说："宝地倒真有一处，只怕咱福薄承受不起。"儿媳妇说："管他呢，用了再说呀！"他心一横便答应了。

下夹溪有座坑口庙，庙下游有个龙潭，潭侧有座狮子头山，潭以山名。隔潭相对也有座山，名为三鼎甲，山上三个小山峰。狮子头山酷似狮子，尤其是那狮子头，形象逼真，惟妙惟肖。杨宗敏和儿子儿媳把祖辈的棺材用铁索悬挂于狮脖子上，面朝三鼎甲，并且画符念咒，布置得妥妥帖帖。

没过多久，儿媳怀孕了。自从儿媳怀孕后，杨宗敏就推脱掉一切业务及应酬，在家看住儿媳，以防意外事件发生。

一晃，儿媳临近分娩，杨宗敏更加尽心照看，不出家门一步。但是预产期过去了不少日子，就是不见儿媳有分娩的迹象。他内心焦急，但也没有其他办法，只能静静等待。

这天，瓦窑湾好友相邀喝喜酒，杨宗敏坚辞不出门。不料朋友再三上门来请，盛情难却，又无言以推，心想两村相隔很近，来回也不过半个时辰，该不会这么巧吧。儿子劝他赴宴，儿媳也说："公公，我暂时不会生，你早去早回便是。"

杨宗敏离家没多久，儿媳就生了。一个，二个，三个，竟是三胞胎。一白脸，一红脸，一黑脸。三个小孩一出生便很快长大。白脸跳上斋橱背，红脸蹦上八仙桌，黑脸跃上土灶头。三孩争当老大。儿媳大惊，差点惊疯，儿子惊慌失措，随手抓起擀面杖，每人当头一杖。说也奇怪，三个小孩蹦跳自如，眼看面杖打来，竟然谁也不躲，谁也不闪。

杨宗敏这边刚开筵，便见乌云翻滚，昏天黑地，电闪雷鸣，暴雨如注。他大惊失色，暗自叫苦，旋即起身冒雨往家狂奔，待到家一看，傻眼了，三个小孩脑浆流出，已无声息。他疯了奔出门，霎时雨过天晴，万里无云，奔上山冈一看，祖辈的棺材已被滔滔洪水冲向下游。此时想起师父，悔不该当初抛弃三宝，三宝若有一宝在，何至有今朝？仰天一长啸："运也，命也！"

另传，有一天中午，杨宗敏的兄长做寿，来请他吃酒。杨宗敏说："不能去，现在是关键时刻。"兄长说："我就住在隔壁一点点路，有动静你就马上回家，不会误事的。"杨宗敏的儿子及儿媳见伯父邀请得热情，也帮着说："您就去吧，现在反正没有要生的迹象。如果有动静，我们会立即叫您，不会有问题的。"杨宗敏盛情难却，答应去喝酒。

去前，杨宗敏对儿子再三吩咐："要生时立即叫我，千万不能耽误。"

杨宗敏出去不一会儿，媳妇就很快生产。生下了两个男孩，一个红脸，一个黑脸。两个孩子立马长大，出手就相互厮打。孩子的父亲被吓呆了，想不到去叫父亲，看两个孩子越打越激烈，慌乱中随手抓起一个檬柱（定制压菜用的木棍），一个孩子一檬柱，两个孩子竟被当场打死了。两个孩子一死，媳妇又生下了第三个孩子。这是一个白脸男孩。他一看两个兄长已死，开口说话了："文臣武将既然已死，留我这个孤家寡人还有何用。"说完就死了，原来这三个孩子是帝王将相。

杨宗敏吃完饭回家，听了儿子儿媳描述的离奇经过，仰天长叹："天意，天意，天意不可违呀！"就对儿子说："棺材的铁链已断，棺材掉进了龙潭。你快请人帮忙去龙潭把棺材捞起来，葬回原来的坟墓里。"儿子只能照此办理，儿媳也不得不相信公公的说法，从此安心做普通人。

所以说，"福地原待福人受，无福之人空劳累"。

（七）

到了晚年，杨宗敏想：树高千丈，叶落归根。于是他渐渐游向彩烟，返回故里。可惜的是因年迈体弱，路途劳顿，再加风寒，病倒在诸暨枫桥的一个路廊里。

叫天天不应，叫地地不灵的紧急关头，来了一个小乞丐。小乞丐看到一位老人倒在地上，便把他扶起来，又认他为爷爷，然后给老人喂水喂食，洗脸擦身，嘘寒问暖，精心照料。宁可自己饿着肚皮，也把讨来的饭菜让老人先吃饱，宁可自己冻着身子也让老人先穿暖保温。就这样，辛苦好几个月，直到老人身体康复。

杨宗敏康复后，就要为这心地善良的小乞丐找块好地方，找到一个名叫"九龙抢珠"的地方，又帮小乞丐将其祖宗先人的骨骸移葬于此，然后在小乞丐的护送下回到老家王家年。

　　小乞丐返回不久，就娶到了媳妇。家境从无到有，日渐富裕。后来生养了三个儿子，三个儿子又分别讨了老婆，生了多个孩子。子子孙孙，越发兴旺，可谓子孙满堂，人才辈出，富贵双全。这就是善有善报。

第二章　逸事轶闻

或散见于家谱、野史、外史、个人笔记等一些不太为世人所知、不见于正式史志或文献记载的传闻和故事，上自王侯将相，下至三教九流，无所不及，无所不含，是正史之补充，对彩烟人文历史溯源、风土人情再现、历史文化传承皆有裨益。

鞍顶山脚剩人种

巍巍彩烟山，纵横数十里。高山巅上之丘陵，云里雾里之广袤平原。山色秀丽，彩烟缭绕。其景色之美自不必说。在古代，黑压压原始森林一片，一望无际，猪吼狐鸣、虎啸狼嚎，荒无人烟。欲上彩烟，既无岭更无路。人知其高而不知其多高，知其广而不知其多广，令人望而生畏，可望而不可即。即使勇者欲一探究竟，可又有谁不望而却步，知难而返呢？故谢康乐游沃洲而不游彩烟，李太白敢梦游天姥而不敢梦游彩烟。

鞍顶山，彩烟山之翘楚也。它高耸巍峨，矗立于彩烟山西南一隅，登其巅，极目越台婺，"一览众山小"，于是人们谓彩烟山为鞍顶山脚。

"鞍顶山脚剩人种。"望君千万莫以为整个区域，遍地无人，唯独鞍顶山脚才有人存活。如此理解，将会"差之毫厘"而致大错特错。

古之人有矛盾，矛盾激化是斗争，殊死斗争有结局，结局莫非成王败寇。大至朝代更迭、王国纷争、宫廷内斗、忠奸相倾，小至山头、门派、家族之争，概莫能外。斗争有时非常残酷，也极其残忍。对败者，成者欲置之死地而后快，"斩草"完毕，尚须"除根"。败者咋办？三十六计走为上。走者，跑也，一个字"跑"，两个字"快跑"，三个字"舍命跑"。唯跑，方能死里求生，到某个安全去处留个机会，日后好东山再起。于是乎，跑得"匆匆似惊弓之鸟，急急如漏网之鱼"。

但跑得快未必有生路，还得跑得对才真正有活路。跑得快恃勇，跑得对凭智。现今可考，最迟西晋便有跑之智勇双全者。他们选择了彩烟山，"山高皇帝远"，追者鞭长莫及。人常言"慌不择路"，可彩烟有崇山而无峻岭，更何谈路！他们绕过悬崖攀峭壁，不畏艰险；抓藤攀树，勇于登攀，终于登上鞍顶山脚，真是个"柳暗花明"的好去处！他们在此休养生息、培养后代；在鞍顶山脚留下自己，亦留下后裔。此所谓"鞍顶山脚剩人种"也。

鞍顶山脚剩人种，典型代表当数隋末荣王杨白。他欲跑福建，跑得真够快，可惜迷路了。然此一迷可谓苍天庇佑、大地眷顾，他居然迷到了彩烟山下。他一往无前、坚韧不拔地上了山。到今朝彩烟子弟中有多少是他的后代，且是优秀的后代！怪不得明初天台望族子弟、饱读诗书、满腹经纶的青年才俊胡滨游彩烟而不求仕，隐居殿前，亦教亦耕，甘愿终身世代陪伴其侧。

彩烟药山

县南九十里，白王殿西南十五里，三峰屹立，左曰青山，右曰药山，中曰安顶。安顶者，彩烟山主峰也。旁有潭曰三州，因极目三州而得名，旱季来此祈雨者众。

右峰药山，多生药材，今已无知情者。据传，荣王杨白避难彩烟山王家年后，曾多次上山采药救治百姓。药山因之而得名，杨白亦因之得以立足。

大王湾

泄上山是回山的一处著名景点，自古颇享盛名，诗人、乡贤多有题咏。大王湾乃其中的一个小山湾。

相传明末清初，活动于越台婺交界处的白头军，聚十万兵力抗清复明，见此处风景优美，日落之美胜杯中酒，众首领聚此，后称此地为大王湾，引军上山，驻扎于安顶禅院。

这支义军最后在王家市村附近被清军镇压，积尸如山。现该村仍有"积尸巷""义井""寇冢"等地名。

斋堂来历

今斋堂自然村，原名何庄，古属镜岭溪西村何氏庄园。据《溪西何氏宗谱》中"何园遗嘱"记载：溪西何氏紫金公何园（996～1065）八舍兴寺院，在祖庄十三都，地名何庄处置斋堂办斋饭，供香客膳食。明初杨巨津从上宅村迁此开基建宅，改称斋堂。

斋堂岭脚还有一个山厂叫何庄畈，附近田产其时均属镜岭溪西村何氏祖业。

旧宅岙

梁渚乃梁涯之异母弟，其父七十四岁方生，小涯三十五岁。

渚九岁丧父，长兄灌携小弟赴江西任上，助其读书；次兄涯在其产业近隘起建新宅，以利其母子安居。

渚一生读书好善，立心公正，禀性温和，知足常乐。从不仗家兄富贵，高调张扬，而是谦逊低调，常怀感恩之心。

后闻侄孙（涯之孙）俊、严兄弟于王画和己宅之间建新宅王家，遂改称己宅为"旧宅岙"，用至今。

梁涯创建王画村

王家市村后的丘陵中，曾有个明代古村王画。它的创建者是明初的梁涯，是曾官至太子侍读——人称"伴读公"梁灌的二弟。

因故居大家里狭窄，涆遂率诸弟子侄，选择郑博溪南岸、棠墅村西数百步处建立新居。因梁灌感恩鲁王赐画《永言孝思》之恩，遂名新宅为"王画"，后废。后人迁至芸溪庄（今晨光村）等地。

殿前村名由来

胡澶仰慕杨白，常教孩子"荣王以贵胄逊荒于此，殁为贵神"（见丁川《彩烟派始祖胡原遂传》），故在白王殿侧卜筑兴办学校。命名为何不是殿侧或殿左，而为殿前？主要有两个原因。其一，原址纬度前于白王殿正殿。其二，胡澶六世祖胡宾官至南宋殿前都总管，意在激励子孙勿辱没祖先，"尔曹各孝悌、教诲、力田；庶几无忝乃祖"。

洪武帝赐匾"恩师堂"

1363年，朱元璋大战鄱阳湖陈友谅，陈友谅成了箭下之鬼。然后朱元璋挥师进军绍兴、杭州、嘉兴，欲剿灭张士诚和台州方向的方国珍。

讨方期间，朱元璋因尝闻彩烟卢宁为新昌名士，德高才丰，景濂亦屡提及，由是于行军时特率轻骑间道蟠溪走访卢宁。宁设香案，率村中百姓隆重迎接。并对朱元璋道："大王（其时为吴王）南征北战多年，今大势既定，您可尽早登基以应民意！"朱元璋听罢，甚觉战事顺利，此乃天意；今百姓推戴，倘称帝，岂非承天意而顺民心乎？然嘴上却道："先生之言差矣。一统之势未成，四方之途尚梗。我尝笑陈友谅得天下之一隅，便妄自称尊，卒致灭亡。余岂能步其途辙？"迎入密室畅谈后方执手依依挥别。

朱元璋在灭张士诚后，于1368年在应天（南京）钟山之阳设坛备仪，昭告上帝，定天下之号为大明，建元洪武，即皇帝位。他不忘前情，差人传旨，请卢宁出仕。而宁深知宦海沉浮，官场险恶（其祖父曾为刑部主事），宁做深山野鹤，亦无意出仕。他让儿子跪禀来使："父亲已驾鹤西去！"洪武皇帝知卢宁已故，遂赐手书"恩师堂"匾一块。已遗。

县令贾骥归隐彩烟山 [1]

以先失落多代之骥公，上祖有灵，观县志，始彩烟开创。

钟张即骥公之兄，别号岳先，又名骝先，行亨七。父彦挺，赠文林郎。兄伯嵩，官华亭知县，道卒江苏虎邱，因葬焉。弟钟星，隐居未仕。

考《新昌县志》，洪武初新昌县令贾骥，道经朱母岭，腹中饥饿，出怀饼，鞠（掬）水而饮，地方父老，争献蜜汤以进。公曰："余治新数年，无德泽于民，何敢告扰？"坚辞不受。父老因感公德。歌曰："清泉不与盗泉同，何事贤侯忍腹空？从此区区朱母岭，行人千古挹清风。"

年老退居彩烟山。卒后从祀乡贤祠。生于至正四年（1344）七月初六日子时，卒于永乐六年

---

1 摘自民国时期《天台东山公溪贾氏宗谱》。此贾骥，明万历《新昌县志》有传，过朱母岭不受蜜汤事及民谣均有载。唯结局不一，县志引《大明一统志》云，贾上调朝廷命官，审案中，因不愿枉法以断，遂自尽。

（1408）四月十七日未时，享年六十五岁。墓葬下湖桥响扳庙山头，子一，即宗文公是也。

胡旦趣事拾遗

胡旦（955—1034），字周父，彩烟殿前胡原遂之十一世祖，聪慧过人，才华出众。少时常曰："应举不状元，仕宦不卿相，虚生也。"宋太平兴国三年（978）戊寅科状元，时年二十三。官至枢密使、知制诰，封卫国公。四十多岁告别宦海生涯而潜心于宋经学与汉史之研究，造诣颇深。《胡周父经学》和金中枢《宋代学术思想研究》均有实介绍和论述。

年轻时与青年才俊后为宰相的吕蒙正常相戏谑。蒙正新诗有"挑尽寒灯梦不成"之句，旦讥之"瞌睡汉耳"！次年，吕蒙正大魁天下，寄书与旦："瞌睡汉状元及第矣。"旦坦然回之："无他，来年待吾亦中个状元瞧瞧。"后则果然。

太平兴国三年九月初二，太宗亲临讲武殿主试。题为《二仪合德诗》等三篇，旦挤笔立就，于同榜七十四进士中夺魁。太宗赐宴开宝寺，赐御制诗云"报言新进士，知举是官家"，金口钦点旦为"天子门生"。

一次，国史馆为一贵侯作传。因其微时尝为屠户，令史官犯难，隐而不书则不成实录，书则不知如何措辞。于是求教于旦，旦微笑："何不言'某少时尝操刀以割'，示其有宰天下之志。"众皆拍案称绝，莫不叹服。

胡建仁轶事

胡颙（yǐ），字建仁，烟山殿前胡滫之十世祖，天台胡氏始祖。袭父荫为天台录事参军，宋真宗天禧五年（1021）始家天台西之桐桥。卒葬王里㘭龙口山"叶里仙桃"。

其官虽微，然刚直不阿，一身正气，教子孙以诗书与忠孝，甚得其法。其二子三孙，长子因子贵，诰封太子少师、兵部尚书，次子官至宣抚使。三孙皆仕宦，长孙宗愈尤显，四年（1059）登刘辉榜进士第二，哲宗朝仕兵部尚书。后拒和权相蔡京同流合污，与司马光同被诬为党人，故归隐故里，谥"修简"。

三孙后分为天台水竹、东门、田中央三宗，子孙繁衍。教导之法代代相传，后世簪缨绵延，世为天台之望族。

长孙宗愈曾孙胡嘉登宋嘉定十六年（1223）蒋重珍榜进士，仕至监察御史。嘉长子胡元卿登宋咸淳十年（1274）王龙泽榜进士，仕中宪大夫。元卿之子胡泽登三年（1316）乡贡进士。胡泽次子汝雨登明洪武四年（1371）吴伯宗榜十七名进士，因之赐世科牌匾。家有"大宋尚书府，皇明进士家"之美称。

三孙宗余之子宾，字敬仲，登嘉定十三年（1220）刘渭榜进士，仕至殿前都总管。孙大璟由国子监登进士。曾孙胡让仕至宋吏部尚书，曾孙胡识由国子监登进士官至宋刑部尚书。

据粗略统计，宋至清，建仁后裔共计尚书5名，外加诰封尚书3名，进士28名，举人11名。

东晋初期的殿前人

殿前于1963年移山开田时,在下里山脚即今财库庙右后侧,挖掘到一座古墓。村里非常重视,注重保护现场并及时派人上报有关部门。

专家在新昌县相关部门领导和回山中学校长梁钟美先生的陪同下,实地进行科考。根据平顶墓穴、正方形墓砖以及砖块上皇帝年号等材料,认定墓主为东晋初年人,葬于太和五年(370),死者身份不详。这是彩烟有记载出土的最早古墓,已被载入《新昌县志》。

出土砖块制作非常精细,足见其工艺之高明。但究竟是本地自制,还是从远方搬运则无从考证。殿前下里山脚东晋古墓的发现和出土,对于研究早期彩烟山人文历史以及人居、活动具有十分重要的意义。至少可以推断西晋时期(甚至更早)就有人至此定居,亦可佐证"鞍顶山脚剩人种"谚语缘起之时段。

周铭德荐甄完

岭头周,是今岭山村的一个自然村,以周氏始居此地为名。明代以前这个村就已存在。周铭德,元末明初人,以孝友名闻乡里,对朱熹《四书集注》研究颇深。曾任新昌教谕,调任教邻邑嵊县。后任湖北大冶、江西萍乡县宰;因方孝孺案累,归隐故里。结交多名公巨儒。至九十一高龄弃世。

周铭德对新昌教育有较大贡献,与吕不用、杨居等名士多有交往,吏部尚书魏骥、右佥都御史杨信民等均为其学生。相传,周铭德对当时尚未出仕的甄完十分赏识,并向他的学生、后任南京吏部尚书的魏骥予以推荐。

为恩师执鞭坠镫

一日,王安准备上马外出,杨信民、甄完、章良民一起为他"执鞭坠镫"。王安受此礼遇,大笑着道:"某虽为冷官,而公卿不我及也。公卿有给事、主事为之执鞭坠镫者乎?吾今而后知师道之尊且贵也。"

"执鞭坠镫",亦称"执鞭堕",服侍他人乘骑,意谓倾心追随。这里实指居官甚至高官学子对先生的真诚服侍,体现他们对恩师的崇敬与彩烟士人尊师重教之传统美德。

此事虽不详时间地点,却为彩烟人民所津津乐道,并为成化《新昌县志》"纪异"所收录。

孔如文助筑新昌城

明嘉靖年间,新昌筑城,烟山渡河村孔如文,因资助筑城有功,得到知县万鹏的表彰,并建法洪庙立碑以彰其事。

法洪庙原址在渡河村东山脚。20世纪80年代,建造前顶水库,法洪庙随村搬迁后靠。后因庙基仍处水库洪水位以下,存水灾隐患,21世纪初再度搬迁至村口。

"篾青""篾黄"之始末

清初，新昌县南彩烟士人为配合浙东百姓轰轰烈烈的反清复明斗争，以"灭清""灭皇"为音首创的"篾青""篾黄"（前人称之为竹片、薄竹片或篾片）似讨清之檄文，亦如战斗之号角，传播甚快，社会影响甚为深广。

随着反清复明斗争的失败尤其是社会经济的复苏并日渐繁荣，人们复明意识不再，反清情绪亦随之而消弭。然而"篾青""篾黄"由于其概念的艺术性、定义的准确性，流传扩散并未随之而终止，只是由短期快速传播变为长期缓慢传播，由公开传播转为私下传播而已，尤其在竹编工艺师之间和读书人之间。当然，传播仅限口头。在文字狱盛行的清代，没有哪个读书人会将其写进诗文。

"篾青""篾黄"终成谶语。孙中山先生领导的辛亥革命以摧枯拉朽之势一举推翻了我国几千年的封建统治，既"灭清"又"灭皇"，干干净净，一个也不留。至此，历经数百年血雨腥风而顽强生存的"篾青""篾黄"实现了初衷并永久性剔除了"灭清""灭皇"之内涵，纯粹成为"竹之皮"和"竹之肉"的篾片。

随着普通话的推行，"篾青""篾黄"作为普通话规范用词被收入《现代汉语词典》。

青捣麻糍

清初，浙东南民众不服异族统治，反清复明斗争如火如荼、轰轰烈烈。很多地方在清明节增添了新的内容——吃青饺、青果等，巧妙地表达了"吃清祭明"。

彩烟人没有在清明节"吃清祭明"。

彩烟自古多智贤，认为清明节"吃青祭明"有失妥帖。清明佳节为传统祭祖活动，是行孝。祭明为哀君爱国活动，为尽忠。忠孝自古难两全，不宜合二为一。且彩烟山乃相对高寒地带，农谚曰"清明断雪"。大雪封山，明前何处去采青？亦何来青可吃？那么定于何日举行这场重大祭祀活动呢？士人们选出了最能表情达意的日子：崇祯皇帝煤山自尽日，即三月十九日（阴历）。彩烟的重大庆祝、祭祀活动麻糍必不可少，因为没有麻糍难成敬意，没有麻糍有失虔诚。于是青捣麻糍便自然成了本次祭祀的主要祭品。

随着反清复明斗争的最终失败和清政权的不断稳固，祭祀活动被迫停止。然而三月十九吃青捣麻糍，不仅自家吃，还馈赠长辈和亲友，却成了彩烟的传统风俗。为避祸，忽悠外人说是纪念太阳菩萨的生日。

此风俗影响较大，被《新昌县志》收录；持续时间也较长，一直延续到20世纪50年代后期。那时由于三年自然灾害，粮食奇缺，人们吃糠咽菜，青捣麻糍习惯不得不中止。其后粮食情况虽好转，可三月十九几乎家家户户青捣麻糍的盛况再无出现。如今青捣麻糍已经成为彩烟特色小吃。

文武状元彩烟祭祖

梁国治（1723～1786）乾隆十三年（1748）中状元，先授编修，后充日讲起居官、国子监司业，累迁至东阁大学士兼军机大臣、户部尚书，并先后任广东、江西、顺天乡试正考官，任过《四库全书》副总裁。平生治事缜密，不徇私情，廉政清俭，俸入随手即尽。乾隆下谕称"品学端醇，小心谨慎，扬历中外"。与彩烟名士多有交集。

清乾隆十五年（1750）八月，二十八岁的会稽籍状元梁国治来新昌，分别到查林、鳌峰、彩烟祭祖。至鳌峰祭祖，趁便游历水帘，乘兴吟诗："洞门高百尺，清响落幽泉。急雨空流外，垂虹返照前。人家烟树锁，山急画图悬。磈磈余粮石，遗踪莫浪传。"而后至彩烟山大宅里祭祖，在梁氏大宗祠为族人留下多副对联和匾额。今大宅里村世泽祠内仍留有残联半副。

陈桂芬（1848～1882）祖籍回山镇前陈村。字珪要，号子番，天台妙山人。清同治七年（1868）戊辰科武进士第一人，任广东南雄协镇，官至二品总兵。中武状元后，陈桂芬曾到回山祭祖，在前陈村陈氏祠堂、回山村陈墅祠（位于今回山村大会堂处，1980年左右拆除建村礼堂时毁）等地书写"状元及第"匾额。

董太公怒拦活埋

董太公，名茂春（1852～1933），官园村人。住在上坎头台门，董氏始祖所建团翠楼边。

大约在20世纪初的一个夏天的下午，蓝天碧碧，白云依依。官园村马眠山，上村岗头山厂的水井旁边，董太公干活渴了，用装有柄的毛竹筒舀水喝，忽听对面寒庄村孝子山脚传来一片哭闹声，还围着一群人。

董太公想：哪一对地头邻舍的女人在吵架？现在麦收季节，前几天刚下过雨，地气潮湿翻地轻松容易，过几天地会硬得像石头一样翻不动，播下的玉米出芽也困难。唉，不去管了，还是抓紧种六谷吧。刚打算干活的时候，从孝子山方向慌慌张张跑来了一个娃，原来是杨家的孩子，由于受到惊吓，两片嘴唇不停地颤抖。

太公问："你怎么了？""不得了，有个寒庄人在那里活葬女人。"

啊？人能活葬吗？一向急公好义的董太公，来不及拿地上的铁钯，随手抓起路边地头别人的一把锄头，快步跑向孝子山，不顾一切地冲进人群中。

"住手！"声音震得山谷嗡嗡作响。

正在挖活人坑的大汉头爆青筋，边挖边说：今天我葬老婆，谁也不能拦，谁拦灭掉谁。

董太公哼哼冷笑一声，冲向前，夺下大汉的铁钯。旁边马上有三四个人一起死死地抓牢铁钯柄，防止被大汉夺走再次成为凶器。

太公把大汉摔在地上，大汉跟跄着站起来要拼命，又被太公用力摔倒。大汉躺在地上号叫，准备爬起来再拼命，几个寒庄村男子闻讯赶到了，他们架着拖走了大汉，拦住了太公，也怕太公失手打死人，惹上麻烦。

那个苦命女人不敢回家，被太婆接回自己家中小住几天，后因思念娘家心切被陪伴送回娘家。后来她再婚了，从这年起，每年尽女儿之礼来村孝敬太公太婆，直至老两口去世。

瞧这一家子

外前丁杨其品家世代单传，贫穷势弱，常受同族富家欺凌。清明当值，好端端的麻糍被富家和族长等强势者说得狗屎不如。新婚不久的杨其品一怒之下，欲出门学艺，立誓技不惊人不还乡。其父只得变卖家里仅有的那亩薄田以作盘缠。

可怜的杨妻每日含泪放牛，那是一头不足三十斤的黄牛犊。吃草须过河到对面山上，过河唯凭独木桥。牛犊不敢过桥，杨妻只得抱过去。杨父无田可耕，只得以砍树劈柴维生。为多挣钱，让铁匠打了把特大斧子。如此则可勉强糊口。

光阴荏苒，一晃四年过去。一日，杨父在家劈柴，其品突然归来。他跪拜了父亲，见父亲不理不睬，便顾自坐在长凳上歇息。猛见父亲一甩手，特大斧子正朝脑门飞来。杨父忽听一声"爹"，转头一看，儿子正端坐于身后。杨父终于开言："可矣！"其品亦暗喜父亲四年并非等闲度过。

然而其品尚不知自己技艺在乡里的地位，故潜入赋闲于雅里的杨制使家，与之交手切磋后竟成武艺忘年交。

其品凭一身功夫，在放牛妻前甚显傲慢，然其妻并不理会。一天，妻让他把牛牵回来，并悄悄尾随于他。其品牵牛至独木桥，黄牛执意不肯过桥。他傻了眼，妻子见状，隔河大叫："抱它过来！"他试了试，喊："这么大的个头，叫我如何抱得过？"于是妻子过桥去，边抱着牛过桥，边嘟囔着："哪一天不是我抱过来又抱过去啊！"此时，傲慢的其品注视着妻子的背影，佩服得五体投地。

又逢清明节，当值他家，族人齐集祠堂。杨母打下手，杨父单手捣麻糍。有人喝彩，有人称奇，可富家仍嫌糯米质差，麻糍太软。其品愤愤地说："是啊，此等麻糍如何祭祖？"抬腿一踢，捣臼滚出丈余。富家人众目瞪口呆，不敢吱声。其品媳妇嗔怪："拿捣臼撒什么气？"边说边将捣臼端回原处，轻轻放好。富家人和族长战战兢兢、诚惶诚恐。

杨家终于扬眉吐气，再未受族里富人欺凌。

南宋以来的古匾

2019 年 1 月，新天小学仓库内发现有古代匾额 13 块，其中落款为宋理学大儒朱熹手书的进士匾额两块。从时间上判断，这批古匾跨度为宋至民国，具有很高的文史价值。

新天小学所处原彩烟梁氏大宗祠。彩烟梁氏，自南宋绍兴十四年（1144）迁居于此，世代耕读传家，人才辈出。在这批古匾中，落款有宋朱熹、明梁灌、清两江总督马新贻等名人。其中，疑是朱熹手书的两块进士匾，在浙江省境内尚属首次发现。

朱熹匾已送鼓山书院保存，其余送新昌文管会收藏。

晴千日不厌，雨一日便厌

彩烟某私塾塾师言："晴千日不厌，雨一日便厌。"

某生曰："先生，晴三年咱也不厌。"

师愤然道："晴三年尔等吃屎！"

生深感委屈，诉之父母。父母亦觉先生过分，速赶殿前，请教书房胡先生。听了殿前先生一席话，父母茅塞顿开，欣然而返。

原来殿前先生告诉他们俩，塾师说法并无差池。其运用了对比、夸张等修辞手法。"晴"和"雨"，"不厌"和"便厌"为两组对比；"千日"与"一日"为故意夸大和缩小，非实指也。因为天气在正常而非极端的情况下，晴天便于人们出行或劳作，故人们辄爱晴厌雨。上述修辞手法的运用，意在表明：多晴几日，人们非但不会生厌，反会喜爱；而多雨几日，人们则觉得厌烦。并非真说"晴千日不厌，雨一日便厌"。试想：真晴千日，农作物还有收成？久旱遇甘露，多雨几日，何厌之有？而"三年"为实指，如果真晴三年，农人将三年颗粒无收，大家非得逃荒或饿死！

讨彩头

清光绪末年，彩烟山大户某公娶植林赵氏女为儿媳。这天黄道吉日，新娘过门，宾客齐集，喜气洋洋。此时堂前"三拜"之礼已毕，新人被众人和乐声送入洞房。

大礼既成，筵席将开，宾客纷纷落座。井塘某小哥因父远行，代为道贺，其时也找个下首座落了座。席间碗来盏去，好不热闹！忽闻小厮高呼"上鱼啰"，亲朋品鱼。公拉长声腔说"鱼——生——"。众皆附和："生！生！"小哥亦尝一箸鱼，道："不生！不生怎的说生？"公惊愕，脸色骤变，目瞪小哥；众人面面相觑，噤若寒蝉；小哥面红耳赤，不知所措。场面甚是尴尬。

公非等闲，毕竟活泛，瞬间笑容可掬："我来尝尝。"以箸尝鱼："此鱼还真生——"众宾齐呼："生！生！生！"小哥亦不敢再说"不生"，尴尬的场面终又活跃了起来。

小哥方知，此谓"讨彩头（乞彩）"。"鱼""儿"彩烟方言属谐音，鱼生者，儿生也。

那新妇花容月貌，贤德淑惠，夫婿爱、公婆怜、邻里亲，无可挑剔。叵入门六年，硬是不孕。

旁人颇多责声，小哥亦甚自责。幸好翌年腊月，应验了"鱼——生——"，终于顺溜产下一千金。不然小哥将遗憾终生啊！

木工胡吟相

胡吟相（1904～1986），殿前人，灵敏好学，质朴诚恳，能识文断字。尝学织布，不喜，学而不会，弃之。学木工，喜甚，一学即通，终成名师，尤精中木，且工于计算、设计。中华人民共和国成立后，入回山营造厂木业社，直至退休。

曾经，城关南门里、新昌中学附近建一院落，将竣工，然无法合洼（注：专业术语，即四合院转角处承两向瓦水相汇之瓦沟），延揽城里城外名师，无敢接活者。主人急甚。某工匠尝闻彩烟有吟相，曰："何不请彩烟胡师一试？其不成则新昌无人矣。"主人果赴彩烟恳请。吟相至，不一日，成矣。由是名震全县。

"活菩萨"梁梦相

郎中梁梦相（1894～1971），下塘人，家藏《金匮要略》《伤寒杂病论》《汤头歌诀》《针灸穴位速记歌诀》等书籍。其精于银针艾灸，擅长妇科病和精神病的医治，能捉毒风、阴风，感冒中暑等更是手到病除。

抗日战争时期，行医于嘉兴一带，以针灸和草药免费治愈无数病人，还治愈嘉兴专员刘卓喜之痼疾。刘专员遂民意曾授其"倾囊济世"牌匾。

家乡缺医少药，每逢集日，常坐于路廊，专为过往病人免费治病。村民有疾，随叫随到。常活跃于贫困的万年山区免费诊治妇科病、精神病，被当地人誉为"活菩萨"，深得人心。

某年秋天，下塘三人结伴赴万年山买术崽（即白术种苗），为安全起见，三斗术崽本钱统一交由一老成人保管。到了白鹤，恰逢集日，街上熙熙攘攘，好不热闹。三人亦乐得瞎逛逛，却不料本钱被人偷了去。三人急得团团转，咋办？老成人说："有了！我冒充梦相，你们俩充徒儿。"幸好盘缠还在，遂买点艾叶，急匆匆向万年山赶去。傍晚，到了万年山，村口遇一老者，便打听村里可有病人，我乃梦相郎中。老人一听，村虽无病人，亦热情挽留吃住。翌日，"梦相郎中"说："不知谁家有术崽，两徒欲购三斗，价钱从优，须赊欠，来年卖出还钱。余愿作保。"老者曰："术崽我便有，尔作保，余放心。"

于是，三人轮流挑着术崽往回走。各自暗想，梦相真得人心！当然，第二年术崽钱如数奉还。

福仁、福人、弗剩

1977年，小胡当兵退伍，到前丁村从事移民工作。前丁水库筹委会总部设在飞凤山，总指挥是回山区委杨福仁，与小胡为忘年交。

8月的一天中午，小胡行走中，见福仁迎面而来，即招呼："你好，杨主任！"

杨福仁问："中饭吃过福仁（彩烟方言意没有）？"

"福仁。"小胡回答，"您吃过福仁？"

"我也福仁。"

走了没几步，小胡醒悟，转身说："对不起了，杨主任！"

"怎么啦？"

"不经意间叫了两次您的名字。"

"哈哈哈，傻小子，我先叫的。我自个不也叫了两次？"

"哦，您可叫，我不该叫啊！"

后细细品味，义为"没有"的"福仁"，字该怎么写？音近似的有"勿曾""弗曾"，近似的当属"弗曾"。"仁""曾"，声母有别，韵母相近，"弗曾"，是耶非耶？

研究方言的梁富铨先生曰："福仁"当为"弗剩"，引申为"没有"。

妙哉，此言！

南下寻宗亲　北上并家谱

下宅杨南下寻宗亲，都堂后北上并家谱。2014年3月6日，彩烟杨氏文化研究会副理事长杨竹汀，《彩烟杨氏宗谱》续编委员会副秘书长杨法清前往广东始兴县，寻找彩烟杨氏第二十九世祖杨信民的后裔，使广东始兴一带几千名杨都堂后裔得以认祖归宗。

广东始兴一带的杨信民后裔，一直以为祖籍是江西泰和，为泰和杨士奇后裔。而古代民间传说祖籍却又为浙江，苦于无据证实。杨竹汀和杨法清找到杨信民二十世孙杨应和先生，几经周折又找到了对始兴一带杨氏宗谱颇有研究的杨隆柱先生。通过对《彩烟杨氏宗谱》的核对，确认杨信民的祖籍当为浙江新昌，纠正了原广东始兴《杨氏宗谱》的谬误，并将广东始兴一套《杨氏宗谱》带回新昌。

同年10月7日，始兴杨氏派员来新昌共商并谱事宜。他乡游子，音信隔断七百年的杨都堂后裔，终于与新昌彩烟杨氏宗亲得以团聚。

思存传承

彩烟杨氏先祖隋炀帝杨广，博采胡人酒方，水果作料，酿成美酒，名曰"玉薤"。常饮于湖上，且填一《望江南》："湖上酒，终日助清欢。檀板轻声银线缓，醅浮香米玉蛆寒，醉眼暗相看。春殿晓，仙艳奉杯盘。湖上风烟光可爱，醉乡天地就中宽，帝主正清安。"

隋末，炀帝曾孙杨白携"玉薤"配方逃难至彩烟。明永乐年间杨信民族兄主持酿成。信民回乡携酒回朝与好友共饮，众皆称绝。明景泰元年（1450）三月，信民暴病而亡，族人为祀杨信民及先祖建"思存祠"。

清代，古方传至彩烟杨氏四十二世杨玉壶，由其主持酿造，并以宗祠名之曰"思存酒"。酒坊位于村中横街东侧，故村东侧上岭叫"酒店岭"。后由其曾孙杨昌祖收藏，并主持酿造。"文革"期间，杨昌祖之子杨竹汀藏族谱与古方于牛棚、防空洞，得以保存。然古方因潮湿霉变，部分字迹无法辨认。杨竹汀凭记忆修复古方，并试酿。1980年杨竹汀继承酒坊，主持酿造生产，以古方可采之料，加当地特色原料，再添彩烟名贵特产白术酿成，产品在新昌、嵊州、天台一带小有名气。

而今，杨竹汀之子杨益在古方和传统技术的基础上加以创新，利用本地茶叶、蓝莓、板栗、白术等具有四季特色的生态原料，采用"玉薤"酿造工艺，坚持"古法蒸馏、原浆窖藏"，开发出以"春生、夏长、秋收、冬藏"四季命名的"思存四季酒"系列产品。

祠堂的功能和妙用

（一）避难所

回山村有个小祠堂，建筑面积约五十平方米，单进八面阔二开间，靠后壁置神龛，上层排列神主牌位，下层闲置或堆放零星杂物。正厅前为一小天井。

1942年的一天中午，一高个子大汉惊呼："日本佬来了，快逃！快快快！"村子里只有慌张的脚步声。杨银章的父亲说："来不及了，没地方逃。"这时外面有人喊："快，躲到小祠堂的神主棚下面去！"杨银章一家连忙逃出家，钻进小祠堂神龛下层去。这时，还有别的邻居，总共挤了十多个人。杨银章的母亲严肃地警告："日本佬杀人凶猛，不要有一点响动，记牢！"大家躲在神主棚里没过多久，突然"砰"的一声，小祠堂的门踢开了，有两三个人不知讲了些什么，过了一会儿又出去了。躲避的十几个人大气不敢喘，静静地等待着。大约过了一个小时，听到村子里有喊话声，估计日本鬼子离开了，大家才放心地离开这潮湿霉气冲天的神龛。

小祠堂竟成为大家的避难所。

（二）办学校

彩烟祠堂众多，历来是耕读传家的场所。从古代的私塾、学馆，到后来的学堂、学校，大多办在祠堂里。新中国成立后，大力发展教育，村村办小学，各村祠堂功不可没。较著名的有瀚亭小学和震华小学。

光绪三十二年（1906）杨保镛发起并联络回山村之士绅，联合创办"瀚亭小学"。学校办在瀚亭公祠堂内。祠堂规模较大，两进。一进有两个年级的教室，教室两边的楼下是学生烧饭的地方，楼上是住校生宿舍。二进是瀚亭公祠的大厅、五开间。每周星期一全校师生都得集中在大厅里开周会。两个大天井是对称的枪楼，楼上是教室，楼下是先生的办公室，大厅兼用作两个年级的教室。

瀚亭小学称得上是像模像样的小学，从一年级到六年级，每年有二三十个小学毕业生。

宣统三年（1911），棠墅梁瑞禄与梁选卿、梁玉儒合资创办私立高等小学震华小学，学校办在大宅里村继志祠，后又转移到梁大宗祠，并改名为梁氏小学。后任中共中央政治局常委、中央纪委书记的尉健行，曾在这里读书。

（三）办加工厂

稻谷变成大米是靠石榔头在大石臼里捣、踏碓里踏、碾子（牛拉的石轮盘）里碾、木砻子里砻（木砻以木头做磨，形状像石磨，重量轻，稻谷倒进木砻里磨，米不易碎，烧饭很糙，谓之砻板米，不受欢迎）。一般以人工捣米为多，简单方便，但出米率极低。

为了改变落后的捣米状态，将回山村的三房祠堂改成稻米加工厂，用机器来碾米，此消息似春风很快传遍回山的每个角落。三房祠堂里的一排一排神主位很快被子孙请走了，随之而来的是碾米的机器和长长的皮带圈。一边是隆隆的机器声带动了皮带圈，一边是倒进米斗里的稻谷啾啾啾地变成了雪白的大米，大米的旁边是米糠也落了下来，分得清清楚楚，米是米，糠管糠，这种开天辟地第一遭的事情，让大家看得发了呆，连说"奇怪奇怪"。

办了加工厂后，三房祠堂变得热闹了，每天都有来自回山各地的农民挑着稻谷来加工，经常得排起长队等着碾米。

（四）永康师傅来打铁

每年到割麦和割稻的季节，永康的铁匠师傅和铜匠师傅就挑着工具箱和行李直接来到小祠堂。在小祠堂打铁、铸铜不收一分租赁费，各方面都很方便。铁匠师傅在小祠堂主要打农具：锄头、铁耙、钩刀、镰刀等。

铜匠师傅住在小祠堂里，白天跑村里。他们铸铜勺、镶铲等用具时是很好看的，将一块块碎铜放进里，又将放进炉里，整个炉子放火炭，也被炭盖住，接着铜匠师傅拉起了风箱，起的火苗笼罩着整个炉子。火苗渐渐由红色变成了蓝色，碎铜变成了液体，然后铜匠师傅将液体铜倒进模子里。过十多分钟，打开模子就出现了铜勺、铜铲、铜盒等。

永康铁匠的手艺不错，生意也很好，小祠堂里叮叮当当的打铁声一天到晚不停息。

（五）乡政府驻地

雅里村杨氏大祠堂位于回山镇雅里村东侧。始建于清代，抗日战争时期被日本侵略者烧毁，现存建筑为民国晚期重建。坐北朝南，建筑占地面积 91 平方米。杨氏大祠堂仅有建筑正厅一进，面阔三间，原建筑设单层。后在原建筑基础上加了一层，现已成为二层楼房。明间构架抬梁式、五架抬梁外带前后单步七檩用四柱，山面穿斗式，进深七檩分心用五柱，为青瓦层面硬山式。1950 年，安顶乡政府成立，一直到"文革"结束，安顶乡政府设立于杨氏大祠堂。

上宅村口东南面与道南中学相邻处有供奉杨乾公的杨大宗祠。祠堂占地广大，建筑宏伟，前后三进，两枪为厢房。1951 年为回山区公所机关驻地，后来是彩淳公社的所在地，1972 年被拆建。

（六）家在祠堂

有不少人穷得"叮当响"，上无片瓦，下无立足之地。回山村有个陈家祠堂，规模不大，却是一些穷人的栖身之地。这里住着三户人家：一户双目失明，靠算命为生，他在此生儿育女。一户是靠"关肚仙"[1]收一点酬金过日子的老太太。一户是光棍，靠行乞为生，有祠堂这方宝地让穷人终于可以生存。

（七）粮仓

中华人民共和国成立前，农村的房子十分紧张，几户人家合起来造一个台门，只有在中间公用的一间堂前屋是公用的，堆放杂物、红白喜事都靠这间堂前屋。祠堂的用处更大，农闲为学校，供孩子上学读书，农忙成粮仓，秋收时各教室都堆满了稻谷。学校的假期也很灵活。回山瀚亭小学寒假从十二月开始，正月底结束。暑假在农历七月，放半个月，八月放割稻假，整整一个月。教室、操场、寝室都充分获得利用。

（八）拳坛

寒冬腊月，农闲季节，旺盛闲着无事，练拳术舞狮子是他们最喜欢的作业，如过去贤辅村，有很多人聚集在"思德堂"（贤辅村的祠堂）练拳，个个武艺好，精明强悍，年轻人自身练好身体不做坏事，又保护了村子安全。

（九）娱乐场所

以前，在春节和庙会期间，各村里的祠堂成了娱乐场所，有的"搓麻将"，有的"翻牌九"，有的"掷老六"，有的观赏"案九"，有的听戏文。正月初八后，各村的狮子班出动，舞狮子，打拳头，有时一天能看上好几班。在会期的几天，县里调腔剧团或越剧团来演出，那就更热闹了。

---

1 主要指给死人算命。

吾门有偃，吾道其南

"中国北学，南方一人。"先秦时期，子游为"孔门十哲"之一，"孔门七十二贤人"之一。子游姓言，名偃，字游。孔门弟子三千，唯其为南方人。曾任鲁国武城宰，阐扬孔子学说，用礼乐教化士民，境内处处有弦歌，为孔子所赞，尝云："吾门有偃，吾道其南。"言偃果不辱师命，在江南开门立户授徒传道，故其被誉为"南方夫子"，只可惜语录著述未流传下来。

西汉董仲舒罢黜百家，独尊儒术。南朝佛家思想得以蓬勃发展，至唐已然完备。宋代学术思想开放活跃，儒学研究异彩纷呈。大儒们宁可不做官，也要学习探究理学，广泛吸收佛、老及其他学说之精华，极大地丰富了儒学内涵。二程之后由杨龟山、罗从彦、李侗、朱熹等四大闽北南剑州理学家将理学研究逐渐推上了高峰，使儒学继孟子之后得到了长足的发展。正因为理学发祥、发展均在南方，后由南而北推进，所以其后之漫长岁月可说是一个"吾道南来"之过程。

乾隆皇帝以"吾道其南"之典故赐岳麓书院以御书"道南正脉"，意即"正宗而发展了的"儒学，一锤定音给宋理学以高度的评价。

梁钟美先生以"吾道南来"入手，孜孜以求、旁征博引地探求彩烟唯一书院"道南"名称之由来，功不可没。

第三章　民间谜语

彩烟民间谜语，大多数是彩烟先辈在长期的生产劳动和生活实践中创造出来的，是彩烟人民聪明智慧的结晶，属于民间口头文学。除少数字谜外，大多数是日常生活中的"事"和"物"，表现形式为朗朗上口的民谣或短诗歌。随着社会进步和文化发展，彩烟人民不断创造，民间谜语不断丰富。

第一节　综合谜语

1. 皇帝出个令，太子立着听，皇帝令下好，太子真烦恼。

（打一活动。）　　　　　　　　　　　　　　　　　　　　　　谜底：猜谜语

2. 一个老头，不跑不走，请他睡觉，他就摇头。

（打一玩具。）　　　　　　　　　　　　　　　　　　　　　　谜底：不倒翁

3. 一个山头七眼泉，七眼泉儿暗相连，五个有水两个干，所有泉眼不朝天。

（打人体一物。）　　　　　　　　　　　　　　　　　　　　　谜底：头

4. 高高山头一蓬草，密密麻麻长得好，年年月月常整理，黑变白来多变少。

（打人体一物。）　　　　　　　　　　　　　　　　　　　　　谜底：头发

5. 晚上关门儿，早上开门儿，上前细细看，里边有人儿。

（打人体一物。）　　　　　　　　　　　　　　　　　　　　　谜底：眼睛

6. 高高山头两只箱，开儿开来两个大姑娘。

（打人体一物。）　　　　　　　　　　　　　　　　　　　　　谜底：眼睛

7. 高高山头两个鬓，掉落下来无处寻。

（打人体一物。）　　　　　　　　　　　　　　　　　　　　　谜底：眼泪

8. 一个箸笼颠倒挂。

（打人体一物。）　　　　　　　　　　　　　　　　　　　　　谜底：鼻子

9. 一对双胞胎，一个往这边，一个往那边，说话能听见，就是不见面。

（打人体一物。）　　　　　　　　　　　　　　　　　　　　谜底：耳朵

10. 上下两队兵，把守在大门，谁要想进去，必定嚼成粉。

（打人体一物。）　　　　　　　　　　　　　　　　　　　　谜底：牙齿

11. 高高山头一口塘，团团圈圈拷笆桩，一个红鲤鱼来游塘。

（打人体一物。）　　　　　　　　　　　　　　　　　　　　谜底：舌头

12. 五个好兄弟，大家住一起，名字都不同，高矮也不齐。

（打人体一物。）　　　　　　　　　　　　　　　　　　　　谜底：手指

13. 十个小和尚，背张瓦各侬。

（打人体一物。）　　　　　　　　　　　　　　　　　　　　谜底：手指

14. 两只小船一样大，船底有厚也有薄，晚上停泊床头港，白天载人游四方。

（打一物。）　　　　　　　　　　　　　　　　　　　　　　谜底：鞋子

15. 亲亲热热两兄弟，出出进进不分离，起床马上肚子饱，睡觉才感肚子饥。

（打一物。）　　　　　　　　　　　　　　　　　　　　　　谜底：鞋子

16. 两只小口袋，天天随身带，只要少一只，就把人笑坏。

（打一生活用品。）　　　　　　　　　　　　　　　　　　　谜底：袜子

17. 独木造高楼，没瓦没砖头，人在水下走，水在船上流。

（打一物。）　　　　　　　　　　　　　　　　　　　　　　谜底：雨伞

18. 脚踏云南四川，眼看杭州棉店。手拿宁波小船，身坐观音物前。

（打一劳作。）　　　　　　　　　　　　　　　　　　　　　谜底：织布

19. 一碗清水一碗棉，摆在新昌大佛前，文武百官都猜遍，新科状元猜三年。

（打一生活动作。）　　　　　　　　　　　　　　　　　　　谜底：梳妆

20. 小小家伙胆子大，皇帝头上也敢爬，不是无事生是非，男女老少需要它。

（打一物。）　　　　　　　　　　　　　　　　　　　　　　谜底：梳子

21. 头出三只角，背脊三根索，屁股花哩洛，五姑娘摸上摸落[1]。

（打一乐器。）　　　　　　　　　　　　　　　　　　　　　谜底：三弦

22. 做谜猜，做谜猜，屁股打得二爿开。

（打一物。）　　　　　　　　　　　　　　　　　　　　　　谜底：木鱼

23. 乌狗乌狗，两头开口。

（打一厨房用品。）　　　　　　　　　　　　　　　　　　　谜底：火钳

24. 一个猪肚四根带，两个猢狲对头拜。

（打一农具。）　　　　　　　　　　　　　　　　　　　　　谜底：戽水桶

25. 一个乡村大，当中夹条河，侬嘛上村还是下村多，打嘛打勿上村过。

（打一文具。）　　　　　　　　　　　　　　　　　　　　　谜底：算盘

1　花哩洛指花纹，五姑娘指五根手指。

26. 高高山头一田，不种糯（晚）来不种籼，单种荸荠买铜钿。

（打一文具。） 谜底：算盘

27. 爹破碎，娘破碎，生个儿子白皑皑。

（打一食物。） 谜底：蛋

28. 自幼生来在闺房，贬作丫鬟入厨房，甜酸苦辣都受遍，不用抛进垃圾塘。

（打一厨房用品。） 谜底：抹布

29. 家住青山鲜又鲜，鲜红变黑买铜钿，黑转鲜红为人用，鲜红之后不值钱。

（打一物。） 谜底：炭

30. 一个黑孩子，从来不开口，要是开了口，掉出了舌头。

（打一食物。） 谜底：瓜子

31. 人脱衣服它穿衣，人脱帽子它戴帽。

（打一物。） 谜底：衣架

32. 团团圆圆像古盘，满肚诗书不做官，文武百官都爱我，皇后娘娘也喜欢。

（打一物。） 谜底：尿壶

33. 颜色白如雪，身子硬如铁，一日洗三遍，夜晚柜中歇。

（打一生活用品。） 谜底：碗

34. 有面没有口，有脚没有手，虽有四只脚，自己不会走。

（打一生活用品。） 谜底：桌子

35. 白嫩小宝宝，洗澡吹泡泡，洗洗身子小，再洗不见了。

（打一生活用品。） 谜底：肥皂

36. 圆筒白糨糊，早晚挤一股，兄弟三十二，都说有好处。

（打一生活用品。） 谜底：牙膏

37. 上不怕水，下不怕火，家家少不了，至少有一个。

（打一生活用品。） 谜底：锅

38. 驼背公公，力大无穷，爱驮什么，车水马龙。

（打一物。） 谜底：桥

39. 一母生四胎，落地就分开，进了红门寺，还俗房上待。

（打一建筑用品。） 谜底：老式瓦

40. 两层石头一座山，下死上活两个盘，如果有人来拉它，它就急得团团转。

（打一物。） 谜底：石磨

41. 八字门楼一院墙，千万学生进科场，作罢文章分三等，状元榜眼探花郎。

（打一物。） 谜底：风车

42. 远看一匹马，近看没尾巴，肚里风雷走，口里吐黄沙。

（打一物。） 谜底：风车

43. 远看是头牛，近看是座关，五虎上将把关，老弱病残过横门，健壮将士过正门。

（打一物。） 谜底：风车

44. 看着是我不是我，我去踩它它不躲，一举一动都像我，我走哪里它随我。

（打一物。） 谜底：人影

45. 千里随行不恋家，不贪饭菜不贪茶，水火刀枪都不怕，日落灯熄不见它。

（打一物。） 谜底：人影

46. 一头尖尖一头扁，扁头只有一个眼，独眼只把衣服认，任凭主人来使唤。

（打一物。） 谜底：针

47. 脚儿尖尖肚子大，鞭子常常抽打它，越抽越打它越动，不抽不打它躺下。

（打一物。） 谜底：陀螺

48. 山里姑娘爱唱歌，蹦蹦跳跳下山坡，踏遍人间不平路，化作滔滔万里波。

（打一物。） 谜底：泉水

49. 高山上面叠高山，高山下面毛竹滩，毛竹滩下滚龙潭，滚龙潭下火焰山。

（打一物。） 谜底：蒸笼

50. 洗没有下水，吃时没有进嘴，听时不需用耳，打时不需拳脚。

（打一活动。） 谜底：打麻将

51. 一物不太大，走路头朝下，不吃人间粮，能说不少话。

（打一物。） 谜底：笔

52. 高高一座桥，弯弯挂云霄，桥上闪七彩，桥下白云飘。

（打一物。） 谜底：彩虹

53. 一种花儿真奇怪，到了寒冬开起来，岁岁不留花种子，年年花开满天下。

（打一物。） 谜底：雪花

54. 世上有件宝，黄金买不了。

（打一物。） 谜底：时间

55. 黄牛生白牛，出生一声响，长得比娘大，一群没几两。

（打一物。） 谜底：爆米花

56. 两只翅膀一颗牙，不会飞来只会爬，生来好管不平事，口吞朵朵白云花。

（打一工具。） 谜底：刨子

57. 又圆又扁没有尾，会跑会跳没有腿，打起仗来无刀枪，过河杀敌不渡水。

（打一物。） 谜底：象棋

58. 两军对阵不用兵，将军出马兴冲冲，败阵回来反有赏，得胜之将没有功。

（打一游戏。） 谜底：猜拳

59. 一头圆圆一头方，要干活来配成双，酸甜苦辣千般味，总是让我先尝尝。

（打一物。） 谜底：筷子

60. 看来很有分寸，满身带着斯文，只是从不自量，专门算计别人。

（打一物。）

谜底：尺子

61. 青竹骨头麻丝栓，春风得意飞上天，豺狼虎豹都不怕，单怕雨来湿衣衫。

（打一物。）

谜底：风筝

62. 情似一对夫妻，朝夕形影不离。

（打一物。）

谜底：纽扣

63. 身靠无根树，手扶玉栏杆，阵阵闷雷响，白雪往上翻。

（打一活动。）

谜底：弹棉花

64. 远看像座坟，近看还有门，进门就有坑，偏偏不睡人。

（打一物。）

谜底：窑

65. 漆黑大门漆黑家，黑娘养个黑娃娃，一生不做歪斜事，出门笔直走回家。

（打一工具。）

谜底：墨斗

66. 两叔伯姆长，两叔伯姆短，四叔伯姆扛口碗。

（打一物。）

谜底：青油灯

67. 一条白龙卧乌江，乌江岸上起红光，白龙饮尽乌江水，光灭水干白龙亡。

（打一物。）

谜底：油灯

68. 高高山上一口塘，有圆也有方，无数儿郎里面装，一般瘦小一般长，抱出儿郎都成双。

（打一物。）

谜底：筷（箸）笼

69. 生的相貌堂堂，名字藏在脚掌，红泥地里一踩，脚印永留地上。

（打一物。）

谜底：印章

70. 小小画片锯齿边，五颜六色真鲜艳，天南地北它都去，不长翅膀飞得远。

（打一物。）

谜底：邮票

71. 头戴木帽子，脚穿铁鞋子，腰里系绳子，带根木棍子，走路原地兜圈子。

（打一工具。）

谜底：木工钻

72. 高高山头兄弟俩，娘生下来一样长，小姐请入洞房，泪水流了一晚上，只见短了不见长。

（打一物。）

谜底：蜡烛

73. 一个东西圆溜溜，滚在地上不是球，它在前面不停跑，孩子在后面跟着追。

（打一物。）

谜底：铁环

74. 高高山头一口塘，清水塘中放，黑娃戏水后，清水变黑汤。

（打一物。）

谜底：砚台

75. 明明亮亮一块天，二人结拜是同年，一人能说又会道，一个哑巴口无言。

（打一物。）

谜底：镜子

76. 我向东，它向西，我一笑来它一嘻。

（打一物。）

谜底：镜子

77. 金枝玉叶山上飘，流落人间被水浇，仅仅为了一把米，被人绳索捆在腰。

（打一食物。）　　　　　　　　　　　　　　　　　　　　谜底：粽子

78. 清水鸡，活剥皮，糖蘸蘸，蛮好席。

（打一食物。）　　　　　　　　　　　　　　　　　　　　谜底：粽子

79. 百十来个小孩子，合住一间小房子，身穿白袍子，头戴黑帽子。

（打一物。）　　　　　　　　　　　　　　　　　　　　　谜底：火柴

80. 针扎没眼，刀劈无缝，八十老汉，也能咬动。

（打一物。）　　　　　　　　　　　　　　　　　　　　　谜底：水

81. 七人八人织锦绣，曲背弯腰汗直流，分明一片汪洋海，转眼之间成绿洲。

（打一活动。）　　　　　　　　　　　　　　　　　　　　谜底：种田

82. 家住山坳，经过深造，躺着干活，站着睡觉。

（打一物。）　　　　　　　　　　　　　　　　　　　　　谜底：扁担

83. 有时候圆又圆，有时候弯又弯，有时晚上出来了，有时晚上找不到。

（打一物。）　　　　　　　　　　　　　　　　　　　　　谜底：月亮

84. 有个宝贝满身麻，钢针刺它也不怕，爸爸从来不爱它，妈妈手上过生涯。

（打一物。）　　　　　　　　　　　　　　　　　　　　　谜底：顶针

85. 呒脚鸡，灶头嬉。

（打一物。）　　　　　　　　　　　　　　　　　　　　　谜底：箸箕

86. 千言万语肚里装，结伴成群去远方，天涯海角寻主人，不见主人不开腔。

（打一物。）　　　　　　　　　　　　　　　　　　　　　谜底：信封

87. 远看像座庙，近看无老道，观音钻进去，童子抬着跑。

（打一物。）　　　　　　　　　　　　　　　　　　　　　谜底：轿子

88. 原住深山密林中，有人请它上戏台，绫罗绸缎随它穿，言行听凭人安排。

（打一物。）　　　　　　　　　　　　　　　　　　　　　谜底：木偶

89. 长翅不会飞，走路要人推，踏平木家寨，单刀显神威。

（打一物。）　　　　　　　　　　　　　　　　　　　　　谜底：刨子

90. 白面书生脸皮薄，能书能画能诗歌，害怕风吹雨折磨，更怕熊熊一把火。

（打一物。）　　　　　　　　　　　　　　　　　　　　　谜底：纸

91. 整整齐齐一队兵，个个头上系根绳，竹竿挑起战火飞，枪炮声里全牺牲。

（打一物。）　　　　　　　　　　　　　　　　　　　　　谜底：鞭炮

92. 一匹马儿三条腿，日夜奔走不怕累，马蹄嗒嗒提醒你，珍惜时间莫浪费。

（打一物。）　　　　　　　　　　　　　　　　　　　　　谜底：钟表

93. 一物生来身份贵，人人尊它居首位，莫当它是真天子，它比天子高一辈。

（打一物。）　　　　　　　　　　　　　　　　　　　　　谜底：帽子

94. 竹将军筑城自卫，纸将军四面包围，铁将军穿城而过，木将军把住后背。

（打一物。）　　　　　　　　　　　　　　　　　　　　谜底：灯笼

95. 什么时候四减一等于五？

（打一物。）　　　　　　　谜底：一个四边形四个角，剪去一个角，就成五个角

96. 脸皮厚，肚子空，打它三棍子，它喊痛痛痛。

（打一物。）　　　　　　　　　　　　　　　　　　　　谜底：鼓

97. 四四方方一座城，里面无人却有声，可以听戏文，还有天下大新闻。

（打一物。）　　　　　　　　　　　　　　　　　　　　谜底：收音机

98. 高高山头一根藤，串来串去串乡村，每个乡村都结瓜，瓜里传出大新闻。

（打一物。）　　　　　　　　　　　　　　　　　　　　谜底：广播

99. 高高山头一张床，困满小和尚。一个小和尚，床边一几撞，出脱一个小和尚。

（打一物。）　　　　　　　　　　　　　　　　　　　　谜底：火柴

100. 一百小和尚，同住一个房。出来撞一撞，出脱一个小和尚。

（打一物。）　　　　　　　　　　　　　　　　　　　　谜底：火柴

101. 青竹弯弯，弯到南山，南山有口井，井里有条蛇，蛇嘴里开朵花。

（打一物。）　　　　　　　　　　　　　　　　　　　　谜底：青油灯盏

102. 独木造张床，可困千个侬，困得这张床，个个会做皇。

（打一物。）　　　　　　　　　　　　　　　　　　　　谜底：古钱板

103. 原住青山青又青，采落平阳取我名，文武百官都不吊，单吊万岁一个人。

（打一物。）　　　　　　　　　　　　　　　　　　　　谜底：串钱绳

104 眼睛看你，心中想你。你来不来，还是由你。

（打一活动。）　　　　　　　　　　　　　　　　　　　谜底：钓鱼

105. 带着小弟弟，出门做生意。拉他的耳朵，问他的年纪。

（打一物。）　　　　　　　　　　　　　　　　　　　　谜底：秤

106. 红玉小姐嫁给白玉郎，双双跌落扬子江，江肚子里旋风起，不见小姐只见郎。

（打一工艺。）　　　　　　　　　　　　　　　　　　　谜底：做老酒

第二节　动物谜语

1. 山伯英台同书房，日同茶饭夜同床，若要夫妻重相会，死后还魂再成双。

（打一昆虫。）　　　　　　　　　　　　　　　　　　　谜底：茧

2. 头戴红顶子，身穿白袍子，走路摆架子，讲话像哑巴。

（打一动物。）　　　　　　　　　　　　　　　　　　　谜底：鹅

3.大姐长得真漂亮，身穿红花衣裳，七颗黑星上面镶，爱吃蚜虫饱肚肠；二妹最爱嗡嗡唱，百花园里忙又忙，后腿携带花粉筐，装满食品喂儿郎；三姐身披黄衣裳，腰儿细来腿儿长，飞到田间捉害虫，尾巴毒针塞刀枪。

（打三种昆虫。）　　　　　　　　　　　谜底：瓢虫、蜜蜂、黄蜂或马蜂

4.大姐用针不用线，二姐用线不用针，三姐点灯不干活，四姐做活不点灯。

（打四种动物。）　　　　　　　　　谜底：蜜蜂、蜘蛛、萤火虫、纺织娘

5.兄弟八九个，住在屋檐边，日日做浆卖，浆汁多值钱。

（打一动物。）　　　　　　　　　　　　　　　谜底：蜜蜂

6.有个小姑娘，身穿黄衣裳，你要欺侮它，它就放一枪。

（打一动物。）　　　　　　　　　　　　　　　谜底：马蜂

7.身穿绿衣裳，家住百花庄，通宵叫不停，人人都喊娘。

（打一动物。）　　　　　　　　　　　　　　谜底：纺织娘

8.小小诸葛亮，独坐军中帐，摆着八卦阵，单捉飞来将。

（打一动物。）　　　　　　　　　　　　　　　谜底：蜘蛛

9.先修十字街，再修月花台，身子不用动，吃的自动来。

（打一动物。）　　　　　　　　　　　　　　　谜底：蜘蛛

10.身黑似木炭，腰插两把扇，往前走一步，就得扇一扇。

（打一动物。）　　　　　　　　　　　　　　　谜底：乌鸦

11.细脚小二郎，吹箫入洞房，最爱红花酒，拍手见阎王。

（打一昆虫。）　　　　　　　　　　　　　　　谜底：蚊子

12.嘴黑脚黄浑身毛，水中擒拿本领高。食物擒到木老老，颈细喉尖吃不到。

（打一动物。）　　　　　　　　　　　　　　　谜底：鱼鹰

13.头戴红帽子，身披五彩衣，喜欢吊嗓子，从来不唱戏。

（打一动物。）　　　　　　　　　　　　　　　谜底：公鸡

14.有头没有颈，身上冷冰冰，有翅不能飞，无脚也能行。

（打一动物。）　　　　　　　　　　　　　　　　谜底：鱼

15.身披花棉袄，唱歌呱呱叫，田里捉害虫，丰收立功劳。

（打一动物。）　　　　　　　　　　　　　　　谜底：青蛙

16.行也是坐，立也是坐，卧也是坐，时刻不忘坐。

（打一动物。）　　　　　　　　　　　　　　　谜底：青蛙

17.一位游泳家，说话呱呱呱，小时有尾没有脚，大时没尾生了脚。

（打一动物。）　　　　　　　　　　　　　　　谜底：青蛙

18.头小颈长步子方，硬壳里面把身藏，别看胆小又怕事，欲问（比）寿命见玉皇。

（打一动物。）　　　　　　　　　　　　　　　　谜底：龟

19. 七手八脚台面鼓，两把剪刀鼓前舞，生来横行又霸道，嘴里常把白沫吐。

（打一动物。）   谜底：螃蟹

20. 唱歌不用嘴，声音真清脆，嘴尖像根锥，专吸树枝水。

（打一动物。）   谜底：蝉

21. 天热爬上树梢，总爱大喊大叫，明明啥也不懂，偏说知道知道。

（打一动物。）   谜底：蝉

22. 小飞机，纱翅膀，飞来飞去捕食忙，低飞雨，高飞晴，气象预报它内行。

（打一动物。）   谜底：蜻蜓

23. 长相俊俏，爱飞爱跳，飞舞花丛，快乐逍遥。

（打一动物。）   谜底：蝴蝶

24. 驼背老公公，胡子乱蓬蓬，生前没有血，死后满身红。

（打一动物。）   谜底：虾

25. 一身毛，尾巴翘，不会走，只会跳，只吃稻谷不吃草。

（打一动物。）   谜底：麻雀

26. 家住青山顶，身披破蓑衣，常在天上游，爱吃兔和鸡。

（打一动物。）   谜底：老鹰

27. 面孔像猫，起飞像鸟，天天上夜班，老鼠最害怕。

（打一动物。）   谜底：猫头鹰

28. 年纪并不长，胡子一大把，不管见了谁，总爱喊妈妈。

（打一动物。）   谜底：山羊

29. 两只翅膀难飞翔，既作衣裳又作房，宁让大水掀下塘，不叫太阳晒干房。

（打一动物。）   谜底：蚌

30. 林木之中好医生，敲敲打打来治病，不用吃药不打针，枝青叶绿喜迎春。

（打一动物。）   谜底：啄木鸟

31. 家住暗角落，身穿酱色袍，头戴黑铁帽，打仗逞英豪。

（打一动物。）   谜底：蟋蟀

32. 五官生得不像样，眼睛红来耳朵长，鼻塌嘴豁尾巴短，后腿却比前腿长。

（打一动物。）   谜底：兔子

33. 六月天里穿皮袄，不长痱子不长疱，坐在门口吐舌头，不忘站岗和放哨。

（打一动物。）   谜底：狗

34. 粽子头，梅花脚，屁股挂把弯镰刀，黑白灰黄花皮袄，坐着反比站着高。

（打一动物。）   谜底：狗

35. 一个叫姑姑，一个叫妈妈，一个叫哥哥，一个叫娃娃。

（打四种动物。）   谜底：布谷鸟或鸽子、羊、鸡、乌鸦

36. 一个白发老公公，乌豆撒在路当中。

（打一动物。） 谜底：羊

37. 尖尖嘴巴老鼠，一身绒毛尾巴粗，偷吃果实林里住，上树如飞逮不住。

（打一动物。） 谜底：松鼠

38. 头戴如意，身穿绿袍，腰细肚大，手拿双刀，爱在草间，摆摆摇摇。

（打一动物。） 谜底：螳螂

39. 上树不怕高，下树不怕跌，剃无毛，割无血。

（打一动物。） 谜底：蚂蚁

40. 远看像些芝麻粒，近看好像小黑马，白天干活不怕累，晚上睡在洞洞里。

（打一动物。） 谜底：蚂蚁

41. 圆顶宝塔三四层，和尚门缓步行，一把团扇半遮门，听见人来就关门。

（打一动物。） 谜底：田螺

42. 生的是一碗，煮熟是一碗，不吃是一碗，吃了剩一碗。

（打一动物。） 谜底：螺蛳

43. 水底蹲蹲，团背遮大门。

（打一动物。） 谜底：螺蛳

44. 身子扁又圆，爱住黑房间，有光看不见，夜半扰人眠。

（打一动物。） 谜底：臭虫

45. 两月弯弯头上长，常常喜欢水中游，身体庞大毛灰黑，劳动是个好能手。

（打一动物。） 谜底：水牛

46. 哞哞哞哞田里叫，犁铧前边拉绳套，埋头苦干不怕累，人人见了都夸耀。

（打一动物。） 谜底：牛

47. 身笨力气大，干活常常带个枷，春耕一来到，不能没有它。

（打一动物。） 谜底：牛

48. 小时四只脚，大时两只脚，老时三只脚。

（打一动物。） 谜底：人

49. 夏前它来到，秋后没处找，咱快播种，年年来一遭。

（打一动物。） 谜底：布谷鸟

50. 一条小小虫，自己做灯笼，躲在灯笼内，变个飞仙翁。

（打一动物。） 谜底：蚕

51. 红船头，黑篷子，二十四块篙子，撑到人家大门前，吓坏多少小孩子。

（打一动物。） 谜底：蜈蚣

52. 皮白腰儿细，会爬又会飞。木头当粮食，专把房屋毁。

（打一动物。） 谜底：白蚁

53. 坐也卧，立也卧，行也卧，卧也卧。

（打一动物。）　　　　　　　　　　　　　　　　　　　　　谜底：蛇

54. 名字叫牛，不会拉犁头，全身滑溜溜，能背房子走。

（打一动物。）　　　　　　　　　　　　　　　　　　　　　谜底：蜗牛

55. 腿长胳膊短，眉毛遮住眼，没人不吭声，有人它乱窜。

（打一动物。）　　　　　　　　　　　　　　　　　　　　　谜底：蚂蚱

56. 身黄体排臭，喜欢偷鸡吃。

（打一动物。）　　　　　　　　　　　　　　　　　　　　　谜底：黄鼠狼

57. 是鸡没有喙，产卵没有壳。

（打一动物。）　　　　　　　　　　　　　　　　　　　　　谜底：田鸡

58. 一位姑娘本姓黄，弯弯绕绕想情郎，读书情郎想不到，得到一个种田郎。

（打一动物。）　　　　　　　　　　　　　　　　　　　　　谜底：蚂蟥

59. 刘备东吴去招亲，子龙保驾不离身，娘娘不是孙权妹，一别夫人转回程。

（打一动物。）　　　　　　　　　　　　　　　　　　　　　谜底：猪

60. 黑夜林中小哨兵，两只眼睛像铜铃，瞧瞧东来望望西，老鼠蛇蝎不留情。

（打一动物。）　　　　　　　　　　　　　　　　　　　　　谜底：猫头鹰

61. 嘴像小铲子，脚像小扇子，走路左右摆，水上划船子。

（打一动物。）　　　　　　　　　　　　　　　　　　　　　谜底：鸭

62. 小小姑娘黑衣裳，秋去江南春归来，从小立志去除害，身带剪刀满天飞。

（打一动物。）　　　　　　　　　　　　　　　　　　　　　谜底：燕子

63. 胡子不多两边翘，开口总是喵喵喵，守护粮仓厨房能手。

（打一动物。）　　　　　　　　　　　　　　　　　　　　　谜底：猫

64. 头戴红缨帽，身穿绿衣袍，背上生双翅，爱脏腿长毛。

（打一动物。）　　　　　　　　　　　　　　　　　　　　　谜底：苍蝇

65. 头黑肚白尾巴长，娶妻生子忘了娘，一生之中人喜爱，因为常常报吉祥。

（打一动物。）　　　　　　　　　　　　　　　　　　　　　谜底：喜鹊

66. 两头尖，相貌丑，手脚耳目都没有，整天工作在地下，一到下雨就露头。

（打一动物。）　　　　　　　　　　　　　　　　　　　　　谜底：蚯蚓

67. 你家有个小猴精，打个筋斗一溜风，十个大汉捉不住，一脚腾空影无踪。

（打一动物。）　　　　　　　　　　　　　　　　　　　　　谜底：跳蚤

68. 白天最爱倒着睡，黑夜不怕都出门，爱吃蚊子爱偷油。

（打一动物。）　　　　　　　　　　　　　　　　　　　　　谜底：蝙蝠

第三节　植物谜语

1. 样子像元宝，角儿两头翘，硬皮包白肉，要吃塘里找。

（打一植物。） 谜底：菱角

2. 小小梧桐三尺高，梧桐树上结仙桃，日日太阳来晒我，里生骨头外生毛。

（打一植物。） 谜底：棉花

3. 头戴尖尖帽，身穿节节衣，一场春雨后，脑袋钻出地。

（打一植物。） 谜底：竹笋

4. 头戴伞，身穿紫龙袍，别人道我年纪小，瞧我胡丝都白了。

（打一植物。） 谜底：芋头

5. 青竹竿，顶圆伞，凉伞脚下一窝蛋。

（打一植物。） 谜底：芋头

6. 麻壳子，红里子，里面裹着白胖子。

（打一植物。） 谜底：花生

7. 身着茅草衣，头戴珠冠下低，黎民百姓全靠我，皇帝没我难登基。

（打一植物。） 谜底：水稻

8. 十八天发芽，十八天开花，十八天结籽，十八天归家。

（打一植物。） 谜底：荞麦

9. 青灯笼红灯笼，只能吃来不照明，大人吃了直冒汗，小人吃了喊嘴疼。

（打一植物。） 谜底：辣椒

10. 青蓬蓬，蓬蓬青，杨柳树里挂灯笼。

（打一植物。） 谜底：辣椒

11. 铁丝锹，红茶盘，埋在泥底勿铣锈。

（打一植物。） 谜底：荸荠

12. 青蓬蓬，蓬蓬青，青树脚下一个白观音。

（打一植物。） 谜底：白萝卜

13. 头戴绿帽，身穿白袍，屁股后生根硬毛。

（打一植物。） 谜底：白萝卜

14. 红黄灯笼高高挂，红红火火开满花，切开肚子见娃娃，原来都是珠宝宝。

（打一水果。） 谜底：石榴

15. 头上长着千条辫，迎风摆舞在岸边。

（打一植物。） 谜底：柳树

16. 黄铜铃，紫铜铃，铜铃里面藏铁心，摇摇一点没声音。

（打一水果。） 谜底：枇杷

17. 一伙小娃娃，都在墙头爬，见人笑哈哈，小嘴像喇叭。

（打一植物。） 谜底：牵牛花

18. 生在青山叶叶多，离了家乡纸包裹，宾朋来了开口泼，口口声声都吞我。

（打一植物。） 谜底：茶叶

19. 山坡一种草，曾在锅里炒，泡在水里喝，用它待客好。

（打一植物。） 谜底：茶叶

20. 外面是红布，里面是白布，打开仔细看，都是好木梳。

（打一水果。） 谜底：橘子

21. 结成一间屋，兄弟十五六，自小分房各自宿。

（打一植物。） 谜底：莲蓬

22. 田里有个铃铛，摇摇没声音，仔细看一看，满脸大眼睛。

（打一植物。） 谜底：莲蓬

23. 一个娃娃生的怪，胎胞生在娘肚外，刚出世来先长须，到老珍珠满身排。

（打一植物。） 谜底：玉米

24. 一树不太高，长叶无枝条，开花开在梢，结果结在腰。

（打一植物。） 谜底：玉米

25. 青林林，林林青，腰里来根黄汗巾，洗洗脚来就嫁人。

（打一植物。） 谜底：稻秧

26. 一根葱，直到梢，开个花来节节高，人人话我有福气，老来还受棒头敲。

（打一植物。） 谜底：芝麻

27. 方梗子，青叶子，倒开花，顺结子。

（打一植物。） 谜底：芝麻

28. 头戴雉鸡毛，身穿绿旗袍，只怕肚子大，性命就难保。

（打一植物。） 谜底：茭白

29. 小时紧紧扎扎，大时披头散发，风来摇摇摆摆，雨来眼泪滴答。

（打一植物。） 谜底：竹

30. 兄弟八九个，围着柱子坐，只要一分开，衣服就扯破。

（打一植物。） 谜底：大蒜

31. 高高个儿一身青，金黄脸蛋笑盈盈，天天对着太阳笑，结的果实数不清。

（打一植物。） 谜底：向日葵

32. 青枝绿叶一树桃，外长骨头里长毛，有朝一日桃子熟，里长骨头外长毛。

（打一植物。） 谜底：棉花

33. 一刀剪断身子，埋在土里生根子，上面长出长身子，下面生出胖儿子。

（打一植物。） 谜底：番薯

34. 爹也长，娘也长，养出儿子像刀样。

（打一植物。）　　　　　　　　　　　　　　　　　　谜底：刀豆

35. 小时穿青袄，大时披红袍，老了换件紫外套。

（打一水果。）　　　　　　　　　　　　　　　　　　谜底：桑葚

36. 紫色树，紫色花，紫色结紫爪，紫瓜肚里装芝麻。

（打一植物。）　　　　　　　　　　　　　　　　　　谜底：茄子

37. 远望青灵灵，近望灵灵青，当它竹头没有节，当它木头没有心。

（打一植物。）　　　　　　　　　　　　　　　　　　谜底：葱

38. 老大面软心硬，老二心软面硬，老三皮黄里白，老四满面通红。

（打四种水果。）　　　　　　　　谜底：水蜜桃、核桃、梨、樱桃

39. 有只公鸡，不吃不啼，只见脑袋，没有身体。

（打一植物。）　　　　　　　　　　　　　　　　　　谜底：鸡冠花

40. 白油纸扇白绿边，聪明姑娘猜半年。

（打一植物。）　　　　　　　　　　　　　　　　　　谜底：白菜

41. 圆绿叶，开白花，地下生堆黄鸡蛋。

（打一植物。）　　　　　　　　　　　　　　　　　　谜底：土豆

42. 小时满裆裤，长大开裆裤，老了赤屁股。

（打一植物。）　　　　　　　　　　　　　　　　　　谜底：乌桕

43. 青枝绿叶长得高，砍了压在水里泡，剥皮晒干供人用，留下骨头当柴烧。

（打一植物。）　　　　　　　　　　　　　　　　　　谜底：苎麻

44. 青枝绿叶像菜不是菜，有的烤来有的晒，烧着吃，不能锅里煮熟卖。

（打一植物。）　　　　　　　　　　　　　　　　　　谜底：烟叶

45. 上是青山下是海，苦娘蓬里掰鸡腿。

（打一植物。）　　　　　　　　　　　　　　　　　　谜底：茭白

46. 身受千刀万剐，层层衣服剥下，留得刀痕遍体，依然满头青发。

（打一植物。）　　　　　　　　　　　　　　　　　　谜底：棕榈

47. 有个小姑娘，身穿绿衣裳，碰她就低头，一副害羞样。

（打一植物。）　　　　　　　　　　　　　　　　　　谜底：含羞草

48. 大名是女性，外号叫地丁，种子满天飞，根叶好治病。

（打一植物。）　　　　　　　　　　　　　　　　　　谜底：蒲公英

49. 同堂读书同堂考，我的文章比侬好，可惜有人来面试，被人识破命难保。

（打一植物。）　　　　　　　　　　　　　　　　　　谜底：稗草

50. 金秋骄子，花朵不大，颜色黄白，八月开放，香飘十里。

（打一植物。）　　　　　　　　　　　　　　　　　　谜底：桂花

51. 谁的头发黑。

（打一植物。）　　　　　　　　　　　　　　　　　　　　　谜底：何首乌

52. 一个好姑娘，生在水中央，身穿粉红衫，坐在绿船上。

（打一植物。）　　　　　　　　　　　　　　　　　　　　　谜底：荷花

53. 红绸被，白夹里，五兄弟，同房里。

（打一植物。）　　　　　　　　　　　　　　　　　　　　　谜底：山楂

54. 大哥白皮肤，二哥生疥佬，三哥戴铁巾，四哥长撩挑[1]。

（打四种植物。）　　　　　　　　　　　　　　谜底：冬瓜、刺瓜、茄子、扁豆

第四节　汉字谜语

1. 天鹅飞去鸟不归，良字无头双人配，受字中间多两笔，人尔结就是自己。

（打四字。）　　　　　　　　　　　　　　　　　　　　　谜底：我很爱你

2. 我有一物生得巧，半边鳞甲半边毛，半边离水难活命，半边入水命难保。

（打一字。）　　　　　　　　　　　　　　　　　　　　　谜底：鲜

3. 三面有墙一面空，屋里坐着美髯公，如果仔细看一看，一支箭头在屋中。

（打一字。）　　　　　　　　　　　　　　　　　　　　　谜底：医

4. 一点一划，驼背削麦。

（打一字。）　　　　　　　　　　　　　　　　　　　　　谜底：方

5. 山字两头低，谷字去了皮，田边有一女，许配叔为妻。

（打一字。）　　　　　　　　　　　　　　　　　　　　　谜底：婶

6. 上边两个加，下边一个加，绿叶开紫花，像瓜不叫瓜。

（打一字。）　　　　　　　　　　　　　　　　　　　　　谜底：茄

7. 八哥。

（打一字。）　　　　　　　　　　　　　　　　　　　　　谜底：兑

8. 八十八。

（打一字。）　　　　　　　　　　　　　　　　　　　　　谜底：米

9. 边走边拿。

（打一字。）　　　　　　　　　　　　　　　　　　　　　谜底：趣

10. 不落的太阳。

（打一字。）　　　　　　　　　　　　　　　　　　　　　谜底：昶

11. 尘土飞扬。

（打一字。）　　　　　　　　　　　　　　　　　　　　　谜底：小

1　意为藤很长，需要搭棚。

12. 吃了面包就不饿。

（打一字。）　　　　　　　　　　　　　　　　　　　　　　　谜底：饱

13. 出口千言。

（打一字。）　　　　　　　　　　　　　　　　　　　　　　　谜底：话

14. 此人可靠。

（打一字。）　　　　　　　　　　　　　　　　　　　　　　　谜底：何

15. 大丈夫不得出头。

（打一字。）　　　　　　　　　　　　　　　　　　　　　　　谜底：天

16. 点点卯。

（打一字。）　　　　　　　　　　　　　　　　　　　　　　　谜底：卯

17. 双手分开。

（打一字。）　　　　　　　　　　　　　　　　　　　　　　　谜底：掰

18. 不多不少二十斤。

（打一字。）　　　　　　　　　　　　　　　　　　　　　　　谜底：芹

19. 二人促膝谈心。

（打一字。）　　　　　　　　　　　　　　　　　　　　　　　谜底：丛

20. 分量不足。

（打一字。）　　　　　　　　　　　　　　　　　　　　　　　谜底：欣

21. 偏殿有佛无人拜。

（打一字。）　　　　　　　　　　　　　　　　　　　　　　　谜底：弗

22. 一张弓安两张箭。

（打一字。）　　　　　　　　　　　　　　　　　　　　　　　谜底：弗

23. 闺中有少女。

（打一字。）　　　　　　　　　　　　　　　　　　　　　　　谜底：娃

24. 火烧横山。

（打一字。）　　　　　　　　　　　　　　　　　　　　　　　谜底：灵

25. 将相和。

（打一字。）　　　　　　　　　　　　　　　　　　　　　　　谜底：斌

26. 酒不沾边。

（打一字。）　　　　　　　　　　　　　　　　　　　　　　　谜底：酉

27. 一字十六笔，只有横直无其他，聪明才子猜不着，去问圣人孔夫子，孔子摇手不答话。

（打一字。）　　　　　　　　　　　　　　　　　　　　谜底：哑（啞）

28. 一点一划长，一撇到东阳；两面丝绕绕，言字坐中央；你也长，我也长，中间一匹白马娘，挈起一刀枪，劈在心中央。

（打一字。）　　　　　　　　　　　　　　　　　　　谜底：𰻝（biang）

29. 曹操有病头要痛，要请医生白郎中。郎中用药真稀奇，不用红花用木通。

　（打一字。）　　　　　　　　　　　　　　　　　　谜底：藥（药）

30. 可上可下。

　（打一字。）　　　　　　　　　　　　　　　　　　谜底：哥

31. 千古奇缘。

　（打一字。）　　　　　　　　　　　　　　　　　　谜底：舌

32. 千里相逢。

　（打一字。）　　　　　　　　　　　　　　　　　　谜底：重

33. 千里之行始于足下。

　（打一字。）　　　　　　　　　　　　　　　　　　谜底：踵

34. 全是男人。

　（打一字。）　　　　　　　　　　　　　　　　　　谜底：妩

35. 人踞一方。

　（打一字。）　　　　　　　　　　　　　　　　　　谜底：因

36. 人人长寿。

　（打一字。）　　　　　　　　　　　　　　　　　　谜底：筹

37. 三十而立。

　（打一字。）　　　　　　　　　　　　　　　　　　谜底：卉

38. 上下一心把住关。

　（打一字。）　　　　　　　　　　　　　　　　　　谜底：卡

39. 十滴水。

　（打一字。）　　　　　　　　　　　　　　　　　　谜底：汁

40. 十两多一点。

　（打一字。）　　　　　　　　　　　　　　　　　　谜底：斥

41. 四十五天。

　（打一字。）　　　　　　　　　　　　　　　　　　谜底：胖

42. 田里禾苗田外草。

　（打一字。）　　　　　　　　　　　　　　　　　　谜底：菌

43. 田中大路通南北。

　（打一字。）　　　　　　　　　　　　　　　　　　谜底：申

44. 一进门就出不来。

　（打一字。）　　　　　　　　　　　　　　　　　　谜底：闪

45. 一山更比一山高。

（打一字。）　　　　　　　　　　　　　　　　谜底：出

46. 一山一水紧相连。

（打一字。）　　　　　　　　　　　　　　　　谜底：汕

47. 真心相伴。

（打一字。）　　　　　　　　　　　　　　　　谜底：慎

48. 值钱全靠这两点。

（打一字。）　　　　　　　　　　　　　　　　谜底：金

49. 百发百中左右开弓。

（打一字。）　　　　　　　　　　　　　　　　谜底：弼

50. 广阔天地大有作为。

（打一字。）　　　　　　　　　　　　　　　　谜底：庆

51. 四面城墙空一面，调皮小孩躲中间。

（打一字。）　　　　　　　　　　　　　　　　谜底：匹

52. 此女爱食米，被米压在底。

（打一字。）　　　　　　　　　　　　　　　　谜底：娄

53. 去掉左边是木，去掉右边是木，去掉中间还是木，去掉两边还是木。

（打一字。）　　　　　　　　　　　　　　　　谜底：彬

54. 离别如雨泪纷纷，一点泪痕到如今。

（打一字。）　　　　　　　　　　　　　　　　谜底：零

55. 一对恋侣同心结。

（打一字。）　　　　　　　　　　　　　　　　谜底：丛

56. 无心空想。

（打一字。）　　　　　　　　　　　　　　　　谜底：相

57. 这家没有男人。

（打一字。）　　　　　　　　　　　　　　　　谜底：嫁

58. 上不封顶，下不保底。

（打一字。）　　　　　　　　　　　　　　　　谜底：二

59. 又约红颜吊脚楼。

（打一字。）　　　　　　　　　　　　　　　　谜底：袼

60. 你我争做良家女。

（打一字。）　　　　　　　　　　　　　　　　谜底：娘

61. 下定决心，心不。

（打一字。）　　　　　　　　　　　　　　　　谜底：忑

62. 两人屁股贴地上。

（打一字。） 谜底：坐

63. 盘中见日月，日月在盘中。

（打一字。） 谜底：盟

64. 古人造字出意外，笔画名称没有它，起笔收笔一笔来，越写方正反而坏。

（打一字。） 谜底：〇

65. 拆卸一点补三点。

（打一字。） 谜底：浙

66. 山上有一兵，断了两条腿。

（打一字。） 谜底：岳

67. 丁氏一张口，大字头上走。

（打一字。） 谜底：奇

68. 落花人独立，微雨燕双飞。

（打一字。） 谜底：俩

69. 一王持一匕，二王来比拼。

（打一字。） 谜底：琵

70. 一阴一阳，一短一长，一昼一夜，一热一凉。

（打一字。） 谜底：明

71. 三头牛勇猛角斗。

（打一字。） 谜底：犇

72. 一个女人腰间别着一把弓。

（打一字。） 谜底：姨

73. 心口上撒盐。

（打一字。） 谜底：感

74. 人叠罗汉。

（打一字。） 谜底：众

75. 凉风习习入户来。

（打一字。） 谜底：扇

76. 两人一个妈妈。

（打一字。） 谜底：侮

77. 人在草木中。

（打一字。） 谜底：茶

78. 日进一尺。

（打一字。） 谜底：昼

79. 三箭射中虎腹。

（打一字。）　　　　　　　　　　　　　　　　　　　谜底：彪

80. 四面背山好种稻。

（打一字。）　　　　　　　　　　　　　　　　　　　谜底：田

81. 一错再错。

（打一字。）　　　　　　　　　　　　　　　　　　　谜底：爻

82. 一字生得妙，头长两只角，腰生三对口，底下八字脚。

（打一字。）　　　　　　　　　　　　　　　　　　　谜底：典

83. 春雨绵绵妻独睡。

（打一字。）　　　　　　　　　　　　　　　　　　　谜底：一

84. 力增两点摸猜办。

（打一字。）　　　　　　　　　　　　　　　　　　　谜底：为

85. 大火烧山山就倒。

（打一字。）　　　　　　　　　　　　　　　　　　　谜底：灵

86. 狗头上面又长眼，牛儿不怕旁边站。

（打一字。）　　　　　　　　　　　　　　　　　　　谜底：犋

87. 三只狗儿争大小。

（打一字。）　　　　　　　　　　　　　　　　　　　谜底：猋

88. 江边来了一只鸟。

（打一字。）　　　　　　　　　　　　　　　　　　　谜底：鸿

89. 一点一划长，一撇到东阳。

（打一字。）　　　　　　　　　　　　　　　　　　　谜底：广

90. 半面潮，半面燥，半面山上吃青草，半面水中乐逍遥。

（打一字。）　　　　　　　　　　　　　　　　　　　谜底：鲜

第五节　成语谜语

1. 年纪大了话多。

（打一成语。）　　　　　　　　　　　　　　　　　　谜底：老生常谈

2. 十五。

（打一成语。）　　　　　　　　　　　　　　　　　　谜底：七拼八凑

3. 十字加一撇，止字减一竖，方字少一点。

（打一成语。）　　　　　　　　　　　　　　　　　　谜底：成千上万

4. 九折交易。

（打一成语。）　　　　　　　　　　　　　　　　　　谜底：一成不变

5. 改动百分之九十。

（打一成语。）　　　　　　　　　　　　　　　谜底：一成不变

6. 歌坛伉俪。

（打一成语。）　　　　　　　　　　　　　　　谜底：夫唱妇随

7. 老师不可怕。

（打一成语。）　　　　　　　　　　　　　　　谜底：后生可畏

8. 春色满园十五夜。

（打一成语。）　　　　　　　　　　　　　　　谜底：花好月圆

9. 妖精施法，天兵不敌。

（打一成语。）　　　　　　　　　　　　　　　谜底：鬼使神差

10. 拿到书后看标题。

（打一成语。）　　　　　　　　　　　　　　　谜底：本来面目

11. 露水夫妻道离别。

（打一成语。）　　　　　　　　　　　　　　　谜底：风流云散

12. 多情自古伤离别。

（打一成语。）　　　　　　　　　　　　　　　谜底：不欢而散

13. 光棍都已成了家。

（打一成语。）　　　　　　　　　　　　　　　谜底：无独有偶

14. 凡间地府弄颠倒。

（打一成语。）　　　　　　　　　　　　　　　谜底：阴差阳错

15. 文王夜梦飞熊兆。

（打一成语。）　　　　　　　　　　　　　　　谜底：将遇良才

16. 解雇理由说不清。

（打一成语。）　　　　　　　　　　　　　　　谜底：含糊其辞

17. 单册《金刚》才道地。

（打一成语。）　　　　　　　　　　　　　　　谜底：一本正经

18. 老婆是别人的好。

（打一成语。）　　　　　　　　　　　　　　　谜底：自讨没趣

19. 荆轲献图暗自喜。

（打一成语。）　　　　　　　　　　　　　　　谜底：笑里藏刀

20. 祖传医道。

（打一成语。）　　　　　　　　　　　　　　　谜底：一脉相承

21. 个个五短身材。

（打一成语。）　　　　　　　　　　　　　　　谜底：一无所长

22. 岳父请安坐。

（打一成语。）　　　　　　　　　　　　　　　　谜底：稳如泰山

23. 不知还有多少路。

（打一成语。）　　　　　　　　　　　　　　　　谜底：前途无量

24. 头遍读错了。

（打一成语。）　　　　　　　　　　　　　　　　谜底：一念之差

25. 赞成何须用双手。

（打一成语。）　　　　　　　　　　　　　　　　谜底：多此一举

26. 功名利禄全抛下。

（打一成语。）　　　　　　　　　　　　　　　　谜底：四大皆空

27. 试题以浅为宜。

（打一成语。）　　　　　　　　　　　　　　　　谜底：深不可测

28. 只认荤腥。

（打一成语。）　　　　　　　　　　　　　　　　谜底：素不相识

29. 秃头天才。

（打一成语。）　　　　　　　　　　　　　　　　谜底：聪明绝顶

30. 没有最好，只有更好。

（打一成语。）　　　　　　　　　　　　　　　　谜底：精益求精

31. 欺蒙上苍罪孽大。

（打一成语。）　　　　　　　　　　　　　　　　谜底：瞒天过海

32. 单身户。

（打一成语。）　　　　　　　　　　　　　　　　谜底：孤家寡人

33. 厕所堵了，该疏通。

（打一成语。）　　　　　　　　　　　　　　　　谜底：茅塞顿开

34. 云长心盼大哥来。

（打一成语。）　　　　　　　　　　　　　　　　谜底：关怀备至

35. 女大十八变，越变越好看。

（打一成语。）　　　　　　　　　　　　　　　　谜底：成人之美

36. 金鸡报晓不待催。

（打一成语。）　　　　　　　　　　　　　　　　谜底：自知之明

37. 严禁越狱。

（打一成语。）　　　　　　　　　　　　　　　　谜底：牢不可破

38. 故事新编。

（打一成语。）　　　　　　　　　　　　　　　　谜底：古为今用

39. 十五的月亮。

（打一成语。）   谜底：正大光明

40. 避免空难发生。

（打一成语。）   谜底：机不可失

41. 哥哥不像弟弟。

（打一成语。）   谜底：大同小异

42. 来日搬家。

（打一成语。）   谜底：改天换地

43. 七仙女才出嫁。

（打一成语。）   谜底：六神无主

44. 读了两遍便记住。

（打一成语。）   谜底：念念不忘

45. 回头一看，竟生怨恨。

（打一成语。）   谜底：反目成仇

46. 踏上归途天已暗。

（打一成语。）   谜底：来路不明

47. 秃子打伞。

（打一成语。）   谜底：无法无天

48. 铁扇公主拨弦娱夫君。

（打一成语。）   谜底：对牛弹琴

49. 爸爸胖了妈妈瘦了。

（打一成语。）   谜底：重男轻女

50. 再说大话又得挨揍。

（打一成语。）   谜底：吹吹打打

51. 咫尺应须论万里。

（打一成语。）   谜底：说长道短

52. 种田。

（打一成语。）   谜底：以退为进

53. 狂飙飞卷尘土扬。

（打一成语。）   谜底：威风扫地

54. 楼下客满，请上二楼。

（打一成语。）   谜底：后来居上

55. 明知山有虎，偏向虎山行。

（打一成语。）   谜底：闻风而动

第十三编

传统美德

孝义立家，廉信立身。彩烟人个性特征明显，尽责尚忠、遵礼尚孝、清正尚廉、乐善尚义，真实地反映彩烟人的家国情怀和道德情操。

第一章　尽责尚忠

"天下兴亡，匹夫有责"，精忠报国，舍生取义，内心求善求美，外在尽职尽责，这是中华民族的优良传统和优秀品德，亦为彩烟人以忠于祖国、忠于人民、忠于事业、忠于职守为崇高而神圣的价值追求。一代代彩烟人继承中华民族的传统美德，真诚待人，忠于职守，以国家利益和整体利益为重，保家卫国，用实际行动推动社会进步与发展。

杨雨时勤奋授业

下宅村人杨雨时祖辈均隐德不耀，以善良闻于乡里。他自幼诚笃好学，与梁葆仁同师而学。时盛科举，大批文人学而欲仕，杨雨时与众不同，学文悟理。他说：人读书，是为了学做人，非并一味为博取功名。看文章学习，首先要理解文章内涵，不趋时尚。梁葆仁十分赞赏他对读书学文的精辟见解，并常夸之：此理学家也。德清俞曲园先生掌教紫阳时，曾赞赏其文章，文句精练，说理精确。后入邑庠，学读更勤。再到会垣、诂经、紫阳等书院苦读六年，学业日进，文亦日工。但屡困棘闱，仅考得举人。例授修职郎候选训导，授经于沃西、道南及本村崇兴庙二十余年。最后于宣统之年被委以庆元县训道，教政冠全浙。一生授教，卒于岗位。

杨雨时教之德，树德修业，然学文写作，邑中高贤善文者，为他门下居多。诸子尤勤，即休修其次，也令诵读。闲暇之时，则说先仟嘉言期懿行，以为勖免，邑宰闻其贤能，则委以重任。杨雨时亦善任之不辞。历办团练，创办道南书院（即道南小学），莫不恪尽其力。为乡人所称颂。村中如有争纷，每得杨雨时一言而解。他还尽力孝事父母。祖母生病，则亲侍汤药，衣不解带，直至离世升仙。三兄杏村患呕血病年余，他必每日数次，殷勤慰问，直到离世。

梁漪亭忠孝两全

彩烟芸溪人梁漪亭受父亲影响，从小喜欢读书，才华横溢。乾隆三十九年（1774），朝廷编撰《四库全书》，族祖梁国治任编修局副总裁。此时，梁漪亭正在家中处理意外事故，然后奉母命去河北永平府看望担任幕僚的父亲。父亲得知家中变故，即叫儿子去找梁国治谋差事，自己返归故里。梁漪亭听从父亲找到梁国治，经安排参加考试，以武英殿供事补《四库全书》编修局缺额。

乾隆四十八年（1783），《四库全书》第三分部编撰完成。吏部对参加编修的人员一一核议，奏请给予加级、记录等奖励。根据考校结果，梁漪亭被继续选用，参加编撰《四库全书》第四分部。到乾隆五十一年（1783），《四库全书》全书编撰完成，所有参加编撰的人员，由吏部考校，择优任用。梁漪亭被签发到河南汝宁府信阳州明港驿巡政厅署平昌关分府任职。此后，白莲教起义声势浩大，从襄阳起，相继攻占湖北、陕西、河南、四川等地。总管陕西、四川两省军事的勒经略大为惊恐，调集兵马，布置剿抚事宜。梁漪亭奉命带军队到白岩山一带剿灭白莲教，奋勇作战，大获全胜。勒经略根据军功，上报朝廷请旨评赏。

梁漪亭却急流勇退，不等封官晋爵，直接辞官回家。他认为现在应该孝敬在父母身边了。让父母穿着锦绣华服而无子女侍奉，还不如有子女侍奉而穿着粗布服饰更能让父母开心。回家后，梁漪亭全心全意孝养父母。三餐亲至，端汤送茶，嘘寒问暖，无微不至。他还常常青鞋布袜，笑傲烟霞，时常为邻里排忧解难，调解矛盾，促进邻里之间和睦相处。几年后，父亲病重，梁漪亭日夜不离，延医请药，端汤熬药，侍奉喂药，又亲手为父亲沐浴更衣。父亲去世后，他悉遵礼仪，守孝三年，对母亲侍奉得更加细致周到。

杨锦裳工兵先锋

下宅村人杨锦裳从小好学强记，志节过人。辛亥革命时期投笔从戎，进入大通陆军学校转浙江陆军讲武堂工兵科学习，毕业后到陆军第一师工兵营任见习排长。深得上司器重和士兵爱戴，很快升任连长。国民革命军开始北伐，已归编的第十九路军与浙江都督孙传芳部作战，杨锦裳奉命固守曹娥江。1929 年，任工兵营少校营副，不久为中校营长。凡工兵所任破坏交通、架设桥梁、建筑强固工事等都能如期完成。部队驻地士绅们给他送来了一块"为国干城"的匾额。

后来杨锦裳调任十九路军东路军中校参谋，管理交通通信，军行所至，无不畅通。东路军进驻福建漳州，杨锦裳出任漳州警察局长。面对土匪横行、秩序混乱现状，他率警察围剿，击毙土匪骨干，抓捕土匪头子，漳州得到平安，被调任福建绥靖公署上校科长，主管交通通信。七七卢沟桥事变后，杨锦裳任西安军事委员会委员长行营第二厅人事科长，后任第十战区司令长官部交通处少将处长，主管战区通信设备、铁路公路修筑等。曾转任陕西省政府参议，调任一战区黄河船舶管理处处长，凡我军过河击敌，调动船只，迅速不误，河南军民所需煤炭及必需物资充实不缺，可惜病逝任上。

梁雨亭浴血抗战

旧宅岙村人梁雨亭（1906～1937）自幼聪颖好学，有胆识，明大义。梁氏高级小学毕业后受聘为教师，喜欢阅读孙中山先生书刊。1925 年在反帝爱国浪潮影响下，毅然弃文从武，参加国民革命军和反帝救亡运动，成为陆军 88 师 523 团战士。由于他刻苦训练，屡获好评，不到一年升为上士班长。

1932 年，"一·二八"淞沪抗战爆发，梁雨亭所部奉命支援十九路军抗日，以雷厉风行之势，在闸北至庙行一线奋战三昼夜，打退了日军，88 师为此英名远扬。梁雨亭在这次战斗中身受重伤，在苏州十九路军留守处养伤痊愈后重返前线。1935 年考入黄埔军校第六期军官训练班，毕业后任

88 师连长等职。

1937 年"七七"卢沟桥事变后，梁雨亭抱决一死战之决心回家料理家事。他与家人和亲友说："国家多难，报国杀敌为革命军人素志，我已抱定牺牲决心，后会恐无期了。"亲友邻居莫不感动泣下。他还动员和劝说妻子改嫁，在返回部队那天，乡亲们夹道相送，依依不舍。走到梁家祠堂前，梁雨亭手持遗书，慷慨陈词："这次出战，有死无生。男儿愿战死沙场，决不做亡国奴！"然后把遗书交给姐夫，当场宣布："我无后裔，薄产送二嫂为业。"

梁雨亭回部即参加"八一三"淞沪抗战。由第九集团军总司令张治中、88 师师长孙元良指挥先遣部队从无锡到上海，守镇上海闸北要地，与日军展开血战。在敌我力量悬殊情况下，多次打退日军进攻。白天被日军占领，晚上又夺回来，日夜浴血奋战，连续两个多月。梁雨亭率部死守闸北师部，在枪林弹雨中壮烈牺牲，年仅 31 岁。

杨英明勇救学生

上贝村人杨英明（1954～1998），受父熏陶，誓承父业，中学毕业考入嵊县师范，年方二十即接班育人。后从父亲手中接过班，担任上贝完小校长，也担负起背负孩子过河的重任。因为上贝完小有上贝、水木坑、大坑湾、涧潭等八个村的孩子就读，一条涧潭溪使四个小山村的孩子不得不过河上学，在八十多米宽的河面上，以前只有一百多块固定的石头砌成的町步，是连接两岸的唯一通道。

暴雨天，溪水猛涨，杨英明就拄一根木棍，赤脚背孩子过河。冬天，溪水透心刺骨的冷，冷得他直打哆嗦。这样一干就是二十多年，落下了冬天一遇到水就全身发疽，双脚麻木的老风湿病。他只好买了一双长筒套靴，穿着背孩子过河，后来为防天气突然变化，又买了一双长筒靴放在学校里。严重冰冻时，町步结冰，他就一大早起来，敲掉冰层，撒上锯木粉和灶灰，以免孩子滑倒。溪水实在太猛时，杨英明不得不带领学生翻山越岭，步行十多里，到下岩或欧潭绕桥而过。由此他萌生出一个强烈的愿望：造一座桥。他马上和父亲、兄弟商议，父亲二话没说，拿出一千元钱，他和兄弟倾其所有凑足了两千元。又发动群众捐资，村民们积极响应，很快筹集了一万八千元。就这样，一条宽五米只有两眼桥洞的滴水桥结束了町步的历史。可是由于资金实在太少，桥面建得不高，洪水来时，桥仍旧淹没在水下，他还要时常背负学生过河。

1998 年 6 月 19 日下午 3 时 40 分，杨英明像往常一样护送着十多名学生回家。他本想早点到城里去看望生病的妻子，可这两天连日大雨，溪水猛涨，连接学校与涧潭村的水泥桥早已被洪水淹没，他放心不下这群孩子，就又留了下来。他带着第一批四名学生来到河边，背起十岁的杨月妃踏进没过膝盖的湍急的洪水中，拄着长木棍，一步一步艰难地向对岸走去。过河前，他牢牢叮嘱杨燚荣、杨益东等三位学生，一定要等他回来，不要自己去淌河。当他刚走到中途时，突然后面传来了"有人落水了"的喊救声。他回头一看，一个瘦小的身影已经落入了波涛汹涌的河水中。原来，十一岁的杨燚荣偷偷地尾随着跟了过来，被洪水冲倒了。他赶忙蹚过河，把杨月妃放到岸边安全地方，扔了木棍，奋力沿河岸奔去，十米，二十米……五十米，一个箭步纵身跳入湍急的河流中，抓住被洪水往下冲的杨燚荣，托着杨燚荣拼命朝岸边推去，可汹涌的洪水无情地把他们冲开了。洪水把他们冲到三股水流交汇处，河水更加湍急，且涌着旋涡。杨英明刚想寻找杨燚荣同学，这时一个水浪把他冲到旋涡边，随即被旋涡淘入水底。杨英明再也没有露出水面。当村民们闻讯赶来救援时，河面上只有滚滚的洪水咆哮着，呜咽着。夜幕中，村民们沿溪岸寻找着杨英明，十多个小时后，终于在溪边的树丛中找到了杨英明的遗体……

第二章　遵礼尚孝

彩烟人历来讲究孝顺，尽心孝养父母，顺从父母心意。各姓族规中都要求宗亲"敦孝悌以重人伦""谨丧葬以尽子职。终天之时，人子与亲永诀之候。棺椁衣衾悉宜循分尽力，其吊唁供帐之类，称家有无，居丧三年，毋得作乐游戏，即期功。缌麻亦宜尽礼……""守茔产以绵血食"。总之，遵照礼法，赡养父母，尊敬师长，行为端庄，和亲睦族。

梁竹林尽孝闻名

棠墅人梁竹林，生性纯厚，有孝行。三兄弟分家自立后，老大和老小自顾不暇，只有他老二尽全力照顾父母。妻子王氏亦贤淑有孝行，对公婆竭力承顺，奉养丰谨。家虽贫，夫妇俩总是想办法让父亲过得舒心。

父亲是邑庠生，喜欢喝茶，夫妇俩每天生火小炉子，用一把茶壶煮水，给父亲冲泡茶叶，常年如此。父亲夜里少眠，常常到深夜还点着蜡烛，一面看书，一面喝茶。每天夜里，夫妇俩总是坐在灶间，壶煮佳茗，轻声细语，谈论家事，还会做一点小食品，给父亲做消夜。父亲也体谅，常叫儿子媳妇早点睡。两人总是等到父亲就寝才歇息。更漏叠转，寒暑更替，不倦，不怠，不厌，不烦。

梁竹林幼年因家境困顿，只粗通文义，但他喜欢看书，喜欢做读书笔记。外出经商时，节衣缩食，也要买稗记野史或公案传奇之类的书，放在行李中有空就阅读。回到家中，在傍晚休息时，将其中的忠孝节烈的故事讲给家人和邻居孩子们听。冬天的时候，霜雪严寒，别人要拥火取暖，他却谈兴高畅，时而手舞足蹈，时而引经据典，虽有顽童，也总是鸦雀无声。

在梁竹林小儿子六岁时，妻子王氏病亡。父亲悲痛大哭，砸掉了天天依赖的茶碗，对儿子说："我们两人活着靠你媳妇，死了也要依靠你们。以后你死了也要葬在我们的坟墓边，不能葬到别的地方去。"

梁竹林常常因少时家贫不能多读书而遗憾，非常尊师重教，每遇塾师、秀才、举人等，态度十分谦恭。即使是晚辈后生，在路上遇到，就立即拄着拐杖，站在路旁，等他们走过后才走。遇到认识的人或关系要好的人，就会深情地说："不要因为贫穷而玷污自己的廉洁，不要因为欲望而败坏自己的清白。约束自己，勤奋读书，才是本分。"后来看到自己的孙子葆仁，资质优异，聪慧过人，九岁就能谈论古今，大喜，常说："我家门户有希望啦！"连吃饭睡觉都要他跟随自己，督促他读书非常严格，鸡鸣时分，自己就起床，点灯，呼叫葆仁起床读书，自己坐在旁边督促，夜晚也是如此，一定要到将近三更，才让孙子睡觉。他时常给孙子讲一些忠孝节烈的故事。他对待葆仁的老师，非常热忱敬仰，家里有一点荤腥菜肴，必先送给老师。咸丰六年（1856）正月，病重，门外雪深数尺，家里没有佳肴，他叫第二个孙子去打猎，备办岁席宴请葆仁的老师。就在这一天晚上，自知时辰不多，就叫家人到跟前，说："我们家的希望是葆仁，家里虽然贫困，即使要把饭锅和灶砖卖了，也要让他读书。其他的事可以听你们的，这事必须听我的。"说完就叫家人替他沐浴更衣。

在更衣时，家人发现屁股上有一块很大的疤痕，家人再三追问，他才说："很早以前，村子里患瘟疫，没几天，死了好多人，有一天，母亲也患病了，病势很凶猛，看医生吃药都无济于事，听人说，儿子的肉可以治，我就割了一块，和药煎了给母亲喝。又听说这事让别人知道了就没有效果，因此从来没有人知道我割肉的事。现在也不要让别人知道，切记！"说完咽气。

盛思浣永怀孝思

后谢村人盛思浣，自幼博览群书，远近闻名。朝廷举孝廉，经名士举荐，他也向皇帝上疏万言治国方略，龙心大悦，恩赐鸠杖幅巾，封迪功郎。因其性情正直，洁身自好，不喜欢虚职。后经好友劝勉，于明宣德四年（1426）由县令以"经明行修"推举到京城，初授登仕郎，等待任用。

恰在此时，家信送到，昆弟玉云去世。盛思浣上疏，告归还乡。同乡好友杨信民和甄完也都劝慰，他决意回家："得不到重用，是命中注定。时机遇到而不能被重用，是运气不好。命数由上天注定，运气可以由人安排。现在我的父母双亲年事已高，如日薄西山，报亲日短，尽忠时长，怎么能让碌碌奔忙的名利来羁绊我的身子呢？"于是急速南下回家，朝夕侍奉父母，片刻不忍离开。端茶、问候，无微不至，一直到父母二人终老天年。丧殓之礼仪都齐全，叔伯兄弟之间温和谦让，友爱无间。对昆弟之子希达，如同己出，多方训诲，视为"吾家之千里驹"。他还尊祖敬宗，捐田十亩充作祭祖之资。每逢祭祀，必备冠束带，穿戴一新，庄严肃穆，威仪凛然。带领子侄，礼拜祖宗，毕恭毕敬。元朝末年，战乱四起，祸及彩烟，经他倡议重修盛氏宗谱，亲力亲为，一时声名远扬。

梁其达孝思方正

樟花村人梁其达，从小进私塾读书，后因家境困窘弃学务农，兼学织布。农忙时，帮父亲辛勤耕作。农闲时，帮别人织布，常年无一日虚闲。等到成年，娶妻子丁氏，分家自立。丁氏善谋划，勤俭持家，没过几年，家境渐宽裕。

一日，梁其达对父母说："你们逐渐老了，家境也不宽余，而弟弟又到了该娶妻子的时候了。我想我们还是合并一家，合力持家，还能减少一些开支，积累一些家产，帮弟弟成家立业。"父亲高兴地说："这样最好，只是委屈你们了。"重聚一家，共谋生计。梁其达拿出以前的积蓄帮父亲还清债务，丁氏帮助婆婆操持家务，精打细算，累寸成丈。经过五年奋斗，家境好转，弟弟也结了婚。

梁其达生有三个儿子，他要把自己的心愿在儿子的身上实现。大儿子九岁，即送入私塾习读。他白天或耕作或织布，勤于所业；晚上挑灯督促儿子课读。是时，父母相继过世，一家七八个人，日子不好过，即决意与弟弟分家，自负重担。三个儿子读书，纸笔墨书，也是一笔不小的开支，吃穿用油盐酱，还有人情也不好赖，常年难有积余。十年，大儿子考得秀才。又十年，廪膳生，略带教生徒，吃在学校。再十年，考得举人。而梁其达也渐见衰老，儿子劝他不要太劳累了。他教导说："人生没有闲暇安逸，我刚得到斗升之粮，就荒芜土地，就像你刚考得一个秀才，就荒芜书籍一样，哪能更进一步呢？忠孝立天地，勤俭生人类。优秀的人，读书就是给自己照镜子，找出自己的不足；诚朴的人，在看戏中能激发自己的天良……"

盛炳黎孝心可嘉

下岩村人盛炳黎，从小酷爱读书，由祖母及母亲课读，稍长后入私塾习学，四书五经，史学著作，无不精通，且善于文章，文思泉涌，一气呵成。成年时，拜督学石公为师，誉满学宫。

京城曹署卿来任新昌教谕。一到任就写信聘请东阳的赵苣畦进士来新昌主持南明书院，又聘请儒岙南山村名士王锷来设帐教授。盛炳黎与曹、赵、王都有诗文往来，甚是情投意合。两位师友劝说，朝廷用人之际，你是国之栋梁，应赶考，必为考官赏识。盛炳黎因幼小失去父亲，特别孝顺祖母和母亲，每日问安，平日尽可能不出外与友来往。母亲知道他饱学有才，有一天，把他叫到跟前，说：你父希望你博取功名，切勿忘父亲遗命。盛炳黎终于听从母亲嘱咐，北上赶考，以期成功入仕。可是刚到半路，祖母病危的家信就到了驿站。见了信，未及下车，急叫原车返回。路上痛哭流涕，泣不成声，后悔前往应试。回到家，他料理了祖母丧事，便对母亲说，从此在家侍奉母亲，不再去博取什么功名。

在孝顺儿子的悉心调理和照顾下，母亲到七十多岁时仍然耳聪目明，精神健旺。1813年，母亲稍有不适，饭量减少。盛炳黎忧心忡忡，无微不至。倒是母亲反过来宽慰他，然后对他说：我的病没事，会试的日期快到了，你快去参加考试。盛炳黎依依不忍离别。母亲又只得命令：这是你父亲的遗命。你父亲生前就要你德成名就，光宗耀祖！盛炳黎迫于母命，前去应试。不料，母亲的病日益沉重。当他快到扬州附近的瓜州时，母亲去世的信已到达瓜州客栈。盛炳黎闻讯，顿时失声痛哭，哀号音哑，急速返回，茶饭不思，尤以不及送终为恨。

梁芸香劝父戒赌

棠墅人梁芸香，家有几亩己田，家资中等，吃穿有余。可是父亲嗜好赌博，每次带银子出去，输完钱才回家。为此家境渐渐衰落，还时常有人上门讨赌债。梁芸香只有勤勤恳恳在农田里精耕细作，以提高收成。到深夜时，见父亲还未回家，又要提着灯笼去找，尽管父亲不以为然，他还是一遍一遍地奉劝父亲少赌多歇养好身体。

又一日，梁芸香挑一担米到新市场去卖。从棠墅到新市场有十五里路，起早挑米去，午时才卖完，攒着一千文钱，返回家已近傍晚，一进门就对妻子说："我饿死了。"妻子急忙准备食物。父亲听了就呵斥："钱在你手里，就不能买几个饼充饥？真是笨死了。"梁芸香趁机解释："卖米得一千文钱，如果用去十文，就只有九百九十了。怎么也舍不得，宁可饿肚皮！"听了儿子的话，终于想到儿子日夜劳作，为节省十文钱而饿肚皮。而自己去赌博，一掷千金也不心疼，于心何忍啊。

于是父亲痛改前非，再也不去赌博，还和儿子一起上山劳作，开始勤俭持家。父子同劳作，其乐融融。不几年，家里又渐渐富裕起来。梁芸香时常到集市里买一些酒肉及时令菜肴，侍奉父亲。父亲年龄大了，他做到出门相随，起居相扶，冷暖饥饱也常问，承顺委屈皆随父意，一时传为美谈。

第三章　清正尚廉

彩烟人崇尚清廉，首先是清白家声，把"禁盗贼以全清白。古之志士非其所有，一介不取。即乡党自好者，亦知力守清贫"作为族规，强调"人在做，天在看""君子爱财，取之有道"。不做亏心事，不贪分外财，不怕鬼叫门。草根教育，黑白分明。在为人处世中，知敬畏、存戒惧、守底线，能正确处理公私、义利、是非、情法、亲清、俭奢、苦乐、得失等关系，做官清清白白、堂堂正正；做事实实在在、干干净净；做人老老实实、勤勤恳恳。

丁川为官清正

大园村人丁川（1431～1478）先后担任贵州道监察御史、顺天府丞，后提为都察院左佥都御史。

无论担任何职，丁川始终认真办事，更因刚正不阿，清白为官，深得皇上器重。成化十二年（1476），朝廷诏告天下，于八月举行祭天典礼。不巧的是，在预定祭天那天，宪宗皇帝欠安而不能亲自祭祀，临时派遣丁川代为行礼。于是，乡间就传闻"丁川代皇"。丁川中进士后即为贵州道监察御史。第三年，皇帝命他巡视漕河，监督漕运。尔后把监督顺天府乡试的差使也交给了他。在任顺天府丞后，他通过访问民情，掌握民众疾苦，向皇帝提出了"救灾度荒"等 15 条建议，得到朝廷的重视并采纳他的建议。由于他办差得力，监督有方，名声大起。凡有大的案件，或是遇到难处理的整肃案件，皇帝就说："找丁川，让丁川去办。"成化十四年（1478），朝廷派他到延绥地区视察边防，检查黄河安全。此时，丁川由于过度操劳，积劳成疾，忽又得知母亲病故，病情加重，回京后便逝世。皇帝感到惋惜，派大臣致祭，并在墓前立"文官下轿，武官下马"禁碑。丁川墓地铁牛村边，仍有"花坟前""下马""上马岭"等地名。

丁川为官清廉勤勉，生活清苦。和他同年考中进士的李东阳以《题丁御史同年墨竹走笔长句》予以赞扬："浙江之东县新昌，乃在千岩万壑之中央。侧身重足恐无路，五步一涧十步冈。君家茅堂此卜筑，白石丛抱青筼筜。西接林薄南通塘，低者出地高出墙。江南此物贱如草，买种不费锸与筐。野生石迸小如指，一夜风吹还尺长。烟锄雨栉岁屡改，旧叶换尽新梢长。"丁川病故时财物萧然，家徒四壁，无法行丧殓葬。幸有同僚亲友尤其是新昌籍在朝为官的礼部侍郎俞钦、监察御史何鉴等联手捐资办理后事，又请翰林院授编修谢铎撰写《墓志铭》。

梁希陆明镜清水

大宅里村人梁希陆，在塾师处读了数年书后考入浙江讲武学堂，毕业后编入部队任排长。某日，部队行军经一村庄，他看到一个老年妇女哭得伤心，原来是有人用假银圆买她的香烟，被骗了老本。梁希陆心生同情，要了那银圆，又从自己右口袋里拿出仅有的一块银圆，假装比较真假，把自己的真银圆递给老人，而把那假银圆随手放进左上口袋，匆匆随军而去。部队奉命剿匪，他在战斗中不幸中弹，医生告诉他幸亏银圆挡住了子弹，否则没命了。

梁希陆不仅为人好，且作战勇敢又有智谋，多次立功，升任第十战区司令部副官处少将处长，后调任第一战区船舶管理处少将处长。当时有人送礼，他委婉拒绝，那人硬是把礼物留下，他拿起礼物扔到此人脚后跟，从此没有人再敢送礼。1934年1月，他随十九路军进驻福建古田，就任古田县县长，眼见景象萧条，满目疮痍，即布告安民，着力恢复正常生产生活，组织商贾开门，学校开学，农民种植生产。还把十九路军留下来的大量物资，无偿施济给贫困百姓，深得百姓拥护。他还惩恶扬善，把鱼肉百姓、欺行霸市、无恶不作的保安团长彭唐绳之以法，全城百姓敲锣打鼓，放鞭炮庆祝。1935年6月，他奉命调任尤溪县县长。古田百姓和沿街商铺夹道相送，恳请继任。还在门口摆桌子，放一盆清水、一面镜子，寓意清廉如水，明察如镜。百姓们还要求新任县长将梁希陆以清廉乡宾放入孔祠，并将孔祠修茸一新，改名为"孔梁二公纪念祠"，镌刻长生牌位，供县民瞻仰。

抗战胜利后的1946年，梁希陆亲眼看到国民党的腐败和无能，毅然辞官回乡，以开明绅士迎接彩烟解放。因不善农作，便在马家田村开了一个小店，以维持生计。马家田村小，又是刚刚解放，购买力太小，他便挑起货郎担，摇着拨浪鼓，走村串户叫卖肥皂、针线、木梳类小商品，养家糊口。虽然艰辛，却心情舒畅。人们常常看到他精神抖擞地在村里摇着鼓叫卖，如果有一段时间不见老人和他的货郎担，便会有好多人念叨：这个货郎佬怎么还不来呢？

梁景鸿守护平安

樟花村人梁景鸿（1847～1909）倾心力学，学识日新，弱冠则长通文史，兼习技勇，智勇双全。无日不以致君泽民为念，时化神费心，寻找志同道合者，壮志未酬，无奈返乡。

值清政腐败，粤逆纷扰，再加山寇伺机而起，居民惶恐，日夜不宁。梁景鸿见情，亲自纠集同志团练，预备战斗，寇不敢犯，遂保一方平安，民众安居，纷纷赞扬梁景鸿。当地上奉，上司特给褒奖，名声从此远扬。西乡有一王氏人家，家产殷实，闻名声邀奉为上宾，讲述了心中烦事，其庄村口有一大溪，但无舟楫，隔断出入，欲建桥以便通利。梁景鸿为济众人欣然承诺，自己也出数百金。独肩其任，尽心尽力，筹划三年终于搞就，圆了王家及村庄出入畅通之愿，他也被歌功颂德。不久，梁景鸿应伯父之约，赴其府干事，能圆满完成各项所受之任，在其府中颇有声誉，同僚中威望极高，后被推荐赴皖抚宪王。在其位竭尽全力，清正谋事，深得上司褒奖，民众称赞，一生中记大功140余次，由于政绩卓著，破格录用，钦加同知衔，赏戴顶戴花翎，任安徽即用知县，诰授奉政大夫，晋封朝议大夫。

梁梦崧廉者仁心

樟花村人梁梦崧（1838～1890）幼时读书甚是颖悟，文思敏捷，思虑周密。性嗜酒，善于谈笑，常带诙谐幽默，但不诡异。尤其擅长楷书，字体秀骨逸态，所作笔记，焕若珠玉，作诗也甚爽飒。因家庭特困，考得秀才后不得不歇学，与父亲到泄上山养羊，父子俩砍树架木搭棚，入住棚内。

清同治十二年（1873），官兵清剿杨增龄义军余部时，其家被毁，更加困顿。被迫在亲朋间借了一些钱财，捐得一个县丞，本想在本省谋个差事，却不料派在江苏。梁梦崧就在杭州买来纸扇，在扇面上画画，或作诗，然后到街上卖掉，从而赖以活命，并一路买卖纸扇来到苏州。苏州有个大寺庙的主持和尚，与官府有往来。值苏州知府寿诞，欲送一副对联，可惜都上不得台面。主持看到梁梦崧卖的扇面字不错，备齐笔墨和对联，请梁梦崧乘兴题之。宴席间，江宁藩司梁方伯巡视各副对联，只有一幅较为满意，得知为寺僧所赠，又盘问得梁姓书生所写，甚喜，叫梁生去一趟。主持大喜过望，回寺备酒席款待梁梦崧，又急忙买了几轴对联，请梁梦崧题写，酬谢四十两金子。随后，梁梦崧去拜见藩司。梁藩司非常欢喜，把他推举给了左相左宗棠，被聘为幕僚。

当时左宗棠功高望重，性格刚毅，清正廉洁，操守贞节，以大学士都督两江。梁梦崧变成了左宗棠的传声筒，在左相身边多年，廉洁自律，工作勤快，说话谨慎，思虑缜密，服侍周到，深得左宗棠信任。并赞之曰：如梁氏之能，以孝悌相率，而使乡之人矜式于其族，邑之人矜式于其乡，天下之人皆矜式于其邑，则兵戎之祸可尽熄也。

左宗棠去世后，刘坤一都督两江，仍然用梁梦崧为幕僚。刘坤一精于核准，善于驾驭，只是身体羸弱，沉湎于鸦片，不久被巡抚彭刚弹劾而被朝廷罢官。刘坤一去任时，行李非常简单，属官按惯例近距离相送，梁梦崧却一直送到属地的边界。刘再三劝阻，其仍坚持送。到了第四天，感动中的刘坤一强力阻止："你回去吧，保重身体，以报效国家。我们后会有期。"

继任两江总督的是曾国荃，而且曾国荃了解梁梦崧情况后，还是使用梁梦崧，并把大小事务都交给这小小的幕僚，为此声势显赫，权力很大。他却从严自律，从无贪念。有一次，曾国荃祝寿，官员们所送的衣袍珍玩，满满地摆放于庭。曾国荃对梁梦崧说："你有喜欢的，就自己拿吧。"梁梦崧谢绝，一无所欲。

梁炯堂勤俭有义

大园村人梁炯堂家境困顿，从小爱识字读书。12岁参加县学考试，因家贫不能为他做新衣服，把父亲的旧衣服改短小让他穿。报名号的官员见他与桌子一样高，穿的衣服却拖到地面，感到奇怪。在五次考试中他均在前列，成为秀才。

梁炯堂一面开馆教授学徒，一面读书作文，伺机获取功名。平时，他在小菜园里种点菜蔬，素食为主，不喜荤肴，仅为果腹。平时衣着朴素，身形瘦削，而精神饱满，两眼炯炯有神。即使去省城应试，也不出入酒店，总是独自坐在船里，拿出小布包里的干粮，吃得很香，往返资费只用其他人的一半还不到。梁炯堂勤俭操持，所得馆俸，节流约用，供养妻儿，尚有节余。多年后，就买下四十多亩田。

清光绪十一年（1885）腊月，强盗下山抢劫杀人。梁炯堂远亲梁某被人诬陷入狱，梁某胆小木讷，受到狱卒杖击，更说不出话来。其家人请求族人申冤，无人挺身而出。梁炯堂得知情况，连夜书写状子，只身前往县衙，为梁某辩解，洗雪冤情。事前未与主人会面，事后未得主人酬谢，往返资费均自己解决。

梁炯堂经常为邻里化解矛盾，排解纠纷。人们常常找他，非常信服他，因为他公正、公道，是调解的好"娘舅"。

杨日昶铁面无私

上宅村人杨日昶（1914～2014）淹贯群书，过目不忘。7岁时进上宅村元恩小学读书。比较顽皮，经常与同学打架。12岁那年，被送到父亲工作地奉天通化县第一高等小学读书，1930年考入奉天东北大学附属中学。"九·一八"事变后，父亲要他回老家管理家业。杨日昶却把家产托付给亲戚与长辈管理，考入上海大厦大学法律系读书，毕业后任贵州省府秘书处科员，同年调任国民政府军事委员会军法执行总监部审判组任少校军法官。

抗日战争时期，中国派遣远征军到缅甸抗击日军。1943年8月，杨日昶毅然报名投军，被派往中国远征军驻印度军总指挥部，任军法处军法官。他在战场上奋勇杀敌，亲手击毙日军佐级军官一名，缴获日军指挥刀一把。因表现突出，年底升任少校军法官。回国后出任中国陆军总司令部第一军法监印，1948年底去台湾，于1951年晋升为中将，后转任法制司司长，又为蒋经国幕僚长。2002年回大陆定居新昌县城。

杨日昶任职期间，铁面无私，不管如何位高权重，一样依法办事。某海军司令利用公款，军舰走私，即把海军司令软禁，并拒绝贿赂，最后严办。又如蒋介石表兄贪污军饷，杨日昶也把他判刑法办。蒋经国为他颁发"四寺云麾勋章"和"海陆空军光华甲种奖章一等奖"勋章等。杨日昶回故乡后，晚年生活特别舒畅，还参加《彩烟杨氏宗谱》续编开局仪式，并慷慨捐资。

第四章　乐善尚义

正义与侠义、信义与情义，是社会公德、职业道德和家庭美德的体现与反映。因为有义，才会奋不顾身；因为有义，才会凝心聚力；因为有义，才会和睦和谐；因为有义，才会社会文明进步。彩烟人讲的义，最常见的是助人为乐和乐善好施，最重要的是见义勇为和诚信友爱，最基本的是一诺千金和说到做到。

梁石韫崇尚义理

中宅村人梁石韫6岁时丧母，父亲经商在外，仅靠祖父母照看，只得放弃学业。16岁时，跟父亲到杭州、绍兴、苏州、扬州、上海等地做小买卖。正是"世事洞明皆学问，人情练达即文章"。他在社会这座熔炉里成长成熟起来，也像父亲一样喜欢买一些书阅览，逐渐成为公认的崇尚义理又能做公正"娘舅"的先生。

梁石韫虽然身处跌宕波折之中，家里贫穷，欠债又多，且家中事情纷乱万状，但仍傲骨铮铮，性格耿直，主动帮助邻里排解纠纷，乡亲们公认他是非曲直很清楚，能站在公正立场，不偏不倚，直达矛盾焦点，解决的方法双方都能接受，凡有疑难愿意找他。

同族梁某，与梁石韫有世交之谊，某年被人诬陷，牵涉到一宗官司中，因其老实，木讷寡言，眼看官司要输。梁石韫得知情况，连夜去了解事情的来龙去脉，觉得可有转机。急忙赶赴县衙，递状挺诉。回到家里，又去安抚梁某的妻子儿女。多次往返，历经曲折，最后赢得官司，解决了纠纷。梁某再三要谢，梁石韫不受谢，也不说劳累。

又有萧某，与梁石韫有金兰之交，先前曾向萧某借款，立有一百两金子的债券。忽一日，萧某求助，他被诬陷，牵涉官司，难以脱身，且对方势力强大，自己生死难测，已把妻子儿女也都隐匿起来。梁石韫同情萧某的冤屈和处境的艰难，觉得为萧朋友申冤是义不容辞的责任。于是梁石韫几乎弃家不顾，生计尽弃，田园荒芜，全身心投入萧某的官司中。经历两年，几上省郡，历尽艰难曲折。最后，终于赢得了官司，为萧某讨回了公道。萧某十分感激并知梁石韫为其打赢官司家里揭不开锅了，即拿出一百两金子表示谢意。梁石韫横竖不受，说："我为你打官司，是因为我们是朋友。朋友遭遇大难，怎么可能忍心不管。如果这样就要你的酬谢，还能算朋友吗？"萧某实在没办法，想到还有梁石韫的债券，于是拿出来交还。梁石韫坚辞不受。萧某干脆把债券当场烧掉了。梁石韫说："纸上的债烧了，我心中的债永远烧不了，等我稍宽裕起来，一定还你。"

杨宇清为友抚棺

下宅村人杨宇清好读书，有远大志向。十九岁时，拜吴学使门下学习。不料两年后父亲突然去世，悲痛欲绝。操办完父亲的丧事后，就在家尽心服侍母亲。母亲则教育他，男儿当自强，应去考取功名。杨宇清不愿远离，就在剡县南山文词书院设帐教授，准备秋天去省参加乡试。

杨宇清在传道解惑中声誉鹊起，得到许多有声望的学者和前辈赞赏。此时，云南布政使梁敦怀给他来信，为他谋取了一个职位。梁敦怀小时候家里非常贫困，遭人冷眼，只有杨宇清的祖父经常拿一些粮食去周济，两家关系非同一般。在母亲劝说下，杨宇清整顿行装，带着老母和妻小，前去云南任职。不多时，得到当地大小官员交口赞誉，并被云南提刑按察使尊为老师，又与楚雄府太守引为知己。有一次，太守奉命运铜到京都，杨宇清则搭道经汉口分手，把母亲送回老家，并与太守约好归期。不幸祖母去世，杨宇清作为"承重孙"主持丧事。他写信给太守，服丧满了才能返任。

期满后，杨宇清和结盟兄弟钱望青结伴同行，钱望青是贡生，想去京师国子监读书。谁知，途中钱望青患病，杨宇清只得留下照顾。几天后，医治无效，钱望青一命呜呼。杨宇清倾资入殓，抚棺南归。一路上，不敢有丝毫的懈怠，倍极艰苦，神劳志苦，直到把朋友的棺材平安送到嵊县老家。然后返回家里，断了去云南的念头。写信给梁敦怀辞了官，从此安心在家操持家务，吟诵诗文。几年后也游历山水，看望在福建和江苏任职的老朋友。

杨一智侠肝义胆

回山村人杨一智生性豪爽，有勇力，胆识过人，喜欢结交朋友。清朝初年金华人赵小求造反。顺治五年（1648），赵小求率领几千人占据彩烟，分兵把守各个通衢路口。其中练使岭山势陡峭，旁边是悬崖峭壁，一路通关，易守难攻，赵小求的部将为抗拒官兵进剿，在岭头垒石为寨，打着反对官府为民请命的旗号，到处骚扰百姓，到村里勒索粮食和钱财，还要人送肉送酒去慰劳。其实已沦为匪寇。百姓们日夜惊恐不安，惶惶不可终日。杨一智非常气愤，决计为民报仇雪恨。

一天，他们派人来村里征收钱财。回去的路上，杨一智拿起牛耳尖刀，悄悄跟在那人后面，到偏僻处，用刀把那人杀死了。村里人埋怨他：他们来报复，烧我们的房子，杀我们全村人，怎么办？杨一智大声说：大丈夫做事，敢作敢当。我一人做事，一人承担，绝不连累村里人！杨一智直接来到寨前，要求见这里的部将。他站在门口大声喊道：将军，你派的人，不听从将军的法令，到村里欺压百姓，调戏妇女。我替你把他杀了。不敢连累他人，今天特来领罪。说完就解开衣服，伸长头颈，愿意被砍头。部将大怒，把他捆起来，再行审讯。杨一智慷慨激昂，一点也不害怕，一口咬定那人的罪状。部将对杨一智既惊奇又佩服，就把他放开，留在帐中。在石寨中住了几天，杨一智对部将说：我有几个朋友，他们的智谋和勇力都超过我十倍，请让我介绍给将军。那部将听了大喜，连忙叫杨一智去请来。杨一智从寨中出来，就与官军约定：在那部将生日的那天晚上攻打山寨，自己作为内应。接着，杨一智果然带了十来个人到山寨。那部将一看更喜欢杨一智，一点也不怀疑其中有诈。就在他生日那天，寨中杀猪宰羊，大摆筵席，为其祝寿，场面热闹非凡。不多时，寨中人都醉得不省人事。

杨一智见机会到了，即与同来的年轻人一起到寨下，把石头撬开，让官兵冲进来。官兵队长手持火枪，在杨一智指引下，一枪就把那部将打死。有的被乱枪打死，有的举手投降，更多的人纷纷逃窜，互相践踏，死伤不计其数。官军一路追剿，大部分人被剿灭，少部分人向东阳方向逃窜，官军继续追剿而去。杨一智就同乡亲们一道，乘机把寨子拆毁，从此过上安稳日子。乡亲们由衷感激杨一智，故事传承下来。

杨国薪善举受封

回山村人杨国薪（1774～1843）听从父亲安排，弃官从农经商，全力操持家业。不到20年，成就新昌首富。

杨国薪致富不忘乡邻，发财后多有善举。碰到饥荒时期，到他家买米的人数以千计，均以市价卖之，不囤积居奇，赢得一片好评。同时，他主持建造西华公祠堂，负担大部分资金。随后，建造祭祀他父亲的祠堂泽后祠和听雪山房，又在近竹居的遗址建造近竹书屋，供后代子孙静心读书之用。凡是地方善举，修桥铺路，他都积极倡导，大力赞助。宗谱记载，杨国薪遵守祖训，急公好义，对钱财一直采取"取之以智，用之以仁"的态度，"恤孤贫，施衣药，置义冢，建桥亭，葺宗寝，动费万金""道光丙申，岁大饥，公以千金运西米，半价与之，存活无算""乡民倚之如长城"。为此，他的小儿子被授候选光禄寺署正，随带加二级请给五品封典，诰授奉直大夫。而他自己，被封赏为诰赠奉直大夫。

董克欢圣世贤宾

官园村人董克欢（1773～1857），名运喜，家有少量祖传田产和房产。35岁开始跟徽州师傅学习经商，40岁时生意做得很大，每年有数百担的茶叶和五六百担白术，有数千两银子进账。

尽管如此，董克欢始终生活俭朴，吃洋芋六谷饼头，穿自织布衫，不建房屋，也不买田地，将赚来的钱大把大把地用于做善事。他急公好义，乐于助人，在附近乡村，在东阳玉山（今磐安尖山）一带，在天台交界一带，都影响很大，名声不小，就连夜里走路，只要挂上运喜太公的灯笼，就会平安无事。

董克欢特别重视耕读传家，造福子孙后代。从40多岁起，他每年捐出数百上千两的银子给新昌县府学（当时县上的官办学校，清末新昌府学遗址在今实验中学所在地），供学校修缮及寒门学生学费生活费补贴之用。

董克欢捐资助学的善举，得到政府的褒奖和民众的赞誉。道光二十五年（1845）被知县杨际泰，府学唐廷纶、吴莹森聘请为郡宾，赠匾"圣世贤宾"。

乐善好施代代传

樟花村梁洭一家代代慈善，美德传颂。

梁洭与甄完、杨信民等为少时同学，多有交往。后来，杨信民以都宪抚南粤，有伟绩；甄完亦方伯官江右，廉声大著。每念知旧邮问，必先梁洭。洭曰：二公不负国，余当不负家。培德省资，以裕后人，吾事也。虑老父已年过花甲，故下决心弃举业，代父力主家政。家大业大的梁洭不仅和亲睦族，更喜资助公益。正统五年（1440）彩烟大旱，梁洭罄困出赈，救活灾民千余。后闻县修《成化志》因资金匮乏搁浅，遂捐重金，使之成。晚年时，捐肥田数十亩给庠（学校），支持教育，以示尊师重教。朝廷义旌恩荣冠带，赐匾"寿义"。

梁洭之子梁瓛，随手接过了接力棒。景泰七年（1456）岁饥，诏天下输粟者授官。梁瓛出粟赈饥，被泽甚众。朝廷授官，梁瓛力辞。赐冠带义宰。家突遭火灾，损失惨重，仍按原计划再置田百余亩助庠，为后人力学所需。曰："助读之田先君意也。"

梁瓛之子梁偲，不仅行善，更能除恶。正德十四年（1519）灾凶，盗贼横行。梁偲不仅助邑宰获元恶七人，以安邑民，且输谷千石，赈救十一个都灾民。邑宰曹公赞曰：积财能散，发东西之廪矣；见义勇为，慰上下之心乎！朝廷表彰，赐匾"留庆"。

梁偲生养四子，各立家业，个个心善。长子梁诠已创居大丘下，次子梁识已创居中宅，三子梁谏和四子梁誉仍住樟花大家里。嘉靖二十四年（1545）大灾年，四兄弟分别竞相捐谷赈饥，皆获朝廷表彰。梁谏平时仗义疏财，敦义乡邻，利人济物、修桥铺路、施药赈棺之类善事常有施舍。这次施粥赈济，活人无数，被授七品散官。

梁谏之子梁舜耕有文誉，负责《新昌梁氏宗谱》重修。万历十九年（1591），梁氏宗谱即将完成之时，梁舜耕捐肥田二亩七分，作为基址，发起建设梁大宗祠。竣工后又规定，除了大厅用来岁首、冬至祭祀外，两抱楼屋皆用作办义塾、课后人，为彩烟梁氏教育发展和人才培养奠定了基础。

练使岭充满善意

练使岭，是台州天台边界经回山通往新昌的一条乡间官路，也是回山人到磐安、镜岭或经镜岭到新昌县城的重要道路。就是这条岭，承载了许多至今流传的故事，其中最为典型的是三代人接力做好事。

练使岭原是一条泥石路，坑坑洼洼，荆棘丛生。阴雨天，泥泞不堪；夏秋天，暑气蒸熏，极易中暑病倒；冬天往往大雪封山，行走更艰难。雅里村人杨象栋经历过后决心修路。他出资雇人，在几个主要地段铺成石砌路，使练使岭面貌大变。在一片赞誉声中，杨象栋又想到，如果在路边那些只有柴草没有树木的地方种上松树，既是造林，更让人"大树底下好乘凉"。想到就干，他在练使岭上种下了上千棵松树，后来长大枝柯交叉、荫翳蔽日，成了林荫大道。

为了能让在练使岭过往的行人歇歇脚，喝喝茶，而且能遮风避雨。杨象栋儿子，回山村人杨士镶专门踏看，选择练使岭头、华董村外边的一片空地，用自己的钱财，建造了一座凉亭。凉亭造好后，杨士镶招募一人来此烧水煮茶，义务招待过往行人。为使凉亭长期经营下去，杨士镶给人以田产，做管理凉亭之资，把好事做到底。

许多年后，凉亭风雨侵蚀，柱梁虫蛀，墙垣将倾。杨士镶的儿子杨友汉继承父亲的遗志，出资修复凉亭，并扩建邮舍三间。同时与族人杨名山和伯叔们商议，各拿出田若干亩，作为凉亭日常之费及维修之资。于是寒暑有备，风雨有栖，负担有弛，劳勤有息；白天过往者，有食物和茶水；夜客和患病者，可供住宿。当时，新昌知县杨名捷为之题记一篇《涟泗岭茶亭记》，并将题记镌刻在一块石碑上。

门溪桥凝结民心

建造门溪石板桥及建成后桥头烧茶水的故事反映了彩烟人乐善好施的品质。

发源于天台境内的门溪江，弯弯曲曲一路而来，到彩烟的门溪村处，已有三四十米阔的河道。彩烟等地与天台交往必须通过门溪江，而每到雨季，洪水猛涨，水势汹涌，交通中断。为方便乡民通行，曾经几次建起木桥，然而经不起洪水冲击。直到清末民初，平时急公好义的王家塘村梁肖岩倡议，修建门溪石桥，得到众人响应。经反复测算，约需资金三千银圆。于是，梁肖岩就到彩烟各村，以及毗邻接壤的天台县岭上、石岭等附近乡村，挨家挨户募捐。功夫不负有心人，乡民们一块、两块、十块、二十块，捐资建桥热情很高，经过半年多时间的奔波，共筹集了两千多块银圆，仍缺三分之一左右。他自己再也没有办法，想到了弟弟梁东候。

梁东候节俭操持，为村中大户人家，只想用钱财买田地、置房产，传给儿孙。梁肖岩到弟弟家里游说，叫弟弟捐两三百元建桥。梁东候只答应出资二十块。弟媳说，我娶一个媳妇还不要这么多钱。梁肖岩无奈，只得再次到附近乡村去募捐筹款。最后仍然相差三百多块，只得三番五次来到弟弟家，劝说他们积德行善，为子孙后代造福，也为自己扬名。门溪石板桥造好后，捐助者名单会立碑桥头，流芳百世。终于，弟弟与弟媳被感动，决定拿出三百块银圆资助造桥。梁东候也成为捐资最多的人。

梁肖岩筹集资金后，先请建桥师傅实地踏看丈量，确定建桥位置与方案，然后选择门溪江下游的石宝山为采石矿，聘请有开山采石丰富经验的东阳师傅，负责采石及河流中两个桥墩的建造，又聘请精工细作的官塘村石匠师傅，负责浅滩桥墩及两岸桥头墩的建造。工程中最难的任务是开采石料和运输桥面石。每块石板长8米、宽40多厘米、厚近40厘米，需要从岩石上取出毛石条来，不能有丝毫的损裂痕迹，然后精雕细凿，打磨成符合规范要求的桥面石。从采石矿到建桥处有好几里远，沿江而上，一边是水，一边是山，没有现成路，需随时挖掘铺垫。一块石板重达数千斤，共16块，运输时，一人指挥，32人肩抬，两旁各有3人帮扶，一天只能抬一块石板到场。建好桥墩与材料到场后，用了6个多月，30多米长，近两米宽的门溪石板桥终于落成。从此，过往行人通行安全便捷。由于精打细算，建桥资金稍有结余，梁肖岩又负责在门溪江上游，外湾村口的石路畈建了一座小石板桥。

门溪石板桥风风雨雨经历了半个多世纪仍完好无损，直至建设门溪水库，1986年平（天台平镇）上（回山上市场）线开通，门溪江上游建起一座长 99 米的钢筋水泥桥后，才完成历史使命。

门溪石板桥建成后，桥头建造了路廊，供往来行人歇息。路廊里，时有好心人挂草鞋、烧茶水，为行人提供方便。尤其是上前陈村盛林香，20 世纪 70 年代初近 60 岁时来到这里，买了烧水的器具，常年烧茶水供过往行人解渴。女儿、女婿时而为她送米送菜。兴建门溪水库时，村民搬迁了，路廊拆除了，水库工作人员欲将她列入移民，付给搬迁费，她坚决不要，而要求在新建的水泥桥头边再建一个路廊，让她继续烧茶水。新路廊建成后，她一直坚持烧茶水，到 80 多岁年老体弱后才返回家里，95 岁无疾而终。

建桥也好，烧茶水、挂草鞋也好，皆是善举，人们世代记住，口口相传。

第十四编

乡贤名士

修身立德行稳致远，嘉言懿行垂范乡里。彩烟人才辈出，涌现出一批又一批杰出乡贤。出仕为官者，清廉勤勉，造福当地；经商创业者，诚信经营，勇立潮头；求学研究者，学养深厚，业界翘楚；钱粮充裕者，扶贫济困，乐善好施；隐逸乡间者，耕读传家，教化乡民。

第一章　乡贤文化

隋唐以来，杨、梁、王、盛、俞、张、丁、陈、赵等诸姓人氏陆续从北方的中原士族和县内外迁徙到彩烟繁花散枝，繁衍生息，传承发展为具有北方传统文化独特基因的彩烟文化，绵延形成以"报效桑梓，情系彩烟"为特征的乡贤文化。

俭朴耐劳，为人敦厚　彩烟条件差，制约明显，先天不足，养成彩烟人肯吃苦，尚节俭，耐劳作的品性。要生活和生存，必须与天斗、与地斗，故彩烟人习惯于起早摸黑，天不亮就去田间劳作，把一亩三分地理得井井有条，很少荒废。勤俭节约，节衣缩食，一个铜板掰作两个用，老大穿过老二穿，兄长穿过弟妹穿，日子清贫但充实。民风俗朴，乐善好施，为人敦厚老实，不善言辞，做事踏实，与人为善，邻里和谐，守望相助。无论为官为民，始终保持清廉，总是勤俭朴素，这种淳朴的民风一直保存至今，浓浓乡情刻在每一个人心里。县志载：古代新昌，地瘠民俭，俗朴风淳。民耐劳苦，勤耕读，尚礼文，节衣缩食而弦诵相闻。平民生活俭而陋，不尚装饰。实为勤劳刻苦的典型代表。

性格硬气，刚正不阿　彩烟地处高山台地，相对闭塞落后，山里人的性格特点非常明显。性格刚烈硬气，做事直爽，直来直去，一是一，二是二，不会迂回绕弯，决定干的事，九头牛也拉不回，宁肯撞得头破血流，也不肯轻易认输，这就是回山人的性格，骨子里的秉性有股精气神，它纯净、质朴、自然，标识清晰独特，印记明显隽永。所以跟彩烟人打交道之后，一眼就能在众人中识别出哪个是彩烟人。同时，彩烟人是笔头、拳头，崇文习武的人，综合部门和机关部门从事文字幕后参谋工作的人，有很多是彩烟人。彩烟是保留传统古音最多的地域，乡音不改，从口音就能听出是彩烟人。彩烟人又是彪悍的群体，武风很盛，"回山宅下丁，天台八角亭"，从某种程度上说明彩烟人硬气的性格。出则为仕的彩烟人，大都居官清正、廉明、仁慈，彬彬有礼，以清白传家，诗礼世守，以理服人，品德高尚。彩烟人的秉性造就了一批又一批人才，孕育了一代又一代乡贤精英。

重文尚礼，耕读传家　彩烟乡贤文化里，另一大特质就是重视教育。延名师立义塾，兴办宗族教育，倡导耕读传家，最苦也要培养子女出山，最穷也不能忘记读书。对教育的重视，对知识的尊崇在全县有名。不管是目不识丁的，还是识点字的父母，教育子女最多的话就是要读好书。

直至现代，读书和当兵是跳出农门好出路，尤其是读书，是走出大山，脱离贫困的最好路子。彩烟人读书之刻苦，闻名全县，并不是彩烟人有多聪明，而是彩烟人比别人更用功，更刻苦。是读书时穿布衣、吃咸菜，成绩能与纨绔子弟比高低的人。这种情结，常常让人想起明宋濂《送东阳马生序》所述的艰苦求学经历，这方面的品性彩烟人是最好的诠释。所以，明万历县志载：独其俗淳厚，先民之流风善教犹有存焉，故于东南为望邑。清康熙县志序中说，特其地多闻人，为孝友、为节义、为理学，经济文章，代不绝书。这种耕读传家的传统，在彩烟这种地域文化中表现得尤其突出，源远流长，传承至今。南宋三杰、浙东才子、十里两都堂、一家三武举、好官名声广、悬壶济世归众望等，不胜枚举。可以说，彩烟自古多名士，钟灵毓秀紫气旺。

情系彩烟，回归桑梓　彩烟人总有一种家乡情结，不管走出去多远，根都系在"彩烟"这方土地上。能出官为仕，就造福当地一方，赈民济困，重教兴学，革除陋习，勤政爱民，清廉自守。不能报效国家，就归隐山里，修身养性，教化乡民，乐善好施，恩泽乡里。有的乡贤建桥梁、铺道路；有的乡贤急公好义、济贫扶弱；有的乡贤不吝己财、积德行善；有的乡贤捐田捐山、热心办学等，不一而足。这种回报桑梓，情系家乡的义举，深深影响着一代又一代的彩烟人。而今，回山乡贤会继承发扬乡贤精神，捐资金，解困难，谋思路，兴实业，助力家乡一往无前。

第二章 名士贤达

按照年代顺序，分古代、近代、现代、当代，简介自隋唐以来的杰出乡贤代表，当代各类优秀人才分列于表格。

第一节 古 代

杨 白（616～645） 字继清，隋炀帝曾孙，杨震第十七世孙。初封为荣王。生于隋大业十二年（616）十月二十六日午时。唐贞观十五年（641）偕妃韩氏逊荒彩烟。他们溯剡溪而上，听说剡西南有彩烟山，可间道走闽。到彩烟山脚（今韩妃村），舟楫不能行，舍舟步入丛林。韩妃无力跋山涉水，绝望自缢（另说投江）而亡。掩埋韩妃后，杨白率众上山，后隐居于沥江山（今回山村宅漾山东南面，原食品公司附近）。继娶王氏，生子遁。贞观十九年（645）八月十六日丑时卒，葬三渡，民哀之，立祠冢。白王庙成为彩烟乡主庙，杨白出生日为庙会日，至今流传。

杨 乾（907～987） 字景元，长塘里（宅前）（上宅村）人。后梁开平元年（907）三月出生于天台西乡护国寺旁。任吴越国大理寺评事。在职期间，断案公正，体恤无辜，少严刑峻法。一夕梦高祖云："吾之阴宅被人据占，讼于阴司，幸已得胜。汝可还，后必昌大。"公以老疾致仕，携妻张氏和孟、仲、季三子还居彩烟长塘里，以成先志。孟不传，仲居上宅，季居下宅。乾公被尊为宅前始祖。

另说：杨乾有三子，其中水一后裔居天台；水二后裔居上宅村，称上宅杨氏或彩烟杨氏；水三居陈村（又名淳村，在今姜溪岙水库脚），后裔居下宅，称下宅杨氏或思存祠杨氏。

杨世贞（983～1053） 字还节，上宅村人。杨仲之子。乾兴壬戌科（1022）进士。仕崇文院校书郎，转承事郎。

戴 质 字敏文，号崖柏，彩烟戴氏始祖。祖籍黄岩南塘。性明敏，好诗书，师事南明理学名家石嗣庆。石甚器重之，妻以女，招为赘婿。宋建炎三年（1129）进为秀才，绍兴五年（1135）从岳家军平杨泰乱并生擒之，授平德侯任青州团练使，人称德平将军。乾道间致仕。朝廷复旌其门，曰"文武兼优"。晚年退居彩烟之叠石岭下，遂以其官职名改称此地为"练使"，后转迁至练使岭头塘里（下山村塘里自然村）。后裔迁下山、天台眠犬等地。

董德之（1095 ～？） 字邦仁，系武功大夫、汝州团练使董功健（雪溪董氏第十一世祖）第六子，因随父讨贼有功，被授修武宣尉转授中军总领，于北宋宣和年间（1119 ～ 1125）领兵驻守练使岭，卜居彩烟大塘（今上岗头村大塘水库里侧屋基丘），并世守于彼岭，为彩烟董氏始迁祖。后裔主要分布在官园、贤辅两村。

杨　营（1108 ～ 1194） 名公諿，字仲安，下宅村人。绍兴年间，南宋朝廷编订田土赋租，公率先出力辩明直陈，"一邑赋租，半赖以均"。绍兴辛巳年（1161），公输出家财佐助军需，朝廷授以朝奉郎，进义校尉，两浙漕台运干。"深居简出，所交率多知名士，自奉养惟取节适，至聘名儒训子弟，则不爱千金。饮食居处，视之惟谨。"晚年，喜吟诵释氏书。

盛太正（1133 ～ 1207） 字由义，号遁翁，别号龙岩。工部、刑部尚书盛符（1110 ～ 1195）之子。太学生主簿，丁父艰遂不仕。时县治无城垣，寇盗侵扰，思迁乡居住，因娶妻于彩烟花亭张氏，见该地山清水秀，风景秀丽，遂择地选址，于南宋开禧间迁居龙岩（今下岩村），为彩烟盛氏始祖，亦为新昌盛氏再次发祥地。石宗万著《迁居龙岩序》，以记此事。

梁汝明（1162 ～ 1235） 字绯英，棠墅人，梁永敏之孙。"生而端重，有器识，读书尤敏悟，工文章。"登淳熙八年（1181）黄由榜进士，仕至礼部右侍郎。所交多名士，"永嘉陈君举、东阳吕伯恭、永康陈同父，吾邑克斋、应之、斗文诸石氏以及婺源朱晦庵，于公尤交契，推重特甚"。与梁平叔、梁总之并称"南宋三杰"。晚年弃官归棠墅，结胜林泉，与其从侄平叔、总之，讲明性学，极意切磋，至老不倦。庆元四年（1198），宋廷诏禁"伪学"，晦庵（朱熹）寻老友，避地至棠墅梁汝明家，与公益相善。公有别业在苏村（今儒岙镇祥棠村），相距不十里，地僻静，建楼三楹，止晦庵。晦庵闭门著《四书集注》于其楼。亲写《大学集注》一帙，遗赠公示勖也。名其楼曰"朱子著书楼"，遗址犹存。

梁云程（1179 ～ 1240） 梁汝明之子。为陈亮之子陈应奎之学生。应奎曾游学朱晦庵门，称高第，才行卓然有父风，梁汝明与陈亮为文学世交，延应奎典家塾逾十年，云程学问大进，子史诸经悉穷究，才识卓越，为耕读传家先辈。

陈国用（1174 ～ 1255） 号烟山，新昌首任县令陈显十七世孙，前陈村人。嘉定辛未（1211）贡入太学，授池州推府，在任决断昭明，延留六年，名扬吏部。致仕归里后，捐田 68 亩，山 20 亩，在彩烟雪（泄）上山创"万寿庵"。

杨宜之（1181 ～ 1237） 仕名轰，字叔谷，下宅村人。风姿秀发，气宇出尘，幼读诗书，颖悟过人。治学《礼记》，有独到见解。嘉泰二年（1202）壬戌科傅行简榜进士。历任太平州教授、慈溪县主簿、昌国州州判、监阜南亭盐场司。再中大法科，授大理评事，知金华府、通判严州，大理寺丞。知广德军州事，赠奉直大夫，转刑部郎官，迁礼部侍郎。卒后，葬天姥山五叶莲花。王爚在其像题写赞语："侍郎公以弱冠登第，文章德行迥绝一时。始发轫于泮璧，遂簪笔于丹阶。授除大理，参知国纪，公军广德，声满人耳。既迁礼部，荣幸曷比；敷奏详明，弹击无避。惟公之才，为国之柱；惟公之德，令闻不已；惟公之忠，永照南纪。"

陈东之（1201～1277）　讳继光，字东之，前陈村人。公于妙年，处于官舍，勤于书史，焚膏纪略，韦编三绝，屡试科场，勿遂所愿，由是遁迹于山林，陶冶于琴管，当时以诗鸣世。与亲友董太初作白王庙诗，见存于《新昌县志》。

杨明祖（1207～1266）　字通父，下宅村人，杨宜之次子，授钱塘县县丞，临安府十三酒库总管，知安庆府望江县，通州通判、宁国府通判兼管劝农事、庆元府通判，兼制置司干办公事，终于官。

杨贯之（1222～1300）　名琼，仕名国英，字兰孙，上宅村人。南宋淳祐十年庚戌（1250）科方逢辰榜进士，任丹徒县县尉，诰敕承直郎、台州录事参军，升吏部尚书。与朱熹交往甚密。杨氏谱中序其"莅任有同寅录事参军杨君国英，字兰孙者，发身科第，居官清正、廉明、仁慈，同为抚字，而台郡大治，有弦歌古风簿书之"。"予在伊洛之间，得一杨龟山，今至赤城，得一杨兰孙，朝夕之间参书史校阅经传，则道统之有传矣。"

杨继祖（1243～1315）　字绍德，上宅村人。少年时曾从丰乐乡（今澄潭镇）王燧交游。杨氏家谱修谱功成时，请时任资政殿大学士、左丞相王燧撰写序言。德祐年间（1275～1276），赝辟仕邵武军泰宁县尉。义不仕元，回到宅前故里，杜门不出，种菊莳松，自比陶靖节，以诗酒自娱。生普顺、普温、普坚、普浩四子，后世子孙即为"元、亨、利、贞"四大房派。

卢子琚（？～1320）　字德珍，号宝溪，蟠溪村人。元朝至元六年（1269年）任刑部主事。墓葬溪边村西金交椅。

杨　居（1311～1376）　又名琚，字温如，下宅村人。师从天台于景魏先生传伊、洛性理之学。与金华黄缙（晋卿）、安阳韩性（明善）同游学。至正十八年（1358），主持纂修杨氏宗谱，请黄缙、韩性这两位古文大家为杨氏先祖的墓志铭题跋。宋亡，义不仕元，"自据高座，设帐讲授，四方学子趋之者如云"。与县内名士吕不用、梁贞、梁明显、章廷瑞等诗歌酬答。注重学问，给四个儿子依次取名为宗学、继学、须学、愿学。去世后，金华宋濂撰墓志铭，由浦阳郑辨书丹，同邑梁贞篆额，吕不用撰写《奉题亦爱先生墓铭》。其画像今仍保存在下宅村，画像上有奉直大夫兼修国史庐陵陈循撰《温如公赞》："诗云温如其玉，先生有焉。易曰不事王侯，高尚其事，先生以之。"著有《亦爱斋稿》，已散佚。

卢　宁（1319～1393）　字伯安，又字均彰，号滨涧。蟠溪村人。为本庠司训。博学多才、德行端方，甄完赞其"学问饶足、昔之名士、脍炙于人，久矣"。在周公山为卢氏六世祖倬公墓建造坟庵，名曰"周公庵"，又名"万善庵"。庵内装塑周公、倬公神像，置买产业，招僧守庵，极尽孝道。方孝孺赞："磊落不群、肯堂肯构，孝于亲、友于兄弟。""以继先人、以启后昆，其事岂不可风而可咏乎！"与金华名士宋濂交好。洪武二十二年（1389）卢氏宗祠建成，宋濂与其得意门生方孝孺至蟠溪"进谒宁公、备叙凤昔之好"，并欣然提笔用古篆体为卢氏宗祠题字"滨涧堂"，丁川之父丁孟达作《滨涧堂》诗赠公。方孝孺又为《彩烟卢氏宗谱》撰写序文。

杨　容（1331～1380）　字和如，又字宗理，上宅村人。元至正八年（1348）补庠生，再中进士。元至正十八年（1358）十二月，朱元璋率军攻克婺州（今金华市），杨容上书朱元璋慨陈方略，被封为兵部员外郎。明洪武六年（1373）晋升刑部侍郎，又升刑部尚书。后胡惟庸、蓝玉因罪伏诛，株连九族。杨容认为惩罚太重，因而获罪，也被株连而遇害。容死后葬于剡县清水塘（今嵊州市乌岩附近）。宋濂称杨容为"寅弟"，为此痛哭流涕，作有《挽尚书和如公》："文星昨夜殒秋台，清白官常安在哉。宪典煌煌悬日月，爰书凛凛壮风雷。"并撰写《和如公赞》，曰："荣王避乱，肇造彩烟。簪缨家世，阀阅代传。出身太学，握符秋官。鼎革方新，政绩炳然。台阁风清，霜镜明悬。巨卿隽望，著式官联。"

周铭德（1340～1431）名彝，字铭德，岭头周村人，岭头周肇基之祖。洪武初征授本学教谕，教谕嵊庠，后授武昌大冶县丞，升授江西萍乡知县，以廉惠称。工诗文，一时名士刘履等皆叹羡，以为莫及。与浦江宋濂、余姚宋僖相交甚密。精熟朱子四书。事亲至孝。庭槐有连理之异，宋濂作《连槐堂铭》。所至以德化为理，声誉翕然，有古循吏风。后以方孝孺党系狱，友人子吕珮为代系死狱中。因与当道不洽，拂袖而归。幅巾藜杖，逍遥林下。向魏骥推荐甄完。一女嫁杨居之子杨须学为妻。吏部尚书魏骥、金都御史杨信民均为其门弟子，死谥"贞惠先生"。魏骥为撰墓志，宋僖作《彩烟山长歌》以赠，流传至今。

杨丽泽（1344～1415）名文曾，字宗贤，号丽泽，上宅村人。石城理学名儒。义不仕元，先受聘于樟花村，后开义塾于金岩（今城南韩妃庙），署讲学之地为"丽泽轩"。一生弟子数千，著名者不少，如布政使甄完、金都御史杨信民、会试副榜杨文邦等皆其弟子。先生去世，甄完十分悲痛，亲制丧仪，将村东名苍基的风水宝地送给恩师，并把恩师遗骨从莲花心移葬于此，规定族人"周围百步之内不得樵牧"，作诗《忆丽泽杨夫子》赞扬。

杨须学（1346～1401）字仲才，下宅村人，杨居第三子。洪武十四年（1381），以明经举赴京师，任中顺大夫。洪武乙亥，授庐州府知府。洪武十七年，翰林学士刘三吾作《送杨仲才之庐州府任序》以赠。

杨宗哲（1354～1424）名文鲁，号畸亭，上宅村人。由乡贡授四川成都卫知事，与时任蜀府教授的方孝孺相识，遂成好友，方为之作《畸亭记》。

杨宗敏（1356～1430）名文证，字宗勉，又字宗敏，官元村杨家年自然村人。永乐年间，有异僧闵头陀为逃避官府追捕，躲藏其家，授其堪舆之术。宗敏目天机秘书速得神解，登山隔十里左右，即知穴位坐向，倒丈也不差毫厘。时人称之为"杨地仙""再世杨救贫"。与杨信民、名医俞用古并称"彩烟三杰"。墓在金鹅孵子，甄完为之作墓志铭。

盛 旸（1357～1396）字谷宾，别号龙溪，龙岩（今下岩村）人。天资聪颖灵异，时运不济，连考三次才获乡荐举人。明洪武二十一年（1388），进选吏部例宜，后得职，补授扬州府宝应县儒学教谕，病逝在竹山县教谕任上。有人评价其"江左名流，剡东豪杰，品行同文正，才华埒老泉，意气高元龙，文章壮司马，道接程朱之脉，学传邹鲁之真，字法钟王，诗追李杜，育英才经品题而成佳士"。梁灌称其"文章彪炳，德业宏敷"。

胡 潀（1377～1442）系吴越国大司马胡进思次子、胡庆之后裔。祖上由奉化牌溪迁居天台官屋。父胡钜为靖江王府录事。潀幼而岐嶷，明经术，补弟子员，性爱山水。于明洪武年间

（1368～1398）游新昌，与彩烟先生周铭德称莫逆交，相邀设帐授徒。见白皇殿前山川秀丽，遂从天台官屋迁居彩烟，成为彩烟胡氏始祖。

梁 灌（1377～1442） 字以诚，号蕃斋。大丘下人，梁鈗之长子。永乐六年（1408）中举。授江西按察司佥事。宣德十年（1435），年近花甲。夏闻父讣，南望号哭几绝，水浆不入于口者三日。鲁王感动，割锦制卷，大书"永言孝思"以赐，复有文以旌之。据传少时曾陪太子读书，后人尊称其"伴读公"。后从大丘下迁居至王家市北山坡处建新宅，因感念鲁王赐匾，遂名新宅为"王画"。晚年，于郑博溪下游建芸溪（今晨光村）别业。墓葬杨公坑（今儒岙镇井杨村）。清顺治间，嗣孙辈在王画东侧建祠，名"永思祠"为祀梁灌。2019年1月，在原新天小学（原梁氏大宗祠）仓库内发现落款为梁灌的"永言孝思"匾，被县文管委收藏。

俞用古（1383～1467） 名训，岭头俞村人。读书明大义，兼通岐黄精理，医术神妙，县内推为医杰。如王家数口，忽患暗哑，遍医莫治。用古见雉肉盈橱，曰："吾得之矣。"是时雉多啄半夏，毒留肉中。令取姜汁饮之，立愈。又如一女子伸双手，直不能下。曰："须灸丹田。"因灼艾，似欲解其裤带，女子惊护，双手俱下。与杨信民、杨宗敏并称"彩烟三杰"。另称，与蔡华甫、杨宗敏合称"彩烟三绝"。《新昌县志》有载。

丁 科（1384～1440） 字孟达，墓塘园（今上市场大园村）人。明永乐癸卯（1423）杨述榜举人。官庐江学谕，卒于官舍。子丁川官至都察院左佥都御史。丁科与蟠溪卢伯安交好，曾为其"滨涧堂"题诗。大园村有祭祀丁孟达专祠永思祠，20世纪80年代被毁。

杨宗器（1384～1431） 名文邦，下塘村人。明永乐十五年（1417）中举，会试中副榜，授山东郯城训导，后改授莆田教谕，郯城县知县。杨文邦初登仕时，族侄杨信民曾题诗祝贺："皇封初下博衣冠，常使时人带笑看。松柏不教无旧主，儿孙又喜拜儒官。林开径路双吟屐，水绕池塘一钓竿。散诞林中无所系，寻常清梦绕长安。"甄完亦有诗赠。受从兄杨丽泽嘱托，于宣德元年（1426）主修彩烟杨氏宗谱。

杨信民（1390～1450） 名诚，字信民。下宅村人。明永乐十八年（1420）中举，宣德五年（1430）任工科给事中。母亡，归家营葬，亲抬土石，曰："吾葬吾母，而专役他人，不安也。"服丧后，改刑科给事中。正统八年（1443），因王直荐，任广东左参议。清操绝俗，性刚负气。按察使郭智不法，信民劾之下狱。黄翰代智，信民复发其奸。不久，又劾佥事韦广，广遂反诬，杨因之与黄翰俱被逮。军民哗然，至京求留信民，诏复其官。正统十四年（1149）八月，景帝监国，因于谦荐，命守备白羊口。时广东黄萧养农民起义军围广州城，乃以信民为右佥都御史巡抚其地。时广州被围久，信民至，令大开城门，开仓赈济，接纳难民。又操练军队，多方招抚，降者日多。单车与黄萧养谈判。景泰元年（1450）三月，暴疾卒于军中。军民聚哭，城中皆缟素，义军闻讯亦泣。士民追念，赴京请建祠祀之。明廷赐御祭，景泰五年（1454）建祠于广州城隍庙东崇祀。成化中，赐谥"恭惠"。《明史》《中国名人志》等均有传。和甄完是同窗好友，师从杨丽泽先生。民间向有"淡泊都堂宅，清廉布政家"之说。广东清新县浸潭镇留良洞村仍有杨信民墓。双侯村前山白象形原有杨信民衣冠冢，后毁。

梁 涯（1391～1484）　字以源，号裕庵。梁灌二弟，大丘下人。因故居狭窄，率诸弟子侄，选择郑博溪南岸、古棠墅西数百步处另立新居王画。与甄完、杨信民为少时同学。杨信民将其居旁八处风景命名为"棠墅八景"：芝林游鹿、雪窦垂虹、雨坂农耕、云溪渔唱、屏风拥翠、石笔凝霞、鸦髻朝云、鹳岩夕照。梁涯和亲睦族，又热心公益。遇庚申（1440）大旱，罄困出赈，救灾民千余人；闻成化县志因资乏搁浅，捐重金使之成；晚年留置祀产时捐肥田数十亩给庠，以示教育之重。有司上于朝，朝义旌恩荣官带，赐匾"寿义"。

梁 沂（1397～1453）　大丘下人。永乐二十一年中举，仕河间府盐山县教谕，时当土木之变，保护邑民有功。

丁 川（1431～1478）　字大容，墓塘园（今上市场大园村）人。天顺己卯（1459）科举人，甲申（1464）科彭教榜进士。明成化时官监察御史，顺天（今北京）府尹，继擢都察院金都御史、延绥巡抚。成化十二年（1476）八月十六日，宪宗帝有恙，敕丁代天郊祭，名著四野。民间向有"丁都堂代皇"的传说，《彩烟丁氏宗谱》中丁川画像为龙爪绣像。为官勤廉，弹劾权贵及万贵妃，朝中肃然。平生清苦，卒后四壁萧然，由同僚亲友捐资归葬。墓在梅渚铁牛，俗称都堂坟，现已毁。丁川与杨信民同为明朝显宦，官职相近，老家均地处十都，两地相距约十里，民间将两人并称为"十里两都堂"。

杨 玧（1433～1509）　字声高，下宅村人，杨信民子。恩补太学，任湖广桃源县、江西萍乡县、直隶武陟县县丞。万历《新昌县志》卷十一《乡贤志·恩荫》载："杨玧以父信民荫萍乡县县丞。"正德《袁州府志》卷六《职官》记载：杨玧为明萍乡县丞。

杨希杉（1448～1500）　字作圣，回山村人。原居上宅。父亲杨以汶（字巨津）在斋堂建造余庆堂（丁川撰写《余庆堂记》），其十多岁时随父同住。年轻时曾从槐潭王燫游，此堂落成后王燫为之作《静园记》。后因兄弟五人共居，地迫窄不能容，杨希杉于明弘治七年（1494）从斋堂村迁到回山村，居室取名为"崇善堂"，为该村杨氏始迁祖，后世称其为"创回山公"。

柴彦保　原居善政乡（现小将镇）外泄下村。少时曾往金岩义塾就学，聪颖好学而屡试不中。成年后嫌旧居地狭族众，商请岳父徐尚信，意欲他迁。后经兄弟议定，析产携本家老小二十余口，置户彩烟，于明景泰二年（1451）定居大安前王村，成为彩烟柴氏始迁祖。

杨安山（1475～1539）　名元仪，字付威，号安山。作圣公次子，回山村人。明弘治七年（1494）随父由斋堂迁居回山。弘治十三年（1500）三月，其父为同村恶少俞禄所害，举家震惊。向官府报案，官府派人缉捕凶犯，无果。杨安山含泪向天发誓："泉台之恨，不共戴天，必杀贼！"涉千里，历十载，终在粤西抓获凶贼，押送粤地官府。作圣公遇害时，杨安山已聘得宅下丁村丁氏。缉凶十年归来，年逾三十才完婚，随后迁居雅里，为雅里村杨氏始迁祖。

梁奎誉（1522～1621）　旧宅岙村人。万历四十年（1612），山阴、会稽大饥，以家藏之粟贩郡，至山阴利济桥，见饥民塞巷，发之赈饥，全活颇众，传为美谈。一百岁时，越州知府潘四川在他的百岁堂中题赠对联："葵粟赈饥，自昔恩波流越水；建坊载志，于今齿德竣烟山。"

梁醇极（1655～1738）　樟花村人。捐田修学，任乌程儒学训导。十战棘闱不偶，遂闭户以著述为事。筑望烟楼，每年六月二十五、七月十二，望不能举烟及年老孤苦者，或三四斗，或五六斗，临期必至。

杨文俊（1657～1720）　讳洪珙，儒名文俊，字虎文，号豹斋、凭山。回山村人。邑庠生。以岁试不至除名，于是复循例补太学生，更名文俊。康熙庚午同辑家谱。配董氏，墓葬擂马岩。著有《彩烟山诗》等。

杨象栋（1689～1752）　字尔任，号深山。雅里村人。在练使岭路旁植松千棵，为行人带来荫凉。其子杨士镶，字逢伯，号厚轩，建茶（凉）亭于练使岭，召人在此烧水煮茶，并给以田产。其孙杨友汉，字广思，号润斋，又出资修复凉亭，扩建邮舍三间；会同族人名山及叔伯们商议，捐私田以维系。

杨　墀（1726～1775）　字适周，号阆山。雅里村人。彩烟名士杨世植老师。乾隆八年（1743）补弟子员。乾隆三十一年（1766）试礼部，既荐复落考，上方略馆，改补武英殿校对。乾隆三十七年壬辰科（1772）金榜三甲第九十一名进士。循方略馆，议叙知县。因病卒于高邮。著有《阆山文稿》。

杨瀚亭（1726～1810）　名友河，字浩若，号瀚亭。回山村人。家资饶裕，多善举。在覆钟山之阴新建普济亭，有邮舍十余楹，取慈航普济之意。八旬荣诞时，云南布政使梁敦怀邮寄"齿德兼优"匾额以庆贺。第二年，皖江刘藜阁手书"一乡善士"以赠之。旧居为现回山村小饮轩台门，又名蕃祉堂。

杨世植（1743～1791）　字思萱，号云津，别号彩烟养愚公。宅下丁村人。幼颖悟，先达评其诗文"天马云龙，不可羁束"。自名其楼曰"万卷"。乾隆三十三年（1768）乡贡。乾隆四十五年（1780），乾隆南巡，命两浙博学士献"三生石"赋，拔置第二，与东阳叶蓁、象山倪像占、浦阳戴东瞻号称"浙东四杰"，一时声名大振。乾隆四十八年（1783）中副榜举人，乾隆五十五年（1790）囊琴入都，沿途山川古迹多有题咏。抵京师，选充八旗教习。故交翰林院修撰茹古香视学山东，招之前往。后按临、定、代、雁门诸郡，览胜怀古，歌诗唱和，相得益彰。归不逾年终。著有《云津文钞》《云津诗钞》（以上书目新昌县志有记）《近草》《北游草》《鸡肋集》等。

梁敦怀（1748～1830）　原名家，字秉任，号素园。彩烟芸溪庄（今高湾晨光村）人。任四川金堂县典史。乾隆五十三年（1788），廓尔葛事起，奉檄至军前差遣，中道以事平回任。乾隆五十六年（1791），西藏用兵，又赴粮台差。后由太平县令改任云阳，招抚白莲教教民八千余人。任广西按察使，升任云南布政使，厘定运铜规制，官民称颂。年六十六岁，以太仆卿致仕。离开云南时，士民赠送《素园公云阳县无量山招安教匪图》（共24幅），"文革"期间被毁。生前所用长刀仍存。其祖父、父亲墓碑均由山阴状元施之光题写。

第二节 近 代

杨国薪（1774～1843） 名世櫵，字国薪，号杜洲。回山村人。富甲一方。始遵守祖训，急公好义，济贫扶弱。宗谱记载："恤孤贫，施衣药，置义冢，建桥亭，葺宗寝，动费万金""道光丙申岁大饥，公以千金运西米，半价与之，存活无算""乡民倚之如长城"。现存旗杆台门即"敬胜堂"，相传由他和父亲杨瀚亭共同建造。梁葆仁曾赞："云津明经以文跨邑，素园太仆以宦跨邑，国薪货殖以富跨邑。"他小儿子仁灿授候选光禄寺署正随带加二级请给五品封典，诰授奉直大夫，诰赠他为奉直大夫。

陈聚奎（1779～1862） 字星溪，世居彩烟。主鼓山书院。太平军占新，率团练抵御，举为团练局总。辛酉（1861）十月，太平军退诸暨，次年七月复回新昌，闰八月初五被害。著有《自怡斋诗赋文稿》。

杨柳青（1808～1889） 名际春，字惟隐，号柳青，别号金城。毛畈村人。著名塾师。"教授乡里，嘉惠后学，一时得其绪而蜚声黉序者，蝉联鹊起。"任杨氏族长，牵头编修族谱。光绪元年（1875）夏，率子孙杨德怀、杨昕等宗亲修宗谱将告竣，问序于杨昌浚，杨赞叹彩烟杨氏为"清白后之世家望族"。七旬寿诞时，梁葆仁为老师作《寿柳青杨老夫子七旬序》。

杨济江（1810～1874） 字登水，号航海，雅里村人。自幼与长兄履岱同窗读书，才思敏捷，后弃文从武，跟随父亲、武秀才杨万春练习。道光十五年（1835）考中武举。后继续苦练，准备考武进士，但多次赴京试不利，就职签兵部差官调用营千总。

杨济江侄、履岱长子杨曜之，字火南，号曦斋，道光二十六年（1846）考中武举，调用宁郡把总，时年二十八岁；履岱三子杨熹之，字楚南，号宝斋，咸丰元年（1851）考中武举，年仅二十一岁。叔侄"一门三武举"为民间传颂。

梁槐林（1827～1874）字承荫，号东庐，大宅里村人。咸丰十一年（1861）选拔第一名，继在同治四年（1865）补行辛酉正科并壬戌正科乡试中第141名举人，戊辰科会试荐卷。选主天台文溪、文明及本邑鼓山书院，文誉噪甚。其弟梁华林，字承芳，号桐圃，同治庚午科乡试第87名举人。梁葆仁中举后为纪念恩师梁槐林之德，对应先生"东庐"之号，自号"西园"。

梁振源（1831～1890） 字春耕，号虹石，大宅里村人。中辛亥（1851）武举，继登丙辰（1856）武进士。签注兵部差官即用守备，加捐升衔指分发归本省备用。随祖世仪（例赠武林郎）、父（例赠武林郎）迁居黄坛东山第村。振源生三子，皆武庠生，其中幼子锡麟，字观彩，亦中武举。

梁振煜（1848～1916） 字周南，号炳荣，别号火香，大宅里村人。梁振源堂弟（同曾祖）。中清同治十二年（1873）武举。签注兵部差官武信郎，投效抚标，期满顶补千把。

杨仁灿（1833～1909） 字作绘，号蔚然，一号霞舫，别号慕华，斋名燕闲，回山村人。杨国薪第六子。在敬胜堂西侧建造燕闲斋，梁葆仁为其题跋、题词并在此担任塾师。咸丰六年（1856），在高明楼旧址建造东壁书屋。同治八年（1869）十一月初七，例授光禄寺署正衔随带加二级，请给五品封典，诰授奉直大夫。其父母也分别封赠为奉直大夫、宜人，敕命下达，称其家"世擅清门，代传素业。家风淳厚，垂弓治之良模；庭训方严，启诗书之令绪"。

梁梦崧（1838～1890）　又名梦松，字伯甫，号翰生，樟花村人。博学多才，工楷书。遭匪患，奋起自卫，直至事平。1881年，浙江巡抚杨石泉向两江总督左宗棠举荐，梦崧被委以巡政厅随身听用。1885年，被左举为江宁县令，钦加同知衔。后发暴疾，卒于任上。

梁葆仁（1844～1907）　谱名承薪，字墨春，号西园、泽春。中宅村人。清光绪二年（1876）中举，历长天台文明、嵊县芝山诸书院。清光绪十二年（1886）中贡生，十六年（1890）恩科进士。以知县签发湖北。光绪二十二年（1896）四月，负责督修京山塘心口堤坝。因暴雨突发山洪，河堤被冲毁，下游百姓受灾严重，梁葆仁调集船只救灾，"全活一千二百余人"。光绪二十三年（1897）六月，补天门知县。革除弊政，视事只带衙役十余人，禁绝索诈。三月内积案处理一清，深得民心。十月，总督张之洞决定修筑江堤防洪工程，估工约八十余万缗，梁葆仁连夜再次勘察估算，独以二十五万请，众皆愕然，工竣计其数，不足二十四万缗。从此，安陆等四县均推行此法，赞之为"堤工第一"，名扬湖北。又因抚宪学政保奏其"朴实沉毅，可胜将帅"，官加三级，晋升为候补道台。光绪皇帝特旨召见，并将筑堤所余款项奖励于他。光绪二十八年（1902）卸任。在任勤政廉洁，造福百姓，被湖广总督张之洞誉为"湖北第一好官"。

返籍后，定居灵岩止止山庄。将朝廷奖励白银用作村民移山填土造田之用，并出资创办学塾。凡亲族贫乏者，皆赈之。告诫诸子，以勤俭持家。1898年，知新学堂创办之初，捐资助学并亲撰《知新学堂记》。《绍兴清史》《新昌县志》等有传。

梁景鸿（1847～1909）　号晴乔，樟花村人。以巡检赴皖奉抚宪，王委办太和一带水灾赈务、剿匪，又委办茶厘货卡。精明能干，不苟不扰，见重上游，钦加同知衔赏戴花翎，授奉政大夫，安徽补用知县事。著有《清园消暑图记》等。

陈桂芬（1848～1882）　字珪要，号子番，祖籍前陈村人，出生天台妙山。清同治七年（1868）戊辰科武进士第一人，任广东南雄协镇，官至二品总兵之职。中武状元后，到回山祭祖，在前陈村陈氏祠堂、回山村陈璺祠等各悬挂"状元及第"匾。

梁葆英（1853～1912）　行承僖，字芹禧，号荇香，樟花村人。附贡生，江西补用县丞，加五品衔。

第三节　现　代

梁毓芝（1847～1938）　字心耕，樟花村人。副贡出身。曾任州判，因不满官场腐败，弃仕归里，任彩烟梁氏族长，主修宗谱。患农村识字之难，撷拾字林，参旧说字韵书字典，择其音类相从者立班会集，用反切"揭四十字母总括诸字"。在1919年11月编纂《识字捷径字典》，由后岱山名士张南坡作序。后以房产作抵押借款刻版付梓，得省政府嘉奖（是书现存县档案馆）。在原双彩乡中彩茶场龙镇殿内有其撰《龙镇殿记》残碑。

梁葆章（1867～1941）　行承裘，字芸禧，号简香，樟花村人。梁鋆立之父。光绪十七年（1891）乡试中举，光绪二十四年（1898）大挑一等湖南即补知县，加同知衔，历充发审委员、学务公所实业科科长、耒阳赈饥大员。

杨宝铺（1870～1948）　矞廷，字宝檺（亦宝铺），号琳轩，别号藻文，回山村人。继承家业，植农经商，号称"盖县财主"。光绪二十年（1894）八月，"由太学生候选光禄寺署正，随带加四级，请给四品封典，赏戴花翎，诰授朝议大夫"，褒扬他家"义方启后，谷似光前；积善在躬，布仁德于吏治；克家有子，拓令绪于政声"。其父杨曦及夫人分别封为中宪大夫、恭人（该圣旨现保存于新昌县档案馆）。光绪三十二年（1906），发起并联络回山村士绅创办"瀚亭小学"，并划拨田产以作常年办学资费。1923年，与新嵊两县士绅发起创办"新嵊汽车股份有限公司"，于1925年建成嵊县三界至新昌关岭头的嵊新公路。1929年，变卖田产建起"镜澄埠"综合市场。另建镜澄庐，安顿家小。

潘士模（1870～1941）　又名杏春，号幸叟，清末补廪生，上市场村人。民国初年任县教育科科员，参加民国《新昌县志》编纂。1902年与师友多人募资创建道南学堂，为创始人之一。游历家乡，多有歌咏，1938年春作《沃洲古迹五十咏》。与献吾、茀侯、式庐等人校刊付梓杨世植遗作《云津诗文抄》。

杨正化（1874～1921）　字赞元，一字股良，庠名敬恒，号亚铭，别号少仙，邑庠贡生（举人副榜）。以优异的成绩考入官立浙江法政高等学堂。辛亥革命爆发，积极参与组织成立江浙沪学生军，辗转上海、杭州等地参加革命活动，光复上海、杭州。与新昌籍国民革命将领张载阳共事，并与其义结金兰。

赵式庐（1881～1932）　名世成，讳世琛，字之润，斋式庐，儒名朗，署名式道人。植林村人。清末秀才，迭任县议员及县参事。幼敏悟，博览群书，精研易理。善绘兰，枝叶飞扬，笔力遒劲（新昌博物馆保存其兰花立轴）。1902年参与募资筹建道南学堂。1912年1月，开办植林小学。1925年春，与县议会梁渭溪议长、邑绅陈伯绅等商讨创办新昌县立初级中学。其子赵滁区毕业于浙江公立法政专门学校法律本科，考取司法行政部法官训练所以甲等毕业。任上海特区地方法院推事、山东济南地方法院推事、浙江金华地方法院推事等职。

梁雨亭（1906～1937）　字爱喜，旧宅岙村人。1925年弃文从武，参加国民革命军和反帝救亡运动。1935年考入黄埔军校第六期军官班，毕业后任88师连长。1937年"八一三"淞沪抗战中，奉命率部镇守上海闸北要地，浴血奋战，壮烈牺牲，年仅31岁，为史称"八百壮士"之一。

梁敏时（1911～1939）　樟花村人。1928年保送至浙江五中。1932年保送北大政治系。1933年加入中国共产党。1934年任北京西城区委委员，后被捕入狱，受尽折磨。1937年7月因国共合作获释，回新昌参加抗日，任新成立的抗敌后援会秘书长。1938年任政工队干事长。募集资金在司墙弄口创办新新书店，专门经销抗日救亡报刊图书。1939年4月，因病去世。

杨明昌（1921～1943）　又名杨义忠，上市场村人。中共党员，抗日自卫队指导员。1943年1月，被派往余姚陆埠区工作，深得自卫队员们敬重和爱戴。1943年4月30日夜被捕，5月18日被日军杀害于余姚城东玉皇山，牺牲时年仅22岁。

第四节 当 代

梁介白（1903～1949） 又名镕，字知鑫，大宅里村人。1926年毕业于杭州之江大学数理系。历任湖州湖郡女中、杭州弘道女中、天台县立中学、杭州树范中学教师、教务主任，后任省立台州中学、处州中学、严州中学校长、省教育厅督学。长于数学、物理教学，1940年编写《初中算术》《初中代数》等教科书。为人正直、淡泊名利。善弈棋，喜交游，常出入湖滨喜雨台棋室，藏有郁达夫、丰子恺等所赠之书画作品。

梁念萱（1903～1955） 又名梁仁，字卯君，号德亮、云闲道人，樟花村人。父萍香、伯简香，皆是光绪间举人。幼读道南学校，爱好文学。后获南京高等师范学校学士，被聘为简任专员，后调任军政部晋升为少将，任浙江陆军监狱监狱长。抗战胜利后辞职返乡，担任《彩烟梁氏宗谱》重修主编。1948年在重义堂办私塾。

梁鋆立（1904～1979） 乳名善尧，樟花村人。1926年毕业于东吴大学法科，为法学士。1930年赴华盛顿大学攻读，获法学博士。1932年11月，为国际联盟特别大会中国代表团专门委员。1933年7月回国，任国民政府"行政院"参事。9月任外交部秘书兼东吴大学教授。其后历任美国纽约大学法科兼职教授、密西根大学客座教授、联合国国际法律编纂司司长、海牙国际法学院教授等职。晚年任台湾东吴大学法律研究所所长、东吴大学《法律学报》总编辑。

任联合国国际法典司司长18年、纽约大学法学教授20年，一生致力于国际法教学及实务，在国际法学界颇具声望。著有《国际法之法典化》（法文）、《中日满洲事件之国际法》（英文）等，书目新昌县志有传。

梁松元（1907～1978） 回山村人，祖传八代石工。自幼学艺，擅刻凿石碑、石狮等，工艺精细，独具风格。镌刻大佛寺摩崖"放生池""南无阿弥陀佛"大字。城隍庙后大殿石壁、县大礼堂、城内张家祠堂、长诏真君殿等石构造型多出其手。派赴杭州建西湖苏堤六吊桥、上海中苏友好大厦、浙江展览馆、钱江桥头蔡永祥烈士纪念馆，做匠师。

张广达（1907～1960） 下岩村人。书画美术教育工作者。所绘《篱菊》入《古今大观》画册。1926年考入上海美专深造。1929年成为近现代山水画一代宗师黄宾虹的入室弟子，黄曾赞其画作"浑厚华兹，六法正规，不蹈轻薄促弱，可喜也"。1952年调新昌南明中学任教，黄宾虹把自己的《宿雨初收图》重题后赠予张广达。1957年被错划为右派，殒命他乡。

梁以忠（1909～1978） 原名品诚，号济众，中宅村人。1936年7月于上海大夏大学法律系毕业后任上海育青中学训导主任。1940年回家乡任永宁乡中心小学校长。1941年4月，任新昌县立简易师范学校校长。县城沦陷后，克服种种困难，负责将新昌简师、新昌中学两校搬迁至天台县万年寺复课，并任两校合并时期校长。新中国成立后，与兄弟商量后将祖父梁葆仁12000册藏书赠送给县委文教部（现存嵊州市图书馆）。

杨日昶（1914～2014） 字旭东，号百康，上宅村人。1941年6月上海大夏大学法律系毕业。1951年任台湾澎湖要塞司令部军法室主任，中将军衔。1965年转任地方文官法制司司长，后任

"总统府"幕僚长，获"四寺云麾勋章"和"海陆空军光华甲种奖章一等奖"勋章。1980年9月退休，2002年回新昌定居。在上宅村建清风亭。

杨德俊（1922～2010） 上宅村人，西南师范大学教授。毕业于南京国立中央大学化工系。1949年11月，随中国人民解放军第二野战军进军大西南。重庆解放时，受命接管二〇兵工厂，任接管组组长兼厂长秘书。获"解放西南纪念章"。1953年起，投身于工业"三废"处理和环境保护研究。被评为全国兵器工业标兵、优秀环境科技工作者、重庆市劳动模范、四川省劳动模范等。离休干部，司局级待遇。

杨德喜（1923～2017） 上市场村人。"土改"时任村农会副主任，被评为"土改"积极分子。1951年1月，出席绍兴专区劳模代表大会。1952年2月，出席省第二届农业劳模代表大会。其互助组和个人均被评为劳模。1953年1月，出席省第三届农业劳模代表大会，后又出席华东爱国增产劳模代表会议。1954年加入中国共产党。被选举为浙江省首届人民代表大会代表。1958年被提拔为脱产干部，任回山公社管委会副主任，后又精简安排回村，先后担任上市场大队党支部书记、生产队长等职。1963年被命名为全省农业战线先进代表。被誉为"农民集体的组织者，农业生产的开拓者"。

杨 富（1924～2001） 又名泰渠，字翰渠，下宅村人。高小毕业后到东北谋事，1948年加入中国人民解放军第四野战军三十八军一一四师三四二团。参加辽沈战役、平津战役和渡江战役。后参加湘西剿匪。1950年10月，作为中国人民志愿军的一员随部队首批入朝参战。在朝鲜黄草岭战斗中身负重伤。回国治疗后退役，先后任彩淳乡乡长、农技站长、天姥林场书记兼场长。1985年离休。

在历次战斗中，冲锋在前，奋勇杀敌，荣立大功2次、小功5次。

杨英明（1954～1998） 上贝村人。1972年8月参加教育工作，1983年7月嵊县师范学校毕业后继续任教，并任彩淳乡上贝完小校长。1998年6月19日因抢救一名落水学生英勇献身。被省政府授予革命烈士荣誉称号。根据他的事迹拍摄的电视剧《背上的桥》在中央电视台播出。

革命烈士和阵亡将士

从抗日战争到解放战争，从抗美援朝、土地革命到社会主义建设时期的保家卫国、保护人民群众生命和财产，一批彩烟人奋不顾身，献出生命。以下名单摘自1994年《新昌县志》。

杨品苗（1920～1947） 下宅村人。中队副分队长，1947年8月牺牲于义乌横山。

梁成明（？～1948） 岭头村人。某部连长，1948年牺牲于淮海战役。

梁钟泰（1930～1949） 大宅里村人。文化教员，1949年7月牺牲于嵊县华堂。

朱上虎（1920～1949） 下岩村人。战士，1949年7月牺牲于奉化。

张雨年（1913～1950） 后王村人。村农会主任，1950年2月牺牲于后王村。

杨法千（1921～1950） 后坂村人。村农会主任，1950年3月牺牲于孟苍。

李日耀（1924～1950） 溪边村人。战士，1950年3月牺牲于贵州荔波。

俞锦照（1924～1951） 岭头俞村人。战士，1951 年 2 月牺牲于朝鲜战场。

梁绪千（1932～1953） 旧宅乔村人。战士，1953 年牺牲于朝鲜战场。

杨良焕（1934～1952） 北池村人。公务员，1952 年 8 月牺牲于黄岩西江闸。

梁菊忠（1929～1952） 樟花村人。战士，1952 年牺牲于定海。

陈信良（1943～1964） 莲花心村人。排长，1964 年 8 月牺牲于象山石浦。

王焕明（1944～1967） 官塘村人。战士，1967 年 9 月牺牲于嵊泗。

杨柳青（1949～1969） 石界村人。副班长，1969 年 12 月牺牲于嵊泗。

1940 年 1～2 月，在钱塘江保卫战中牺牲于萧山战场的彩烟人士有：分队长**杨光辉**，上宅村人；列兵**王钱波**，彩淳 7 保人；列兵**梁志波**，彩淳 29 保人；列兵**杨永源**，回山 26 保人。

第五节 列 表

当代彩烟人中，担任（曾任）副厅（司、局）级及以上领导职务的，担任（曾任）部队团级及以上领导职务的，担任（曾任）县（处）级领导职务的，担任（曾任）县内正科级领导职务的，被评为副高以上技术职称的，县内年度纳税五百万元以上的企业以及县内获得省（部）级以上奖励的，分别列表介绍（表一至表十二）。同时，表十三至表二十二介绍 1949 年以来担任回山区（撤区后的镇乡）党政正职领导（含主持工作）。

列表说明：

一、担任县（处）级领导职务及县内正科级领导职务的，因人数较多，分别设"曾任"和"现任"两张表；曾任领导职务一般指离任时的职务。

二、拥有高级技术职称的，因人数较多，以"教育""医卫""其他"分类列表。

三、职务名单按职级由高到低排列，同一职级的，以姓氏笔画为序排列；职称名单由高到低排列，同一级职称的，以姓氏笔画为序排列，并考虑住址。

四、纳税企业名单按 2019 年度纳税额由多到少排列；文艺家名单以姓氏笔画为序排列；获奖名单按年代顺序排列，同一年度的，以姓氏笔画为序排列。

五、本县内任职和评定职称的，一般省略区域名称，直接写单位名称；县外担任职务和评定职称的，注明区域和单位名称。老家住址省略回山镇和行政村名称，直接写自然村。

六、根据凡例规定，表中所列的职务、职称等均以 2019 年底为基准，2019 年后提拔、晋升的，适当延伸。

七、"职务"均指实职，非领导职务或其他需要说明的，在备注栏中注明。

八、录入表中的名单，经专人调查，并经回山镇各村党支部和村民委员会审核充实，并在彩烟乡贤群上征求补充完善意见。因乡贤分布广泛，仍可能有误或遗漏，敬请谅解。

表一　担任（曾任）副厅（司、局）级及以上领导职务名单

姓名	性别	出生年份	老家住址	所在单位及职务
梁黎明	女	1961	樟花村	省人大常委会副主任、党组书记
贾玉山	男	1951	下湖桥村	中国海运油轮公司纪委书记、工会主席
盛天启	男	1949	蔡家湾村	《求是》杂志社编委委员、秘书长
盛秋平	男	1968	后谢村	浙江省商务厅党组书记、厅长
梁景华	男	1942	樟花村	中国气象局科教司长、巡视员
杨　晔	男	1963	回山村	宁波市纪委、监委副书记、副主任
杨援宁	男	1959	岩头山村	浙江省卫健委纪检监察组组长
俞其昌	男	1931	岭头俞村	北京选煤设计研究院副院长
俞利阳	男	1966	岭头俞村	中粮集团油脂部南区经理
梁柏枢	男	1960	侯家岭村	国家外国专家局驻英国总代表
梁国钱	男	1962	上库村	浙江同济职业技术学院院长、党委副书记
梁璜辉	男	1933	大宅里村	浙江省招生办公室主任
梁德兴	男	1934	上市场村	浙江省红十字会副会长

表二　担任（曾任）部队团级以上领导职务名单

姓名	性别	出生年份	老家住址	所在单位及职务（军衔）
张德中	男	1943	东碛村	武警浙江省总队政委、大校
梁旭东	男	1966	上市场村	东海舰队装备部总工程师、大校
陈德春	男	1966	回山村	73136部队装备部主任、大校
丁　佐	男	1963	汤家村	苏州陆军某部团长、中校
孔一锋	男	1963	井塘村	空军笕桥场站上校
杨绍金	男	1939	回山村	某部某团团长
赵德训	男	1970	植林村	舟山后勤部医院科主任、上校
梁上柱	男	1963	马家田村	浙江武警指挥学院副政委、上校
卢少华	男	1955	蟠溪村	福建军区工兵一团副团长
卢新富	男	1950	蟠溪村	南京军区炮兵司令部营房科长
张帖峰	男	不详	虎家丘村	南部战区海军某部政委、中校
赵叶新	男	1969	下洋村	南京军区第4通信站主任、中校
袁文浪	男	1979	袁家村	武警宁波支队副支队长
梁卫锋	男	1972	樟花村	武警浙江机动支队副支队长、中校
梁财法	男	1957	屯外村	浙江省军区某团副团长、中校
梁鲁平	男	1970	侯家岭村	上海浦东机场副处长、高级警长
梁鸿青	男	1972	北池村	总后武汉基地某仓库副主任
潘金焕	男	1962	大安村	第1集团军装备部军械处代理处长、中校

表三　曾任县（处）级领导职务名单

姓名	性别	出生年份	老家住址	所在单位及职务
卢可源	男	1936	蟠溪村	浙江省防汛办公室常务副主任
杨焕星	男	1933	后坂村	县人大常委会主任
杨尔昌	男	1937	上宅村	舟山市卫生局局长
杨继忠	男	1924	岩头山村	重庆綦江区政协副主席

续表

姓名	性别	出生年份	老家住址	所在单位及职务
杨志超	男	1934	岩头山村	甘肃白银供电局党委书记
张亚平	男	1960	下岩村	浙江省财政厅票据中心主任
梁富铨	男	1950	王家塘村	县人大常委会主任
杨 能	男	1959	涧潭村	县人大常委会副主任
胡再尧	男	1930	田前村	县人大常委会副主任
章灿贤	男	1959	下西岭村	县政协副主席
梁国林	男	1959	王家市村	宁波北仑环保局局长

表四 现任县（处）级领导职务名单

姓名	性别	出生年份	老家住址	所在单位及职务
丁松勇	男	1969	王家塘村	绍兴市公安局副书记、常务副局长
杨中萱	男	1966	上宅村	浙江省农村信用社杭州办事处主任
杨卫东	男	1965	下宅村	浙江省地质勘查局地质矿产处处长
杨永锋	男	1966	雅里村	中央储备粮杭州直属库有限公司总经理
赵益洪	男	1970	渡河村	中国银保监会浙江监管局人身险处处长
袁亚春	男	1962	袁家村	浙江大学出版社总编辑
盛林炳	男	1975	后谢村	绍兴市原水集团副书记、总经理
梁 健	男	1967	大宅里村	浙江省高级法院刑庭副庭长
梁剑锋	男	1975	大宅里村	中国银保监会浙江监管局政策法规处负责人
梁国宏	男	1976	大宅里村	杭州市贸促会部长
梁赛江	男	1976	大宅里村	山东科技大学科技产业管理处处长
梁明忠	男	1963	王家市村	广州市荔湾区冲口街道人大工委主任
梁铭明	男	1965	前将村	宁波海关纪检组长
梁鹏秋	男	1964	下坪山村	上海浦东农发集团副总经理
董慧珍	女	1969	贤辅村	绍兴市委巡察组组长
甄柏钧	男	1969	莲花心村	浙江省委老干部局老年大学办主任
丁伯秀	男	1956	汤家村	福建省漳州市芗城水利局副局长
丁前程	男	1977	王家塘村	《交通旅游导报》副总编
王林山	男	1962	大安村	浙江省政府联络办综合处副处长
孔洪江	男	1977	井塘村	福建省漳州市文明办副主任
杨 安	男	1966	上洋村	中国美术学院继续教育学院副院长
杨 锃	男	1977	斋堂村	上海大学社会学院副院长
杨柏勇	男	1965	回山村	绍兴市档案馆副馆长
杨维春	男	1983	下宅村	湘潭大学外语学院副院长
杨毅栋	男	1971	上宅村	杭州规划研究院副院长
张 军	男	1967	下岩村	杭州滨江区财政局副局长
张平平	男	1978	东碨村	宁波工程学院继续教育学院副院长
陈 超	男	1968	西丁村	宁波市人力社保局工资福利处长
陈贤忠	男	1963	下市场村	杭州滨江区浦沿街道人大工委主任
赵 毅	男	1975	上西岭村	绍兴市纪委监委监委委员
俞伟峰	男	1976	渡河村	绍兴市公安局党委委员、流管中心主任
梁 中	男	1979	王家塘村	嵊州市委常委、组织部部长

续表

姓名	性别	出生年份	老家住址	所在单位及职务
梁 君	男	1974	大宅里村	县政府副县长
梁 枫	男	1978	下坪山村	绍兴市科技局副局长
梁帅伟	男	1980	下坪山村	国网宁波象山供电局局长
潘贤林	男	1981	岩头山村	浙江大学学工部副部长

表五 曾任县内正科级领导职务名单

姓名	性别	出生年份	老家住址	所在单位及职务
丁文权	男	1948	旧屋村	县人大常委会办公室主任
丁望阳	男	1964	柘前村	新昌农业银行行长
杨炎灿	男	1955	雅里村	县交通局局长
杨平平	男	1962	上宅村	县国税局局长
杨红品	男	1948	下宅村	拔茅镇人大主席
杨梦奎	男	1939	下宅村	长征乡党委书记
杨亮红	男	1957	回山村	城南乡党委书记
杨敬红	男	1962	湾头村	小将镇人大主席
张碧春	男	1954	金家村	回山镇党委书记
陈桂林	男	1942	回山村	儒岙区区委书记
赵绍源	男	1932	下西岭村	回山区区委书记
赵学夫	男	1962	下西岭村	新昌农商银行董事长
赵达富	男	1943	中洋村	县人大常委会法工委主任
赵品尧	男	1944	植林村	镜岭区区长
盛伯增	男	1960	大安村	县文联主席
盛慧杰	男	1973	后谢村	县邮政公司党委书记、总经理
梁流芳	男	1966	大宅里村	县建设局局长
梁文国	男	1958	前将村	县羽林街道人大工委主任
梁水屿	男	1964	王家塘村	双彩乡乡长
梁志超	男	1960	樟花村	长征乡乡长
梁雪燕	女	1953	马家田村	县供电局党委书记
梁镇选	男	1953	下坂头村	城南乡人大主席
梁德锋	男	1967	小厅村	新昌绍兴银行行长
潘杏铨	男	1934	岩头山村	县政府办公室主任
潘伯铨	男	1934	岩头山村	回山区区委书记
潘国平	男	1966	金家村	大市聚镇人大主席

表六 现任县内正科级领导职务名单

姓名	性别	出生年份	老家住址	所在单位及职务
丁汉浩	男	1978	里屋村	南明街道主任
丁伟芳	女	1973	汤家村	县人民法院副院长
王少康	男	1970	欧潭村	县委党校党委书记常务副校长
卢丽锋	男	1976	溪边村	县委巡察组组长
李黎明	男	1975	李间村	县退役军人事务局局长
杨 勇	男	1972	上市场村	回山镇人大主席

续表

姓名	性别	出生年份	老家住址	所在单位及职务
杨利辉	男	1978	雅里村	县经信局局长
杨庆文	男	1970	上将村	县委组织部副部长
张剑鸣	男	1979	东碛村	县大数据管理中心主任
张新贵	男	1966	东碛村	县水务集团总经理
陈立新	男	1971	西丁村	县融媒体中心书记、主任
陈科锋	男	1976	西丁村	沙溪镇党委书记
赵国平	男	1971	高湾村	县政府办公室主任
赵德春	男	1965	植林村	县政协社法委主任
赵永春	男	1967	植林村	县纪委监委派驻纪检监察组长
俞亚其	男	1977	前丁村	县水利水电局局长
俞均坪	男	1974	高湾村	七星街道办主任
俞桂阳	男	1967	岭头俞村	县人民法院纪委书记
盛旭峰	男	1978	蔡家湾村	县天姥山文旅中心主任
梁小平	男	1974	上市场村	县委办公室主任
梁 斌	男	1977	中宅村	县纪委监委派驻纪检监察组长
梁军锋	男	1977	樟花村	城南乡党委书记
梁汉良	男	1969	下塘村	县人大常委会社会工委主任
梁新阳	男	1963	下塘村	县政协提案委员会主任
梁永源	男	1968	大宅里村	儒岙镇人大主席
梁理坤	男	1983	侯家岭村	县人大常委会办公室副主任
梁赛东	男	1980	侯家岭村	县高投集团副书记、副总经理

表七 拥有高级职称名单（教育）

姓名	性别	出生年份	老家住址	所在单位	职称
杨 锃	男	1977	斋堂村	上海大学	教授
杨 坤	男	1975	上宅村	浙江大学	教授
杨亦农	男	1962	下宅村	美国宾夕法尼亚大学	教授
杨永国	男	1962	雅里村	中国矿业大学	教授
杨湘帆	男	1941	湾头村	中科院科技大学	教授
赵 洪	男	1960	植林村	厦门大学	教授
赵德钧	男	1962	寒庄村	上海工程技术大学	教授
盛法生	男	1953	金家村	浙江财经大学	教授
梁上上	男	1971	大宅里村	清华大学	教授
梁正平	男	1938	中宅村	河海大学	教授
梁永超	男	1961	西塘村	浙江大学	教授
梁仲鑫	男	1934	大宅里村	北京大学	教授
梁国伟	男	1957	大宅里村	中国计量大学	教授
董朝阳	男	1962	贤辅村	县委党校	正高级教师
潘理黎	男	1958	岩头山村	浙江工业大学	教授
戴海林	男	1969	下山村	瑞安中学	正高级教师
丁杏山	男	1950	乌珠塘村	回山中学	高级教师
丁金姣	女	1975	屯外村	鼓山中学	高级教师

续表

姓名	性别	出生年份	老家住址	所在单位	职称
丁桔灿	男	1969	大元村	西郊中学	高级教师
丁泽锋	男	1976	里屋村	南瑞实验学校	高级教师
丁萍萍	女	1978	里屋村	南岩小学	高级教师
丁春芳	女	1979	西塘村	城南中心小学	高级教师
丁新龙	男	1969	西塘村	双彩中心学校	高级教师
丁黎英	女	1970	回山村	海亮教育集团	高级教师
丁燕萍	女	1977	乌珠塘村	沃西中学	高级教师
王 立	男	1971	欧潭村	城关中学	高级教师
王红拂	女	1977	上洋村	城南中学	高级教师
王贤忠	男	1964	旧住村	美国印第安纳大学	副教授
王新亚	女	1973	旧住村	回山镇中心小学	高级教师
王杏姝	女	1970	顶山村	回山中学	高级教师
王斌辉	男	1977	前丁村	南开大学	副教授
王钗琴	女	1975	官塘村	西郊中学	高级教师
王春燕	女	1973	官塘村	礼泉小学	高级教师
王惠月	女	1977	官塘村	鼓山中学	高级教师
孔文华	女	1980	井塘村	新昌中学	高级教师
孔六明	男	1964	井塘村	新昌中学	高级教师
孔金莲	女	1975	井塘村	鼓山中学	高级教师
卢学仁	男	1969	溪边村	拔茅小学	高级教师
卢学军	男	1967	溪边村	新昌技师学院	高级教师
卢丽平	女	1974	溪边村	城南中学	高级教师
卢均辉	男	1967	大宅里村	鼓山中学	高级教师
邬香芬	女	1951	上市场村	新民中学	高级教师
李竹铨	男	1939	溪边村	新昌中学	高级教师
李黎阳	女	1970	下宅村	南明小学	高级教师
杨 卫	男	1963	上宅村	浙江大学	副研究员
杨 华	男	1966	北池村	实验中学	高级教师
杨 静	女	1982	白毛坑村	浙江农林大学	副教授
杨益忠	男	1952	白毛坑村	南明小学	高级教师
杨少军	男	1986	下塘村	福建师范大学	副研究员
杨仁里	男	1978	植林村	新昌中学	高级教师
杨月芳	女	1974	雅里村	西郊中学	高级教师
杨叶平	男	1976	雅里村	拔茅中学	高级教师
杨吉才	男	1954	杨家年村	回山镇中心学校	高级教师
杨柏财	男	1952	杨家年村	沃西中学	高级教师
杨文成	男	1953	回山村	县教体局教研室	高级教师
杨东辉	男	1967	回山村	新昌中学	高级教师
杨利华	男	1963	回山村	实验中学	高级教师
杨松月	男	1967	回山村	柯桥区钱清镇中	高级教师
杨晓明	男	1953	回山村	城关中学	高级教师
杨晓玲	女	1974	回山村	南明小学	高级教师

续表

姓名	性别	出生年份	老家住址	所在单位	职称
杨洪昌	男	1934	上宅村	县教体局教研室	高级教师
杨洪流	男	1964	上宅村	彩淳中心完小	高级教师
杨岳生	男	1930	下宅村	绍兴市第一中学	高级教师
杨利兴	男	1968	下宅村	道南中学	高级教师
杨品豪	男	1972	下宅村	七星中学	高级教师
杨维春	男	1983	下宅村	湘潭大学	副教授
杨淑英	女	不详	下宅村	不详	高级教师
杨莺遐	女	不详	下宅村	不详	高级教师
杨国三	男	不详	下宅村	不详	高级教师
杨晓东	男	1976	湾头村	潜溪中学	高级教师
杨伯图	男	1958	双湾村	新昌技师学院	高级教师
杨金婉	女	1968	宅下丁村	七星中学	高级教师
杨恩超	男	1975	后王村	城南中心学校	高级教师
杨玲囡	女	1981	上洋村	大市聚初中	高级教师
杨仲金	男	1973	下洋村	新昌中学	高级教师
杨绿生	男	1967	高湾村	青年路小学	高级教师
张一江	男	1974	后王村	新昌中学	高级教师
张乃明	女	1966	长虹村	新昌技师学院	高级教师
张晓锋	男	1978	王店村	知新中学	高级教师
张丽丽	女	1980	虎家丘村	七星小学	高级教师
张宏光	男	1954	下岩村	新昌技师学院	高级教师
陈 兵	男	1974	西丁村	七星中学	高级教师
陈丽萍	女	1966	西丁村	新昌技师学院	高级教师
陈建明	男	1959	西丁村	新昌中学	高级教师
陈文芳	女	1978	袁家村	浙江建筑职技院	副研究员
陈永生	男	1960	上市场村	实验中学	高级教师
周叶峰	男	1973	岩头山村	新昌县教体局	高级教师
严月平	女	1970	上库村	沃西中学	高级教师
严水永	男	1954	上库村	绍兴市委党校	副教授
赵 阳	男	1967	植林村	嘉兴平湖中学	高级教师
赵 玲	女	1974	植林村	沃西中学	高级教师
赵汉阳	男	1969	植林村	海亮教育集团	高级教师
赵利春	男	1970	植林村	镜岭中学	高级教师
赵苗坤	男	1962	植林村	回山中学	高级教师
赵美英	女	1971	植林村	青年路小学	高级教师
赵曾瑜	男	1928	植林村	萧山临浦中学	高级教师
赵毓英	女	1973	植林村	七星中学	高级教师
赵德源	男	1965	植林村	街道教育工作站	高级教师
赵汉汀	男	1932	植林村	嘉兴平湖师范学校	高级讲师
赵中敏	男	1960	下西岭村	新昌县教体局	高级教师
赵林灿	男	1966	下西岭村	新昌县教科所	高级教师
赵品潮	男	1977	下西岭村	新昌技师学院	高级教师

续表

姓名	性别	出生年份	老家住址	所在单位	职称
赵尚平	男	1983	上西岭村	上虞区中塘学校	高级教师
赵连城	男	1965	后宅湾村	新昌县委党校	高级讲师
胡显仁	男	1952	田前村	县退休教师协会	高级教师
俞国光	男	1970	前丁村	新昌技师学院	高级教师
俞菊英	女	1968	高湾村	道南中学	高级教师
俞秋初	男	1971	官元村	育英小学	高级教师
俞永恩	男	1975	旧住村	县教体局教研室	高级教师
俞优琴	女	1965	高坪村	回山中学	高级教师
俞慧月	女	1970	顶山村	新天中心完小	高级教师
俞仁定	男	1966	渡河村	城关中学	高级教师
贾妙婉	女	1976	官元村	儒岙中学	高级教师
盛双霞	女	1970	蔡家湾村	北师大汉语学院	副教授
盛晓东	男	1966	盛家村	城南中学	高级教师
盛伯阳	男	1951	岙里村	道南中学	高级教师
盛柏洪	男	1976	下丹溪村	新昌技师学院	高级教师
盛秋霞	女	1976	新市场村	沃西中学	高级教师
梁 芳	女	1973	回山村	回山镇中心小学	高级教师
梁 珍	女	1970	王店村	双彩中心小学	高级教师
梁子中	男	1975	王家市村	南瑞实验学校	高级教师
梁正祥	男	1949	下坪山村	新昌技师学院	高级教师
梁 锋	女	1977	下塘村	澄潭中学	高级教师
梁 波	男	1986	下塘村	浙江大学	副研究员
梁礼君	男	1974	下塘村	道南中学	高级教师
梁锦芳	女	1974	下塘村	新昌教师进修学校	副研究员
梁钢鸿	女	1975	下塘村	南瑞实验学校	高级教师
梁 慷	男	1968	中宅村	南京工业职技院	副教授
梁 灏	男	1978	中宅村	育英小学	高级教师
梁良姝	女	1973	中宅村	沃西中学	高级教师
梁明爱	女	1973	老中宅村	回山中学	高级教师
梁春朗	男	1960	中宅村	新昌中学	高级教师
梁文斌	男	1971	大宅里村	北京语言大学	副教授
梁美月	女	1966	大宅里村	城关中学	高级教师
梁晓江	男	1968	大宅里村	回山中学	高级教师
梁玲琳	女	1977	大宅里村	浙江理工大学	副教授
梁雪光	男	1968	樟花村	回山镇中心学校	副研究员
梁林姝	女	1974	樟花村	回山镇中心学校	高级教师
梁钢锋	男	1972	樟花村	新昌技师学院	高级教师
梁晓波	男	1968	马家田村	城关中学	高级教师
梁凤强	男	1959	岭头俞村	新昌技师学院	高级教师
梁晓兰	女	1965	侯家村	城东实验学校	高级教师
梁勇超	男	1965	王家塘村	新昌技师学院	高级教师
梁月香	女	1967	上西岭村	新昌中学	高级教师

姓名	性别	出生年份	老家住址	所在单位	职称
董小明	女	1975	贤辅村	沃西中学	高级教师
董柏富	男	1963	贤辅村	鼓山中学	高级教师
董益芳	女	1977	贤辅村	新昌中学	高级教师
潘乐英	女	1978	岩头山村	浙江商业职技学院	副教授
潘丽丽	女	1966	宅下丁村	新昌技师学院	高级教师
李　广	男	1973	里间村	回山中学	高级教师
杨狄龙	男	1982	王家年村	回山镇中心小学	高级教师
盛亚英	女	1974	后谢村	南明小学	高级教师
梁　栋	女	1982	中宅村	城东实验学校	高级教师
梁美兰	女	1976	旧屋村	潜溪中学	高级教师

表八　拥有高级职称名单（医卫）

姓名	性别	出生年份	老家住址	所在单位	职称
丁少华	男	1967	柘前村	宁波市李惠利医院	主任医师
孔　巧	女	1968	井塘村	宁波市李惠利医院	主任医师
卢苗贵	男	1958	蟠溪村	浙江省疾控中心	主任医师
卢昱坤	男	1965	蟠溪村	宁波北仑中医院	主任医师
杨乐铭	男	1975	回山村	新昌县人民医院	主任医师
杨永超	男	1965	下洋村	新昌县中医院	主任医师
杨红江	男	1975	上下宅村	新昌县人民医院	主任医师
杨洪枢	男	1976	岩头山村	新昌县中医院	主任医师
俞丽君	女	1974	上下真村	新昌县人民医院	主任医师
梁　敏	女	1974	大宅里村	新昌县人民医院	主任医师
梁大铭	男	1974	马加田村	新昌县中医院	主任医师
梁国钧	男	1963	马加田村	新昌张氏骨伤医院	主任医师
孔华云	男	1985	井塘村	新昌县中医院	副主任医师
张晓明	女	1970	长虹村	新昌县人民医院	副主任医师
李　祎	女	1979	下湖桥村	浙江大学医学院附属第二医院	副主任医师
杨　彬	男	1983	岩头山村	新昌县人民医院	副主任中医师
杨伯尧	男	1957	下坂头村	新昌县人民医院	副主任医师
杨志刚	男	1971	雅里村	新昌县人民医院	副主任医师
杨芳芳	女	1982	回山村	新昌县人民医院	副主任医师
杨娴娴	女	1947	雅里村	新昌县人民医院	副主任护师
杨新叶	男	1954	雅里村	新昌县人民医院	副主任医师
杨岳炜	男	1972	白茅坑村	新昌县人民医院	副主任医师
杨伟勇	男	1982	外前丁村	新昌县中医院	副主任医师
杨柏龙	男	1984	下宅村	新昌县中医院	副主任医师
周晓锋	男	1980	岩头山村	新昌县人民医院	副主任医师
竺军洋	男	1974	长虹村	宁波市李惠利医院	副主任技师
郑黎明	男	1975	官塘村	天姥中医博物馆	副主任医师
俞国平	男	1965	宅下丁村	新昌县人民医院	副主任中医师
赵　灵	男	1983	中洋村	新昌县人民医院	副主任医师

续表

姓名	性别	出生年份	老家住址	所在单位	职称
赵园园	女	1979	上下西岭村	解放军第 903 医院	副主任医师
梁丽玲	女	1979	下丹溪村	解放军总医院	副主任医师
梁益钧	男	1976	大宅里村	新昌县人民医院	副主任中医师
梁铁军	男	1981	晨光村	新昌县人民医院	副主任医师
盛利金	男	1972	欧潭村	新昌县人民医院	副主任医师
盛晓兰	女	1978	蔡家湾村	新昌县人民医院	副主任护师
盛锋锋	男	1985	新市场村	新昌县中医院	副主任医师
董力枫	男	1982	后坂村	浙江大学医学院附属妇产科医院	副主任医师
潘林花	女	1979	岩头山村	新昌县人民医院	副主任医师

表九 拥有高级职称名单（其他）

姓名	性别	出生年份	老家住址	所在单位	职称
杨 能	男	1959	涧潭村	县人大常委会	主任编辑
杨东来	男	1965	回山村	保利长大工程公司	教授级高工
杨毅栋	男	1971	上宅村	杭州市规划设计研究院	教授级高工
赵海江	男	1976	上库村	浙江公路水运工程咨询	教授级高工
俞其昌	男	1931	岭头俞村	北京选煤设计研究院	教授级高工
袁亚春	男	1962	袁家村	浙江大学	编审、教授
梁柏枢	男	1960	侯家岭村	国家外国专家局	编审
丁 晨	男	1957	汤家村	亚华建设集团有限公司	高级工程师
丁开云	男	1975	王家塘村	浙江医药股份公司	高级工程师
丁杏姣	女	1968	王家塘村	县财政局	高级会计师
王 炜	男	1974	顶山村	绍兴文化旅游集团	一级建筑师
孔华威	男	1965	井塘村	上海中科计算所	高级工程师
卢可源	男	1936	蟠溪村	浙江省防汛办	高级工程师
卢新富	男	1950	蟠溪村	无锡市城乡建设协会	高级工程师
李永辉	男	1979	溪边村	新昌工程监理公司	高级工程师
杨卫东	男	1965	下宅村	浙江省地质勘查局	高级工程师
杨梦初	男	1937	下宅村	中国建筑材料研究院	高级工程师
杨苗均	女	1974	雅里村	新昌县人民医院	高级政工师
杨金辉	男	1962	雅里村	金辉建筑安装公司	高级工程师
杨晓芳	女	1970	雅里村	新昌县人民医院	高级会计师
杨金枢	男	1975	岩头山村	新和成股份公司	高级工程师
杨伯余	男	1966	上贝村	绍兴园林建设公司	高级工程师
杨雪初	男	1960	下塘村	绍兴园林建设公司	高级工程师
杨杭锋	男	1979	上下宅村	博大环境集团公司	高级工程师
杨蔡芹	女	1954	植林村	县农业农村局	高级农艺师
杨慧雨	女	1970	上市场村	宝武集团财务公司	高级会计师
张伯新	男	1962	东碬村	和东建设监理公司	高级工程师
张敏杰	男	1980	下岩村	万丰奥威汽轮股份公司	高级工程师
陈德春	男	1966	回山村	73136 部队	高级工程师
赵 斌	男	1979	植林村	上虞区供电公司	高级工程师

续表

姓名	性别	出生年份	老家住址	所在单位	职称
赵 亮	男	1980	上西岭村	县交通运输局	高级工程师
赵学夫	男	1962	下西岭村	新昌农商银行	高级经济师
赵景宣	男	1934	下西岭村	河北化工研究院	高级工程师
赵喜姝	女	1967	下西岭村	浙江省邮储银行	高级经济师
赵瀚飞	男	1970	下西岭村	杭州银行绍兴支行	高级经济师
赵南平	男	1965	寒庄村	上海凯特阀门制造	高级工程师
赵万锋	男	1977	植林村	北京恒济引航科技公司	高级工程师
赵亚军	男	1972	植林村	三花控股集团公司	高级会计师
赵建永	男	1973	植林村	新昌省级高新园区	高级工程师
赵柏柱	男	1960	植林村	县城建工程监理公司	高级工程师
俞桂球	女	1968	寒庄村	县农业农村局	高级经济师
俞朝杰	男	1969	渡河村	浙江陀曼控股集团	高级经济师
贾 栋	男	1982	下湖桥村	旷野印象文化传媒	高级摄影师
盛柏江	男	1960	下丹溪村	浙江医药股份公司	高级工程师
盛炯辉	男	1972	欧潭村	彩建控股集团公司	高级工程师
章水英	女	1971	柘前村	绍兴白云建设公司	高级会计师
梁帅伟	男	1980	下坪山村	宁波象山县供电局	高级工程师
梁尹明	男	1964	侯家岭村	县农业农村局	高级农艺师
梁旭东	男	1966	上市场村	东海舰队装备部	高级工程师
梁林美	男	1970	下丹溪村	浙江医药股份公司	高级会计师
梁学军	男	1969	大宅里村	浙江新码生物医药公司	高级工程师
梁劲超	男	1964	大宅里村	新昌县国税局	高级会计师
梁流芳	男	1966	大宅里村	白云伟业控股集团	高级规划师
梁佳钧	男	1966	大宅里村	浙江俏尔婷婷服饰	高级工程师
梁璜润	男	1924	大宅里村	铁道部第三勘测设计院	高级工程师
梁苗军	男	1976	晨光村	绍兴园林建设公司	高级工程师
梁炯玲	女	1972	侯家村	新昌管代财务服务公司	高级会计师
梁晓富	男	1971	双湾村	新昌县财政局	高级会计师
潘月鸳	女	1966	官塘村	新昌人民医院	高级工程师

表十　拥有文艺界国家级会员名单

姓名	性别	出生年份	老家住址	协会称谓	备注
杨 轶	男	1978	回山村	中国美术家协会会员	县美协副主席
杨 绳	男	1928	上市场村	中华诗词学会会员	
杨弋昌	男	1975	湾头村	中国书法家协会会员	兰亭书会会员
杨宇力	男	1977	上宅村	中国书法家协会会员	二级美术师
杨婷娜	女	1977	回山村	中国戏剧家协会会员	国家一级演员
杨燕平	女	1972	后将村	中国戏剧家协会会员	国家二级演员
梁文斌	男	1971	大宅里村	中国书法家协会会员	兰亭七子
梁少膺	男	1966	莲花心村	中国书法家协会会员	中华诗词会员
梁谷音	女	1942	樟花村	中国戏剧家协会会员	国家一级演员

表十一　县内年度纳税五百万元以上企业名单

企业法人	出生年份	老家住址	企业名称	创办时间	备注
俞朝杰	1969	渡河村	浙江陀曼控股集团公司	2006 年	一千万元以上
梁永挺	1979	下坪山村	彩建控股集团有限公司	1979 年	一千万元以上
丁碧江	1970	大元村	浙江鼎顺建设有限公司	2001 年	近一千万元
赵岳新	1964	植林村	新昌隆豪轴承公司	2006 年	

表十二　县内获得省（部）级及以上奖励名单

获奖人	荣誉称号	授奖单位	获奖时间	老家住址
杨永波	先进个人	国务院第四次全国人口普查领导小组	1990 年	回山村
盛伯增	全国婚育新风进万家活动先进个人	中央宣传部、国家计生委	2001 年	大安村
	中国农函大优秀工作者	中国科协	2013 年	
俞朝杰	中国机械科技二等奖	中国机械工业联合会	2002 年	渡河村
	中国机械科技一等奖	中国机械工程学会	2018 年	
梁正祥	全国优秀辅导奖	全国青少年读书教育活动组委会	2002 年	下坪山村
丁松勇	浙江省为民好书记	中共浙江省委	2004 年	王家塘村
盛建峰	省优秀农村工作指导员	中共浙江省委	2005 年	后谢村
梁尹明	全国农牧渔业丰收奖一等奖	农业农村部	2006 年	侯家岭村
梁流芳	江苏省科技进步二等奖	江苏省人民政府	2008 年	大宅里村
吕新浩	全国"讲理想、比贡献"活动优秀组织者	中国科协、国家发改委、科技部、国资委	2012 年	上贝村
赵德春	安全生产监管监察先进个人	国家安监总局、国家煤监局	2012 年	植林村
李黎明	2012 年度省重点建设立功竞赛先进个人	浙江省人民政府	2013 年	李间村
杨国荪	全国模范人民调解员	司法部	2013 年	回山村
陈 英	全国县（市）科技进步考核先进个人	科技部	2013 年	西塘村
贾新林	省"千村示范、万村整治"工作先进个人	中共浙江省委、浙江省人民政府	2013 年	下宅村
梁超红	省优秀农村工作指导员	中共浙江省委、浙江省人民政府	2013 年	中宅村
盛立江	个人二等功	浙江省人民政府	2016 年	金家村
丁望阳	全国五一劳动奖章	中华全国总工会	2018 年	柘前村
梁炳法	浙江省仁心仁术奖	中共浙江省委、浙江省人民政府	2021 年	大宅里村

回山历任主职领导（含主持工作）一览表如下。

一、撤区扩镇并乡前

（一）中共回山区委员会、区人民政府（区公所）于 1949 年建立

表十三　主职领导（含主持工作）

职务	姓名	任职时间	备注
副书记	潘 震	1949 年 12 月～1952 年 7 月	主持工作
委员	王树林	1952 年 8 月～1953 年 2 月	主持工作

职务	姓名	任职时间	备注
书记	谢鸣轩	1953 年 3 月～1954 年 8 月	
副书记	张文成	1954 年 8 月～1956 年 2 月	主持工作
副书记	竺焕金	1956 年 2 月～1956 年 12 月	主持工作
书记	竺焕金	1957 年 1 月～1957 年 5 月	
第一书记	赵绍源	1957 年 5 月～1958 年 1 月	
第二书记	竺焕金	1957 年 5 月～1958 年 5 月	
书记	王成智	1958 年 1 月～1958 年 6 月	
副书记	董一勇	1958 年 6 月～1958 年 10 月	主持工作
副区长	赵志灿	1949 年 12 月～1951 年 8 月	主持工作
副区长	王树林	1951 年 8 月～1952 年 12 月	主持工作
区长	王树林	1952 年 12 月～1953 年 8 月	
副区长	竺和木	1953 年 5 月～1956 年 1 月	主持工作

（二）中共回山人民公社委员会、回山人民公社管理委员会于 1958 年 10 月建立

表十四　主职领导（含主持工作）二

职务	姓名	任职时间	备注
书记	董一勇	1958 年 10 月～1961 年 10 月	
主任	竺和木	1958 年 10 月～1961 年 10 月	

（三）中共回山区委员会、回山区公所于 1961 年 10 月恢复

表十五　主职领导（含主持工作）三

职务	姓名	任职时间	备注
书记	董一勇	1961 年 10 月～1969 年 5 月	
区长	竺和木	1961 年 10 月～1962 年 5 月	

（四）回山区革命领导小组党的核心小组于 1972 年 4 月建立，1973 年 7 月，复建中共回山区委员会

回山区革命领导小组党的核心小组。

表十六　主职领导（含主持工作）四

职务	姓名	任职时间	备注
组长	董一勇	1972 年 4 月～1973 年 7 月	

中共回山区委员会。

表十七　主职领导（含主持工作）五

职务	姓名	任职时间	备注
书记	董一勇	1973 年 7 月～1976 年 10 月	

（五）回山区革命领导小组

回山区革命领导小组 1969 年 6 月建立。

表十八　主职领导（含主持工作）六

职务	姓名	任职时间	备注
副组长	杨福铨	1969 年 6 月～1972 年 4 月	主持工作
组长	董一勇	1972 年 4 月～1978 年 7 月	
组长	郭志华	1978 年 7 月～1981 年 3 月	

（六）中共回山区委、回山区公所

1983 年 7 月，回山区在回山公社进行政社分设试点；1984 年 5 月，全区完成政社分设工作；1981 年 3 月复建回山区公所。

表十九　主职领导（含主持工作）七

职务	姓名	任职时间	备注
书记	董一勇	1976 年 10 月～1978 年 6 月	
书记	郭志华	1978 年 6 月～1983 年 6 月	
书记	黄载东	1983 年 6 月～1984 年 11 月	
书记	王梅成	1984 年 11 月～1989 年 10 月	
书记	潘伯铨	1989 年 10 月～1992 年 5 月	
副区长	胡香顺	1981 年 3 月～1983 年 9 月	主持工作
区长	赵品尧	1983 年 6 月～1984 年 4 月	
区长	杨何鑫	1984 年 4 月～1986 年 12 月	
区长	章一平	1988 年 1 月～1989 年 11 月	
区长	丁财汀	1989 年 11 月～1992 年 5 月	

二、撤区扩镇并乡后

1992 年 5 月全县撤扩并，回山区撤并为回山镇（回山镇、安顶乡、新天乡）、双彩乡（彩淳乡、中彩乡）。

（一）中共回山镇委员会、回山镇人民政府

表二十　主职领导（含主持工作）八

职务	姓名	任职时间	备注
书记	张碧春	1992 年 5 月～1994 年 8 月	
书记	王土忠	1994 年 8 月～1995 年 4 月	
书记	盛青	1995 年 4 月～1995 年 10 月	
书记	王士强	1995 年 10 月～2000 年 6 月	
书记	王家贤	2000 年 6 月～2001 年 11 月	
书记	蔡春秋	2001 年 11 月～2006 年 9 月	
书记	朱亚兴	2006 年 9 月～2009 年 1 月	
书记	戴伯炜	2009 年 1 月～2011 年 9 月	
书记	李亚明	2011 年 9 月～2015 年 1 月	
书记	王桂芳	2015 年 1 月～2017 年 7 月	

职务	姓名	任职时间	备注
书记	胡斐渔	2017 年 7 月～2020 年 1 月	
领导小组组长	杨红品	1992 年 5 月～1992 年 7 月	
镇长	杨红品	1992 年 7 月～1994 年 2 月	
镇长	盛 青	1994 年 2 月～1995 年 10 月	
镇长	杨亮红	1996 年 10 月～1998 年 10 月	
镇长	王家贤	1998 年 10 月～2001 年 1 月	
镇长	陈亚东	2001 年 1 月～2001 年 12 月	
镇长	朱亚兴	2001 年 12 月～2007 年 1 月	
镇长	戴柏炜	2007 年 2 月～2009 年 1 月	
镇长	梁福朝	2009 年 1 月～2010 年 9 月	
镇长	章 俊	2010 年 12 月～2014 年 1 月	
镇长	胡斐渔	2014 年 1 月～2017 年 7 月	
镇长	俞浩芳	2017 年 7 月～2020 年 1 月	

（二）中共双彩乡委员会、双彩乡人民政府

表二十一　主职领导（含主持工作）九

职务	姓名	任职时间	备注
书记	梁伯超	1992 年 5 月～1995 年 10 月	
书记	杨德辅	1995 年 10 月～1998 年 3 月	
书记	蔡春秋	1998 年 3 月～2001 年 11 月	
书记	陈亚东	2001 年 11 月～2005 年 6 月	
书记	张欣良	2005 年 6 月～2008 年 7 月	
书记	丁 贵	2008 年 7 月～2010 年 9 月	
书记	石向东	2010 年 12 月～2015 年 1 月	
书记	俞志仁	2015 年 1 月～2016 年 7 月	
书记	潘学超	2016 年 7 月～2020 年 1 月	
领导小组组长	杨亮红	1995 年 5 月～1992 年 7 月	
乡长	杨亮红	1992 年 7 月～1995 年 10 月	
乡长	何越明	1996 年 10 月～2002 年 2 月	
乡长	梁水屿	2002 年 2 月～2007 年 1 月	
乡长	丁 贵	2007 年 1 月～2008 年 7 月	
乡长	高雪军	2009 年 2 月～2011 年 3 月	
乡长	俞志仁	2011 年 3 月～2015 年 1 月	
乡长	潘学超	2015 年 1 月～2015 年 7 月	
乡长	潘洲文	2016 年 7 月～2018 年 5 月	
乡长	潘 淼	2018 年 7 月～2020 年 1 月	

三、乡镇行政区划调整后

2020 年 1 月 15 日，新昌县乡镇行政区划调整，撤销双彩乡、回山镇，成立新的回山镇。

中共回山镇委员会、回山镇人民政府

表二十二 主职领导（含主持工作）十

职务	姓名	任职时间	备注
书记	潘学超	2020年1月～2020年9月	
书记	俞浩芳	2020年9月～	
镇长	俞浩芳	2020年1月～2020年9月	
镇长	赵 翰	2020年9月～	

第十五编

彩烟精神

一方水土养一方人。彩烟精神的孕育，是彩烟独特的地理环境、劳作方式、风土人情、历史文脉、人文传承等综合因素产生作用的过程。

一方地域的精神，必然有一方地域的精神基因。彩烟精神，自然也根植于这里的地理环境、生产生活方式、人文历史和风俗乡情。从源头探寻彩烟精神的生成基因，就要探寻在这块黄土台地上的山水风光、民俗风情、人文历史，追根溯源，寻找散落在生产、生活、社交、娱乐等各种人文活动中的精、气、神。

彩烟精神，其基因有着十分丰富的内涵。彩烟人诚实守信中坚守的忠实诚恳，彩烟人任劳任怨中包孕的纯朴勤劳，彩烟人多做少说去中祖露的木讷厚道，彩烟人说一不二中透溢的耿直硬气，彩烟人直来直去中祖露的开怀豁达，彩烟人吃苦耐劳中蕴藏的坚忍顽强，彩烟人求真务实中显示的实干苦干，彩烟人节衣缩食中秉承的克勤克俭，彩烟人勤奋好学中展现的进取拼搏，彩烟人勇于实践中绽放的探索创新，彩烟人团结互助中体现的宽厚善良，彩烟人有情有义中反映的深情厚谊等等，无不是彩烟精神基因的丰富内涵。

第一章　孕育彩烟精神的生存环境因素

环境影响人，劳动改变人。从文化地理学和劳动关系学的角度来研究区域人文精神，彩烟这块台地，有其一定的独特性。地理环境、生产方式、物质要素和社会习俗等方面的区域个性，影响着彩烟人生活空间和生活方式的演化。彩烟人对这一区域自然环境、劳作方式、经济生活、社会生活、风俗民情的感知和理解，在文化精神要素上，除了中华民族的共性，也必然会表现出种种不同的地域个性来。

第一节　"黄土高坡"地域环境的影响

彩烟地域，宋至清属彩烟乡，历史上还曾包含长征、肇圃、镜屏乡的部分村落。解放后，曾设回山、安顶、新天、中彩、彩淳等乡镇，分分合合，按传统说法，都属彩烟领域。其位于新昌县境南端，离县城约 25 千米。整个彩烟，是一块近百平方公里的大台地，有新昌"黄土高坡"之称。平均海拔 400 多米，以鞍顶山最高峰为标志。方圆百余里，盘山公路蜿蜒而上，山顶平似华盖，四侧崇山峻岭，远瞩，峰峦叠起，云雾缭绕。整块台地，边缘悬崖陡坡，里边自成一体，缓丘连绵，村落相望。

彩烟大台地古时与外界的联系是多条古道：即原彩淳乡岩头山、下坪山村一带的茶壶岩岭；岭头王村通往上贝、下岩村的石蟹岭；原中彩乡袁家村通往韩妃村的韩妃岭；后谢村至下岩村的水涧岭；侯家岭村通往镜岭脚的十八奎岭；官塘村、下董村通往镜屏的练使岭和官塘岭；樟花村下的撞潭岭；李间村下的李涧岭；东碨牛塘和前王后王到东茗的东家库岭等。这些山岭古道，都是通公路前彩烟与外界联络的必经之路。

彩烟常年气温比县城低。冬季寒冷，夏季凉爽，冬春季要比全县平均多 30 多天，夏秋季则少30 多天。一年中温差大，高山台地，光照很足。原中彩乡所在地新市场村一带，彩淳乡所在地上下宅村一带，回山镇上市场、回山村一带，新天乡所在地大宅里、樟花村一带，都是黄褐色的亚砂土和亚黏土，黏性很强的黄土占了台地的大多地表，故整个彩烟有新昌的"黄土高坡"之称。

新昌"黄土高坡"独特的地理环境、生态气候，对烟山人性格的养成潜移默化，十分明显。高悬台地的敞开性，交往不便的局限性，造成了烟山人的坦诚刚直，木讷忠厚。冬春季长，夏秋季短，高低温差大，相对比较寒冷的气候特点，使大多村民种粮种瓜、种术种茶，养成了烟山人的内敛耐苦、勤奋节俭。黄黏土黏合性强的独特地理环境，使烟山人的性格中互助自强、坚韧固执的个性特征非常明显。台地海拔高、光照足，又使得烟山人开朗、直爽和坦诚。

第二节　茶烟桑术生产环境的影响

彩烟自古资源少，条件差，生存发展困难重重，又远离县城，各种制约明显。先天的不足，养成了烟山人肯吃苦，尚节俭，耐劳作的品性，练就了与天斗，与地斗，在艰苦的自然条件下生存下来的技能。

彩烟农民除种植粮食作物外，经济作物中烟、茶、桑、术、茭、瓜等都多有种植，特别是茶叶和白术，种植历史悠久。白术是多年生草本植物，彩烟是主要种植地，享有"道地药材"原产地美誉。

烟叶、茶叶、白术的种植，培育、采摘、炒制、销售，需要农民起早摸黑打理，充满着一个较长的辛勤劳作的艰苦过程。茶农上午上山采摘，下午、晚上炒制，凌晨到市场销售。种术也是周期很长、非常辛苦的一项农活。白术育籽需要一年；用籽播苗，需要开垦生地，培育成术崽，又是一年；术崽种成成术再是一年。这种种植业结构，使得彩烟农民为生存、温饱，常年起早摸黑地劳作，吃苦耐劳，勤劳实干，成为一种生活习惯，生成了彩烟精神的基因。

第二章　孕育彩烟精神的历史人文因素

在历史上，彩烟地区的杨、梁、王、盛、俞、张、丁、陈、赵等诸姓人氏，有不少是名宦名家之后，主动退出当时的纷争中心，又主动选择彩烟新址来落户。有的是避难、避乱逃到这里的；有的是在剡县或新昌做官，因慕恋这里的山水风情，定居在这里的；有的是先栖居新昌等地，再慕名来彩烟山定居的。他们大多来自中华民族文明的发源地——黄河流域，有的是河南洛阳，有的是陕西西安，有的是山东青州。他们带来了当时高度发达的文明成果，非常深厚的文化底蕴，非常先进的生产技术，几近完美的传统美德。

从唐朝杨白避难彩烟开始，到后来各族姓迁入聚居，独特的台地环境，使得其在后来的历史长河中，形成了具有鲜明个性的经济社会生活上的地域特色。历史上传承下来的民俗风情、方言俚语，在时代变迁中受外界影响较少，基本能自成一体得以延续，代际人文传承，也具一定的完整性，这在彩烟各姓氏的家谱中都能得到印证。彩烟的方言俗语、民俗风情，就是彩烟人性格特征的外露与反映，体现着朴实的彩烟精神。

第一节　彩烟精神的历史文脉

彩烟历史文脉绵延。五代梁开平二年吴越王钱镠"析剡县东十三乡置新昌县"时，就有彩烟乡。唐至清，称呼上有所不同，但彩烟一直作为相对有特色的一方地域延续下来。从民国时期到新中国成立后，彩烟地域内区划不断变更，称谓改来改去，如彩淳、上彩、中彩、下彩改为彩淳、中彩，后又改为双彩，八和改为新天，与安顶、回山时分时合，但不管行政区划怎么变迁，作为彩烟区域的地方特色一直未变。能使一方地域的历史文脉较好传承的另一因素，是台地面积的局限性制约了人口大量迁入迁出的流动性。相对稳定的代际人文传承，使彩烟保持了独特的民俗风情，独特的方言口音，独特的生活习惯，独特的人物个性，也使彩烟的历史文脉延续具有一定的完整性。它就是彩烟精神形成的历史因素。

第二节　彩烟精神的人文传承

彩烟人文传承悠久。彩烟大多族姓的祖先，都是当时名门望族的后裔，有的因避官斗，有的因避战乱，有的因恋山水，从黄河流域的河南、陕西等地一步步迁徙至彩烟安居。

杨氏祖先坚韧倔强、自我奋斗精神的传承。杨白为杨侗之子荣王，因侗被王世充废杀，被逼出逃。杨白偕韩妃一行舟驶至剡溪上游，弃舟入丛山迷路。乡人云："前面还有三十六个渡，渡渡要脱裤。"韩妃身心交瘁，前途无望，自缢于山下。杨白攀山越岭，隐居彩烟，繁衍成下宅、上宅、回山等为主要聚居地的杨姓大族。落难王子逃难到彩烟，是怎样的一种心理落差？是怎样的一种内心煎熬？又是怎样的一种人生苦难的经历？忍辱负重，自我奋斗，光耀家族的精神，自然是生生不息，代代相传，不怕苦、不怕累、不怕难，坚韧而倔强的性格，自然而然地融入一代代人的精神基因中。历史上的杨轰、杨居、杨容、杨丽泽、杨信民、杨世植、杨宝镛等都不断发扬光大，使彩烟精神延绵不断。

梁氏祖先勤学苦练、耕读传家精神的传承。梁永敏由查林迁往彩烟大宅里，开始梁氏的繁衍生息。梁永敏之孙梁汝明"生而端重，有器识，读书尤敏悟，工文章"，仕至南宋礼部右侍郎，为南宋大儒。"梁钰，子侄众多，遂不惜家财，延请名师课子课侄，长子梁灌擢河间府沧州学正，其门下弟子，屡占元夺魁，名声日振，获皇帝赏识，敕命任荆府、鲁府伴读。"祖籍彩烟的梁国治，乾隆时期任过户部尚书，负责过《四库全书》编撰，乾隆下谕称其"品学端醇，小心谨慎，扬历中外"。史载梁氏代有名士重视耕读传家教育，不仅成为当时名人，其勤学苦练的精神，也深深影响着众多后嗣子孙。

各氏祖先人文精神的传承延绵不断。丁氏始祖丁振卿为避难到宅下丁安身，辛勤耕耘，繁衍后代。后裔丁川，曾代皇郊祭，是权倾朝野的丁都堂。生活俭朴，为官清廉。卢氏始祖卢允迪，其后裔避金兵之乱迁至彩烟之蟠溪定居。卢氏第十五世祖卢宁，"性成严肃，质蕴圭璋，遇农夫则谈晴雨，逢仕子则课诗书，端方雅度，足为人世之师"……各氏族祖的人文传承，是彩烟精神得以发育的主要因素之一。

第三章　彩烟精神的具体体现

自然地理环境、种养殖业结构、社会生活方式、历史人文因素等，是孕育彩烟精神的基因；而彩烟精神的体现与反映，则散落在彩烟人的日常劳作、生活、社交中，散落在一些重大事件、典型事例、个性人物中，散落在民间歌谣、俗语、方言中。特别是从古至今的一些典型人物和地道的一些彩烟民谣方言，彩烟人性格特征、人文精神的体现与反映更为突出。

彩烟精神犹如大山中的幽兰，能令人时时处处感受到它的清香，但要寻找挖掘它却并不容易。彩烟人勤奋，崇尚"读书要进学，种田要落作"；彩烟人耿直，说一是一，说二是二，直来直去，胸怀坦荡；彩烟人倔强，"硬来硬到底，麦出勿吃米"，是非分明，不卑不亢；彩烟人诚信，走正道，讲情义，重承诺，守信用；彩烟人实在，忠实厚道，循规蹈矩，不善阿谀奉承，不会使奸耍滑；彩烟人执着，有理不认输，认准一条道，九牛拉不回；彩烟人重义，讲仁义，情真意切，讲正义，两肋插刀，讲信义，一诺千金……

彩烟精神，大致在以下九个方面得以较好体现：

第一节　"吃饭粗粮填肚饱，干起活来像赶豹"的吃苦精神

彩烟歌谣民谣中反映的吃苦精神

如歌谣写道："烟山穷，烟山苦，穿格粗大布，三天两头补；吃格六谷糊，怀兜当米壶；住格茅草屋，睏睏稻草铺；走格黄泥路，跌倒肿屁股。"这歌谣是彩烟人旧时衣食住行艰难生活的真实写照。受高山台地自然环境影响，改革开放前，彩烟人的生存条件是艰难的，缺衣少食成为生存常态。如又一歌谣里所说"山里佬，乌糯当早稻，柴枝当棉袄，洋芋要算宝，干活像赶豹。"虽自然条件不好，但这方土地上的人一直能艰苦奋斗、生生不息地繁衍下来，吃苦耐劳的精神起着极大的支撑作用。如谚语"面朝黄土背朝天，种田地佬万万年""一滴血一滴汗，谷勿到家心勿安；一亩田一亩地，翻翻弄弄吃勿及"。这些都包含着"种田地佬"纯朴的生活哲理，对苦难生活的透彻理解，以乐观主义思想对待吃苦的精神追求。

彩烟人衣食住行中反映的吃苦精神

旧时，穿的，大多是自纺自织的自做布做的衣裤。兄弟姐妹中，老大穿过老二穿，兄长穿过弟妹穿，"新三年旧三年，缝缝补补又三年"；脚上除了布鞋，就是木屐、的笃、草鞋、蒲鞋。吃的，是"一日两头稀，瓜菜半年粮"，洋芋饭、番薯饭、南瓜饭、青菜饭是家常便饭。住的，大多也是茅草屋、泥墙屋。艰苦的生活环境，锤炼出彩烟人吃苦耐劳的精神，不怕苦，会吃苦。天不亮就去田间劳作，把一亩三分地打理得井井有条，很少荒废。除种好自家田地外，还常常余出劳力到江西等地锯板，到宁波割席草，到下三府割水稻，打工挣钱，贴补家用。吃苦精神代代相传。现时，农民仍然不怕吃苦，一副锄头铁抓，一个采茶竹篓，一辆运输三卡，起早摸黑，披星戴月，炒茶叶，熄白术，种西瓜，割茭白。以苦为乐，丰衣足食。

彩烟人物典型中反映的吃苦精神

彩烟墓塘园人丁川，明成化时任都察院佥都御史，为官清廉，一生俭朴，评价为"平生清苦"。"君家茅堂此卜筑，白石丛抱青篑笃"，堂堂御史住的竟然是茅堂。去世后四壁萧然，是同僚和亲友捐资归葬，入土为安。大安村人丁国统苦练炒茶技术，17岁背一口茶锅到杭州、宁波等地炒茶、卖茶。后来承包茶山，春茶时节没日没夜地干。头一次次睡向炒锅，热气又一次次把他熏醒。尝够了制茶起早摸黑的辛苦，卖茶颠沛流离的艰难，是吃苦精神成就了他的人生。

第二节 "吃过清明麻糍饭，天晴落雨都出畈"的勤奋精神

彩烟民谚俗语中反映的勤奋精神

如"六月吭太婆，八月吭破箩""吃过清明麻糍饭，天晴落雨都出畈""人勤地生宝，人懒地生草""冬勿节约春要愁，夏勿劳动秋吭收""勤勤俭俭，先苦后甜"等，反映出彩烟人的勤劳奋斗精神。

彩烟人日常生活反映的勤奋精神

设立于上市场村的回山茶叶早市，在春茶开摘后，每天后半夜的三四点钟就开市，各地茶农有的肩背手提，有的自行车、摩托车、三卡，朝茶叶早市汇集，熙熙攘攘，人山人海，讨价还价，人声鼎沸。挤在天亮前卖了茶叶后，天一亮就上山采茶，采回后就又开始炒制，每天只休息四五个小时，日复一日，直到春茶季结束。他们的勤劳，在男男女女的身体都会瘦了一大圈中得以印证。

彩烟典型人物中反映的勤奋精神

清朝回山村人杨象栋，不怕吃苦，在练使岭路旁植树上千棵，又带领其子修凉亭、路廊，扩建邮室，造福乡亲。植林村人赵式庐四处募资，筹建道南书院。回山村人梁松元，自幼学艺，勤

奋刻苦，石雕手艺精湛，镌刻出大佛寺摩崖"放生池""南无阿弥陀佛"，还有杭州苏堤六吊桥、浙江展览馆、钱塘江桥头蔡永祥烈士纪念馆等。勤奋，成就了他精湛的工艺水平。

第三节 "硬来就要硬到底，麦子出来勿吃米"的耿直精神

杨容不怕株连九族的耿直精神

上宅村人杨容，上书朱元璋献计攻克婺州有功，被封为兵部员外郎，后升为刑部尚书。洪武六年（1373），朱元璋亲颁《大明律》，对普通百姓犯法严处酷刑，对皇亲国戚则网开一面，杨容提出上疏，要求对不公的严刑峻法进行修改，但朱元璋仍主张用严刑酷法治国。这已冒犯龙颜，本当知难而退。可耿直硬气的杨容，不顾自身安危，在朝廷大员胡惟庸、蓝玉因罪被株连九族时，他认为惩罚太重，挺身而出为其打抱不平，结果得罪朱元璋，自己也被满门抄斩。硬来硬到底、有理不认输的彩烟人性格，使他付出了被灭族的惨重代价。

杨信民弹劾贪官不惧反诬的耿直精神

下宅村人杨信民任广东左参议时，"清操绝俗，性刚负气，按察使郭智不法，信民劾之下狱。黄翰代智，信民复发其奸。不久，又劾佥事韦广，广遂反诬，杨因之与黄翰俱被逮。军民哗然，至京求留信民，诏复其官"。彩烟人"硬来硬到底，麦出勿吃米"的刚毅耿直个性跃然纸上。

杨日昶严查皇亲国戚不留情的耿直精神

上宅村人杨日昶，曾任国民党陆军总司令部第一军法监印、澎湖要塞司令部军法室主任、蒋经国幕僚长等多职。台某海军司令利用公款军舰走私，杨将其软禁审查，其送钱行贿，杨严拒后将其法办。蒋介石表兄贪污军饷，杨日昶毫不留情，也将其依法法办。耿直硬气精神震动台湾。

第四节 "讲情义情深意笃，讲正义两肋插刀"的义勇精神

古代人梁偲奋不顾身捕元恶体现的义勇精神

梁氏四十三世公梁偲，"其状貌修伟，丰背钟声"。钟情山水，勤奋劳作，乐善好施，实干兴家，是樟花、中宅、下屏山等村烟山梁姓的祖先。与剡西巢雪山人娄仲思同创"撞潭八咏"五言诗、"藕塘八咏"七言诗。"其锄强扶弱，正气凛然，常致力于劝善惩恶。正德四年（1509），丁项饶羡，外寇掠乡邑，人莫敢近。公率子侄，助邑宰获元恶七人，乡民始安。"彩烟人的义勇精神可见一斑。

杨信民不顾安危单车赴会解危城体现的义勇精神

杨信民，1390年出生，下宅村人。1449年8月，"时广东黄萧养农民起义军围广州城，粤人

居京者联名奏请信民处置其事，乃以信民为右金都御史巡抚其地。时广州被围久，官军战辄败，城门昼闭，城内樵薪采伐殆尽……信民单车与农民起义军黄萧养谈判"，起义军被招抚，解广州城被围之危，救老百姓生死之命将正义两肋插刀的义勇精神体现得淋漓尽致。

当代人杨英明舍生忘死救孩子体现的义勇精神

1954 年出生的杨英明，上贝村人。1998 年 6 月，杨英明见小孩被波涛汹涌的溪水冲走，他在岸边追赶准备下水救人，旁边群众大声呼喊，"英明，水流太急不能下水！"他却奋不顾身一个箭步跳入湍急的溪水中，抓住孩子后拼命往岸边推，这时一个巨浪打来，把杨英明与孩子冲散。岸上的人再次大声呼喊，"英明，快上岸！"可他一心想着救人，放弃上岸的机会，又奋不顾身游向孩子。此时，又一个巨浪把他打入水底，他再也没有起来。他被追认为烈士。他的事迹，淋漓尽致地体现了彩烟人舍生忘死、不怕牺牲的义勇精神。

第五节 "说话口舌当界址，做事诚信算本事"的守信精神

彩烟民间俗语中体现的守信精神

彩烟民间流传着许多讲诚信、守诺言的俗语，如"先缴皇粮，后养爹娘""烧火要空心，做人要实心""有借有还，再借勿难""亲兄弟，明算账""明人勿做暗事，真人勿说假话""耕田要深，讲话要真""说到做到，不放空炮"等。这些通俗易懂的俗语的字里行间，反映的是彩烟人对国家的忠，对做人的诚，对做事的信。

彩烟历史事件中体现的守信精神

历史上，忽必烈灭宋立元，这对汉族是极大的打击。当时，彩烟有名望人士倡议"义不仕元"。民族自尊心极强，又耿直守信的彩烟人，践守内心诺言，在整个元朝，没有一个人去考举人、进士，也没有一个人去朝廷当差做官。许多有识之士只在民间兴办私塾，教书育人。重诺守信的精神，得到了历史的见证。

彩烟历史人物中体现的守信精神

明代回山村人杨元仪，"有盗杀其父，遂请司府广缉，捕之不获，向其母张氏许诺，'不获贼，儿不归矣'。后亲率逻卒，潜行密侦，历瓯闽吴越间，不获。从者劝其还家，以俟后图。其不回，仍潜行密侦，必兑现诺母之言。后于粤西缚贼告于官，始归告慰父灵于墓"。重诺守信精神跃然纸上。

第六节 "卖锅也供读书郎，悬梁刺股盼中榜"的尚学精神

彩烟民间谚语中流传的尚学精神

如"刀勿磨要生锈，人勿学要落后""学好数理化，走遍天下都不怕""读书顶有用，一字值千金""一日为师，终身为父"等，都反映着对读书重要性的认识。从宏观上来讲，是儒家文化的影响。从古到今，苦读，是草根人出人头地的最快捷径。"落难公子中状元"，靠的是苦读；"书中自有黄金屋"，靠的是苦读；"光宗耀祖名门楣"，靠的是苦读。从微观上来分析，彩烟这个"黄土高坡"，交通不便，一出门就是爬山过岭，古时不说，就是近现代，也一直只有乡间公路，至今才通高速公路。交通的局限，捆绑了彩烟人发展的手脚，人们除了在台地上起早摸黑种术、种烟、种茶、种粮以求温饱，最好出路，就是靠苦读出山。因此，尊师重教，勤学苦练，蔚然成风。

彩烟典型人物中观照的尚学精神

在古代，上宅村人杨丽泽，明永乐年间石城理学名儒，隐于韩妃江畔开办义塾。一生弟子数千，著名的弟子有甄完、杨信民等。又如下宅村人杨居是一名融通诸家的儒士，非常重视教育，办学传经，课教子孙，给四个儿子依次取名为宗学、继学、须学、愿学，四子都学有所成。在近代，如樟花人梁鋆立，其叔、其父均为清末举人，自幼酷爱读书，"走亲访友，必挟书以往"。后成海牙国际仲裁法院仲裁、联合国国际法典司司长，在国际法学界有很高声望。樟花村人梁毓芝，弃仕归故里，任彩烟梁氏族长，患农村识字之难，编撰《识字捷径字典》，以房产作抵押借款刻版付梓，得省政府嘉奖。大宅里村人梁介白，曾任省立台州中学、处州中学、严州中学校长，编有《初中算术》《初中代数》。在当代，植林村人赵华锋，白手起家创办杭州"铭师堂"教育，潜心开拓国内领先的中学生互联网教育模式。2014年创办升学e网通，服务范围遍及全国各地三千多所高中。

彩烟社会风气中形成的尚学精神

"太公奖励读书郎，大伯小叔上学堂。"世泽祠等祖祠用茔田茔地为族产奖励子孙读书，上宅、下宅等村请名师办私塾，乡贤名士集资兴办全县闻名的道南学校，从民国到新中国成立初利用祠堂庙宇兴办学校。许多农家，家里再穷，哪怕砸锅卖铁，也要支持孩子读书。彩烟人重视教育的社会氛围很浓。彩烟的学生会读书，在新昌颇有名气。1977年恢复高考后，当时的回山一中、二中，参加高考复习的，有三十多岁刚从农田里干完活赶来的历届生，也有十七八岁的应届生，人多得教室根本坐不下，只好在大会堂上大课。彩烟地域考进去的大学生，在新昌全县名列前茅，名声在外，影响很大，后来有许多外地学生也跑到回山复习迎考。尔后，由于彩烟学生会吃苦，很勤奋，肯努力，新昌中学在招生中也特别喜欢彩烟的生源。在当代，彩烟一带靠努力读书成才的博士、教授就有60多人。

第七节 "有样可学不跟样，没样好学看趋向"的创新精神

彩烟人在能工巧匠中体现的创新精神

彩烟民间有一大批能工巧匠，其工艺制作匠心独运，精制灵巧。如回山村民间艺人杨汉年，制作的斗子、三弦和琵琶，工艺独具匠心。高坪村人俞开明，潜心钻研不断创新，制作的二胡获全国大赛一等奖、国际首届珍品二胡大赛金奖。在第十届北京发明创新大赛中，其制作的"鹤鸣"古琴，因独到工艺和创新精神，获创新器乐专项奖中的发明创新优秀奖、工艺银奖。他还被授予"国际制琴大师"称号。

彩烟人在名茶炒制上体现的创新精神

彩烟以生产茶叶闻名，早期都是用茶锅手工炒制，劳动效率比较低。柘前村有名的木匠丁水芳，反复摸索不断改进，第一台扁型炒茶机试制成功。樟花村的梁学锋对茶机继续不断创新，生产出全国领先的"天峰"牌长板式名茶炒制机。盛涨机械又多次创新技改，创制出十多个型号的炒茶机畅销全国。下塘村人梁宏亮，经几百次改进试制，研发了具有发明和实用专利的第八代名茶采摘机，上了中央电视台《我爱发明》栏目。这些彩烟人孜孜不倦的创新精神，给茶产业发展特别是名茶采摘、炒制带来了重大突破。

彩烟人在创办实业中体现的创新精神

浙江陀曼集团公司董事长俞朝杰，从彩烟山沟里走出来，凭着一股"要靠自身努力改变现状"的信念，在没有资金、没有背景的情况下，靠的就是坚持不断的创新求变，战胜一次又一次难以想象的困难。"智者，总是领先一步"，俞朝杰把创新作为企业的发展战略和不变的追求，作为在不利环境中逆势起飞的强劲动力。陀曼科研团队在轴承专用设备制造设计领域技术处于国内领先水平，每年都有省级以上重点项目研发成功，填补国内空白。企业在机器换人、工业互联网上有多项创新突破。至今，公司已形成40多个具有自主知识产权的产品系列，累计申报350多个国家专利和软件著作权，其中发明专利80多个，承担省级、国家级新产品或科研项目50多项，起草制订行业标准8项，先后获得"国家火炬计划重点高新技术企业""浙江省专利示范企业""浙江省第五届科技新浙商"等荣誉和称号。

第八节 "做会施困互衬帮，团结合作助兴旺"的协作精神

彩烟方言习俗里体现的协作精神

彩烟农村里时常可以听到的一些俗语，如对护团结、顾大局的说"拳头打出外，手指头挽归里"，对搞不团结的人批评为"雨伞骨头里戳出"。在互帮互助的方法上，如俗语说"十帮一易，一

帮十难""自己帮助别人要忘记，别人帮助自己要牢记""帮人要帮到底，助人要助到头"等等，这些流传的俗语，就是对彩烟人千百年来生活上互帮互助精神的有力观照。又如农村红、白事习俗，亲朋好友、邻里乡亲都要随礼参加，特别是白事，更要不请自到，有钱出钱，有力出力，主动帮忙，这一习俗沿袭至今，在乡亲邻里之间体现互助友爱的协作精神。

彩烟农活农技里体现的协作精神

如农村在筑山塘水库、开大寨田时，用木夯和拉滚筒夯实土基，都需唱夯歌、喊号子，多人协作来完成。沿用的吊桶吊水，两人在方向与用力上，需要心往一处想，劲往一处使，非常默契地协调与配合，否则绝对吊不起水。又如水车车水，脚踏有二人的，三人的，也有四人的，各人需要非常好的协调与合作精神，齐心协力，同向发力，才能把水车到田里。如果有人不齐心，不协调，不一致，不仅车不上水，还可能会使自己的脚踝被敲打得乌青。

彩烟民间艺术中体现的协作精神

如民间曾流行的三十六行、莲子行等，表演者从几十人到上百人，需要非常好的团结协作精神才能表演好。如民间杂耍大旗会，20多名壮年，轮流扛抬一顶宽一米、高十多米用毛竹或杉木作旗杆制成的大旗，四周有数十人拉纤平衡或撑杆支撑，再有20多人手持大刀充作护卫，在吆喝声中，上百人高扯大旗，跋山涉水均能保持旗身笔直。这种民间艺术，显示出彩烟人团结互助友爱的力量。

第九节　"老老实实做好人，实实在在干实事"的实干精神

彩烟水利工程中反映的实干精神

解放后，彩烟人民修筑前丁水库、门溪水库等水库塘坝75座，投入劳力近百万工。仅前丁、门溪两座水库，前后就各用六年之久，投入劳力五六十万工。这些水利工程，大多是靠开山放炮，肩挑手提，男女老少的人海战术建设而成的。当时有打油诗为证，"男女老少上战场，锄头铁耙作刀枪，披星戴月日夜干，油灯火把照工场，苦干实干拼命干，彩烟人民显力量"。吃苦耐劳的实干精神可见一斑。

彩烟名茶产销中反映的实干精神

茶叶采摘季，彩烟农村的男女老少，带着干粮中餐，天一亮就上山采茶，天黑回家就开始炒茶，半夜后三四点钟又去卖茶，除了吃睡的四五个小时，基本上是连轴转地干活。茶叶贩销户更是天南地北在全国各地跑生意，有的夫妻档，有的父子档，有的全家老小齐出动。如赵中槐、丁新桂、杨杏生等多人曾被评为浙江省百佳农产品经营户。他们赚到的每一个铜板都浸透着实干的汗水。

彩烟典型人物中体现的实干精神

中宅村人梁葆仁，清光绪二十三年六月补湖北天门知县。"此前委办京山塘心口堤工，时洪水陡长，江堤溃决，葆仁以船拯救男女1200余人，禁绝索诈。十月兴建堤防工程，同事数十人，估工80余万缗，总督张之洞亲临工地察看，苦于经费浩繁，无法动工，葆仁独以25万请，众皆愕然，工竣计其数，不足24万缗。"他靠带头实干苦干修好了堤坝工程。中宅村人梁以忠抗战期间任新昌中学、县立简易师范校长。县城沦陷后，负责将两校搬迁至天台万年山坚持上课。战乱时期，在短时间里要将两所学校从城里搬到大山窝里，不怕苦不怕累的实干精神已不是纸笔所能描述的。

彩烟精神是彩烟人在独特地理环境、人文历史和风土人情中凝聚起来的一种精神。简单的概括就是：彩烟人吃苦耐劳，彩烟人勤劳奋斗，彩烟人耿直硬气，彩烟人重情重义，彩烟人守信守诺，彩烟人好学上进，彩烟人务实创新，彩烟人团结协作，彩烟人踏实肯干……彩烟人中最突出的精神就是：**勤劳务实，重义尚学**。

第十六编 诗文选辑

彩烟山上，留有许多诗词歌赋。从诗歌、文章、对联、碑记中选辑反映彩烟习俗风情、风景名胜、志士仁人等方面的篇章，可见彩烟风貌。

第一章　诗　词

以年代为序排列，主要选辑知名人士和彩烟乡贤以歌颂彩烟山水人文为主的诗篇。

彩烟行赠杨大兴 [1]

刘俭

沿溪复陟岭，陟岭复沿溪。千岩万壑尽，忽若凌丹梯。

仰彼霄汉近，俯瞰峰峦低。天姥俨其北，玉山峙其西。

东与浪风接，南直天台齐。若登太华巅，天关逼招提。

若升桐柏巇，玉霄夏房氏。如入武陵源，诘曲路成蹊。

如采仇池穴，盘桓水绕堤。塚顶连崇邱，平畴带修畦。

毓秀少麓石，厥土惟黄泥。沃野宜桑麻，遥村闻犬鸡。

乱世屏五兵，福地远鼓鼙。俗近大庭古，民遗北屋黎。

高曾弄云耳，尊稚杂髦倪。直上奉堂第，指日通金闺。

阶庭森芝兰，齿角攫象犀。余亦倦行者，归路桃花迷。

揭来暂寄寓，赏心遂幽栖。未聆猿猴吟，岂厌猩猱啼。

花残怯杜宇，麦熟悲黄鹂。香饭进胡麻，新脯羞鹿麑。

愁来即饮酒，兴发聊命题。晨起挹山光，草木霭云霓。

夜坐对书卷，金灯照青藜。逃空足音喜，未觉旋思凄。

秋风万里程，春雷九渊鲵。发轫自兹始，郁郁宁久稽。

招邀乘鸾女，驾言手同携。随水到龙门，蓬莱一帆跻。

1　刘俭（1152～1215），旧名次皋，号雪堂，晚年号阆风居士，又号浪风子。浙江宁海人。祖上为汉代皇室后裔，隐居天台，后代有迁居新昌再迁宁海者。南宋嘉定元年（1208）以特奏名中举，仕黄陂县（今属湖北省）主簿，有政绩。后隐居阆风山，筑"阆风吟室"。嗜书如命，藏书逾万卷。为文清醇，作诗潇洒，晚年编成《易经百义》，著有《阆风集》多卷。本诗选自《彩烟杨氏思存祠宗谱》，诗中杨大兴（1149～1211），字元隆，彩烟人，其侄为南宋礼部侍郎杨焘。

保应庙诗 [1]

陈东之

投迹空山计已非，江都消息乱来稀。

庙前几种春香草，错怪王孙去不归。

保应庙诗 [2]

董太初

庙食空山八百年，衣冠犹是李唐前。

汴河十里垂杨柳，何事松阴数亩田。

彩烟山长歌寄赠新昌周铭德

宋僖

彩烟山者，越之新昌之名山也，隐者周铭德居其上。上有良田美圃，绵亘三十余里，与平陆无异，地虽僻而有利及远，朔南医家所用白术，其产也。铭德贤而好读书，以孝友称于乡，其友胡汝州、史孟通为予道其为人，又为索予诗。予以汝州辈之言足信，而嘉铭德之为人，遂作彩烟山长歌一首书以遗之。异日或一往游其山，过剡见故人王公玉、许时用二先生，宁不为我助扉屦之需乎？歌曰：

吾闻沃洲天姥间，又有彩烟之高山。

山上之岗三十里，平视沃姥浮青鬟。

其中隐者吾所羡，身世常与浮云闲。

种术可疗九州疾，种稻自给千家餐。

橘柚枣栗与桑柘，种者不少资者繁。

鸡犬走巷陌，鹿豕游林园。官府无事日，人家总平安。

乃知桃源在兹土，渊明所记欲往难。

周郎一何乐，居此胜居官。昼则治家事，夜则经史观。

其人天性孝且友，与弟同财慈母欢。

择交友朋重高义，急难可托输肺肝。

1　陈东之（1201～1277），讳继光，字东之，前陈村人。处于官舍，勤于书史，遁迹于山林，陶冶于琴管，当时以诗鸣世。曾与亲友董太初作白皇庙诗，见万历《新昌县志》卷十三。

2　董太初，陈东之友。本诗篇摘自万历《新昌县志》卷十三。

我恨不一见，今秋过江干。

胡史两生喜告我，世有斯人为长叹。

北阁高楼送吾目，彩烟远在青云端。

嗟我老病畏尘俗，剡中乘兴逢时艰。

故人倘见招，舟楫宁吾悭。

丹枫叶冷风袅袅，清溪水落滩漫漫。

此时过门见王许，青鞋从此跻岩峦。

作歌订约在秋晚，岂待娥江风雪寒。

为周铭德题《春草图》[1]

宋僖

新昌周铭德事其母甚谨，而以事数出，未免不克尽如。其志于孟东野寸草春晖之语，有感于心，欲得吾乡郑山辉先生《春草图》颇久。今先生已殁，其墨迹益不易得。铭德之友胡汝州为购得一纸，从予言其故而征诗题之。予既嘉铭德之孝，又重汝州之请，乃为赋绝句一首：

濂溪孙子念庭闱，草色关情上客衣。

绿暗故园归未得，梦中亦自惜春晖。

挽尚书杨和如公[2]

宋濂

文星昨夜殒秋台，清白官常安在哉。

宪典煌煌悬日月，爰书凛凛壮风雷。

瑶天际此骖鸾去，华表他年化鹤来。

似续箕裘嗟伯道，大抬旅榇泪盈腮。

1 宋僖（生卒不详），初名元僖，字无逸，号庸庵，元明之际浙江余姚人。至正十年（1350）举人，元末江浙副榜，官繁昌教谕。未几弃职归里，授徒自给。洪武二年（1369）应召入京修《元史》，《元史·外夷传》均出其手。参与编撰《永乐大典》。事成归隐余姚东山，后征为福建主考。著有《庸庵稿》等，收入《四库全书》。本篇诗词摘自《四库全书·庸庵集》卷二。

2 宋濂（1310～1381）字景濂，号潜溪，别号龙门子，金华人。元末明初著名政治家、文学家、史学家、思想家。被明太祖朱元璋誉为"开国文臣之首"，学者称为太史公、宋龙门。本诗选自《彩烟杨氏思存祠宗谱》，自称"寅弟金华宋濂"。杨和如即杨容，彩烟上宅人。明初曾向朱元璋献略，封兵部员外郎，授刑部尚书，后因胡惟庸案受牵连被杀。

崇真道院诗 [1]

杨居

不识蓬莱路，今知水上庵。

过桥珠树列，入室锦云含。

白术香微动，黄精味更甘。

道人陪客罢，卖药出城南。

寓苏村

杨居

九月十五日，炎蒸气未清。

夜深惊月蚀，雨急怪雷鸣。

为客孤村杳，忧时百感生。

今朝觉萧爽，相对酒同倾。

寄题彩烟山房 [2]

释宗泐

天姥峰南彩烟里，梁氏山房屹高峙。

幽人读书居其中，万壑千岩在窗几。

一从读书不计春，姓名岂肯闻时人。

去年应聘来京国，今年奉符归养亲。

梁氏新昌称巨族，络谷笼冈架重屋。

弟兄如林自师友，饱饫诗书作梁肉。

我闻山房最潇洒，涧水松风入陶写。

愿学当年支道林，买山终老沃洲下。

---

1 杨居（1311～1376）字温如，下宅村人。师从天台于景魏先生传伊、洛性理之学。与金华黄缙（晋卿）、安阳韩性（明善）同游学。至正十八年（1358），温如主持纂修杨氏宗谱，请这两位古文大家为杨氏先祖的墓志铭题了跋。此处所选两首诗分别摘自民国《新昌县志》卷十七和卷八。

2 释宗泐（1317～1391）明僧。浙江临海人，洪武中诏致有学行高僧，曾奉使西域。深究胡惟庸案时遭株连。本诗选自《全室外集》卷四。

咏龙岩禅院 [1]

张泳渥

天王南狩未兴兵，故旧相逢各怅情。

绀宇小僧聊供饮，乱山危径得同行。

中华多垒谁强战，野老何心自力耕。

岂必桃源堪避世，结茅端坐寄余生。

题彩烟山人瑞槐堂 [2]

胡奎

青青堂下槐，乃在彩烟山。一本如合璧，两枝若联环。

堂中有贤母，日行槐树间。槐根两兄弟，彩服何斑斑。

母今发已皓，人与槐俱好。但见槐树长，不知母身老。

上有反哺乌，下有忘忧草。反哺识劬劳，忘忧思襁褓。

槐今高过屋，屈指三十年。东西或拱揖，左右相回旋。

不有两儿孝，安知慈母贤。草木亦微物，永锡信苍天。

儿今何所愿，愿槐长在目。槐花年年开，槐叶朝朝绿。

岂无蝼蚁梦，纷纷斗蛮触。一笑天地宽，白云满空谷。

寄杨温如先生 [3]

吕升

先生家学重关西，久别令人思转凄。

书满锦囊无雁寄，酒开银罂为谁携。

熏风庭院看云起，绿树园林听鸟啼。

游客难禁愁万斛，夕阳回首戴逵溪。

1　张泳渥，元代诗人，曾任新昌县学训导。

2　胡奎，明代诗人。本诗摘自《庸庵集》卷一。

3　吕升，字德升，新昌人。明初以孝悌举，诏授江阴主簿。恳辞，居家教授，居室名"小斋"，著有《小斋诗集》。与彩烟周铭德等交好，吕不用、吕九成为其侄。杨温如，即杨居，彩烟人，为融通诸家之儒士，经常与邑中隐士往来，诗文相酬唱，后人称之为"温如酬唱"。

赠温如杨公 [1]

章廷瑞

广文寥落坐无毡，官舍相亲又一年。
每爱吟哦消白日，懒将穷达问苍天。
高风自足惊流俗，朴行真堪继昔贤。
安得子陵江上去，钓竿同坐月中船。

谢杨世通惠烟山术茗

章廷瑞

雪茧新缄字陆离，惠将百里重瑰奇。
茶收谷雨黄金蕾，术切烟山白玉丝。
服食便能延寿算，煎烹端足助文词。
老夫得此暂无报，谩倚松根为拈髭。

题薛巡检烟山种术图

章廷瑞

烟岭之巅白云窝，赤城天姥高相摩。
薛侯飘飘有仙骨，受命作宰来山阿。
山中居人多种术，侯来视之得其术。
朝锄陇上土匀匀，暮灌畦间苗郁郁。
薛侯官卑禄诚薄，七尺长馋有余乐。
久闻服食会身轻，何当共跨谲林鹤。

1　章廷瑞，元末新昌处士，字信臣，自号耕读散人。元至正壬寅科（1362）举人。明洪武初宋濂、刘基交荐之。将任重用，固辞再三。未几任新昌县学教谕，后任福州教授。善为诗文，秀整古雅，著有《耕读稿》等。杨信民为其作传。以上诗篇选自《彩烟杨氏宗谱》。

奉和吴主簿宿龙岩寺诗韵[1]

吕不用

荒山古道夕笼烟，短簿骑驴云一鞭。
好景多随秋老矣，新诗哦出思飘然。
问僧野寺松栖鹤，濯足霜溪月在泉。
英气恼人过夜半，听鸡起舞不成眠。

赠丽泽杨处士

吕不用

伐木就不作，友道奚达神。邹鲁教云远，论交非辅仁。
风流一杯酒，聚会为相亲。右手持蟹螯，唯以奉嘉宾。
琐琐鸡黍约，适足见情真。世称文字饮，大道谁具陈。
所以丽泽交，意在重彝伦。呴沫不我溢，狂澜非吾邻。
人间无泾渭，清浊何以分。情密非苟合，浸溉两相恩。
盍簪非草草，贵此席上珍。黾勉周孔心，乾坤藐一身。
日月不我与，莫问风雨辰。讲贯亘资益，来过安计频。
切切而偲偲，令德日以新。水泉荡白日，林鸟语青春。
为君取周易，焚香对清晨。揽衣起制词，聊以勖后人。

题卢均彰滨涧堂手卷

吕不用

若人无苟念，嘉遁安草莽。爱山不择高，爱水不求广。
惟此南涧阿，足以远尘网。堂前植桑梓，子孙与俱长。
天秋夜读书，凉月到书幌。风檐松子满，雨砌藓花上。
老篁带霜坠，春涓溜冰响。得鱼奉亲馈，撷藻思孝享。
濯发寄孤怀，洗耳起遐想。贺公归鉴湖，水竹卧萧爽。
流落杜陵翁，东屯复西壤。所写虽不同，千载同一赏。
呜呼滨涧堂，来者岂无仰？

---

1 吕不用（1333～1394），初名必用，新昌三都（南明）人。元至正十三年（1353）应乡试负才名。率诸弟躬耕县西石鼓山下，以奉双亲。后博涉经史，与叔吕升，天台陈川、徐一夔，金华宋濂，青田刘基酬唱应和。明洪武初，应经明行修，授本县训导。辞官后复迁居新昌东帬山，潜心著述。著有《得月稿》（入《四库全书·别集类存目》）《牧坡稿》《力田稿》《礼记疏解》《百川书志》等。

连槐堂为周氏兄弟赋

吕不用

弟昆相好心无间，草木献奇仍得名。

此时周二堂前树，昔日田三舍下荆。

总信彝伦能感召，难言造化偶生成。

作诗未为君称美，自可因惩薄俗情。

泉石窟为世通赋

吕不用

今代杨雄宅，清泉白石间。身心居物外，造化听君闲。

昼坐风生腋，秋吟月吐山。他时容过访，与尔弄潺潺。

闻王师平浙西寄章廷瑞[1]

杨丽泽

天戈次第截鲸鲵，海内从兹息鼓鼙。

南国烽烟清露布，中原士女望云霓。

未央置酒将鸣珮，商洛寻芝好杖藜。

敢谓清风高洗耳，相期击壤逐群黎。

酬吕则耕见寄原韵

杨丽泽

漆园论齐物，李耳谈谷神。有如捉风影，安知义与仁。

所以濂洛学，体会切而亲。斋居俨对越，出门如见宾。

吕子探坠绪，门仞窥其真。根荄发理窟，讲贯言非陈。

羲象重行健，箕畴惇彝伦。亭草惬幽赏，风月吾与邻。

六经为枕菹，未学乃不分。定交在集益，岂云偶尔因。

块然环堵室，慎守儒席珍。弓旌岂不贵，所惧轻吾身。

光气见河岳，天垣斡星辰。蟠溪鼓刀叟，轗轲岁月频。

---

1 杨丽泽（1344～1415），名文曾，字宗贤，号丽泽，彩烟上宅人。石城理学名儒。义不仕元，于城南韩妃江畔创釜岩义塾。著有《丽泽轩稿》。

一朝非熊卜，遂佐周命新。亦有羊裘翁，坐钓桐江春。

掉头随烟雾，聊乐昏与晨。出处计已决，企彼隆中人。

滨涧堂诗 [1]

丁孟达

涧曲茅堂绝幽胜，枫流濯足弄潺潺。

有时鱼钓自朝夕，傍舍酒船相往还。

石子拾来棋局碎，芹根煮热爨烟班。

欲携铁笛就斗酒，散发以吹清夜间。

赠处士别号丽泽杨先生歌 [2]

甄完

石城多名家，杨氏居其首。历数宋元来，簪缨奕懊有。

其间肥遁翁，庭前栽五柳。不慕金如山，不羡印如斗。

贞心傲岁寒，松柏为益友。雪溪宗楚公，石鼓山聋叟。

二老真宿儒，三人敬而久。朝夕相追随，谈笑惟诗酒。

秋来看菊花，约定九月九。对月解愁颜，临风开笑口。

寻幽跨鹤行，踏雪骑驴走。惟兹丽泽轩，芳名流不朽。

追次宋刘俟先达赠杨大兴彩烟行韵 [3]

甄圭

万峰罗绝顶，四畦环清溪。石磴羊肠绕，登登青云梯。

周遭百里尽，一览众山低。明台障东北，宕岘回南西。

---

1 丁孟达（1384～1440），彩烟大元人。永乐二十一年（1423）中举，仕卢江县训导。其子即都察院金都御史丁川。本诗选自新昌《彩烟卢氏宗谱》。

2 甄完（1392～1465），字克修，号复庵，彩烟岩泉人。自幼蒙受杨公教导、资助，情同父子。明永乐十九年进士，历仕刑部山东清吏司主事、河南清吏司员外郎、广西布政司左参议、湖广布政司右参政、河南布政司左布政使。居官清廉仁政，刚正不阿，秉公断案，厚德泽民，御赐"清官第一"。景泰六年辞官返乡，造福梓里。著有《南游稿》《归田录》《复庵稿》和《杂录》等。本诗篇选自新昌《彩烟甄氏宗谱》《彩烟杨氏宗谱》，又名《忆丽泽杨夫子》。

3 甄圭（1429～？），彩烟岩泉村人，甄完之子。本诗选自《彩烟杨氏思存祠宗谱》。本诗作于1495年，按刘俟诗韵而作，描写彩烟山景象。

形如浪相逐，势与云相齐。八乡共瞻仰，四境同封提。

舆图在星纪，斗柄回亢氏。晴霭散林壑，晚烟迷路蹊。

遥村隔西岭，远道通山堤。松林间竹坞，豆陇连稻畦。

黑壤生黄精，白术栽黄泥。未明见海日，忧惚闻天鸡。

空传警夜柝，不识防秋鼙。顾兹安乐境，足可居群黎。

吾卢绝尘响，安土和天倪。光风转虚室，雪月明深闺。

清时少怀宝，先世兼腰犀。退处求无忝，归途知不迷。

闲寻水竹坐，静爱云松栖。山花解迎笑，野鸟不惊啼。

时观松顶鹤，载听花间鹏。雅兴发泉石，闲情随鹿麑。

开樽任清赏，对景成新题。穿林动晓露，涉涧拂晴霓。

爽气湿衣袖，岚光弄杖藜。不须夸旷达，未始怀幽悽。

自分盟鸥鹭，休言弃鲸鲵。前誓有明训，后人尚考稽。

即今寡知识，旷古相招携。怅然千载下，真境谁同跻。

呈族叔宗器[1]

杨信民

皇封初下博衣冠，常使时人带笑看。

松柏不教无旧主，儿孙又喜拜儒官。

林开径路双吟展，水绕池塘一钓竿。

散诞林中无所系，寻常清梦绕长安。

进瑞雪诗

杨信民

六出飞花下碧空，增高填坎积墙墉。

轻随香霭飘金殿，谩逐仙飚入绮栊。

万国山河春色里，九重楼阁瑞光中。

丰年有兆天颜喜，锡宴同沾宠渥浓。

---

1 杨信民（1390～1450），名诚，以字行，彩烟下宅人。乡举入国学。正统癸亥任广东布政使司左参议，为佥都御史巡抚广东，清操绝俗。与甄完同窗，皆在岭南为官，清誉传回家乡。

送弟随父给事中之京 [1]

杨信民

别时容易见时难，把袂临岐泣破颜。
汝奉严君青琐闼，我依慈母彩烟山。
船开江浦春风稳，梦入池塘夜月寒。
此去清清官舍冷，诗书勤读莫偷闲。

挽族兄都御史信民 [2]

杨彦奎

桄榔树头杜宇啼，魂魄归来我行久。
他年庙食庾岭南，耿耿精英终不朽。

赠给事中杨公 [3]

张益

关西夫子有云礽，职拜黄门著美称。
晓阙喜看摇玉珮，夜窗宁负对寒灯。
齐公辞事堪同调，萧仿还封敢擅能。
绩报天官登上最，他年华秩定高升。

赠给事中杨公 [4]

梁炬

奇才卓越浙东杨，明察犹同日月光。
一点持公端不易，片言折狱又何详。
细民乐业欢声接，奸竖潜踪弊革藏。
自此岭南风化盛，姓名吹播九重香。

---

1 本诗为杨信民以诗送其弟佐民随父亲去京城，选自《彩烟杨氏思存祠宗谱》。
2 杨彦奎，彩烟下塘村人，明永乐间会试副榜杨文邦之子。
3 张益，姑苏人。明大理寺左评事、侍读学士，诗赠新昌杨信民。关西夫子指东汉杨震，杨信民为其四十六世孙。
4 梁炬，明代人，其他不详。

赠给事中杨公 [1]

赵纯

十年簪笔侍金銮，出佐微垣惠政宽。
岭表共传贤宰辅，海隅争颂好清官。
封章激驳唐韩愈，德量深洪晋谢安。
命下更宜兼抚捕，驰驱险阻不辞难。

赠都宪仲子杨声洪返绍兴 [2]

周敬之

清白传家自古今，云礽矗矗出儒林。
严君笃守冰霜操，贤嗣能存继述心。
遐弥交章闻北阙，始终声誉重南金。
到家耆旧如相问，为报新承雨露深。

中秋赏月 [3]

杨声鸣

一年佳节总堪题，才到中秋思不迷。
今夜嫦娥形太见，此时河汉彰偏齐。
瓮中犹愧无余醋，盂裹空怜有断薤。
遥忆南山王羲宰，子孙齐劝醉如泥。

赋得烟山寄潘鲁

杨声鸣

为爱烟山景，蓬壶未足夸。黄精肥土壤，白术长泥沙。
淡泊都堂宅，清廉布政家 [4]。寻幽如有意，无酒我来赊。

---

1 赵纯，明代人，其他不详。
2 周敬之，明代人，其他不详。诗中杨声洪为杨信民次子。
3 杨声鸣，号骏斋，又号西园主人，著有《西园集》。此处所选两诗摘自《彩烟杨氏思存祠宗谱》。
4 都堂指杨信民，布政指甄完。

赠赋八景以彰隐逸 [1]

朱纯

烟山秀出天姥西，直与沃洲争绝奇。
屏风万叠拥岚翠，鸦髻倒绾香云垂。
瀑布一派悬雪窦，寒气遥通华顶溜。
当秋喷薄走晴雷，向夜光明同白昼。
深林麋鹿动成群，溪苹饱食闲且驯。
况有丹芝发奇秀，风景仿佛如宜春。
山人临溪结茅屋，爱听渔歌濯缨曲。
秫田数亩身自耕，暮归还课群儿读。
儿能勤劳惜春阴，每愁鹳岩西日沉。
胸中文气白虹吐，冲霄贯斗凌千寻。
学成定际风云会，稳步蟾宫折丹桂。
剪取峰类五色霞，临行制作朝天珮。

续赋棠墅八景

朱纯

芝林游鹿

春晴明媚鹿含芝，缯弋无加乐自如。
憩息香林光化日，嬉游芸莽大和时。
当年灵囿曾攸伏，在昔深山任所之。
际此优游芳草畔，乾坤何日不雍熙。

雪窦垂虹

飞流喷洒吐珠圆，时觇虹霓挂碧天。
寒气数翻彻骨髓，微风几阵动娟嬛。
雨余异彩凌霄汉，霁后祥光散玉川。
曾到石梁桥上过，依稀一幅画图悬。

---

1 朱纯（1417～1493），字克粹，号肖斋，山阴（绍兴）人。正统元年（1436）官兵科给事中，后刑科给事中。著有《淘铅集》《驴背集》《自怡集》《农余杂言》等。成化《新昌县志》载："棠墅，在县南八十里十六都，梁氏所居。杨恭惠公为字以源者，定为八景，曰：芝林游鹿、雪窦垂虹、雨畈农耕、芸溪渔唱、屏风拥翠、石笔凝霞、鸦髻朝云、鹳岩夕照。"

雨畈农耕

绿野畇畇灵雨零，大田东作及时兴。

闲瞻舜日赓多稼，欣仰尧天诵尔耕。

林下啼莺声宛转，陌傍吹笛韵和平。

武陵深处几无别，对此夷然世外情。

芸溪渔唱

芸溪仿佛一蟠溪，古迹桃源天姥西。

渚畔清歌惊跃鲤，堤边朗唱和潮鸡。

扁舟款乃高低调，众了纷纭上下齐。

独有老翁情钟异，飞熊有梦不须啼。

屏风拥翠

天贵遥临一字同，无偏无倚翠屏风。

高连碧汉迎仙客，彩映飞霞降落虹。

拭目祠前芳兴起，怡情象外俗尘空。

几时载酒披襟坐，潇洒长吟对社翁。

石笔凝霞

石笔森森傍碧流，岿然绀绛动凝眸。

当前玉架玲珑拱，对面娥眉玳瑁羞。

群羡奇峰多耸翠，谁知异彩独含幽。

不须朱紫豪沾染，自有文光射斗牛。

鸦髻朝云

鸦峦日日戴烟霏，宝髻玲珑分外新。

曙色晓开添翼凤，煦光初照砌游鳞。

容情气骨依稀现，笑睡苍明浅淡匀。

欲效韩公贾勇上，不须狂怵掷书中。

鹳岩夕照

鹳岩巧插彩烟巅，日暮垂曛别样鲜。

春雾重重如罩网，秋风拂拂欲飞天。

倦还宿鸟峰头舞，晚到流霞石上翩。

漫道巫山景致好，层峦点翠夕阳边。

题彩烟景 [1]

杨纶

彩烟多景致，仿佛似蓬壶。绿水鸣环珮，青山列画图。
一乡三大姓，十里两金都。嗟我时难遇，藏诸待价沽。

撞潭八咏 [2]

娄仲思

撞潭观澜

灵源激云根，源远流环洁。蜿蜒环陇邱，昼夜吞月日。
喷沫洒松楸，飞声助呜咽。亲颜视若斯，相看泪成血。

石沧浮印

天地为红炉，铸印何其巨。朱敷大岗霞，文皱石沧水。
试拟踵曹彬，佩可超周颙。累然奠佳城，钟灵昌其后。

大蒋瞻云

大蒋岗上云，舒卷分今昔。昔生足下青，今化林间白。
墓畔结庐人，载眺凝双碧。慨彼思亲者，麻衣血痕积。

细溪采藻

褰裳涉细溪，溪藻香偏美。丛丛傍石根，采采供亲祀。
芳茎未入筐，血泪先堕水。日暮楚天青，猿声惨双耳。

莲心含露

一峰峭莲心，卓立溪之滁。泰华根曷侔，若耶蕊难伍。
零露遍滚滚，外湿中含苦。何异慕亲人，双眸堕红雨。

鹳嘴昂空

鹳嘴石何坚，一啄穿大地。凌空谢腥食，今古吞元气。
骇耳假雷鸣，安巢托云翳。巍然面先茔，物在嗟亲逝。

---

1 杨纶，明代诗人，其他不详。
2 娄仲思，剡西人，号巢雪山人。本诗篇摘自《新昌彩烟梁氏宗谱》卷三十。

风帘贯珠

有山类珠帘，珠帘化为石。衔来匪楚蛇，泣洒非渊客。
垂同天地终，蔽使幽明隔。慨彼慕亲人，何由睹颜色。

黄滩插稼

于耜艺甫田，分秩届时候。随手绿成行，迎风香满袖。
洁拟荐蒸尝，耘期去稂莠。歆享卜无凭，踊号终宇宙。

南阿八景歌 [1]

杨继坦

南阿风景殊非常，龙山烟霭横青苍。
盘旋古木龙腾骧，栖鹊夜惊明月光。
素娥透影浴方塘，金鸟漏尽长东方。
南阿奕奕非烟张，敢是仙姬辞玉皇。
欲游蓬苹经山岗，日西照见霞衣裳。
掩映石涧悬冰霜，瀑布飞流从天潢。
玉女顾之喜气扬，天花乱散纷飞翔。
堆积石缸寒宝光，旁有青狮百兽王。
错识舞球蹲相望，綦綦夒铄天马障。
回首奔波势披猖，谁其控驭缠羁疆。

寒云千叠山 [2]

杨养晦

松竹阴森护上方，老仙蓬发一簪霜。
闲来欹枕松风里，归梦不知山水长。

---

1 杨继坦，明代诗人，其他不详。
2 杨养晦，明代人，其他不详。

题白王庙诗 [1]

潘志省

风骨百年朽，孤忠千古传。苍茫悲虎竹，慷慨泣龙泉。
英魄光朝日，寒山惨夕烟。王孙归去后，春草自绵芊。

怀砚友杨君却庵诗 [2]

潘祯

四知遗泽远，三渡发源长。伟绩昭都宪，懿徽仰侍郎。
严君游泮沼，伯父继缥缃。世习诗书业，生居清白堂。

题丁御史同年墨竹走笔长句 [3]

李东阳

浙江之东县新昌，乃在千岩万壑之中央。
侧身重足恐无路，五步一涧十步冈。
君家茅堂此卜筑，白石丛抱青篔筜。
西接林薄南通塘，低者出地高出墙。
江南此物贱如草，买种不费锸与筐。
野生石进小如指，一夜风吹还尺强。
烟锄雨栉岁屡改，旧叶换尽新梢长。
青苔白石净如扫，吴甿越罗生雪霜。
脱巾箕踞坐其下，野叟林夫相与狂。
吹洞箫，飞羽觞，鸣玉琴，舞《霓裳》，
阴风飒飒左右至，耳热不受秋山凉。
醉中恍惚无定所，颠倒万籁随宫商。
忽如壮士入沙场，铁骑夜蹙阴山疆。
不闻鼓角动，但见矛戟森开张。
忽如仙人来帝傍，翠环金节声锵锵。
不闻鸾鹤叫，但见云中双凤凰，蛟龙起舞鬼陆梁。

---

1 潘志省，字以鲁，号公理，新昌南明人。明嘉靖十九年（1540）榜眼，礼部尚书潘晟之孙。
2 潘祯，彩烟镜屏（今属镜岭镇）人。清邑庠生。
3 李东阳（1447～1516），明天顺八年（1464）进士。与丁川同科。官礼部尚书，文渊阁大学士。

复如扁舟渡潇湘，九疑山前鹧鸪泣，二女闻之双断肠。

是时骚人醉半醒，孤棹万里回沧浪。

十年宦游隔江海，此兴落落何由偿。

深知良工心独苦，爱画不减青琳琅。

往时王孟端，近者夏太常。

二公之画世所藏，此物胡为在君堂？

君心自有百炼刚，见此意气俱飞扬。

乌台退食宴佳客，看竹不碍肩舆郎。

我当携琴载双鹤，坐子林间青石床。

过西岭 [1]

潘晟

气压山河壮本朝，相传奕叶到今朝。

彩烟五色飞西岭，毓秀星灵起凰毛。

华藏寺 [2]

田琯

屐染苔痕薄径行，偷闲半日喜逢僧。

悬崖漫想凫飞舄，古刹曾闻石听经。

夜静钟铙萦客梦，秋深松竹逼人清。

当年不作东山卧，莫惜殷生负盛名。

同杨生仁育游泄上 [3]

涂日耀

行行乱山中，忽得清溪水。渡水即山门，步入苍峡里。

冷花杂橡栗，荒棘窜麏麚。觌面人语微，洗耳风泉起。

上有盘陀石，当峡难容趾。扪石蹑细流，又恐湿衣履。

石转山亦转，眼界豁然喜。亭亭竹际寺，客到钟声止。

1　潘晟（1517～1589），字思明，号水濂，一作水帘，浙江新昌人。明代礼部尚书、太子太保兼武英殿大学士。

2　田琯，字希玉，福建大田人，万历二年（1574）以进士知县事，兴修水利，主修县志。任满，民画像祀之。

3　涂日耀，江西新呈人。嘉庆十八年至二十年（1813～1815）任新昌知县。本诗录自《一樽酒轩诗钞》卷七。

杨生来已再，熟视若无美。我时初问津，如入桃源始。

鸡犬望成仙，田畴画莫比。有民似葛天，有树同栗里。

况复凌绝顶，坐对众峰峙。因思缟雪天，尖白环马耳。

笑谓杨生曰，吾归归此矣。招手白云飞，双凫弃敝屣。

咏泄上山 [1]

吕维师

禅房幽结最高岑，扪磴攀萝试一寻；

曲径盘回烟锁断，荒溪绀碧水澄深。

莺啼谷口花无数，云护山腰竹有阴；

矗矗群峰烟外列，欲携谢句朗然吟。

烟山赋（残稿）[2]

杨世植

剡水西，赤城东，南明出，烟山峙。高三千余丈，周五十余里。

岚含紫气，烟吐彩光。星分牛斗，郡属会稽。

跨天姥而逾桃源，邻沃洲而近放鹤。

门迎西岭千秋雪，帘卷东山万里云。

北池岸上松千尺，南泳山头竹万竿。

庵顶山高古积寺，石箱岩下跃龙渊。

岩泉冷水流不尽，山顶寒风吹未休。

植林蜈蚣延上库，渡河流水出长虬。

士读农耕，晓日莺啼双柏树；山明水秀，风和鹿食一芝苓。

王里山东，上坂坞头里外岙；侯家岭北，上甄王店后前王。

时及而耕，茅翻犁锄后畈草；沛然雨下，后溪水涨下坪山。

夏里地灵，眠象卷鼻；回山人杰，蟠龙戏珠。

里外前丁，亲居凤缘；前后上张，散处亦嘉。

半山下洋，无非平地；高平大岗，恍若连天。

1　吕维师，清代诗人，其他不详。本诗录自民国《新昌县志》。

2　在流传中或有破损，或诗句散置等。全诗总起，简明概述彩烟山之地理、气势、属地。全诗主要内容，着重赞美彩烟山山俊水秀、人杰地灵、名贤辈出，其中部分历数烟山境内之村落、景色、物产等，部分着重赞颂彩烟历代的名人贤士和人文气象。结束时讴歌家乡之美好"难述""莫尽"。

东河西河，未闻涓涓之流；上塘下塘，不睹跃跃之鱼。

长塘里尚书旧府，下新宅都宪华居。

岭头周诸家遍处，宅下丁异姓杂居。

蔡家湾里千株橘，皇嘉塘中万柄莲。

硙下下岩均石界，溪边坑里共欧潭。

门溪水涨泉流满，塘岸岩头水滴穿。

当暑火风无炎热，祈寒上贝有温泉。

许家前陈仍旧住，小厅旧屋移大安。

里岙王公旧址，后彦李氏家传。

斋堂不言佛事，冷湾俱嘱人烟。

大园阀阅名家，棠墅簪缨累世。

贤辅董武公之世系，官塘王平章之苗裔。

牛塘马坞世习农桑，下苏上任家安耕凿。

乌珠塘囊下丹溪，白茅坑贮石沙滩。

上井原无汤家宅，大姑俨坐枫树坪。

大岭脚步小猪岭，瓦窑坞上望高塂。

前坞移花栽后谢，东坑决水灌西塘。

井塘源洁孔家，蛟龙思饮；肇圃山崇岭峻，虎豹欣藏。

王文林之流芳，南山屏聚；陈忠节之家风，西丁派长。

上市下场贸易公，新市前洋商贾乐。

下湖桥上行人少，上岗头来雁士多。

殿前柘前均称美里，大坪大安咸颂仁风。

潘岳二八冲龄登虎榜，甄完三九英壮跃龙门。

李庆才、杨仲林，职任黄堂；陈国用、卢文镐，爵司金判。

杨仲才、杨文，祖文而孙武；丁孟达、丁川，子甲而父科。

杨清、杨源，埙篪并奏；盛旸、盛霈，乔梓联芳。

梁贞太学祭酒，梁灌伴读经筵。

杨宗器东鲁文章，杨宗哲西川别驾。

杨轰礼部侍郎，杨营漕台运干。

杨颐轩武科给事，杨国英录事参军。

丁都宪代天郊祭，杨恭惠配享太庙。

卢文新淦邑宰，梁沂盐山教谕。

何万户、张万户，富比陶朱；杨尚书、盛尚书，贵高王爵。

岁时伏腊，杀鸡为黍，序父子之欢；吉日宾嘉，设席肆筵，宴亲朋之乐。

游者歌于途，耕者讴于野。

斯仓斯箱，歌农户之乐事；采桑采茶，赋织女之怀春。

华藏寺、鹫峰寺，月下阇梨翻贝叶；太平庵、万寿庵，灯前般若捧莲花。

石龟石马之怪，仙迹仙靴之异。

白王殿后浮江鳌，王渡村边上水龟。

猪头仰啸南离位，鸡冠耸峙北斗辰。

斗鸡岩，文曲武曲锁山关；石狗洞，禽星兽星守水口。

白岩六景，小桥不随流水去；皇渡双溪，仰船空载明月归。

穿岩十九峰，峰峰拱秀；镜岭十八曲，曲曲显奇。

玉芙蓉四十八九鳞，高腴田三万六千顷。

练使岭乃吴越通衢，韩妃岭当宁温要道。

登石壁，览台温之胜概；临夹溪，眺衢婺之伟观。

洋洋乎，货财殖焉，宝藏兴焉；

郁郁哉，人文焕矣，甲第美矣。

两府权重，三杰名高。高人辈出，胜境多方。

一乡之风景，难述而难书；百代之英豪，莫尽而莫测。

才疏学浅，自愧弄斧于班门；高士名贤，仰希运斤而呈政。

彩烟山诗[1]

杨文俊

环宇何寥廓，吾家住彩烟。攀萝登峻岭，洗屐有流泉。

苍翠千山树，膏腴万顷田。桑麻横槛外，鸡犬绕篱边。

白术香飘远，黄精味更鲜。清风飘竹榻，明月落花川。

天姥归襟袖，寒岩若比肩。神皋谁启辟，应在辟秦前。

种松练使岭口占[2]

杨象栋

骄阳按辔郁岹峣，擎暑无云畏炎熇。

直待虬松麟甲老，清风一路任逍遥。

1　杨文俊（1657～1720），彩烟回山人，邑庠生，后补太学生。曾于清康熙三十年（1691）共同主持重修《彩烟杨氏宗谱》并作序。本诗摘自民国《新昌县志》卷二，《彩烟杨氏宗谱》有载。

2　杨象栋（1689～1752），字尔任，号深山，曾在练使岭路旁植松上千棵，为行人带来荫凉。本诗选自《彩烟杨氏宗谱》。

穿岩十九峰[1]

杨世植

鹅鼻

霜毛曾浴右军池，瘗鹤同归古迹遗。

引吭飞来还化石，鼻穿旭日影参差。

缆船

谁泛星槎入斗牛？夜来系缆碧云头。

不知何日银潢决，陨石溪边一叶舟。

狮子

怪石峥嵘怒吼云，灵狮巉屹势空郡。

晚来张吻诸峰小，吞吐烟霞傍夕曛。

阳岫

朝阳煦煦夕阳幽，远岫还看翠欲浮。

空觅洞天三十六，不知何处是丹邱。

泗洲

鬼斧锤成石一躯，空山何处觅真吾。

谁将名字还私立？试问山灵有觉无？

文殊

趺坐常参一味禅，舌根何处种青莲？

点头已了终成石，始信无言本自然。

普贤

面目何曾认本来？庄严法相坐莓苔。

白云飞出长幡动，红日升时宝炬开。

幞头

秋风落帽孟参军，遗迹空留古白云。

只有幞头常不坏，山灵未补解嘲文。

蒸饼

百神觞罢赐红绫，煿火无劳日自蒸。

张吻诸峰牙未缺，一枚如画啖何曾？

---

1 杨世植（1743～1791），号云津，宅下丁村人。清"浙东四杰"之一。著有《鸡肋集》《彩烟山人近草》《北游草》等，词赋上百篇。

香炉

博山飞自海边来，烟彩浮香接上台。

天柱峰前应有对，龟龄三赋未曾该。

笔架

作赋摩空笔似椽，落伽山外吐青莲。

管城从处依天险，徐氏珊瑚值几钱？

望海

海天浩渺势苍茫，万国珙球尽享王。

直上高峰看晓日，一轮红处是扶桑。

覆钟

雅铸洪钟逐古初，崇牙未树类虚车。

有时天籁从空发，清越函胡总不如。

插剑

秋风霜锷斗牛寒，赤土流星血未干。

一自延平飞去后，便教插入白云端。

棋盘

仙子围棋有烂柯，一枰常置白云窝。

欲寻棋子苍苔上，数点残灯落隔坡。

新妇

轩狂云雨笑巫山，十二峰前玷玉颜。

输此真心能化石，春风不许乱香鬟。

摆旗

谁揭鳌弧插远天？倚空一帜缭晴烟。

儒生谈笑封侯事，聚石城营说控弦。

磬峰

帝子钧天乐九成，后夔拊石响匋匋。

阿谁移置悬丘壑？我欲携之上五城。

马鞍

瑶池觞罢解征鞍，八骏功成海甸安。

欲访龙媒何处所，花鞯化作碧风寒。

练使岭[1]

朵如正

岭巅盘曲五千级，喘喘行人无地息。

崭然天险为关门，一夫当之万莫入。

往时绛首十万众，快马长刀电驰疾。

踌躇只入黄婆滩，一寸烟乡进不得。

山民堵贼亦何勇，万灶免罹劫灰黑。

至今石叠高峨屼，犹若巴中剑阁立。

下有良田足耕种，牛羊鸡犬常无失。

壮夫捍御闾里安，如此干城当宣力。

西夷未靖方用武，曷不推锋卫王室。

赋得荷花夜开风露香[2]

梁葆仁

掉入花深处，西湖夜未央。芝荷方散馥，风露亦生香。

新艳三更吐，清芬四面扬。轻飙摇翠盖，仙液润红裳。

爽拟披胸抱，馨都扑鼻尝。秋痕迷远浦，凉梦沁横塘。

画舫勾留际，孤灯领略刚。吟怀坡老健，得句满诗囊。

赋得报雨早霞生

梁葆仁

夕阳明灭里，多有晚霞生。不料天光早，群言雨势成。

薄曦口海角，余绮散江城。此景看何好，今朝定不晴。

飞真齐鹜落，口岂待鸠鸣。消息阴阳理，云烟变化情。

月阑风有信，霞集雪无声。一样先机报，奚须础润惊。

1　朵如正，清代诗人，其他不详。本诗录自民国《新昌县志》卷二。

2　梁葆仁，（1844～1907）彩烟中宅人。光绪十六年（1890）进士。有"湖北第一好官"之誉。

寄怀窗友甄松亭续修宗谱七律 [1]

盛夔飏

溯得河滨锡姓甄，青州肇造复迁新。

里联竹简藏贤士，宅卜岩泉毓伟人。

藩室清芬标炳炳，簪缨累叶著麟麟。

支分派析繁流汇，探本寻源有脊伦。

吾友今年五十余，家乘重葺乐何如。

尊卑有定真崇礼，孝友相传实合书。

志切光前濡翰墨，情殷裕后继权舆。

摩挲宗碣清芬挹，由旧更新气自舒。

赠甄松亭进学吟 [2]

杨性之

沃洲山水嘉，岩泉尤清绝。春藏狮坞深，月印猫潭彻。

秀挺笔架峰，奇纵孤台列。仙游山得名，地灵人自杰。

方伯复庵公，清操励冰雪。征士东山氏，清言霏玉屑。

兰桂方其馨，圭璋比其洁。视彼庸俗子，泰山于丘垤。

乃祖甚英贤，厥孙须壮烈。尚志在诗书，好古贵磋切。

杨时雪满庭，维瀚砚铸铁。朋来情固宜，学熟心乃悦。

冠同贡禹弹，袜向王生结。登龙声价昂，飞凤羽毛别。

摄足青云梯，快意黄花节。扬誉并蜚声，芳薇继前哲。

怀杨郎如 [3]

梁景鸿

清风皓月长在庐，生平好友溯其初。

于谁获益为不浅，唯有回山杨郎如。

当时从学杨师馆，一见叩君情款款。

1　盛夔飏，彩烟人。性沉静，寡言笑，和以处众，幼读书辄解大义，曾教授嵊县碧溪书屋，后归教乡里。本诗作
于1889年。

2　杨性之，彩烟人，号螺峰。本诗中方伯复庵公，指明布政使甄完；征士东山氏，指甄完之子甄圭。

3　梁景鸿（1847～1909），号晴乔，彩烟人。以巡检赴皖奉抚宪，钦加同知衔赏戴花翎授泰政大夫安徽补用知县事。
诗中光绪辛巳馆楼基，杨君馆桂溪。

持文邀赏评以能，私心窃喜直无算。

悟得前生缘不空，明年俱托长塘东。

自此聚谈无虚夕，今来古往座生风。

有时示余伦之理，忠孝之心勃然起。

有时示余世之关，黄农之俗几可还。

有时示余身之守，伛偻如捧玉在手。

有时示余言之过，捐躯相向拟荆轲。

联床达旦阅两载，义气使人长百倍。

无端别作武林游，一腔热抱向谁讴？

嗟吁此后常难聚，相遇稀疏隔寒暑。

羡君学问日以优，自惭所造渐而卑。

石栏桥头蒙所指，周旦之才尚如此。

沃洲古迹五十咏（选）[1]

潘士模

泄上山

人寰隔断路迷离，泄口横拦狮象溪；

水绕弯弯山曲曲，林成郁郁草萋萋。

天门百尺高飞瀑，铁佛三尊不假泥；

泉自观音岩底涌，僧家取用瓮休提。

鞍顶山

绝顶先登记壮游，众山一览小于丘；

三峰峻峭开三面，九夏清凉过九秋。

山药苗肥花吐艳，涧泉流曲径通幽；

交通倘似莫干便，争纳地租筑画楼。

古迹寺

庵外是潭潭外庵，庵成潭后碧波涵；

欲寻基址不知处，为问刍荛莫肯谈。

1　潘士模（1870～1941），又名杏春，号幸叟，彩烟上市场人。书香门第，有才名。曾参加民国《新昌县志》编纂，道南高等小学创始人之一。游历家乡，约于1938年春完成《沃洲古迹五十咏》。本章选载其中18篇。

佛寺龙宫先达语，桑田沧海老彭谙；
而今认作桑林地，早祷甘霖极广覃。

彩烟墩

坦坦泥涂遍四周，一墩如髻起山头。
烟成五色传著老，名表一乡媲沃洲。
翠浪夏翻麦麦顷，黄金春散菜花绸。
彩屏列嶂彩峰峭，山脉峡过力并遒。

隋荣王保应庙

抱器逊荒肇彩烟，编氓遭伍乐林泉；
江山不剩弹丸地，汤沐常怀故国天。
薇蕨凄凉甘采采，枌榆歌舞赛年年；
长安棋局迭更易，曷若穷乡俎豆绵。

隋荣王元妃韩妃庙

满目荆榛行路难，何如殉节撇尘凡。
迢迢三渡沥江梗，隐隐半峰落日衔。
云起岱山封玉骨，春深杜宇哭金岩。
门前溪与崔嵬岭，朝易代更名不芟。

宋朱子注（著）书楼[1]

相传朱子此流连，遗址曾在古墓前。
避地借言寻益友，注书不厌考轶编。
中庸兼采石墪记，梁氏为书大学篇。
土木何如岩石固，濯缨亭尚景依然。

头陀殿

天意兴刘辅项难，范增未必逊萧韩；
鄱阳督战成为败，德寿改元危不安。
烈士暮年悲宝剑，英雄末路坐蒲团；
伏羲皇策陈搏诀，传授有人百感宽。

---

1 朱子注书楼在新昌县南六十里祥棠村。朱熹与彩烟棠墅梁汝明友善，避地至新，注书于此。石墪著有《中庸集解》，朱熹采其说注《中庸》。

练使岭

迢迢十里嶔山戏，练使名更南宗时；

禁伐苍松留荫暍，遍铺白石劝捐资。

邑城惨受黑灰劫，山寨严降绛首窥；

地以官名有佥判，讹传一样几人知。

明杨恭惠甄方伯金岩义塾 [1]

事功风节九重知，酝酿读书养气时。

两袖清风分益友，万家生佛得师资。

彩烟山色迎书幌，黄渡溪声落讲帷。

东粤中州多惠政，一荣绰楔一专祠 [2]。

甄征士东山精舍 [3]

随宦归来岁月闲，绸缪精舍筑东山。

窗开搁笔奇峰秀，竹引鸣琴曲水环。

修行明经登荐牍，闻疴乞养谢仙班。

无心仕进甘恬淡，圣世逸民不可攀。

杨副车万卷楼

天马云龙气纵横，撑胸万卷薄簪缨。

《三生石》冠群贤赋，两副车辜四杰名。

遗址至今无履迹，夕阳何处听书声；

《北游草》与《彩烟草》，我辈校刊愧未精。

杨茂才浣花斋

缥缃托业砚为田，生小结来翰墨缘；

华撷六朝无暇日，香分片藻未成年。

楹联博丽能绳武，宗谱辑修许象贤；

耕读家风留手迹，他人是保赋乔迁。

1　金岩义塾位于新昌彩烟山北麓韩妃江畔，为元末明初新昌名儒杨丽泽开办，门生著名的有杨信民、甄完等。

2　绰楔指朝廷给予甄完荣立牌坊，专祠指朝廷在广东建祠纪念杨信民。

3　甄征士即甄圭，甄完长子，随父宦游回乡后追慕谢安风骨，在岩泉山筑精舍（即东山精舍）。

东壁塔

塔高七层挂夕阳，名题东壁焕文昌；

一支笔挺回山秀，百尺虹垂珠水长。

墙影管教遮野庙，铃声从不到禅堂；

贪夫试得好身手，错认珷玞是美璜。

罗纹塔

青山一角郁葱葱，难过岩边曲径通。

人杰从来关闲气，地灵亦赖助人功。

周屏仍为炊烟罩，沙伏未将珠网龙。

差胜雷峰寻不见，断垣犹射夕阳红。

穿岩

十九峰如雁字连，峰峰峭拔一峰穿；

高齐霄汉颠谁陟，幻荡烟云景斗妍。

世乱乡民争避难，时和衲子静谈禅；

前朝太监孤坟在，悍寇掘剽不破坚。

镜岭

岭如古镜挂岩崖，舆不能通步亦艰；

山势盘旋十八曲，溪流环绕两三湾。

雨淋泥潦衣沾赤，霜陨石梯迹印斑；

低处白云飞不到，为临闹市与通阛。

过保应庙有怀荣王

风骨百年朽，孤忠千古传。苍茫悲虎竹，慷慨泣龙泉。

英魄光朝日，寒山惨夕烟。王孙归去后，春草自绵芊。

螺峰八景并引 [1]

杨云胪

城南八十里有彩峰，群峦耸翠，万壑争流，山水之媚令人无暇应接。尤足奇者，宅前村旁特挺一山，名曰螺峰，峭壁巉岩，横成地户，霞栖泼翠，宿列天文，虽属一方屏障，实为东南锁钥，

1 杨云胪，清代诗人。

洵卓乎奇观也，惜无骚人逸客。若天姥则以谪仙之吟著，沃洲则以江州司马之记传，余生长于斯，绝无吟咏，为山灵所嗤哂数十余载。今癸巳孟夏，熏风初起，暑气侵人，散步梅园，南屏兄持一旧帖示余，乃《彩峰十景诗》，问其诗题，起于前僧素德，其中悖谬错乱处，指不胜屈，后云津思萱删其支离，次其先后，彩峰十景改为螺峰八景，一经品题，山其增色矣。窃思地以人传，谬欲效鞒墨客登高赋诗雅意，不揣鄙俚，联成八绝，聊写一时茧兴，至于诸景之胜，得与沃洲、天姥并垂不朽，更有望于同社诸君表而扬之，是为引。

青云亭 [1]

殿亭突兀接苍雯，高揭松楑迥不群。

遥指长安天尺五，陡教足下起青云。

彩峰庵 [2]

好怂伯益续山经，补入南天一嶂青。

此去琼台唯咫尺，彩烟深处护神灵。

狮象山 [3]

搏沙攫土辟神奇，浑似昆阳列阵时。

狮伏象眠双对峙，重重拥护镇山陂。

翠微嶂 [4]

峙作楼台舒作屏，屏开影列翠微形。

图呈王会河山奠，高踏归来月满庭。

玉泉坑 [5]

百道茫茫尽涤除，玉泉依旧影涟如。

一元透澈波心月，万象流行印太虚。

---

1 即真君殿。

2 即殿下庵。

3 坐水口外，石蟹岭为眠象，南屏山为伏狮，二山对峙。

4 即南屏头。

5 即水竹坑。

芸香潭 [1]

芸生两岸藻飞扬，影澈澄潭带晚香。

莫道龙潜占勿用，祈求显应雨沱滂。

瀑布涧 [2]

滔滔涧瀑挂山湫，匹练千寻倒碧流。

鲛室晶帘何日卷，飞空泻落豁双眸。

宝镜池 [3]

银塘碧沼镜常开，水作菱花山作台。

云影天光皆洞鉴，晶明皎澈绝尘埃。

螺峰八景

佚名

青云亭

昂藏志气冠群英，文武亭前谒圣明。

甲帐玲珑迎凤羽，寅阶突兀接鹏程。

凌霄直上无双品，指日高升第一名。

道是去天刚尺五，青云时向足中生。

彩峰庵

天花散彩列奇峰，中有跏趺寄隐踪。

绀宇听经猿共鹤，梵宫护法虎偕龙。

香烟结愿生前幸，诗句笼纱去后逢。

我欲寻真参妙谛，夕阳西坠一声钟。

狮象山

名山挺秀拔风尘，狮象成双峙水滨。

着地滚球开啸口，凭岩露齿不焚身。

---

1 坐南屏山，每每祷雨其处。

2 即滴水岩。

3 殿后小池。

雷驱电逐闻声吼，烟销云眠见性驯。

想是文殊骑化后，至今幻影伴游人。

翠微嶂

层峦耸翠纵无边，一嶂天开翠万千。

半树落花猴觅果，数声啼鸟柳含烟。

春风春雨苔痕绿，秋露秋阳草色鲜。

黄叶满湾樵子负，棋残柯烂不知年。

玉泉坑

活水从何绕涧流，昆岗直可溯源头。

浮来紫碧人争羡，滚出青红世竞求。

冰雪双清良月夜，水天一色暮山秋。

凭谁得与涟漪契，好泛星槎据上游。

芸香潭

半壁空潭映夕阳，雨崖芸草喷清香。

云归绝壑无朝暮，龙隐高岩自显扬。

倘若疾雷来起舞，定知甘雨沛汪洋。

当年曾效桑林祷，几次施恩圣迹彰。

瀑布涧

倒泻银河孰记年，条匕匹练挂岩前。

霞裳映日浓还淡，云锦临风断复连。

缟带恍疑鲛泪织，珠帘却讶柳丝穿。

此间已具庐山趣，着屐游观自快然。

宝镜池

曲沼方塘样不同，清虚独具小池中。

冰壶朗澈尘心净，水镜灵明色相空。

荡漾花菱三月雨，洗除柳黛半栏风。

金鱼潜养经多岁，直听雷鸣赴海东。

新 昌[1]

黄炎培

百里岩疆五代开，半分剡县半天台。
为怜溪雨侵游屐，恰借桃花劝酒杯。
海岳大书犹在石，考亭手稿不曾灰。
我来处处原田诵，戢暴惊闻邑令才。

彩烟山地名诗[2]

梁柏台

彩烟深处渡河游，茅坂岩泉冷水坵。
庵顶四围山簇簇，岭头双柏树悠悠。
宅前宅下帘初卷，溪后溪边钩未收。
棠墅移花栽后谢，官塘积水灌长畴。
大园竹护斋堂庙，旧住松铺王画楼。
叶墓乌投南水宿，井塘泉向北池流。
曾闻练泗登西岭，又说韩妃进夏村。
回首琅珂相见岭，陈岩八里石桥头。

左布政使甄完[3]

杨绳

大吏归来两袖风，家余四壁遣奚童。
一生剩有诗书在，负笈沿村喊训蒙。

---

1 黄炎培（1878～1965），字任之，著名社会活动家。新中国成立后任政务院副总理兼轻工业部部长。著有《黄炎培诗集》。1934年4月漫游浙东自奉化至新昌，同年由上海生活书店出版《之东》一书，详载其事。诗中"手稿"指朱熹在彩烟完成的《大学集注》。
2 梁柏台（1899～1935），又名越庐、月庐，字苏生，号梯云，原新林乡查林村人。中国近代无产阶级革命家、中华苏维埃共和国中央政府重要领导人。自小喜爱美文范文，本诗录自新昌县档案馆《梁柏台学生时代手抄本〈披沙拣金〉》考证或其所作。
3 杨绳（1928～1998），字豫山，笔名青林，彩烟上市场村人。民盟会员、中学一级教师，中华诗词学会会员。著有《彩烟山诗话》《剡东演义》《吕光午传奇》等。

名茶之乡见闻

杨绳

一

破晓山前采翠微，五凤催动爨烟低。
新芽筐满下坡路，蝴蝶双来傍手飞。

二

翡翠春芽摊满廊，掀开电钮炒旗枪。
家家都有制茶手，付与东风十里香。

三

岁岁明前忙万家，比看成色焙青芽。
黄昏相约买茶去，一路香随摩托车。

彩烟山

杨绳

我家原住彩烟山，十里寒峰岭路艰。
回首一湾溪水碧，此身已在白云间。

故乡行

杨绳

故里难归已数年，此来重访彩烟山。
亲邻楼厦情怀乐，童稚蹒跚憨态怜。
引水高从云上过，移山宜将路通天。
黄昏未作栖身计，先拜荒芜母坟前。

回山之恋[1]

袁方勇

再近前一步
我就登上天台

---

1 袁方勇（1961～2021），新昌人。笔名清风瘦竹。绍兴市作家协会副主席。

水自天上来

和遍地的稻草人一起

守望明天

远古的战车

在当下

把牧童的

短笛鸣响

瓜田李下

屯着百万雄兵

那些五颜六色的石头

表面光洁内心无比宁静

与一片叫烟山的土地一起

看云涨云消听花开花落

韩妃江

袁方勇

水就这么清清地流着

流了几千年

这条江也因为一个妃子的名字

传了几千年

韩妃一定很美

不然两岸

怎么会有这么多的目光

一路顺着水流动的方向

收获一季又一季的粮食

让水酿成的米酒

醉了一个又一个春秋

谁能辨识那一江的琴声

是烟山人弹出的哪个音符

竟催开一地的花朵

题彩烟山 [1]

张纯汉

峰回路转迎朝阳，彩烟升处是故乡。

黄土地上居皇室，杨柳池畔植隋杨。

烟茶丝术鼓你囊，黍菽稻粱盈我肠。

九天瑶台空得月，桃源才有桃花香。

赞古村下宅 [2]

杨财星

杨氏古居凤凰湾，绿色屏障桥头山。

参天古枫环东北，村前良田百亩畈。

都宪牌坊立村前，回字池塘嵌中间。

五步金阶尚书第，宝庆堂内聚英贤。

隋朝父子皆帝皇，宋明仕宦更兴旺。

祖位侍郎孙太保，伯宦主事俭都堂。

七塘八井隐古村，七上八下东西分。

马眼塘边论古今，宝庆堂前观戏文。

东建宗泽真君殿，西边琅琅读书声。

北临盛夏民避暑，南逢三月闹春耕。

新昌八乡诗

佚名

莫道新昌风景偏，骆驼载宝五山前。

读书每每扳仙桂，人杰常常出彩烟。

男子忠孝家且富，女人守义世称贤。

为官善政闻朝野，唯愿长丰乐万年。

1　张纯汉（1959～），新昌小将人。中国作家协会会员、中国硬笔书法协会会员。

2　杨财星，彩烟人士。

第二章 文 选

选辑书写彩烟山水及人事的文章，重点为序言、后记、概述、叙事、传记（略）、墓志铭、碑记等。

赠盛君太正迁居龙岩序 [1]

石宗万

南明之南有山曰彩烟，彩烟之阳有谷曰龙岩。其泉甘洁，厥土沃衍，草木丛郁，居民鲜少。谷之旁有山焉，穿窿屈曲，若龙之变化不测，故因以名其岩。岩之下有水发源安顶，波流孟仓，旋回有折，汇而为溪，故亦曰龙溪。斯地也宅幽势阻，天作地成不假人力，过之者谓其中有隐君子焉！吾戚盛君讳太忠者，不羁士也。其先出自周文王子叔武，封于郕，盛音成，盛姓始也。历汉唐，著名仕版者不可一二数，迨我朝有讳佩公，来令新昌，遂家焉。至五世而佩公孙讳符者，爵至秋官大司寇，君其次子也。夫生长于富贵，披文绣，饫膏粱，宫室舆马，罔不悉备。公之志则不在此，以为富贵烜赫，孰若隐居而自得；市井而繁华孰若山林而幽雅。是以平居若抑郁不得志者然。间尝至妇翁张氏之家纵观龙岩山水土壤之美，顾而乐之，卜迁于兹。僻居野处，吾爱吾庐。时而登高舒啸，临流赋诗。采于山，钓于水，倡鱼虾而友麋鹿，超然物外惟适所安。其视伺候于公卿、奔走于形势之途、处纷嚣而不惮烦、慕利禄而不知止、杂污秽而蔑羞恶，逐逐岁月、栖栖老殒而后已者，其于为人贤不肖何如也。余乐其见之高而所迁得地，又自愧所处之弗若君也。因序其事以遗之。

开禧丁卯年六月中浣之吉
同邑朝议大夫兵部侍郎石宗万撰

1　石宗万，新昌人，淳熙十四年（1187）王容榜进士，南宋兵部侍郎。本文撰于开禧年间，龙岩指今下岩。

连槐堂铭（节选）[1]

宋濂

天道之权，吾于会稽周氏征焉。周氏兄弟曰彝、允，皆贤而文，居新昌彩烟山中，事母甚孝。入其门，少长秩秩有序，其气穆然若阳春然，乡人称之为孝弟。舍旁树槐一章，高尺余，岐为二干，及肩交合为一，左右之枝各三，上挺然可数尺，再合而再交焉。于是观者咸叹其异，以为彝、允孝友之征，乃以"连槐"字其堂。其友王宗成来京师，为之请铭。槐之为音近于怀。怀者思也，所以旌其孝友，而教其后人以思也。后人视斯槐，宁不有思乎！……

故新昌杨府君墓铭[2]

宋濂

越之新昌有大山曰彩烟，与沃洲天姥邻，而彩烟尤为峻绝，远望之如云霞缤纷天际，故名。山之绝顶，其平如掌，沃野数十里，桑麻蔚若，犬鸡之声相闻，或者媲之武陵源云。

大姓杨氏自隋末来居之，阅数百年，而书诗之泽有引弗替。在宋之时，父子兄弟至连举于有司，而嘉泰壬戌进士轰，其仕为尤显，官终朝奉大夫知广德军州事，赠奉直大夫。广德之从子佑祖，亦由太学举进士，为婺之浦江丞。浦江生昂，昂生禔，禔生府君，讳居，字温如。生三月而其母梁氏亡，父命乳母鞠之。性颖悟，八岁能赋诗。及长，闻天台於先生子惠传伊洛性理之学，执经而受其说。久之，融通诸家言，而贯以一致，神畅心怡，实欲起古人千载之上与之晤语。既又以为言之不文，不能以行远，复从同郡韩庄节公游，取文章大家日研摩之。其于分章遣词之法，辨其类不类，尤严其界域。时先师黄文献公以文名当代，府君撰长书赘见之。公读已，啧啧赏爱，更揭诸左右，宾至则指以示之曰："是岂非文耶？"公为人极慎许可，其器重之若此。

府君尝以《春秋》学应书，乡闱不利，遂掩关不出，下帷而讲授，四方学子趋之者如云。府君日据高座，随其性资而开导之，如蒙大雾而行，不自知其沾濡之至，学成而去，多著名于时。人问之，则曰："我杨先生弟子也。"恩义隆洽，不敢更名他师。

府君性至孝，父有疾，昼侍左右，夜不敢解衣寝，临穴之日，号绝于地，良久而苏。岁时祭祀，必预斋戒，眠涤灌盛服拜跽，俨如祖考之在乎上。瞻茔有田为豪民所据，府君帅宗人白于官复之，仍创庵庐以居守者。府君介而通，庄而能温，未尝妄言笑，一动一静，皆可为式程。善古文辞，尤长于诗骚，著有《爱斋稿》若干卷藏于家。府君出处之际，唯道之从，视不义富贵，真若浮云。临财尤廉，路拾遗金，俟其主还之；里有丧及饥饿者，恒周之。学者方自以为得师，年六十六，不幸以洪武九年丙辰冬十一月二十九日卒家。明年丁巳春三月十九日，窆于金山之原，在家西四里而近。娶同邑赵氏，生男子四：长宗学，先卒；次须学，去为浮屠，更为梵噩，有声丛

1　宋濂（1310～1381），浙江金华人。元末明初著名政治家、文学家、史学家、思想家。被朱元璋誉为"开国文臣之首"。本篇选自《彩烟杨氏思存祠宗谱》。

2　本篇选自《宋濂全集》第四册。

林间；次愿学，继父之业；次继学。女子一，归士族盛必胜。孙男一，自牧。女一，尚幼。

予闻之，文者将以载道，道与文非二致也。自夫世教衰，民失其正，高谈性命者，每鄙辞章为陋习；拘泥辞章者，辄斥性命为空言，互相讥讪，莫克有定。殊不知道与文犹形影然，有形斯有影，其可岐而二之乎？是可叹也已。府君以超卓之姿，穷理攻文，孜孜弗之倦，务欲合而一之，亦可谓知道者矣。铭曰：大道流行，日用昭宣。非文载之，道孰与传。安可岐之，徇于一遍。迂夫曲士，牢执弗迁。摘埴索涂，何往不颠。有倬夫子，式窥其全。以彼校此，孰为愚贤。镌石幽墟，过者察焉。

滨涧堂序[1]

方孝孺

人与山水之美恒相资，以为重抱超世绝俗之怀，而所居污陋不足以称之，则无以抒发其高朗迈逸之气。境为天下之胜，而不得奇人静士、宅幽璩邃以为之主，虽有瑰怪殊尤之观，亦将酶昧委弃于蓁莽，而无以自见于时。故人若无待于外物，而物实能为之助。山川固无求于世，而亦必得人而后彰。余于卢氏滨涧堂有感焉。

卢氏居越新昌之彩烟。越多名山，若会稽、天姥、沃洲之属，皆以殊特称海内。天姥之西有玉峰，涧水出乎其间，至彩烟为大溪。溪之滨，林木郁森，岩峦拔峻，最为胜趣。卢氏之秀伯安甫因作堂临之，以尽丘壑之美，太史金华宋公为书古篆曰"滨涧堂"。士之能言者，从而咏歌之。由是，彩烟声闻远迩。伯安有雅志，子性多好学，而又笃志乎诗书、践修乎伦理。暇日从宾客徜徉登陟，以自适乎事物之表，意甚乐也。予尝洒扫太史公之门，因以请记其事。

夫人之生，虽有延蹙盛衰，莫不有尽，盖山川不足以为固，日月不足以为明，万物不足以为众，虽天地并存可也，而奚不敌之有人患不知道，而汩没于利欲之波故忽焉，而与物俱泯。伯安试登高而远望，目极乎千里之外，吊昔之富贵无闻者为之一慨，招贤豪奇杰于千载之上而友之，岂非信可乐也哉？人多知，所以自奉其身。而不知，所以自立若伯安之堂，非特自奉而已矣。予既喜彩烟山水之遭为卢氏告，庶几勉其后昆，俾勿为林间之愧。其亦伯安之志乎？

时洪武二十二年夏五月一日　赤城方孝孺序

故恭惠先生墓碣铭[2]

魏骥

越新有大君子，曰周先生，讳彝，字铭德，私谥恭惠者，年九十有一，以宣德六年（1431）

1　方孝孺（1357～1402），浙江宁海人。明朝大臣、学者、文学家、散文家、思想家。本文选自《彩烟卢氏宗谱》。
2　魏骥（1375～1472），浙江萧山人。明代名臣、学者，与甄完多有诗文往来。著有《南斋前后集》《松江志》《水利事实》《水利切要》《理学正义》《南斋摘稿》等。本文摘自民国《彩烟周氏宗谱》卷一。

二月十二日卒于正寝，与配韩氏合地葬于棠湾之原，已十有一年矣。其孙本，以先生墓未有铭，乃自乡逾江渡淮，不远三千余里，走赤日，拜骥于北京官舍，泣而告曰：先祖临终，尝委训于本曰：我同辈凋丧已尽，其后辈知我深，可铭墓上石者，云无逾于执事。本夙夜识之，不敢忘。兹本颠颠而来者，盖以此也。愿执事矜而卑之。骥闻其言，则不胜于邑，遂不敢以不文拒，乃抆泪叙而铭之。

惟周，盖新昌巨族，世居彩烟山中。先生自幼闻家庭诗礼之懿，暨长，游四方，所交多名公巨儒，故学行日益进，于朱子四书最为精熟。其微辞奥旨，每与人言，必条分缕析，恳恳然，务欲以开明乎学者，故虽蒙蔀之士，闻之亦莫不心领而意悟焉。且云：读书当以力行，非徒求知而已。知而不能行，则与不读何异？故先生平日践履之功惟笃，而于文辞多不屑为也。事亲甚孝，虽殁久而孺慕之情不少衰。抚弟允，友爱弥致，庭槐有连理之异。二姊早寡，家贫，即迎归养，以终其身。诸甥男为之婚，女为之嫁，皆不异于己出。有贫窭之士过门，必留连，虽弥岁竟月，周以衣食，其情始终犹一日。邑有核田失实之弊，岁抑小民租二百石，为害滋久，先生以其弊白于邑令，仍择有行义之士十有八人为之辅，不惮披蒙茸历险巇，循行村童，且询且度，若此者数月，自是田得其实，租有所归，小民之害遂获除焉。尝为教谕于嵊庠，不久弃去，暨作县宰大冶萍乡，所至务以德化为理，不尚威刑，一时声誉翕然，有古循吏风。其萍乡时，有富民匿己兵籍，厚赂郡守，诬抑小民以代己。先生不平，走郡，白之，守不从，上章劾守，小民乃得释，而守亦服其辜。值理者中先生以他事，先生不辨之，乃曰：吾值小民而来，今小民值矣，吾何恤焉？即解官归。既归，幅巾藜杖，逍遥林下，有无入而不自得之趣焉。且一言一行，老而弥谨，尤为足后生之所矜式。临终，子孙以何属为问，答曰：吾平日所为是所以嘱汝辈者，今而至此，有何言耶？少顷但曰：我死后，无作浮屠事以乱家法。言讫而卒。乡里远近闻之，老稚咸哭吊于门曰，长者亡矣，于是私谥之曰恭惠云。曾祖匕殳，大雅母史氏，子男一，渊，县学生员，先卒。二女，长适潘惟青，次适胡克爱，皆士人。孙男二，本，杏，曾孙二，男，嗟、无。先生天性纯至，不汩于俗，故其学行不徒植于己，而又以及乎人，惜乎，所负不克大展以济于时，而竟止于此，非命也。夫惟骥以先君上高府君，与先生交最深，获聆先生之诲，益惟多感先生之训，至今先生已矣，每情一至，悲曷可胜。兹本以先生遗命属铭，骥果何人，敢窥先生涯涘哉！以本将命之严，乃勉为之，铭曰：有质有文，侃侃君子。仕而即休，不失乎己。迨归林下，善闻日彰。以德之厚，老而弥光。务式后生，岂曰闾里。俾其大行，其效曷止。伏惟斯馨，实理之常。子孙之继。

吏部左侍郎嘉议大夫萧山魏骥撰
大理寺少卿中宪大夫吴兴杨复书丹
太常寺正卿嘉议大夫会稽徐初篆额
时正统六年岁次辛酉应钟月望日拜铭

教谕龙溪公传 [1]

梁灌

竹山学谕盛公，讳旸，字谷宾，别号龙溪，其本宋州虞城行军总管彦师公之后，宋天圣间，讳佩者，来令新昌，遂而占籍，三传赠银青光禄大夫，讳道之，四传起居舍人知颍州事，讳侨，六传尚书公符，助址学宫，传十世讳谅，翰林院检讨，居彩烟龙岩，递十四传祖俨寿、伯祖仁寿，儒学提举，父讳完，字克全，伯父观，任四川顺庆府丰大仓司，皆世其德。公天资颖异，读书日数千言，十岁通春秋，作文多奇气，不为寻常语，及入邑庠，声誉蔚然，人视之若骐骥，谓其一日千里也，棘闱三次，领甲子乡荐，戊辰谒选吏部，例宜得职，补授江南扬州府高邮州宝应县儒学教谕。理在任六年，勤教诲，却馈遗，尚节，禁干谒，凡百，士行以身先之，一时士风丕变，上官走文交奖，声名籍甚，循例止调阴阳府竹山县学博，公处之宴如也，苈任所得俸薪及贽仪等项，自棂星门、大成殿、明伦堂、崇圣祠，或建或修，不惮寒暑，早晚督视，靡不灿然一新，且不干外事，唯以师道自树，周贫恤匮，弟子亲之如父兄，严课艺，定甲乙，其所识拔者，皆联翩而起，入服其藻鉴，安城之文风，由斯更振。最喜宾礼，高年有德者翕然来归，不数载而没于官，诸生恸泣当道，扼腕即请祀名宦，若公者不独一邑一家所庇荫，抑且为宗庙百官所倚重也。是其传授心法，垂之奕祀，靡不可为标准，闻风兴起，岂非百世之师也哉。至于立身之正，接物之诚，孝友傅家，敬宗睦族，种种懿行，不胜殚述。呜呼！语云仁者寿，公非仁者乎？而止四旬而亡，岂天之丰其德而啬其寿乎？则虽组绶青毡仅小试于飞云浮玉间，未获高胜皇路大展经纶，而其文章之彪炳，德业之宏敷，天下王公大人名流硕彦以如椽之笔载青史而垂汗简，宁不当乎？灌实不才，轨同乡里，与公子沛同年乡荐第进士，今需观政刑部援山东青州莒州判官，励志清节，所谓不于其身而钟其庆于贤子也，均称父子联芳，是为公传。

年侄梁灌撰

祭都察院右佥都御史杨信民文

甄完

於戏。惟公之生，与余同里。年甫垂髫，同游泮水。授业同师，复同科举。仕同圣朝，荣幸曷比。公为给事，声闻人耳。余忝秋曹，附公骥尾。金石之交，令闻不已。公登显秩，广东参议。余忝桂江，方岳是辅。公升佥都，为国之柱。珍贼安民，镇定南纪。岂期一疾，弃我而去。呜呼哀哉！吾道已矣。闻讣伤心，若天丧己。仰公之德，不忘梦寐。怀公之忠，永照于世。生既无惭，死亦何愧！生刍一束，千里遣祭。公其有灵，洋洋鉴之。尚享！

同门友 湖广右参政 甄完

---

1 梁灌（1377～1442），彩烟乡贤，据传少时陪太子读书，后人尊之为"伴读公"，授江西按察司佥事。

宗勉杨先生墓志铭[1]

甄完

予以公事自广右如京师，便道归乡之暇，亲友杨君讳彷者谒予，求先君墓铭，言辞恳至，将不自胜其悲者。予为诸生时，与先生同窗，为金兰交，可不为文以铭其墓乎？

先生聪明过人，有法眼，得异人闵头陀之真传，堪舆正宗，仰观天星，俯察地曜，八卦九畴、阴阳消长之理，无不淹通。一时府邑绅衿莫不推荐敬服。与人立宅扦坟，常作奇形。时师莫知其然，迨后吉凶富贵，不爽厘毫，咸称先生为“再世杨救贫”。先生纶巾鹤氅，手挥羽扇，飘飘乎，此地之神仙，号曰“地杰”，洵非谬也。先生娶梁氏，生一子衡。继娶盛氏，生二子，彷、徘。孙六人。皆俊而秀雅，如亭亭玉树，必能大振家声。且先生之墓形似金鹅，其获荫发祥，乌可量哉。文就，而复铭曰：

重生郭璞，再世鹤龄。知天之星，识地之灵。曰富曰贵，灼然有征。

地师神术，千古如生。

时正统癸亥孟冬中浣之吉

赐进士第、任广西布政司左参议、姻生甄完拜撰

其二

景泰元年四月，予自粤西被命至荆里。同里杨君彷缄书致予，求志其父宗勉先生之墓。当予为诸生时，稔知先生，岁常相往来。自宦游以后，日月忽淹。先生捐宾客去已二十年，人琴之感，其能去诸怀也。

先生讳文证，字宗勉，一字宗敏，生于元至正乙未。考国有公，妣葛氏。成祖文皇帝靖难时，有异僧叩门，谒国有公。公知其异人也，馆谷之。是时先生未弱冠，僧见而异之，曰：“此子聪慧绝伦。”遂授以堪舆之术。故于河洛先后天、三奇八门之学，无不淹贯，所扦地多作奇形，时人罕有知者。然所学祸福吉凶若影响，人以是奇之。尝走瓯闽，抵南粤，还度岭，涉浔阳，北至淮上，过大梁之墟，西抵关陕，谕历朝都邑形势如聚米画沙。然性悻直，不喜面谀，人衣冠褦襶，被酒每自多其能，故于人鲜所合。遇贫乏者，偶为择葬地，辄数年致饶裕，因称为“再世杨救贫”。宣德五年庚戌十月十一日卒于家。配梁氏，继室盛氏，皆本里右姓。子三，长衡、次彷、次徘，孙六。以今年冬十月某日窆于金鹅山。铭曰：

逢异人，授奇秘诀吉凶。神乎技，“杨救贫”今再世。呜呼，其可得而复遇耶？

1　第一篇选自《彩烟杨氏思存祠宗谱》，作于景泰元年四月。第二篇选自《彩烟杨氏宗谱》，宗勉即“彩烟三杰”之一杨宗敏。

司训均彰公事实[1]

甄完

卢公均彰，德行端方，学问饶足，昔之名士也，脍炙于人久矣。当时卿士大夫荐诸有司，有司荐诸铨曹，铨曹闻诸朝廷，拜擢为本庠司训。语其禄，则薄也；语其位，则卑也；语其德与学，则完且固也。时人皆以任之不称，而为之太息焉。予独曰是奚足哉，夫君子苟可以养亲，不必问其禄之厚与薄也。苟可以行志，不必问其位之高与卑也。公之德固完矣，学固固矣，其如亲老身困何哉？亲老，则施孝有日；身困，则行志无由。其心曰，虽得斗粟以养亲，半级以行志，于吾心亦可以少慰矣。今受斯禄也、居斯位也，其所以朝夕瓮飧、承欢膝下，孰非天王之所赐乎？左右问答讲论函丈者，又孰非隐居之所求乎？且英才之既育，则其类得以自锡矣。彼之居高位、受重禄，为养亲之至、行道之大者，是即吾身之所为也，奚以太息为哉？又且不易地而事亲，不出家以成教，于人情之难得者而得之矣，又奚庸于太息哉？时人为公病，予独为公庆也！

时正统乙丑三月之吉 赐进士出身、朝议大夫、广西布政司左参议、眷生甄完　书

侍郎杨公传[2]

于谦

公讳轰，杨姓，字子靓，又字叔谷，先名宜之，越之新昌人。年十八登嘉泰二年壬戌傅行简榜进士，治《礼记》，有风骨。太平州教授、慈溪县主簿、昌国州州判，监阜南亭盐场司。再中大法科，授大理评事，知金华府、通判严州，大理寺丞。是时韩侂胄炳国，党锢祸起，朝廷有学行者，斥逐殆尽。宰执、侍从、台谏、藩阃皆其门庑。公以儒官屈下吏，秩满累迁，不越州县。侂胄诛，执政史弥远计树人，籍收众望，丘崈、林大中、楼钥、楼机辈皆起用。嘉定戊辰（1208），诏以楼机知枢密。机立朝，能正言，好奖人，才不遗寸长。每入对，必疏列贤姓名及其可用之实，因事白帝，以备采取。故同时真德秀为直学院，魏了翁为起居郎，任希夷签事院事；以学术用安丙宣抚四川，赵方制置京湖；以将略用陈赅、游九功，拔置大僚；以吏治用公，秩界不越次，以朝请郎敕建昌都仙都观，知兴国军、授朝奉大夫，寻知广德军，赠直奉大夫，有勋绩上闻，稍稍内任。除刑部侍郎，官秘书监，转迁大理寺卿，立朝风旨多与众君子合。上益重之，进礼部侍郎。宝庆之间，李知孝、莫泽辈为史弥远鹰犬，有言济王事者，悉排斥，于是魏了翁及胡梦琪、咨夔等皆坐贬，真德秀亦寻罢。公知不可与共立也，遂弃官归，寻林泉乐。嘉熙丁酉年（1237）夏以疾卒，享年五十七，娶贾太君，子曰：昭祖、明祖、定祖、昌祖。

光禄大夫　太子少保　兵部尚书　于谦

1　卢均彰即卢宁，字伯安，号滨涧，彩烟蟠溪人，元末明初名士。本文选自《彩烟卢氏宗谱》。

2　于谦（1398～1457），字廷益，号节庵，官至少保，世称于少保，杭州府钱塘县人。明朝名臣。

裕庵梁公传[1]

吕献

公讳洭，字以源，号裕庵，梁氏彦谦公子也。其先晋总督万公，迁前梁，中迁查林。至三十世子敬公，徙彩烟，居棠墅，乔岳敦巃，川源毓秀，故其家世多长者，而公尤匹休前哲。孟兄灌，从弟沂，皆仕进。而公居林下，风才雅义，绝不少让。幼粹敏，长尤高明。容貌威重，气度豁如，敦孝友，积阴功，承先裕后。暇托歌咏以自娱，长者之名不胫走。遐迩虽至愚不肖，元恶大憝，遇公，气自夷，盖心折之也。彦谦公之原配曰任氏，生灌、泳、涵及公，公行次。任氏卒，继室以叶氏，又生渚。彦谦公时已老，心惧渚不立，命以丙申年后资产悉归渚。诸昆意不平，公及灌公力覆之，且翼之成。庚申岁大旱，公罄困出账，乡民赖公活者千余人。贫民窘输纳困于追索，公择甚者岁贷之，不计所偿。《成化志》："邑中称善"。本当时短于资，将不就，公曰："盛举也，不可以中止。"因捐重金焉。

童进达者，逋亡渠魁也，有党十八人，横行乡邑，乡邑莫谁何，官兵且沮却。一日抵公舍，公盛馔礼遇之，厚遗金帛，且谕之改图，达惭，勿受，谨谢而去。是时岁频凶，公力赈不逮，杰徒聚为寇，误掠公家。公年逾七十，奋击毙数贼，余伙走。蹑之，下阶冰滑，公踬焉。贼还视，知公，曰："勿杀长者。"径逋。

杨公信民、甄公完，自少与公同砚席，以公为长者，心交公，往来酬唱契甚密，尝制《棠墅八景诗》，以遗公。后杨以都宪抚南粤，有伟绩；甄亦方伯，官江右，廉声大著。每念知旧，邮问必先公，公曰："二公不负国，余当不负家，培德省资，以裕后人，吾事也。"因号曰"裕庵"。家本厚基业，余留蓄孙子备祀产，另揭肥田数十亩，遗命曰："给庠，示所重也。"成化间，有司以公行谊上于朝，朝义旌之，恩荣冠带，赐匾曰"寿义"。娶吴氏。子一，曰瓛。孙男四，俊、侣、俨、偲。

吕献曰：诚能动物，鳄鱼徙海，虎子渡河，其明征也。至人，而寇顽甚于物矣，毙其伙，而身踬焉，悬命以听复，卒以长者，故而勿杀。公之动物，抑何至哉。余闻杨公抚广，萧养之变，闻杨至，按营以待，杨死，而贼营号哭哀声震地。甄公布政江右，天子直十道巡查使，而独于甄完所在则否。动物之诚，于公如出一辙。余知公与二公交契不第，诗歌赠答，所讲求于平时砥砺间者，固别有在。而余今之得书于公者，皆其琐耳。

南京兵部右侍郎　吕献

1　吕献，字丕文，号甲轩，新昌吕氏十四世。成化二十年（1484）进士。初授刑科给事中。因事连坐受廷杖。正德年间，官至南京兵部右侍郎。明史有传。本篇选自新昌《彩烟梁氏宗谱》。

余庆堂记 [1]

丁川

巨津杨君，予总角交也。其曾祖颐轩公，以义闻于乡。宁海方正学称之曰：古道目意，兹惟君子嗣人之则，此非祖宗所能自信于冥冥者。夫君子之为善也，为可继也。其务崇之以驯，致乎百顺之福，未可知也。其或颠覆之，若蕴崇芟夷勿复能殖焉，亦未可知也。是故善不积，不足以成名。占小善而沾沾自多者，美先尽矣。又何必遗孙子哉，颐轩公至巨津凡四世，永念厥绍，克济其美。自长塘里来徒于兹，一丘一壑，得遂生平，取大易余庆之说，民名其堂，吾有已知巨津之志矣。夫平为福而有余。为虑者，物莫不皆然。日中则昃，月盈则虚，此盛满所以可危，而富贵无常势也。故曰：吉人为善，推日不足。推常凛一不足之志，以为善则积累之久，日新月盛，其熏蒸透彻。融液周遍，而太和之气应焉。盖居之以不足，而应之以有余，善与庆相合之理，有固然者。今巨津敦行不怠，式谷教海，笃其庆，而锡之光，将必有明昭世德者出于其间，不且与三槐昼锦比隆哉。

成化庚子（1480）明左佥都御史　里姻　丁川撰

游彩烟次桃源记 [2]

张存

越己巳，余出国清，度盘回岭，路如羊肠，九回盘旋，而登之也。次逾羊蹄岭，羊蹄岭者，岗石散立，若羊之蹄也。下至岭麓，涉丹溪，溪上，再登峻岭，曰"彩烟"，而余友铭德之居在焉。入其门，有重屋三楹，题曰"攀桂楼"，以其楼前桂枝相近，可攀折，故名。先生闻客至山中，即与弟晟德出相见。茶话良久，引余观"联槐"，转东入竹林中间坐。是时，赤日正中，清荫布地，但觉凉飚悠悠然洒衣面襟，以松继泉籁，冷然洗耳，隔红尘于物外，殊不知有炎暑气。少顷，有二童子来报治酒具已办，相邀饮三五行。问二童子名，则先生孙也，长曰本、次曰杏。酒罢，出林，行术田，紫苗青蕊，香气袭鼻。抵晚回，澡浴，复进茶。啜罢，各别就寝。如是者，留连六七日。

闻桃源去新昌县不十里而近，因问："桃源在天台山，何为今在新昌耶？"二先生曰："新昌古天台分邑，故桃源即天台山也。"余即往游。

行至桃源溪，度溪，穿萝径。约行五里许，见古祠在乱山中，破屋三间，松蔓缠蔽，榜曰"刘阮庙"，相貌剥落，灵寝萧然。出门四顾，居人辽远；其入山古径，樵牧罕到，荆棘蒙塞。远

1　丁川（1431～1478），彩烟乡贤，明代清官。本文录自《彩烟杨氏宗谱》。
2　张存，字性中，号雪洞先生，丹阳人，明洪武中岁贡，任江西安远县主簿，不久弃官归乡，有《雪洞集》行世。本文作于明永乐十五年（1417），选自《天台山方外志·文章考》。记述其拜访好友、新昌彩烟隐士周铭德充满情趣的田园幽居生活，及天姥山西北麓桃源、刘阮庙一带的风光。

望云山，无尽桃林遍岭，野鸟山猿，悲鸣长啸。偶问道于农家父老，对曰"此去入千山万山，人烟断绝，其中古桃树，年深化为精魅，常迷人，不敢去"云。余乃怅然太息，即观庙上溪流，溯源而上。三四里皆乱石角立，纵横若牛斗状，固非舟可行处。

不知古今山川变易，同于沧海桑田然欤？抑昔所记桃源故事者，悉出于诞幻欤？颇记故老言：宋王介甫夜坐，梅月照轩窗，因取《易》读之。忽有一姝，容颜姝丽，见介甫，自言知《易》。遂相与谈论，画前妙理，实能发出人所未发处。介甫喜甚。问得报司马君实叩门来访。介甫出迎，至轩中，彼姝即隐身不见。司马公出，彼姝复来。介甫怪而问之，对云："妾乃此梅花月之妖，君实正人，妾不敢相见。"介甫默然。

由此而推，梅花既能为妖，岂桃花不能为精魅乎？使父老言，信然。则昔刘阮所遇为夫妇者，果仙欤？抑精魅欤？彼世人妄意称求仙者，其有几人不为妖魅所迷欤？或曰，按桃源洞在天台护国寺东北二里，隐于山谷间。昔宋元祐中，有僧明照入山采药，至一潭，水色澄澈，中有洞门，潜通山底，其深不可测。见金桥跨水，二女未笄，戏于水上，如刘阮所见。此水仙之洞府也。元祐二年，邑令郑子道闻之，往游焉。即其景物之胜，名其洞曰"鸣玉"，石曰"会仙"，潭曰"金桥"，峰曰"双女迎阳合翠"，坞曰"桃花迷仙"，亭曰"浮杯"。事见《县志》，此亦桃源之一验也。余曰："既信见洞门深不可入，初岂刘阮独可入欤？谓二女化金桥可渡，何僧乃不渡欤？盖僧非实有见乎此也，犹梦说也。今不疑其梦而诬成其梦境也。见世上名桃源者不一处，皆不可信。"因书此，以为世戒。

宝庆堂记[1]

张益

物可以充玩好而为世之所罕有者，人竞宝之，和氏之璧、隋侯之珠、丽水之金，是数物者，岂世所多有哉，惟其世不多有也，故人以之为宝，莫不殚智力、竭货财，争相购蓄以充其玩好焉。常人之情，然也；君子所宝则异是。不可以智力取，不可以货财得者，福庆之谓也。盖福庆致之在人，降之自天，家道以昌，子孙以盛，绵绵延延，流衍而不竭，岂直以充心目之玩好哉！然斯宝也，人皆可致，苟不知所以致之之道，而亦终莫能得。其知而克致者，则惟君子，是以君子之宝，斯足谓之宝矣。

杨氏新昌之旧族也，家于彩烟山中，食指殆千，而长幼以序，内外咸秩，间言无闻，和气蔼然。其曰文吉甫者，实长于族，尝谓其子姓曰："人争以世之罕有而可以充玩好之物以为之宝，吾志素不在是，吾恒念之，凡吾今日之所以得，与尔曹隆亲爱、享安乐，而致昌盛者，岂无所自哉，亦惟我先世自隋唐迄今数百余年，于德于善，积累之所致也。在远姑置，在宋则有礼部侍郎龚公，起家进士，自是以来，吾家由科第而跻显要者，接迹后先，国朝洪武初，为庐州守，曰仲才公者，

---

1 张益，江苏姑苏人。明代大理寺左评事、侍读学士。

吾从父也，先兄惟吉则为刑部主事，皆有令闻于时。吾虽勿仕，今幸存以见尔曹之各有成立，其为福庆何如，不此之宝，果将何所宝哉！其以'宝庆'而名吾堂，庶吾与尔曹于德于善，视此加勉，以绍先世，则其所谓宝者，将永传而不失也！"

文吉甫于兹年逾八旬，夫妻偕老于堂，子姓表饬行谊，其季信民富才学，以乡贡登太学，拜工科给事中，克举其官，天子嘉劳，赐之敕命，文吉甫封征仕郎，行在工科给事中，妻封孺人。信民乞假归省，而请余文以为斯堂之记。余尝闻之楚书曰："楚国无以为宝，唯善以为宝。"舅犯曰："亡人无以为宝，仁亲以为宝。"子思引之以明不外本内末之意。今文吉甫不宝珠玉之物，而惟以先世所积之庆为宝，可谓知所本哉。是宜文吉甫子姓多贤，安享上寿，身服恩命，人皆以为荣也。易曰"积善之家必有余庆"，诗曰"子子孙孙勿替"，引之用书以为堂之记云。

时大明宣德九年岁次甲寅秋月既望

赐进士第文林郎大理寺左评事　姑苏　张益　记

石缸山记 [1]

徐子熙

越之南明、沃洲、天姥间，夸谈而志之者，惟彩烟为最胜。蜿蜒磅礴，绵亘数十里。其间秀峰翠嶂，拔地矗天，又惟石缸山为最。其山穹隆高挺，绝壁麾霄，屹然一奇石特立于危崖之巅，状类酷似缸，世因名之。其傍列，则四山拱秀，苍岚碧岫，乔木清泉，爽神醒目，此石缸之胜概也。且一日而朝旭暮霞，一岁而春花秋月。冻雪峰云，殊情变态，此石缸之景致也。屏开嶂列，翘然可挹者，飞凤之朝阳也。轩起葱茏，郁乎苍苍者，舞狮之晚翠也。后依崇山，飞纵奔放，不可羁络者，腾空之天马也。右环高回获踞排拥者，拱守之伏虎也。至若上岭，则樵苏交错，款乃风闻，戴星月，而操土音者，樵歌也。大岗则荷蓑荷笠，坐卧于匆卉之间，欢呼互答，聆之而尘嚣顿释者，牧唱也。

南阿八景诗并叙 [2]

王锷

榭村，当彩烟之胜。绕云山，面南阿，高峰齐拱，涧水环流，真秀灵之所钟也。始登云山，乔木森蔚，苍烟迷离，佳气葱葱。此村墟之首胜也。其前则方塘澄澈，皓月倒映。而徘徊南阿屏列，霁景上浮而缭绕。由南阿，高山峻崎，余霞散绮，千红万紫，郁郁缤缤。而不可名状者，则高山之晚霞也。步其后，石柱壁立，涧水飞流，如匹练高悬，爽人心目者，则云霞之瀑布也。他如石缸，磅礴蜿蜒，岗峦挺秀，文石如缸。高叠山顶，隆冬积雪时，远望垒垒，如玉盘凸擎天半，

1　徐子熙，明代文人。本文系明弘治十八年（1505）六月，应南阿人盛希素所邀而游之记。
2　王锷，南山人，丰城秀才。嘉庆五年（1800）端午应盛秉乾特邀莅临榭村，记其所见。

其景最奇。而石狮之浑身，石就毪毪，岩花茸茸，山草似绿毛之耸翠。而盼顾石缸如舞球。然至天马之昂奔骞，若追风逐电，驾雾腾云，不可羁络，尤其景之最旷者。

金都御史恭惠杨公信民神道碑[1]

丘濬

正统己巳，车驾北狩，胡虏乘机犯我畿甸。时广东左参议扬公坐事居京邸，朝廷用言者起公守白羊口。是岁，广东都司囚越狱，有司不能捕，遂至哨聚。守土者闭门自守，召边将御之，至则为所败，报至京师，广人士寓京者联名上章乞公，朝命授公都察院左金都御史，乘传往至，则广城被困者数月矣。城中军民喁喁然，朝不谋夕，见公至，始有更生之望。先是民之居乡落者避乱趋城，至则闲门不纳，及归，尽为贼所戕，胁从者日益众，公下令有司用木为牌，给民从其出入，又榜示于外，遣官招抚之，于是归附者日以千万计，贼势日孤。公侦其有向顺意，遣使往谕之，贼首黄肖养曰，吾辈得杨大人一言，死不恨矣。克期来见，贼果至，公毅然欲往，藩臬以下皆沮其行，曰贼意叵测，奈何，公曰，吾以诚待之，毋虑也。公出□，贼罗拜泣下，公谕以祸福，且谕以更生之路，贼众以大鱼献公，受之不疑，遂欢噪而去，期以再会，未几，□都督统大军至，贼遂中变，岁庚午三月五日，有大星坠于城外对岸之河南，十二日，质明都指挥姚麟者来白事，公出与之语，姚既出，公忽病作，扶入卧榻，即呼其子玩曰，我死矣，不能终始王事，知我者其天乎，语讫瞑目而逝，城中居民闻公卒，信疑相半，既得实，争走哭馆下，虽老妪稚子，亦至失声，满城缟素，为位哭奠者相属，陷在贼中者，闻之亦曰，杨公死，吾属终无生理矣。讣闻，天子悼惜，遣官谕祭如礼。公卒后仅阅月，大军即平贼，凡贼所经之处，尽屠之，民受刑者，辄仰天号曰，使杨大人在，吾人岂受此祸哉。既而耆老黎善聚等赴京，乞立公祠，从之，事下，为忌者所沮，忌者既去，有司始立公祠于广州府城隍庙之旁，水旱疾疫，必祷焉，民有事讼于官不得其平者，辄具词焚于祠下，广人至今过其门者，辄举手加敬，呜呼！古所谓生为豪杰，死为祈明者，公非其人耶？公讳诚，字信民，以字行，绍兴新昌人也，领永乐庚子浙江乡荐，宣德庚戌，由上舍选为行在工科给事中，丁内艰，起复改刑科，正统癸亥，吏部尚书王文端公，荐佐广藩，陛辞受旨，许以言事，公既抵任，时按察使郭智□□整□□，务事多自专，公首疏其不法，事郭遂去，□而黄翰来代之，黄所为益甚，公复上疏，发其奸，词□金事韦□广亦诬诋公，俱逮下狱，公就逮，启行时广人争□□□，就舟相煦，公一无所受，而黄舟则争以瓦石□□□，至法司鞫得实，黄坐除名，凡奏公他事皆涉□□，鹿鸣宴□□花一事行勘寻白，广之军民，状公德政，相率赴三司，保留乞备其事上闻，亦有跋涉万里，直诣阙庭者，前后以数千计，及公在白羊，既受命边城，官军不忍其去，亦赴官保留之，公之所至得人心如此，公宅心仁厚，见人有患难，不啻在巳汲汲□？之惟恐后，惟疾恶太甚，见人有不平事辄，扼腕争辩，用是见嫉于人，方在学校时，

见侪类有过举者辄切切不置及有当？事众方推避，即奋身为之，□□□□□之久之见其事事皆然，亦皆帖服，葬□□□□□□每夫公代其异数百步，人遍乃止，□曰向日苦如此，公曰葬吾母，而专役他人，于心安乎，家居时闻乡邻兄弟不睦或构讼者，辄至其家劝之，不从，明日复至，人虽拒绝之不厌也，必从而后已，邑有朝□□每岁？暴涨所阻，公率众督工，堰石为步，至□行者过之必曰□□事中力也官禁，近时尝一奉敕整点江西军伍，所至求民瘼，除宿弊，事竣，回条上所询民情，五事皆当时急务，及佐广藩，时承平日久，禁网疏阔岭海之间，民物殷富，仕者类以黩货殃民？常公至，一以廉洁？心而凡事行之，以宽公退之暇，即出公署门，徐步街衢间，询问父老以民间利病，反覆款曲必得其情而后已，尝有民以公事至，长藩者欲系诸狱，公曰，彼无罪，姑遣之去，至期自来可也，长曰，彼无保任者，公曰仆保之，民感公恩，信纵之去，至期皆自来，公所以感人心者，大抵此类也。呜呼，今世之？政者岂复有如公者哉？公卒后二十年，是为成化己丑，朝议凡大臣有功德大人者，皆加谥，赠赐公谥，曰恭惠。

尤溪令吉庵陈公传[1]

徐志文

吉庵陈公闽之尤溪令也，讳孝轲，字希贤，别号吉庵。其先青州临淄人，始祖显，朱梁开平二年部迁民来丞新昌，以南北兵阻，遂家邑之东园。

自半峰公倡议复宋合宗战死，义声凛然，累世积善。曾大父道贞公读书清隐，义不仕元，敦行谊，崇礼让，尝建余庆堂，云我子孙当继我积善益光此堂。大父文中公洪武己未举有道，授本学教谕，父克让公以笃行为乡人所重，公生而神爽，敏悟绝人，十岁能属文，年十二补邑弟子员，志度超卓，督学使者以伟器奇之，曰此鹓鹫也，即当见其昂霄。

永乐庚子，甫弱冠，以易经领乡荐，累上春官，卒业太学，正统五年，铨曹合试贤才，简授锦衣卫，经历厘弊，肃纪临莅，必以法。未几，丁外艰，服阕，人劝之起，复曰，我昔为三釜，不得送先君易箦，抱恨终天，今母老矣，复以五斗故游京华，重违膝下，何以为情？居数岁，值内忧，哀毁尽礼，至十三年始赴京补原任，谨守官常，无敢以私干者。

天顺中，掌卫事指挥门达势倾朝，宁公独与之抗论，达作琵琶刑具以肆讯掠，公阻之勿得，遂白大学士李公贤曰：此刑酷甚炮烙，多织无辜，公居政府，幸为裁之。于是李公力争于上，遂禁不用。秩满铨部方议升擢，适闽寇邓茂七余党弗静，扰乱尤溪，有司难于得人，朝论选经练有才望者往安抚之，时公甚籍声誉，且门达忌嫉尤深，与心腹校尉谢时通构谋，假是荐公为尤溪令，实为左迁，举朝惊愕，公怡然促行，略无难意，诸名公遗诗祖道，天台杜侍讲宁有釜鱼泣拜，张文纪剑犊欢歌，龚少卿之句，众多咏之。既至，创保甲，赈孤贫，课农桑，宽逋税，多方抚循流亡，渐复尤溪，遂为乐土。

---

1 徐志文，明代进士，南京工部郎。

公以年老乞闲，且与教谕林凤不协，决意归田，士民挽留不能得，立祠肖像，崇祀名宦，详具尤溪县志。

居家优游泉石，葛巾芒履，无异布衣，所著有易学详解、归田集等书，公生于建文元年四月十一日午时，卒于成化辛卯九月六日亥时，娶王氏，继娶徐氏，俱有妇德，五子复、衍、彻、衡、征，皆遵守庭训，足绍箕裘云。

雪上山万寿庵碑记 [1]

陈捷

吾邑名区，彩烟为最；彩烟胜概，雪上称奇。

从县治西南踰峻岭，涉溪，迂回曲折八九十里，乃至其地，疑于山穷水尽矣。缘崖而入，忽复豁然开敞，别有洞天。峰峦之峭拔，与天姥石梁遥相拱揖。稽诸旧志，泉从绝顶而下，谓之雪山，以雪上名，著其高也。士人以其高而寒，虽盛夏无暑气，如在积雪中，又呼为雪上，云中有古刹，则所称万寿庵者也。

庵之建，肇自何代，邑乘未及详载。按吾同宗前陈芝林家谱，则有讳栋，字国用者，宋嘉定间由太学策名于朝，授池州推官，位任六载，循声丕著，廷议思擢居谏垣，而公辞荣归里，构精舍于兹山，延僧说法，以娱晚景，且不忘君父，取祝圣之义，以万寿名庵。庵中田地山皆其所置，厥后子若孙，世居彩烟，去庵数里而近，庵之废而复兴，历久勿替，率赖其力，相与有成。

明万历间，有僧佛敏，殚力经营，栋宇巍然，香积之资，视昔有增，远近游人访名胜者必推及之。未几，世变沧桑，殿宇悉遭兵燹，田亦就荒，其未荒者，率多侵蚀。幸总持和尚，自蜀中来，道心纯笃，乃于荒榛断梗中静憩者久之，始而结茅，继而作室，禅林气象，焕然更新，厥功茂矣。檀越之劻勷亦不少焉。总持之后，法嗣绳绳，若菜野，若英生，皆能绍述。遗绪竞竞，不敢隙越。

今之住持兹庵者，则照杰上人也。毅然兴怀，思立石以垂不朽，檀越陈万圣、陈一麟、陈一详、陈茂玉等，以因宗之谊，乞言于予，予因上人之清修笃行，足为山川生色，而国用后裔皆能不忘先烈，以奉佛之心，全其念祖之孝，亦未可没也。因从其请，述所闻而为之记。

> 时　康熙四十一年岁次壬午仲冬之吉

1　陈捷（1627～1709），字颖候，号鹤皋，别号止轩，新昌县人，赐进士出身，翰林院编修。新昌人尊称为"陈太史"，其住处称"太史第"。本文录自《彩烟陈氏宗谱》卷之一十六。

烟山祭祖文 [1]

梁国治

乾隆十五年，岁次庚午，八月辛未朔，越六日丙子，四十九世孙国治，谨以牲醴庶羞之奠，致祭于历代高曾祖祠之前曰：于戏，水之积也，不深则无以播浪而乘风；德之积也，不厚即无以流光而衍庆。始，我祖之东迁，遭群马之南渡，潜见穷达，于三十世，乃派别而枝分，遂蕃条而茂叶。其始微而卒盛者，象山天之大畜，其光远而有耀也，类风火之家。人盖溯水木者，孙子倍乎什千，而祀春秋者，本支半于百世。惟彩烟之旧绪，实灵爽之式凭。国治特诣宗祠于也展礼。惟我祖之明神随所居而来享，而子孙之永思无斁者，亦睹几筵檐桷而神往留连。于戏，如生如存如见如闻，瞻望白云，曷其有极。灵其鉴之。尚享！

三生石赋

杨世植

探异迹于武林，羡神奇而罕匹。仙山从海上移来，桂子自月中飞去。兹片石之嵯峨，号三生而嶙苓。似曾相识，认面目于本来；不可求思，望烟云而若失。当其蜀江分袂，握手联谈，别李源而示寂，从浣妇以成男；异西域之来归，装惟屦一，指南州以重晤，孕已年三。入涅槃而不灭，饫法乳而仍甘，蓬矢之悬甫告，迦叶之笑微含。遂以结胜因于嘉石，征妙谛于瞿昙。于是秋色横空，明湖泻碧。吹短笛于遥坡，怀囊人于畴昔；忆旧事兮茫茫，寄遥情兮脉脉。昔年把袂，在锦江玉垒之间；此日谈禅，当月白风清之夕。讶斯地之牧童，即前生之圆泽。方追昔而抚今，忽惊魂而动魄。关非函谷，恍过青牛；山异谷城，似逢黄石。尔其踞湖畔，傍山椒，烟霭霭，夜迢迢，未忘结习，赠以歌谣。既声沉而籁绝，遂露冷而风萧。金石可盟，证身性于生生世世；风霜不蚀，伴烟霞于暮暮朝朝。若教面壁以参，直添公案；如使点头而语，尽息凡嚣。是盖星殒难成，云归不碍，色相非空，物我咸在。事实等于探环，情更殷于访戴。松何不种，凛禅宗而功戒浪施；荆自可班，逢童子而分居朋辈。长藓苔于雨后，便堪并坐为茵；牵萝薜于风前，疑是相逢赠佩。溯旧事兮身前，访伊人兮林下。郁精气兮潜通，赓覆词兮长谢。一卷犹是叩凤根，而石不能言；再世重逢参元理，而人还能化。近过孤山，放鹤应谈华表于千年；遥拟天汉，牵牛误堕支机于五夜。彼夫羊应初平之叱，虎张李广之弦；袖里耽数枚之挟，壶中矗九华之巅。或袍笏而拜，或枕葄而眠，或餐髓而益其寿，或漱齿而欲其坚。考法物，则摹史籀之鼓；稽谲谈，则补女娲之天。地何山而无石，石何地而不传？虽散见于纷纭之说，而未证夫因果之缘。惟是阅世，生人化而更育。十三年以前之旧游，十三年以后之牧犊，是耶？非耶？一往一复，实久要之不忘，岂无睹而视熟，诧造物之恢台，悟循环之倚伏。锡嘉名于摩崖，流韵事于灵竺。有以异乎？堑万而岩千，不数径三与坡六也。

---

1 梁国治（1723～1786），字阶平，号瑶峰，又号丰山。祖籍新昌查林，后唐期间徙居会稽丰山。乾隆十三年（1748）中戊辰科状元，累官至户部尚书、东阁大学士、军机大臣。

隋荣王碑[1]

杨世植

隋大业十三年，江都变作，武卫大将军王世充，留守元文都，奉越王即皇帝位，改元皇泰。明年四月，世充矫策行禅让之事，芟夷葛累，铲绝天潢。王乃携妃韩氏逊荒于野，渡浙而东。历于越之奥区，抵剡鄙之峻阪，是曰三渡。于时处处，生为诸王，没为贵神。自贞观以来，千有余岁，祧衍椒聊，并受余祉。瞻墟墓之凿然，感贞珉之有缺。于是，博咨黎献，旁采志乘，详其巅末，以碑以铭。

王讳白，字继清，系出姬晋，其别为杨，卯金膺箓，肇封赤泉。爰暨元初，仍世柱国，十有二叶。桓桓武元，实辅有周。肇造区夏，皇用嘉之。锡以上公之爵，俾国于隋，功崇德懋，格于皇天。笃生高祖文皇帝，代周兼齐，遂平江左。树配天之鸿猷，扬无前之伟烈，周绵厥绪，惜不其延。前星中陨，嗣主重刘。我王筮天山之占，蹈东海之义，聿来彩烟。曹伍山氓，莚千乘其如脱，谢选用于新朝，圭组长辞，烟霞是寄。故国积黍离之恨，王孙有江头之哀。以贞观十九年薨，葬于三渡之源。民用怆怀，祠于冢次。多历年所，断碣沉埋。精英耿耿，彰厥祈祷。殄飞蝗于塍陌，需甘澍于黎苗，灾沴用除，休嘉咸集。维嘉定十七年，天子以宗祀明堂之恩，广询明神，锡之封爵。裔孙大春，列王事状，闻于转运司。乃遣散寮，祇谒祠墓，询肇祀之权舆，咨昭应之成迹，扬于王庭，丕显休命。保应之敕，符于祀典，遂以主彩烟之山。其余台婺之间，皆有行祠。元妃韩氏，死节金岩，别有冢祠。忠烈之风，屹然相望。次妃王氏，生子曰遁，志逊荒也。明德祇远，世有达人。宋侍郎轰，明刑部尚书容，成都前卫知事宗哲，平原县知县宗器，都御史信民，其最著者。植既采集故实，得王肇基彩烟，及敕赐庙额之原委，而录其可纪者，复为铭诗，以彰王抗高。御大灾，合祀典，膺显封，泽流子孙，永远无极之意。

铭曰，于穆我王，屏藩作辅。大邦遄终，罔延厥祚。羞作裸将，曷云其逝。茫茫越岛，浩浩浙河。以舟以楫，言陟其阿。彩烟漠漠，王征不复。惠我无疆，以绥后禄。赫赫我王，在帝左右。左右维何，俾民寿考。作庙枚枚，民靡不怀。燠我冬日，煦我春台。昔在宝庆，封扬休命。穆穆皇皇，是曰保应。沥江之泽，潺潺无极。长发其祥，允王之德。

明尚书和如公传

杨世植

公讳容，又字宗理，处士景公之子，诸暨县尉转新昌县税务都监，后任台州儒学学正，养素公之孙也。公明经博学，至正八年补邑弟子员，明初登进士。明太祖克婺州，公知天命有归，上书陈方略：宜北绝李察罕，南并张士诚，抚台温，取闽粤，定都金陵，拓地江广，进则越两淮，北取中原；退则画长江，壁金陵自守。观衅而动，天下事蔑不济矣。且张士诚淹有三吴，南包杭

---

1 本篇摘自民国《新昌县志》卷二十后沃洲文存。

绍，北跨通泰，而以平江为巢穴。今若声言，掩取杭绍湖秀，则彼必悉力分守。而大兵直捣平江，别筑长围，屯田固守，分定属邑，收其粮税以供军需，彼坐守空城，安得不困？平江既下，馀郡不支，此必然之势也。上善之，授兵部员外郎。洪武六年，升刑部侍郎，转刑部尚书。上亲定大明律，较前代往往加重。公上疏言刑者所以诘奸止邪，导民于善，非务诛杀也。且历代开运之主，未有不尚德而缓刑者！祈天永命，莫先于此。是以古者断死刑，天子撤乐减膳，诚以司牧之任，欲其并生，不得已而用刑，非治之所尚也！今用刑之际，多裁自圣衷，遂使治狱之吏，专务深刻，而欲刑狱之平，其可得哉！愿朝廷自今存大体，赦小过，修举八议之条，远法钦恤之意，则天下幸甚。未几，卒于京师。适值大兵未泯，艰于行动，柩停梵宫，因乏嗣，勿获返故乡，事迹淹没，潜德亦无闻矣。

论曰：明初用法峻急，此乱国之典，非平世法也。方其取天下之初，罗网群材，务无余逸，一有差跌，即蹈诛夷，以鞭笞捶楚为寻常之辱，以屯田工役为必获之罪，亦所谓以法律为诗书者矣。公务崇宽大，以广上恩亦□朝之循吏也。而嗣嗟伯道，悲夫！时大清嘉庆十九年岁舍甲戌夸则月中浣宗族孙杨世植顿首拜撰。

阆山公传

杨世植

公讳墀，字适丹，号阆山，自高祖淡庵公下，世传经术。父玉亭公，以耆儒硕德发闻。郡守河南席公椿，饮国中贤者，延为上宾，母陈太孺人。公少时，辄为祖郁斋公所钟爱，曰：是儿聪慧，他日必耀吾门也，故小字曰发。垂髫，工制举业，博览群籍，乾隆癸亥补弟子员，壬申食饩，皆受知于学使者彭公启丰，下帐讲授，生徒自远至者日众，补学校者，岁常数人，皆称杨门弟子。

丙子倡文会，是时邑侯滇楚严公，正身学博，雪川张公挙之南明山长，会稽刘公凤飞，更相鼓励，咸甄赏公，决以大就，历试乡闱，报罢，或以星相之说为疑，作非相非命篇，以自淬厉。乙酉曹公秀先，钱公大炘知贡举，亟拔之，凡十踏省门，始隽。丙戌试礼部，既荐复落考，上方略馆，明年改补武英殿校对，僦居药王庙，延致来学，每课期，户外车阗集，经指授者多获隽去，文誉大噪辇毂下。

自宰辅尹公继善、刘公纶、杨公廷璋下，皆器重之。壬辰始登进士，癸巳春，循方略馆，议叙知县。其年冬，告假归，甲午以候选入都而病，内阁中书姚梁、翰林陈昌斋轮替左右之铨曹，将注名，公以病不及投状，遂需次。乙未春，病少间，将佐秦公潮论文安徽，抵天津复病，九月望日卒高邮舟次，距生雍正丙午正月十六日，年五十一。

公生平轻财物，敦尚气谊，自都中还，视微贱时如一日，南北弟子数百人，登科第者数十，所著有《阆山文稿》行世，原配张孺人，子世葵、扶斗、世霖。

论曰，士贵自立，岂不信然哉！方公之屡困场屋，或谓气运不可力气，公慨然厉磨砚之志，辟星相之言，卒膺鹗荐，捷南宫，谓气运之说果足以限豪杰乎哉！

燕闲斋题辞一首并序[1]

梁葆仁

陬乡特尺壤耳。自我溯乾嘉往迹，伟才迭起，蜚艺苑者，北游著草，振动庸者，南服树藩，迄今寻万卷书楼，访半畦野屋，惨尔！接蛮烟荒雨，满目迷离，乃知宦阀文章，皆非世宝。

当日皆良交也。独公畅款段余风，常德不光，编货殖则归本，读耕沛恺泽则动施邑里，到此仰森严堂寝，缅丰备几筵，灿然睹玉帛冠裳，盈庭拜舞，始信朴诚恭俭，真是家珍。

浣亭公起家，杜洲公大之，与其群从，云津明经及家族祖素园太仆，同崛起乾嘉间，明经以文跨邑，太仆以宦跨邑，公乔梓以富跨邑。国朝三百年来，南隅间气，实发于此。今惟公裔寝昌，方兴未艾，奠宫筑寝，发皇先泽。而杨明经万卷楼，家太仆半野堂，宦第且归乌有。徘徊瞻顾，恍通元旨。因祠落成，揭此志喜并寄感焉。光绪丙午外？别民为士，曰读书人。余谓古人读书，今人读墨。墨艺数卷，消磨一生。诸子六经，高阁中物矣。帖括略就，奔走名场之日居多，窃谓其忙亦甚，固未暇也。己卯馆回山姻丈杨蔚然先生，有斋曰燕闲，盖取朱子燕闲无事，静坐读书意也，因作长辞，聊以自讽，且警及门。

朱子读书取燕闲，摒除万事入书关。书中涵咏取诸暇，象外有象环中环。少杂尘思涉躁倦，心气便苦粗如山。求诸匪远即之杳，参书更比参禅艰。主人有斋幽且洁，名斋揭此颜其颜。借问主人胡取尔，云将此意慕先贤。先贤读书燕居日，问诸今人竟不然。今人亦有藏书阁，今人更有耕书田。菽粟真味淡书阁，尘烟封牙签牙签。万卷郫侯架买书，不惜千金价，仿佛张华三十车。异书不向人间借。但付蟫蛸管领牢，燕泥鼠迹相枕藉。更有蠹鱼五色来，神仙字饱纷纷化。先生胡不惜缥缃，谢道长安新返舍。长安名利使人狂，献策觅官抛故乡。有时也作良朋忆，怎奈我比别人忙。从此匆匆不复暇，且听荒斋荒其荒。归来兼欲理旧书，说道明年又试场。试场本取读书子，今日读书抛书史。一卷墨裁时世装，绝大英雄堪老此。优孟衣冠孙叔敖，谁辨叔敖今已死。寻腔按拍觅生涯，有书依旧埃尘耳。别有年少心期短，闲斋只引闲朋款。陶令柴门尽日闲，嵇康天性生来懒。长吟何苦学卧龙，笑语一堂哄然满。今人笑语古人疏，古人冷落今不管。此中意味竟何如，有斋合署逍遥馆。逍遥岁月易消磨，此中空洞乃若何。奈何欲试试无物，且去一试词章科。词章仍旧空不得，报罢归来悔蹉跎。蹉跎虽悔悔已晚，人生行乐且由他。偶成一艺观者笑，俨同说鬼学东坡。偶开一卷厌且倦，卷中贤圣成睡魔。胡为竟日睡乡住，道是梦里周公多。梦中意味复如何，有斋改署安乐窝。主人名斋独否否，燕闲意与古人友。书卷长留天地间，此意今人已罕有。我亦束书高阁人，抱恨已苦十年久。怎奈碌碌住人间。徒指琅玕呼负负，欲买闲山结闲庐。事与功名同不偶，亲老家贫无计处。明年又向京都走，焚香扫地读奇书。此福让与君消受。且待长揖归田庐，再把汉书下浊酒。寄语燕闲无事人，抛书莫步忙人后。声华富贵仅秕糠，斋中书味醇醪厚。唯有主人真解意，紫阳千古名不朽。

---

1 梁葆仁（1844～1907），彩烟乡贤，被誉为"湖北第一好官"。

知新学堂记

梁葆仁

自庚子国变，上锐意图新，而首其政于学，将以新其学者，新天下之才，而新其国。诏京师及行省郡邑，广开学堂，举中西各学而程课之，海内靡然，号称新学，事下郡邑，邑帅侯，郡聚邑人士而谋取其事，时邑中方举办新生学册费，集输以亩，东乡亩有溢，举建书院，至是改学堂，遵诏旨也。堂成，命之曰"知新"，而属记于余。

夫学有本有末，有大有小；学之质，有上、有中、有下；性有近，有不近，犹有可，有不可。巧匠不斫金，巧治不烁材，可不可之喻也；磁引铁则翕，水投石则激，近不近之喻也，上者，遗乎小，务乎大。居其本而驭末，至则圣极则神；其散焉者，为天民，为大人，为社稷臣。大贤以上之所学，其成也不器，使才之才也；中之上者，企乎大，化乎小，治本而达末，为成德，为达材；用之则为名臣，为硕辅；其散焉者，为兵家、刑家、名家、术家、扯彼挂此，亦以劲一时。众贤以上之所学，其成也大器，有上之者，任使之才；无上之者，亦使才之才也。中之下者，通乎小，窒于大；智域一官，能域一职，可庶使，可百僚；其散焉者，倕之工，和之矢，欧之冶，羿之射，良之御，陀之医，张衡之天衡地仪，诸葛之木牛流马皆是，群秀众俊之所学，其成也器，可使之才也，余则众人而已，众人执所众，学无与。此吾学之故义也，西人窃吾故，而不知吾学之有上；取吾所中与下者而分致之，专一之，神明而变化之，故其于学也，虽有吾所不足有，却实能有吾所未曾有，群而致之国，国是以富且强也，中人变所故，而不别质性之有等，合上与中与下者，而众逐之，混袭之，概执于文学而程试之，杂进之，故其于学也，腾诸说则无不有，责诸身与事，而无一有。群而致之国，国是以贫且弱也，积而至今，则又故矣，今复变所故而新之，名号则新，程度则旧，张皇纷乱，以颠簸一世，策群手而捉西人之影，鼓群口而啗中人之根，文朽饰腐，嚣以竟市，至实求所以新吾才以新吾国者，则举之不知也。

今邑东人士，知之矣，将明乎本末，辩乎大小，各审乎夏性之近与可，贵富而分赴之。金银铜铁，毋混铸于一炉，酱醢米盐，毋杂承以一器，濡之岁月勿急也，毋缺以往；小者实所小，论诸卑迩勿计也，毋虚以往。如是，则各有成而交有用。沃洲崒，行将为东都之冀北焉。天下之大，必有类而应之者，国家庚子之辱，何患乎不洒（洗）。

工始于光绪戊戌，告竣于壬寅正月。计正中讲堂三楹，东翼教习楼房三楹，学舍十二楹，西之翼如东；正前门三楹，附门计支应舍可九楹，舍外馀地亩许，皆周子秉钧所输也。册捐溢田三百亩，均入学堂营造之资，另集三千贯，输户姓名以旌之。是为记。

答夏涤庵水部书

梁葆仁

旋里，欲辄遣书，穷山僻处，苦无北便，遂止。顷手书至，知驾已南旋。此行京秩外授两无着，遽已图南，仁意未释然。及遇广被，始悉朝考病蹇不得出。

然以观今日之势，即出亦无甚济，固不足惜。来意恳挚，深以志节自励，并欲策仁共励志节。足下可谓以自爱爱仁，仁虽蹇劣，何敢不勉。但仁意以为，事功根学问，学问根志节。志节两字，原是上等人第一要领，然或以自域，亦只能与流俗人较长短。而于学问事功，终无所就。譬犹人身，志节是骨子，学问是知能，血脉筋节皮肉。而事功者，特其刚柔相辅，而见诸运动者耳。如骨子既立，便不复卫以皮肉，运以血脉，转以筋节，主宰以知能。则浑身槁木，无论旁人触手，即生畏怯，即自家如何运动得转。故通融工夫是万不可少。但工夫下手，断宜视其后者而鞭之。

足下天资朴讷，性情所近，峭立孤冷居多，斤斤志节，非所后也。魏氏谓明于人于君亲无情。原是皮厚无志节故然。其间志节诸人，亦只顾自家志节，推到隐处，未必真与君亲有情。古来真正与君亲有情者，自必雍容进退。从一身本领上，确求可计君亲万全。然后敢一出以图君亲，断不悻悻然与天下争诸声色也。

仁尝言明人义理，多以血气争之，故往往至于偾事，试观东林复社诸贤，孰一可与图甲申以后事者，盖志节激于义理。义理之体，正直而方，全角四起，分毫磨损不得，全靠作事者做得圆，参得活，相份还他一个正直而方的底子，才得与事功不碍。任气争则锋芒并露，不缺则折矣。陈龙川先生云：浩然之气，百炼之血气也。又云：前往之途，有曲有直，有高有低，自是直撞不得。此气炼到浩然，孟子以为犹须善养，然后可以加之卿相而无疑。阁下之气，尚未着得炼字，故结而不化，雄而不沈，度量展拓不开，步履便周折不转。即观论家庭之事，且不免多执一是，以直撞处执一是。直撞安能委曲以归至是，天下事莫不然也。仁生而执是直撞者亦二十年，峻嶒壁立，动与世忤，几于关门过日，与天下划然两处，方可自为。比年来运数大艰，世途日狭，穷乏拂乱中，到受得些动忍操虑困衡征发诸裨益，犹以自惧。然遇到关系之处，仍然坚定脊骨，以生死争之，特不敢一往直撞已耳。足下之意，甚以忧贫责仁。丈夫忧贫，诚足隐坠志节。第足下亦只从忧贫上一直看去，未一察及仁之苦衷曲折者。

仁家世清寒，不着寸土，昆季姊妹，仰食者十数口，先君子拮据一生，负千金之累，未及了向平之愿而去人世。而诸昆季又若不自立，仁读书微有气力，又不引为一身之任，坐使先人负累地下。老母在堂，痛心于骨肉一家散离枯槁而一不动念，是所谓一毫无情，皮厚无点血者矣。而仁又苦于义利辨晰，喜自分明，与世落落，不堪趋逐，而研田径寸，所获几何，是以所贫益甚，而所忧滋深。仁若肯稍自贬损，便可不贫，仁若肯一身自顾，亦可不忧。仁之戚戚，实隐动于情之一往，遂忘却圣贤道中有忧贫之戒也。扫除天下，安事一室，此等壮谈，自足下述之为远志，若自仁之境出之，则忍心也。仁意谓儒者已出之身君为先，凡君之所忧皆吾忧。儒者未出之身亲为先，凡亲之所忧皆吾忧。温太真绝裾而行，纵令干得出涵天盖地的事业，仁且决其非为君来也。

仁之所深惧者，前途终梗，乡党索居，又无贤师友相砥砺，积久渐移，不免有子孙田园之意杂起其间。而致志远大，则又不敢不奉足下之言以时相警惕。足下庶时有以警惕仁而不仁弃乎。近来名山无人，制作之士，虽进数百，多不足道。仁阅人虽多，而所见如阁下者实仅，近尝以生不同乡，不获时修切磋为憾。第足下所存在志节，所任在事功，而中间不通融学问，终不免即于贾生王道，甫一流而痛哭太息，率无为君亲福也，足下自以为何如耶？生才难，成才尤难，仁不能不于足下有深望焉。

长言反复，语无伦次，如有不当，尚希见教是荷。

《识字捷径字典》自序（节选）[1]

梁毓芝

予幼在围山姑丈家读书，得祖姑丈之长孙茂材杨蔾庄表兄授予以翻切并四十字母总括诸字，予得因此为欲识字略集一便捷法，凡有系于日用者，多采取之。依四十字母音相同者，各以类从。虽声有清浊之殊，均书冬东分列，滨兵异部。兹皆不暇详分。总以简便为程。又或方音各殊，不能一例识者，谅之。凡紧要之字，有疏忽遗漏，祈为指正增补，不胜欣感。

四十字母，金娇基肩嘉，根高戈扛街，君供居涓阶，昆公圭官乖，姜鸠姑光瓜，庚钩甘架官监晐。

将上八句相附之者吟熟，则诸字在其中。凡有音无字者，亦在其中。可以依部自仿，不待师授。且不烦目记某字在某部，第几数，可闭目了然于胸中。要用某字，将八句字母总揭以金根均昆姜官八字，又将各字母总以若干数，四十字母，音之多少不同，有十四音者，有七八音者。十四音者分为四句，八音分为二句。惟二十音者分为八句，总以八字，如金字，总以金丁兵精，欣林如根，总以根登奔增真亨分伦，如高字总以高刀包糟招蒿劳，如姜字总以姜浆张香梁，如庚字总以庚创樟，凡三十音者，一字母能吟，则各字母自然能吟。凡七音者，不必分句，依数数之可也。平上去入，亦以一二三四五六七八之数作一码子，如欲写金字，则码作（图，无法录入），以金字居四十字母之首，又为金丁兵精欣林之首，又为金钦芹银之首，又在平声，故码作五，一如娇字作（图，无法录入，下略去一段）。可以此推。又可不用笔写在壁，外以木杖扣几声，则知在第几句。停一呼吸时再扣几声，则知在第几字母之第几句，再停再扣几声，则知在第几句之第几音，所扣之数，与作码之数一例，自然能扣能听，部中有用翻切者，如根刀切则高字，砭刀切则敲字，登刀切则刀字，奔刀切则包字，生刀切则梢字，戈奔切则根字，阿奔切则恩字，人只知以登吞豚，能与刀叨桃咬，第几字与第几字相合而已，然劳于强记苦矣，不知切字有自然之音。但唇还唇音，喉还喉音，齿还齿音，舌还舌音，开口还开口音，得之自然，无毫厘误。

---

1 梁毓芝（1847～1938），彩烟乡贤。弃仕归里，在1919年编纂并出版《识字捷径字典》，获省政府嘉奖。本文为其序言。

练使岭茶亭碑记 [1]

杨名捷

邑于千岩万壑中，彩烟峙西南隅。故剡为首，越为面，沃洲、天姥为眉目，彩烟之练使岭，摩其顶矣。晋以前，章安东瓯悉隶闽，自康乐侯之开关岭也，台与剡始通。练使岭别为间道，蜿蜒十余里，横截翠微，峰迎人面，云起马头。积阴雨，则泥泞；迫炎燠，则苦热。康熙中，里人杨士镶锄隙地，诛荆茹，建亭于岭之半，召煮茗者，而给以田。盖数十年于兹矣，垣墉宋桷渐以剥蚀。其嗣、贡生广思，益以邮舍三楹，与其族人名山，和伯辈，各输田若干亩。于是寒暑有备，风雨有栖，负担有驰，劳勚有息，糇粮有爨，病暍有饮，仆夫纾其况瘁，渐石减其维高。

余莅邑之明年，会属民读法道，经斯亭之旁，适其役之竣也。遂悉所为台剡间，间道形胜，甲邑之西南。而亭实崭然，辖其要害，又不徒泛泛之庸坊邮表矣。遂记之，命镌诸石。

光绪二十年诰命（圣旨）（节选）[2]

奉天承运，皇帝制曰：宠绥国爵，式嘉忠勤之劳；蔚起门风，用表庭闱之训。尔杨叽西光禄寺署正衔、报捐随带加四级杨黼廷之父。义方启后，谷似光前。绩善在躬，布仁德放吏治；克家有子，拓令绪于政声。兹以覃恩，封尔为中宪大夫、锡之诰命。于戏！锡策府之徽，章存恩泽；荷天家之麻命，增耀门闾。

上下宅乡会路费碑记 [3]

今夫蛟龙之困于蛰也，凭云雨而后升：舟楫之藏于壑也，遇大力而后趋。士负蛟龙之姿，抱舟楫之材，处牢落困顿之境，苟无所凭而无所遇，终亦孤落无容也已。我祖荣王，逊荒兹土，率神明之允，扬清德之芬，历千百奇年，台辅庶牧，理学文章，光昭汗简。大江东来，无出杨氏右者。圣朝定鼎，教养仁深，累挟桂苑之芳，曾撷杏林之艳，若是宗灵之遗韵固未沉也。向以景运

1　杨名捷，贵州贵定人，举人。授文林郎，清乾隆二十二年至二十五年（1757～1760）任新昌知县。本文作于1758年，选自新昌《彩烟杨氏宗谱》。

2　圣旨幅面长210厘米，宽30厘米，由紫、白、黄、红、蓝五色织绢而成，底有龙纹图案，文种为诰命，由满文、汉文合璧书写，满文从左往右，汉文从右往左，两种文字均向中间延伸，中间钤有制诰之宝玉玺。圣旨是指历代帝王下达的文书命令及封赠有功官员或赐给爵位名号颁发的诰命或敕命。圣旨颜色越丰富，说明接受封赠的官员官衔越高。圣旨的材料十分考究，均为上好蚕丝制成的绫锦织品，图案多为祥云瑞鹤，富丽堂皇。该圣旨由新昌档案馆于20世纪50年代初征集，2015年进行抢救性保护。为镇馆之宝。该圣旨是清朝光绪皇帝于光绪二十年（1894）颁发，表彰杨黼廷的父母教子有方，诰封为中宪大夫、恭人。杨黼廷（1870～1948），字宝檩，回山村人，由太学生候选光禄寺署正，封四品，赏戴花翎，诰授朝议大夫。

3　《上下宅乡会路费碑记》《新昌彩烟渡河凡圣庵碑记》《大宅里重修东岳庙碑记》《岭头俞前将龙真殿无名碑碑》《回山下坂市碑》《西塘众信庵碑记》《下丹溪重修丹溪桥碑》均为清代碑刻，录自新昌博物馆编《新昌历代碑刻》（俞国璋著）。

重光，星缠四纪。向之歌食萍之诗者，竟付诸覆蕉之梦耶。盖境与愿逆，壮志潜灰，力不奉心，英华销阻耳。嗟乎！登瀛咫尺，莫觏碧螺；捷足高才，望洋浩叹，天下古今同，此伤心流涕者也。族长会川，策扶文运，继斗承命相事，遍询宗绅。先举颐轩公存田四亩倡捐，而族之富而好礼者翕然响应，乐输负郭，竞解朴囊，共勷盛典。由是，乡会两试文武须赆，有加花红、奖赏，有差公族、公姓，将必感而思兴，激而思奋，震困负葳，在此举矣。行将起蛟龙于云汉，放舟楫于江海，作霖济巨，黼黻皇章，远绍四世三公之烈，近甲一朝三相之谟。安在后之不能匹休于古哉？我祖在天之灵应亦欢然含笑也。爰勒其事，以证功德于来兹云尔。

嗣孙继斗谨识 赋藩书丹

计开捐主亩分土名字号（略）

龙飞道光八年（1828）岁在戊子季春之吉

新昌彩烟渡河凡圣庵碑记 [1]

县治之南方百里许，有鞍顶山，巍峨□巇，登其巅而远望焉。俯视一□在莲花座上，生□□□有僧一人至□星禅师，一曰李头陀开山伐茶创始，其□构造数楹，颜名"右迹寺"。□□□修□身不出□□□□□食□水自给。闭晨昏，并春秋，与麂、鹿、猿、□共盘桓，杳不知世外缘也。山下磅礴迂回，□舍□□村焉。安顶无邻火炊烟，烛灭必至是取之。此殆方外桃源之僻，而无桃源晋人。稠庐□□□斯山顶，□不知山之高、岁之久也。

厥后悟成菩提、观音、如来，纱□□宝者，慧灯揜映，□烟缥缈。一僧缘止，徐步村中，取火相继。回首斯地，其追踪□西同郡，其浪游于南□耶。全体僵尸逍遥而去讨，居人异而敬之。□结茅为舍，装裱成像，奉二相于其中，虽不载之经史，父老传闻，佥曰："头陀庵。"想有由焉。迩者头陀庵，更为凡圣庵，盖人能□□□□□又圣数十年未有住持者。一僧自湖田万宗庵至此，斋沐礼拜三宝，食力之余，拓坛缘所，□□□陆□零，以为永□香火之资。是亦不忘安顶主禅师李头陀□□□其徒照洁朴诚静默□□□□守本师之戒，欲□之永久，恐多历年所，后之守庵者产业承管不继，前之功劬隳矣。其□□□将本庵基地、田亩字号、丘兀土名悉勒于碑，以志不朽。后之接承香火者，尚其遵之勿替。

计开（略）

邑庠生吕震谨撰俞垂敬书

康熙三十四年（1695）岁次乙亥蒲月□日吉旦

住持僧照洁同胞族兄梁渝得侄梁弘高谨立

1　碑高95厘米，宽57厘米，方弧首，海日纹额，花岗岩石。原在鞍顶山下凡圣庵内，现存雅里渡河自然村。

大宅里重修东岳庙碑记 [1]

东岳庙之由来久矣。忆昔殿祀张神，残碑壁立。历后庙裡，青府古碣，叠存无如，屋多难为补葺，时久易致崩颓。此所由善作必贵乎善述也。兹僧登□邀同首事□□发心整理，协力募修，□俾庙貌与神像咸革故而鼎新。惟乐输者勿惜倾囊予斯，劝输者乃得集腋成，今幸告竣。敢掠美哉？爰勒石以垂久远，庶不负各乡好施者之心，亦以见僧同首事之乐相与有成焉云尔。

（捐助芳名略）

光绪十年（1884）岁在

岭头俞前将龙真殿无名碎碑 [2]

礼有云：有其举之，莫敢废也。吾□□□□□殿自道光二十九年（1849）间，岭头俞村俞大正者□时往来东阳、嵊邑，以相阴阳、观□□□□度基灶、卜坟地，编民多信之。□时乡人皆称为乩□五座，戏台、雨庑约计五十余间□□□像巍然，一大观也。开光甫华，俞大正忽然逝世，其时，司□十余年，四五两层正楹尚在，□□□无资，侧厢拾余间□崩颓矣，尚不及时修整，未免化为乌有。□出己资每名三千文，以作修屋之费。修葺垣埔，装裱神像，重新殿宇，所剩余资存放生息，置买田□邑□千首芳名列后大殿川堂戏台堂众首柱：□□□□四间，台门一半（芳名略）二柱：西抱平屋四间，台门一半（芳名略）三柱：东抱楼屋五间（芳名略）四柱：□（芳名略）

□次辛丑（1901）精其其年杏月吉旦

回山下坂市碑 [3]

总督部院大老爷刘批，发绍兴府太老爷张审断：立市于回山下坂，二七为期，永世遵守，公平交易，立此碑记。

康熙十年（1671）腊月吉旦

立市人：杨之可、杨之章、杨甫臣、杨之奇、杨耀宇、赵惠荣、杨君星、丁君甫、梅秀峰、杨谐臣、陈以明、杨长老、杨君甫、杨尔献、陈天喜、丁二相

---

1 此碑已纵断残缺，原高207厘米，宽8厘米，圭首，镜岭镇西坑青石。曾作洗衣石几十年，被村民捶裂，又作铺路石材，现存大宅里村。另外尚有两通碑：一为《重修东岳庙碑记》，高210厘米、宽86厘米，圭首，凤凰牡丹纹额，梅花饰边，西坑青石，横断成两块，因作洗衣石50年，文字可识者有："……合东堡为三堡奉神□□□内□捐□用不给爰向各村劝助，幸仗□□□□□取之不尽，用之不竭焉。兹值告竣勒石，僧之功也，而实堡内首事与各村好施者之为也，究非神灵。……清光绪十年岁在甲申仲冬。"二为《重修庙碑》，高207厘米，宽85厘米，圭首，凸雕双龙背匾额，西坑青石，完整，同样用作洗衣石几十年，序文已模糊难识，落款为"大清光绪二十八年岁次壬寅元月□连欢敬立"。

2 由8块碎碑拼凑。高110厘米，宽90厘米，双面刻文，镜岭西坑青石。现存岭头俞和前将之龙真殿内。

3 碑高155厘米，宽65厘米，圆首，灰白凝灰岩石质。碑石原在上市场下市，20世纪六七十年代被回山粮管所当洗衣板用，80年代初县文管办征集，后置千佛岩下新昌博物馆碑廊。

西塘众信庵碑记 [1]

众信者，乃新昌彩烟之西南，当台温之便道行旅线上。虽村居□迩，而长途望梅□人也，族姓童，结茅于斯，以烧茶济众为功德，众皆信之；际圣天子尧天舜日之□大雄宝殿，庄严佛像，又舍田地以为斯庵永远之计，故名曰：众信。朝夕焚香祝□有年矣，乃贤童辞世，继起者不得其人地，有不信心者，窥厥庵产，因而公鸣诸邑侯□勒石永世，以免后日风波。□侯之谕，将庵产镌之于石，庶敝庵之不朽也，则奉福地济众生□维倚山东王公也，讳沛懋，由岁进士，天子□择以抚新民也。立碑者谁？今住持行僧承湛也□邑庠生梁□□侄□书

开山僧第一代僧□童□师徒□如，护法梁以达，住持僧承□

（捐助芳名略）

皇清康熙四十七年（1708）闰三月朔□

同治七年（1868）闰四月□

下丹溪重修丹溪桥碑 [2]

为桥通路，古今沾恩在物也。经久必变，自然之理，况乃桥乎？夫桥驾在溪流之上，必经洪水，但以碎石为之，而百折不回，其固如同天造地设，其事奇怪。如丹溪一桥，创建于道光年间，被称为便涉，讵□□□□月间，蛟水为灾，凡所有桥梁道路佘削无数，惟此桥只冲半桥脚，桥身仍兀立而不改其度，全赖前人精工深力矣。谋事在人，且以斯桥之破折，当必修筑而后可，不然必将倾圮。爰是邀集同人，计议重修葺，经费支出即向政府恳请。幸蒙补贴一部分，不敷加以劝募，又得各村善信慷慨乐助，共襄义举，卒乃集腋成裘，鸠工庀匠，未数月而告竣。此□行人往来，足称为千古通衢，厥功岂浅鲜哉！适于腊月初成之日，□将继者之姓名刻著于石，以垂不朽。

公民竺申甫撰并书

（捐助芳名略）

公元一九六三年岁次癸卯首夏

梁相善、盛林铨、盛焕标、王启明、卢雪傲、梁相金、盛成章、竺银有、梁钱金、张生口、盛肖尧、盛永仁、盛美荣、盛谷田、王见东、王汝弄司事敬立

---

1 碑残高117厘米，宽66厘米，圭首，镜岭镇西坑青石。曾作洗衣石几十年，残缺。现存红联村西塘。王沛懋，字时勉，山东诸城人，贡生，曾任正黄旗教习，浙江绍兴府新昌县知县。

2 碑高174厘米，宽70厘米，圭首，镜岭西坑青石。20世纪70年代曾作洗衣石用，现立于下丹溪村丹溪桥头亭内。亭内另有一方"丹溪桥碑记"，高195厘米，宽80厘米，为西坑青石，曾作他用，文字蚀失，纵向断裂，可能为道光十五年（1835）所立。古碑不可考，以此碑代之。

道南学校记[1]

梁念萱

道南学校者，余彩烟乡公立之高等小学也。因其地在新昌南，故名之曰道南，盖取吾道其南之意焉。其地点居彩烟之中，左为下塘，右为茅坂。离大宅里上下宅各五六里，盖一空旷高阜地也。两旁密栽松杉竹木，隆冬不凋，四时常青，颇极茂盛。前则操场极阔，纵横各数十弓。遥望前山，峰峦环抱，景致绝优。俯视场下，有水井焉，其色常绿，可以汲。有流水焉，其流孔急，可以濯。此道南之外景也。

入其门，则见道地长方形，旁栽果木数株，步阶而上，高堂大厦，称美奂也。中悬校训，有公德、整洁、亲爱、勤学八字。壁间粘学生自治章程，本校赏罚规则。其下置先师孔子圣位，更悬有朝会训话。一登堂而知斯校之严肃也。礼堂后壁，则为揭示处，或赏或罚，诰诫更殷。进升后堂，则为二年级生教室。壁间悬有中华民国分道地图，历代分合图。阅之则古今中外，了如指掌。其楼上则为学生寝室，有寝室长为之监视，被褥整洁，无或一紊。右行至西厅，则校长房在焉。中堂为会客所，内悬纸组中华地图，颇觉细致，旁悬楹联二，一为保家先保国，寸土胜寸金。一为自卑登高，有基勿坏；升堂入室，吾道其南。字均工整。此外悬有一览表甚多，有学历表，有课程表，有毕业表，有经费表，有教职员履历表，有学生寝室自修地址表，布置颇称完备。循后阶而下，则为西花厅，系一年级生教室。壁中多悬图画，均臻佳妙。更降为西斋中厅，教员房在焉。前二厅则为一二年级生自修室，光线明亮，地址宽阔。两旁道地，栽花草极多，亦颇雅观。复左行至东厅，则为阅报所及事务所，地颇幽静。循左阶而下，则为东花厅，系三年级生教室，空气充足，光线亦明。又降则为东斋中厅，中为教员室，旁有学生寝室。其前即为东斋二厅，系三年级生自修室，光线地址，与西斋同，花草亦类。至其前第一厅，则为厨室膳室，虽不宽阔，要亦称整洁焉。他如厕室，远在西斋中厅之外，污物不之见，秽气无可虑，更布置之极妥者也。

回忆道南创始之时，一荒草地耳，越波诸公发起于先，杏春诸公经营于后，迄今不过十余年，而毕业已经四次，成绩昭著，可想见矣。现尤力加整顿，教员校长均极热心，吾辈诵读其间，日坐春风，时沾化雨，可不勉哉，不勖哉。是为记。

泄上山[2]

金汤侯

……泄上山，在县南八十里，彩烟山东南，自麒麟岭渡溪，溪潭渊淳绀澈，上数步开小谷，谷口有石岭，细路旋折而上，凡十余盘，皆回峰蔽樾，流水溁潋，似无投足处，缘壁行数里，忽豁然爽垲，别有天地，巍峦对峙，远岫插青，佛宇楼观，幽长深邃，又有奇花翠竹，峭石清泉，

---

1 梁念萱（1903～1955），彩烟乡贤。本文录自新昌县档案馆《梁柏台学生时代手抄本〈披沙拣金〉》。
2 金汤侯，民国名士，本文摘自《越游便览》。

足以怡旷神怀，与华顶石梁相望，一绝景也。吕维师诗：禅房幽结最高岑，扪磴攀萝试一寻；曲径盘回烟锁断，荒溪绀碧水澄深。莺啼谷口花无数，云护山腰竹有阴；矗矗群峰烟外列，欲携谢句朗然吟。

梁敦怀传 [1]

梁敦怀，原名家，号素园，后以字行，彩烟乡云溪庄人。祖云章，岁贡生；父鳌，邑庠生。父游学在京，少寄食于外，家已有子矣。父入永平官吏幕，挈之往，知府李奉翰素精相术，一见奇之，劝母学幕职，当别有就。同族文定公国治，乾隆间名相也，曾来新祭祖，稔熟公家世，时以湘抚入军机，会四库馆开，需誊录，公父率至京谋于国治，适额满，仅以供事保送，遂留为馆客，议叙得四川金堂县典史，时年已三十有四。二年，署梓潼丞。乾隆五十三年廓尔喀事起，奉檄至军前差遣，中道以事平回任、五十六年，西藏用兵，又赴粮台差，得奖叙，以冕宁丞署洪雅县印。县故有田河，激流被齿，公纠士民堰之，成沃土。会名山、起水二县令以供应兵差误撤，公署任，兼理战事，益器公才。

嘉庆元年升任太平县，时鄂陕等教匪蔓延及川东，虽剿抚兼施之，诏下而匪踪飘忽无定，云阳当其冲，檄改任。由间道方达，已焚劫一空，公于抚恤中兼筹防守，期年立寨堡至六百余，以粮米分贮，既免侵掠，又省转运，军需得以时应。经略益喜之，下其法令各站仿行。初匪于大军追剿即散窜，军过则回匿山硐，复出劫掠，零星小股以百计，中惟张长青王国贤二股各有数千人，尚往来三省交界中。公任云阳既四年，民亦苦乱离益匪就。公饥则为贯军米以赈，届期完尝无一欠，又建书院以教其秀者，以故上下益联合。张长生，长青弟，固云阳民也，以病为堡勇缚送署，公独优养之，长生益感激，公从容询问，得其情，长生言，惟惧死，不敢降，降亦恐不免，即民此出尚难，遑论吾兄？公即如约命出，饬各寨勿问，众疑之。数月，突有大水田寨长陈世辅称，有贼目陈求荣率四十人奉长青命来询抚事，公即命见之，一如语长生言，求荣犹以兵在境内为疑，公率同来四人诣夔府督军行辕伸前请，亦以授降，如降敌为戒公回经趋寨中，长青以五百人在附近无量山阻险观望，即由求荣伸谕，先缴器械，许以不死，群感泣，遂率以见制府，此为第一次；王国贤在逃，由长青辗转寻获，招降至八千余名，此为第二次；川省于是报肃清。经略亦奖许交至，仍回本任，理善后事，所有亏缺，概由民自完，盖德公有素焉。由眉州知州奏擢绥定府。在眉时，生童向附嘉定府考试，路远道险，请由州设考棚，皆允准，三百年来，此举由公始。未莅绥定，川藩强资之以引见公，年五十八岁方再赴京，陛见时犹以云阳招匪事为言，详询善后机宜并及新兵滋闹事。公再请免其摊扣从前借支银两，得旨允准，川遂无事。未数月回，即任盐茶道，十三年升桂臬，时年六十一岁，陛见时又温谕久之，令趋叩裕陵。公以在云阳时两次丁艰，昔惟墨绖，今当补报为请，遂乞省墓，假，上因思及国治既殁，为伊一家令便道看护，并令即日首途如命行，赴任未三月，调滇臬，中途至马龙州即升任藩司，厘定运铜规制，官民称颂。三年

1　本文录自民国《新昌县志》卷十一人物。

复请陛见，耳已重听，蒙恩仍饬回任。又二年，公年六十六岁，内调太仆卿，以桂莫有失察事予休致。公少落拓，中年始达，其家藏有云阳招降图，为政绩之尤著者。

梁葆仁传 [1]

梁葆仁（1844～1907）字承薪，号西园，又号泽春，今回山镇中宅村人，清光绪十二年贡生，十六年进士，十六年以候补知县签发湖北，二十二年出任湖北天门知县，到二十八年卸任，在任十二年，勤政廉洁，革除弊政，造福百姓，被湖广总督张之洞誉为"湖北第一好官"。

其为人刚毅木讷，自幼家贫，族兄资以薪米，得游学省城，时湘军首领彭玉麟至杭州，欲罗致其门下，梁葆仁婉拒，清光绪二年中举，历长天台、嵊县诸书院。十二年登进士第，十六年以候补知县签发湖北，为总督张之洞、按察使陈宝箴所赏识，二十三年六月，补天门知县，此前委办京山塘心口堤工，时洪水陡涨，江堤溃决，百姓被困于屋顶，情势危急，梁葆仁以船拯救1200余人，设饼糜赈济，安置灾民，久之始赴任，时天门县有一弊政，即一旦出人命官司，不论贫富、是非，官吏先勒索办案费，有时还祸及四邻，梁葆仁到任后，革除弊政，视事只带衙役十余人，禁绝索诈，三月内积案处理一清，深得民心。十月，总督张之洞决定修筑江堤防洪工程，同事数十人，估工八十余万缗，张之洞亲临工地察看，苦于经费浩繁，无法动工，梁葆仁经连夜再次勘察估算，独以二十五万请，众皆愕然，工竣计其数，不足二十四万缗，余一万多，从此，安陆等四县均推行此法，赞之为"堤工第一"，名扬湖北。又因抚宪学政保奏其"朴实沉毅，可胜将帅"，官加三级，晋升为候补道台，光绪皇帝还特旨召见，并将筑堤所余款项奖励于他。

时天门遭遇饥荒，梁葆仁开仓赈济，编定户口，五日为期，树旗帜以军伍点名式发放救济粮食，积弊以除。又购地种桑，示以成法，桑园成林后，以其收入充书院经费，且云："是土宜桑，他日得与江浙同，余愿毕矣，但余病日甚，未知得见成林否。"士民闻之，悲感交集，知其有引退之意，后经奏请挽留，以在任调养留任，适八国联军进犯北京，各地响应义和团起义，县内教堂多处被焚毁，葆仁竭力调停，后因病回乡调养，离任之日，妇孺至有垂泪者，犹盼其回任。

返籍后，梁葆仁不忘造福乡梓，将朝廷奖励白银用作村民移山填土造田之用，并出资创办学塾，知新学堂创办之初，梁葆仁捐资以外，亲撰《知新学堂记》，凡亲族贫乏者，皆赈之，告诫诸子，以勤俭持家，在回山镇中宅村尚有其故居祠堂，留有其手书匾额，城南乡韩妃村有其止止山庄，为晚年隐居之所，收藏大量图书，后卒于家。其裔孙梁以忠任新昌中学校长，捐赠古籍图书16箱给新昌县图书馆，新嵊并县时悉数运往嵊县图书馆，现尚有一万余册古籍留嵊。

梁葆仁以西园先生名于新，四十三岁会试中式，四十七岁才以候补知县签发湖北，五十三岁才任天门知县，经历坎坷，任职不过知县，但大器晚成，建树卓越，影响颇远，《新昌县志》有传。

1　本文录自民国《新昌县志》卷十一人物。

下宅敌灾记¹

杨士庸

我彩烟杨氏，自隋荣王肇基以来，千数百年，未罹兵燹，盖彩烟居新昌之南，山高数百丈，四围皆峻岭，居民寨而守，外寇不易至也，考邑志，宋方腊、元方国珍、明倭寇、清太平天国，皆踞邑城，掠四乡，而彩烟独安然无恙，故昔人有"世外桃源"之称。

民国二十年，东邻日本强占我东北四省，二十六年大场抗战失利，遂深入内地，我浙江省垣及萧山、绍兴、宁波等县，相继沦陷。三十一年夏四月初四日，突闻有敌骑千余行抵儒岙，村人惶惶，信疑参半。翌日果见敌机飞翔，掩护骑兵数千，由仰船岭脚，渡双溪，上寺后岭，后复有数千上石蟹岭，入我下宅村，放火烧毁回塘西北两岸房屋，掳去族人二十余名，而敌之宿下岩村者，尚难计数。初六日，复有敌骑数千，到村放火，烧毁第四房下坎头、上园、东园各住宅，殃及酒店岭南抱，掳去族人三十余名。

两日间，我村被焚房屋一百一十余间，被掳族人五十余名，内有岩根、凤生、梦祥三人，迄今未回，存亡莫卜。我始祖荣王庙，即保应庙，亦于是时被焚，诚空前之浩劫也。

闻此次敌军系由宁波袭击金华，出道烟山，实非所料，事前既未设防，敌人复有飞机掩护，猝难自卫，理所当然。尤难堪者，此后邑城沦陷，杂军四起，如八十八团忠义救国军中顺部队、四明游击队等，公然借缴枪为名，肆行掳掠，政府不能过问。言念及此，余痛犹存，故为之记。

日行百里入飞地　现代桃源访遗民²

周大风

1948年春节后，我应聘到新昌中学任教。因新到一地，必定会出门去逛逛街景，使我印象最深的是看到一位明朝服饰的老者。他道服髻发、布袜土靴，挑着一担草药来县城换食盐，我上前与他寒暄，他总是吞吞吐吐，不愿与我说话似的。

约有半年时间，又一次在街上碰到他，他正用一束药材向杂货铺里换取一包大小不一的缝衣针，当我再想去寒暄几句时，他又支支吾吾地走了。

据当地年老的学者相告，这位明朝服饰的老翁，大家称之为"竹舟先生"，住在回山区的一个深山冷岙里，与世基本隔绝，只一年进城几次来换取一些食盐、针或其他，也不愿与人多说话，据说是明亡时不愿归顺清朝统治的将军和遗民后裔。之后，我在新昌城里，再也没有机会能碰到这位竹舟先生了。

1　杨士庸，彩烟下宅人，毕业于浙江公立法政专门学校，任最高法院东北分院推事。1948年，任重修杨氏宗谱委员会主任委员。本文记于1947年农历七月十五日，选自《彩烟杨氏思存祠宗谱》。
2　周大风（1923～2015），宁波北仑人。国家一级作曲家、研究员、教授，享受国务院特殊津贴专家，中国民主促进会会员。曾在新昌中学任教。有多种专著和论文。《采茶舞曲》曾被联合国教科文组织选编为教材。

约在 1950 年的冬季，我当时担任宁波文工团的业务团长，为了想觅取一个如何从垦荒得到耕田，来说明土地应是农民自己的剧本题材。我就带一位通讯员，背上背包（当时外出是自己带衣被的），从奉化搭汽车至拔茅，又从拔茅转车到会墅岭，再步行到儒岙镇（区）所属的一个山岙小村，这里已是接近更偏僻的回山区了。

当晚，我住在这个没有地名的小村庄口的一间茅屋里，说来也凑巧，次日，正是近中午时刻，却在屋门口很巧的逢到这位竹舟先生，但见他背负重重的一筐食盐，气喘喘却又步履健壮地向我的住所走来。他歇下了，我就搬一条板凳给他坐下，又倒了一杯热茶给他，又递给他一支香烟，他却从自己的腰带中解下烟囊，我立刻阻止，并与他点燃香烟搁在他嘴唇上。就这样，他开始与我交谈了。说他住在儒岙进去回山地方的一个山里山、岙里岙的地方。今天黄昏前一定要赶回家去，我问他有多少远，他也回答不出，只伸出一只手（大约四五十里 [1]），我领会了。

灵机一动，觉得这是个好机会，一可探知遗民生活，本是我夙愿，二可能得到开荒得良地的线索，我就征他同意，说要送他回家，他有些尴尬，几经商量，只同意我送他半程，我也不管三七二十一，叫通讯员小赵迅速打起背包就走。

小赵同志用一根扁担，一头挑起竹舟先生的那筐食盐，一头是两只背包，他感到两头有轻重，不好挑，我索性把水壶拎包全都放在背包上面，还把竹舟先生的一个沉甸甸的布袋也一股脑儿放进去，两头才平衡。我则迅速从邻屋中叫出女主人，付给她五角钱，作为我二人的住宿费，她坚决不要，定要找还我三角钱（即三千元），这才放行。

开始十几里是山岭间羊肠小道，当碰到两座山岭后，连这山回路转的景况也消失了，但竹舟先生却很熟悉，在依稀可辨的疏草路上，如履平地，我们就跟着他走，多少次，他要换肩挑担，都给小赵同志坚拒，这一路上就是闷走，很少讲话，可能是竹舟先生性格内向而静默寡言，也可能是不愿与世人多谈，还可能是彼此语言有距离。

再行二十里许，我们在一个小涧旁几石上休息了。他再三要我们驻足而返，我哪里肯呢？我拿出了几张"糊拉头""麻花"（糊拉头即大春饼，麻花即扁的油条）三人分食，他坚决不受，再三劝食，他才吃了。我从水壶中倒开水给他，他却在山涧中用双手捧水而饮。当他再三劝我返时，我也不管三七二十一，一定要跟他进山。他无法拒绝我，只说一句："我们那边是从来不欢迎山外客人的。"

又在没有路的荆棘丛生的山林里穿来穿去约行二十里，太阳已快下山了。我在行走四五十里路中，从没见到一间民房或一块梯田、一个凉亭。只看到山环山，岗叠岗，树掩树，溪绕溪，几乎没有平地，可算是蛮荒之地，更奇怪的是沿途极少见到森林，只有稀稀拉拉的树木，镶嵌在兀石峰峦之间，风景并不美，印象中是一个相当贫瘠的不毛之地，使人们无法在此生息。

当夜幕低垂的时候，一条草径出现了。约莫再行三五里弯弯曲曲的小道，绕过几个小土岗，看到了几椽草庐及三两间古老的瓦屋，隐隐地在丛林中点缀，一丝丝炊烟余雾袅袅。我知道，这

1　1 里即 500 米。

二十世纪的"世外桃源"即将到来。

进入"世外桃源"的入口处，首先见到的是一座似土地庙又非土地庙，似字纸炉又非字纸炉的土瓦笼，半已圮塌，荆草枯藤丛生，看来已有几百年光景了。从这里远眺近辨，村庄零落地分散在一条小溪两旁，傍着山麓，山上一座座古坟点缀着，在暮色中更显得萧条荒凉。竹舟先生不声不响陪我们走五六十里，又不声不响领我们进村，即进入一处破旧不堪的又矮又小的瓦房中，屋内漆黑一团，他没有叫我们坐，就进另一屋内。

片刻，从内屋出来一位老人，掌着一盏油灯，灯光像绿豆般大。再看这位老人，面黄肌瘦，蓄着乱七八糟的胡髭。分宾主坐定，另一妇女又点来一盏稍亮一点的油灯，并在火缸里取出一只古旧的瓦缶罐，用土碗泡了一杯茶给我饮，茶叶梗多、叶大、味苦，但仍馥郁清香，还带着一点烟火味。

开始谈话了，他说的是文质彬彬的语词，除了有三分之一难懂外，其余的我都尚能懂得或悟得。在谈吐中，我知道他就是当地最高的长者，既是一姓族长，又是私塾教师，我也告诉他我的"假身份"，说也是教书的，以争取他与我更有共同语言以及可以避免意外的政治性隔阂。的确，他说了最怕世俗的官吏、兵痞、盗贼、僧侣、游民等来干扰他们安居乐业的生活。

老人兴致勃勃地问起山外的情况，我看他似无所知。我就以极缓慢的语气，从清代三百年说起，又说到孙中山推翻清皇朝，之后，军阀混战，九一八、七七事变，共产党最后解放了全中国。他频频点头，似懂非懂地插问几句。这时小屋里外已围集了近二十人，有老的小的，男的女的，他们都与竹舟先生一样，穿着明代服饰，但都是用麻布或粗的棉布织成，用清灰色的土颜色染成，并无一点点花纹边饰，看来是相当清贫俭朴简陋，并且布也很粗糙。一看就知道是土布机织成的。

当语言不通时，我拿出了金星钢笔在笔记本反面书写，他借着暗淡的清油灯看着辨着，我就随手在袋里摸出一放大镜送给他（原是我外出时看地图用），他高兴极了。我又把这支伴随我已十几年的金星钢笔送给他，他像握毛笔一样地试写着，纸也给划破了。当我示范地斜握书写时，他大声笑了，向我表示谢意。我告诉他这笔尖是黄金制的，他诧异地用放大镜仔细地观察，最后他向我作揖施礼，我急忙扶住他，在纸上写了"区区小物莫挂齿"，他笑了，内心感激之情露于声色。

在一个多小时的谈话中，我发现他身旁的人从不插话，也不发笑，鸦雀无声，从中也可看出他们规矩极严。我这位通讯员因为缺乏文化，也从不插嘴，只是默默地坐在竹椅上打瞌睡。老人也问起他，我说是我学生，老人也就更放心了。因为从他的口中了解到，在几十年前曾来一个强盗，在村里捉鸡追鸭，使全村男女心有余悸几十年。

一会儿，一位村姑进来了，她一示意，老者就请我们随村姑去吃饭，我们暂时告别老者。

村姑在前引路，小赵与我打起了手电筒，又引来一批围观者的好奇。经过了一个小土坡，进入一间茅屋，土桌板凳相当陈旧，但很清洁，上面热气腾腾地放了几碗菜饭。我们坐下来，也无人作陪，只有一位年约五十岁的老者，为我们倒上了两竹筒热的醪酒。这浊酒浓郁酽稠，氤氲扑鼻，可能也因肚子饿了，我呷了几口，非常清淡可口，似黄酒非黄酒，似水酒非水酒，像酒酿液稍带甜味。而大碗菜呢，倒是落刀鲜的碧绿青翠的油菜。上面复着十几片薄的咸肉。似猪肉又非猪肉，似野味又非野味，另一碗则是萝卜千丝清蒸，有两只很小的带壳鸡蛋，因为我们已走了一天路，饿了，就狼吞虎咽地吃了。

这时屋内又来了好几个村童，也是像古画里的儿童一样打扮。我就在背袋里掏出几张"糊拉头"及"麻花"分给孩子们，但孩子们都不接，倒还是长者接了过去，稍稍分一些给孩子们。饭后，也并没有人与我们多谈。就在这家茅屋的里间，临时搭起了木板为我们就寝，我们同睡一床，盖的是自己带来的被头，因厨房内有灰缸余热，被子虽薄也不嫌冷，茅屋的主人，这位五十多岁的老农，因语言大多不通，只不断用手示意，我们也就呼呼入睡了。

天还未亮，主人已起床烧饭烧水。我们也只好起床，小赵打好背包，在溪水里洗脸漱口，热情的主人用手示意邀我们吃早饭，早饭也就是糙米饭及昨晚吃剩的菜。这一次，倒是主人一家和我们同桌而食，我发现他们捧的是老竹根做的竹碗，才知道我们吃的粗瓦缸的碗是他们祖宗几代留下来的"古董"。

为了不拿群众一针一线，吃饭住宿都要付钱，当我把钱币交给他们时，他们莫名其妙地根本没有一点反应，只拿起来看了又看，我才悟得他们几百年来只知道以物易物，根本不用货币。于是想到我们自己带来的东西中去找，倒还是小赵机灵，促我把搪瓷口杯、钢精饭盒、空白笔记本、剪刀、六用开刀、指南针等都送给他们，并且形象化地介绍了用途。主人很高兴，特别是这位村姑，更是雀跃欢乐。她把所有的"礼品"全用一只竹篮装着，拉我们同去族长处，当族长点头后，小姑娘才收下，可见他们规矩之严。

我向族长提出要到全村参观，他听不懂这个新名词，写了也看不懂，只好手指村庄说："去看看！"他点了头，就亲自陪同我们到村里去转了一转。

他走得很慢，还时常咳嗽喘气。他就找来竹舟先生陪同，还从袋里拿出昨晚送他的放大镜东看西看，我知道他很喜欢这个小礼品。想要送竹舟先生一件小礼品，什么都没有了，只好把我的两个手电筒相送，并告诉他电池用完到回山或儒岙，或城里去配，他谢了。我们也就放心了。因只怕他不肯收，但他上前与族长示意，族长点了头后他才道谢。

我们有这位常接触世外桃源以外的人作向导，使我们了解更多的东西。这里没有地名，只有沈家、陈家、王家、张家四个掺杂在一起的大致的地域。他自己说村中婚嫁丧事，造坟建屋均由他择日择地。他说，这里几百年来与山外交往几乎断绝。只为了缝衣针、纸、墨、笔等，才每年外出几次，以药材调换，一般均由他负责一担一担挑，他今日来明日去，夜宿凉亭庙寺，才走一趟城里。有时还带上挑盐的一两个人到回山去接力。除此之外，一切衣、食、住、行均能就地解决。他们既种稻、麦、豆、菜、瓜，也畜猪、牛、羊、鸡、鸭、鹅，还有几塘鱼虾。他们不愁旱及涝，得天独厚的环境给他们生息几百年，我想起了康衢老人《击壤歌》："日出而作，日入而息，耕田而食，凿井而饮，帝力何有于我哉！"

他们也刈草为薪，伐木建屋，又制家具，也有半业余的打铁匠，几百年来都是明末时遗留下来的刀、枪、矛等武器作原料。古老的传统的耕耘播种操作方法一直沿用至今，全村四姓只有两个石臼，四只石磨，织布缝衣，捕鱼虾，榨油、制坯烧砖瓦等，处处显示出原始的“日出而作，日入而息”的社会缩影，确是“帝力何有于我哉”。

从谈话中，更了解几百年来就是四姓通婚，四姓之中各有族长，但总管村务的即是这位私塾老师兼族长者，他又兼行医，也常为村里人写祭文、祝词、春联等，他教的全是四书五经。或《千字文》《百家姓》。至于《幼学琼林》《三字经》《朱子家训》等，他们尚未听到过（因是明末以后的私塾教本）。他们因为缺乏纸、笔、墨，多是用石板石笔书写。这时的男女都穿着土布麻衣，都是明代式样。他们没有日历，却知道时令节气，因为族长手中有一本很破旧的“万年历”，也只有竹舟先生有一个祖传的“日晷”，能对着阳光读出子丑寅卯的时辰。他们不懂历史，只知道四姓祖先是在朝廷中做大官或武将的。只因清兵侵入，不甘沦为异族臣民，择此世外桃源来隐居，并订下规矩，不准子孙与山外人交往。怕混进满族人或汉奸，使祖宗受玷辱。四姓之中也有矛盾，但规矩是防患于初，一有矛盾即进行调解，并说了唐代张九龄以“百忍”为例，说要忍耐，故这个村名为“睦庄”。

老族长口中似隐约地知有孙中山此人，也知道清人已败退，但半信半疑地仍不准村民往山外走。他也知道有“长毛”（太平天国军），但只知此名词而不知其底细。如说他们是“乃不知有汉，无论魏晋”则他们对于明朝以前的朝代仍略能知之，只明代以后的国事则非常朦胧了。他们于每年春节，必要挂起四姓祖先的画像，分批跪拜并进献供品，特别是洪武帝朱元璋及军师刘基，几乎家家户户都设有灵牌。可见他们几百年来对明室正统的观念是根深蒂固的。当我问起崇祯帝吊死煤山，李自成、张献忠、史可法、郑成功、吴三桂、洪承畴等历史人物时，他们都不了解，估计是凭历代口传而失，即使问他在明末时舟山一带抗清的鲁王，壮烈成仁的张苍水，也一无所知。估计是他们的四姓祖先入山隐居之时，必是清兵进窥浙东的仓促之际，因信息断续而使后代子孙无从传承了解。

走完了这弹丸之地，不过半个多小时，与族长谈话倒不少。又每到一处，总有几位老的少的依门观望，各家各户也均有猪、鸭、狗、鸡、羊豢养着，但都是相当小。我问那些鸡、羊、猪等已养了多少年月了，从回答中可以知道比山外同龄的要小一半。于是，我又好奇地观察了男女老少村民，似乎都因几百年四姓通婚“近亲繁殖”而比山外人也略矮小一些。

见一妇女正在织布，机杼声百步外就能听到，进去一看，门幅只有一尺左右，但非常厚实，据族长说，全村只有这么几个布机，这一架已用了几百年。

整个村子里没有一棵桕子树，故蜡烛与灯笼与他们无缘，用的都是篾竹麻秆做的“火把”。实际上“鬼叫进门，鸟叫出门”，晚上无事也不必串门。

边说边走，走到竹舟先生的家门口了，竹舟先生并不邀我们进去，倒还是族长老人说出这是竹舟的家，我也就顾不得什么，踏进了他的大门。

这也是一间破旧不堪的瓦房，壁上挂着一张古琴，只留着一二条粗的红弦，琴面上断纹条条，一看就知道这已是几百年前的旧琴。我问竹舟先生能鼓琴否，他摇摇头，我知道这是因无弦而失传了。我又看到墙上有一对裱在杉板上的对联，但只有几个非常模糊的字迹，已难能成句，他说是他幼小时已看到挂在这里的。

我们回到了放背包的地方，族长就命竹舟先生送我们走。我看看手表已是八点多了，于是就与族长话别。一群村童赶来，送我们两位"山外来客"归去。

这一次走的不是原路，而是爬上一座很高的山岭。竹舟先生说，这是近路，他一直送我们到昨天来的通回山小路为止，我们说已认识了路，请他留步。我又把一个军用水壶送给他，他这次无法再请示族长了，就表示谢意……

站在回山镇，遥望天姥山[1]

洪烛

地球人都知道丝绸之路，其实，同样值得关注的还有唐诗之路。唐朝的边塞诗有丝绸之路的影子，但另一大巅峰山水诗，走的是不同的路线，毫无疑问在江南最发达。唐诗之路，指的是从钱塘江开始沿浙东运河经绍兴、上虞和浙东运河中段的曹娥溯古代的剡溪（今曹娥江及其上游新昌江）经嵊州、新昌、天台、临海、椒江以及余姚、宁波，东达东海舟山和从新昌沿剡溪经奉化溪口至宁波的具体的一条道路，又叫浙东唐诗之路。梁孟伟发现唐朝诗人的大家和名家几乎没有一位不寻访和歌咏过这条诗路："所以有人说，唐诗之路的源头在魏晋，这里不只是一条诗路，更是中国佛教、道教、儒教的糅合之路，也是书、画、诗的整合之路。所以有人说，如果没有佛教的传播，就没有后来的唐诗之路；没有东晋名士的风流和对山水的歌咏，唐诗的兴盛也许将推迟。在中国文化史上，很少有一条线路和中国的山水诗、书画艺术以及宗教思想发生如此密切的关系。正是因为这层关系，才引得诗人纷至沓来；也因为他们的歌咏，才成就了一条绝无仅有的唐诗之路……"

唐诗之路从柯桥、绍兴、上虞、嵊州到新昌，再到天台山、临海延伸到温岭，为主干道，还有一条支线，从奉化到宁波到余姚。新昌正处于唐诗之路干线和支线交接处的中心地段。2007年我与叶延滨、舒婷等诗人应中国诗歌学会邀请，参加中国诗歌万里行走进新昌采风活动，来之前对新昌一无所知，还傻傻地问一句："新昌有什么？"张同吾和祁人不约而同地回答："有天姥山。"我立马想起李白的诗句："天姥连天向天横，势拔五岳掩赤城"。看来这座县城不简单，手里有大牌：李白是唐朝的一张王牌，而《梦游天姥吟留别》又是李白的一张王牌。

这条唐诗之路上，已有会稽、四明、天台三座名山。可自从李白写了《梦游天姥吟留别》，天姥山就成为名山中的名山：一座横空出世的诗山。

其实天姥山六朝时期就成为道教的一个载体，天姥即王母，从昆仑山传过来的。当时传说住在昆仑山的西王母，与东边的东王公也就是玉皇大帝相配，强强联手，使道教得以风行。渴望得道成仙的李白，正是冲着这个王母来的：他不只爱山，更爱住在山上的神仙。当他献诗一首，天

1　洪烛（1967～2020），原名王军，生于南京。中国作家协会会员，中国文联出版社编辑室主任。本篇为2017年4月参加著名作家诗人采风活动而作。

姥山就不只是仙山了，还是诗山。而李白也不只是诗人了，更是诗仙。也有人说李白写《梦游天姥吟留别》时，刚游了泰山，为什么要写梦游天姥呢？因为泰山没有王母，天姥山才有王母这文化积淀，李白在泰山下面梦游天姥，也算弥补不足。此诗又题作《别东鲁诸公》，是李白被排挤出长安的第二年，即天宝四年（745），准备由东鲁（今山东省南部）南游越中时，题赠送行的山东好友们。"五岳寻仙不辞远，一生好入名山游"，李白到哪里都能应景抒情、即兴赋诗，唯独《梦游天姥吟留别》，是"预先写出的游记"，完全凭想象发挥。人还未到，心已经到了，诗也到了。

李白一生四入浙江、三至越中、二登台岳，成为这条唐诗之路最著名的游客。天姥山是最让李白神往的，也最大限度满足了他探险寻幽的愿望："脚着谢公屐，身登青云梯。半壁见海日，空中闻天鸡。"明明是梦游，却跟真的一样，甚至比真的到此一游的人，还要感动与震撼。这首诗还使人记住了谢公屐，中国山水诗鼻祖谢灵运发明的登山鞋。李白穿上了，也很合脚啊。他不是在步谢灵运之后尘，而是给山水诗闹一场天翻地覆的"革命"：比山水更伟大的，是人；比日月更灿烂的，是心；比世界更美丽的，是梦。那才是风景中的风景。

新昌了不起啊，拥有天姥山，就等于拥有李白，拥有李白的魂。白居易也把沃洲湖与天姥山比喻为眉目传情"东南山水越为首，剡为面，沃洲天姥为眉目"。2007 年我乘机械船周游沃洲湖。沃洲湖很大，船行半小时，才找到李白上岸的码头。我在笔记本上写过一段"豪言壮语"：沃洲湖，我把你当成西湖的姐姐，也就等于把你当成西施的姐姐，流落民间，荆钗布裙，只被几位老而又老的诗人赞叹过。很难说：他们的吟咏使你更美了，还是你的美使他们变得年轻了？深山里的美人，知道李白怎么说你吗？知道杜甫泛舟湖上怎么想的吗？知道今天来的是谁吗？是我呀。这个无名的小诗人，对你一见钟情，梦想写出仙乐飘飘的诗篇，成为李白与杜甫的第三者。"啥文学史啊，除了李白就是杜甫，老百姓已不知道还有第三位诗人。下面该看我的了！"瞧我腾云驾雾时说的狂话，这种力量是你带给我的。

"一座天姥山，半部全唐诗。"此言不算夸张。天姥山吸引了 451 位诗人到来，留下了 1500 首诗。在全唐诗里，堪称倾国倾城。当然，这不无李白的功劳。他的《梦游天姥吟留别》，为天姥山作了最好的软广告。甚至到了 2007 年，中国诗歌万里行走进新昌采风，说是拜访天姥山，又何尝不是为了追寻李白的履痕？李白在天姥山，找到谢灵运的木屐。我在天姥山，找到李白的大脚印。李白在我想象中是赤脚的诗仙，他的诗是裸体的，他的人是透明的。你看见了吗？李白的大脚印，给天姥山盖上了最好的图章。

《全唐诗》若剔除李白的作品，会打多大的折扣？诗歌史若少了李白这个人，会打多大的折扣？李白若没写出《梦游天姥吟留别》，他自己会打多大的折扣？"你最喜欢李白的哪一首诗？"好让人为难的问题。有人会在《将进酒》与《月下独酌》之间犹豫，有人会在《秋浦歌》与《行路难》之间徘徊……对于我别无选择：永远是《梦游天姥吟留别》。它简直比李白本人还像李白：一个刑满释放的谪仙，穿着拖鞋，迫不及待地冲出世俗的牢狱。大门口有人来接：他的哥哥青山，他的妹妹绿水，等他快等白了头……我眼前的天姥山跟李白的梦境相比，会打多大的折扣？对于李白，梦境就是打了点折扣的仙境。

　　《梦游天姥吟留别》是李白的标志性建筑，李白是中国诗歌史的标志性建筑，唐诗是上下五千年文明的标志性建筑。我左手地图右手诗集，到处找谢灵运故居："谢公宿处今尚在"，李白找到了，我没有找到。只找到县城里一家鞋店，可惜里面没有谢公屐出售。这就是广告效应：李白读了谢灵运的诗，而来天姥山，我读了李白的诗，而来天姥山。天姥山不识字，同时代的人又不识货，"诗都是留给后人读的，哪怕只有一个读者……"

　　孟浩然寓居绍兴期间，于731年腊月初八到新昌大佛寺礼拜，喝了腊八粥，惊叹大佛寺的盛况："松柏禅庭古，世界楼台稀。"可见当时大佛寺就建有稀世之楼阁了。李白与孟浩然是铁哥们，甚至堪称孟浩然的铁杆粉丝："吾爱孟夫子，风流天下闻。""欲向江东去，定将谁举杯。稽山无贺老，却棹酒船回"。李白游浙东，有两大寄托，一是天姥山，二是孟浩然。他经过孟浩然在绍兴的寓所而未遇，才转奔天姥山。"我欲因之梦吴越，一夜飞渡镜湖月"，这肝胆相照的镜湖，宋朝以后才改名为"鉴湖"。近代又出了女侠。水陆两栖的月亮，一定姓李。它是李白喂养过的宠物，把诗人从绍兴一路送到剡溪。它哪里知道，自己迎送的只是一个影子。"诗人与你我有什么不同？他的影子都会制造更多的影子……"今天，在李白面前，我不算诗人，仅仅作为诗人的影子，尾随而来。"李白的影子都有骨头的。信不信？"镜湖又叫鉴湖。很久以后，或很久以前，一位叫秋瑾的女侠，把磨快了的月牙从刀鞘里拔出："秋风秋雨愁煞人……"她写下这句很对得起李白的诗。

　　2007年中国诗歌万里行就是沿李白的路线走进新昌。这条唐诗之路，又连上了新诗之路。我写了2800行长诗《李白》，被《十月》等报刊选载。

　　转眼到了2017年，应邀参加绍兴市作协诗歌委员会和新昌县作协主办的作家采风活动，我重游故地，尤其是深入地处新昌县南端，西与金华市磐安县毗邻，南与台州天台县接壤的回山镇。在古老的唐诗之路上，这只是一个小站。回山地区因四围皆山而古称围山，历代相称衍化成"回山"两字。今天，这个地名对于我却有了新的意义。我也是在回山啊：天姥山，我又回来了。

　　此地每当夏秋早晨，山谷中层云迭出，经朝阳照射，状如彩烟，故又俗称"烟山"。回山镇宋至清属彩烟乡。清宣统二年属南区彩烟乡。我想起李白《梦游天姥吟留别》的诗句："海客谈瀛洲，烟涛微茫信难求。越人语天姥，云霓明灭或可睹。"我几乎相信李白来新昌拜访天姥山时，一定路过回山，至少梦见过，否则怎么把这座"烟山"描写得如此传神："云青青兮欲雨，水澹澹兮生烟。列缺霹雳，丘峦崩摧。洞天石扉，訇然中开。青冥浩荡不见底，日月照耀金银台。霓为衣兮风为马，云之君兮纷纷而来下。虎鼓瑟兮鸾回车，仙之人兮列如麻。忽魂悸以魄动，恍惊起而长嗟。惟觉时之枕席，失向来之烟霞。"所谓的烟霞，因为添加了李白梦幻的色彩，显得更加迷离生动。

　　这一回是回山镇邀请我的，我又把唐诗之路重新走了一遍。从山阴到剡中，车轮是卷轴，殷勤地滚动，祖传的山水画铺开了一半，另一半隐藏在云雾深处，想念着尚未画出的花鸟。迎面而来的泼墨，将我淋湿。我快成为画家笔下的人物。夜色降临，车灯照不到路的尽头。只把眼前的景物给放大，让人误以为这就是全部：路的尽头还是路。司机随口说道："李白当年就从这里走来……"他是骑马还是坐轿？够快的。为什么至今赶不上他？神情恍惚，不知该怎么下笔"千山万水，哪里有给我留的空白？"加把劲儿，再往前该是天姥山，正需要这么一大块镇纸，把被风掀起的画卷摁住。

在唐诗之路上，天姥山是一个大大的感叹号，回山镇似乎只是一个小小的逗号，可这小不点儿的逗号，同样耐人寻味。一朵荷花回头，看见了蜻蜓。一只蝴蝶回头，看见了梁祝。一首唐诗回头，看见了李白。李白也在这里回过头啊，是否能看见我？我是李白的外一首。一个梦回头，就醒了。一条河回头，意味着时光倒流。一条路回头，一次又一次回头，就变成盘山公路。一座山也会回头吗？那得用多大的力气？回山的回，和回家的回，是同一个回字。即使是一座山，只要想家了，就会回头。我来回山镇干什么？没别的意思，只想在李白回头的地方，喝一杯酒。酒里有乾坤，也有春秋。这种把李白灌醉的老酒，名字叫什么？还用问吗？叫乡愁。

夜宿回山镇，我从电脑里调出初访新昌写的长诗《李白》，继续着十年前的思路，回味李白与天姥山的关系。为神仙所不容，为科举所不容，为朝廷所不容，为幕府所不容，为庙堂所不容，为权贵所不容，在贬谪人间之后再次遭到放逐，李白只能投靠山水了，一气之下，成为诗江湖的老大。即使为山水所不容，他还有诗。即使为诗坛所不容，他还有酒。即使为酒馆所不容，他还有梦，作为借宿的别墅。别小瞧李白，他的出路多着呢：后半夜，他离家出走，直奔天姥山……

李白必须背叛皇帝，才能忠诚于自己。必须背叛长安，才能忠诚于江湖。必须背叛神仙，才能忠诚于人间。必须背叛现实，才能忠诚于诗与酒。《梦游天姥吟留别》是一次美丽的哗变。他是被逼上天姥山的：凡俗的重重阻挠使诗人喘不过气来，只能把世外桃源当成自己的氧吧。好舒服啊：诗来自深呼吸。

李白，昨夜你梦见黄鹤楼，旁边新架起的电视发射塔，是否也逃不过你的千里眼？李白，今夜你又梦见天姥山，是否同时梦见正走在盘山公路上的我？对，就是那个跟在旅游团后面，因为想入非非而掉队的小小身影！我知道自己来到李白的眼皮底下了……这是我的一千零一夜。而你已记不清做过多少梦，包括死后的，包括梦中的梦……"相信吧，梦做得多了，就会变成真的！"

李白，我又来到你梦游过的地方，把曲折的诗行重走一遍，你押的韵太陡峭了，差点崴了我的脚。趁着月亮没老，尽可能把自己想象成你，或你的替身，把这首诗当成自己写的："听，哥们就要朗诵了……"可惜历史不允许第二个李白诞生。他说："有一个就够了！"

我只精神了那么一小会儿，又恢复成一个俗人。别看我写了这么多年诗，跟你相比，其实离俗人很近离诗人很远。即使我相信自己就是李白，天姥山也不相信。

李白，你该住在这里，你该住下不走了。走了，还会再回来。从会稽到剡中，从天姥山到回山，幻灯片般的景物，跟你的山水诗一模一样。弹琴复长啸，每喘一口气，月光就旧了一点。你从哪里走来？我就向哪里走去。一步步倒退，回到唐朝，也停不住。回到唐诗还没有诞生的年代，做一回古越国的国王。"好！江山已掌握在我手中。李白，我命令你歌唱……"

如果李白有一千个故乡，我有一千零一个。他的故乡，都是我的故乡，再加上我的出生地，李白没有来过的地方。天姥山算李白的第几个故乡呢？算我的第几个呢？醉意还未消散，晨雾弥漫，我是进入他梦中的人。梦这玩意儿，其实我也会。向李白学习，把梦做强做大。杜甫梦见李白，像副手梦见主帅。我梦见李白：剡中的弯弯山道，等待我搀扶的醉哥哥。"有我呢，不用怕！"我的酒量，想来该比李白大一点吧？否则怎么去救他？每一个故乡，都有一个我。在回山镇，我找到了第一千零一个自己。

李白来了杜甫来了王维来了……诗人们排着队来了，互相提携，天姥山装得满满的。我到处找哪里有给我留的座位，小板凳也行啊。可惜全唐诗里，连条缝也没有，想挤也挤不进去。李白走了杜甫走了王维走了……只留下遍地落花，以及流水，天姥山又变成一座空山。我像个打扫战场的人，用秋风的扫帚，把残缺的脚印归拢在一起，是装订成册呢，还是点把火烧掉？"天下哪有不散的筵席，饕餮的时代已终结，诗不再有号召力……"我也要走了，却很不甘心——我算老几？我走之后，空山会变得更空，还是丝毫不受影响？

领风骚者，也为风骚所领。国风掀动他的长袖，不舞也不行。离骚在挠他的痒痒，痒到心里去："我就不客气了，来一首吧，大家听好了——"关键是先来哪一首呢？《将进酒》最合适，给诸位上一碟开胃的凉菜。别着急，大菜还在后面呢。菜谱上共有七百七十六道，随你挑：干切的天门山，蜜饯的峨眉山月，醋熘的庐山瀑布，麻辣的秋浦歌，水煮乌夜啼，拔丝玉阶怨，铁板烧的凤凰台，烤几串蓬莱文章，建安骨就炖汤吧……黄鹤楼支起火锅，炉火照天地。粉丝三千丈，青崖白鹿肉，加上青梅竹马，可以慢慢涮。黄河是高度酒，桃花潭水是软饮料，还有燕山雪花冰淇淋。梦游天姥啥时上呢？最后吧。临别前再尝一口：渌水荡漾，还挺烫的。

李白一生为许多名山写过诗。当然，有些是因李白写过而有名的，或更有名的。我最喜爱的是这两座：天姥山与敬亭山。天姥山是睡着的，敬亭山是醒着的。两座山之间，隔着一个诗人。他背靠天姥山，凝视敬亭山。他以黑夜垫背，跟白昼打个照面，仿佛一觉醒来，打量镜子里的自己："刚刚分别没多久，你就显老了……"他太孤独了，找到一个伙伴还不够，还要为自己的梦，预备另外一个。他的一生靠大大小小的山来记数的，数过来、数过去，越数越少，最后只剩下真真假假这么两座：天姥山是他的枕头，敬亭山是梳妆台，他要揽镜自照，拔掉新长出来的几根白发。看来再没有别人能帮他这个忙了。

"道南"校名探源 [1]

梁钟美

古之书院，皆为传道授业解惑之所，大抵以地命名，亦有以教育宗旨或理念为名者。彩烟书院名以"道南"，必高人所为，绝非古之浙东道南端那么简单，其中必有深意。究竟陈昆，还是潘士模，抑或是创始人集体智慧的结晶？时隔百年，已难考证。

99届道南中学毕业的副教授杨维春先生在毕业20周年同学会上声情并茂朗诵了他的散文诗《大江东去，吾道南来》，文中引用的岳麓书院楹联给我们指明了探究"道南"出处之方向。联语出自清初理学传人杨凯运之口。

---

1 梁钟美（1935～），号中美，彩烟樟花村人。出生耕读世家，历任新昌中学团委书记、新昌回山中学校长兼党支部书记、回山区教育干部兼回山二中党支部书记、回山一中校长兼党支部书记。

杨凯运，湘潭人，曾在长沙城南书院讲学，才高性傲，终身不仕。据传，曾至江浙一带讲学，当地学者欲试其才，并探其学问渊源。杨随口而出："吾道南来，原是濂溪一脉；大江东去，无非湘水余波。"满座听众无不为其恢宏浩瀚之气势与宽阔谦恭之胸襟所折服。此联被后人书于岳麓书院大成殿，又题于文庙两庑，更镌刻于爱莲湖"濂溪书院"正大门两旁。联语所推崇的是宋理学开山祖师周敦颐学说。

周敦颐（1017～1073）世称濂溪先生，湖南道县人，宋理学开山鼻祖、哲学家、思想家，著作收录于《周元公集》。周曾任分宁主簿，后任多地县令，至和元年（1054）仕大理寺丞。所到之处，皆兴教办学，政绩累累。晚年因病辞官，定居庐山，建"濂溪书院"，仍坚持传道讲学。治学中，其提出许多新课题，做出新论断，推进了儒学。他南安任职时，通判程珦知其非常人，遂携子程颢、程颐投其门下。二程继承发扬理学，声名显扬。宋理学集大成者朱熹尊周为"道学宗主"。宋理宗诏从祀孔子庙堂，确立其理学开山祖地位。人们甚至推崇"其功盖在孔孟之间矣"。清初巨儒黄宗羲切中肯綮地评述："孔孟而后，汉儒止有传经之学，性道微言之绝久矣。元公崛起，二程嗣之。"而后"大儒辈出，圣学大昌"。岳麓书院为奉祀孔子和周敦颐，专设"孔子祠"和"濂溪祠"，成为古代理学之发源地。1743年，乾隆皇帝亦因此御书"道南正脉"匾额赐之。

后来，多有理学传人采用"道南"名校。杨时曾在福建建有"道南书院"，著名华侨陈嘉庚先生在新加坡办有"道南学堂"。二十世纪初年，彩烟几位博学儒士——学校创始人筹建伊始即以"道南书院"名之，充分展现了他们的办学宗旨与理念，其源亦盖出于此。

彩烟最高学府道南高等小学堂，新中国成立后获得新生，为回山区校夯实基础，又创办了新昌五中。而后嵊县回山中学、新昌回山中学、回山一中，虽几经更名，而彩烟人从未忘"道南"初衷。1995年经胡显仁等人提议，县人民政府批准重启"道南中学"校名，彩烟之"道南精神"得以发扬。维春先生说："吾道南来，大江东去"，很好地阐释了我们这一代道南人精神：我们从道南出发，走南闯北，"到中流击水，浪遏飞舟"，即便到了大海，到了"大江东去，浪淘尽，千古风流人物"，我们依然只是一个道南人。

是的，"道南精神"无不深深印烙于每一位彩烟学子的脑海，他们正以崭新的姿态努力践行。

彩烟山考 [1]

梁少膺

万历《绍兴府志》卷五《山川志》：

彩烟山在（新昌）县南八十里，与东阳界。其上平衍，势盘旋逶迤，四面皆崇山峻岭，居民杂处其间。

康熙《绍兴府志》卷五《山川志》、乾隆《绍兴府志》卷五《地理志》及万历《新昌县志》、民国

---

1 梁少膺（1966～），彩烟莲花心人。著名书画篆刻家、美术史论家。本篇录自《今日新昌》。

《新昌县志》同上。其中万历《新昌县志》于"县南"前存"十四等都"四字，"东阳"后存"连"一字。按，"十四等都"为明时新昌县境行政区域之划分。又《大清一统志》卷二二六《山川》："彩烟山在新昌县南八十里，四面险峻，山巅平衍。"此述当出于万历《绍兴府志》。按，此志成书于万历七年（1579），万历《新昌县志》成书于七年（1579），故最早对于彩烟山方位、路线、形势之描述应属后者，其他方志全转引于此。譬如，乾隆《浙江通志》卷一五《山川·绍兴府·新昌县》："彩烟山，成化《新昌县志》：在县南六十里，与东阳界。"亦是。又雍正《浙江通志》卷三《疆域·新昌县》："新昌县界，旧《浙江通志》：在（绍兴）府治东南二百二十里……南至东阳县二百一十里。"彩烟山地处绍兴新昌境内，与东阳（今磐安县）接壤，斯山乃绍兴与金华疆域之界山。

彩烟山自古自存区域。清顾祖禹《读史方舆纪要》卷九二《绍兴府·新昌县》："彩烟镇。在县南彩烟山下。宋置巡司，明初因之。后废。"又嘉泰《会稽志》卷一二《八县》辑"新昌县八乡"："彩烟乡在县东南。管里三。"按，《浙江通志》卷二三八《陵墓》："新昌县。隋荣王墓。《绍兴府志》：隋荣王自避乱亡入彩烟乡，葬沥冈三渡之原。"又宋叶适《水心集》卷二四辑《长（澄）潭王公墓志铭》，载晋王导后裔王思文（焕之）于"嘉定之壬申（1212）年七十九，而以六月戊子卒，甲戌十一月丙申枢葬彩烟乡。山曰鳌峰。"中国乡镇制度萌芽于夏商周三代，至秦实行郡县制，于县下置乡，为基层政权组织，一直延续后世。上之所引，颇能说明古代彩烟山人口繁荣、乡镇发展之一端。

然则"彩烟"之名始于何时，现已失考。检唐欧阳询《艺文类聚》卷六三《楼》，辑南朝宋鲍照《凌烟楼铭》：

瞰列江楹，望景延除。积清风路，含彩烟途。俯窥淮海，俯（仰）眺荆吴。我王结驾，藻思神居。宜此万春，修灵所扶。

此铭出《鲍明远集》卷十，为"彩烟"一词最早之见。依元陶宗仪《说郛》卷一七《能改斋漫录》，唐太宗贞观十七年（643），以功臣图形"凌烟阁"。阁名凌烟，世以始于太宗鲍照《凌烟楼铭》。鄙意以为，山以"彩烟"为名，亦必源于鲍氏之铭。"彩"者，光彩、色彩也。南朝梁江淹《别赋》："日下壁而沉彩，月上轩而飞光。"宋柳永《玉山枕》词："断霞散彩，残阳倒影。"咸此意。"烟"者，烟状之物也，若云、雾、霭、霞等，可谓"烟景"。如唐李白《春夜宴从弟桃花园序》："况阳春召我以烟景，大块假我以文章。"韦应物《游灵岩》诗："吴岫分烟景，楚甸散林丘。"云烟缭绕之貌。故彩烟亦俗称"烟山"。明宋濂《文宪集》卷一九辑《故新昌杨府君墓铭》：

越之新昌，有大山曰彩烟，与沃洲、天姥邻，而彩烟尤为峻绝，远望之，如云霞缤纷天际，故名。山之绝顶，其平如掌，沃野数千里，桑麻蔚若。犬鸡之声相闻，或者媲之武陵源云。

明陆楫《古今说海》卷一一四《说略三十（杂记三十）》：元末有人幞被行山径间……问我何处住，五色云中住；问我是何姓，勺子少个柄……诉官不知主名，召商谜者问之。曰："五色云，彩烟也。彩烟，新昌山名。勺子少柄，盂也。盖于姓也。"

又民国《彩烟梁氏宗谱》卷一《里居志·形胜》："彩烟墩。彩烟四围皆峻岭，中垣如掌。方五十里，岗陵自起伏无峭立者。墩在彩烟上游，相传有五色彩烟时时郁起，故名。"按，墩，犹土堆。

唐虞世南《北堂书钞》卷一五七引晋郭璞《尔雅》注："江东呼堆为墩。"同卷二《山川》,彩烟墩于今安顶境域。上及所记彩烟山形胜,盖与鲍照《凌烟楼铭》中"彩烟"之义相合,于此益证鄙意之揣摩不误。晨曦初上,夕光下沉,群山峻岭,岚霭朦胧;峰岗峦谷,霞霄缭绕,色彩缤纷,颜泽绚烂;又时或朦胧,时或变幻,恍惚迷离,姿态万状。彩烟山之奇观,恰似宋氏谓之武陵源焉。附带提及,"彩烟"一词,自鲍氏发明,屡被后世诗文借用。诸如:唐沈如筠《寄张征古》诗:"绿萝无冬春,彩烟竟朝夕。"彦谦《骊山道中》诗:"月殿真妃下彩烟,渔阳追骑及汤泉。"宋吕令问《驾幸天安宫赋》:"若乃宸襟远览,睿赏遐宣,则野泛佳气,树生彩烟。"明汪砢玉《珊瑚网》卷七《法书题跋》辑黄应龙《吴有大诗帖》:"彩烟山色暮,碧濑月痕秋。明日登程去,鹡鸰河上愁。"按,此诗亦见卞永誉《式古堂书画汇考》卷二四,然诗中彩烟山,当是泛指。以山川为名,仅斯文所考之一例。

历代咏彩烟山诗者鲜见。以现存者观之,推明宋僖《采(彩,下从)烟山长歌》最为佳绝。故不避冗赘,照录于下:

> 吾闻沃洲天姥间,又有彩烟之高山。山上之岗三十里,平视沃姥浮青鬟。其中隐者吾所美,身世长与浮云闲。种术可疗九州疾,种稻自给千家餐。橘柑枣栗与桑柘,种者不少资者繁。鸡犬走巷陌,鹿豕游林园。官府无事日,人家总平安。乃知桃源在兹土,渊明所记欲往难。周郎一何乐,居此胜居官。昼则治家事,夜则经史观。其人天性孝且友,与弟同财慈母欢。择交朋友重高谊,急难可托输肺肝。我恨不一见,今秋过江干。胡、史二生喜告我,世有斯人为长叹。北阁高楼送吾目,彩烟远在青云端。嗟我老病畏尘俗,剡中乘兴逢时艰。故人倘见招,舟楫宁吾悭。丹枫叶冷风裒裒,清溪水落滩漫漫。此时过门见王许,青鞋从此跻岩峦。作歌订约在秋晚,岂待娥江风雪寒。

此诗题作《寄赠新昌周铭德》,见于宋氏《庸庵集》卷二。收入万历《新昌县志》卷三、民国《新昌县志》卷二及民国《彩烟梁氏宗谱》卷三《艺文》。唯文字间存异处,《彩烟梁氏宗谱》首两句作:"吾游沃洲天姥间,又历彩烟之高山。"是诗辞语工丽,意味深长,所述范围遍及彩烟山之地理、土俗、物产、人物、世故,并与宋濂同般,谓斯地为桃花源中景象,洵为研究昔日彩烟山之珍贵资料也。《明史》卷二八五《宋僖传》:

> 宋僖,字无逸,余姚人。元繁昌教谕,遭乱归。史事竣,命典福建乡。

《明史》撰《宋僖传》甚简,兹参《四库提要》《明史》卷二八五《赵埙传》、黄虞稷《千顷堂书目》及光绪《余姚县志》卷三三《列传·宋僖传》《姚江逸诗传》等概述之。宋僖,按,《嘉靖志》作玄僖、《康熙志》作元僖。字无逸,号庸庵。少颖悟。辞受学于杨维桢,尽得其诗文法,颇能出入香山(乐天)、剑南(放翁)之间。按,光绪《余姚县志》卷一七《艺文》引朱彝尊曰:"无逸有盛名,诗见于选本绝少。"至正十年(1350)中浙江副榜,补繁昌教谕。过十九日卒归,置庸轩以自号。家贫,遂授徒自给。洪武三年(1370)征修《元史》《外夷传》自高丽而下悉出其手。后参与《永乐大典》事。事竣,典福建乡试。宋僖为文缜密,诗亦清远。著有《文章绪论》一卷、《庸庵集》三十卷、《庸庵后稿》十卷。按,《明史·艺文志》作《文集》三十卷、《诗集》十卷(《千顷堂书目》同）。《四库总目》作《庸庵集》一四卷。

检民国《余姚宋氏宗谱》卷一，宋僖始祖迪功，自余姚孝义乡（今梁堰）迁徙烛溪浒塘（今属明阳街道）。父辈始，居修文里（今南城通济桥东）。按，光绪《余姚县志》卷一四《古迹》引《姚江小志》："修文里在南城东街，宋僖故里。洪武初宋濂荐召修《元史》因名，其里曰修文。"又同卷引明《宋僖纪略》，宋氏曾避难梅川乡（今属慈溪浒山）。乡有虞家城，相传为虞世南宅基。前揭《彩烟山长歌》中，《庸庵集》辑有其序：

彩烟山者，越之新昌之名山也。隐者周铭德居其上。上有良田美圃，绵亘三十余里，与平陆无异。地虽僻而有利及远，朔南医家所用白术，其产也。铭德贤而好读书，以孝友称于乡。其友胡汝州、史孟通为予道其为人，又为索予诗。予以汝州辈之言足信，而嘉铭德之为人，遂作《彩烟山长歌》一首，书以遗之。异日或一往游其山，过剡见故人王公玉、许时用二先生，宁不为我助扉屦之需乎？

故知宋僖作此诗时于江干。《杭州市志》卷一〇："江干区位于杭州市区东南部，因濒临钱塘江而得名。"因闻胡、史两氏道及周铭德行状，且乞诗，辄心仪之，欣然命笔，成此长歌。故亦知宋僖并无亲历彩烟山。按，《彩烟梁氏宗谱》辑其诗首两句"游""历"两字系误。不践是地，使图其状，遥之为诗文者，古已屡见。诸如晋孙绰《游天台山赋》、唐白居易《沃洲山禅院记》及宋范仲淹《岳阳楼记》，宋氏之《彩烟山长歌》固亦此一例也。又于末句"作歌订约在秋晚，岂待娥江风雪寒"推测，昔时自余姚经嵊县抵新昌入彩烟，其中余姚至嵊县之交通线，邑人习惯于走水路。古代越乡水道繁密。宝庆《会稽续志》卷八《越河·舟楫》："越人生长泽国，其操舟也若神。"民国抄本《绍兴县志采访稿》："吾越水乡，以舟代车马。"按，余姚秦置县，属会稽郡。汉因之。隋初省入勾章县。唐武德四年（621）复置县，兼置姚州。七年（624）州废，县属越州。诗中"娥江"，即曹娥江，为浙东运河之一段。晋王子猷"雪夜访戴"及李白《别储邕之剡中》诗中"水入会稽长"，咸指浙东运河曹娥江一段。到了冬季，曹娥江为冰雪所封，水路不通。从而推断宋僖此诗乃书于是年秋天之前，与胡汝州、史孟通约定晚秋，作彩烟山游。或许宋氏犹王羲之暮年欲蜀川之行，信与周抚。向往之切，以日为岁，身于会稽，而"心已驰于彼矣"（王羲之《游目帖》）。但终其事，未能巴山夜雨，西窗剪烛。徒存向长之志，游目蜀川，成为空望矣！

宋氏之《彩烟山长歌》所叙周铭德事，明宋濂《连槐堂铭》序曰：

天道之权，吾于会稽周氏征焉。周氏兄弟曰彝、兑，皆贤而文，居新昌彩烟山中，事母甚孝。入门少长，秩秩有序，其气穆然，若阳春，乡人称为孝弟。舍旁树槐一章，高尺余，岐为二干，及肩交合为一，左右之枝各三，挺然上数尺，再合而再交焉。观者咸叹其异，以为彝、兑孝友之征，乃以连槐字其堂。其友王宗成来京师，为请铭。"槐"之为音近于怀，怀者，思也，所以表其孝友而教后人以思也。

明胡奎《斗南老人集》卷一《题彩烟山人瑞槐堂》："青青堂下槐，乃在彩烟山。一本如合璧，两枝若联环。堂中有贤母，日行槐树间。槐根两兄弟，彩服何斑斑。"按，民国《彩烟周氏宗谱》卷一辑明魏骥《周公（铭德）墓志铭》，周氏孝行乡里，精熟《四书》，尝教谕于嵊州。不久弃去，作江西萍乡县宰,又走郡,遂幅巾藜杖,逍遥林下(彩烟)。周氏工画。《庸庵集》卷十《为周铭德题春草图》:"新昌周铭德事其母甚谨,而以事数出,未免不克尽如。其志于孟东野寸草春晖之语,有感于心,欲得吾乡郑山辉先生《春草图》颇久。今先生已殁,其墨迹益不易得。铭德之友胡汝州为购得一纸,从予言其故而征诗题之。予既嘉铭德之孝,又重汝州之请,乃为赋绝句一首:'濂溪孙子念庭闱,草色关情上客衣。绿暗故园归未得,梦中亦自惜春晖。'"按,宋僖此跋诗应书于《彩烟山长歌》之后。有感于姚江宋氏之高才,与有念于彩烟乡哲周氏之德行,不惮烦劳,刺刺不休,特附记于此,以供论证。

地以人著,人偕地传。彩烟山因有周氏一族择此而栖,使名闻于遐迩。然最初开发彩烟山者则是杨、梁两氏。前揭宋濂《文宪集》亦曰:"大姓杨氏,自隋末来(彩烟)居之。"贝琼《清江文集》卷二三《跋彩烟杨氏家乘后》:"隋之苗裔,有越彩烟杨氏。"另邱浚《重编琼台稿》卷二四辑《都察院左佥都御史恭惠杨公神道碑铭》:"新昌杨出汉太尉之后,世居其邑之彩烟山。"郑真《荥阳外史集》卷四十《跋彩烟杨氏族谱》:"彩烟者,相传为隋荣王之后。"荣王者,杨白也。越王侗次子。大业十三年(617),隋李渊起兵;次年,宇文化及在江都杀隋炀帝。李渊称帝,国号唐。据民国《彩烟杨氏宗谱》,时白出逃,由浙入闽,经越州抵剡,隐于彩烟。按,彩烟山于民国二十一年(1932)置回山乡,由是地岭旋峰转而名之。民国《新昌县志》载,杨希杉在明初从斋堂迁此,故回山又作"回杉"。又有论者以为,回山俗称"余商"。按,称"回杉"者,或存一说;俗称"余商",则属误会。"余商"乃近古时期"回山"两字之音读(谐音)。吾国古音多存在于方言之中,随着现代汉语普及,古音已湮灭不闻。然于日本,尚保留中国汉唐时期古音。譬如,山(サン),日语音读为:sa n,与之同。又民国《彩烟梁氏宗谱》卷一《家传》辑吕献《裕庵梁公(以源)传》:"其先晋总督万公迁前梁,中迁查林,至三十世子敬公徙彩烟,居棠墅。"同卷《三十世祖开彩烟公传》载,公讳永敏,字子敬。因旧墟湫隘,不足聚万家,遂生移居之策。传曰:

祖墟前梁于晋属剡境,今属新昌为北境。北境诸山发脉东境之东岇及沃洲。查林在沃、岇之间,而沃、岇之脉又发自南境之安顶。安顶两出曰彩烟,彩烟峭立坦如掌,方五十里。其脉左旋入回山,注长塘里。支脉旁所托皆著姓。中脉出郑博而右旋,一脉迤逦蜿蜒,注棠墅。于时半荒墟岗陵并秀,饫野平环,两溪夹前后,胜与回山诸墟相抗。将公自前梁溯脉得彩烟,自彩烟寻脉得棠墅。曰:万家地。

彩烟梁氏由查林迁棠墅(今大宅里),时间在宋绍兴十四年(1144)。明释宗泐《全室外集》卷四《寄题彩烟山房》:"天姥峰南彩烟里,梁氏山房屹高峙。幽人读书居其中,万壑千岩在窗几。"梁氏世族以理学、耕读传家,涌现出如梁汝明、梁平叔、梁贞、梁明显、梁敦怀、梁葆仁、梁一圭诸辈,光耀乡里,泽被后世。

宋无逸与彩烟山赋小考 [1]

唐樟荣

《彩烟山赋》是最早写彩烟山长诗之一，而且也是较早地把彩烟山与沃洲天姥并列为新昌名山一起歌咏的名作之一。该诗将新昌彩烟山台地独特的地理环境和生态特征及丰富的物产、人文内涵都做了全方位的描写和介绍，与杨文俊和杨世植同题诗赋有异曲同工之妙。但关于它的作者，历来众说纷纭，莫衷一是。明成化《新昌县志》卷之三山川作本朝宋无逸，说明他是明朝人，也有引用该诗的人把他说成是宋朝江西临川人谢逸，谢逸字无逸，为当时江西派诗人的代表之一，虽然其字为无逸，偶然相同，但他又明显不是成化县志所称的本朝人。

最近，从文渊阁《四库全书》中偶然发现，有宋僖《庸庵集》收录其中，集中收录《彩烟山赋》全诗，题为《彩烟山长歌寄赠新昌周铭德》，且于诗作前，有小序云："彩烟山者，越之新昌之名山也，隐者周铭德居其上。上有良田美圃，绵亘三十余里，与平陆无异，地虽僻而有利及远，朔南医家所用白术，其产也。铭德贤而好读书，以孝友称于乡，其友胡汝州、史孟通为予道其为人，又为索予诗。予以汝州辈之言足信，而嘉铭德之为人，遂作彩烟山长歌一首以遗之。异日或一往游其山，过剡见故人王公玉、许时用二先生，宁不为我助屝履之需乎？歌曰……"据此，则可以确定，此诗作者即是余姚人宋僖。

据四库全书所收录《庸庵集》提要介绍云：此集元宋僖撰。僖，初名元僖，后改名僖，字无逸，号庸庵，浙江余姚人。元至正十年（1350）中浙江乡试，为举人，官繁昌教谕。未几弃职归里，授徒自给。明洪武二年（1369）应召入京修《元史》，所撰外国传，自高丽以下，悉出其手。并参编明《永乐大典》，书成，不受职，乞还山。复与桂彦良同征主考福建，故《明史》列之文苑中，附见赵壎传末。并云：僖学问源出杨维桢，杨所作诗歌自成一派，效之者号为铁体。而僖诗乃清和婉转，独以自然为宗，颇出入香山（即白居易）剑南（陆游）之间。文亦详瞻明达而不诡于理，可谓善学柳下惠，莫如鲁男子矣。宋僖为官清正廉洁，与名医滑寿、高士丁鹤年为挚友，经常一起诗酒唱和。据诗前小序，可见作者并未亲至其地，其彩烟均作采烟，此处一律改正之。其诗与县志收录者互有异同，下附录四库所收诗作原文：

吾闻沃洲天姥间，又有彩烟之高山。山上之岗三十里，平视沃姥浮青鬟。其中隐者吾所美，身世常与浮云闲。种术可疗九州疾，种稻自给千家餐。橘柚枣栗与桑柘，种者不少资者繁。鸡犬走巷陌，鹿豕游林园。官府无事日，人家总平安。乃知桃源在兹土，渊明所记欲往难。周郎一何乐，居此胜居官。昼则治家事，夜则经史观。其人天性孝且友，与弟同财慈母欢。择交友朋重高义，急难可托输肺肝。我恨不一见，今秋过江干。胡史两生喜告我，世有斯人为长叹。北阁高楼送吾目，彩烟远在青云端。嗟我老病畏尘俗，剡中乘兴逢时艰。故人傥见招，舟楫宁吾悭。丹枫叶冷风褭褭，清溪水落滩漫漫。此时过门见王许，青鞋从此蹑岩峦。作歌订约在秋晚，岂待娥江风雪寒。

1　唐樟荣（1961～），嵊州市人，原新昌县史志办公室主任，《新昌县志》主编。本篇录自《今日新昌》。

· 688 ·

成化县志记彩烟山有云，在县南八十里十四都，高八百余丈，围一百二十里，与东阳县界相连，上平衍如地，产白术，四面皆崇山峻岭，居民杂处其间。这里是典型的玄武岩台地。由于地面抬升，河流切割，使台地与台地、台地与低山丘陵之间互不相连，界线分明，其顶部缓丘起伏，坦荡辽阔，台地边缘坡度陡峻，山溪蜿蜒于台地脚下，陡峻的石级磴道宛如一张张天梯直挂溪滨。从新昌县城南去彩烟，在没有高速公路的古代，无论从哪个方向，都须攀登 5 里路长的石级磴岭，如东南面的茶壶岩岭，南面的石蟹岭，西南面的练使岭等。此诗不仅是较早咏彩烟山白术之诗，更是彩烟山纪实之作，值得流布后世，犹如唐白居易之记沃洲，李太白之咏天姥也。

除此之外，《庸庵集》中还有《吕山人养父歌》，写到"新昌世家吕山人德升，隐居授徒，乐于养父，而克遂其志，余闻而喜之，为赋短歌一首"云，可见其与新昌有缘。

恭惠公杨信民的赞歌 [1]

王东惠

浙江省新昌县的彩烟山，冈峦微伏，风光秀丽，这一带在古代属于彩烟乡。唐代初年，隋室荣王杨白避难来到彩烟山，他的后裔世居于此，因此号称"彩烟杨氏"。彩烟杨氏源自"弘农杨氏"，尊奉汉代太尉杨震为始祖。杨震在弘农华阴教育子弟二三十年，时人尊称为"关西孔子"。他以"天知、神知、我知、子知"拒绝行贿，被誉为"四知先生"。彩烟杨氏一代接一代地秉承遗训，重视课读。

明代初年，彩烟乡的杨泰初一家，儿孙满堂，把自己的居所取名为"宝庆堂"。杨泰初的第三个儿子生于洪武二十三年（1390），取名用诚，字信民。

杨信民于永乐十八年（1420）考中举人，此后在国子监求学，国子祭酒贝泰非常器重他。宣德五年（1430），杨信民擢任工科给事中。给事中执掌钞发章疏，稽查违误，其权颇重。杨信民敬重自己的职位，敷奏详明，封驳惟允。宣德九年（1434）四月，杨信民以"秩满考绩为最"，敕封为征仕郎，得以乞假归省。

从京师回新昌县彩烟山，遇见侍读学士姑苏张益，请他写了《宝庆堂记》。谈及家世族姓，杨信民以自己是"关西夫子"杨震的后裔为荣，张益又有诗《赠给事中杨公》，首句就点明主人的家学渊源，云：

> 关西夫子有云礽，职拜黄门著美称。
>
> 晓阙喜看摇玉珮，夜窗宁负对寒灯。
>
> 齐公辞事堪同调，萧仿还封敢擅能。
>
> 绩报天官登上最，他年华秩定高升。

行色匆匆，杨信民还没到家，却传来母亲身亡的噩耗。回到彩烟山的家中，守灵治丧，都按

传统规矩。营葬时，他亲自抬土石，曰："吾葬吾母，而专役他人，不安也。"正统三年（1438）正月，父亲杨泰初去世，他同样哀痛逾礼，葬祭如仪。

正统五年（1440），守丧期满除服，杨信民年已五十知天命，改任为刑科给事中。正统八年（1443），因吏部尚书王直（行俭）的推荐，杨信民升任广东布政使司左参议。此时，他的性刚负气、清操绝俗、正直廉明的名声已经闻于朝野了。

一到广州，杨信民开诚布公，雷厉风行。对于仁义之事，他竭力而为。对于违法者，则不畏权贵，上表检举。杨信民就因此遭受诬告，被解送到法司。杨信民离开广州时，广州有人送金帛给他，他一无所受。广州人还连名上状，告知杨信民在广州的德政，为杨信民鸣冤辩白。后来，事实查明，杨信民被诏复其官，诬告者被除了名。

正统十四年（1449），"土木堡之变"发生，边隘关口急需增添军兵把守，兵部尚书于谦调兵遣将，推荐了杨信民，敕命往白羊关口镇守官处协同守备。北方的硝烟未息，广东黄萧养率领起义军围攻广州城，急报传至京城，在京城的广州人联名奏请杨信民回到广州主持政务。进驻白羊口的官兵恳请留住他，相比之下，还是广州更需要他。正统十四年（1449）十月，杨信民升任都察院右佥都御史巡抚广东，最重要的任务是同广东官兵一起剿抚义军。

杨信民星驰前往，马不停蹄。十二月，到达广州城，军民都欢喜地说："我仁德大人来矣！"杨信民深感付托之重，利于百姓的事、强于官军的事，他坚决果敢地令行。首先，大开城门，开仓赈济，给民刻木锲，得以出入。义军见到木锲，知道是杨信民给的，就不敢有所伤害。

杨信民一边严厉地操练军队甲兵，一边开诚布公，多方招抚，前来投降的义军日益增多。再派使者持劝降文书到义军军营，宣告朝政，谕以恩信。黄萧养听说杨信民的大名，要求杨信民单独与他交谈，曰："得杨公一言，死不恨。"双方约定相见面谈，以断犹豫。杨信民不顾下属的劝阻，毅然单车来到护城河边，与黄萧养隔濠而语。他谕以祸福，且示以更生之路，约好下一次再会商议。

这样兵乱的岁月里，杨信民经常是寝食不定。虽然如此，义军中还有犹豫的，惟恐变卦。闻讯都督董兴率江西、两广的大军将至广州，义军的情绪更加变化无常。景泰元年（1450）三月五日晚，广州军民看到有颗大星在城外陨落，这是一个怎样不祥的征兆？过了七天，杨信民倏忽病痛难忍，瞑目而逝，时在三月十二日。

广州城内外有人为此噩耗奔赴相告，聚哭于庭。"灵柩行之日，白衣冠送者数千人，相与聚钱为道里费。"他的亲兵随从将他安葬在广东清远山区，此地因名"留良洞"（在今广东省清新县浸潭镇），亲兵有的在他的墓地附近开荒种植，居住下来。杨信民的衣冠，则归葬于新昌县彩烟乡的上王山。杨信民的同僚好友董兴等人闻知讣告，各自撰写《祭都察院左佥都御史文》，用不同的文字表达对杨公的哀悼。景泰元年（1450）四月，吏部侍郎羊城陈琏撰写了《中顺大夫两广都察院左佥都御史杨公墓志铭》。七月，皇帝遣浙江布政司使堂上官谕祭杨信民，曰：

> 尔以近侍，出佐大藩，克懋公廉，遂著贤誉。
> 比因盗发，荐尔大材，爰授佥都之官，托以抚捕之寄。

成功可待，竟以疾终，眷念贤良，特兹遣祭。

尔灵不昧，尚其钦承。

义军听闻杨信民暴疾军中，原来担心的慢慢变成事实，有人悲泣着曰："杨公死，吾辈无生路矣！"不久，都督董兴调集江西、两广的大军到达广州，官军与义军交锋激战，杀戮甚惨。百姓仰天叹曰："杨公在，岂使吾曹至是！"

人去留思，广东士民对杨信民的崇敬依然，赴京都请求在广州府城隍庙之旁建杨公祠。景泰六年（1455），羊城陈琏为此撰写祠记，其中有言："或以公之廉介，不一毫苟取于民，布衣蔬食，与寒士争淡泊，而为公之美称。余曰不然。公存心以仁，处事以义，予民以信，历官二十年，终始一心。易险一节，忠在朝廷，功施社稷，德被生民，故能享祀于今日，岂廉介可概公之生平哉！"

杨信民卒后二十年，即成化五年（1469），钦赐杨信民谥曰"恭惠"。广州的杨公祠因此名为"恭惠祠"。杨信民成为广州士民崇拜的明神，百姓"有事讼于官不得其平者，辄具词焚于祠下"。

成化十二年（1476），翰林院侍讲学士广东琼山邱濬撰写了《明故都察院左佥都御史谥恭惠杨公神道碑铭》，将他的事迹再细述一遍，铭曰：

杨公烈烈，特立揭揭，恶彼沓沓。

不茹不吐，何摄何惧，靡追靡拒。

介而能通，拘而有容，随而不逢。

生为正人，仕为直臣，死为明神。

爱而畏之，思而企之，庙而祀之。

德则有矣，名则久矣，死则不朽矣！

画像遗容，音容宛在。恭惠公的后代请画师描写了遗容，兵部尚书新昌人何鉴（1442～1522）身为晚辈，恭敬地为画像题写了《恭惠公赞》，曰：

于戏！公禀正气，生于浙东。轩昂气宇，恢恪心胸。

宏谟远略，德溥望隆。笔翰如流，博物咸通。

发身泮水，折桂蟾宫。入都台谏，出莅藩封。

严号施令，威震元凶。除暴惩奸，革薄从忠。

息寇宁民，化叶清风。仁恩广被，白叟黄童。

叔虎继起，韩范追踪。屏翰保障，维我杨公！

恭惠公杨信民的画像一直保存在彩烟乡宝庆堂里，与杨信民有关的诗文都收录在《彩烟杨氏宗谱》中。宝庆堂以"杨信民故居"为名于2006年被列入新昌县文物保护点，"理学承先文章裕后，祖位侍郎孙太保；公忠报国清白传家，伯官主事侄都堂"，这样的楹联镌刻在宝庆堂里，更久久地铭记在每一位彩烟杨氏心中，世代相传。

风雨镜澄埠 [1]

张纯汉

镜澄埠，是一座人工建筑，加上"风雨"两字，就有故事，而这故事在一定程度上就是古往今来万千创业者的缩影，既让人赞，也让人叹，更让人思和悟。

镜澄埠在著名的"浙东唐诗之路"精华地新昌境内一个叫外练使的村里，从该县著名的穿岩十九峰风景区溯流而上，经镜岭、镜屏，即达此地。这里青山倒影，秀水若练，层峦叠嶂，云霞明灭。自岭上鸟瞰，那片由溪流冲积而成的沙洲，宛如一轮明月，荡漾在碧水之中，因此，素有"海底捞月"之美称，加上该地为新昌、天台、磐安三县交界，那条溪流始于三县中的尖山、回山两地及天台南部的山村，流经新昌城西、嵊县（即嵊州）城东，再流向曹娥江、钱塘江。在交通极为落后的过去，这水上之利，无疑是经商办企业的其中一个得天独厚的自然条件，加之当地早有"此地必旺"的传说，于是，就触发了杨宝檰的创业灵感：决定将这里开发成集农、工、商于一体的繁华集市。

杨宝檰名黼廷，字宝檰（也作宝铺），是新昌县回山镇的著名乡绅，其时可谓富甲一方，俗称"盖县财主"。杨宝檰也是新昌境内以"敬胜堂"为代表的那座规模宏大的建筑群的主人之一。当地的人们一直记着杨宝檰在待人接物上的几大特点：凡穿着朴素，谈吐诚实之人来到他家，不仅待之以茶饭，甚至还留宿；而头戴铜盆帽，身着制服，手拿"文明棒"的人来到他家，他就会对对方说："我家没有一条凳可供你坐。"言外之意就是下"逐客令"。村中贫苦农民向他借耕牛、犁耙等大宗牲畜农具，他会满口答应，因为一般的贫苦农民难以购置；而向他借一些诸如秧凳、秧稠等一些小宗农具，则定会遭他拒绝，原因是这些农具你不是办不到，而是因为懒，若借与你，无异于纵容懒惰。由此可见，杨宝檰为人做事极有自己的见解和原则，这样的人无疑能办成大事。

经杨宝檰再三筹划，于 20 世纪 30 年代初终于绘就了"镜澄埠"的蓝图。接着，广筹资金、平整沙滩、建造房舍、疏通河道和修桥铺路等等诸项工程便一齐而上。

杨宝檰平整沙滩后，首先就建造起了"镜澄埠"，而"镜澄埠"三字，显然系镜岭、澄潭两镇之涵盖，也就是说，这两镇之内仅此一家，别无分店，可谓自信满满，雄心勃勃。

"镜澄埠"分南北二排，共二十四间楼房，以作商店、作坊、行栈之用。两排房子中间留出宽约八米的通道，通道两头东为学堂，西是戏台。东西两头还各设大门两扇，既保安全，也利过往行人和贸易通行。整个建筑呈长方形封闭式结构，并定农历每月逢五、十两日为市日，进行集市交易，从而希望吸引更多的人来此安家，以至形成集镇。而所经营的项目则有茶厂、术栈、丝厂、烟行、油坊、商店、镀厂等等，一时果真成了当地土特产集散地和商贸中心。尤其是茶厂，当年曾拥有职工 40 多人，或可认为，此为新昌县"中国名茶之乡"的雏形。为明其永久经营镜澄埠的决心，杨宝檰在建造镜澄埠的同时，还在距镜澄埠约百米处，建有三合院住宅楼一座，名"镜澄庐"，以安置一家老小。

1　张纯汉（1959～），新昌小将人。中国作家协会会员、中国硬笔书法协会会员。本篇录自《新昌在沪企业联合会》。

自河道疏通后，尽管载货的竹筏溯流而上，从嵊县到镜岭，再从镜岭到外练使镜澄埠需整整两天时间，但果真如杨宝檊所料，那商务竹筏纷纷飘然而至，最多一天竟达42张之多。除此之外，杨宝檊还特地开辟一条从外练使到东阳约五公里长的山道，以利商旅往来。

最值得详述的还是镜澄埠那戏台。杨宝檊认为，在穷乡僻壤开辟集市，若要聚集人气，最好的办法莫过于演戏。于是，在建造镜澄埠时就独具匠心地专门设计了那个构架独特的戏台。戏台共分三层，下层为南来北往的人们过路的门楼，中层为戏台，戏台上层和戏台后面的平行层可作演员宿舍，而戏台与戏台后面的平行层之间又由乐池分隔。真可谓一台多用，独树一帜，格局新奇，世所罕见。

所以，镜澄埠自建成以来，商贸集市虽没愿望中那么繁荣，但戏风却盛，加之杨宝檊对戏班聘请的不惜财力，一年三百六十五天中，在镜澄埠戏台演出的日子竟达三分之二以上。

不久，抗日战争爆发，外面世界烽火连天、硝烟弥漫，而外练使的镜澄埠则仍是"世外桃源"，镜澄埠戏台依然莺歌燕舞。所演剧种除越剧外，还常演新昌调腔（此剧种现已成为首批国家级非物质文化遗产）、乱弹（紫云班）、东阳班和徽戏等等。大凡由新昌演至东阳、天台方向的，无不将这里作为一块跳板。当时一些著名越剧艺人如袁雪芬、尹桂芳、王杏花、施银花、赵瑞花、姚水娟等等，都曾来此演出。去镜澄埠看戏一度声名鹊起。

所演之戏也名目繁多，有应时、应节戏，庙会常规戏和禁戏、罚戏等等。为了集市兴旺，除了这些名目繁多的演出外，"篷戏"（赌戏）也非演不可。其实杨宝檊本身严于律己，从不赌博，而这次竟也违心地向当时的新昌县县长呈明理由，要求公开演戏放赌。有趣的是，这位"糊涂"县长竟然也允其所请。这就是后来镜澄埠集市虽没有因此而兴旺，但笙歌不歇、赌风盛行，以至误人匪浅的前因后果，所有这些，杨宝檊恐怕是始料未及的。

更令杨宝檊万万没有想到的是，自己如此苦心经营起来的镜澄埠，先后不足六七年光景，就以昙花一现的态势谢幕。后人究其原因，认为首先是选址不准，这里虽有一条得天独厚的水路，又处于三县交界点，但这水路只不过是一条狭窄的"走廊"，两面群山壁立，附近人烟稀少，无论至尖山、回山，均要翻山越岭。当时又正处在"抗战"时期，市场萧条，纵然绞尽脑汁，倾其所有，如果土特产销不出去，"镜澄埠"的兴旺就是一句空话，加之当时瘟疫流行，人们求生存犹不得，买卖更无暇顾及。而最令人痛心的是，1942年，该地连降大雨，山洪暴发，突然，一棵巨大树枝从上游冲来，勾住了建在溪边的茶厂一角，茶厂、茶栈和巨枝随着滚滚洪流漂泊而去，顷刻之间便消失得无影无踪。若干年后，供一家老小居住的镜澄庐也人为地毁于火灾，仅存四周残壁、半副石门框和刻有"镜澄庐"三字的断裂门方一块，真正的一副断垣残壁惨状。所有这些天灾人祸，杨宝檊第三个孙子现已八十八岁高龄的杨一章是亲身经历者，也是见证者，那情那景至今记忆犹新。尽管杨宝檊是富甲一方，而经这一折腾，自然心灰意冷，从此便一蹶不振，创业之不易由此可知。

那天，笔者随杨宝檊后人之一脉，也就是"鹏英茶业"的主人张鹏英女士前去镜澄埠怀古凭吊。虽事过境迁，茶厂茶栈早已不见踪影，但地基仍在，杂草遍地可忆当年。而镜澄埠虽于20世纪60年代中期因建造石门水库的需要，紧贴南面楼15间店铺被整体拆迁移至水库工地建房，但仍未失整体框架。我站在它们跟前，感叹不已，思绪万千。然而我想，杨宝檫这一创业过程，是不幸的，但也是有幸的。因为镜澄埠的昨天虽已过去，而留下的并不只是教训，更多的还是精神，这精神将永远激励着后人。"崇文守正，务实创新"新时期的"新昌精神"显然可在其身上觅见轨迹。而镜澄埠，这座具有鲜明地方时代特色的建筑，不仅是丰富多彩的民族、民间文化和如今倡导的企业文化的象征，也是人类文明留给我们的历史见证。我一直关注着杨宝檫后人们的去向和走向，而此时此刻与我在一起的张鹏英女士就是杨宝檫后人其中之一脉，她早年创业在上海，现为上海市三八红旗手，上海百名优秀创业女性，上海浦东第五、第六届政协委员。她从小与茶有缘，眼下，年龄和事业正盛，杨宝檫的未竟之业显然已在她身上得以延续，杨宝檫创业持家的那种秉性显然在她身上得以体现，敬胜堂"清白家风"的祖训也显然在她身上得以传承。我想着想着，随即写下几句感言寄语张鹏英女士及杨宝檫的所有后人们：

敬胜堂里有遗训，清白家风传后人。

张翅大鹏程万里，英开沃野四季春。

彩烟山记 [1]

杨柏财

彩烟山，位于新昌县境之西南边陲，方圆百余里，山形如盖，四面崇山峻岭，盘山公路迂回曲折，蜿蜒而上。望之蔚然而深秀者，鞍顶山也。峰峦如聚，云遮雾绕，似登天之云梯。山顶有一天池，据传为远古火山口。天池东面一缺口，正对天台山，常年流水潺潺，似丝如竹，伴以松风林涛，实乃瑶池仙乐，天籁之音。东有门溪，西有夹溪，流绕其麓。

彩烟山上，山川钟秀，峰回路转，茶桑遍地，竹木成林。田可耕，泉可灌，物可采，如古之桃花源者。渔舟日欲落，暮色拥余霞。水阁凉生处，沧波总自家。则见耕者休于野，读者歌于室，渔歌唱晚，樵子横薪，四时之景毕具，而乐亦无穷也。无怪乎吾祖荣王杨白避难中，慕此风水宝地，定居于此也。

"彩烟白术疗九州，回山名茶誉全国。"今之彩烟，茂林修竹，郁郁苍苍，万亩茶山，一望无尽，是全国名茶之乡。绿色茶山，春芽萌发，似珍珠，似钻石，似翡翠，绿莹莹，光闪闪，微微馨香，沁人心脾，是名副其实的"绿色银行"。南风熏暖，满山满坡，欢声笑语，连绵不绝。北风呼啸，冰凌雾凇，银妆玉砌，胜似天上宫阙。效益农业，高效推进，回山西瓜，八月茭白，高山蔬菜，品牌响亮；杨桐柃木，铁皮石斛，贡菊药材，名优水果，多种经营，蓬蓬勃勃。种养大户，销售大户，队伍庞大，销路通畅。制茶机，织布机，机声隆隆，日进斗金。水库山塘，星罗棋布，大者有门溪水库、石门水库、前丁水库，集发电、养殖、灌溉、饮用等多种功能。数十座小型水

---

1 杨柏财（1952～），彩烟杨家年人，中学高级教师。本文录自新版《彩烟杨氏宗谱》。

力发电站，明珠放彩，村镇街灯，胜似星河。回山村敬胜堂、燕闲堂等古建筑，古色古香，古朴纯真，是中国美院学生写生基地，古民居焕发新生命。

回山地处新昌、天台、磐安三县之交通枢纽，通衢大道横贯东西，四级公路连接各村，马达声声，车来人往，旅游业兴旺发达。春赏奇花异草，笔墨丹青；夏尝稀世珍果，垂钓碧溪；秋日登高远眺，徜徉天然氧吧；冬则煮酒赏雪，伴友松柏梅兰。东瞻天台胜迹，西望衢婺伟观，南看磐山苍翠，北瞰杭绍气象，一览众山小。游者嬉于林，行者歌于途，熙熙攘攘，游兴未尽，流连忘返。

彩烟历经千年发展，现有居民四万余人，风俗淳朴，兰心蕙质，雅尚诗书，耕读传家。古有尚书、都堂、侍郎、进士，不胜枚举；今者彩烟儿孙爱读书、会读书誉满新昌，学士、硕士、博士之众位居全县前列。彩烟杨氏先辈遗范，子孙奋进。为官者存心以仁，处事以义，予民以信，终始一心；为民者刚介耿直，富于创造，勤劳致富，楷模万代。

一方水土养一方人。新面貌，新生活，美轮美奂，美满醉人，太平盛世，其乐无穷。此则杨氏后裔辛勤耕耘创造之幸福生活也。

烟山云顶记[1]

王炜

戊子之夏，群贤毕至，会于绍兴越城之府山。乡音相与，俯仰似兰亭雅集，乃提烟山。越十戊戌，群英咸集，煮酒怀乡论天下英雄。笑谈间，重语地标，刻烟山云顶于其上。

观夫烟山胜状，意在山水之间。龙盘于三府之中，隐世于桃源之外，云吞海日，水衔钱塘，钟灵毓秀，风月无边。此则彩烟山之大观也。欣逢盛世，万象俱变，烟山兴盛，或正其时。然自古烟山出人才，且乐云顶一杯茶，何须身后名千载，何哉？

红尘几梦千百回，今宵醒处又归路。曾几何，会当凌烟山云顶，仰观宇宙，俯察山河，游目骋怀，此乐何极也！然云霞渐起，众山潜形，日月隐曜，青青欲雨，此忧何助也！仁者乐山，智者乐水，烟山皆有之，谁与归？

嗟夫！道常无为而无不为，人知乐忧而乐不忧，心生善恶而善不恶。世间浮生亦如此，万事春水向东流。兄属记之，览者亦将有感也。

---

1 王炜（1974～），自署远方，回山顶山村人。新昌县同乡联谊会绍兴分会副秘书长，回山乡贤理事会绍兴联络人。本篇录自《不如回山》。

第三章　联

选辑来自彩烟地区庙宇、祠堂、府第、牌坊、亭阁及知名厅（堂）题额、楹联等。

鞍顶山

烟山云顶[1]

天龙寺对联：

渌水分沾三州地，
鞍山独顶数县天。

香焚红烛三稽首，
烟云盘旋九重天。

白王庙

楹联一[2]：

风尘飞宛洛，抱器仓皇，涉胥涛，操谢屐，遂来半壁摩崖，听凉夜乌啼，故宫犹诉王孙怨；
歌舞赛粉榆，吹豳络绎，培让水，徙廉泉，合以高阳署里，看碧天星聚，此屋常占太史书。

楹联二[3]：

台城春老，甲帐尘涂，缅口角虬髯，棋局山海归一梦；
灵鸳分符，卧龙剡节，驻天涯马足，弹丸汤沐自千秋。

1　回山乡贤会撰，梁文斌书。
2　清乾隆四十三年（1778），杨世植题联。
3　清代杨继斗题联。

楹联三：

灵祀三王，圣德常存保应庙；

系存尚父，宗风远播彩烟山。

楹联四[1]：

南北构通，克成伟业；

武贞大治，实奠鸿基。

楹联五：

立雪师门，承启程朱理学；

摘星天际，珠联王李诗文。

楹联六：

修复王殿，光耀沥江三渡，彩烟杨氏甲世基；

重欢妃灵，子遁鹅峰山阴，帝室裔乡万年荣。

楹联七[2]：

幸南善变，养晦逊荒，传迹以百世；

降雨殄蝗，敕封赐额，留念于千秋。

戏台对联：

金榜题名空富贵，

洞房花烛假姻缘。

韩妃庙

庙貌与金岩并固，

神灵同韩水齐长。

万里烽烟辞凤阙，

千古兴废寄山丘。

1 　当代新昌名士潘肇明题联。

2 　当代新昌彩烟人潘炯丹题联。

彩烟山水迎书幌，
黄渡溪声落翠帷。

古今人何处不相及，
天下事当作如是观。

想当年那段情由未必如此，
看今日这般光景或者有之。

紫宸青锁化陈迹，
翠羽明珰尚俨然。[1]

金岩凤举，甄布政清明垂史册；
义塾云停，杨都堂松操冠人伦。

黄渡溪声，凭吊韩妃遗响；
彩烟山色，文嗣杨氏宗风。[2]

甄布政八部牧民，清官第一；
杨都堂单骑抚众，惠政无双。

三皇殿

一百里剡溪，天姥依然海客羡；
五千年华夏，金瓯永固祖恩深。[3]

尝百草，牧烝民，资生攸赖；
布五粮，教稼穑，化育咸滋。[4]

---

1 当代新昌名士林世堂题联。
2 当代新昌名士潘肇明撰联。
3 宗筠题联。
4 当代新昌名士赵曦题联。

五圣殿

英雄几见称夫子，
豪杰如斯迎圣人。

暮鼓晨钟警醒世间名利客，
经声佛号唤回苦海梦中人。

东岳庙

东岳之高明，在护国安邦，滋润雨雾，布施德泽；
大帝至尊灵，在应验果断，扬善抑恶，伸张正义。

胡公殿

成神显赫情系浙闽发达兴旺，
为官清正造福民生安居乐业。

神光普照九州大地风调雨顺，
圣灵拱持华夏山河国泰民安。

孟仓庙

庙貌与金龙并峙，
神灵同溪水齐长。

瑟鼓湘灵，笙吹孟德；
琴抚楚曲，笛奏周郎。

紫箫吹落三更月，
鸾凤直冲九重天。

镜鼎勒勋名，收图籍，运漕储，佐帝匡时霎雨经纶伴望散；
河山分带厉，铸邦刑，垂国宪，彰善瘅恶旗带事业迈张韩。

法官庙

先贤立庙，为期风调雨顺；
后辈祭坛，企望国泰民安。

天界降佛法，保黎民平安康泰；
宫阙传妙音，佑百姓和谐顺达。

威灵光大，横扫天下不平；
慈心浩荡，普救世界贫民。

十方来，十方去，十方共成十方事；
万人拾，万人施，万人同结万人缘。

中宅村西园祠

循吏岂偶然，缘知清白家风，百里讴歌传楚北；
表阡容有待，且看巍峨庙貌，三年志事媲泷冈。

陬乡屹立名门，清节孝行女仪，声驰遐迩，处约似黔娄原宪，养志如闵损曾参，以至型于观化，卓然具钟郝规模，懿德汩流传百世，馨香归厚积；
问气实生人杰，文苑儒林循吏，公独兼全，下笔余苏海韩潮，说理祖鹅湖鹿洞，外而作牧临民，沛乎裕龚黄政迹，后先诚济富一堂，俎豆有道光。

经营即祖父故居，源远流长，元气翕成钟泽水；
报享合大夫作庙，献新荐特，灵旗恍飏翠屏云。

忠孝是传家宝笈，
洁清乃累世遗箴。

乾坤容我静，
名利任人忙。[1]

___
1　清代苏曼殊撰书。

官宦世家 [1]

都阃府：

玉书金简归天地，
素业清风及子孙。

都宪牌坊联：

伟绩昭都宪，
懿徽仰侍郎。

侍郎府：

功高南宋衣冠盛，
气转东皇人物新。

关西延世泽，四知堪懔；
剡水振家声，三渡宜荣。

旧宅岙村木刻楹联

日月两轮天地眼，
诗书万卷圣贤心。 [2]

蒲桃锦英水弦静，
鹦鹉樽浮玉溪香。 [3]

其他庙堂

高龙亭庙：

赤龙俯伏深潭因果永戴，
彩凤仰首碧空行程万里。

1　彩烟山下宅村口挂有侍郎府、尚书第、都阃府、圣旨匾额。侍郎府是南宋礼部侍郎杨焘的府第，是村标志性建筑。明正统年间，杨焘裔孙杨信民出仕都察院都御使，又挂都阃府牌坊。明时，杨容任刑部尚书，杨惟吉任刑部主事，杨焘后裔中有12人出仕为官，故称官宦世家。
2　此木刻楹联珍藏于村民家中，落款"朱熹之印""晦翁"等，疑为宋代大家朱熹。其曾在彩烟好友梁汝明家读书著说。
3　此联为梁同书撰并书。梁同书为钱塘人，进士出身，清代著名书法家。

下市场村关帝庙：
三人三姓三兄弟，义存汉室三分鼎；
一君一臣一圣贤，志在春秋一部书。

赤面秉赤心，骑赤兔追风，驰驱时无忘赤帝；
青灯观青史，仗青龙偃月，隐微处不愧青天。

柘前村迴龙庙：
地接龟蛇，脉承迴龙映辉煌；
坐镇真武，袁桃环拱泽黎民。

庙貌重新，与山水并永；
神灵依旧，共天地同存。

玄天著德，恩泽四大部洲；
紫极腾辉，瑞应八方世界。

蟠溪村武庙：
经声佛号，唤回苦海梦迷客；
暮鼓晨钟，警醒尘寰名利人。

圣德昭明，永庇民康物阜；
神威赫奕，常佑老安少怀。

雅里村东镇庙：
坐北朝南正子午，
顶天立地定乾坤。

人敬神一诚有我，
神佑人万寿无疆。

源远流长福祥地，天道有幸护旧迹；
风调雨顺庆有余，有知庶民最诚礼。

上西岭村元功庙:

三过其门虚度辛壬祭甲,

八年于外平成河汉江淮。

保四时风调雨顺,

佑八方国泰民安。

顶山村龙王庙:

龙跃九霄,云腾致雨润彩烟;

潭深千尺,水示扬波佑平安。

拯禾降霖,志在神州山河风调雨顺;

解厄消灾,心系华夏岁月国泰民安。

前丁村平水庙:

做个好人心正身安魂梦稳,

行些善事天知地鉴鬼神钦。

神光普照堡下黎民沐福泽,

圣灵显赫一方水土尽朝晖。

雅里村将军庙:

观天地事,万殊一致;

道古今情,庶比同心。

威武圣德,万古流芳英烈将;

玉面神光,千秋垂泽崇仁军。

斋堂村斋堂庙:

桃红柳绿,保春夏以平安;

菊绽梅开,佑秋冬而吉庆。

植林村禹王庙：

天赐予一门吉庆，
春送来二字平安。

有意祈神神会佑，
无心念佛佛不谅。

贤辅村大王庙：

佛祖神灵，护佑庶民；
功德进修，福禄同春。

理法并重，宽严结合；
阴阳果断，善恶分明。

国泰民安，百业兴旺；
风调雨顺，万事如意。

后谢村坵山庙：

治水安民，功高千古；
竹篮排水，佳话百世。

下塘村福寿庙：

千秋忠烈杨家将，
万古英灵潘山君。

下宅村包公庙：

十方来，十方去，十方共成十方事；
万人拾，万人施，万人同结万人缘。

下宅村夫人庙：

紫竹林中观自在，
白莲台上现如来。

下岩村龙岩庙：

肥原沃野，物华天宝，民生恒泰；

秀水明山，人杰地灵，世胄不凡。

下岩村真君殿：

守戒为善，觉圆福自臻；

行凶作恶，时至祸难逃。

龙岩胜景，地灵人杰换新貌；

真君显灵，沧海桑田改旧观。

早在六十年前，真君显赫，五堡合创此殿；

历时四十载后，门溪水库，拆移今复重建。

莲花心村许施庙：

有意祈神神会佑，

无心念佛佛不谅。

旧宅岙村百岁堂：

葵粟赈饥，自昔恩波流越水；

建坊载志，于今齿德竣烟山。[1]

中宅村口永翠亭：

前抱翠绿后依进士地，

东流中栖境环妍丽庄。

石界崇德堂：

分太原之宗支，椒聊繁衍；

仪晋公之德望，槐植栽培。

樟花村会堂：

台脉南来，梦游天姥梦中梦；

剡源北去，山登鞍顶山外山。

---

1 越州知府潘四川为百岁翁梁奎誉济灾民而撰并书。

祖祖辈辈世世耕读传家；

子子孙孙代代忠孝育人。

回山村口牌坊：

杨氏瓜瓞彩烟传，

吴国衣冠泰伯遗。

彩烟山水冠剡地，

秀毓耆英起浙东。

大宅里村世泽祠：

上联：我族老成人望瞻学田美媲希□高风春秋祀典冠乡贤[1]

下联：缺

屯外村口和亭：

事茶术崇圣贤耕读风拂屯外荣，

衔鞍巅襟门溪三洲水润稻花香。

荷塘村金盘亭：

欲高门第须行善，

要好儿孙必读书。

荷塘村牌坊：

东观门溪湖，西赏前丁湖，高峡出平湖；

前瞻泄上山，后望鞍顶山，丘陵托烟山。

下宅村思存祠：

理学承先，文章裕后，祖位侍郎孙太保；

公忠报国，清白传家，伯官主事侄都堂。

---

1 清代梁国治撰书。

杨居"亦爱斋"[1]：

亦爱文章垂后世，
都堂庆泽播南垓。

"四知堂"[2] **客厅：**

半榻茶烟新雨后，
小兰花韵午晴初。

四知遗泽远，
三渡发源长。

梁葆仁撰联：

瓜瓞长绵拜献一庭歆乃祖，
椒条繁衍冠裳万载跻斯堂。

陈宗器设裳衣非袭具文通合漠，
洁苹蘩修蕴藻殊惭明德荐馨香。

福华一身，二三百载，立德立功，赐及孙曾成敛锡；
支归总派，亿万千年，如闻如见，感怀霜露奉明禋。

前有文襄，后有文定，思考亭而友南轩，弈世声名高北斗；
父掌邦政，子掌邦礼，登兰台而入枢府，累传遗泽在西溪。

先人有山水胸襟，朝市何足以羁之，徒向幽溪争秀洁；
我辈是宦家孙子，黍稷不堪于报也，修将明德荐馨香。

相阴阳而趾卜西溪，及今西派发祥，早识天心将西眷；
挈家室而身离东婺，当日东郊遗泽，忍教地势付东流。

勋名标宋室，宣猷布化，炳炳麟麟，十万朝封绵世泽；
望族溯卢江，自婺迁新，绳绳蛰蛰，孙曾派列焕家声。

---

1 "亦爱"为名儒处士杨居自号，宋濂为其撰墓志铭。本联中"都堂"指杨信民。两位是下宅村家学宗风的典范。
2 杨震以"天知、地知、吾知、子知"拒绝贿赂，人称"四知先生"。

溯昔历朝显宦，簪笏盈庭，未克绍厥家声，愧予小子；
迄今累叶传薪，读耕垂教，犹幸叨夫祖德，启我后人。

树影不随明月去，
荷香时与好风来。

浓云岭外千重树，
疏雨轩中一榻风。

梅花引月形同瘦，
纸帐迎风梦还清。

旧曲翻从玉连锁，
新声终覆郁轮袍。

及第卢生粱未熟，
成婚刘女扇犹披。

后记

《新昌彩烟文化志》编纂出版，是一件非常有价值、有意义的事情。

《新昌彩烟文化志》编纂工作，经历了三个阶段。

2017年到2019年2月，为酝酿准备阶段。2017年底，回山乡贤理事会向回山镇党委、政府提出对回山区域文化进行挖掘整理的建议，得到及时采纳并指定镇纪委书记潘伟东为分管领导。2018年3月，镇党委、政府组织，乡贤理事会参与，先后召开三次不同层面乡贤代表参加的座谈会，收集了不少文化资料与线索。当时，彩烟区块有回山镇与双彩乡两个行政区域，而彩烟是一个地域文化难以分割的区块，再从上级的部署看，乡镇撤并工作已在推进，回山镇、双彩乡合并大势所趋。为此，乡贤理事会提出进一步挖掘整理彩烟文化的建议，得到了两个镇乡党委、政府的认同。双彩乡指定乡人大主席杨勇为分管领导。接着，两个镇乡主职领导、分管领导联合召开几次会议，正式确定编纂《新昌彩烟文化志》的思路，研究了相关具体问题。

2019年3月底至2020年11月下旬，为启动、编写阶段。2019年3月30日，举行了回山乡贤参事会第四次会员大会暨《新昌彩烟文化志》编纂启动仪式，回山乡贤理事会名誉会长梁富铨作《彩烟山上幽兰香》的发言，综述赞美家乡文化。县人民政府副县长胡玲萍、回山镇党委书记胡斐渔、双彩乡党委书记潘学超、乡贤理事会会长俞朝杰，共同按下了启动键，《新昌彩烟文化志》编纂工作拉开序幕。5月12日，召开编写大纲评审会议。为使工作有序有力推进，集聚了20多位乡贤为编写人员。5月18日、10月19日及2020年4月25日，分别召开编写工作会议，第一次落实编写任务，第二次重点交流工作进度，第三次对分稿进行讨论。

2020年6月至出版前，为统稿、评审、打磨阶段。2020年6月开始统稿，11月中旬统稿工作完成，形成《新昌彩烟文化志》征求意见稿，送编写组人员审阅修改，12月下旬召开第一次评审会议。评审意见汇总修改后，于 2021 年 3 月底形成《新昌彩烟文化志》送审稿，送相关单位和人士。2021 年 4 月 24 日上午，召开《新昌彩烟文化志》编委会、乡贤理事会领导、编写组以外的部分乡贤代表参加的第二次评审会；下午召开县委办、县府办、县委宣传部、县文旅局、县史志办、县档案局等相关部门领导及相关专家学者参加的第三次评审会。然后，根据评审意见，反复进行打磨，8 月份成稿后交付出版。

全志设序言、概述、大事记及分志 16 编，共 100 余万字。

本志编纂工作一直在镇、乡党委、政府和编委会的领导下进行。在编纂过程中，领导关心重视。县政府拨出了专项经费，县委宣传部在文化经费安排上重点支持。县委常委、宣传部部长郑法根，副县长胡玲萍专门抽出时间审阅《新昌彩烟文化志》送审稿，"两办"及相关单位领导参与评审并即时帮助。专家学者指导。原县政协秘书长徐跃龙、原县史志办主任唐樟荣全程指导。唐樟荣先生还为拟定编写大纲出智出力，并为志书编写《凡例》。相关人士在评审中献计献策，陈百刚、梁志刚先生对《新昌彩烟文化志》送审稿仔细审阅，点评精当，意见中肯，建议具体，为志书的修改完善贡献智慧。编写人员尽责。编写人员多数是年事已高的师者、长者，有的则是在职在位的公务人员，工作繁忙，然都乐于接受公益任务，义无反顾地投身工作。走村串户调查访问，翻山越岭寻觅古迹，千方百计跟踪线索，孜孜不倦追根溯源，不辞辛劳查找资料，一丝不苟倾注笔尖。从春暖花开的播种，到酷日炎炎的耕耘，到硕果累累的秋收，到冰天雪地的冬藏，用心血汗水，编写了初稿，奠定了本志基础。梁钟美先生为编写人员中年龄最长，已 87 岁，不仅会同编写《耕读传家》之篇，对彩烟梁氏追根溯源，提供珍贵资料，还查核考证，深度研究，亲自执笔，为其他篇章提供大量素材。盛伯增先生肩负统稿重任，一年多时间，加班加点，废寝忘食，每天工作十小时以上。梁正祥先生负责本志审稿工作，心力投入，认真严谨，对全志的结构、布局、层次、篇目进行全面梳理，对语言文字仔细斟酌打磨。各界乡贤支持。为志书，回山镇乡贤理事会捐款 10 万元。原浙江省武警总队政委张德中作序，浙江大学出版社总编辑袁亚春解决出版难题，"兰亭七子"之一梁文斌作封面题字，摄影师贾栋提供封面及相关照片。浙江省疾控中心退休的主任医师卢苗贵，原本当过赤脚医生，主动参与编辑《乡村医药》与民间验方的收集、核实、筛选、编辑与拍摄药物标本等工作。城区中心学校党支部书记赵德源，执笔概写了南瑞学校的情况，并承担了副高以上职称教师的资料收集与赵氏溯源的任务，花了很多时间和精力。南明小学校长杨晓玲为方言注释配音。在评审中，杨炎灿、赵德春诸乡贤对彩烟精神的提炼与体现，乡贤名士的收集与充实，姓氏村庄的探源与追寻，志书质量的完善与提高等方面提出许多有价值的意见与建议。董朝阳、赵汉阳、梁新阳、陈宇、杨眉良、杨玉墀、陈桂林、李黎明、盛少华、盛其章、张飞灵、丁桔灿、章亚莲诸乡贤为彩烟姓氏的溯源与其他相关工作全力提供支持……诸如此类，举不胜举。在此，一并致谢！

"刳肝以为纸，沥血以书辞。"众手成志，来之不易。彩烟历史文化弥足珍贵，然诸多历史事件和重要人物，或散见于稗官野史，或留存于旧址遗迹，或传唱于民间口头，或凝固于生活习俗，随着时间流逝，逐渐被人淡忘，慢慢消失在历史长河中，抢救、保护、传承、弘扬区域优秀传统历史文化时不我待。梁富铨先生倡导发起，谋划协调，依靠大家的辛勤付出和共同努力，通过客观真实的回忆、回想、回顾，点滴汇聚，串珠成链，使之有了美好的回响、回放、回望，让彩烟文化重新焕发光彩。

文化是精神之根，精神是文化之魂。杨能先生对彩烟精神进行了全面系统的整合分析归纳，并在集思广益的基础上，经概括提炼，编委会审定，形成了"勤劳务实，重义尚学"的彩烟核心精神，让彩烟文化升华，使彩烟精神聚光。

志书之编，聚集了智慧，凝结了心血，然仍存在诸多不足。因多人编写，风格有差异；涉及面广，信息采集难；年岁久远，资料难查核等，为此，志书肯定存在瑕疵，亦难免有遗珠之憾，添足之虞。

"史以言志，志以载道。"《新昌彩烟文化志》之编纂，旨在记录先辈印迹，延续历史文脉，彰显精神标识，弘扬核心价值。故乡之物，诚如甘泉之水，饮必思源；千人之糕，食必思本。其切近于己者，即为雪泥鸿爪，亦心有戚戚，感怀其间。一本志书，使之成为世世代代的彩烟人乃至新昌人不可缺失的文化记忆，成为后辈人永远的精神家园。文化志的出版发行，让我们多了一个维度视角，窥一斑而知全豹，从而认识彩烟，了解彩烟，走进彩烟。

中华优秀传统文化是中华民族的精神命脉，是我们最深厚的软实力。而今，回山、双彩合二为一，古之彩烟核心区块融为一体，必将在习近平新时代中国特色社会主义思想指引下，弘扬优秀文化，传承彩烟精神，推进各项事业，焕发出新的生机和活力。

是为记。

《新昌彩烟文化志》编纂委员会办公室

2021 年 8 月